Remo H. Largo
Babyjahre

PIPER

Zu diesem Buch

Jedes Kind ist auf seine Weise einmalig. Alle Entwicklungsstadien und Verhaltensweisen treten von Kind zu Kind in unterschiedlichem Alter auf und sind verschieden ausgeprägt. Wie können sich Eltern auf die individuellen Eigenarten und Bedürfnisse ihres Kindes einstellen? Seit Jahrzehnten untersucht der Schweizer Professor für Kinderheilkunde Remo H. Largo die Entwicklung von Kindern. In seinem Standardwerk »Babyjahre«, das komplett überarbeitet und mit neuen Bildern und Grafiken ausgestattet wurde, erklärt er die frühkindliche Entwicklung der ersten vier Lebensjahre und schildert die Vielfalt kindlichen Verhaltens. Largos Erziehungskonzept richtet sich an der Spielbreite der Entwicklung gesunder Kinder aus – nicht an starren Idealen. Das Erziehungsbuch des renommierten Schweizer Kinderarztes über die erste Zeit mit dem Baby ist längst ein Klassiker und gehört als das einzige Buch, das Eltern wirklich brauchen, zu jeder Erstausstattung.

Remo H. Largo, geboren 1943 in Winterthur, war bis zu seiner Emeritierung 2005 Professor für Kinderheilkunde. Fast dreißig Jahre lang leitete er die Abteilung für Wachstum und Entwicklung am Kinderspital in Zürich, wo er die bedeutendste Langzeitstudie über kindliche Entwicklung im deutschsprachigen Raum durchführte. Er ist Vater dreier Töchter und Großvater von vier Enkeln. Seine Bücher »Babyjahre«, »Kinderjahre« und »Glückliche Scheidungskinder« (mit Monika Czernin) sind Klassiker. Zuletzt erschien von ihm »Schülerjahre« (mit Martin Beglinger).

REMO H. LARGO

BABY JAHRE

Entwicklung
und Erziehung
in den ersten
vier Jahren

Vollständig überarbeitete Neuausgabe

Mit über 300 Farbfotos und Schaubildern

Piper München Zürich

Mehr über unsere Autoren und Bücher:
www. piper.de

Von Remo H. Largo liegen bei Piper vor:
Babyjahre
Kinderjahre
Glückliche Scheidungskinder (mit Monika Czernin)
Schülerjahre (mit Martin Beglinger)
Jugendjahre (mit Monika Czernin)

MIX
Papier aus verantwor-
tungsvollen Quellen
FSC® C013736
www.fsc.org

Ungekürzte Taschenbuchausgabe
1. Auflage März 2010
10. Auflage September 2012
© 2007 Piper Verlag GmbH, München
Erstausgabe: Carlsen Verlag GmbH, Hamburg 1993
Redaktion der Neuausgabe: Margret Plath
Umschlaggestaltung: Büro Jorge Schmidt, München
Umschlagabbildung: Getty Images/ Ralf Juergens
Papier: Condat matt Périgord, hergestellt von der Papierfabrik Condat
Gesamtherstellung: Kösel, Krugzell
Printed in Germany   ISBN 978-3-492-25762-6

Für
Eva, Kathrin und Johanna,
Brigitt und Sibi

Inhalt

Vorwort	8		Schreiverhalten	249
Einführung	11		Einleitung	250
Beziehungsverhalten	47		Spielverhalten	267
Einleitung	48		Einleitung	268
Vor der Geburt	71		Vor der Geburt	291
0 bis 3 Monate	77		0 bis 3 Monate	292
4 bis 9 Monate	90		4 bis 9 Monate	304
10 bis 24 Monate	99		10 bis 24 Monate	322
25 bis 48 Monate	120		25 bis 48 Monate	338
Motorik	135		Sprachentwicklung	361
Einleitung	136		Einleitung	362
Vor der Geburt	143		Vor der Geburt	375
0 bis 3 Monate	146		0 bis 3 Monate	378
4 bis 9 Monate	159		4 bis 9 Monate	382
10 bis 24 Monate	166		10 bis 24 Monate	389
25 bis 48 Monate	174		25 bis 48 Monate	401
Schlafverhalten	185		Trinken und Essen	415
Einleitung	186		Einleitung	416
Vor der Geburt	198		Vor der Geburt	428
0 bis 3 Monate	199		0 bis 3 Monate	432
4 bis 9 Monate	213		4 bis 9 Monate	454
10 bis 24 Monate	227		10 bis 24 Monate	469
25 bis 48 Monate	234		25 bis 48 Monate	482

Wachstum	489
Einleitung	490
Vor der Geburt	500
0 bis 3 Monate	504
4 bis 9 Monate	510
10 bis 24 Monate	518
25 bis 48 Monate	527

Trocken und sauber werden	533
Einleitung	534
Vor der Geburt	535
0 bis 3 Monate	535
4 bis 9 Monate	536
10 bis 24 Monate	536
25 bis 48 Monate	541

Anhang	545
Meilensteine der ersten 4 Lebensjahre	546
Gewichts- und Längenkurven	548
Führen des 24-Stunden-Protokolls/Schlafprotokolls	556
24-Stunden-Protokoll	557
Fragen an die Tagesmutter	558
Fragen an eine Kindertagesstätte	559
Wie viel Zeit habe ich für mein Kind?	561
Literaturverzeichnis	562
Abbildungsnachweis	571
Filme der Zürcher Longitudinalstudien	573
Danksagung	575
Register	577

Vorwort

Babyjahre hat seit seinem ersten Erscheinen 1993 bei Eltern und Fachleuten eine ständig wachsende Leserschaft und viel Zuspruch gefunden. Eine gründliche Überarbeitung des Buches ist nach 15 Jahren dennoch notwendig geworden. Was ist neu an dieser Ausgabe?

Die Neuauflage geht ausführlicher auf diejenigen Erziehungsfragen ein, die Eltern und Fachleute inzwischen weit mehr beschäftigen als Anfang der Neunzigerjahre: die Bewältigung von Elternschaft und Beruf, die Frage nach einer guten Kinderbetreuung, die Rolle des Vaters oder der richtige Umgang mit den Medien. Neuere wissenschaftliche Erkenntnisse über die frühkindliche Entwicklung, die für den Umgang mit Kindern von Bedeutung sind, wurden ebenfalls berücksichtigt. Dazu gehört beispielsweise die Fähigkeit, sich in die Gedanken und Gefühle eines anderen Menschen hineinversetzen zu können. Sie tritt im Verlauf des 4. Lebensjahres auf und ist eine wichtige Voraussetzung für einfühlsames Verhalten. Um die Merkmale der frühkindlichen Entwicklungsperiode umfassend darzustellen, wurde der Altersbereich von 2 auf 4 Jahre erweitert. In den ersten Lebensjahren erwirbt das Kind alle spezifischen Fähigkeiten, über die der Mensch verfügt. Was natürlich nicht bedeutet, dass seine Entwicklung damit abgeschlossen wäre. Die Ausdifferenzierung der Fähigkeiten nimmt noch viele Jahre in Anspruch, die wesentlichen Grundlagen eignet sich das Kind jedoch in den ersten 4 Lebensjahren an.

Das bewährte Konzept von *Babyjahre* wurde bei der Überarbeitung beibehalten. Das Buch will nach wie vor kein Ratgeber für Problemsituationen sein. Es möchte die Eltern vielmehr darin unterstützen, die Eigenheiten und die Bedürfnisse ihres Kindes besser wahrzunehmen und zu verstehen, damit sie möglichst entwicklungsgerecht auf es eingehen können. Ein Schwerpunkt des Buches liegt darin, auf die Vielfalt der kindlichen Entwicklung hinzuweisen. Diese Vielfalt wird anhand zahlreicher Grafiken in allen Entwicklungsbereichen wie Motorik, Sprache oder Schlafverhalten dargestellt. Die Grafiken beruhen auf den Daten der Zürcher Longitudinalstudien, in denen die Entwicklung von der Geburt bis

ins Erwachsenenalter bei mehr als 700 Kindern ausführlich untersucht worden ist. Die Grafiken verdeutlichen, wie groß die Vielfalt in allen Entwicklungsbereichen ist und dass Normvorstellungen den Kindern daher nicht entsprechen können. Der Individualität des Kindes in der Erziehung möglichst gerecht zu werden, stellt eine der großen Herausforderung für die Eltern dar.

Ein weiteres Anliegen von *Babyjahre* ist es, auf die jeweiligen altersspezifischen psychischen und körperlichen Bedürfnisse hinzuweisen, die es zu befriedigen gilt, damit sich das Kind möglichst gut entwickeln kann. Eine besondere Bedeutung kommt dabei der Kind-Eltern-Beziehung, der Kinderbetreuung und den Erfahrungen, die Kinder miteinander machen, zu.

Ein drittes Anliegen ist es, den Eltern aufzuzeigen, dass sich jedes Kind entwickeln will. Damit es diesem inneren Drang folgen kann, muss es in seiner Umwelt die entsprechenden Erfahrungen machen können. Das Kind darin zu unterstützen, ohne es dabei zu über- noch zu unterfordern, gelingt Eltern umso leichter, je besser sie ihr Kind lesen und sein Verhalten verstehen können.

Das Buch wurde nicht nur inhaltlich überarbeitet, sondern auch in seiner Erscheinungsform neu gestaltet. Das farbige Layout erleichtert eine rasche Orientierung und verbessert die Lesbarkeit insbesondere der Grafiken. Die farbigen Abbildungen, die mehrheitlich aus Familienalben stammen, geben typische Augenblicke des Lebensalltags von Kindern und Familien wieder. Zusätzlich wurden zahlreiche Abbildungen aus Filmmaterial der Zürcher Longitudinalstudien neu in das Buch mit aufgenommen, da sie charakteristische Merkmale des kindlichen Verhaltens besonders anschaulich darstellen.

Die Überarbeitung des Buches ist dann gelungen, wenn *Babyjahre* weiterhin dazu beiträgt, Eltern und Fachleuten Wesen und Welt des Kindes näher zu bringen sowie Freude und Faszination an der kindlichen Entwicklung zu vermitteln.

Remo H. Largo
Uetliburg, Juli 2007

Einführung

Sara ist vor wenigen Stunden auf die Welt gekommen. Sie ist 3,5 Kilogramm schwer, hat einen wohlgeformten Kopf und runde Wangen, Arme und Beinchen. Sie schreit kräftig und strampelt lebhaft. Mit großen Augen blickt sie Mutter und Vater an.

Die Eltern von Sara sind überglücklich: Sie haben ein gemeinsames Kind. Einige Zeit nach der Geburt sind die Eltern immer noch von Dankbarkeit überwältigt. Immer wieder schauen sie Sara an und erfreuen sich an jeder kleinsten ihrer Regungen. Für die Eltern gibt es in diesen Stunden nichts Wichtigeres als ihre Tochter.

In wenigen Tagen werden sie mit Sara nach Hause zurückkehren, und spätestens dann wird ihnen bewusst werden: Wir haben nun die alleinige Verantwortung für dieses kleine Wesen, und das etwa für die nächsten 20 Jahre. Werden wir Sara gerecht werden können? Fragen, die sie besonders beschäftigen, sind:

- Was hat Sara für Bedürfnisse? Wie können sie befriedigt werden? Wie viel Zuwendung braucht Sara? Wie können wir ihre Betreuung gewährleisten?
- Wie wird sich Sara entwickeln? Was müssen wir zu ihrer Entwicklung beitragen? Wie können wir unsere Tochter am besten fördern?
- Wie erziehen wir Sara? Wann bestimmt sie, und wann bestimmen wir?
- Was bedeutet Sara für uns als Eltern? Wie sehr wird sie unser Leben verändern?

Was sich alle Eltern wünschen: ein lebensfrohes Kind.

In diesem einleitenden Kapitel wollen wir versuchen, auf diese Fragen Antworten zu finden, die dem Kind und seiner individuellen Entwicklung möglichst gerecht werden.

Grundbedürfnisse

Damit sich ein Kind gut entwickeln kann, beziehungsfreudig, neugierig und motorisch aktiv ist, müssen seine körperlichen und psychischen Grundbedürfnisse befriedigt sein. Die Auswirkungen nachteiliger Lebensbedingungen und psychischer Vernachlässigung (Deprivation) für Säuglinge und Kleinkinder sind in zahlreichen Studien nachgewiesen worden (Rutter, Ernst). Kinder brauchen für ihr Gedeihen und ihre Entwicklung die körperliche Nähe und gefühlvolle Zuwendung der Eltern und anderer Bezugspersonen. Kinder, die psychisch vernachlässigt werden, sind in ihrer Entwicklung beeinträchtigt.

Körperliches Wohlbefinden setzt Gedeihen und Gesundheit voraus. Hunger und Durst, aber auch andere körperliche Bedürfnisse wie Schutz vor Kälte oder trockene und saubere Kleidung wollen zuverlässig befriedigt sein. Nur Kinder, die ausreichend ernährt, gepflegt und gesund sind, können sich auch normal entwickeln. Nachrichten aus Entwicklungsländern führen uns tagtäglich vor Augen, wie nachteilig sich Mangelernährung, Vernachlässigung und Krankheit auf die kindliche Entwicklung auswirken.

Eltern freuen sich über die Gesundheit ihres Kindes. Krankheiten, sei es auch nur eine harmlose Erkältung, können ihnen schnell große Sorgen bereiten. Ein Säugling, der viel trinkt, oder ein Kleinkind, das kräftig isst, bestätigt den Eltern, dass sie gut für ihr Kind sorgen. Ein appetitloses Kind hingegen ängstigt die ganze Verwandtschaft. Eltern fragen sich daher: Wie viel Milch muss ein Säugling trinken? Wann soll mit den Breimahlzeiten begonnen werden? Für alle diese Fragen gibt es Richtlinien, zum Beispiel auf den Packungen der Säuglingsmilch. Diese Richtlinien entsprechen den meisten Kindern aber nicht, weil jedes Kind seine eigenen Bedürfnisse hat. Manche Säuglinge trinken nur halb so

Geborgenheit.

viel Milch wie andere gleichaltrige Kinder. Die Bereitschaft, Brei zu essen, setzt von Kind zu Kind in ganz unterschiedlichem Alter ein. Für die Ernährung gilt genauso wie für andere Entwicklungsbereiche: Ein Kind gedeiht dann am besten, wenn sich die Eltern an seinen Bedürfnissen orientieren. Mehr ist keineswegs immer besser, sondern häufig zu viel und daher nachteilig.

Die psychischen Bedürfnisse eines Kindes sind schwieriger wahrzunehmen und deshalb auch weniger leicht zu befriedigen als die körperlichen. Damit es einem Kind gut geht, muss es sich geborgen und angenommen fühlen. Geborgenheit setzt die Nähe vertrauter Personen voraus. Ein Kind kann, insbesondere in den ersten Lebensjahren, nicht alleine sein. Es braucht eine vertraute Person, die ihm jederzeit Nähe, Hilfe und Schutz geben kann.

Für die elterliche Zuwendung gilt das Gleiche wie für Ernährung und Pflege: Das Kind entwickelt sich nicht umso besser, je mehr Zuwendung es erhält. Auch das Umsorgtwerden hat seine Grenzen und bei deren Überschreiten nachteilige Folgen. Jeder begreift, dass ein Kind durch eine übermäßige Nahrungszufuhr keineswegs besser gedeiht, sondern nur fettleibig wird. Genauso wie mit der Überfütterung verhält es sich mit der Überbehütung:

Sie vermehrt nicht das Wohlbefinden, sondern hält das Kind in einer gefühlsmäßigen Abhängigkeit und macht es unselbstständig. Unselbstständige Kinder sind verstimmt, je nach Temperament ängstlich oder aggressiv und zeigen wenig Neigung, eigene Erfahrungen zu machen.

Das Bedürfnis nach körperlicher Nähe und gefühlsmäßiger Zuwendung ist von Kind zu Kind unterschiedlich groß. Das richtige Maß an Nähe und Zuwendung für das einzelne Kind vermag keine Theorie anzugeben. Das Kind teilt uns mit seinem Verhalten und Befinden mit, wie viel Nähe und Zuwendung es braucht. Dieses Buch will Eltern darin unterstützen, ihr Kind richtig zu lesen.

Es ist eine der Hauptaufgaben der Eltern, die Betreuung für das Kind so zu gestalten, dass es sich jederzeit geborgen und angenommen fühlt. Diese Aufgabe ist von den meisten Eltern alleine nicht zu bewältigen. Sie brauchen Unterstützung, damit die Qualität und Kontinuität in der Kinderbetreuung gewährleistet ist (siehe »Beziehungsverhalten Einleitung«).

Wie entwickeln sich Kinder?

Die ersten 4 Lebensjahre machen zeitlich lediglich etwa ein Viertel der Kindheit aus. In diesen wenigen Jahren durchlaufen die Kinder jedoch mindestens die Hälfte ihrer gesamten Entwicklung. Säuglinge und Kleinkinder entwickeln sich in einem atemberaubenden Tempo. Sie kommen als kleine, hilflose Wesen auf die Welt, können sich kaum bewegen, nur wenig kommunizieren und kaum Einfluss auf die Umwelt nehmen. Mit 5 Jahren verfügen sie aber bereits über differenzierte fein- und grobmotorische Fähigkeiten und beherrschen die Alltagssprache. Sie können kompetent mit ihren Mitmenschen umgehen und verfügen über vielfältige Kenntnisse in Bereichen wie Kausalität, Raum und Zeit.

Die kindliche Entwicklung zeichnet sich gleichermaßen durch Einheit und Vielfalt aus. Einheitlich verläuft der Entwicklungsprozess: Die verschiedenen Stadien der Entwicklung weisen bei jedem Kind im Wesentlichen die gleiche Abfolge auf. So macht jedes

Kind in seiner Sprachentwicklung zuerst bestimmte Stadien der Lautbildung durch, kommt in der Folge zu den ersten Wörtern, bildet anschließend Zweiwortsätze und eignet sich schließlich die grammatikalischen Regeln der Wort- und Satzbildung an. Im Alter von 4 bis 5 Jahren können sich die meisten Kinder in korrekten Sätzen ausdrücken.

Sehr vielfältig hingegen verläuft die Entwicklung von Kind zu Kind, wenn wir auf die Ausprägung bestimmter Verhaltensweisen und das zeitliche Auftreten von Entwicklungsstadien achten. Bereits Neugeborene sind unterschiedlich groß und schwer. Einige haben ein Geburtsgewicht von weniger als 3, andere wiegen mehr als 4 Kilogramm. Sie unterscheiden sich voneinander auch in ihrem mimischen Ausdruck, beim Schreien und in ihrem Bewegungsverhalten. Im Verlauf der Entwicklung nehmen die Unterschiede zwischen den Kindern immer mehr zu. Ende des 1. Lebensjahres sind gewisse Kinder 8, andere bis zu 13 Kilogramm schwer. Einige Kinder machen die ersten Schritte bereits mit 10 Monaten, die meisten mit 12 bis 16 und einige nicht vor 18 Monaten. Das eine Kind spricht erste Wörter gegen Ende des 1. Lebensjahres, die meisten Kinder mit 15 bis 24 Monaten, und bei einigen lassen die ersten Wörter bis Mitte des 3. Jahres auf sich warten. Es gibt kein Verhalten, das bei allen Kindern im selben Alter auftritt und gleich ausgeprägt wäre.

Kinder sind nicht nur sehr verschieden voneinander, das einzelne Kind ist oftmals in sich unterschiedlich weit entwickelt; die einzelnen Entwicklungsbereiche wie Sprache oder Motorik sind ungleich fortgeschritten. So kann es vorkommen, dass ein Kind bereits mit 12 Monaten läuft, die ersten Wörter aber erst mit 24 Monaten spricht.

Wie Einheit und Vielfalt zusammenwirken ist in der nachfolgenden Abbildung am Erkundungsverhalten dargestellt. Jedes Kind erkundet Gegenstände zuerst mit dem Mund, dann mit den Händen und schließlich mit den Augen. In welchem Alter ein Kind beginnt, ein bestimmtes Erkundungsverhalten zu zeigen, in welcher Intensität und für welche Dauer ist von Kind zu Kind unterschiedlich.

Alle Entwicklungsstadien und Verhaltensweisen erscheinen von Kind zu Kind also in unterschiedlichem Alter und sind verschie-

Erkunden von Gegenständen
mit Mund, Händen und Augen.

den ausgeprägt. Jedes Kind ist auf seine Weise einmalig. Wie können sich die Eltern auf die individuellen Eigenheiten und Bedürfnisse ihres Kindes einstellen?

Vieles, was Eltern tun, geschieht, ohne dass sie ihr Handeln bewusst planen. Sie erfassen das Verhalten ihres Kindes intuitiv richtig. Wenn eine Mutter ihr Kind vom Bettchen aufnimmt, es in den Armen hält und durch Wiegen beruhigt, passt sie sich diesem instinktiv an. Sie spürt, wie rasch sie es aufnehmen darf, in welcher Haltung es sich am wohlsten fühlt, und wie sie es am leichtesten beruhigen kann. Ohne diese angeborene Fähigkeit, das Verhalten eines Kindes zu deuten und sinnvoll darauf zu reagieren, könnten Eltern ihre Kinder gar nicht aufziehen.

Neben der Intuition spielen die eigenen Kindheitserfahrungen eine wesentliche Rolle. Wie sich die Eltern als Kinder gefühlt und wie sie ihre eigenen Eltern erlebt haben, beeinflusst wiederum ihr Erziehungsverhalten. Dieses wird schließlich, je älter das Kind wird, zunehmend von überlieferten Grundhaltungen und Normvorstellungen bestimmt. Letztere übernehmen die Eltern in Gesprächen mit Verwandten und Bekannten oder aus den Medien. Sie gehen beispielsweise davon aus, dass ein Kind im Alter von 3 Monaten nachts durchschläft, dass es mit einem Jahr die ersten Schritte macht und mit 2 Jahren spricht. Solche Vorstellungen entsprechen den Kindern aber nur ausnahmsweise, da sich Kinder sehr unterschiedlich entwickeln. Normvorstellungen wecken falsche Erwartungen und verunsichern die Eltern. Sie erwarten beispielsweise, dass ein 1-jähriges Kind 12 Stunden pro Nacht schläft. Es gibt Kinder, auf die diese Annahme zutrifft, für die Mehrheit der Kinder gilt sie aber nicht. Ein Teil der Kinder schläft länger, einige bis zu 15 Stunden pro Nacht, andere Kinder schlafen lediglich 9 bis 10 Stunden. Was geschieht, wenn die Eltern ihr Kind um 7 Uhr abends in der Erwartung zu Bett bringen, dass es bis 7 Uhr morgens schläft, das Kind aber nur 10 Stunden schlafen kann? Das Kind wird abends nicht einschlafen, nachts mehrmals aufwachen oder morgens vorzeitig wach sein. Im ungünstigsten Fall haben die Eltern unter allen drei Verhaltensauffälligkeiten zu leiden. Ein Kind, das nur 10 Stunden Schlaf pro Nacht braucht, entwickelt sich nicht besser, wenn es 12 Stunden im Bett liegen muss.

Wie können sich Eltern von Normvorstellungen, überlieferten Grundhaltungen und fest gefügten Ratgeberkonzepten lösen? Wie gelingt es ihnen, sich am aktuellen Entwicklungsstand und den individuellen Bedürfnissen ihres Kindes zu orientieren? Kenntnisse über den Ablauf und die Vielfalt der kindlichen Entwicklung und die Bereitschaft, das kindliche Verhalten wahrzunehmen und sich darauf einzustellen, helfen dabei. Eltern, die wissen, dass der Schlafbedarf unter Kindern unterschiedlich groß ist, werden sich nicht nach irgendwelchen Angaben richten. Sie werden vielmehr darauf achten, wie viel Schlaf ihr Kind braucht. Benötigt ihr Kind lediglich 10 Stunden Schlaf pro Nacht, was nicht ungewöhnlich ist, passen sie die Schlafenszeit den kindlichen Bedürfnissen an.

Welche Eigenschaften sind bei unserem Kind angeboren und welche erziehungsbedingt? Ist sein Verhalten Ausdruck der Veranlagung oder der Art und Weise, wie wir mit ihm umgehen? Diese Fragen stellen sich Eltern spätestens dann, wenn das Kind Schwierigkeiten bereitet und sie sich als Erzieher verunsichert fühlen.

Eltern nehmen eine unterschiedliche Erziehungshaltung ein, je nachdem, ob sie der Erbanlage oder ihrem erzieherischen Einfluss eine größere Bedeutung zumessen. Wenn sie davon ausgehen, dass alle zukünftigen Eigenschaften und Fähigkeiten ihres Kindes vererbt sind, werden sie zu Fatalisten: Die Natur nimmt ihren Lauf; als Erzieher sind sie nur Statisten. Wenn die Eltern der Meinung sind, das Milieu, in dem das Kind aufwächst, sei allein entscheidend für seine Entwicklung und sein Verhalten, laden sie sich eine übergroße Verantwortung auf: Das Kind ist dann ausschließlich das Produkt ihrer Erziehung. Die meisten Eltern gehen richtigerweise davon aus, dass für die kindliche Entwicklung Erbanlage und Umwelt gleichermaßen von Bedeutung sind. Auf welche Weise aber wirken sie zusammen?

Veranlagung und Umwelt sind keine Gegensätze, sie ergänzen sich. Das Erbgut, welches das Kind zu gleichen Teilen von Mutter und Vater bekommt, enthält einen Entwicklungsplan sowie die Anlagen für körperliche und psychische Eigenschaften. Individuelle Merkmale wie Körpergröße, Augenfarbe, aber auch motorische oder sprachliche Fähigkeiten sind im Erbgut angelegt. Diese genetische Grundlage schafft die Voraussetzungen dafür, dass ein Kind entstehen kann, vermag aber allein kein Lebewesen hervorzubringen. Dazu bedarf es der Umwelt und im Besonderen der Eltern.

Mit solch allgemeinen Überlegungen sind Eltern kaum zufriedenzustellen, wenn ihr 3-jähriger Sohn in Tobsuchtsanfälle ausbricht. Sie möchten das Verhalten ihres Kindes verstehen und wünschen sich für den Umgang mit ihm konkrete Orientierungshilfen: Warum hat er Tobsuchtsanfälle? Wodurch werden diese Anfälle ausgelöst? Wie sollen sie sich ihm gegenüber verhalten?

Auf Frustrationen mit Trotz zu reagieren, gehört zum normalen Verhalten von Kleinkindern. Auffällig wäre ein fehlendes Trotzverhalten! Bereitschaft und Ausmaß der Trotzreaktionen sind je nach angeborenem Temperament von Kind zu Kind unterschiedlich stark ausgeprägt. Genauso wie Erwachsene verschieden heftig auf einen abschlägigen Bescheid reagieren, gibt es Kinder, die der Aufforderung, ins Bett zu gehen, widerwillig Folge leisten, während andere einen Tobsuchtsanfall bekommen. Gegen solche temperamentvollen Auftritte können auch die fähigsten Eltern nichts ausrichten. Die Häufigkeit aber, mit der die Tobsuchtsanfälle auftreten, ist wesentlich vom Verhalten der Eltern abhängig. Geben die Eltern dem Kind nach, wird das Kind immer häufiger so reagieren, um seinen Willen durchzusetzen. Bestehen die Eltern auf ihrer Haltung, werden die Anfälle immer seltener werden. Das Temperament ihres Kindes können Eltern nicht verändern, sein Verhalten aber können sie sehr wohl beeinflussen.

In jedem Entwicklungs- und Verhaltensbereich bringt das Kind bestimmte Eigenschaften und Fähigkeiten mit. Welches Verhalten sich das Kind in seiner Entwicklung aneignet, hängt wesentlich davon ab, wie die Eltern und andere Bezugspersonen mit dem Kind umgehen.

Wie viel Förderung braucht ein Kind?

Eltern haben heutzutage nicht mehr 5, 10 oder gar noch mehr Kinder. Sie haben nur eines, manchmal 2 und selten mehr. Jedes dieser Kinder ist eine Kostbarkeit und soll die hohen Erwartungen der Eltern möglichst gut erfüllen. Eltern fragen sich daher: Wie können wir unser Kind optimal fördern? In den USA gehen Frauen während der Schwangerschaft in Kurse, wo ihre ungeborenen Kinder mit klassischer Musik, vorzugsweise Mozart, beschallt werden. Ihnen wurde die Hoffnung gemacht, dass sich ihr Kind später, damit ist vor allem die Schulzeit gemeint, besser entwickeln wird. Kinder entwickeln sich jedoch nicht umso besser, je früher und intensiver sie stimuliert werden. Das afrikanische Sprichwort »Das Gras wächst nicht schneller, wenn man daran zieht« gilt auch für Kinder.

In diesem Buch gehen wir von folgender Annahme aus: Jedes Kind will sich von sich aus entwickeln. Es hat einen inneren Drang, zu wachsen und sich Fähigkeiten und Kenntnisse anzueignen. Wenn es einen bestimmten Entwicklungsstand erreicht hat, beginnt es von sich aus, nach Gegenständen zu greifen, sich fortzubewegen und sich sprachlich auszudrücken.

Diese Bereitschaft, sich zu entwickeln, wird von vielen Eltern als Entlastung und selbst als Geschenk empfunden. Eltern müssen sich nicht ständig aktiv darum bemühen, damit ihr Kind Fortschritte macht. Es braucht nicht »gefördert« zu werden. Das Kind entwickelt sich aus sich heraus, solange sein körperliches und psychisches Wohlbefinden gewährleistet ist und es entwicklungsspezifische Erfahrungen machen kann. Es ist die Aufgabe der Eltern, den Alltag ihres Kindes so zu gestalten, dass es diese Erfahrungen machen kann. Es geht also weit weniger darum, dem Kind etwas beizubringen, vielmehr soll seine Neugierde für Sprache, Motorik oder Spiel entwicklungsgerecht befriedigt werden.

Für jeden Entwicklungsschritt gibt es einen bestimmten Zeitpunkt, an dem das Kind innerlich dazu bereit ist. Wann es so weit ist, zeigt uns das Kind mit seinem Verhalten an. Diesen Zeitpunkt gilt es zu erfassen. Im 2. Lebensjahr will das Kind beispielsweise selbstständig essen. Das Alter, in dem es geistig und motorisch so weit entwickelt ist, dass es mit dem Löffel umgehen kann, ist von Kind zu Kind unterschiedlich. Einige Kinder sind bereits mit 10 bis 12 Monaten am Hantieren mit dem Löffel interessiert, andere erst mit 18 bis 24 Monaten. Versuchen die Eltern, dem Kind den Umgang mit dem Löffel beizubringen, bevor es dazu bereit ist, überfordern sie es. Verweigern sie dem interessierten Kind das Hantieren mit dem Löffel, resigniert es. Es stellt sich darauf ein, dass es für alle Zeiten gefüttert wird – was die Eltern sicherlich nicht beabsichtigen.

Spüren die Eltern, dass bei ihrem Kind das Interesse am Löffel erwacht, und lassen sie es die entsprechenden Erfahrungen mit dem Löffel selber machen, so wird das Kind zwei wesentliche Dinge lernen: Es hat sich eine Kompetenz selber angeeignet und ist in einem weiteren Lebensbereich selbstständig geworden. Beides festigt sein Selbstwertgefühl.

In den ersten Lebensjahren lassen sich zwei Hauptformen des Lernens unterscheiden: soziales Lernen und exploratives Lernen.

Soziales Lernen

Das soziale Lernen beruht auf der Fähigkeit, das Verhalten anderer Menschen durch Nachahmung zu verinnerlichen. Bereits der Säugling hat ein starkes Bedürfnis nachzuahmen. Er imitiert einfache mimische Ausdrucksweisen und Laute. Über die Nachahmung erschließen sich dem Kind während des 1. Lebensjahres die Ausdrucksformen der menschlichen Kommunikation wie Mimik und Gestik. Auch die Sprache eignet sich das Kind an, indem es anderen zuhört, Laute und Worte wiederholt, Konversationsformen im Spiel nachahmt und verinnerlicht. Über die Nachahmung lernt das Kind zudem den funktionellen Gebrauch von Gegenständen. So sieht es am Familientisch, wie Eltern und Geschwister mit Löffel und Gabel essen. Anfang des 2. Lebensjahres beginnt es, den Löffel selber zu benutzen. Eltern brauchen ihrem Kind nicht beizubringen, wie man einen Löffel benutzt, miteinander umgeht oder spricht.

Wenn Eltern und die anderen Bezugspersonen das Kind an gemeinsamen Aktivitäten und am sozialen Umgang teilhaben lassen, eignet sich das Kind die Verhaltensweisen über die Nachahmung selbstständig an. Wenn die Eltern ihr Kind so oft wie möglich in ihre Tätigkeiten mit einbeziehen, geben sie dem Kind auch das wichtige Gefühl, gebraucht zu werden, und damit eine wohltuende Bestätigung von Zugehörigkeit.

In vielen Ländern dieser Erde leben die Kinder noch in großen Lebensgemeinschaften. Dort machen sie jeden Tag vielfältige Erfahrungen mit zahlreichen Erwachsenen und Kindern unter-

Wie der Vater so der Sohn.

schiedlichen Alters. Sie übernehmen gesellschaftliche und religiöse Bräuche durch gemeinsames Erleben und soziales Lernen. In unserer westlichen Gesellschaft werden Kinder, im besonderen Maße Säuglinge und Kleinkinder, weitgehend aus den Tätigkeiten der Erwachsenen ausgeschlossen. Geschwister sind immer seltener, und der Kontakt zu anderen Kindern ist so spärlich geworden, dass die Kinder nicht mehr ausreichend die notwendigen sozialen Erfahrungen machen können. Die wenigsten Kleinfamilien können ihren Kindern genügend Erfahrungen für deren Sozialisierung und soziales Lernen vermitteln. Die Eltern können zur sozialen Entwicklung ihres Kindes wesentlich beitragen, wenn sie ihm auch gemeinsames Erleben mit anderen Bezugspersonen und Kindern ermöglichen.

Dieser Aspekt wurde in der Vergangenheit vernachlässigt. Damit das Kind seine sozialen Kompetenzen ausbilden kann, benötigt es ausgedehnte zwischenmenschliche Erfahrungen. Nur so lernt es, dass Erwachsene und Kinder ihre individuellen Interessen und Eigenheiten haben, und entwickelt die Fähigkeit, mit unterschiedlichen Verhaltenseigenheiten und Kommunikationsstilen umzugehen. Um vielfältige soziale Erfahrungen machen zu können, braucht das Kind neben den Eltern weitere Bezugspersonen und Kinder unterschiedlichen Alters. Diese Erfahrungen können sehr viele Kinder heute in Kleinfamilien nicht mehr machen, leben doch im Mittel lediglich noch 1,3 Kinder in einer Lebensgemeinschaft.

Kleinkinder können alleine spielen, aber sie wollen vor allem mit Kindern zusammen sein. Fehlen ihnen andere Kinder, stellen sie an die Mutter, aber auch an andere Bezugspersonen Ansprüche, die diese nicht oder nur mit Mühe erfüllen können. Es ist für Erwachsene schwierig bis unmöglich, dem Kind die Erfahrungen mit anderen Kindern zu ersetzen. Es klingt hart für Eltern, ist aber deshalb nicht weniger wahr: Mutter und Vater allein können ihrem Kind nicht alle notwendigen Erfahrungen vermitteln. Kinder im Vorschulalter brauchen ausgedehnte und unterschiedliche Erfahrungen mit Erwachsenen und vor allem anderen Kindern.

Exploratives Lernen

Um die gegenständliche Welt zu begreifen, muss das Kind seine Umwelt intensiv erleben. Dabei setzt es sich aktiv mit Gegenständen auseinander, um Kenntnisse über die Beschaffenheit seiner Umwelt zu erwerben. Physikalische Eigenschaften wie Größe, Gewicht und Gestalt erfasst das Kind, indem es seinem Entwicklungsstand entsprechend mit den Gegenständen spielt. Eltern können ihrem Kind die materielle Welt nicht erklären. Dass ein Behälter gefüllt und durch Kippen entleert werden kann, wird das Kind selber herausfinden. Niemand kann ihm diesen Sachverhalt begreiflich machen. Allein Selbsterfahrung führt zum Begreifen.

»Alles, was wir einem Kind beibringen, kann das Kind nicht mehr lernen« (Piaget). Eltern brauchen ihrem Kind weder zu erklären noch zu zeigen, was man alles mit einem Gegenstand anstellen kann. Das Kind will und kann es in seinem Spiel selbst herausfinden. Die Erfahrungen, die das Kind dabei macht, sind mindestens so wichtig, wie die Fertigkeit und das Wissen, welche es daraus gewinnt. Echtes Lernen ist selbstbestimmt. Es ist immer auch mit Versagen und Frustrationen, aber letztlich mit einer tiefen Befriedigung über die eigene Leistung verbunden: Ich habe es geschafft. Die Eltern dürfen das Kind aber auch nicht sich selbst überlassen. Indem sie dem Kind Gegenstände zum Spielen geben, die seinem Entwicklungsstand entsprechen, tragen sie wesentlich zum kindlichen Lernprozess bei. Ein 6-monatiger Säugling ist beispielsweise an Dingen interessiert, die sich beim Erkunden mit dem Mund und der Zunge unterschiedlich anfühlen. Im Alter von etwa 12 Monaten beginnt das Kind, Behälter mit verschiedenen Inhalten ein- und auszuräumen. Mit etwa 18 Monaten ist es vor allem an Gegenständen interessiert, die sich stapeln lassen. Aus seiner Sicht ist jeder Gegenstand, der für das Kind interessant ist, ein Spielzeug. Dabei kann der gleiche Gegenstand je nach Entwicklungsalter für das Kind eine unterschiedliche Bedeutung haben.

Kinder beschäftigen sich mit Gegenständen oft in einer Weise, die für Erwachsene unverständlich ist. So steckt der Säugling alle Dinge, deren er habhaft werden kann, in den Mund. Warum tut er das? Nimmt er an, es sei etwas Essbares? Eltern wundern sich nicht nur über das kindliche Verhalten. Sie stellen sich auch erzieherische Fragen: Ist das nicht unhygienisch? Könnte ihr Kind nicht ersticken, wenn es ständig Dinge in den Mund nimmt? Müssen sie ihr Kind davon abhalten?

Ein Säugling steckt Gegenstände in den Mund, weil er sie nicht über die Augen, sondern über den Mund kennenlernt. Indem er sie mit den Lippen und der Zunge betastet, erspürt er Form, Größe, Konsistenz und Oberfläche. Der Mund und nicht die Augen ist das erste Sinnesorgan im Umgang mit der dinglichen Umwelt. Es ist also geradezu eine Notwendigkeit, dass der Säugling Gegenstände in den Mund nehmen kann.

Einsicht in sein Verhalten hilft uns, das Kind gewähren zu lassen. Wenn wir verstehen, warum ein Säugling alles in den Mund nimmt, werden wir seinem Treiben nicht mehr mit unguten Gefühlen zuschauen oder gar versuchen, das Mundeln zu unterbinden. Wir überlegen uns vielmehr, welche Gegenstände geeignet und ungefährlich sind, um dem Kind diese Sinneserfahrung zu ermöglichen.

Kinder zeigen in den ersten Lebensjahren viele weitere Verhaltensweisen, die Eltern nicht ohne Weiteres verstehen. Wenn ein Kind in einem bestimmten Alter genussvoll Gegenstände vom Kindersitzchen auf den Boden wirft und einige Monate später mit Eifer Schubladen ausräumt, so ergeben diese Aktivitäten für das Kind Sinn, auch wenn dieser für Erwachsene nicht ohne Weiteres ersichtlich ist und sie sich vielleicht sogar über das kindliche Verhalten ärgern. Verstehen wir ein Verhalten nicht, sollten wir das Kind gewähren lassen, solange sein Spiel ungefährlich ist. Wir sollten immer davon ausgehen, dass das Spiel für das Kind sinnvoll ist, auch wenn wir dessen Bedeutung nicht immer einzusehen vermögen.

Erziehung

Eltern haben sehr unterschiedliche Vorstellungen davon, wie Kinder zu erziehen sind. Erziehen kann für sie bedeuten, das Kind darin zu unterstützen, seine Fähigkeiten zu entwickeln, und es zu unterweisen, damit es sich Fertigkeiten und Wissen aneignen kann. Für andere Eltern heißt Erziehen vor allem, dem Kind Regeln und Werte des sozialen Umgangs beizubringen und es damit zu einem sozialen Wesen zu machen, das von der Gemeinschaft angenommen wird und sich in dieser Gesellschaft durchsetzen kann. Erziehen bedeutet für die meisten Eltern auch, das Kind zu führen und über das Kind zu bestimmen. Unabhängig davon, für welchen Erziehungsstil sich die Eltern entscheiden, keine Mutter und kein Vater kommt um den Gehorsam herum. Auch die erfahrensten Eltern können nicht darauf verzichten, ihren Kindern Grenzen zu setzen. Und selbst den kompetentesten Eltern gehorchen die Kinder unterschiedlich gut. Neben dem Erziehungsstil der Eltern spielen das Alter und die Persönlichkeit des Kindes eine wesentliche Rolle. Es gibt Kinder, die von ihrem Wesen her leichter zu lenken sind und Aufforderungen eher nachkommen als andere. Besonders häufig müssen Eltern Grenzen setzen, wenn die Kinder 2 bis 5 Jahre alt sind.

Die Bedeutung, die Eltern dem Gehorsam in der Erziehung zuschreiben, wird durch vielerlei Faktoren geprägt. Neben gesellschaftlichen Erwartungen spielen Gespräche mit Verwandten und Freunden, Bücher und das Fernsehen eine wichtige Rolle. Dazu kommen die Erfahrungen und Wertvorstellungen, die Eltern als Kinder mit ihren Eltern gemacht und die sie – zumeist unbewusst – verinnerlicht haben. Und dann ist da noch ein mehr als 2000 Jahre altes Erbe jüdisch-christlicher Kultur, in der Gehorsam nicht nur Mittel zum Zweck, sondern der Zweck selbst, das eigentliche Erziehungsziel, war, wie folgende Zitate aus verschiedenen Jahrhunderten belegen.

»*Wer sein Kind lieb hat, der hält es stets unter der Rute, dass er hernach Freude an ihm erlebe.*«   Prophet Sirach, 30.1.

»*Für die Erziehung ist Gehorsam notwendig, weil er dem Gemüt Ordnung und Unterwürfigkeit gegen die Gesetze gibt. Ein Kind, das gewohnt ist, seinen Eltern zu gehorchen, wird auch, wenn es frei und sein eigener Herr wird, sich den Gesetzen und Regeln der Vernunft unterwerfen, weil es einmal schon gewöhnt ist, nicht nach*

*seinem eigenen Willen zu handeln. Dieser Gehorsam ist so wichtig,
dass eigentlich die ganze Erziehung nichts anderes ist, als die Er-
lernung des Gehorsams.«*

J. G. Sulzer (1748)

*»Man muss schon im fünften Lebensmonat beginnen, das Kind
vom schädlichen Unkraut zu befreien.«*

Daniel Schreber (1858)

Die Disziplin erlebt in der Erziehung derzeit eine Renaissance.
Breite Kreise in der Bevölkerung wünschen sich wieder mehr Disziplin im Umgang mit Kindern. Dabei scheint es weniger um das
Kindeswohl zu gehen als vielmehr darum, die Erziehungsarbeit
für Eltern und Lehrpersonen möglichst effizient zu gestalten und
die Kinder mit möglichst wenig Aufwand zu kontrollieren. Erzieherische Maßnahmen wirken sich aber nicht nur unmittelbar auf das
kindliche Verhalten aus, sie haben immer auch langfristige Folgen.
Werden Kinder mit der Disziplin früherer Zeiten erzogen, sind
sie als Erwachsene oft zu autoritätsgläubig, wenig eigenständig,
scheuen Verantwortung und ordnen sich, weil sie keine eigene Meinung haben, jeder Art von Obrigkeit in Gesellschaft und Wirtschaft
unter. Kann das heute noch das Ziel unserer Erziehung sein?

Wie ungehorsam sind denn Kinder überhaupt? In der Schweiz
wurde 2003 eine Umfrage zum Thema Erziehung bei 1240 Familien durchgeführt (Schöbi und Perrez). Etwas mehr als 70 Prozent
der Eltern bezeichnen ihre Kinder im Alter von 1 und 7 Jahren als
ungehorsam. Der höchste Wert liegt im Alter von 2,5 bis 4 Jahren.
50 Prozent der Eltern beklagen sich über schlechte Tischmanieren, Unhöflichkeit im sozialen Umgang und vor allem Schreien
und Trotzreaktionen, wenn sie von den Kindern etwas Bestimmtes
verlangen. Zudem wird bereits in den ersten 2,5 Jahren der zu
hohe Fernsehkonsum (30 Prozent) der Kinder bemängelt, bei älteren Kindern zusätzlich Unordentlichkeit (45 Prozent) und ungenügende Lernbereitschaft (25 Prozent). Wenn wir davon ausgehen,
dass Eltern in der Schweiz nicht weniger kompetent sind als in anderen Ländern, können wir aus der Studie den Schluss ziehen,
dass Ungehorsam den Erziehungsalltag dominiert.

Diese Schlussfolgerung ist meines Erachtens falsch. Ich bin der festen Meinung, dass Kinder im Alltag überwiegend gehorchen. Wäre dem nicht so, wäre die Erziehung von Kindern ein Albtraum. Unserer bewussten Wahrnehmung scheint es zu entgehen, dass Kinder zumeist gehorchen. Wir nehmen ihr Einlenken als etwas Selbstverständliches hin. Wenn sich Kinder aber widersetzen, ärgern wir uns, und es bleibt in unserer Erinnerung haften.

Warum gehorchen Kinder? Es ist zumeist nicht die Angst vor irgendeiner Strafe, es gibt weit gewichtigere Gründe.

»Beziehung kommt vor Erziehung« (Petri). Der wohl wichtigste Grund für den kindlichen Gehorsam ist, dass das Kind die Bezugsperson, die von ihm etwas verlangt, mag und sie nicht enttäuschen will. Es leistet ihren Aufforderungen Folge, weil es ihre Liebe und Zuwendung nicht verlieren will. Die positive emotionale Abhängigkeit macht das Kind gehorsam. Wenn der Vater mit seinem 4-jährigen Sohn den Samstagnachmittag verbracht hat und sie beide eine gute Zeit miteinander hatten, kann er ihm mit wenig Aufwand ausreden, den Fernseher anzumachen. Kommt der Vater jedoch nach einem langen Arbeitstag abends nach Hause und verbietet beim ersten Kontakt dem Sohn das Fernsehen, wird er dies als Ablehnung empfinden und den Vater in eine Auseinandersetzung verwickeln. Je besser die Beziehung zur Bezugsperson und die emotionale Verfassung des Kindes sind, desto größer ist seine Bereitschaft einzuwilligen.

Was auch immer Eltern tun, eine Maßnahme ist umso wirksamer, je mehr die Grundvoraussetzung der kindlichen Erziehung gegeben ist: Das Kind fühlt sich von der Bezugsperson angenommen. Es ist diese positive emotionale Abhängigkeit und weniger die erzieherische Maßnahme, die das Kind dazu bringt, der Bezugsperson zu folgen. Die Eltern sollten daher immer versuchen, was oft schwierig ist, die momentane Beziehungssituation und die emotionale Befindlichkeit des Kindes mitzuberücksichtigen.

Ein weiterer wichtiger Grund, weshalb ein Kind gehorcht, ist, dass die elterliche Forderung dem kindlichen Bedürfnis nach Selbstbestimmung Rechnung trägt. Jedes Kind hat den tiefen Drang, über sich zu bestimmen und selbstständig zu werden. Bereits das Neugeborene will, wenn auch in einer begrenzten Weise, selbstständig sein. Es möchte mitbestimmen, wann und wie viel es trinken, ob es schlafen oder wach sein soll. Sobald der Säugling greifen kann, hat er seine eigenen Absichten, wie er mit den Gegenständen umgehen will. Beginnt das Kind, sich fortzubewegen, hat es seine eigenen Ziele, wohin es krabbeln oder laufen will.

Dies bedeutet keineswegs, dass das Kind vom ersten Tag an allein bestimmend sein will und auch sein soll. Etwa im Sinne einer falsch verstandenen antiautoritären Erziehungshaltung:»Lassen wir das Kind ganz einfach machen. Das Kind weiß schon, was ihm guttut.« Eine solche Haltung wird gelegentlich für das Stillen vertreten. Das Kind allein soll entscheiden, wann und wie viel es trinken will. Manche Kinder entwickeln sich auf diese Weise prächtig. Andere trinken aber von sich aus nicht ausreichend. Wieder andere haben selbst nach Monaten noch einen unregelmäßigen Tagesablauf, wachen nachts auf, sind verstimmt und schreien viel. Diese Kinder brauchen Eltern, die ihnen helfen, einen regelmäßigen Rhythmus aufzubauen und nachts durchzuschlafen.

Was für das Stillen gilt, trifft auch auf andere Bereiche zu: Gleichaltrige Kinder sind in ihren Anlagen verschieden und unterschiedlich weit entwickelt. Eine Erziehungshaltung, die für alle Kinder die richtige wäre, gibt es daher nicht. Während einige Säuglinge in ihrem Trinkverhalten schon so weit sind, dass sie selber Menge und Zeitpunkt der Mahlzeiten bestimmen können, sind andere noch auf die Hilfestellung der Eltern angewiesen. Es ist eine große erzieherische Herausforderung zu spüren, in welchen Situationen und bei welchen Aktivitäten das Kind kompetent ist und selbstbestimmt handeln kann und in welchen die Eltern noch Verantwortung übernehmen müssen.

Ist das Kind kompetent, soll es auch bestimmen dürfen. Hindern es die Eltern daran, eine Tätigkeit auszuführen, die es ausüben kann, entmutigen sie es und machen es unselbstständig. Ist das Kind jedoch nicht kompetent, müssen die Eltern bestimmen. Verlangen die Eltern vom Kind eine Tätigkeit, die es noch nicht ausführen kann, überfordern sie es. Unter- wie auch Überforderung wirken sich nachteilig auf das Selbstwertgefühl des Kindes aus.

Eine Frage, die sich in der Erziehung immer wieder aus Neue stellt, lautet: Ist das Kind wirklich ungehorsam, oder haben wir Erwachsene falsche Erwartungen? Falsche Erwartungen und Vorstellungen gab und gibt es zweifellos. Noch die Generation der Großeltern interpretierte Schreien in den ersten Lebensmonaten als ungehörig. Es musste den Kindern schleunigst ausgetrieben werden, damit diese zukünftig nicht immer ihren Willen durchsetzen wollen. Heute noch meinen Eltern viel zu früh, dass ihre Kinder eine Vorstellung von Ordnung und Unordnung haben. Solche Erwartungen überfordern die Kinder, als Relikte veralteter Erziehungshaltungen erscheinen sie den Eltern jedoch wichtig. Eltern sollten sich immer wieder fragen, ob die Anforderungen, die sie an ihr Kind stellen, entwicklungs- und kindgerecht sind.

»Erziehung ist Beispiel und Liebe, sonst nichts« (Fröbel). Viele Verhaltensweisen, die sich Eltern bei ihrem Kind wünschen, können sie mit wenig Aufwand erreichen. Sie müssen sich lediglich vorbildgerecht verhalten. Kinder haben eine ausgesprochene Neigung, das Verhalten ihrer Bezugspersonen zu übernehmen. Wenn sich die Eltern vor jedem Essen in Anwesenheit des Kindes die Hände waschen, wird das Kind dieses Verhalten übernehmen. Sie müssen das Kind nicht dazu anweisen. Wenn die Eltern mehr als 3 Stunden pro Tag fernsehen, was in unseren Breitengraden den Durchschnitt darstellt, ist es für sie schwierig dem Kind plausibel zu machen, weshalb gerade es möglichst wenig fernsehen soll.

Gehorcht das Kind nicht, lassen sich erzieherische Maßnahmen oft nicht mehr vermeiden. Das Kind soll durch unangenehme Konsequenzen dazu gebracht werden ein unerwünschtes Verhalten aufzugeben. Wie haben sich die Eltern bei ihren Kindern in der Studie von Schöbi und Perrez durchzusetzen versucht?

Drohen und Schimpfen sind sehr häufige elterliche Verhalten (90 Prozent). Sie sind fast immer die erste elterliche Reaktion auf unerwünschtes Kindsverhalten. Sie wirken aber nur, wenn das Kind die Erfahrung gemacht hat, dass eine Missachtung der elterlichen Aufforderung negative Konsequenzen hat. Zu den häufigen Maßnahmen gehört ebenfalls das Verbieten wie Fernsehverbot (53 Prozent), ins Bett/Zimmer geschickt zu werden (50 Prozent), kein Dessert (18 Prozent) oder ohne Abendessen ins Bett (5 Prozent). Auch diese Maßnahmen wirken nur, wenn sie von den Eltern konsequent durchgesetzt werden. Etwa 20 Prozent der Eltern bestrafen ihre Kinder immer noch körperlich. Kleinkinder im Alter von 2,5 bis 4 Jahren sind davon am häufigsten betroffen. Ein Anzeichen dafür, dass diese Altersperiode die Geduld der Eltern besonders herausfordert. Schläge auf den Hintern wurden am häufigsten verteilt (15 bis 20 Prozent), gefolgt von Ohrfeigen (5 bis 10 Prozent) und an den Haaren ziehen (2 Prozent).

Warum greifen Eltern immer noch zu dieser Methode? Nur 13 Prozent der Eltern, die Körperstrafen anwenden, sehen darin tatsächlich ein geeignetes Erziehungsmittel. Ein Drittel dieser Eltern ist der Meinung, dass ein Klaps hie und da angebracht sei und keinen Schaden anrichte. Die große Mehrheit der Eltern fühlt sich aber nicht wohl dabei, wenn ihnen die Hand ausrutscht. Im Nachhinein trösten sie das Kind und entschuldigen sich bei ihm, machen sich selber Vorwürfe, haben ein schlechtes Gewissen und sprechen mit ihrem Partner darüber. Die meisten Eltern möchten körperliches Strafen vermeiden. Wenn sie sich erzieherisch überfordert fühlen, schlagen sie ihr Kind aber doch.

Was sind kindgerechte und wirkungsvolle Maßnahmen? Im Wesentlichen stehen Eltern drei Strategien zur Verfügung, um sich bei ihrem Kind Gehör zu verschaffen:

Positives Verstärken. Das Kind wird für ein Verhalten gelobt, das die Eltern als erwünscht betrachten. Wenn ein 18 Monate altes Kind mit großem Eifer und Ausdauer versucht, mit dem Löffel zu essen, und die Eltern es loben, wird es sich bei der nächsten Mahlzeit umso mehr bemühen. Schweizer und deutsche Eltern loben ihre Kinder viel seltener als angelsächsische Eltern. Lob hat für uns Mitteleuropäer den Beigeschmack von Verführung und Verwöhnung. Auch unter Erwachsenen macht uns Lob misstrauisch, und so gehen wir damit äußerst sparsam um. Eigentlich schade, da Lob für eine Beziehung einen positiven Wert darstellt im Gegensatz zu den Maßnahmen mit negativen Konsequenzen.

Ignorieren. Die Eltern reagieren nicht auf ein unerwünschtes Verhalten des Kindes. Ignorieren kann wirksamer sein als verbieten. Wenn ein Kleinkind beispielsweise Flüche aufgeschnappt hat und sie mit Genuss bei unpassenden Gelegenheiten zum Besten gibt. Das Kind hat meist keine Ahnung, welche Bedeutung die Flüche haben, es hat aber sehr wohl begriffen, dass es damit eine große Wirkung in seiner sozialen Umgebung erzielen kann. Zeigen die Eltern keine emotionale Reaktion und lassen sich durch die Flüche nicht provozieren, hört das Kind von selbst damit auf.

Negatives Verstärken. Das Kind soll ein unerwünschtes Verhalten aufgeben, indem es unangenehme Konsequenzen zu spüren bekommt. Eine Maßnahme, die sich die Eltern im Voraus überlegen und die an das Kind und die Situation angepasst ist, wirkt immer viel besser als eine Maßnahme, die sie in einer Krisensituation überstürzt ergreifen. Die Maßnahme soll dem Entwicklungsstand des Kindes entsprechen und nicht nur eine Drohung bleiben, sondern auch durchführbar sein. Damit wird sie vom Kind als eine konsequente Erziehungshaltung der Eltern erlebt. Wirkungsvolle Erziehung hat viel mit Vorausblicken und -planen zu tun.

Die Eltern sollten sich immer auch überlegen, wie die Maßnahme vom Kind erlebt wird. Das Kind empfindet nicht nur Frustration und sogar Schmerz, sondern fühlt sich insbesondere auch abgelehnt: Die Bezugsperson, die mich straft, hat mich nicht gern. Dies trifft ganz besonders für die Körperstrafe zu, die deshalb nie eine Berechtigung hat. In Ländern wie Dänemark ist jegliche Form von Körperstrafe ein gesetzlich untersagtes Vergehen an Kindern.

Das Gefühl der Ablehnung ist bei jeder Maßnahme umso größer, je weniger sich das Kind von der Bezugsperson angenommen fühlt. Abgelehnt fühlt sich das Kind zumeist weniger durch die Maßnahme selbst als vielmehr durch die Art und Weise, wie sie die Eltern ankündigen und durchführen. Es macht für das Kind einen großen Unterschied, ob die Eltern freundlich, aber bestimmt »Nein« sagen oder aber ihr Gesicht und ihre Stimme Wut und Ärger zum Ausdruck bringen. Ablehnung empfindet das Kind insbesondere dann, wenn die Bezugsperson nicht nur sein Verhalten missbilligt, sondern das Kind als Person entwertet. Die Maßnahme sollte daher möglichst nie mit einer moralischen Verurteilung verbunden sein. Es kommt also nicht nur auf die Art der Maßnahme an, sondern mindestens so sehr, wie sie durchgeführt wird.

Wenn wir unsere Kinder nicht zu blindem Gehorsam erziehen wollen, müssen wir ein gewisses Maß an Ungehorsam akzeptieren. Zu einem normalen kindlichen Heranwachsen gehört, dass das Kind einigen Anforderungen nur widerstrebend und mit einer gewissen zeitlichen Verzögerung folgt. Wenn man sich in die Situation des Kindes hineinversetzt, ist sein Unwille zumeist verständlich. Ein Kind ist beispielsweise in sein Spiel vertieft, wenn die Mutter es auffordert ins Bett zu gehen. Das Kind braucht Zeit, sich von seinem Spiel zu lösen und sich auf die Schlafenszeit einzustellen. Der Vater reagiert kaum anders, wenn er am Computer in seine Arbeit vertieft ist und die Mutter zum Essen ruft.

Wenn sich ein Kind erzieherisch tatsächlich nicht mehr führen lässt, sollten Eltern und Bezugspersonen gemeinsam über folgende Fragen nachdenken:

■ Ist das Verhalten, das wir uns von dem Kind wünschen, überhaupt entwicklungs- und kindgerecht? Fühlt sich das Kind überfordert oder durch unsere Maßnahmen gar gedemütigt?

■ Ist unsere Erziehungshaltung konsequent? Kann das Kind voraussehen, ob wir unsere angekündigten Maßnahmen durchsetzen werden oder nicht?

■ Stellen wir genügend Anforderungen an das Kind, die es selbstständig und kompetent erfüllen kann? Wird das Kind zu sehr von uns verwöhnt? Haben wir es für seinen Gehorsam zu oft materiell belohnt, und versucht es mit seinem Ungehorsam, die Belohnung in die Höhe zu treiben? Sind wir verführbar oder bestechlich geworden?

■ Haben wir das Kind emotional vernachlässigt? Bekommt es ausreichend Zuwendung, oder fühlt es sich von uns alleingelassen? Erlebt es unsere Aufforderungen als Ablehnung? Will es uns zeigen, dass es sich zu wenig geliebt fühlt? Ist ihm negative Aufmerksamkeit lieber als gar keine, und ärgert es uns daher mit vorsätzlichen Boshaftigkeiten?

■ Schaut sich das Kind ein Verhalten bei uns ab und versteht daher nicht, weshalb wir es ihm verbieten?

Gehorsam soll immer nur ein Mittel sein, um das Kind zu einem sinnvollen Verhalten hinzuführen. Wird Gehorsam zum Zweck an sich, dient er nur noch der Durchsetzung von Macht und demütigt das Kind. Schließlich sollten Eltern immer auch bedenken, dass alle Maßnahmen langfristige Auswirkungen auf die Kinder haben, unter anderem auch auf ihr Erziehungsverhalten als zukünftige Eltern. Elterliches Verhalten hat für die Kinder immer Vorbildcharakter. Wie möchten Eltern, dass ihre Enkel erzogen werden?

Keine perfekten Eltern

Der Umgang mit dem Kind besteht für die Eltern in einem ständigen Abwägen zwischen Fürsorge, Grenzensetzen und Loslassen. Hierbei das richtige Maß zu finden ist die hohe Kunst des Erziehens. Das richtige Maß kann kein allgemeingültiges sein. Es orientiert sich am einzelnen Kind und an seinem momentanen Entwicklungsstand.

Das richtige Maß zu finden ist eine Aufgabe, die sich den Eltern immer wieder aufs Neue stellt und die sich oft nicht ideal lösen lässt. So gibt es Abende, an denen die Eltern zu müde sind, um auf ihr Kind einzugehen. Eltern können und wollen sich auch nicht nur ausschließlich um das Kind kümmern. Sie brauchen Zeit und Muße für ihre eigenen Interessen und ihre Partnerschaft. Haben sie dafür weder Zeit noch Kraft, fühlen sie sich zunehmend unzufrieden, was sich wiederum nachteilig auf das Kind auswirken kann. Manche Eltern haben berufliche und familiäre Verpflichtungen, die sie daran hindern, sich in der Weise um ihre Kinder zu kümmern, wie sie es sich vorgenommen haben. Zu ihrem Trost: Die Natur rechnet nicht mit perfekten Eltern. Sie hat die Kinder mit einer gewissen Anpassungsfähigkeit und Krisenfestigkeit ausgestattet. Die Natur rechnet auch nicht mit Eltern, welche die Kinderbetreuung alleine schaffen. Sie erwartet aber von den Eltern, dass sie sich für ihre Kinder die notwendige Zeit nehmen und von der Gemeinschaft, dass sie die Eltern soweit unterstützt, dass diese ausreichend für ihre Kinder sorgen können.

Wie sollte ein Kind betreut werden?

»Um ein Kind aufzuziehen, braucht man ein ganzes Dorf« (afrikanisches Sprichwort). Heutzutage können die meisten Eltern die Kontinuität in der Kinderbetreuung alleine nicht mehr gewährleisten. Große Lebensgemeinschaften, die ihnen früher bei der Kinderbetreuung beigestanden sind, gibt es kaum mehr. Die Eltern sind darauf angewiesen, dass die Gesellschaft sie unterstützt. Das Angebot an familienergänzender Betreuung ist leider in vielen Bundesländern Deutschlands und in der gesamten Schweiz nach wie vor unzureichend. Die Betreuung ist oft auch qualitativ noch verbesserungswürdig. Sie muss dringend ausgebaut und verbessert werden, wenn die Kinder keinen Schaden nehmen sollen.

Dies kann nur gelingen, wenn auch die Wertvorstellungen von Kind und Familie in Gesellschaft und Wirtschaft überdacht werden. Damit die Gesellschaft kinderfreundlicher wird, muss sich ein Wandel in der Wirtschaft vollziehen, der es den Vätern ermöglicht, ihren beruflichen Einsatz so zu begrenzen, dass sie noch Kraft und Zeit haben, um sich an der Kinderbetreuung zu beteiligen. Es sollte nicht mehr vorkommen, dass Kinder fremdeln, wenn ihre Väter endlich nach Hause kommen. Männer, die ihre Vaterrolle ernst nehmen, sollten im Beruf nicht mehr diskriminiert werden. Chancengleichheit zwischen den Geschlechtern in der beruflichen Tätigkeit muss hergestellt werden. Schließlich ist das Angebot an Teilzeitarbeit für Mütter und Väter größer und flexibler zu gestalten.

Die Lebensgemeinschaften, in denen Kinder aufwachsen, werden immer vielfältiger. Zweifelsohne gibt es nicht nur eine Form des Zusammenlebens, welche die Kriterien einer guten Betreuung erfüllen kann. Wie gut können verschiedene Familienformen die Betreuung und die Sozialisierung der Kinder gewährleisten?

Die vollständige Familie. Dies ist die häufigste Form, in der Kinder aufwachsen. 80 Prozent der jungen Erwachsenen streben sie nach wie vor an, obwohl das Scheidungsrisiko mittlerweile mehr als 40 Prozent beträgt.

Es gibt Mütter, die ihr Kind fast ausschließlich allein betreuen und die diese Rolle erfüllt; durch die Fürsorge für das Kind erfahren sie eine tiefe Befriedigung. Tatsache ist aber auch, dass sich viele Mütter überfordert fühlen, wenn sie allein für die Betreuung des Kindes zuständig sind. Die Fürsorge für das Kind allein füllt sie auch nicht aus. Ihnen fehlen die Herausforderung und vor allem die Wertschätzung, die sie durch eine berufliche Tätigkeit erfahren. Oft leiden sie unter einer sozialen Isolation. Wird die Mutter in ihrem psychischen Wohlbefinden beeinträchtigt, kann es dem Kind auch nicht gut gehen.

In der Bevölkerung ist die Vorstellung immer noch verbreitet, dass die vollständige Familie die ideale Betreuungssituation für ein Kind ist. Jede Frau sollte glücklich und froh sein, wenn sie sich ausschließlich der Kinderbetreuung und dem Haushalt widmen darf. Eine arbeitende Mutter wird hingegen eher negativ beurteilt. Sie stellt ihre eigenen Interessen über diejenigen des Kindes, will sich verwirklichen und vernachlässigt die Bedürfnisse des Kindes. Wer diese Meinung vertritt, sollte bedenken, dass dieses idealistische Familienmodell keine biologische Notwendigkeit, sondern vielmehr einen Sonderfall der letzten etwa 50 Jahre darstellt. Es gab wahrscheinlich keine andere Zeitperiode in der ganzen Menschheitsgeschichte, in der ausschließlich die Mutter für die Betreuung der Kinder zuständig war. Die Kinder wuchsen in Lebensgemeinschaften mit vielen Verwandten, Nachbarn und Bekannten auf, welche die Mutter bei der Betreuung unterstützt haben. Zudem gab es zahlreiche Geschwister und Kinder in der Verwandtschaft und Nachbarschaft, die sich gegenseitig beschäftigt und auch erzogen haben. Auch heute noch werden Kinder in vielen Kulturen in solchen Gemeinschaften großgezogen.

Eltern von Kleinfamilien können die Betreuung eines Kindes oft weitgehend gewährleisten. Ganz ohne zusätzliche Personen, die sie in der Kinderbetreuung unterstützen, kommen aber die wenigsten aus. In jedem Fall müssen die Eltern ihrem Kind Erfahrungen mit anderen Erwachsenen und vor allem Kindern ermöglichen, damit es seine sozialen Kompetenzen ausreichend entwickeln kann.

Vielfach ist es auch so, dass Mutter und Vater Teilzeit arbeiten und gemeinsam das Kind betreuen. Diese Aufteilung der Betreuung ist für das Kind vorteilhaft, da es mit Mutter und Vater ausreichend Erfahrungen machen kann. Diese Eltern üben oft einen Beruf aus, der Teilzeitarbeit zulässt. Auch hier sollte sich die Wirtschaft anpassen und mehr Teilzeitstellen in möglichst allen Berufsgruppen schaffen. Eltern mit einem reduzierten Arbeitspensum dürfen bezüglich Lohn und hierarchischer Stellung nicht mehr diskriminiert werden. Auch wenn sich beide Eltern an der Kinderbetreuung beteiligen, sind sie zumeist auf zusätzliche Bezugspersonen angewiesen. Für eine ausreichende Sozialisierung des Kindes gelten die Anmerkungen, die bereits oben gemacht wurden.

In dem Fall, dass beide Eltern berufstätig sind, ist der Vater zumeist zu 100 Prozent und die Mutter in der Regel in Teilzeit beschäftigt. In der Schweiz arbeiten 30 bis 50 Prozent der Mütter mit vorschulpflichtigen Kindern und 60 bis 75 Prozent der Mütter von schulpflichtigen Kindern. Die Mütter arbeiten, weil sie aus wirtschaftlichen Gründen dazu gezwungen sind oder weil sie ihren erlernten Beruf ausüben wollen.

Die Doppelbelastung von Familie und Beruf ist für die Mütter sehr hoch. Die Eltern sind auf familienergänzende Betreuung angewiesen. Oft ist das Angebot aber ungenügend oder zu kostspielig. Darunter leidet die Betreuung und Sozialisation der Kinder. 40 Prozent der Schweizer Schulkinder arbeitender Mütter werden außerhalb der Schulzeit nicht betreut (Bauer 2004).

Alleinerziehende. Immer mehr Kinder wachsen bei nur einem Elternteil auf. Diese Eltern leiden am meisten unter der Doppelbelastung und sind ganz besonders auf die Unterstützung durch familienergänzende Betreuung angewiesen. Zumeist werden die Kinder mit anderen Kindern betreut, was sich positiv auf ihre Sozialisation auswirkt.

Zusammenfassend kann man sagen:
- Die Betreuung der Kinder durch die Eltern ist je nach Lebensgemeinschaft unterschiedlich gut gewährleistet. Für eine ausreichende Sozialisierung brauchen die Kinder aller Lebensgemeinschaften zusätzliche Bezugspersonen und vor allem andere Kinder.
- Die Eltern müssen keine Schuldgefühle mehr haben, wenn sie die Kinderbetreuung nicht alleine schaffen. Sie sollen sich früh-

zeitig Unterstützung und Betreuungsmöglichkeiten suchen, um nicht überfordert zu werden und um die Betreuung und das Wohl des Kindes möglichst gut zu gewährleisten.

Wer hilft den Eltern bei der Kinderbetreuung?

Verwandtschaft. In einer Schweizer Studie wurde festgestellt, dass Großeltern 100 Millionen Betreuungsstunden pro Jahr erbringen (Bauer 2002); hochgerechnet für Deutschland entspricht dies etwa 1,4 Milliarden Betreuungsstunden. Großeltern, vor allem Großmütter, leisten einen erheblichen Beitrag an die Kinderbetreuung, der auch von wirtschaftlicher Bedeutung ist. In Zukunft werden die Großeltern weniger verfügbar sein, da sie immer häufiger auch berufstätig sind. Andere Verwandte wie Tanten, Onkel oder Kusinen werden weit seltener als Großeltern in Anspruch genommen.

Bekanntschaft. Manche Familien beziehen nicht nur die Verwandten, sondern auch Freunde und Bekannte, meist mit eigenen Kindern, in die Kinderbetreuung mit ein. Je mehr Personen involviert werden, umso schwieriger wird es, die Kontinuität der Betreuung zu gewährleisten. Oft wechseln die Bezugspersonen von Woche zu Woche. Vorteilhaft an dieser Art von Betreuung ist, dass die meisten Kinder Erfahrungen mit anderen Kindern machen können.

Familienergänzende Betreuung. Gegenüber der Kinderbetreuung bei Tagesmüttern, in Krippen, Spielgruppen, Frühkindergärten haben weite Teile der Bevölkerung in Deutschland und der Schweiz noch immer große Vorbehalte. Sie halten am Mutter-Mythos fest: Eine Fachperson kann das Kind nie so gern haben wie die eigene Mutter und ist somit auch nicht bereit, gleich gut für das Kind zu sorgen. Es gibt Eltern, die ihre Kinder zu Hause ausgezeichnet betreuen können und auf familienergänzende Betreuung nicht angewiesen sind. Wie aber steht es mit der Mehrheit der Mütter, die für den Unterhalt ihrer Familien arbeiten müssen? Es gibt bereits jetzt viele und wird zukünftig immer mehr Familien geben, die auf familienergänzende Betreuung angewiesen sind.

Die familienergänzende Betreuung will aber nicht nur die Eltern unterstützen und entlasten. Neben der Betreuungsnot gibt es einen wichtigen pädagogischen Aspekt. In den letzten Jahren sind die Kinder selbst mit ihren Bedürfnisse bezüglich Sozialisierung und Entwicklungserfahrungen ins Bewusstsein der Öffentlichkeit gerückt. Studien in qualitativ gut geführten Krippen wiesen nach, dass Kinder, die eine Krippe besuchen, beim Eintritt in den Kindergarten sozial kompetenter und in ihrer Entwicklung, insbesondere in der Sprache, fortgeschrittener sind als diejenigen Kinder, welche die ersten Lebensjahre ausschließlich in einer Kleinfamilie verbracht haben (Howes, NICHD). In Kindergarten und Schule wirken sich die Erfahrungen der ersten Lebensjahre positiv auf das Wohlbefinden, das Verhalten und die Leistung der Kinder aus. Die vorteilhafte Entwicklung der Krippenkinder kann im Wesentlichen auf die folgenden Faktoren zurückgeführt werden:

Die Kinder, die eine Krippe besuchten, haben

- ausgedehnte Erfahrungen mit gleichaltrigen und etwas älteren Kindern in altersdurchmischten Gruppen machen können;
- ausreichende Erfahrungen mit anderen Bezugspersonen wie Erzieherinnen machen können;
- ein größeres und vielfältigeres Angebot nutzen können, um entwicklungsgerechte Erfahrungen zu machen (Basteln, Spielplatz, freie Natur etc).

Die erwähnten Studien zeigen auch, dass bei familienergänzender Betreuung die Eltern für das Kind die wichtigsten Bezugspersonen bleiben. Wie es dem Kind geht, hängt entscheidend weiterhin von der elterlichen Zuwendung ab. Die Krippe kann die Eltern als Hauptbezugspersonen nicht ersetzen (Howes, NICHD).

Familienergänzende Betreuung ist also nicht zwangsläufig nachteilig für die Kinder, sie ist aber auch nicht immer gut für die Kinder. Damit sich die Kinder positiv entwickeln können, muss die familienergänzende Betreuung von hoher Qualität sein. Qualitätsmerkmale der Betreuung sind: motivierte und kompetente Betreuerinnen, die über eine qualifizierte pädagogische Aus- und Weiterbildung verfügen, eine gute Organisation der Tagesstätte sowie ausreichend kindgerechte räumliche Gegebenheiten. Die beiden wichtigsten Indikatoren einer qualitativ guten Betreuung sind die Kontinuität des Personals (möglichst wenig Wechsel) und eine genügend große Anzahl an Betreuerinnen, um eine persönliche Beziehung und ausreichende Zuwendung für jedes Kind zu gewährleisten (ausführliche Angaben siehe Anhang).

Manche Eltern sind überglücklich, wenn sie endlich eine Tagesmutter oder einen Krippenplatz gefunden haben, und wagen nicht, nachzufragen und Forderungen zu stellen. Dies sollten sie aber unbedingt tun, denn sie geben ihr Kind nicht in Aufbewahrung, sondern anderen Menschen in Obhut. Sie erwarten eine kindergerechte Betreuung, welche die Bedürfnisse ihres Kindes ausreichend befriedigt. Die Eltern haben ein Anrecht darauf zu wissen, wie ihr Kind betreut wird und welche Entwicklungserfahrungen, vor allem auch sozialer Art, es machen kann. Sie sollten sich die räumlichen Gegebenheiten einer Kinderbetreuungsstätte genau anschauen und ein ausführliches Gespräch mit deren Leitung führen. Sehr hilfreich ist es, bei Eltern nachzufragen, die ihr Kind bereits in der Kinderbetreuungsstätte betreuen lassen. Checklisten, worauf zu achten ist, wenn Eltern nach einer familienergänzenden Betreuung suchen, finden sich im Anhang.

Eine Zukunft ohne Kinder?

Für die meisten Eltern gilt: Ein Kind alleine aufzuziehen ist eine Überforderung. Die für viele Eltern unbefriedigende Situation der Kinderbetreuung sollte sie nicht verunsichern: Es liegt nicht an ihnen, wenn sie sich überfordert fühlen, sondern an der Stellung der Familie in der heutigen Gesellschaft. Eltern sollten sich nicht mehr schlecht fühlen, wenn sie die Betreuung ihrer Kinder alleine nicht schaffen. Ihre Vorfahren hätten es alleine auch nicht geschafft. Früher wurden die Eltern von Lebensgemeinschaften unterstützt. Heute sind sie bei der Erziehung auf die Unterstützung der Gesellschaft angewiesen. Die Gesellschaft ist in der Pflicht: Was die Lebensgemeinschaften einst geleistet haben, muss heute die Gesellschaft als kind- und familiengerechten Lebensraum neu gestalten. Man mag dies bedauern. Tatsache aber bleibt: Wenn die Gesellschaft diese Herausforderung nicht annimmt, geht es zu Lasten der Familien und Kinder, und wir verpassen die Chance einer lebenswerten Zukunft.

Warum sind junge Menschen immer weniger bereit, eine Familie zu gründen? In der Vergangenheit kamen Kinder vielfach spontan und oft ungewollt auf die Welt. Seit 30 Jahren können Paare und insbesondere die Frauen mit Verhütungsmitteln bestimmen, ob sie Kinder haben wollen oder nicht. Kinder zu haben ist heutzutage eine bewusste Entscheidung und nicht mehr Schicksal.

In Europa geht das Gespenst um, dass unser Kontinent ausstirbt. Deutschland und die Schweiz haben europaweit mit die tiefsten Geburtenraten. Um unsere Bevölkerung stabil zu halten, wären schon heute 40 Prozent mehr Geburten pro Jahr nötig. In den skandinavischen Ländern, Holland und Frankreich ist die Geburtenrate deutlich höher. In diesen Ländern werden die Eltern in der Kinderbetreuung gebührend unterstützt und befinden sich nicht in einer Notlage zwischen Beruf und Elternschaft. Wenn wir wollen, dass wieder mehr Kinder geboren werden, muss sich die Perspektive für junge Familien in Gesellschaft und Wirtschaft deutlich verbessern. Werden die Familien zukünftig ausreichend unterstützt, werden wieder mehr junge Menschen bereit sein, Familien zu gründen und sie werden Freude daran haben.

Prioritäten setzen

Wie alle frischgebackenen Eltern haben die Eltern von Sara hohe Erwartungen an ihr Kind und an sich selbst. Sie wollen in den kommenden Jahren das Beste für ihr Kind:

- Das Kind soll sich angenommen und geborgen fühlen.
- Es soll erleben, dass seine Bedürfnisse von uns als Eltern und anderen Bezugspersonen zuverlässig wahrgenommen und befriedigt werden.
- Es soll erfahren, dass sich andere Menschen ihm zuwenden und dass es auf diese Einfluss nehmen kann.

- Im Umgang mit Gegenständen soll es erleben, dass es selbstständig Erkenntnisse machen und die Umwelt verändern kann.
- Um sein Selbstwertgefühl zu stärken, darf es in Bereichen, in denen es kompetent ist, auch selbstständig sein. Es soll weder über- noch unterfordert werden. Es soll sich in dieser Welt nicht hilflos fühlen, sondern erleben, dass es etwas bewirken kann.

Mit diesen hohen Erwartungen stellen die Eltern auch hohe Anforderungen an sich selbst. In den kommenden Jahren braucht das Kind von seinen Eltern viel emotionale, geistige und körperliche Energie und vor allem Zeit. Wollen sie diesen Anforderungen gerecht werden, müssen sie umdenken und in ihrem Leben die Prioritäten neu setzen. Bei der Einstellung auf ihre Mutter- und Vaterrolle kann den Eltern die Beantwortung der folgenden Fragen hilfreich sein (siehe auch die ausführliche Liste im Anhang):

- Wie viel von meiner Zeit braucht das Kind?
- Wie viel Zeit werde ich zukünftig noch zur Verfügung haben für:
  - Partnerschaft
  - Beruf
  - Hausarbeit
  - soziale Beziehungen
  - Medien
  - Freizeit/Muße
  - Sport
  - anderes?

Die Prioritäten neu zu setzen ist kein einfaches Unterfangen, sind doch die Eltern mit ihren Bedürfnissen und Interessen genauso vielfältig wie die Kinder. Die meisten Mütter können sich den Bedürfnissen ihrer Kinder von Natur aus kaum entziehen und bekommen daher die Mehrbelastung intensiv zu spüren. Sie kommen nicht darum herum, ihr Leben den veränderten Gegebenheiten anzupassen. Frauen sind jedoch von Natur aus nicht ausschließlich auf mütterliche Fürsorge festgelegt. Auch in der Vergangenheit hat sich – wenn überhaupt – nur eine Minderheit der Frauen allein um die Kinder gekümmert. Die Frauen haben auf Bauernhöfen, in Handwerks- und Handelsbetrieben große Haushalte geführt, im Betrieb mitgeholfen, ihre sozialen Kompetenzen für die gemeinnützige Arbeit eingesetzt und ihre eigenen Interessen verfolgt, die auch der Gemeinschaft zugutekamen. Sie haben Gärten gepflegt und sich mit Kräuterheilkunde beschäftigt, waren besonders begabt im Fertigen von Kleidern, konnten ausgezeichnet kochen und backen oder haben ein Kunsthandwerk betrieben.

Die Bildungspolitik der vergangenen 30 Jahre hat den Frauen das erste Mal in der gesamten Kulturgeschichte ermöglicht, ihre Begabungen stärker zu verwirklichen. Die Frau hat eine weitgehende Gleichstellung in der Bildung mit dem Mann erreicht. Eine Gleichstellung in der beruflichen Arbeit ist noch ausstehend, wird aber unausweichlich sein. Denn die Mehrheit der Frauen will arbeiten, und die Wirtschaft in Europa ist künftig auf sie als qualifizierte Arbeitskräfte angewiesen. Diesen emanzipatorischen Schritt in Bildung und Beruf zu machen und sich nicht mehr ausschließlich um die Kinder zu kümmern, löst bei vielen Frauen immer noch Schuldgefühle aus. Der Mutter-Mythos wird jedoch unter Frauen zusehends schwächer. Es sind vor allem Männer, die am Arbeitsplatz, in der Politik und selbst in der Kirche diesen Mythos weiterpflegen. Vorzugsweise diejenigen Männer, die sich so sehr um das Wohl der Kinder sorgen, beteiligen sich am wenigsten an der Kinderbetreuung.

Wunderbar ist es, eine Mutter zu haben, die mit mir um das Feuer tanzt.

Wunderbar ist es, einen Vater zu haben, mit dem ich den Weihnachtsbaum im Wald holen darf.

Die Vielfalt unter den Frauen zu akzeptieren heißt anzuerkennen, dass es Mütter gibt, die sich ausschließlich um ihre Kinder kümmern wollen und finanziell dazu auch in der Lage sind. Ihre Tätigkeit sollte gesellschaftliche Anerkennung finden. Genauso sind die vielen Mütter zu akzeptieren, die neben der Fürsorge für ihre Kinder zusätzliche Interessen haben, denen sie nachgehen möchten. Wird ihnen dieses verwehrt, sind sie in ihrem Wohlbefinden und Selbstwertgefühl beeinträchtigt. Schließlich haben viele Mütter gar keine Wahl. Sie müssen aus wirtschaftlichen Gründen arbeiten, auch wenn sie lieber länger zu Hause bei ihren Kindern bleiben würden.

Genauso groß wie unter Müttern ist die Vielfalt unter Vätern. Ihre beruflichen und persönlichen Aktivitäten, aber auch ihr Interesse an Kindern und ihr Engagement für die Familie sind unterschiedlich ausgeprägt. Manche Väter möchten mehr Zeit mit der Familie und den Kindern verbringen, die Belastung am Arbeitsplatz lässt es aber nicht zu. Immer mehr Männer wollen und können aber die Prioritäten anders setzen, wenn sie Väter werden. Sie werden reich belohnt, denn die Erfahrungen, die sie mit ihrem Kind in den ersten Lebensjahren machen, geben ihnen ein Gefühl von Nähe und Vertrautheit, das einmalig ist und ihre Beziehung zum Kind dauerhaft prägt. Der Beitrag, den sie zur Kinderbetreuung leisten, ist auch wichtig für die Partnerschaft. Die meisten Mütter haben die berechtigte Erwartung, dass der Vater einen substanziellen Anteil seiner Kraft und Zeit für die Familie und Kinder einsetzt.

Wie auch immer die Eltern ihre Prioritäten gemeinsam setzen, ihre wichtigste und aufwendigste Aufgabe wird sein, eine gute Betreuung des Kindes zu gewährleisten. Der Lebensalltag des Kindes soll dabei so gestaltet sein, dass das Kind alle notwendigen Erfahrungen machen kann, die es für seine Entwicklung braucht. Es hilft, wenn sich Mutter und Vater immer wieder in Erinnerung rufen: Das Kostbarste, das sie als Eltern ihrem Kind geben können, ist ihre Zeit.

Das Wichtigste in Kürze

1. Das Kind hat einen inneren Drang, sich zu entwickeln. Es will wachsen und sich Fähigkeiten und Wissen aneignen.

2. Die kindliche Entwicklung ist einheitlich in der Abfolge der Entwicklungsstadien. Sie ist aber sehr vielfältig hinsichtlich des zeitlichen Auftretens und der Ausprägung bestimmter Verhaltensmerkmale.

3. Wegen der großen Vielfalt in der kindlichen Entwicklung sollten sich die Eltern am aktuellen Entwicklungsstand und den Bedürfnissen des Kindes orientieren. Normvorstellungen, überlieferte Grundhaltungen und fest gefügte Ratgeberkonzepte entsprechen nicht den individuellen Bedürfnissen des Kindes.

4. Die Entwicklung besteht aus einem Zusammenspiel zwischen Anlage und Umwelt. Im Erbgut sind der Entwicklungsplan sowie die körperlichen und psychischen Eigenschaften angelegt. Erst die Umwelt und vor allem die Eltern ermöglichen dem kindlichen Organismus das Wachstum und die Entfaltung seiner Eigenschaften und Fähigkeiten.

5. Körperliches und psychisches Wohlbefinden sind Grundvoraussetzungen für eine normale Entwicklung. Dazu braucht ein Kind das ihm entsprechende Maß an Nahrung, Pflege und vor allem an Geborgenheit und Zuwendung.

6. Die zwei wichtigsten Formen des Lernens in den ersten Lebensjahren sind das soziale Lernen und das explorative Lernen.

7. Das soziale Lernen beruht auf der Fähigkeit zur Nachahmung. Das Kind braucht die Anregung und den Umgang mit vertrauten Personen, um sich sozial, sprachlich und auch geistig zu entwickeln. Die beste und kindgerechteste Art, ein Kind in seiner sozialen und sprachlichen Entwicklung zu fördern, besteht darin, dass Eltern, Geschwister und andere Bezugspersonen das Kind in ihren gegenseitigen Umgang und ihre Tätigkeiten so weit wie möglich mit einbeziehen.

8. In seinem Spiel mit Gegenständen erwirbt das Kind Kenntnisse über die dingliche Umwelt (exploratives Lernen). Für jedes Entwicklungsalter gibt es bestimmte Gegenstände, die als Spielsachen besonders gut geeignet sind.

9. Für jeden Entwicklungsschritt gibt es einen bestimmten Zeitpunkt, an dem das Kind innerlich bereit ist, eine Fähigkeit zu erwerben. Das Kind zeigt uns mit seinem Verhalten, wann es dazu bereit ist. Wir sollten diesen Zeitpunkt erkennen und darauf eingehen.

10. Das Kind hat einen tiefen inneren Drang, selbstständig zu werden. Die Eltern sollten das Kind in den Belangen, in denen es kompetent ist, bestimmen lassen. Die Entwicklung seines Selbstwertgefühls hängt davon ab, wie selbstständig es sein kann.

11. Die Grundlage der Erziehung ist eine positive emotionale Bindung des Kindes an seine Bezugspersonen. Sinnvolle erzieherische Maßnahmen sind positives Verstärken (Loben), Ignorieren und negatives Verstärken (Verbieten). Jede Form von Körperstrafe ist ungeeignet und daher abzulehnen. Alle Maßnahmen sollten entwicklungs- und kindgerecht sein und konsequent durchgeführt werden. Soziales Verhalten und Wertvorstellungen eignet sich das Kind vor allem über Vorbilder an.

12. Familienergänzende Betreuung kann eine ausreichende Betreuung gewährleisten und wesentlich zur Sozialisierung und Entwicklung des Kindes beitragen. Voraussetzung ist, dass sie die Qualitätskriterien einer kindgerechten Betreuung erfüllt (siehe Anhang).

13. Wenn Eltern den Bedürfnissen ihres Kindes gerecht werden wollen, müssen sie die Prioritäten in ihrem Leben neu setzen. Das Kostbarste, das Eltern ihrem Kind geben können, ist ihre Zeit.

Beziehungs-verhalten

Einleitung

Die Eltern fahren mit ihrer 6 Monate alten Tochter im Bus. Laura sitzt auf dem Schoß des Vaters und plaudert vor sich hin. Eine ältere Frau erwidert Lauras Geplauder mit einem Lächeln und aufmunternden Worten. Das Kind betrachtet sie aufmerksam. Die Frau erkundigt sich bei den Eltern nach Namen und Alter von Laura.

Wenn Menschen sich begegnen, kommt es immer zu irgendeiner Form von Kommunikation. Selbst wenn sie einander ignorieren, nehmen sie miteinander Beziehung auf (Watzlawick). Beziehung aufzunehmen und sie zu unterhalten ist ein Grundbedürfnis des Menschen und deshalb ein unverzichtbarer Bestandteil des menschlichen Lebens. Wir sind von Grund auf soziale Wesen: Für unser psychisches Wohlbefinden brauchen wir andere Menschen. Dies gilt ganz besonders für Kinder.

Bereits neugeborene Kinder sind sozial kompetente Wesen, wenn auch noch in sehr eingeschränkter Weise. Das Beziehungsverhalten benötigt aber die ganze Kindheit für seine vollständige Entfaltung. Jedem Altersabschnitt kommt dabei seine eigene Bedeutung für die sozioemotionale Entwicklung des Kindes zu und geht mit bestimmten Verhaltenseigenheiten einher, wie beispielsweise dem Fremdeln gegen Ende des 1. Lebensjahres. Eltern neigen dazu, einmal erreichte Beziehungsformen erhalten zu wollen, die Beziehung zum Kind wandelt sich aber ständig. Das Kind führt uns immer wieder vor Augen, dass es sich weiterentwickelt hat und wir – bitte – mit ihm anders umgehen möchten. Es ist für Eltern keine einfache Aufgabe, ihr eigenes Beziehungsverhalten wie auch dasjenige des Kindes immer wieder zu hinterfragen und sich entwicklungsgerecht neu auf das Kind einzustellen.

Zwischenmenschliche Beziehungen sind so tief in unserem Lebensgefühl verankert, dass es uns große Mühe bereitet, über sie nachzudenken. Die Vielzahl psychologischer Bücher und Lebenshilferatgeber spiegeln unser Bemühen wider, das Beziehungsverhalten und damit uns selber besser zu verstehen. Theorien über das Sozialverhalten des Menschen, wie sie von Psychiatern und Psychologen wie Sigmund Freud und Erik Erikson entwickelt wurden,

Aron, 8 Monate alt,
fremdelt.

sind allgemeines Gedankengut geworden; inwiefern sie Einfluss auf unser Beziehungsverhalten haben, ist eine offene Frage.

In diesem einleitenden Kapitel zur Entwicklung des kindlichen Beziehungsverhaltens wollen wir versuchen, möglichst ohne Theorien auszukommen. Wir wollen diejenigen Aspekte des Beziehungsverhaltens betrachten, die wir aus eigener Erfahrung kennen und die uns aus dem alltäglichen Umgang mit Kindern vertraut sind. Wir werden vier Bereiche näher ansehen, die das kindliche Verhalten im Wesentlichen bestimmen: Bindungsverhalten (Bedürfnis nach Geborgenheit und Zuwendung), nonverbale Kommunikation (Körpersprache, Wahrnehmung und Ausdruck sozialer Signale), soziales Lernen (Aneignung von Verhalten und Werten) und soziale Kognition (Bewusstwerden von Gefühlen und Gedanken bei sich und anderen Menschen). Zum Schluss werden wir uns eingehend mit der Frage beschäftigen, wie eine kindgerechte Betreuung gestaltet sein sollte.

Bindungsverhalten

Der Kern des kindlichen Bindungsverhaltens ist das Bedürfnis nach Geborgenheit: Das Kind kann nicht allein sein. Damit es ihm gut geht, braucht es die Nähe und Zuwendung vertrauter Personen. Dieses Bedürfnis nach Geborgenheit ist Ausdruck des sogenannten Bindungsverhaltens, das wir mit allen höherentwickelten Tieren gemeinsam haben.

Warum haben Kinder ein solch ausgeprägtes Bindungsverhalten? Dafür gibt es eine Reihe gewichtiger Gründe:

- Kinder sind 15 und mehr Jahre auf die Fürsorge der Eltern und anderer Bezugspersonen angewiesen. Ohne diese Fürsorge würden sie nicht überleben. Kinder wollen ernährt, umsorgt und beschützt sein.
- Um sich das komplexe Sozialverhalten unserer Gesellschaft anzueignen, brauchen Kinder viele Jahre Eltern und weitere Bezugspersonen, Geschwister und andere Kinder als Vorbilder.
- Um Kulturtechniken wie Schreiben und Lesen zu erlernen sowie Teile des Wissens, das unsere Zivilisation hervorgebracht hat, zu verinnerlichen, sind Kinder auf engagierte Lehrmeister angewiesen, die mit ihnen dauerhafte Beziehungen eingehen.

Damit der Sozialisierungs- und Bildungsprozess individuell gelingen kann, ist eine jahrelange, tragfähige gegenseitige Bindung zwischen dem Kind und den Eltern, aber auch zu anderen Erwachsenen und Kindern unabdingbar.

Für uns Menschen gilt die gleiche verhaltensbiologische Gesetzmäßigkeit wie für alle höherentwickelten Tiere (Bowlby 1969, 1975): Das Kind bleibt mindestens so lange an die Eltern, nicht nur an die Mutter (!), und weitere Bezugspersonen gebunden, bis es selbstständig überleben kann. Erst wenn das Kind seine Entwicklung im Verlauf der Pubertät abschließt und fähig wird, für sich selber zu sorgen, löst es sich emotional immer mehr von seinen Eltern und bisherigen Bezugspersonen. Die Bindung hat aus verhaltensbiologischer Sicht ihren Zweck erfüllt.

Wie entsteht Bindung? Bei Säugetieren und Vögeln wird die Bindung des Jungen an die Mutter sowie der Mutter an das Junge über unterschiedliche hormonelle und neuropsychologische Mechanismen hergestellt. Bei der Prägung wird das Jungtier innerhalb einer festgelegten sensiblen Zeitspanne an die Mutter gebunden. Solche Mechanismen spielen beim Menschen nur eine untergeordnete Rolle. Die Bindung zwischen dem Kind und den Eltern sowie weiteren Bezugspersonen entsteht hauptsächlich durch gemeinsame Erfahrungen. In den ersten Lebenswochen und -monaten bindet sich das Kind an diejenigen Personen, die sich um es kümmern und ihm so vertraut werden. Bei diesen sogenannten Bezugspersonen sucht das Kind Nähe, Zuwendung und Schutz. Im Verlauf des 1. Lebensjahres entsteht so eine körperliche und emotionale Abhängigkeit, die das Kind mit charakteristischen Verhaltensweisen wie Suchen nach Nähe, Trennungsangst und Fremdeln zum Ausdruck bringt.

Wie stark sich das Kind an seine Eltern oder andere Bezugspersonen bindet, hängt wesentlich von der Zeit ab, die es mit ihnen verbringt. Manche Eltern möchten wissen, wie viel Zeit sie pro Tag ihrem Kind widmen sollten, damit es sich ausreichend an sie binden kann. Genaue Angaben über die Anzahl von Stunden pro Tag wären verfehlt, da es ebenso darauf ankommt, wie Kind und Eltern die Zeit verbringen. Das Kind soll sich ja nicht nur binden, sondern sich auch wohlfühlen. Für das Wohlbefinden des Kindes ist weniger die Zeit als vielmehr die Qualität der Kind-Eltern-Beziehung entscheidend. Wir werden am Schluss dieses Kapitels ausführlich darauf zurückkommen.

Die Bindung, einmal hergestellt, hat nicht für die ganze Kindheit Bestand. Das Kind entwickelt sich ständig weiter, seine Bedürfnisse und sein Bindungsverhalten verändern sich. Die Bindung muss daher über gemeinsame Erfahrungen mit den Bezugspersonen ständig erneuert werden.

Die Bindung zu seinen Eltern geht das Kind bedingungslos ein. Bowlby spricht von einem instinktiven Bindungsverhalten. Das Kind bindet sich an die Eltern unbesehen davon, ob es sich um liebevoll verständige Eltern oder um »Rabeneltern« handelt. Ein Kind kann von seinen Eltern noch so sehr vernachlässigt werden, es wird über viele Jahre die Beziehung zu ihnen nie grundsätzlich infrage stellen. Die Bindung hängt also wenig von der Qualität der Beziehung ab, das Wohlbefinden des Kindes – wie wir gleich hören werden – aber sehr wohl. Kein Kind im Vorschulalter kündigt seinen Eltern je die Beziehung auf und sucht sich andere Eltern. Kinder sind ihren Eltern vorbehaltlos zugetan und ihnen damit auch auf Gedeih und Verderb ausgeliefert! Dies sollten wir als Eltern immer bedenken. Die Kinder lieben uns nicht nur, weil wir so großartige Eltern sind. Bei der Geburt schenkt uns das Kind einen sehr großen Bonus auf beständige und langjährige Zuwendung.

Die Bindungsbereitschaft nimmt in den ersten 2 Lebensjahren stark zu, um danach langsam, aber kontinuierlich abzunehmen. Tragfähige Bindungen können Kinder aber auch noch im Schulalter eingehen. Bereits im Kleinkindesalter beginnen Kinder, sich auch an Bezugspersonen außerhalb der Familie zu binden, beispielsweise an Großeltern, Nachbarn oder, im Schulalter, an Lehrpersonen. Starke Bindungen können auch zwischen Geschwistern entstehen und ab dem frühen Schulalter zu anderen Kindern in Form von Freundschaften. Im Verlauf der Pubertät schwächt sich die Bindung zu den Eltern soweit ab, dass junge Erwachsene ihre Eltern verlassen können, um neue Beziehungen und schließlich dauerhafte Bindungen einzugehen. Durch die Ablösung von den Eltern werden die Jugendlichen nicht emotional unabhängig. Ihre Bindungsbereitschaft bleibt erhalten, richtet sich nun aber auf Gleichaltrige. Die Abnahme der emotionalen Abhängigkeit ihres Kindes erfahren die Eltern als einschneidend, da sie mit Liebes- und Kontrollverlust verbunden ist.

Das Bindungsverhalten des Kindes entwickelt sich nicht nur ständig weiter, es ist bei jedem Kind auch unterschiedlich stark ausgeprägt. So gibt es Kinder, die ein sehr großes Bedürfnis nach Nähe und Geborgenheit haben. Kinder, die sich nur ungern von ihren Bezugspersonen trennen und ausgeprägt fremdeln, erleben wir als scheu. Andererseits gibt es Kinder, die rasch eine gewisse emotionale Unabhängigkeit von den Eltern gewinnen. Ihr Bindungsbedürfnis ist weniger groß. Diese Kinder nehmen oft bereits im Säuglings- und Kleinkindesalter Beziehungen zu Bezugspersonen außerhalb der Familie auf und binden sich rasch beispielsweise an Großeltern, Nachbarn oder Erzieherinnen in Institutionen. Einige Kinder zeigen schon früh eine große Bereitschaft, Bindungen zu anderen Kindern in Form von Freundschaften einzugehen.

Die Art und Weise, wie Eltern und Bezugspersonen dem Bedürfnis nach Geborgenheit und Zuwendung begegnen, bestimmt das psychische Wohlbefinden des Kindes. Es kann sich nur dann wohl- und geborgen fühlen, wenn seine körperlichen und psychischen Bedürfnisse angemessen befriedigt werden. Wie das geschehen kann, wird im Abschnitt »Betreuung« näher beschrieben.

Die emotionale Bindung des Kindes an seine Bezugspersonen ist nicht nur die Grundlage für sein psychisches Wohlbefinden, sondern auch – wie in der Einführung ausgeführt – für die Erziehung. Ein Kind, das sich geborgen und angenommen fühlt, gehorcht einer Bezugsperson, weil es diese gern hat und sich nicht einem Liebesentzug aussetzen will. Diese emotionale Verbundenheit zusammen mit einer konsequenten erzieherischen Grundhaltung veranlasst das Kind Bezugspersonen zu folgen.

Ein Vater bei der Geburt seines ersten Kindes: Ich bin überwältigt, ich muss es ganz einfach gern haben! Das Kind bindet sich nicht nur an seine Eltern, sondern die Eltern binden sich auch an ihr Kind. Die elterliche Bindung ist jedoch nicht immer so bedingungslos wie diejenige des Kindes. Sie ist aber immer noch sehr mächtig. Eltern sind bei der Geburt zutiefst bereit, das Kind anzunehmen und zu umsorgen. Falls nötig, nehmen sie für sein Wohl über Jahre größte Strapazen und Entbehrungen auf sich.

Was für das Kind gilt, trifft auch auf die Eltern zu: Wie stark sie sich an das Kind binden, hängt von den gemeinsamen Erfahrungen ab, die sie mit dem Kind machen. Die biologischen Eltern eines Kindes zu sein, ist eine gute emotionale Voraussetzung, garantiert aber keine Bindung. Wie vertraut Eltern mit dem Kind werden und wie stark sie sich an das Kind binden, hängt ganz wesentlich von der Zeit ab, die sie mit dem Kind verbringen. Es sollte daher das Ziel von Mutter und Vater sein, in den ersten Lebenswochen und -monaten möglichst umfassend mit dem Kind vertraut zu werden. Richtwerte, zum Beispiel eine Mindestanzahl gemeinsamer Stunden pro Tag, gibt es für die elterliche Bindung genauso wenig wie für die kindliche. Das einzige Kriterium ist das Maß der gegenseitigen Vertrautheit, das sich zwischen Mutter, Vater und dem Kind einstellt. Die Zeit, die sie dafür aufwenden müssen, um umfassend mit dem Kind vertraut zu werden, hängt von der Persönlichkeit des Kindes, aber auch derjenigen der Eltern und den gemeinsamen Lebensumständen ab. Man kann es nicht oft genug sagen: Zeit ist das kostbarste Gut, das Eltern ihrem Kind geben können.

Wahrnehmung und Ausdruck sozialer Signale

Die Beziehungen zwischen dem Kind und seinen Bezugspersonen beruhen in den ersten Lebensjahren fast ausschließlich auf der sogenannten nonverbalen Kommunikation (Körpersprache) (Eibl-Eibesfeldt). Mit dem Eintritt ins Kleinkindesalter gewinnt die gesprochene Sprache an Bedeutung. Die Körpersprache bleibt aber während der ganzen Kindheit und selbst im Erwachsenenalter – wie die nachfolgende Situation zeigt – grundlegend bestimmend.

Eine Frau sitzt allein im Zug. Beim nächsten Halt betritt ein Mann das Abteil. Ist der Mann ein älterer, sorgfältig gekleideter Herr mit Hut, wird sich die Frau anders auf den Neuankömmling einstellen, als wenn es sich um einen jungen Mann mit Punkfrisur, Lederjacke und Stiefeln handelt. Andererseits werden das Alter der Frau, ihr Aussehen und ihre Kleidung den Mann in seinem Verhalten bestimmen. Betritt der Mann das Abteil erst, nachdem er durch ein Kopfnicken der Frau dazu aufgefordert wurde, wird sich die Frau anders verhalten, als wenn der Mann mit großen Schritten und abgewinkelten Ellenbogen ins Abteil stürmt. Ob die Frau strickt oder aber Bankauszüge aus ihrem Aktenkoffer studiert, wird wiederum einen bestimmten Eindruck bei dem Mann hinterlassen. Dieser kann sich gegenüber oder neben die Frau setzen oder aber die entfernteste Sitzgelegenheit wählen. Wie auch immer er sich entscheidet, seine Wahl wird für die Frau von Bedeutung sein. Die Frau kann interessiert verfolgen, wie der Mann sein Gepäck verstaut, sie kann zum Fenster hinausschauen oder zu einer Zeitschrift greifen. Was auch immer sie tut, der Mann wird aus ihrem Verhalten ablesen, ob sie ihm gegenüber interessiert, gleichgültig oder gar ablehnend ist. Ob sich der Mann still auf einen Sitz zurückzieht oder mit einem erleichterten Seufzer in den Sitz fällt und seine Beine genüsslich quer durch das Abteil ausstreckt, wird die Frau nicht unbeteiligt lassen. Vielleicht breitet sie ihre Sachen auf dem Nebensitz aus oder schlägt die Beine übereinander und zieht ihre Jacke über der Brust etwas enger zu.

Worte haben die beiden Menschen bislang noch nicht gewechselt und doch haben sie miteinander kommuniziert. Sie haben sich in den ersten Sekunden ihrer Begegnung einiges darüber mitgeteilt, wer sie sind, was sie voneinander halten und was sie vom anderen erwarten. Falls sie sich nun begrüßen, ist weit weniger der Inhalt ihrer Worte als vielmehr der Tonfall und die Wärme ihrer Stimme für den anderen von Bedeutung.

Zwischenmenschliche Beziehungen stellen wir nicht so sehr mit Worten als mit der Sprache unseres Körpers her, der sogenannten nonverbalen Kommunikation. Die Körpersprache entstand zu einem sehr frühen Zeitpunkt der Evolution, als sich Tierarten entwickelten, die auf ein Zusammenleben in Gruppen angewiesen waren. Sie ist erheblich älter und für unser Sozialverhalten weit bedeutsamer als die gesprochene Sprache.

Sehen wir uns einige Elemente der Körpersprache näher an:

Aussehen.   Ob wir es wahrhaben wollen oder nicht: Die Körpermaße und die Kleidung sagen viel über eine Person aus und beeinflussen unsere Haltung ihr gegenüber. Es ist uns nicht gleichgültig, ob ein Gesprächspartner einen Kopf größer ist und auf uns herabschaut oder ob wir auf ihn herabblicken. Kleider können Sympathie und Verehrung, aber auch Distanz und Verachtung auslösen. Kleider sagen etwas über den sozialen Status eines Menschen aus und wie er wahrgenommen sein will. Die Milliardengeschäfte der Textilindustrie drücken die enorme soziale Bedeutung aus, die wir der Kleidung beimessen. Kleider machen Leute.

Das Aussehen des Säuglings und Kleinkindes beeinflusst erwachsene Menschen maßgeblich: Kleine Kinder weisen ein spezifisches Erscheinungsbild auf, das beim Erwachsenen, aber auch beim adulten Säugetier ein zugewandtes Verhalten auslöst. Dieses Erscheinungsbild, Konrad Lorenz nennt es das Kindchenschema, besteht aus folgenden Merkmalen: Im Vergleich zu Erwachsenen haben Kinder einen großen Kopf und einen kleinen Körper. Ihr Kopf weist eine mächtige Stirn, aber ein kleines Gesicht auf. Ihre Wangen wirken groß und voll, ihre Augen in dem kleinen Gesicht-

Kindchenschema.

chen riesig. Junge Säugetiere verfügen ebenfalls über diese Merkmale. Ihr Anblick löst daher bei uns ähnliche Gefühle aus, wie wir sie dem Säugling entgegenbringen.

Die Wirkung des Kindchenschemas wird in unserer Gesellschaft vielfältig ausgenützt. Babys, aber auch junge Hunde und Kätzchen werden in der Werbung mit großem Erfolg eingesetzt. In Comics und Trickfilmen oder auf Gratulationskarten werden die Merkmale des Kindchenschemas mit Absicht übertrieben dargestellt. Die Produzenten haben die verhaltensbiologisch berechtigte Erwartung, dass solche Abbildungen beim Betrachter automatisch Aufmerksamkeit und Gefühle der Zuwendung auslösen und ihn somit zum Kauf verführen werden.

Körperhaltung.   Wenn wir müde sind, lassen wir unsere Schultern hängen. Sind wir voller Tatendrang, ist unser Körper voller Spannung. In aggressiver Stimmung stellen wir die Ellenbogen heraus. Mit der Körperhaltung drücken wir – meist unbewusst – unser emotionales Befinden aus und wie wir anderen Menschen gegenüber gestimmt sind. Haben wir an einer Person Interesse, so wenden wir uns ihr nicht nur gefühlsmäßig zu, sondern vermitteln dies auch durch unsere Körperhaltung. Sind wir ihr besonders

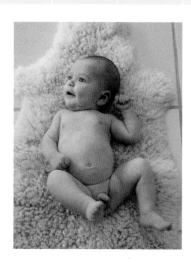

Energievolles Kerlchen.

zugetan, nehmen wir – um unsere Zuneigung kundzutun – sogar ihre Körperhaltung ein. Wir schlagen beispielsweise die Beine in der gleichen Art wie der Gesprächspartner übereinander.

Der Säugling, der auf dem Rücken liegt und strampelt, wirkt auf uns hilflos, was er in der Tat auch ist. Seine Körperhaltung löst bei uns Zuwendung aus.

Körperbewegungen. Wie die Körperhaltung spiegeln auch unsere Bewegungen unsere Befindlichkeit wider. Unsere Ungeduld drücken wir aus, indem wir auf dem Stuhl herumrutschen, mit den Füßen wippen oder an unserer Kleidung nesteln. Im Tanz können talentierte Menschen mit ihren Gesten und Bewegungen einer ganzen Fülle von Gefühlen Ausdruck geben. Soldaten werfen bei einer Parade Arme und Beine streng ausgerichtet nach vorn, um den Eindruck von Disziplin und geballter Kraft zu erwecken.

Genauso unmittelbar wie das Aussehen und die Körperhaltung eines Kindes wirken auch seine Körperbewegungen auf uns. Ein Säugling, der seine Arme nach uns ausstreckt, ist unwiderstehlich: Wir müssen ihn aufnehmen. Der 3-Jährige, der sich in seiner Trotzreaktion auf den Boden wirft und mit allen vieren um sich schlägt, kann uns hilflos machen. Auf dem Spielplatz drücken die Kinder mit kraftvollen Bewegungen ihre ganze Lebensenergie aus.

Mimik.   Freude, Trauer, Misstrauen, Erstaunen und Furcht: Die ganze Palette unserer Gefühle bringen wir in unserem Gesicht zum Ausdruck. Der Mund, die Gesichtsfalten, die Nase, die Augen und Augenbrauen, die Stirn und besonders die Kopfhaltung dienen uns als Ausdrucksmittel. Jeder Gesichtspartie kommt dabei eine spezifische Bedeutung zu. Welche suggestive Wirkung beispielsweise die Anordnung der Augen auf uns ausübt, können wir auf der folgenden Abbildung sehen. A und B sind lediglich zwei Punkte in unterschiedlicher räumlicher Anordnung, C jedoch wirkt auf uns wie ein Augenpaar.

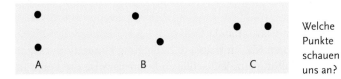

Welche Punkte schauen uns an?

Die Stellung der Augenbrauen signalisiert uns eine ganz bestimmte Gemütsverfassung. Im Kummer hängen die Augenbrauen tief (D), im Erstaunen werden sie hochgezogen (E), im Zorn verlaufen sie schräg nach außen oben (F). Die Augenlider schließen wir in der Ablehnung schlitzförmig und reißen sie in der Angst weit auf.

Beredte Augenbrauen.

Berührt uns etwas unangenehm, rümpfen wir die Nase. Sind wir erstaunt, ist unser Mund weit offen. Wenn wir zweifeln, ist der Mund verkniffen, freuen wir uns, sind die Mundwinkel hochgezogen.

Kombinieren wir die einzelnen mimischen Elemente, erweitern sich unsere mimischen Ausdrucksmöglichkeiten. Sind wir verblüfft, ziehen wir die Augenbrauen hoch. Sind wir verlegen, ziehen wir ebenfalls die Augenbrauen hoch, reißen die Augen aber nicht wie verblüfft auf, sondern richten sie himmelwärts. Im Kummer bekommen wir tiefe Falten auf der Stirn und zwischen den Augenbrauen; unser Blick ist matt, Augenlider und Mundwinkel hängen herunter. Ist der Blick hingegen stechend und der Mund strichförmig zusammengepresst, drücken die Stirnfalten Zorn aus.

Blickverhalten.   Zwei Menschen schauen sich lange und tief in die Augen. Ein nicht allzu häufiger Moment. Es handelt sich entweder um eine Mutter, die mit ihrem Säugling Zwiesprache hält, um Verliebte, die sich gemeinsam in den unergründlichen Tiefen ihrer Augen verlieren, oder um zwei Menschen, die sich wutentbrannt anstarren. Wir gehen sehr gezielt mit unseren Blicken um, denn: Blicke sprechen Bände. Schauen wir einem Menschen einen Lidschlag zu lang oder zu kurz in die Augen, haben wir ihm schon Unterschiedliches mitgeteilt. Wenn wir, anstatt einen Gesprächspartner anzusehen, auf den Boden starren, können unsere Worte noch so überzeugend sein, der Partner spürt, dass wir an seiner Person kein Interesse haben, oder es so groß ist, dass wir nicht wagen, ihn anzusehen.

Neugeborene und Säuglinge sind Augenwesen. Man darf und muss sie sogar lange anschauen. Aber selbst Neugeborenen kann

Kritischer Blick.

es zu viel werden. Dann schließen sie ganz einfach die Augen oder schauen weg. Je älter die Kinder werden, umso ausdrucksvoller wird ihr Blickverhalten und desto bedeutungsvoller wird das unsere für die Kinder. Für jedes Kind gibt es je nach Situation ein richtiges Maß an Hinschauen und Wegblicken.

Stimme.   Die menschliche Stimme kann warm und weich, schneidend kalt, schmeichelnd oder verletzend sein. Wenn wir reden, ist für unser Gegenüber oft weniger der Inhalt der Mitteilung von Bedeutung als vielmehr die Art und Weise, wie wir sprechen. Ein Politiker überzeugt die Massen durch seine mitreißende Art vorzutragen. Liest man seine Rede, stellt man vielleicht überrascht fest, dass sie ohne jeden Inhalt ist. Ein Professor hat sensationelle Forschungsergebnisse mitzuteilen; weil seine Sprechweise aber monoton und langweilig ist, hört ihm das Publikum nicht zu oder glaubt ihm nicht. Decken sich der Inhalt des Gesagten und der Ausdruck der Stimme nicht, erscheint uns zumeist die Art und Weise des Sprechens glaubwürdiger als der Inhalt. »Du kleiner Lausbub«, liebevoll gesagt, wird zu einem Kosewort. Eine unpersönliche und kalte Stimme macht umgekehrt jeden Liebesschwur unglaubwürdig.

Die meisten Kinder verstehen fast in ihrem ganzen 1. Lebensjahr den wörtlichen Inhalt der gesprochenen Sprache nicht. Der Ausdruck der Stimme aber ist für sie bereits in den ersten Lebenstagen bedeutungsvoll. Sie reagieren empfindlich auf die Lautstärke und Tonlage sowie auf die melodischen Qualitäten der Stimme. Gegen Ende des 1. Lebensjahres beginnen die Kinder die Bedeutung von Alltagswörtern zu verstehen. Der gefühlsmäßige Ausdruck der Sprache bleibt für sie aber bestimmend. Der Stimme entnimmt das Kind, wie die Mutter gelaunt ist oder was der Vater von ihm will. Wenn das Kind in das Territorium seines Geschwisters eindringt, signalisiert ihm das aufgebrachte Gekreische und nicht der konkrete Inhalt der Worte, dass es das Geschwister wütend gemacht hat.

Distanzverhalten.   Der Mensch hat wie die meisten Tiere ein ausgeprägtes Distanzverhalten. Jeden Menschen umgibt eine unsichtbare, aber wohldefinierte Sicherheitszone. Dringt eine fremde Person in diese Zone ein, löst dies Aggressionen oder eine Fluchtbewegung aus. Wir alle passen unsere Distanz täglich dutzendmal intuitiv an die jeweilige Situation an. Der Verkäuferin, dem Busfahrer, dem Vorgesetzten, dem lieben Verwandten, dem verhassten Bekannten – jedem begegnen wir mit einer an Person und Situation abgeglichenen Distanz.

Der Abstand, den wir von einem anderen Menschen respektiert haben wollen, ist je nach Situation und Vertrautheit der anderen Person unterschiedlich groß. Auf ein unangepasstes Distanzverhalten reagieren wir überaus empfindlich. Wenn wir an einem einsamen Meeresstrand liegen, wo weit und breit keine Menschenseele zu sehen ist, sind wir irritiert, wenn sich ein Fremder in zehn Meter Entfernung niederlässt. Der will etwas von uns, sei es im Guten oder im Bösen! In der Straßenbahn werden wir es zu den Hauptverkehrszeiten aber zulassen, dass sich eine fremde Person über längere Zeit in unserer nächsten Nähe aufhält. Eine fremde Person halten wir uns dann gefühlsmäßig auf Distanz, indem wir jeglichen Blickkontakt vermeiden – und sei die Fahrt noch so lang.

Im Schutz der Mutter den Tauben zuschauen.

Wir haben wenig Hemmung, ein Neugeborenes oder einen wenige Wochen alten Säugling rasch zu berühren und aufzunehmen. Das Verhalten des Kindes lehrt uns, dass das Distanzverhalten in diesem Alter noch kaum entwickelt ist. Im Alter von 2 bis 3 Monaten beginnen wir immer mehr auf das Kind Rücksicht zu nehmen. Wir spüren, wie sich unsere Art der Annäherung und die Distanz, die wir zu einem Kind einnehmen, auf sein Wohlbefinden auswirken. Spätestens ab dem 6. Lebensmonat reagiert ein Kind empfindlich auf eine Verletzung seines Sicherheitsabstands durch eine fremde Person. Nähert sich ein Fremder einem Kleinkind langsam, reagiert das Kind zunächst mit wachsendem Interesse. In einer kritischen Distanz erreicht das kindliche Interesse an der Person ein Maximum. Überschreitet der Fremde diese Distanz, verwandelt sich das Interesse des Kindes in Ablehnung.

Die Mutter oder eine andere Bezugsperson beeinflusst mit ihrem eigenen Verhalten das Distanzverhalten eines Kindes. Verhält sich die Mutter einer fremden Person gegenüber skeptisch oder gar ablehnend, wird sich das Kind frühzeitig abwenden. Ist die Mutter dem Fremden wohlgesinnt, wird das Kind diesen näher an sich heranlassen. Wendet sich die Mutter der fremden Person aber allzu sehr zu, kann sich das Kind vernachlässigt fühlen. Es wird eifersüchtig und lehnt den Fremden ab. Derartige Beziehungsfaktoren bestimmen das Distanzverhalten wesentlich mit.

Jedes Signal der nonverbalen Kommunikation hat seine eigene Bedeutung und weist einen bestimmten Entwicklungsverlauf auf. Nowicki und Duke konnten anhand einer Studie aufzeigen, wie sich das Lesen des mimischen Ausdruckes zwischen 5 und 20 Jahren entwickelt. Dabei wurden den Kindern 24 Bildpaare vorgelegt. Jedes Bildpaar zeigte 2 Kinder mit unterschiedlichem Gesichtsausdruck, beispielsweise ein fröhlicher Knabe und ein trauriges Mädchen. Die Kinder wurden gefragt, welches Kind fröhlich beziehungsweise traurig sei. Die Fähigkeit, den mimischen Ausdruck eines Kindes richtig zu deuten, nahm vom Kindergartenalter über das Schulalter ständig zu und erreichte in der Adoleszenz ihren Abschluss. In jedem Alter waren die individuellen Unterschiede sehr groß. So gab es Kinder, die im Alter von 7 Jahren weniger als 8 Bildpaare richtig deuten konnten, während andere mehr als 20 Bildpaare richtig zuordneten, was über der durchschnittlichen

Leistung von Erwachsenen lag. Vergleichbare Resultate wurden auch für die Fähigkeit erhoben, den stimmlichen Ausdruck richtig zu deuten. Die Fähigkeit, soziale Signale zu lesen und selber auszudrücken, ist von Kind zu Kind also sehr unterschiedlich entwickelt.

Jedes Kind wird mit den grundlegenden Fähigkeiten zur nonverbalen Kommunikation geboren. Wie soziale Signale in zwischenmenschlichen Beziehungen jedoch eingesetzt werden, lernt das Kind von seinen Vorbildern, den Eltern, Bezugspersonen und anderen Kindern. Welche Bedeutung beispielsweise bei der Begrüßung das Blickverhalten bezüglich Art und Dauer hat, ist nicht genetisch festgelegt, sondern erwirbt das Kind durch soziales Lernen. In Mitteleuropa gilt es als unhöflich, eine Person zu begrüßen, ohne ihr in die Augen zu schauen. In fernöstlichen Kulturen ist es genau umgekehrt. Jede Kultur schreibt den sozialen Signalen ihre eigene Bedeutung und Verwendung zu. Um die vielfältige kulturspezifische Bedeutung der nonverbalen Kommunikation zu erlernen, ist das Kind auf ausreichende soziale Erfahrungen angewiesen.

Lesern, die sich eingehender mit der Körpersprache des Menschen befassen möchten, sind die Bücher von Samy Molcho und Desmond Morris empfohlen. Faszinierende Bücher über die Körpersprache der Kinder wurden von Suzanne Szasz und Elizabeth Taleporos veröffentlicht.

Soziales Lernen

Es ist allen Eltern ein großes Anliegen, dass ihr Kind sozial möglichst kompetent wird. Sie wissen, dass Akzeptanz und Erfolg in Schule und Gesellschaft in einem hohen Maß dadurch bestimmt werden, wie gut ihr Kind mit anderen Menschen gemeinschaftlich umgehen kann. Wie eignet sich das Kind zwischenmenschliches Verhalten und Wertvorstellungen an? Was tragen die Eltern und die soziale Umgebung dazu bei?

Eigentlich ist es ganz einfach: Die Grundlage des sozialen Lernens ist die angeborene Bereitschaft, das Verhalten anderer nachzuahmen und zu verinnerlichen. Gewisse Anthropologen sind der Ansicht, dass die starke Ausprägung dieser Fähigkeit wesentlich zur Evolution des Menschen beigetragen hat (Mayr). Welches Verhalten und welche Wertvorstellungen das Kind erwirbt, hängt vor allem von seinen Vorbildern ab. Sagen die Eltern vom frühesten Alter an Danke, wenn sie vom Kind etwas erhalten, so wird das Kind von selbst lernen, Danke zu sagen, wenn es von den Eltern, aber auch von anderen Personen, etwas bekommt. Kinder entwickeln nicht aus sich heraus ein bestimmtes soziales Verhalten. Sie orientieren sich an den Menschen, mit denen sie zusammenleben, ahmen deren Verhalten und vorgelebte Werte nach und werden so zu sozial angepassten Wesen.

Bereits Neugeborene sind in einem beschränkten Umfang fähig, einen mimischen Ausdruck nachzuahmen (Melzoff). In den folgenden Wochen und Monaten verinnerlicht das Kind das zwischenmenschliche Verhalten vertrauter Menschen. Dieser Prozess spiegelt sich im kindlichen Spiel wider. Im Alter von 2 Jahren spielt das Kind mit Puppen und Teddybären nach, wie die Eltern mit ihm umgehen. Im Rollenspiel mit anderen Kindern übernimmt es später auch das Verhalten von anderen Personen, zum Beispiel des Doktors beim letzten Kinderarztbesuch. In den ersten

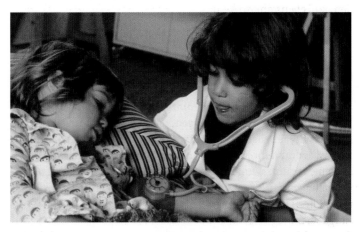

Beim Doktor.

Lebensjahren verinnerlichen Kinder, wie sie sich zu verhalten haben und welche sozialen Erwartungen die Umgebung an sie stellt. Die Bereitschaft zum sozialen Lernen ist in den ersten Lebensjahren besonders groß. Kinder im Vorschulalter haben ein ausgesprochen großes Bedürfnis, sich an Vorbildern zu orientieren, und eine große Bereitschaft, das Verhalten anderer zu übernehmen. Sie zeigen denn auch eine erstaunliche Fähigkeit, Verhalten zu verinnerlichen. In dieser Altersperiode werden deshalb wichtige Grundlagen für das spätere Sozialverhalten gelegt. Im Verlauf des Schulalters nimmt diese Bereitschaft ab, in einem beschränkten Maß ist sie aber auch unter Erwachsenen noch vorhanden.

Vorbilder sind nicht nur die Eltern, sondern mit zunehmendem Alter auch andere Bezugspersonen wie Großeltern, Nachbarn oder Erzieherinnen und Kinder in einer Krippe. Das Kind braucht verschiedene Bezugspersonen als Vorbilder, die in ihrem Verhalten verschieden sind. So lernt es, mit unterschiedlichen Verhalten umzugehen. Sehr wichtig sind hierbei auch gleichaltrige und vor allem etwas ältere Kinder. Vieles, von dem die Erwachsenen glauben, es dem Kind vermitteln zu müssen, lernt es besser und rascher von anderen Kindern. Die Fähigkeit auf einen anderen Menschen einzugehen, sein Handeln und Fühlen zu verstehen, wird dem Kind von anderen Kindern oft viel unmittelbarer und entwicklungsgerechter vermittelt als von Erwachsenen. Spätestens ab dem 2. Lebensjahr sollte das Kind daher ausgedehnte Erfahrungen in altersdurchmischten Gruppen machen können. Erfahrungen in Mutter-Kind-Gruppen, Spielgruppen, Frühkindergärten und Krippen tragen wesentlich zur Sozialisierung und zu einem entwicklungsgerechten Lernen der Kleinkinder bei.

Wie stark Kinder von Vorbildern lernen und durch sie sozialisiert werden, wurde in der Vergangenheit deutlich unterschätzt. Kinder erziehen zu wollen, indem man an ihrem Verhalten herumkritisiert und ihnen vorschreibt, wie sie sich zu verhalten haben, ist verlorene Liebesmüh. Kinder orientieren sich weit weniger an dem, was Eltern und Bezugspersonen von ihnen verlangen, als vielmehr an dem, was sie von diesen konkret vorgelebt bekommen. Eltern und Bezugspersonen haben daher die anspruchsvolle Aufgabe, ihr eigenes Verhalten – auch aus der Perspektive des Kindes – zu hinterfragen und sich zu überlegen, wie sie als Vorbilder auf die Kinder wirken. Sitzen die Eltern ständig vor dem Fernseher, werden es ihnen die Kinder nachmachen. Ernähren die Eltern die Familie nur noch mit Fertiggerichten und Junkfood, eignen sich die Kinder diese Esskultur an. Lesen die Eltern keine Bücher und finden die Kinder auch sonst diesbezüglich keine Anregungen, werden auch sie wenig lesen.

Soziale Kognition

Soziale Kognition ist eine wichtige Voraussetzung dafür, dass wir Menschen ein derart hoch differenziertes Sozialverhalten entwickeln konnten. Unter sozialer Kognition wird die Fähigkeit verstanden, das eigene Verhalten, die eigenen Gefühle und Gedanken – in einem begrenzten Ausmaß – bewusst wahrnehmen und reflektieren zu können (Introspektion). Wir können darüber nachdenken, wie wir uns in einer bestimmten Lebenssituation gefühlt haben, und uns vornehmen, wie wir uns zukünftig verhalten wollen. Andererseits besitzen wir auch die Fähigkeit, uns in andere Menschen hineinzuversetzen. Wir sind dazu fähig, ihre Gefühle, Gedanken, Motivationen und somit auch ihr Verhalten in einem gewissen Umfang nachzuvollziehen (Extrospektion). Wir können oft sogar voraussehen, wie sich Menschen in bestimmten Situationen verhalten werden.

Ein gewisses Maß an sozialer Kognition ist auch bei höherentwickelten Tieren, insbesondere bei unseren nächsten Verwandten, den Menschenaffen, vorhanden. Ihr soziales Verständnisniveau wird aber bereits von Kleinkindern im Alter von 2 bis 3 Jahren übertroffen. Intro- und Extrospektion sind nur beim Menschen derart differenziert ausgebildet.

Wann werden Kinder sich selbst als Person bewusst? Wann beginnen sie, über sich selber nachzudenken? Wann zeigen sie erstmals ein Verständnis für die Gefühle und Gedanken eines anderen Menschen? Es dauert etwa 2 Jahre, bis das Kind ein erstes Verständnis für seine eigene Person entwickelt hat. Dieses Verständnis entsteht nur auf der Grundlage ausreichender zwischenmenschlicher Erfahrungen und gewisser geistiger Fähigkeiten. So müssen die Erinnerungsfähigkeit und das Vorstellungsvermögen einen ausreichenden Entwicklungsstand erreicht haben. Mit der Entwicklung einer eigenen Persönlichkeit will das Kind zunehmend seinen eigenen Willen durchsetzen. Seine eigenen Gefühle und etwas später auch diejenigen seiner Mitmenschen nimmt es immer deutlicher wahr. Es beginnt sich in andere Menschen einzufühlen, Freud und Leid anderer Menschen mitzuempfinden und sich empathisch zu verhalten. Es dauert nochmals etwa 2 Jahre, bis das Kind fähig ist, sich in die Gedanken anderer Menschen hineinzudenken.

Eltern und Fachleute haben oft unrealistisch hohe Erwartungen, was das Selbstverständnis und Einfühlungsvermögen kleiner Kinder anbetrifft. Wenn beispielsweise ein 3-Jähriger ein anderes Kind schlägt, reden sie ihm ins Gewissen. Sie gehen davon aus, dass das Kind weiß, wie sich das andere Kind fühlt. Kinder sind aber entwicklungsbedingt bis ins Alter von etwa 4 Jahren selbstbezogene Wesen. Sie nehmen die Welt weitgehend aus ihrer Perspektive wahr. Erst die fortgeschrittene Entwicklung der sozialen Kognition befähigt das Kind, auch die Perspektive anderer einzunehmen, um sich in andere Menschen hineinzufühlen und schließlich hineinzudenken. Diese kognitiven Grundlagen allein machen das Kind aber noch nicht zugewandt. Wie das Kind diese Fähigkeit anwendet, hängt wesentlich von seinen Vorbildern ab. Wenn die Eltern und Bezugspersonen mit dem Kind einfühlsam umgehen, wird es sich auch ein empathisches Verhalten aneignen. Bestimmt aber die soziale Umgebung über das Kind ohne Rücksicht auf seine Gefühle, wird auch das Kind über andere Menschen zu bestimmen versuchen.

Betreuung

Wie können die Eltern die Betreuung ihres Kindes so gestalten, dass

- sich das Kind wohl- und geborgen fühlt? Seine körperlichen und psychischen Bedürfnisse, insbesondere das Bedürfnis nach Nähe und Zuwendung, angemessen befriedigt werden?

■ das Kind seine sozialen Fähigkeiten entwickeln, sich in die Gemeinschaft integrieren und ausreichend Erfahrungen mit Erwachsenen und Kindern machen kann?

In der Vergangenheit wurde der Mutter als Bezugsperson eine einzigartige Bedeutung für das psychische Wohlbefinden des Säuglings und Kleinkindes zugeschrieben. Die meisten Mütter sind als Hauptbezugsperson für das Kind tatsächlich von einzigartiger Bedeutung, weil sie sich mehr als alle anderen Bezugspersonen um das Kind kümmern und damit die engste Beziehung zu ihm haben. Dies bedeutet aber nicht, dass nur sie die kindlichen Bedürfnisse ausreichend befriedigen können. Vater, Großeltern und Verwandte, aber auch Bekannte und Fachpersonen der familienergänzenden Betreuung können mit dem Kind eine tragfähige Beziehung eingehen, die das Wohlbefinden des Kindes gewährleistet (Lamb, Field, Parke). Voraussetzung allerdings ist, dass das Kind regelmäßige, zeitlich ausreichende und beständige Erfahrungen mit seinen Bezugspersonen machen kann.

Eine Bezugsperson, die dem Kind Wohlbefinden vermitteln kann, erfüllt die folgenden Bedingungen:

Die Person ist dem Kind ausreichend vertraut. Sie kann die kindlichen Bedürfnisse befriedigen und kennt die individuellen Eigenheiten des Kindes. Sie kann den kindlichen Erwartungen altersgemäß gerecht werden. Das Kind fühlt sich bei ihr wohl und

Beim Vater schlafen
schafft Vertrauen.

geborgen. Es sucht bei ihr Hilfe und Schutz, wenn es diese benötigt.

Die Person ist verfügbar. Sie nimmt die Bedürfnisse des Kindes wahr und reagiert darauf rasch, damit das Kind nie das Gefühl hat, alleingelassen oder in seinen Bedürfnissen vernachlässigt zu werden.

Die Person ist für das Kind verlässlich. Sie reagiert immer auf die gleiche Weise, um dem Kind ein Gefühl von Beständigkeit und Zuverlässigkeit zu geben.

Die Person ist in ihrem Verhalten angemessen. Sie geht auf die individuellen Bedürfnisse des Kindes ein.

Eine weitere Bedingung für eine gute Betreuung ist, dass die Bezugspersonen für eine lückenlose Betreuung sorgen. Nur wenn die Kontinuität der Betreuung gewährleistet ist, kann sich das Kind sicher fühlen. Der Alltag wird für das Kind voraussehbar und beständig.

Wie viel Zeit müssen Eltern in den ersten Lebenswochen und -monaten aufwenden, um mit dem Kind vertraut zu werden? Die meisten Mütter haben von Natur aus das Bedürfnis, sich so lange und so intensiv mit dem Kind zu beschäftigen, bis sich bei ihnen das Gefühl einstellt: Jetzt kenne ich das Kind in- und auswendig. Manchen Vätern fällt es leicht, sich genauso intensiv mit dem Kind zu beschäftigen; es ist ihnen sogar ein Bedürfnis. Andere tun sich schwerer mit Füttern und Windelnwechseln. Es gibt aber bereits in den ersten Lebenswochen viele weitere Möglichkeiten, gemeinsame Erfahrungen zu machen, sich mit dem Kind sozial auszutauschen, es zu beruhigen und schlafen zu legen oder es ganz einfach in den Armen zu halten.

Liebe Väter: Nehmt euch die Zeit, lasst euch auf euer Kind ein und erlebt, wie eure Beziehung entsteht und im Verlauf der Monate und Jahre wächst. Es ist eine tiefe Befriedigung als Vater diese Erfahrung zu machen: Ich kann für mein Kind einen Tag, vielleicht auch ein Wochenende oder gar eine Ferienwoche so sorgen, dass es sich bei mir wohlfühlt.

Liebe Mütter: Unterstützt den Vater im Umgang mit dem Kind. Es fällt dem Vater schwer, sich auf das Kind einzulassen, wenn die Mutter ständig argwöhnisch beobachtet, ob er auch richtig mit dem Kind umgeht. Väter machen es anders als Mütter. Sie wickeln anders, sie spielen anders, und sie bringen das Kind anders zu Bett und – die Kinder lieben es!

Wie in der Einführung angesprochen, ist es für die meisten Eltern eine ständige Herausforderung, Zeit und Energie für Familie, Kind und Partnerschaft, Arbeit und persönliche Interessen wie etwa Sport immer wieder neu einzuteilen. Wenn die Eltern nicht wollen, dass ihr Kind zu kurz kommt, müssen sie, insbesondere die Väter, ihre Prioritäten von Zeit zu Zeit überprüfen und neu setzen (siehe Anhang).

Das Wichtigste in Kürze

1. Der Kern des Bindungsverhaltens ist das Bedürfnis nach Geborgenheit: Das Kind kann nicht allein sein. Damit es ihm gut geht, braucht es die Nähe und Zuwendung vertrauter Personen.

2. Die Bindung des Kindes an die Eltern und andere Bezugspersonen entsteht durch gemeinsame Erfahrungen. Das Kind bindet sich an die Personen, die sich um es kümmern und ihm so vertraut werden.

3. Die körperliche und emotionale Verbundenheit bringt das Kind mit charakteristischen Verhalten wie Suchen nach Nähe, Trennungsangst und Fremdeln zum Ausdruck.

4. Das Bindungsverhalten entwickelt sich während der ganzen Kindheit weiter und ist in jedem Alter unterschiedlich ausgeprägt.

5. Die Bindung der Eltern an das Kind und des Kindes an die Eltern hängt wesentlich von der Zeit ab, die sie miteinander verbringen.

6. Die Art und Weise, wie die Eltern und Bezugspersonen die psychischen und körperlichen Bedürfnisse des Kindes befriedigen, bestimmt sein Wohlbefinden.

7. Das Kind fühlt sich bei einer Bezugsperson wohl, wenn diese ausreichend vertraut, verfügbar und verlässlich ist und auf das kindliche Verhalten angemessen reagiert.

8. In den ersten Lebensjahren kommunizieren Kind und Eltern fast ausschließlich über die Körpersprache. Wesentliche Elemente der nonverbalen Kommunikation sind: Aussehen, Mimik, Blickverhalten, Haltung und Bewegung des Körpers, Ausdruck der Stimme und Distanzverhalten.

9. Das soziale Lernen beruht auf der angeborenen Bereitschaft, das Verhalten anderer nachzuahmen und zu verinnerlichen. Damit das Kind seine sozialen Kompetenzen ausbilden kann, braucht es Bezugspersonen und andere Kinder als Vorbilder.

10. Die Entwicklung der sozialen Kognition befähigt das Kind, Gefühle, Verhalten und Gedanken bei sich selbst und seinen Mitmenschen wahrzunehmen und zu reflektieren.

11. Eine gute Betreuung des Kindes zeichnet sich durch die Qualität der Bezugspersonen und die Kontinuität der Betreuung aus.

Vor der Geburt

Vor der ersten Ultraschalluntersuchung macht Karla ihre Frauenärztin darauf aufmerksam, dass sie über das Geschlecht ihres Kindes nicht informiert werden will. Die Geburtshelferin nickt verständnisvoll. Karla ist nicht die erste Frau, die mit diesem Anliegen an sie herantritt.

Das Ungeborene ist mit seiner Mutter körperlich auf das Innigste verbunden. Ob dies auch gefühlsmäßig zutrifft? Unser Wissen über die Beziehung des ungeborenen Kindes zur Mutter ist überaus spärlich. Eine mehr oder weniger gesicherte Beobachtung ist, dass das ungeborene Kind während der Schwangerschaft mit der mütterlichen Stimme vertraut wird; sie hat für das neugeborene Kind eine besondere Bedeutung.

Die Beziehung zwischen Eltern und Kind beginnt nicht erst bei der Geburt. Sie entsteht bereits aus den Erwartungen, welche die Eltern mit ihrem zukünftigen Kind verbinden. Diese Erwartungen haben ihre Wurzeln in der Kindheit der Eltern. Sie werden weiter geprägt durch ihre partnerschaftlichen und familiären Vorstellungen sowie die Erfahrungen, welche die Eltern während der Schwangerschaft mit dem Kind und dem Partner machen.

In der Beziehung der Eltern zum ungeborenen Kind können drei Erlebnisperioden unterschieden werden.

Das Kind als Verheißung

Die Schwangerschaft macht sich in den ersten Wochen für die meisten Frauen körperlich nur wenig bemerkbar. Vermehrte Müdigkeit und Übelkeit, Heißhunger auf und Widerwillen gegen bestimmte Speisen können auftreten. Die schwangere Frau spürt ihr Kind noch nicht, das Kind beschäftigt sie aber gleichwohl: Wie werde ich Schwangerschaft und Geburt ertragen? Werde ich eine gute Mutter sein? Wann soll ich mit dem Arbeiten aufhören? Werde ich meine Arbeit, die Kollegen und die Kolleginnen vermissen? Wie wird sich mein Partner als Vater bewähren? Erinnerungen an die eigene Kindheit und an die Eltern werden wach. Die Frau spürt, dass das Kind ihr Leben verändern wird. Sie beginnt sich innerlich auf ihre neue Rolle und die Veränderungen in ihrem privaten und beruflichen Leben vorzubereiten. Neben der Freude auf das Kind und die Mutterschaft gibt es auch bange Stunden. Auch Ängste und Zweifel sind Ausdruck der großen inneren Umstellungen, die eine schwangere Frau durchmacht. Sie gehören zu einer normalen Schwangerschaft dazu.

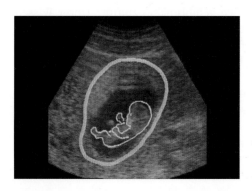

Wer bist du?
(Gelbe Umrandung:
die Gebärmutter)

Im ersten Drittel der Schwangerschaft ist das Kind für die meisten Väter eine bloße Ankündigung. Der Mann nimmt aber die Veränderungen an seiner Frau wahr. Die Frau wird stiller oder schneller reizbar. Sie sucht die Nähe des Mannes oder möchte häufiger allein sein. Ihre sexuellen Bedürfnisse ändern sich. Der angehende Vater macht sich Gedanken, wie sich die Berufsaufgabe der Mutter auf das Haushaltbudget und wie sich das Familienleben auf seine Arbeit auswirken wird. Für viele ist die Ankunft eines Kindes mit Einschränkungen, vor allem auch finanzieller Art, verbunden.

Die angehenden Eltern wissen noch nichts über das Wesen ihres Kindes. Sie freuen sich auf das Kind und spüren: Es wird ihr Leben verändern.

Das Kind macht sich bemerkbar

Mit den ersten Kindsbewegungen in der 16. bis 20. Schwangerschaftswoche nimmt die Mutter das Ungeborene erstmals als ein unabhängiges Wesen wahr. Die Bewegungen helfen der Mutter, in den folgenden Wochen und Monaten eine Vorstellung von ihrem Kind zu gewinnen: Ein kräftiger Junge, der im Bauch herumstrampelt und nachts gerne aktiv ist, oder ein sanftes Mädchen, dessen streichelnde Bewegungen die Mutter nur bemerkt, wenn sie sich in Ruhe darauf konzentriert. Nicht wenige Mütter und Väter wollen bei den Schwangerschaftsuntersuchungen die Ultraschallbilder ihrer Kinder nicht sehen. Sie wollen auch das Geschlecht nicht wissen. Sie schaffen sich ihr eigenes inneres Bild.

Mit den Bewegungen wird das Kind auch für den Vater zu einer Realität. Mit fortschreitender Schwangerschaft werden die Bewegungen des Kindes immer kräftiger und damit auch für den Vater fühlbar und schließlich sogar sichtbar.

Hoffen und Bangen

Im letzten Schwangerschaftsdrittel nimmt das Kind stark an Gewicht zu. Der mütterliche Bauch wird rasch größer. Neben der

Bald ist es so weit.

Freude auf die bevorstehende Geburt stellen sich den meisten schwangeren Frauen auch in diesem Abschnitt der Schwangerschaft bange Fragen: Wird sich das Kind normal entwickeln? Wird es gesund sein oder körperliche Fehlbildungen haben? Hätte ich früher mit dem Arbeiten aufhören sollen? Haben dem Kind die zwei Zigaretten pro Tag geschadet? Werde ich bei der Geburt versagen? Solche Bedenken sind keine schlechten Vorzeichen, sondern ebenfalls Ausdruck der inneren Umstellung, welche die Mutter durchmacht. In der gedanklichen und gefühlsmäßigen Auseinandersetzung mit der Geburt zieht die Mutter auch einen möglichen ungünstigen Ausgang in Betracht.

In den letzten Wochen vor der Geburt beginnt sich das innere Bild aufzulösen, das sich die Mutter während der Schwangerschaft von ihrem Kind gemacht hat. Sie stellt sich auf die Beziehungsaufnahme zu ihrem realen Kind ein. Je näher der Termin rückt, desto stärker wird die Freude auf die bevorstehende Geburt. Das Kinderzimmer wird eingerichtet, der »Nestbauinstinkt« macht sich bemerkbar. Namenlisten werden gewälzt. Viele Frauen warten in den letzten Schwangerschaftswochen geradezu ungeduldig auf das Einsetzen der Wehen.

Vorbereitung auf die Geburt und die Zeit danach

Schwangerschaft, Geburt und die ersten Lebensmonate werden von Mutter und Kind besser bewältigt, wenn der Vater die Mutter begleitet. Er kann sie wesentlich unterstützen, wenn er Verständnis und Anpassungsbereitschaft für die Veränderungen zeigt, die sich in ihrem privaten und beruflichen Leben durch die Schwangerschaft und die Geburt ergeben. Wenn die schwangere Frau spürt, dass der Mann ihre Bedürfnisse und die der zukünftigen Familie wahrnimmt und bereit ist, sein Leben darauf einzurichten, fällt ihr die eigene Neuorientierung leichter. Haben die Eltern bereits Kinder, kann der Vater die Mutter wesentlich entlasten, wenn er sich vermehrt um diese kümmert.

Immer mehr Eltern nehmen an Schwangerschafts- und Säuglingskursen teil: eine hilfreiche Art, sich durch gemeinsames Erleben auf die Geburt vorzubereiten, durch konkretes Tun die Angst vor dem winzigen Säugling zu mindern und sich eine gewisse Kompetenz beim Stillen sowie im Umgang mit Milchflasche und Windeln anzueignen. Der Vater erhält eine aktive Rolle, indem er die Mutter unterstützen kann. Im Gespräch mit anderen Eltern erfahren sie, dass sie mit ihren Ängsten und Zweifeln keineswegs allein sind

Das Wichtigste aber bei der Vorbereitung auf die Zeit nach der Geburt ist die innere Bereitschaft der Eltern, in ihrem Leben Raum für die zukünftige Familie frei zu machen. Dazu gehört, dass sich die Eltern ganz konkret darüber unterhalten, wie sie den Alltag nach der Geburt ihres Kindes gestalten wollen. Wer macht was bei der Kinderbetreuung und im Haushalt? So können sie auch vermeiden, dass unausgesprochene Erwartungen in den kommenden Monaten zu Enttäuschungen werden.

Für immer mehr Frauen stellt sich die Frage, wann und in welchem Umfang sie nach der Geburt ihre Arbeit wieder aufnehmen sollen. Manche Frauen haben keine Wahl. Sie müssen aus finanziellen und anderen Gründen rasch wieder an den Arbeitsplatz zurückkehren. Allen Frauen, die Wahlmöglichkeiten haben, möchte ich empfehlen, sich vor der Geburt nicht festzulegen und dem Arbeitgeber keine bindenden Zusagen zu machen. Wenn es irgendwie möglich ist, sollten sie sich erst dann entscheiden, wenn sie konkret erlebt haben, was es für sie bedeutet, Mutter zu sein und für ihr Kind zu sorgen. Die meisten Mütter bestätigen im Nachhinein, dass sie vor der Geburt unterschätzt haben, wie viel Zeit sie für ihre körperliche und psychische Erholung benötigen würden, wie sehr sie die Mutterrolle einnehmen und wie stark das Kind ihre Lebenseinstellung verändern würde. Nicht wenige Mütter, die sich vor der Geburt fest vorgenommen haben, nach 3 bis 6 Monaten wieder zu arbeiten, bleiben aufgrund dieser Erfahrungen einige Jahre zu Hause.

Genauso wenig kann der Vater abschätzen, was es für ihn bedeutet, Vater zu sein. Auch er kann im Voraus nicht wissen, wie sehr ihn das Kind emotional, kräftemäßig und zeitlich in Anspruch nehmen wird. Er sollte sich in den Wochen und Monaten nach der Geburt genügend Zeit einräumen, um sich auf das Kind einzulassen und um zu erleben, was das Kind von ihm braucht und was es ihm bedeutet.

Das Wichtigste in Kürze

1. Die frühe Eltern-Kind-Beziehung entsteht aus den Erwartungen, die Eltern in ihr zukünftiges Kind setzen, aus den partnerschaftlichen und familiären Vorstellungen und den Erfahrungen, die Eltern während der Schwangerschaft mit dem Kind und miteinander machen.

2. Die Beziehung der Eltern zum Kind durchläuft während der Schwangerschaft 3 Erlebnisperioden, die mit Erwartungen und Befürchtungen sowie inneren Umstellungen verbunden sind.

3. Schwangerschaft und Geburt eines Kindes führen bei vielen Frauen zu einschneidenden Veränderungen in ihrem privaten und beruflichen Leben. Der Vater kann wesentlich zu einem guten Gelingen von Schwangerschaft und Geburt beitragen, wenn er die Mutter durch die verschiedenen Umstellungsphasen der Schwangerschaft begleitet und Verständnis und eigene Anpassungsbereitschaft für die Veränderungen in ihrem Leben zeigt.

4. Schwangerschafts- und Säuglingskurse sind für angehende Eltern eine hilfreiche Gelegenheit, sich durch praktisches Handeln und in Gesprächen auf die Geburt und die ersten Lebenswochen des Neugeborenen vorzubereiten.

5. Eltern können vor der Geburt nicht einschätzen, wie sehr das Kind sie vereinnahmen und ihr Leben verändern wird. Die Mutter sollte – wenn immer möglich – sich erst dann entscheiden, wieder zu arbeiten, wenn sie ausreichend Zeit mit dem Kind verbracht und sich an die neue Lebenssituation gewöhnt hat. Ebenso sollte sich der Vater genügend Zeit einräumen, um sich auf das Kind einzulassen und zu erleben, was das Kind von ihm braucht.

6. Das Wichtigste bei der Vorbereitung auf die Zeit nach der Geburt ist die innere Bereitschaft der Eltern, in ihrem Leben Raum für die zukünftige Familie frei zu machen.

o bis 3 Monate

Martin ist 7 Tage alt. Nach dem Stillen ist er satt und zufrieden. Er schaut die Mutter lange und aufmerksam an und macht einige Laute. Dann schläft Martin ein. Die Mutter sieht, wie ein Lächeln seine Mundwinkel umspielt. Engelslächeln oder Träume?

Was braucht ein Neugeborenes, damit es sich in dieser Welt wohlfühlt? Seine Grundbedürfnisse wollen befriedigt sein: Zufuhr von Nahrung, behagliche Wärme und körperliche Nähe. Das Kind will gehalten, herumgetragen und gestreichelt werden. Es will bei den Eltern sein.

Seine Bedürfnisse tut der Säugling der Umgebung lautstark und wirksam kund. Er schreit, wenn er Hunger hat, wenn er gewickelt werden will, wenn ihm kalt ist oder wenn er sich verlassen fühlt. Wir Erwachsenen können gar nicht anders, wir müssen auf das kindliche Schreien reagieren. Ein Baby schreien zu lassen halten wir nur kurze Zeit aus. Wenn ein Kind weint, haben die Eltern, aber auch fremde Frauen und Männer, einen unwiderstehlichen Drang nachzuschauen, warum das Kind weint. So hat die Natur sichergestellt, dass die vitalen Bedürfnisse des jungen Säuglings zuverlässig befriedigt werden. In einem separaten Kapitel beschäftigen wir uns ausführlich mit dem Schreiverhalten des Säuglings.

Schreien ist eine sehr wirksame, wenn auch wenig differenzierte Form, der Umgebung seine Bedürfnisse mitzuteilen. Das Neugeborene kann aber mehr als nur schreien. Es zeigt bereits in den ersten Lebensstunden Interesse an anderen Menschen und kann sich in einem beschränkten Maße mitteilen. Neugeborene und Säuglinge sind beziehungsfähig, auch wenn ihre Wahrnehmung und ihre Ausdrucksmöglichkeiten noch sehr begrenzt sind. Das Kind gestaltet die Beziehung zu seinen Eltern von seinem ersten Lebenstag an aktiv mit.

Mit dem Beziehungsverhalten des Neugeborenen und Säuglings wollen wir uns in diesem Kapitel beschäftigen.

Erstes Kennenlernen

Die Stunden nach der Geburt sind für Eltern und Kind eine außergewöhnliche Zeit. Sie haben ein intensives Bedürfnis, sich gegenseitig kennenzulernen. Die Eltern betrachten ihr Kind vom Kopf bis zu den Händen und Füßen sehr genau. Sie streicheln und befühlen das Neugeborene. Sie riechen an ihm, legen es an ihren

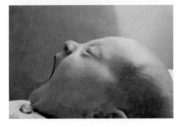

Die ersten Stunden
nach der Geburt.

Miteinander
vertraut werden.

Körper und spüren seine Wärme. Sie betrachten seine Mimik und
seine Körperbewegungen. Sie achten darauf, wie es atmet. Jede
Regung des Kindes nehmen sie wahr und kommentieren sie.

Die meisten neugeborenen Kinder sind in den ersten Lebensstunden ungewöhnlich wach und aufmerksam, deutlich mehr als
in den folgenden Tagen. Ihre Augen sind weit offen. Mit ihrer Mimik, Körperhaltung und ihren Bewegungen geben sie ihren Eltern
zu verstehen, dass sie an ihnen interessiert sind.

Den ersten Lebensstunden wurde von einigen Autoren eine
große Bedeutung für das mütterliche Bindungsverhalten zugeschrieben (Klaus). Ihre Annahmen stützten sich auf experimentelle Untersuchungen bei Huftieren wie Schafen und Ziegen. Bei
dieser Tiergattung bindet sich das Muttertier in den ersten 15 Minuten nach der Geburt an ihr Junges. Wird das Junge der Mutter
unmittelbar nach der Geburt weggenommen und ihr nach 2 oder
mehr Stunden zurückgegeben, ist die Mutter nicht mehr bereit,
das Junge anzunehmen. Andererseits nimmt die Mutter ein fremdes Junges an, wenn es ihr, unmittelbar nachdem sie geboren hat,
zugeführt wird. Neuere Studien haben gezeigt, dass ein solch zeitlich fixierter Bindungsvorgang nur bei bestimmten Tierarten vorkommt (Svejda).

Beim Menschen haben die ersten Stunden nach der Geburt –
wie oben beschrieben – zweifelsohne eine besondere Bedeutung
für Eltern und Kind. Der Bindungsvorgang ist aber beim Menschen kein zeitgebundenes Reflexgeschehen. Für die Eltern-Kind-
Bindung haben die ersten Lebensstunden keine solch ausschlag-

gebende Bedeutung wie bei den Huftieren und gewissen anderen Tiergattungen. Dies ist ein Glück für alle Eltern und Kinder, denen ein erstes Kennenlernen nach der Geburt aus äußeren Gründen nicht möglich ist. Eine solche Situation kann eintreten, wenn das Kind beispielsweise durch Kaiserschnitt entbunden wird oder wegen Frühgeburt in ein anderes Krankenhaus verlegt werden muss.

Die Erfahrungen der ersten Lebensstunden spielen keine Schlüsselrolle in dem Sinne, dass eine bleibende Beeinträchtigung der Eltern-Kind-Beziehung zu befürchten wäre, wenn dieser Kontakt zwischen Eltern und Kind nach der Geburt ausbleibt. Die Beziehung zwischen Kind und Eltern entwickelt sich langsam und stetig. Sie entsteht und verändert sich aufs Neue aufgrund unzähliger Erfahrungen, die Kind und Eltern über Monate und Jahre hinweg miteinander machen. Das erste Kennenlernen nach der Geburt ist nur eine, wenn auch wichtige emotionale Erfahrung.

Wahrnehmen und sich mitteilen

Neugeborene und Säuglinge können nicht nur sehen und hören. Sie haben ein angeborenes, spezifisches Interesse am menschlichen Gesicht und an der menschlichen Stimme. Nichts in dieser

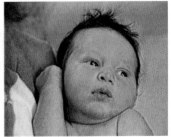

Mimischer Ausdruck eines 2 Tage alten Kindes: Ahmed betrachtet aufmerksam das mütterliche Gesicht (links); er blickt ermüdet von der Mutter weg (rechts).

Welt vermag sie so zu fesseln wie der Anblick eines Gesichts und der Klang einer menschlichen Stimme. Sie haben überdies einen sehr gut entwickelten Geruchssinn. So erkennen sie einige Wochen nach der Geburt ihre Mutter untrüglich an ihrem Körpergeruch wieder (Mac-Farlane). Säuglinge haben auch ein Sensorium für Berührung und Gehaltenwerden. Sie spüren, ob sie von der Mutter, vom Vater oder einer fremden Person aufgenommen, gehalten und gestreichelt werden.

Neugeborene haben nicht nur Interesse an anderen Menschen, sie verfügen auch über ein beschränktes Repertoire an Ausdrucksmöglichkeiten. Viele Neugeborene haben einen für viele Eltern überraschend differenzierten Gesichtsausdruck. Wenn sie aufmerksam das Gesicht der Mutter betrachten, werden ihre Augen weit und ausdrucksstark, der Mund öffnet sich leicht und die Wangen sind angespannt. Wird das Kind müde, schaut es weg, seine Augen verlieren an Glanz.

Bereits im Neugeborenenalter bringen die Kinder in ihrem Gesicht verschiedene Gefühle zum Ausdruck (Izard). Sie können ihr Interesse am menschlichen Gesicht nicht nur mimisch zeigen. Wenn sie nach dem Trinken die verschluckte Luft im Magen plagt, machen sie ein bekümmertes Gesicht. Wenn sie etwas Salziges oder Saures in den Mund bekommen, drückt ihr Gesicht Ekel aus. Wird ein Neugeborenes unsanft aufgenommen oder abgelegt, reißt es erschreckt Augen und Mund auf. Interesse, Unbehagen,

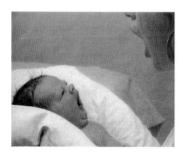
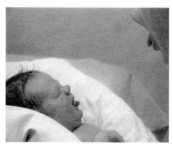

Der 2 Tage alte Marco ahmt Mundöffnen und Zungeherausstrecken nach.

Ekel und Erschrecken sind angeborene Ausdrucksformen. Sie finden sich bei allen Neugeborenen auf der ganzen Welt unabhängig davon, in welche Kultur sie hineingeboren werden.

Fühlt sich ein Kind wohl, macht es einfache Laute. Seine Stimmung und seine Bereitschaft, mit der Umgebung Kontakt aufzunehmen, drückt es in seiner Körperhaltung sowie mit Arm- und Beinbewegungen aus. Ist der Säugling an der Mutter interessiert, wendet er sich ihr zu, zugleich bewegt er sich lebhaft. Wird er müde, wendet er sich wieder von der Mutter ab, seine Arme und Beine werden schlaff.

Eine weitere bemerkenswerte Fähigkeit des Säuglings ist das Nachahmen. Andrew Melzoff konnte als Erster zeigen, dass Säuglinge, ja selbst das Neugeborene die folgenden Mundstellungen einer anderen Person nachahmen können: den Mund öffnen, die Zunge herausstrecken und die Lippen spitzen.

Die Wahrnehmung und die Ausdrucksmöglichkeiten des Neugeborenen und des Säuglings sind noch begrenzt. Sie brauchen viel Zeit, um Reize aus der Umwelt aufzunehmen und zu verarbeiten. Sie sind darauf angewiesen, dass ein Sinneseindruck stark ist, lange andauert und wiederholt auftritt. Sie ermüden rasch in ihrem Bemühen, sich mit Mimik, Blickverhalten, Plaudern und Körpersignalen der Umgebung mitzuteilen. Erwachsene passen sich intuitiv den begrenzten Fähigkeiten eines Kindes an. Indem sie sich auf das kindliche Verhalten einstellen, nimmt ihr eigenes Verhalten bestimmte Eigenheiten an. Stern hat das mütterliche Verhalten im Umgang mit einem Säugling wie folgt charakterisiert: Die Mutter übertreibt ihren mimischen, körperlichen und sprachlichen Ausdruck. Ihr Gesichtsausdruck wird überdeutlich, die Mundpartie wird besonders ausdrucksvoll und ihre Augen werden ungewöhnlich groß. Die Mutter verlangsamt ihre Mimik und wiederholt sich vielfach. Sie nickt mit ihrem Kopf, ihr Gesicht nimmt den Ausdruck eines freudigen Erstauntseins an. Ihre Sprechweise vereinfacht sich auf einige wenige Laute, die langsam und mehrfach wiederholt in einer erhöhten Stimmlage ausgesprochen werden.

Die Mutter hat eine starke Neigung, das kindliche Verhalten zu spiegeln. So ahmt sie einen erstaunten wie auch einen bekümmerten Gesichtsausdruck nach. Sie wiederholt die Töne, die ihr

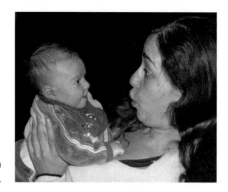

Dialog zwischen
Mutter und Kind.

Kind macht. Sie variiert dabei leicht ihre Nachahmung in Stärke
und Ausdruck und steigert damit das Interesse des Kindes. Die
Mutter spielt ihrem Kind seine eigenen Gefühle vor und drückt
ihre Zuneigung zu ihm aus. Die Nachahmung kann selbst unter
erwachsenen Menschen eine wirksame Form sein, Zuneigung zu
zeigen.

Wechselspiel zwischen Eltern und Kind (nach Stern).

Gesichtsausdruck
Augen und Mund wiederholt weit geöffnet. Augenbrauen stark ange-
hoben, ausgeprägte und nickende Kopfbewegungen zum und vom
Kind weg. Ein bestimmter Gesichtsausdruck formt sich langsam und
wird für lange Zeit beibehalten. Gespielter Ausdruck des Erstaunens
und Überraschtseins.

Sprache
Ammensprache: hohe Tonlage, singende Qualität, ausgeprägter Wechsel der Tonlage, Sprachfluss verlangsamt. Vokale gedehnt und ein-
dringlich artikuliert. Vielfaches Wiederholen des Gesprochenen mit
kleinen Variationen in Inhalt, Tonhöhe und zeitlichem Ablauf.

Körper-, Arm- und Handbewegungen
Rasche Bewegungen zum Kind hin und vom Kind weg. Übertriebene
Körper-, Arm- und Handbewegungen.

Nachahmung
Nachahmung von Gesichtsausdruck und Plaudern des Kindes.

Das Verhalten von Müttern gegenüber ihren Säuglingen ist einmalig, wenn wir es mit dem Beziehungsverhalten zwischen Erwachsenen und älteren Kindern vergleichen. Zwischen Erwachsenen empfinden wir solche Ausdrucksweisen als höchst ungewöhnlich, es sei denn, es handelt sich um eine emotionale Extremsituation wie Verliebtsein oder Streit. Die intuitiven Ausdrucksweisen können wir nicht nur bei Müttern, sondern auch bei Vätern sowie Erwachsenen und älteren Kindern beobachten, die Erfahrung im Umgang mit Säuglingen haben.

Bereits in den ersten Lebenstagen lassen sich individuelle Unterschiede im Ausdruck und Verhalten bei neugeborenen Kindern feststellen. Während das eine Kind eine ausdrucksstarke Mimik zeigt, macht ein anderes viele und verschiedene Laute. Gewisse Kinder sind sehr interessiert am Gesicht von Mutter und Vater, andere hören besonders aufmerksam auf ihre Stimmen, und wieder andere wollen von ihnen vor allem gehalten und berührt werden. Die meisten Eltern stellen sich intuitiv auf die Eigenheiten ihrer Kinder ein. Die einen Eltern sprechen lange mit ihrem Kind, weil sie spüren, dass es gut darauf reagiert. Andere Eltern geben ihrem Kind häufig Gelegenheit, ihr Gesicht zu betrachten, weil ihr Kind ein »Augenkind« ist. Schließlich gibt es Eltern, die ihr Kind vor allem halten und streicheln, weil sie spüren, dass sie so am besten den Kontakt zu ihm aufnehmen und aufrechterhalten können.

Erstes Lächeln

Beim schlafenden Neugeborenen können wir gelegentlich Zuckungen um die Augen, auf der Stirn und vor allem um den Mund beobachten (siehe »Schlafverhalten 0 bis 3 Monate«). Zieht das Kind gleichzeitig beide Mundwinkel hoch, scheint es im Schlaf zu lächeln. Im Volksmund spricht man von einem Engelslächeln. Es ist ein Vorläufer des sozialen Lächelns (Emde).

Beim wachen Kind können wir ein Lächeln frühestens mit 2 bis 4 Wochen beobachten. Das Lächeln tritt oftmals spontan ohne einen äußeren Anlass auf. Man hat den Eindruck, dass das Kind lächelt, weil es sich wohlfühlt. Mit etwa 6 bis 8 Wochen tritt die

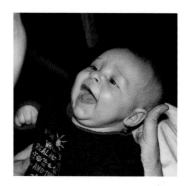

Das erste Lächeln.

erste soziale Form des Lächelns auf: Der Anblick eines menschlichen Gesichts ruft beim zufriedenen Kind zuverlässig ein Lächeln hervor. Auf dieses Lächeln warten die Eltern sehnlichst. Sie erleben sein Erscheinen als eine Belohnung für ihre Fürsorge. Dieses erste Lächeln ist noch ziemlich unspezifisch: Der Säugling lächelt vertraute und fremde Personen gleichermaßen an. Es kann selbst durch eine Maske oder ein auf einen Karton gezeichnetes Smiley-Gesicht hervorgerufen werden. Ausgelöst wird es anfänglich allein durch die Umrisse des menschlichen Kopfes. Selbst ein Luftballon kann daher ein Lächeln auslösen.

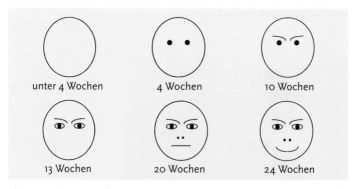

Elemente des menschlichen Gesichtes und der Mimik, die während des ersten halben Jahres beim Säugling ein Lächeln auslösen (modifiziert nach Ahrens).

In den folgenden Wochen richtet das Kind seine Aufmerksamkeit zunehmend auf die Augenpartie. Augen und Augenbrauen werden als Auslöser des Lächelns bedeutsam. Mit etwa 20 Wochen beginnt auch die Mundpartie eine Rolle zu spielen. Fremde Personen lächelt der Säugling nun zunehmend weniger und schließlich überhaupt nicht mehr an. Spätestens mit einem halben Jahr beginnt das Kind auch auf den mimischen Ausdruck eines Gesichtes zu reagieren. Der Säugling lächelt nur noch ein freundliches Gesicht an. Einem neutralen oder gar abweisenden Gesicht verweigert er sein Lächeln.

Nur die Mutter?

Das Kind macht in den ersten Lebenswochen die Erfahrung, dass seine Bedürfnisse zuverlässig durch Mutter und Vater befriedigt werden. Wenn es Hunger hat und schreit, kommt einer von beiden und ernährt es. Wenn es sich unwohlfühlt, nicht allein sein will oder nicht einschlafen kann, stehen ihm die Eltern bei. Das Kind kann sich auf Mutter und Vater verlassen. Es erlebt, dass es der Umwelt nicht hilflos ausgeliefert ist und dass seine Umwelt ein bestimmtes Maß an Beständigkeit und Voraussagbarkeit hat. Diese Erfahrungen sind die ersten Bausteine für das Vertrauen in diese Welt (Urvertrauen nach Erikson).

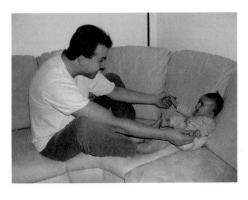

Erfahrungen mit dem Vater sammeln.

Füttern und Körperpflege des Säuglings nehmen viel Zeit in Anspruch, Zeit für Mutter und Kind, sich kennenzulernen und Gefühle gegenseitiger Zuneigung auszutauschen. Es entsteht eine tiefe Beziehung zwischen Mutter und Kind. Bedeutet dies aber zwangsläufig, dass der Säugling nur zu seiner Mutter eine solch innige Beziehung aufbauen kann? Die Mehrheit der Entwicklungspsychologen ist heute nicht mehr dieser Ansicht (Field, Lamb, Parke). Das Kind kann sich genauso stark an den Vater wie an die Mutter binden. Die Tiefe der Bindung wird aber davon abhängig sein, wie umfassend er sich dem Kind zeitlich und in Bezug auf seine verschiedenen Bedürfnisse widmet. Grundsätzlich bindet sich ein Kind an jeden Erwachsenen, wenn dieser die Bedingungen einer Bezugsperson erfüllt (siehe Einleitung).

Der Beziehungsfähigkeit des Säuglings sind Grenzen gesetzt. Seine Wahrnehmung ist noch wenig entwickelt. Er braucht viel Zeit, einen Reiz über seine Sinnesorgane aufzunehmen. Ein bestimmter Reiz wird ihm nur vertraut, wenn der Reiz wiederholt über längere Zeit auf ihn einwirkt. Damit der Säugling eine Beziehung zu einer Person aufbauen kann, braucht er lang andauernde und stabile Erfahrungen mit dieser Person. Bereits der Säugling kann aber zu mehreren Personen Beziehungen eingehen, sofern die Voraussetzung von zuverlässigen und zeitlich ausreichenden Erfahrungen gegeben ist. Und er kann nicht nur Beziehungen zu verschiedenen Personen aufbauen, er ist auch in der Lage, sich auf das unterschiedliche Verhalten von Mutter, Vater und anderen Bezugspersonen einzustellen.

Die ersten 3 Monate: Sich einrichten

In den ersten 2 Lebensmonaten nimmt der Säugling an Größe und Gewicht kräftig zu, sein Verhalten macht nur wenig Fortschritte. Im Alter von einigen Lebenswochen vermag der Säugling den Kopf besser zu halten, und er blickt aufmerksamer umher. Das Auftreten neuer Fähigkeiten wird aber kaum beobachtet. Verschiedene Forscher haben daher die Meinung vertreten, das Menschenkind sei eine physiologische Frühgeburt (Prechtl): Die ersten

2 bis 3 Lebensmonate müsste das Kind eigentlich noch im Mutterleib verbringen, was aber aus Ernährungs- und Platzgründen nicht möglich sei. Die ersten 3 Lebensmonate führe das Kind daher sein Leben wie vor der Geburt weiter.

Diese Vorstellung wird dem Säugling nicht ganz gerecht. Nach der Geburt hat er große, wenn für uns auch wenig sichtbare Aufgaben zu bewältigen: Er muss seine Körperfunktionen umstellen und sich an die neue Umgebung gewöhnen (siehe »Trinken und Essen 0 bis 3 Monate«). Der Säugling atmet nun selbst, muss sich ernähren und selbst verdauen. Die Schwerkraft macht ihm zu schaffen. Er passt seinen Schlaf und sein Wachsein dem Tag-Nacht-Wechsel an. Bis zum 3. Lebensmonat hat sich das Kind so weit eingerichtet, dass es nun bereit ist, sich in dieser Welt umzuschauen, mit den Händen zuzupacken und sich in einigen Monaten auch fortzubewegen.

In den Wochen nach der Entbindung lernen die Eltern die Eigenheiten ihres Kindes kennen. Jedes Kind hat seine Art, wie es gehalten, ernährt oder gewickelt werden will. Die Mutter muss ihr Leben den veränderten Gegebenheiten anpassen. Kein leichtes Unterfangen! Dies gilt auch für den Vater. Das Kind verändert auch seinen Lebensrhythmus und beansprucht seine Kräfte, wenn er zum Beispiel nachts aufstehen muss, um das schreiende Kind zu beruhigen. Die Ankunft des Kindes verändert die bestehenden Beziehungen. Mutter und Vater müssen gemeinsam ihr Familienleben so gestalten, dass es für das Kind, aber auch für sie selber möglichst stimmig ist. Vor lauter Sorge um das Kind sollten die Eltern nicht vergessen, sich selbst Zeit einzuräumen und Ruhe zu finden. Dies ist besser möglich, wenn sie sich frühzeitig Unterstützung bei der Betreuung des Kindes suchen.

Das Wichtigste in Kürze

1. In den ersten Stunden nach der Geburt haben Kind und Eltern ein intensives Bedürfnis, sich gegenseitig kennenzulernen. Das Neugeborene ist ungewöhnlich wach und aufmerksam.

2. Seine vitalen Bedürfnisse wie Schutz gegen Kälte, Nahrungszufuhr, Körperpflege und körperliche Nähe gibt der Säugling durch Schreien kund.

3. Der Säugling hat ein angeborenes Interesse am menschlichen Gesicht und an der menschlichen Stimme. Er erkennt Mutter und Vater an ihrem Geruch. Er will gehalten und gestreichelt werden.

4. Der Säugling kann sich mit Mimik, Blickverhalten, Lauten, Körperhaltung und Bewegungen ausdrücken. Er vermag gewisse Mundstellungen nachzuahmen.

5. Im Umgang mit dem Säugling passen sich die Eltern den beschränkten Aufnahme- und Ausdrucksmöglichkeiten des Kindes intuitiv an. Ihr Verhalten wirkt dadurch übertrieben, vereinfacht und repetitiv im Ausdruck.

6. Indem die Eltern das Kind nachahmen, spiegeln sie dem Kind sein Verhalten und seine Emotionen wider.

7. Ein Vorläufer des Lächelns erscheint im Schlaf: das Engelslächeln. Das soziale Lächeln tritt mit 6 bis 8 Wochen auf. Anfänglich lächelt der Säugling jedes Gesicht an, dann nur noch vertraute und schließlich nur noch freundliche vertraute Gesichter.

8. Die ersten 3 Lebensmonate sind eine Zeit des Sicheinrichtens für Eltern und Kind. Dafür brauchen sie Zeit, Ruhe und Unterstützung bei der Kinderbetreuung.

4 bis 9 Monate

Onkel Hans und Tante Lotti kommen zu Besuch. Bei der Begrüßung strahlt die 7 Monate alte Eva die Tante an. Als die Tante das Kind auf den Arm nimmt, greift Eva ihr ins Gesicht und nach der Brille. Die Tante ist erfreut und stolz, dass die Nichte ihr so zugetan ist. Dann ist der Onkel an der Reihe. Kaum hält er das Kind auf dem Arm, schreit Eva wie am Spieß. Dabei hat Eva den Onkel noch gar nicht angeguckt!

Der arme Onkel Hans! Er sollte Evas Ablehnung nicht persönlich nehmen. Nach dem 6. Lebensmonat fangen Kinder an zu fremdeln: Sie lehnen unvertraute Personen ab. Dabei kann die Ablehnung je nach Person unterschiedlich stark ausfallen. Warum Kinder verschieden reagieren, werden wir in diesem Kapital erfahren.

In der zweiten Hälfte des 1. Lebensjahres beginnen sich Kinder fortzubewegen. Sie haben einen unwiderstehlichen Drang, alles, was sie erreichen können, zu betasten, in den Mund zu nehmen und zu betrachten. Damit setzen sie sich Gefahren aus, und dies nicht erst, seit es elektrische Steckdosen und giftige Reinigungsmittel gibt. Bereits in frühester Zeit, als die Menschen noch ganz in der Natur lebten, war die Umwelt für Kinder gefährlich. Damit sich das Kind nicht ständig von der Mutter entfernt und Gefahren aussetzt, vor denen es nicht jederzeit beschützt werden kann, hat die Natur bei allen höheren Säugetieren und auch beim Menschen ein Verhalten zum Schutz des Kindes entwickelt: die Trennungsangst. Sie setzt dem kindlichen Erkundungstrieb Grenzen und bindet es an seine Bezugspersonen.

In diesem Kapitel wollen wir uns zuerst mit der Entwicklung beschäftigen, die im Beziehungsverhalten zwischen Kind und Eltern in der zweiten Hälfte des 1. Lebensjahres stattfindet. Anschließend werden wir uns mit der Trennungsangst und dem Fremdeln befassen und ihrer besonderen Bedeutung, wenn die Eltern ihr Kind in Betreuung geben.

Hinwendung zur Welt

In den ersten 3 Monaten ist das Kind in hohem Maß auf die Eltern ausgerichtet. Sein Sehvermögen ist noch deutlich eingeschränkt (siehe »Spielverhalten o bis 3 Monate«). Gegenstände, die sich außer Reichweite befinden, nimmt es kaum wahr. Die Hinwendung des Kindes zur Bezugsperson spiegelt sich in der körperlichen Beziehung wider: Das Kind schmiegt sich an die Bezugsperson. Sein Blick sucht immer wieder ihr Gesicht. Die Welt des Säuglings ist die Mutter, der Vater oder eine andere Bezugsperson.

Nach dem 3. Monat verbessert sich das Sehvermögen des Kindes. Es beginnt sich dafür zu interessieren, was in seiner Umgebung geschieht. Es blickt den Eltern nach, wenn sie durch das Zimmer gehen. Einige Zeit später beginnt das Kind mit seinen Händen gezielt zu greifen. Gegenstände werden für das Kind attraktiv. Es kann sich für eine immer längere Zeit selbst beschäftigen. Es ist nicht mehr ausschließlich auf die Eltern als Spielpartner angewiesen. Mit den ersten Krabbelversuchen eröffnet sich

Vorherrschende Körperbeziehung zwischen Kind und Mutter vor (links) und nach dem 6. Lebensmonat (rechts). Das Kind orientiert sich zur Umwelt hin.

dem Kind auch die Möglichkeit, ohne fremde Hilfe zu all den faszinierenden Gegenständen in seiner Umgebung zu gelangen.

Diese Hinwendung des Kindes zur Welt erleben Eltern gelegentlich als Ablehnung: Das Kind blickt sie weit weniger oft und weniger lang an als in den ersten Lebensmonaten. Es ist zunehmend weniger an ihnen, dafür umso mehr an der Umgebung interessiert. Die meisten Eltern freuen sich jedoch an dem wachsenden Interesse des Kindes an der Umwelt. Die Art und Weise, wie sie das Kind nach dem 6. Lebensmonat herumtragen und auf dem Schoß halten, zeigt, dass sie sich der Neuorientierung des Kindes angepasst haben: Das Kind kann sich der Umwelt zuwenden, die Eltern bleiben der sichere Hort.

Trennungsangst

Die Trennungsangst ist die unsichtbare Leine, die das Kind an vertraute Personen bindet. Diese Leine ist von Kind zu Kind unterschiedlich lang. Wenn wir Kind und Eltern auf einem Kinderspielplatz beobachten, können wir nachempfinden, welche Faktoren die kindliche Trennungsangst mitbestimmen:

Alter. Ältere Kinder lösen sich rascher von ihren Eltern und wagen sich weiter vor als jüngere. Die Trennungsangst ist bei 2- bis 3-jährigen Kindern am stärksten ausgeprägt. Sie nimmt nach dem 3. Lebensjahr ab. Dem Kind fällt es zunehmend leichter, zu anderen Kindern und Erwachsenen Beziehungen aufzunehmen. Ganz verschwindet die Trennungsangst nie. Auch wir Erwachsene haben noch unsere Ängste. In der vertrauten heimatlichen Umgebung verhalten wir uns viel ungezwungener als im Ausland. Allein durch die Gassen einer fremden Stadt zu gehen hat für die meisten Menschen etwas Beängstigendes. So wagen sich die meisten Touristen nur in Gruppen in fremdländische Städte.

Persönlichkeit. Neben dem Alter spielt die Persönlichkeit des Kindes für das Ausmaß der Trennungsangst eine große Rolle. Die vorsichtigen und ängstlichen Kinder bleiben die meiste Zeit in nächster Nähe der Eltern. Andere sind neugierig und beherzt. Ihr Aktionsradius ist um ein Vielfaches größer. Ihre Eltern wünschen sich gelegentlich, die unsichtbare Leine wäre etwas kürzer.

Vertrautheit mit Umgebung und Personen. Die Umgebung bestimmt wesentlich mit, wie weit sich ein Kind von den Eltern wegwagt. Kennt das Kind den Spielplatz wie auch die anderen Kinder und deren Eltern, entfernt es sich rascher und weiter von Mutter und Vater, als wenn es zum ersten Mal auf diesem Spielplatz ist. Die Anwesenheit eines älteren Geschwisters weitet seinen Aktionsradius aus. Eine fremde Person, die in der Nähe sitzt, engt ihn ein.

Verhalten der Bezugsperson. Wenn sich die Eltern auf dem Spielplatz unwohlfühlen und dauernd um das Kind besorgt sind, wird sich das Kind nur mit Mühe von ihnen lösen können. Finden die Eltern rasch Kontakt zu anderen Eltern und ermuntern ihr Kind, den Spielplatz zu erkunden und auf andere Kinder zuzugehen, wird sich das Kind rascher und weiter vorwagen.

Fremdeln

Das Fremdeln wird auch als 8-Monats-Angst bezeichnet, weil es bei den meisten Kindern in diesem Alter offensichtlich wird. Typischerweise schreit das Kind, wenn es ein fremdes Gesicht erblickt.

Das Fremdeln wird häufig damit erklärt, dass Kinder in diesem Alter beginnen, vertraute von unvertrauten Personen zu unterscheiden. Kinder sind aber bereits in den ersten Lebensmonaten fähig, fremde und vertraute Personen auseinanderzuhalten. Dabei ist die visuelle Wahrnehmung weit weniger wichtig als andere Sinnesempfindungen. Der empfindlichste und am weitesten entwickelte Sinnesbereich beim jungen Säugling ist der körperliche (taktil-kinästhetische). Wenn ein 2-monatiger Säugling von einer fremden Person auf den Arm genommen wird, kann es geschehen, dass er zu weinen beginnt. Das Kind spürt, dass ihn der Fremde auf eine andere Weise aufnimmt und auf dem Arm hält als seine Eltern. Junge Säuglinge können sich auch abweisend ver-

Spielen nur mit Mutter.

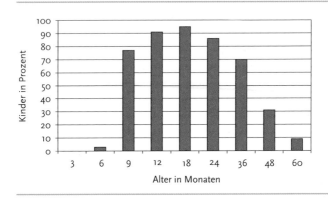

Anteil der Kinder (in Prozent), die nur im Beisein der Mutter oder einer anderen Bezugsperson mit einer fremden Person spielen.

halten, wenn ihnen ein Geruch oder eine Stimme nicht vertraut ist.

Das Unterscheiden von fremden und vertrauten Personen ist eine Voraussetzung für das Fremdeln, erklärt die ablehnende Haltung des Kindes aber nicht. Das Fremdeln hat eine ähnliche Funktion wie die Trennungsangst. Mit der Angst vor Unbekannten sorgt die Natur dafür, dass das Kind in den ersten Lebensjahren in der Nähe derjenigen Personen bleibt, die für sein körperliches und psychisches Wohl sorgen.

Das Fremdeln ist wie die Trennungsangst unter gleichaltrigen Kindern unterschiedlich ausgeprägt. Die Faktoren, die das Fremdeln beeinflussen, sind im Wesentlichen die gleichen wie bei der Trennungsangst.

Alter. Das Alter, in dem Kinder beginnen, offensichtlich fremde Personen abzulehnen, ist von Kind zu Kind verschieden. Frühestens fremdeln Kinder mit 5 Monaten, die meisten mit 6 bis 9 Monaten, einige erst Anfang des 2. Lebensjahres. Das Fremdeln ist zwischen 8 und 36 Monaten am stärksten ausgeprägt. Nach dem 3. Lebensjahr nehmen das Fremdeln und die Trennungsangst immer mehr ab. Den Kindern fällt es zunehmend leichter, Beziehungen zu unvertrauten Personen einzugehen und einige Stunden ohne die Mutter auszukommen.

Persönlichkeit. Neben dem Alter spielt – wie bei der Trennungsangst – die Persönlichkeit des Kindes eine große Rolle. Es gibt Kinder, die kaum fremdeln, andere reagieren ganz ausgeprägt und während mehrerer Jahre ablehnend auf fremde Personen. Wie sehr das Fremdeln ein Teil der Persönlichkeit ist und bleibt, können wir beim erwachsenen Menschen noch erkennen: Auch Erwachsene sind Fremden gegenüber ganz unterschiedlich offen.

Erfahrungen mit anderen Menschen. Die Erfahrungen, die Kinder im 1. Lebensjahr mit Menschen machen, beeinflussen das Ausmaß des Fremdelns (Konner). Kinder, die bereits im frühesten Alter häufig mit verschiedenen Personen ausgedehnten Kontakt haben, fremdeln weniger, als wenn sich ihre Erfahrungen mit fremden Menschen auf sporadische und flüchtige Kontakte beschränken. Kinder, die in einer Großfamilie leben, neigen dazu, weniger zu fremdeln als Kinder, die in einer Kleinfamilie aufwachsen.

Vertrautheit der Person. Ob und wie sehr ein Kind eine Person ablehnt, hängt vom Vertrautheitsgrad der fremden Person ab. Aus der Sicht des Kindes unterscheiden sich fremde Personen unterschiedlich stark von vertrauten Personen. Eva hat freundlich auf die Annäherung von Tante Lotti reagiert. Die Tante war offenbar in ihrer Erscheinung, in der Art und Weise, wie sie zu Eva sprach und sie auf den Arm nahm, nicht allzu verschieden von der Mutter und anderen weiblichen Bezugspersonen. Bei Onkel Hans fing Eva an zu schreien, weil er ihr weit fremder war als die Tante: Sein Bass klang für Eva viel weniger vertraut als die ihr bekannten Stimmen. Als der Onkel sie zu sich nahm, hat er kräftiger zugepackt, als sie dies gewohnt war. Schließlich hat Eva des Onkels Ausdünstung in die Nase gestochen: Der Tabakgeruch war ihr völlig fremd, denn ihre Eltern rauchen nicht.

Distanzverhalten. Das Ausmaß der kindlichen Ablehnung wird schließlich wesentlich durch das Distanzverhalten der fremden

Person mit bestimmt (siehe »Beziehungsverhalten Einleitung«). Wenn sich eine fremde Person dem Kind vorsichtig nähert und einen kritischen Abstand zu ihm einhält, gibt sich das Kind freundlich oder zumindest neutral. Unterschreitet der Fremde die kritische Distanz, beginnt das Kind ihm seine Ablehnung zu zeigen. Geduld ist überaus wichtig im Umgang mit Säuglingen und Kleinkindern: Je länger der Fremde mit der Annäherung wartet und dem Kind Zeit gibt, ihn kennenzulernen, umso näher wird ihn das Kind an sich heranlassen.

Das Kind in Betreuung geben

In jeder Familie gibt es Umstände, welche die Eltern dazu veranlassen, die Betreuung ihres Kindes anderen Personen anzuvertrauen. Sie brauchen einen Babysitter, weil sie abends ausgehen oder einen Ausflug unternehmen möchten. Die Eltern müssen verreisen oder ein Elternteil erkrankt und muss ins Krankenhaus. In immer mehr Familien arbeiten beide Eltern und sind daher auf eine umfassende familienergänzende Betreuung angewiesen.

In der Einleitung zum Kapitel »Beziehungsverhalten« wurde bereits ausgeführt, worauf die Eltern achten sollen, wenn sie ihr Kind in Betreuung geben (siehe auch Merkblätter im Anhang). Zusätzlich sind in dieser Altersperiode besonders die folgenden Aspekte zu berücksichtigen.

Zwischen 6 und 18 Monaten sind das Fremdeln und die Trennungsangst besonders ausgeprägt. Das Kind darf daher nie einer Person, mit der es nicht vertraut ist und die ihm deshalb keine emotionale Sicherheit geben kann, übergeben werden. Es würde sehr unglücklich sein und auf die Person mit großer Ablehnung reagieren. Um mit der Person vertraut zu werden, muss das Kind zuvor ausreichend Gelegenheit gehabt haben, sie im Beisein der Eltern kennenzulernen. Ist dies nicht der Fall, erlebt das Kind die Situation folgendermaßen: Wenn die fremde Person kommt, verlassen mich die Eltern. Unbegreiflich für das Kind, schwierig für Eltern und die Betreuungsperson.

Die Eltern sollten sich für jede Übergabe ausreichend Zeit nehmen. Wenn sie zum Beispiel – kaum ist der Babysitter da – sich nur flüchtig vom Kind verabschieden und das Haus allzu hastig verlassen, fühlt sich das Kind im Stich gelassen. Die Eltern sollten dem Kind ausreichend Zeit geben, damit es mit dem Babysitter soweit Beziehung aufnehmen kann, dass es sich wohlfühlt. Die Eltern verabschieden sich erst dann vom Kind, wenn es mit dem Babysitter in ein Spiel vertieft ist.

Wenn die Eltern das Kind an einen anderen Ort bringen, sollten sie vertraute und dem Kind wichtige Dinge mitnehmen. Nicht nur den Schlafanzug, sondern auch die Lieblingsspielsachen, das Leintuch und den Schlafsack. Sehr beruhigend ist es für ein Kind, wenn es in einem Bettchen schlafen kann, das es kennt.

Eine Situation, in der ein Kind ohne jede Vorbereitung von den Eltern getrennt werden muss, kann, muss aber für das Kind nicht zwangsläufig zu einem einschneidenden Erlebnis werden. Für das psychische Wohlbefinden des Kindes ist bestimmend, dass es sich bei den betreuenden Personen geborgen fühlt, von ihnen ausreichend Zuwendung erhält und seine Bedürfnisse befriedigt werden. Ist dies der Fall, wird das Kind die Zeit der Trennung weitgehend unbeschadet überstehen. Daraus können wir auch ersehen, wie wichtig es für ein Kind ist, Geborgenheit und Zuwendung sowie eine umfassende Betreuung nicht nur von den Eltern sondern auch von anderen Bezugspersonen zu bekommen.

Widerstreitende Gefühle

Die Zeit vom 3. bis 6. Lebensmonat ist das Wonnealter der Kindheit: Das Kind ist zumeist von Grund auf zufrieden. Wenn es sich körperlich wohlfühlt und ausreichend Nähe und Zuwendung erhält, geht es ihm gut. Es lächelt, lacht, gluckst und plaudert. Es freut sich an allem und jedem in dieser Welt. Von der Umwelt erwartet es nur Gutes. Angstmachendes und Fremdes gibt es noch kaum.

Irgendwann nach dem 6. Lebensmonat geht diese wonnige Zeit zu Ende. Das Kind beginnt zu fremdeln und Angst und Furcht zu zeigen (Izard). Es gibt nun Menschen, die es kennt und mag, und andere, die ihm Angst machen. In seinem Gesicht spiegeln sich nun Licht und Schatten. Etwa im gleichen Alter lässt sich das Kind auch von den Gefühlen anderer Menschen anstecken. Es beginnt den mimischen Ausdruck der Eltern und Geschwister zu übernehmen. Lacht der Vater, lacht das Kind mit. Weint das ältere Geschwister, bricht auch der Säugling in Weinen aus.

Zwischen 4 und 9 Monaten beginnt das Kind seine Umwelt zu entdecken. Es will nach Gegenständen greifen und sie untersuchen, es will sich fortbewegen. Sein Neugierverhalten steht im Widerstreit mit der Trennungsangst und dem Fremdeln; diese Ambivalenz der Gefühle bestimmt nun oft sein Verhalten. Die Eltern und andere Bezugspersonen sind für das Kind der sichere Hort, von dem aus es die ihm noch fremde, aber faszinierende Welt erkunden kann.

Das Wichtigste in Kürze

1. Nach dem 3. Monat orientiert sich das Kind immer mehr von den Eltern weg zur Umgebung hin.

2. Bereits in den ersten Lebensmonaten vermag das Kind zwischen vertrauten und fremden Personen mittels Körperempfindung, Geruchssinn, Gehör und Augen zu unterscheiden.

3. Trennungsangst und Fremdeln setzen mit etwa 6 bis 9 Monaten ein. Sie binden das Kind an die Eltern und andere Bezugspersonen.

4. Trennungsangst und Fremdeln sind von Kind zu Kind unterschiedlich stark ausgeprägt. Sie sind abhängig von Alter und Persönlichkeit des Kindes sowie von seinen Lebensumständen.

5. Das Kind darf nur Personen in Betreuung gegeben werden, die ihm vertraut sind, die seine Bedürfnisse befriedigen und ihm die notwendige Geborgenheit und Zuwendung geben können. Ist dies der Fall, wird das Kind die Trennung von den Eltern unbeschadet überstehen.

6. Nach dem 6. Monat wird das kindliche Verhalten oft von widersprüchlichen Gefühlen bestimmt. Neugierig möchte das Kind seine Umwelt erkunden, Trennungsangst und Fremdeln halten es aber zurück. Die Eltern und andere Bezugspersonen sind für das Kind der sichere Hort, von dem aus es die Umwelt erkunden kann.

10 bis 24 Monate

Die Mutter ist mit ihrem 2-jährigen Sohn beim Einkaufen. Als sie sich an der Kasse anstellt, will Robert aus dem Sitzchen des Einkaufswagens steigen. Die Mutter hebt ihn aus dem Wagen. Kaum auf dem Boden, greift Robert ins Regal und packt einen Sack Süßigkeiten. Die Mutter nimmt ihm die Schleckerei aus den Händen, legt sie ins Regal zurück und dann passiert es: Robert wirft sich auf den Boden und schreit wie am Spieß. Er läuft rot an, strampelt mit den Beinchen und schlägt mit dem Kopf auf den Boden. Die Mutter ist völlig überrascht und wie erstarrt. So etwas hat Robert noch nie gemacht! Eine Frau in der Reihe schaut die Mutter missbilligend an, als ob sie sagen wollte: »Warum gönnen Sie ihm die Süßigkeiten nicht?« Eine andere Frau murmelt etwas von fehlender Erziehung und eine dritte meint schließlich: »Das hat meine Kathrin auch gemacht. Warten Sie einfach ab. Er beruhigt sich schon wieder!«

Im 2. Lebensjahr wird sich das Kind zunehmend bewusst, dass es ein eigenständiges Wesen ist. Mit dem Einsetzen der Selbstwahrnehmung erhält es auch einen eigenen Willen, möchte ihn durchsetzen und muss erleben, dass ihm dies nicht immer gelingen will. Die Folgen können, wenn es schlimm kommt, ein Weinkrampf oder ein Tobsuchtsanfall wie bei Robert sein. Dieser Lebensabschnitt ist für Kind und Eltern oftmals schwierig zu meistern und kann sie in unangenehme Situationen bringen.

In diesem Kapitel werden wir uns zuerst mit der Ich-Entwicklung beschäftigen. Anschließend wollen wir das Beziehungsverhalten im 2. Lebensjahr näher betrachten. Dabei geht es um das sogenannte Übergangsobjekt und die Geschwistereifersucht. Die Entwicklung zur Selbstständigkeit beschließt dieses Kapitel.

Ich bin ich

Kinder zeigen bereits im 1. Lebensjahr großes Interesse an ihrem Spiegelbild. Es ist für sie ein Spielpartner. Sie betrachten es aufmerksam, lächeln es an und plaudern mit ihm. Sie klopfen gegen den Spiegel.

Gegen Ende des 1. Lebensjahres verändert sich ihr Verhalten. Die Kinder bieten ihrem Spiegelbild Spielsachen an. Sie versuchen nach dem Spiegelbild zu greifen und es hinter dem Spiegel hervorzuziehen. Sie drehen den Spiegel um, suchen nach dem vermeintlichen Spielpartner und sind erstaunt, wenn sie nichts vorfinden. Sie untersuchen den Spiegel.

Am Anfang des 2. Lebensjahres bekommt der Spiegel für viele Kinder etwas Unheimliches. Sie betrachten sich und ihre Bewegungen im Spiegel aufmerksam. Sie drehen ihren Kopf einmal langsam, dann ganz schnell hin und her. Die Kinder wirken befangen. Sie schauen verstohlen oder scheu in den Spiegel. Gelegentlich beginnen sie plötzlich zu weinen, schieben den Spiegel von sich weg und verstecken ihr Gesicht. Ein Teil der Kinder zeigt offene Bewunderung: Sie schauen sich von oben bis unten an, schneiden Grimassen und spielen den Clown. Was die Kinder in den ersten anderthalb Jahren nicht schaffen, auch wenn sie noch so lange in den Spiegel schauen: Sie erkennen sich nicht!

Verschiedene Forscher haben die Entwicklung der Selbstwahrnehmung untersucht (Brooks, Bischof-Köhler 1989). Im sogenann-

Wer ist dieses freundliche Kind?

ten Rouge-Test wird das Kind vor einen Spiegel gesetzt, und seine Reaktionen auf das eigene Spiegelbild werden beobachtet. Anschließend wird mit dem Kind gespielt und dabei – möglichst un-

Celine, 6 Monate, erkennt ihre Mutter.

Nicht aber sich selbst.

Manuel, 12 Monate, ist freundlich zum Kind im Spiegel.

Nina, 12 Monate, sucht nach dem Kind hinter dem Spiegel.

Silvan, 18 Monate: Sind das meine Ohren?

Stephanie, 24 Monate: Was macht der Fleck in meinem Gesicht?

bemerkt – ein roter Farbtupfer auf die Wange oder die Stirn gemacht. Dann wird dem Kind nochmals der Spiegel gezeigt.

Vor dem 18. Lebensmonat zeigt das Kind im Umgang mit dem Spiegel keine Veränderungen. Es wird auf den roten Fleck in seinem Gesicht nicht aufmerksam. Mit 18 bis 24 Monaten schaut das Kind sein Spiegelbild erstaunt an, es bemerkt den Farbfleck in seinem Gesicht und greift danach. Das Kind weiß: Das Spiegelbild bin ich. Der Farbfleck muss in meinem Gesicht sein!

Der Rouge-Test wurde erstmals nicht bei Kindern, sondern bei Menschenaffen angewendet (Gallup). Schimpansen und Orang-Utans bemerkten den Fleck in ihrem Gesicht, Gorillas und andere Primaten jedoch nicht. Bei Schimpansen wurde zudem festgestellt, dass ein Selbstkonzept ausblieb, wenn die Tiere isoliert aufgezogen wurden. Die Entwicklung des Selbstkonzeptes scheint an soziale Erfahrungen gebunden zu sein: Nur in der Gemeinschaft entwickelt sich das Selbst.

Die Eigenwahrnehmung des Spiegelbildes ist nur ein Aspekt der Ich-Entwicklung und keineswegs der Sprung ins Ich-Bewusstsein. Das innere Bild der eigenen Person baut sich nach der Geburt in vielen kleinen Etappen auf. Schon das Neugeborene kann in eine wechselseitige Beziehung mit seiner sozialen Umwelt treten. Bereits junge Säuglinge entwickeln ein rudimentäres Verständnis für ihre Körperbewegungen (Rochat 2003). Sie versuchen, Objekte wie ein Mobile durch ihre eigenen Bewegungen zu beeinflussen (siehe »Spielverhalten Einleitung«). Durch solche Erfahrungen lernt das Kind, sich getrennt von anderen Menschen und Objekten wahrzunehmen (Rochat 2001). Mit etwa 6 Monaten beginnt es, intensiv seinen eigenen Körper kennenzulernen. Es betastet sich vom Kopf bis zu den Zehenspitzen (siehe »Motorik 4 bis 9 Monate«). Die Kinder erfahren in ihrem Spiel, dass sie gezielt etwas bewirken können. Wenn sie an der Schnur ziehen, beginnt die Musikdose zu spielen (siehe »Spielverhalten 4 bis 9 Monate«).

Am Ende des ersten Lebensjahres beginnt das Kind, die Aufmerksamkeit der Mutter und anderer vertrauter Personen zu teilen (gemeinsame Aufmerksamkeit; joint attention). Wenn die Mutter interessiert zum Fenster hinausschaut, schaut das Kind ebenfalls hinaus. Wendet sich die Mutter einer anderen Person zu, tut es ihr das Kind gleich. Wenn die Mutter mit dem Zeigefinger auf einen

Gegenstand weist, blickt das Kind in die entsprechende Richtung. Das Kind richtet sein Verhalten auch zunehmend am emotionalen Ausdruck der Bezugspersonen aus. Bevor es beispielsweise in eine Wasserpfütze stampft, versichert es sich beim Vater, ob er mit seinem Gesichtausdruck, seiner Stimme und Körperhaltung der Aktion zustimmt (soziales Bezugnehmen; social referencing). Das Kind beginnt zu verstehen, dass die anderen Menschen Wesen sind, die sich in ihrer Aufmerksamkeit und ihren Interessen von ihm unterscheiden (Vorstadium der Theory of Mind).

Im Verlauf des 2. Lebensjahres spiegelt sich die Entwicklung der inneren Vorstellung ausgeprägt im Symbolspiel wider (siehe »Spielverhalten 10 bis 24 Monate«). Im funktionellen, repräsentativen und sequenziellen Spiel zeigt sich, wie das Kind immer differenzierter zwischen sich selbst und anderen Menschen, Tieren oder Objekten unterscheiden kann.

Ist die Selbstwahrnehmung so weit fortgeschritten, dass das Kind sein eigenes Spiegelbild erkennt, nimmt es auch zunehmend

Stadien der Ich-Entwicklung bis ins 3. Lebensjahr.

Alter in Monaten	0	6	12	18	24	30	36
Lernt eigenen Körper kennen							
Erfährt, dass es etwas bewirken kann							
Trotzt							
Erkennt sich im Spiegel							
Verteidigt Besitz							
Verwendet seinen Namen							
Spricht in Ichform							

andere Menschen als eigenständige Personen wahr. Das Kind zeigt immer stärker ein empathisches Verhalten, es beginnt die Gefühle anderer nachzuempfinden (Bischof-Köhler 1989). Vor dem 15. Lebensmonat reagiert das Kind auf Freude, Trauer oder Schmerz bei einem Familienmitglied lediglich so, dass es sich von dem Gefühl anstecken lässt (Zahn-Waxler). Weint das Geschwister, beginnt es ebenfalls zu weinen. Danach ändert das Kind sein Verhalten, wenn ein ihm vertrauter Mensch traurig ist oder Schmerzen hat. Es leidet nicht mehr nur mit, sondern versucht den Schmerz des anderen zu lindern. Dem weinenden Geschwister hält es ein Spielzeug hin, ein erster Versuch zu trösten. Die Art und Weise, wie die Eltern mit Schmerz, Angst und Trauer umgehen, bestimmt mit, ob und wie das Kind einem anderen Menschen zu helfen und ihn zu trösten versucht.

Ich will!

Zu Beginn des 2. Lebensjahres fängt das Kind an, einen eigenen Willen zu entwickeln. Es will zunehmend selber bestimmen und handeln. Zumeist vermag es seinen Willen durchzusetzen. Hin und wieder aber stößt sein Handeln auf Grenzen, die das Kind nicht akzeptieren kann. Der 2-jährige Kurt drückt an den Schaltern der Stereoanlage herum. Der Vater verbietet ihm, die Anlage zu berühren, aber Kurt kann der Versuchung nicht widerstehen und macht weiter. Der Vater trägt ihn schließlich von der Anlage weg, woraufhin Kurt schreit, strampelt oder sogar um sich schlägt. Kinder bringen, wenn sie sich nicht durchsetzen können, ihren Unmut je nach Temperament unterschiedlich stark zum Ausdruck.

Im 2. Lebensjahr beginnt das Kind durch konsequentes Handeln und Ausprobieren ursächliche Zusammenhänge in seiner Umwelt zu verstehen. Fasziniert von der Möglichkeit, die Zimmerbeleuchtung ein- und auszuschalten, knipst es an jeden Lichtschalter, den es erreichen kann. Eines Tages gelingt es dem Kind, eine Tür zu öffnen und zu schließen. Von diesem Zeitpunkt an will es dies auch selber tun. Jedes Kind macht aber die schmerzliche Erfahrung, dass nicht nur Personen, sondern auch Gegenstände sich

Ja, super! Nein, ich will nicht!

seinen Absichten widersetzen können. Die Reaktion des Kindes kann gegenüber Gegenständen genauso heftig ausfallen wie gegenüber dem Vater, der ihm nicht erlaubt, an der Stereoanlage herumzuspielen. Das Kind versucht beispielsweise Formen in entsprechende Vertiefungen einzupassen. Es will ihm aber nicht gelingen, weil es die Formen nicht richtig zuordnet. Das Kind wird zunehmend frustriert. Schließlich schlägt es mit den Formen auf den Tisch ein, wirft sie im ganzen Zimmer herum und schreit Zeter und Mordio.

Trotzreaktionen können für Eltern sehr beeindruckend ausfallen und für sie vermeintlich bedrohliche Formen annehmen. Wenn das Kind sich auf den Boden wirft und mit seinen Fäusten und Füßen auf ihn eintrommelt, mag das noch angehen. Wenn es aber wie Robert den Kopf wiederholt auf den harten Fußboden schlägt, bekommen es die meisten Eltern begreiflicherweise mit der Angst zu tun. Sie fürchten, das Kind könnte sich ernsthaft verletzen. Glücklicherweise ist dies nie der Fall. Blaue Flecken und blutunterlaufene Schwellungen kann es dabei wohl geben, aber keine Verletzungen des Schädels oder gar des Gehirns.

Trotzreaktionen, die sich in der Öffentlichkeit abspielen, können die Eltern in große Verlegenheit bringen. Wie soll sich die Mutter von Robert verhalten? Sie kann Robert aufnehmen und in den Armen halten, ihn streicheln und ihm gut zureden. Ein solcher Versuch, das Kind zu trösten, schlägt häufig fehl. Er verstärkt und verlängert sogar häufig den Trotzanfall. Wenn die Mutter nachgibt und Robert die Süßigkeiten kauft, muss sie damit rechnen, dass das Kind Trotzreaktionen als eine erfolgreiche Strategie ansieht, um seinen Willen bei der Mutter durchzusetzen. Die Trotzreaktionen werden sich häufen. Erfahrungsgemäß ist es am sinnvollsten, wenn die Mutter das Kind in Ruhe lässt und das Ende des Anfalls abwartet. Dabei entfernt sie sich nicht vom Kind, sondern bleibt bei ihm. Sie gibt ihm damit zu verstehen, dass sie es nicht verlässt, ihm aber auch nicht nachgibt. Eine Haltung, die aber für die Mutter nicht leicht durchzustehen ist, wenn die Umgebung mit gut gemeinten Ratschlägen und versteckter bis offener Kritik die erzieherischen Fähigkeiten der Mutter in Zweifel zieht!

Die kindliche Frustration äußert sich bei einigen Kindern in sogenannten Affekt- oder Weinkrämpfen: Die Kinder schreien, laufen blau an, machen merkwürdige Zuckungen mit Armen und Beinen, werden schließlich für einige Minuten schlaff und atmen oberflächlich. Eltern, denen dieses Verhalten nicht bekannt ist, kann ein Affektkrampf einen gehörigen Schreck einjagen. Für sie sieht er wie ein epileptischer Anfall aus. Wenn der herbeigerufene Arzt erscheint, wird der Weinkrampf aller Wahrscheinlichkeit nach längst vorbei sein. Ein Affektkrampf dauert höchstens einige Minuten. Der Arzt wird den Eltern Folgendes sagen: Ein Affektkrampf ist kein epileptischer Anfall. Er ist immer harmlos. Die Kinder nehmen nie Schaden, selbst wenn sie blau werden. Am Ende einer Episode atmen sie deshalb kaum mehr, weil sie zu Beginn des Anfalls übermäßig geatmet haben. Einem Affektkrampf geht immer eine Frustration des Kindes voraus. An eine Epilepsie sollte man nur dann denken, wenn der Anfall ohne jeden äußeren Anlass auftritt.

Eltern verhalten sich am besten so, wie oben bereits für die schweren Trotzreaktionen ausgeführt. Nochmals: Auch wenn das Kind etwas blau anläuft, wird es keinen Schaden erleiden. Es braucht nicht Mund zu Mund beatmet zu werden, was gelegentlich geschieht.

Ein Kind mit ausgeprägten Trotzreaktionen kann den Eltern erhebliche Mühsal bereiten. Weit schlimmer wäre aber ein Ausbleiben der Trotzreaktionen, denn sie gehören zur normalen kindlichen Entwicklung. Ihr Ausbleiben kann bedeuten, dass die Ich-Entwicklung beeinträchtigt ist. Sie treten frühestens Ende des 1. Lebensjahres auf und können sich bis ins Kindergartenalter wiederholen. Wenn Kleinkinder erleben, dass ihrem Handeln Grenzen gesetzt sind, können sie gar nicht anders, als ihrer Frustration ungehemmt Ausdruck zu verleihen. Sie brauchen Jahre, bis sie ihre Gefühle einigermaßen unter Kontrolle haben. Einigen Menschen gelingt dies während ihres ganzen Lebens nie vollständig. Ein Überbleibsel der frühkindlichen Trotzreaktionen sind beispielsweise Jähzornausbrüche älterer Kinder und Erwachsener.

Häufigkeit und Ausmaß der Trotzreaktionen sind in jedem Alter und von Kind zu Kind sehr unterschiedlich. Sie lassen sich mit den besten Erziehungsmethoden nicht vermeiden. Die Art und Weise, wie die Eltern ihr Kind erziehen, beeinflusst die Häufigkeit der Trotzreaktionen. Alter und Temperament des Kindes bestimmen jedoch deren Ausmaß.

Mit dem »Ich-Gefühl« beginnen Kinder auch eine Vorstellung für das Wörtchen »mein« zu entwickeln. Kleinkinder verteidigen ihren Besitz vehement. Was sie nicht daran hindert, einem anderen Kind sein Spielzeug wegzunehmen. Das Verständnis für »dein« lässt noch einige Zeit auf sich warten (siehe »Beziehungsverhalten 25 bis 48 Monate«). Sie reagieren ganz erstaunt, wenn das andere Kind auf den Raub mit Weinen reagiert.

Am Rockzipfel

Das 2. und 3. Lebensjahr ist das Alter, in dem das Kind am Rockzipfel der Mutter, des Vaters oder einer anderen Bezugsperson hängt. Das Kind ist so groß und schwer geworden, dass sie es nicht mehr den ganzen Tag herumtragen können. Es ist motorisch so weit unabhängig, dass es auch nicht mehr herumgetragen werden

Der Tiger gibt Sicherheit.

will. Aber es braucht die Nähe einer Bezugsperson. Dutzende Male pro Tag kommt das Kind, um sich zu versichern, dass die Bezugsperson noch da ist.

Im 2. und 3. Lebensjahr entwickeln viele Kinder eine starke Bindung an einen bestimmten Gegenstand, ein sogenanntes Übergangsobjekt (Winnicott). Typische Übergangsobjekte sind Stoffwindeln, Tüchlein, eine Decke oder Kissenbezüge. Größere Kinder ziehen Teddybären, Stofftiere oder Puppen vor. Es gibt aber auch Kindergartenkinder, die immer noch mit einem Tüchlein herumlaufen. Einige tragen ihr Übergangsobjekt den ganzen Tag mit sich herum. Sie verlangen immer danach, wenn sie sich unglücklich fühlen. Die Kinder wollen und können ohne ihr »Nuuschi« oder ihren Teddy nicht einschlafen. Verlieren die Kinder ihr geliebtes Objekt, können sie in regelrechte Angstzustände geraten. Sie sind unglücklich, wenn die Mutter die Decke wäscht und diese dadurch den vertrauten Geruch für einige Tage verliert.

Kinder tragen ein Übergangsobjekt während einiger Jahre, nicht wenige bis ins Schulalter mit sich herum. Wenn man sich in der Erwachsenenwelt umsieht, stellt man fest, dass das Übergangsobjekt gar nicht so vorübergehender Natur ist, wie der Name vermuten lässt (im Englischen: *transitional object*). Auch manche Erwachsene tragen einen schönen Stein, eine Münze oder einen anderen Talisman mit sich herum. Andere ziehen sich Halsketten, Arm- und Fingerringe an, die ihnen ein Gefühl von Sicherheit geben.

Welche Bedeutung hat das Übergangsobjekt für das Kind? Providence und ihre Mitarbeiter haben in Heimen beobachtet, dass Kinder, die emotional vernachlässigt wurden, keine Übergangsobjekte hatten. Ein gewisses Maß an Bindung scheint eine Voraussetzung dafür zu sein, dass ein Bedürfnis nach einem Übergangsobjekt überhaupt entstehen kann.

Studien in unterschiedlichen Kulturen haben eine Beziehung zwischen der Häufigkeit von Übergangsobjekten und dem Ausmaß des Körperkontaktes nachgewiesen (Gaddini, Hong). In Gesellschaften, in denen zwischen Mutter und Kind ein sehr enger Körperkontakt besteht, wurden kaum Übergangsobjekte beobachtet. Wenig Körperkontakt, wie er in den westlichen Ländern üblich ist, geht mit einem häufigen Vorkommen von Übergangsobjekten einher. Das Übergangsobjekt scheint ein Platzhalter für die körperliche Nähe zu Bezugspersonen zu sein. Es vermittelt Geborgenheit in Form von Weichheit, Wärme und vertrautem Geruch.

Gerade weil das Kleinkind so sehr am Rockzipfel vertrauter Personen hängt, kann es durch eine plötzliche Trennung stark verunsichert werden. Wenn es beispielsweise so schwer erkrankt, dass es in ein Kinderspital gebracht werden muss. Übergangsobjekte und andere vertraute Gegenstände können seine Verlassenheitsängste etwas mildern. Sein Wohlbefinden wird aber entscheidend davon abhängen, inwieweit die Eltern und andere Bezugspersonen bei ihm sein und ihm dabei ein Gefühl von Geborgenheit geben können.

Eine große Schwierigkeit besteht für Eltern auch darin, dass sie dem Kind die Gründe für den Spitalaufenthalt nicht erklären und sie ihm auch nicht verständlich machen können, wie lange es bleiben muss. Das Kleinkind hat noch kaum eine Zeitvorstellung.

Die Kinderkrankenhäuser haben sich in den vergangenen Jahren sehr bemüht, den Aufenthalt für Kind und Eltern so erträglich wie möglich zu machen. In vielen Krankenhäusern können Eltern ihre Kinder zu jeder Tages- und Nachtzeit besuchen. Auch Geschwister erhalten eine beschränkte Besuchserlaubnis. Eltern oder andere Bezugspersonen können immer häufiger bei ihren Kindern übernachten. Trotz dieser Verbesserungen kann ein Krankenhausaufenthalt immer noch ein einschneidendes Erlebnis für das Kleinkind und oftmals auch eine schmerzhafte Erfahrung für die Eltern sein. So kann es vorkommen, dass das Kind über den Besuch der Eltern nicht erfreut ist. Es blickt die Eltern erzürnt an, schlägt oder ignoriert sie. Das Kind gibt den Eltern damit zu ver-

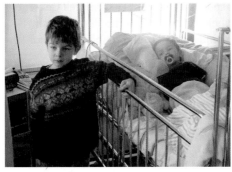

Eben noch war mein kleiner Bruder mit mir unterwegs, nun ist er im Krankenhaus.

stehen, dass es sich verlassen fühlte und sehr unglücklich war. Es kann nicht verstehen, weshalb es allein gelassen wurde und – die Eltern nun plötzlich wieder da sind. Es kann einige Zeit dauern, bis sich das Kind beruhigt hat und seine Freude über den elterlichen Besuch zeigen kann. Wenn die Eltern sich vom Kind verabschieden und es mit dem Ausblick trösten wollen, dass sie morgen wiederkommen, kann sich das Kind darunter nichts vorstellen. Seinen Trennungsschmerz kann am besten eine andere Bezugsperson lindern.

Wieder zu Hause, können Nachwehen wie Schlaf- und Essstörungen auftreten. Das Kind ist je nach Alter und Temperament während einiger Tage, Wochen und vielleicht sogar Monate überängstlich. Es will keine Minute allein gelassen werden. Mit Geduld können die Eltern solche Verunsicherungen beheben: Wenn das Kind erlebt, dass sie wieder zuverlässig für das Kind da sind, wird es sich wieder beruhigen, und die Verhaltensauffälligkeiten werden verschwinden.

Geschwisterrivalität

Viele Eltern sind angenehm überrascht, wenn ihr Kind mit Freude auf die Geburt eines Geschwisters reagiert. Sie haben befürchtet, dass das Kind auf das Baby eifersüchtig sein würde. Nur ausnahmsweise zeigen Kinder bei der Geburt eines Geschwisters offensichtliche Eifersucht. Die meisten Kinder haben aber zwiespältige Gefühle, wenn sie das Baby im Arm der Mutter sehen.

Verlaufen die ersten Wochen ohne Eifersuchtsreaktionen, nehmen die Eltern gerne an, dass das Kind das Geschwister akzeptiert hat. Doch weit gefehlt: Die Geschwistereifersucht wird sich in den folgenden Monaten und Jahren deutlich zeigen. Sie gehört zum normalen kindlichen Verhalten. Sie soll die Eltern daran erinnern, dass da noch ein weiteres Kind mit Bedürfnissen ist. Auch die »besten« Eltern können sie bei ihren Kindern nicht vermeiden.

Geschwistereifersucht ist unter Kindern sehr unterschiedlich ausgeprägt. Eine Reihe von Faktoren trägt dazu bei, dass die Eifersucht auf Geschwister kleiner oder größer ist:

Ich hab ihn ja sooo lieb.

Reihenfolge: Die Eifersucht richtet sich bei der großen Mehrzahl der Kinder auf das nächst jüngere Geschwister. Selten ist sie auf ein älteres oder ein übernächstes jüngeres Geschwister gerichtet.

Alter. Am ausgeprägtesten ist die Eifersucht, wenn das Kind bei der Geburt des Geschwisters 2,5 bis 5 Jahre alt ist. Ist es jünger als 2 Jahre, ist es kaum eifersüchtig, kann es aber nach ein bis 2 Jahren noch werden. Kinder, die älter als 5 Jahre sind, können immer noch eifersüchtig sein. Selbst 10-jährige Kinder können noch eifersüchtig auf ein Baby reagieren. Je intensivere Beziehungen ein Kind zu anderen Kindern hat, desto weniger neigt es zu Eifersucht gegenüber einem jüngeren Geschwister.

Persönlichkeit des Kindes. Genauso wie das Bindungsverhalten unterschiedlich ausgeprägt ist (siehe »Beziehungsverhalten Einleitung«), ist auch die Verunsicherung, die die Ankunft eines Geschwisters auslöst, bei jedem Kind verschieden groß. Eltern überfordern sich, wenn sie annehmen, ihr Erziehungsstil sei für das Ausmaß der Eifersuchtsreaktionen verantwortlich. Jedes Kind besitzt sein eigenes Temperament.

Attraktivität des Geschwisters. Ein hübsches, freundlich lächelndes Baby, der Sonnenschein der Familie, kann einem älteren Kind das Leben schwer machen. Innerhalb der Familie wie auch bei den Verwandten und Bekannten ist das Baby über Wochen hinweg die Hauptperson. Vom älteren Kind wird erwartet, dass es sich vernünftig verhält: Du bist nun das Große! Es soll Freude zeigen, dass es ein Geschwisterchen bekommen hat! Wie kann es sich aber über diesen Konkurrenten freuen, der – aus der Sicht des Kindes – die Zuwendung aller Leute auf sich zieht? Mit dem Älterwerden wird das Verhalten unter den Geschwistern immer wichtiger. Ist das Ältere beispielsweise motorisch eher unruhig und vorlaut, das Jüngere aber angepasst und »pflegeleicht«, werden sich die Eltern große Mühe geben müssen, dass sie das jüngere dem älteren Kind nicht immer wieder vorziehen. Die Attraktivität in der Erscheinung und im Verhalten bestimmt auch im Kleinkindes- und Schulalter das Ausmaß der Geschwistereifersucht wesentlich mit.

Konkurrenz um die Mutter.   Eifersuchtsreaktionen richten sich anfänglich weit weniger gegen das Baby als vielmehr gegen die Eltern: Das Kind will mehr Zuwendung. Das Baby in seiner Hilflosigkeit stellt für das ältere Kind nur ausnahmsweise eine Bedrohung dar. Was aber das ältere Kind eifersüchtig macht, ist der häufige und ausgedehnte Körperkontakt zwischen der Mutter und dem jüngeren Geschwister. Die Mutter stillt das Baby oder gibt ihm die Flasche und wickelt es mehrmals pro Tag. Die Eltern sprechen mit ihm in einer Sprache, die sehr viel Zuwendung ausdrückt. Sie tragen das Baby herum. Es darf bei der Mutter schlafen. Das ältere Kind bekommt das Gefühl, Mutter und Vater kümmern sich viel mehr um das Baby, was zeitlich auch stimmt, und ziehen das jüngere vor. Das ältere Kind bekommt zudem den berechtigten Eindruck, dass nur ihm Grenzen gesetzt und dass nur es zurechtgewiesen wird, während jede kleinste Äußerung des Babys positiv kommentiert wird.

Die häufigste und sehr nachfühlbare Reaktion des älteren Kindes besteht darin, dass es vermehrt die Zuwendung der Eltern sucht. Das Kind fällt in frühere Verhaltensweisen zurück: Es sucht öfter den Körperkontakt mit der Mutter. Wenn das Baby bei den Eltern schläft, steht das Kind nachts auf und schlüpft ins elterliche Bett. Selbstständig essen und trinken will es auch nicht mehr, die Mutter soll es füttern. Die Milchflasche wird wieder hervorgeholt. Es macht in die Hosen, damit ihm die Mutter wieder Windeln anziehen muss wie dem Baby. Beim Einkaufen will es auch nicht mehr laufen. Es möchte – wie das Baby – von der Mutter im Wägelchen geschoben werden. Damit steigen die Anforderungen an die Mutter; sie braucht Entlastung.

Eifersucht kann sich gelegentlich in Form von Aggression gegen das jüngere Geschwister äußern, nimmt aber nur ausnahmsweise bedrohliche Ausmaße an. Das Kind wirft beispielsweise Holzspielsachen ins Bettchen, wo das Geschwister schläft. Der Mutter, die hinzueilt, erklärt es, dass es dem Baby Sachen zum Spielen geben wollte.

Umgang mit Geschwistereifersucht

Wie sollen sich die Eltern verhalten, wenn ihr Kind eifersüchtig auf das kleinere Geschwister ist? Es wäre verfehlt, mit Härte auf das quengelige und aggressive Verhalten des Kindes zu reagieren. Sie sollten vielmehr versuchen, die emotionale Verunsicherung des Kindes so gut wie möglich aufzufangen und eine ausgeglichene Beziehung zu beiden Kindern herzustellen. Ausgeglichen nicht aus der Sicht der Eltern, sondern des Kindes! Ein schwieriges und aus verschiedensten Gründen oft nur teilweise zu realisierendes Unterfangen.

Was können die Eltern unternehmen?

Baby spielen.   Wenn das Kind regrediert, sollten die Eltern diesem Verhalten mit Verständnis begegnen. Es nützt nichts, wenn sie an Alter und Vernunft appellieren. Verweigern die Eltern die Zuwendung, erlebt das Kind dies als Ablehnung, und die Eifersucht vergrößert sich. Wenn das Kind die Erfahrung machen kann, dass es genauso aus der Flasche trinken darf und gewickelt wird wie das Baby, kann es seine Verunsicherung leichter überwinden und eher zu einem altersentsprechenden Verhalten zurückfinden.

In die Pflege miteinbeziehen.   Oft ist es hilfreich, wenn das ältere Kind in die Pflege des Babys miteinbezogen wird und die Rolle der

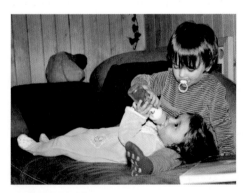

Die kleine Schwester
füttern macht
stolz und fürsorglich.

Mutter mitspielen kann. Solche frühen Erfahrungen im Umgang mit dem Baby und seiner Pflege können sich nicht nur mindernd auf das Eifersuchtsverhalten, sondern auch positiv bei einer zukünftigen Mutterschaft und Vaterschaft auswirken. Dafür sprechen Beobachtungen in Gesellschaften, in denen ältere Kinder stärker in Betreuung und Pflege ihrer jüngeren Geschwister mit einbezogen werden. Auch bei Menschenaffen hat das Einüben von Pflegeverhalten durch die jungen Weibchen eine große Bedeutung für ihr späteres mütterliches Verhalten.

Das Kind »ausführen«. Eine wirksame Art, dem älteren Kind zu zeigen, dass die Eltern es genauso gern haben wie das Baby, besteht darin, allein mit dem älteren Kind etwas zu unternehmen. Eine gute Möglichkeit überdies für den Vater, die Mutter zu entlasten.

Verhalten der Umgebung. Ist die Familie zu Besuch, steht das Baby im Mittelpunkt des Interesses. Es wird bewundert und ist Gesprächsthema Nummer eins bei Verwandten und Bekannten. Als Außenstehender kann man dem älteren Geschwister eine große Freude machen, wenn man es zuerst begrüßt, sich mit ihm abgibt und ihm auch ein kleines Geschenk mitbringt.

Einbruch des Babys ins Territorium. Beginnt das Baby sich fortzubewegen, erleben die älteren Kinder eine neue Form von Bedrohung: Das jüngere Geschwister beginnt in ihr Territorium einzudringen. Das Baby zeigt keinerlei Verständnis für das Bauwerk des älteren Bruders, oder es zerzaust mit Genuss die Puppe der Schwester. Dies wiederum weckt Aggressionen bei den Geschwistern. Sie belehren das Baby, und weil das nichts nützt, brüllen sie es an, und wenn es schlimm kommt, schlagen sie es schließlich. Das Baby aber weiß sich zu wehren: Es schreit aus vollem Halse, was zuverlässig die Mutter herbeiruft. Was soll sie tun? Eine naheliegende Reaktion ist, an die Vernunft der älteren Geschwister zu appellieren: »Das Baby weiß noch nicht, was es tut! Ein Baby schlägt man nicht!« Diese Art von Belehrung kann ausnahmsweise einmal erfolgreich sein, zumeist ist sie es nicht. Das Baby ist aus der Sicht der Geschwister ein Störenfried. Das Schimpfen der Mutter erleben die Kinder als Ablehnung und deuten es als Bevorzugung des Babys, was ihnen dieses keineswegs liebenswerter macht. Ergreift die Mutter allzu bereitwillig für das Baby Partei, so wird das Baby dies ausnützen. Es wird auch dann schreien, wenn die Geschwister ihm nichts angetan haben. Eine geschickte Taktik, seinen Willen bei der Mutter und gegen die Geschwister durchzusetzen.

Es gibt keine erzieherische Patentlösung für solche Situationen. Erfahrungsgemäß gibt es am wenigsten Reibereien, wenn die Eltern es soweit wie möglich den Kindern überlassen, wie diese sich zusammenraufen wollen. Sie sollten tunlichst vermeiden, Schiedsrichter zu spielen. Wenn die Eltern den älteren Kindern etwas Verantwortung für das jüngere Geschwister übertragen, werden diese auch eher bereit sein, Mittel und Wege zu finden, mit dem »Baby« auszukommen. Eltern sollten akzeptieren, dass sich das jüngere Geschwister dem »Diktat« der älteren Kinder unterordnen muss. Nur ausnahmsweise sind Kinder solche Diktatoren, dass das jüngere Geschwister vor ihnen geschützt werden muss. Ein Vorteil springt dabei auch für das Jüngere heraus: Die älteren Geschwister dienen ihm in vielerlei Hinsicht als Lehrmeister.

Kinder brauchen Kinder

»Kleinkinder können miteinander noch nichts anfangen.« Wahrscheinlich entstand dieses Vorurteil vor allem aus der Beobachtung, dass sich Kinder in diesem Alter häufig streiten und gegenseitig Spielsachen wegnehmen. Geben und Nehmen, Handeln mit einem gemeinsamen Ziel oder das Spiel mit verteilten Rollen sind ihnen noch nicht möglich. Dies bedeutet aber nicht, dass ein Kleinkind nicht gerne mit anderen Kindern zusammen ist und von ihnen lernen kann.

Im Verlauf des 2. Lebensjahres zeigt das Kind zunehmend Interesse am Spiel anderer Kinder. Es beobachtet die anderen und versucht ihr Spiel nachzuahmen. Häufig spielen Kinder im Sandkasten nebeneinander: Sie machen das Gleiche, aber jedes für sich. Ein Kind kann die Tätigkeiten von Kindern wesentlich leichter nachvollziehen als diejenigen von Erwachsenen. Ihre Interessen,

Wir mögen uns!

Motivationen und ihr Verhalten sind ihm vertrauter und daher leichter verständlich als diejenigen von Erwachsenen. Besonders attraktiv sind für ein Kind etwas ältere Kinder. Sie sind die eigentlichen Lehrmeister und werden dafür vom jüngeren Kind auch bewundert.

Das Kleinkind ist aber nicht nur am Spiel anderer Kinder interessiert. Die Beziehung selbst bedeutet ihm sehr wohl etwas. Kinder können sich gegenseitig ein starkes Gefühl von Nähe und Vertrautheit geben. Besonders deutlich wird das bei Zwillingspaaren, die sich bereits im Säuglingsalter nicht mehr allein fühlen, wenn sie nebeneinander liegen, Geschwister, die gemeinsam in einem Zimmer schlafen, suchen weit seltener das Elternbett auf, was für die Eltern eine große Entlastung sein kann.

Bereits im 1. Lebensjahr tauschen sich Kinder mit Blicken, Mimik, Lauten und Bewegungen aus und haben auch ihren Spaß daran. Im 2. Lebensjahr richtet sich das Kind immer mehr auf andere Kinder aus und will mit ihnen kommunizieren. Selbst an fremden Kindern ist es interessiert, läuft ihnen nach und will wissen, was sie treiben. Mit Kindern zusammen zu sein ist daher für ein Kleinkind wichtig, auch wenn es sich sozial und sprachlich noch wenig austauschen kann.

Entwicklung der Selbstständigkeit

Im Umgang mit dem eigenen Körper selbstständig werden, ist ein wichtiger Aspekt der Sozialentwicklung im 2. bis 5. Lebensjahr.

Im 2. Lebensjahr beginnen die Kinder Handlungen nachzuahmen. So lernen sie, mit dem Löffel zu essen und aus einer Tasse zu trinken (siehe »Trinken und Essen 10 bis 24 Monate«). Gegen Ende des 2. Lebensjahres kennen Kinder ihren Körper so weit, dass sie wissen, wo sich der Kopf, der Bauch oder die Füße befinden. Sie beginnen sich für die verschiedenen Kleidungsstücke zu interessieren. Als Erstes beginnen sie, Schuhe und Strümpfe auszuziehen. Das Anziehen von Kleidungsstücken lässt, von dem der Schuhe und der Socken abgesehen, bis ins 3. und 4. Lebensjahr auf sich warten. Trocken und sauber zu werden ist ein weiterer Meilenstein in der Entwicklung zur Selbstständigkeit (siehe »Trocken und sauber werden«).

Eine wichtige Aufgabe der Eltern ist es, ihr Kind in seinem Streben nach Selbstständigkeit zu unterstützen. Das entwicklungsgerechte Selbstständigwerden ist ein wichtiger Baustein für das Selbstvertrauen des Kindes.

Entwicklung der Selbstständigkeit im 2. und 3. Lebensjahr.

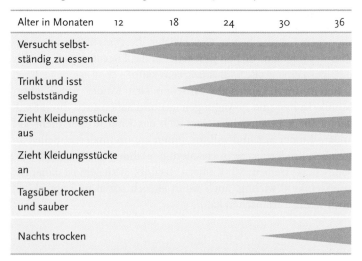

Das Wichtigste in Kürze

1. Die soziale und emotionale Entwicklung macht im 2. Lebensjahr einen qualitativen Entwicklungssprung.

2. Ich-Entwicklung: Das Kind nimmt sich selbst als eigenständige Person wahr.

3. Das Kind beginnt, die Gefühle anderer Menschen nachzuempfinden und sich empathisch zu verhalten.

4. Das Kind beginnt, seinen eigenen Willen durchzusetzen. Gelingt ihm dies nicht, äußert es seinen Unwillen je nach Temperament in unterschiedlich starken Trotzreaktionen.

5. Trotzreaktionen im 2. bis 5. Lebensjahr gehören zur normalen Entwicklung. Tobsuchtsanfälle und Affekt-/Weinkrämpfe sind nicht gesundheitsschädigend.

6. Geschwistereifersucht ist ein normales Verhalten. Das Ausmaß der Eifersucht hängt vom Alter und Temperament des Kindes, von der Familienkonstellation und dem elterlichen Erziehungsstil ab.

7. Das Kleinkind hat zunehmend Interesse an anderen Kindern. Es will mit ihnen zusammen sein und von ihrem Verhalten und ihren Tätigkeiten lernen.

8. Im 2. Lebensjahr beginnen Kinder im Umgang mit dem eigenen Körper selbstständig zu werden: selber essen und trinken, Kleidungsstücke an- und ausziehen, auf den Topf oder die Toilette gehen.

9. Die Eltern sollten ihr Kind in seinem Streben nach Selbstständigkeit unterstützen. Das Selbstständigwerden trägt wesentlich zu Bildung seines Selbstvertrauens bei.

25 bis 48 Monate

Jakobs Mutter hört von einer anderen Mutter, dass ihr 3-jähriger Sohn in der Spielgruppe den Spitznamen Rambo hat. Wenige Tage später teilt ihr die Leiterin der Spielgruppe mit, dass der weitere Verbleib ihres Sohnes in der Spielgruppe fraglich sei. Jakob sei zwar ein fröhlicher Junge, komme gerne in die Spielgruppe und habe Freude an den anderen Kindern. Wenn es aber nicht nach seinem Kopf gehe, dann werde er schnell aggressiv. Er nehme den anderen Kindern die Spielsachen weg und schlage und beiße sogar. Es hätten sich schon zwei Mütter bei der Spielgruppenleiterin beklagt, weil ihre Kinder von Jakob angegriffen worden seien. Die Mutter von Jakob versteht die Welt nicht mehr. Ihre einige Jahre ältere Tochter war in der Spielgruppe ein angepasstes und beliebtes Mädchen. Jakob hat sie nicht anders erzogen.

So wie der Mutter von Jakob ergeht es manchen Eltern, wenn ihre Kinder 3 bis 4 Jahre alt sind. Die Kinder schreien plötzlich herum, oder sie schlagen, beißen und kratzen ihre Geschwister und andere Kinder. In den Äußerungen der Umgebung klingt oft ein versteckter Vorwurf an die Eltern mit, sie hätten ihr Kind nicht unter Kontrolle oder hätten es gar schlecht erzogen.

In diesem Alter werden Kinder nicht nur in ihrem Verhalten eigensinniger. Das Leben wird auch für die Kinder zu einer neuen Herausforderung. Sie beginnen sich emotional von den Eltern abzulösen, was sie selbst immer wieder verunsichert. Am liebsten wollen sie immer und überall ihren Willen durchsetzen, ihr Eigensinn stößt dabei aber auf Widerstand. Die Kinder schwanken zwischen ihrem Drang, selbstständig sein zu wollen, und ihrer Angst, sich dann verlassen zu fühlen. Sie überfordern sich in ihrem Wunsch, sich in dieser Welt durchzusetzen, und befürchten dabei, die Zuneigung der Eltern zu verlieren. Mit diesem Zwiespalt überfordern sie nicht nur sich, sondern auch häufig ihre Eltern und Bezugspersonen.

Gegen Ende des 4. Lebensjahres machen Kinder dann einen entwicklungsgeschichtlich gesehen einzigartigen und bedeutsamen Entwicklungssprung. Sie erwerben die Fähigkeit, sich in andere Menschen hineinzuversetzen (Theory of Mind).

Die Einsicht in die Entwicklung des Bindung- und Beziehungsverhalten sowie der sozialen Kognition im 3. und 4. Lebensjahr
wird uns helfen, Jakobs Verhalten besser zu verstehen.

Balanceakt für Kind und Eltern

In den ersten 2 Lebensjahren ist die Bindung des Kindes an die
Eltern am stärksten ausgeprägt. Bereits im 3. und 4. Lebensjahr
beginnt das Kind, sich langsam von den Eltern abzulösen. Damit
kommt es zu einem Balanceakt für das Kind und die Eltern: Das
Kind braucht nach wie vor die emotionale Sicherheit der Eltern,
will und soll aber auch auf vielerlei Weise selbstständig werden.

Die Entwicklung der Selbstwahrnehmung und damit das Erleben des eigenen Willens bringt das Kind emotional in einen
Zwiespalt. Einerseits möchte es sich die uneingeschränkte Zuwendung der Eltern bewahren, andererseits will es aber seinen
eigenen Willen bei den Eltern durchsetzen. Es will Nein sagen
können, ohne abgelehnt zu werden. Das Kind will selbst bestimmen können, ohne dass ihm die elterliche Liebe entzogen wird.
Die Eltern kommen ebenfalls in eine Zwickmühle: Das Kind kann
es als Ablehnung erleben, wenn sie ihm etwas verbieten; wenn sie
es gewähren lassen, kann es das als Ausdruck von Zuwendung
missverstehen.

Nein zu sagen fällt den Eltern leichter, wenn ihre Beziehung
zum Kind zu diesem Zeitpunkt stimmig ist. Dagegen kann es
schwierig werden, wenn das Kind aus irgendwelchen Gründen bereits emotional verunsichert ist. Es ist eher bereit, elterliche Entscheidungen zu akzeptieren, wenn es spürt, dass ihm die Eltern
Vertrauen schenken und auch Verantwortung übertragen wollen.
Es macht das Kind stolz, wenn es nach dem Familienessen den
schönen Teller selber in die Küche tragen darf. Es kann Grenzen
besser akzeptieren, wenn seine Bedürfnisse von den Eltern ernst
genommen werden.

Das Kind willigt auch eher ein, wenn es erlebt, dass die Eltern
sein momentanes Bedürfnis wahrnehmen und ihm Zeit geben,
sich auf eine Veränderung einzustellen. Als die Mutter Jakob in

der Spielgruppe abholen will, tollt er draußen herum. Die Mutter spürt, dass es ihm schwer fallen würde, sofort mit ihr nach Hause zu gehen. Einen Trotzanfall will sie nicht riskieren und schlägt Jakob daher vor, dass er nochmals auf den Turm klettern oder schaukeln darf und sie dann zusammen nach Hause gehen. Jakob entscheidet sich für den Kletterturm und folgt anschließend zufrieden der Mutter.

Eltern können ihrem Kind besser Grenzen setzen, wenn sie es mit entscheiden lassen. Viele Konfliktsituationen können sie vermeiden oder entschärfen, indem sie das Kind zwischen verschiedenen Möglichkeiten wählen lassen. So verfügen sie nicht einfach über das Kind, sondern geben ihm die Möglichkeit, sich an der Entscheidung zu beteiligen. Der Vater muss mit Jakob eine viel befahrene Straße überqueren. Er weiß, dass Jakob ungern an der Hand geht. Der Vater fragt ihn, auf welchem der beiden Fußgängerstreifen sie die Straße überqueren sollen und welche Hand Jakob ihm beim Überqueren geben möchte.

In dieser Altersperiode lernen viele Kinder selbstständig zu essen und ihre Sachen an- und auszuziehen. Die meisten können auch weitgehend selbstständig die Toilette benutzen. Oft sind ihre Methoden noch etwas umständlich, sie wollen es aber dennoch unbedingt selbstständig tun. Sie brauchen die Unterstützung und Aufmunterung der Eltern, aber vor allem ihre Zeit und Geduld. Aus Eigenkontrolle und Anerkennung erwachsen den Kindern eine neue Form der emotionalen Sicherheit und ein positives Selbstwertgefühl. Die körperliche Abhängigkeit des Kindes nimmt bis zum 5. Lebensjahr deutlich ab. Das Bedürfnis nach körperlicher Nähe und Zuwendung bleibt jedoch weiterhin groß.

Die Balance zu finden zwischen Gewährenlassen und Grenzen setzen ist wie ein Akt auf dem hohen Seil und gelingt auch den kompetentesten Eltern längst nicht immer. Bereits in diesem frühen Alter müssen die Eltern lernen, das Kind loszulassen, ihm die Kontrolle zu übergeben und es in seinem Streben nach Selbstständigkeit zu unterstützen.

Neue Erfahrungen, neue Beziehungen

Im 3. und 4. Lebensjahr wollen die Kinder vielfältige Erfahrungen machen. Ihr Erlebnishunger ist kaum zu stillen. Sie haben einen großen Bewegungsdrang und wollen ihre Motorik auf verschiedenste Weise erproben, insbesondere wollen sie im Freien herumtollen. Sie möchten mit unterschiedlichen Materialien wie Sand, Steinen, Wasser, Pflanzen oder Holz spielen. Waldkindergärten sind für sie daher besonders attraktiv. Sie wollen Bilderbücher anschauen, Reime und Lieder hören und einfache Geschichten erzählt bekommen. Sie haben ein großes Bedürfnis, Erwachsenen bei ihren Tätigkeiten zuzusehen und sie nachzuahmen. Im Rollenspiel mit anderen Kindern verinnerlichen sie Erlebnisse, die sie zum Beispiel beim Einkaufen oder beim Tierarzt gemacht haben (siehe »Spielverhalten 25 bis 48 Monate«). Sie zeichnen, malen und basteln – am liebsten mit anderen Kindern. Im gemeinsamen Spiel entwickeln sie auch ihre kommunikativen Fähigkeiten. Sie

Mit dem Nachbarn einen Segelflieger bauen.

schauen den anderen Kindern ab, wie man miteinander umgeht, und machen sich mit den Regeln vertraut, die in einer Gruppe bestehen. Sie lernen sich unter Kindern zu behaupten und ihre eigene Position innerhalb der Gruppe zu finden.

Allein können die meisten Eltern ihrem Kind, auch wenn sie sich noch so sehr bemühen, nur einen Teil dieser Erfahrungen vermitteln. Das Kind braucht, um all diese Erfahrungen machen zu können, weitere Bezugspersonen und vor allem den Kontakt zu Kindern unterschiedlichen Alters. Die Erwachsenen muten sich zu viel zu, wenn sie den Anspruch haben, dass sie ihren Kindern selber all die vielfältigen Erfahrungen vermitteln wollen, die ihre Kinder mit anderen Kindern machen können. Kinder sind untereinander in mancherlei Hinsicht die besten Lehrmeister. Zusätzlich zur Familie braucht es also Erfahrungen bei Verwandten und Bekannten, in der Nachbarschaft, in Spielgruppen, Frühkindergärten oder Krippen.

Die Bereitschaft, Beziehungen mit Erwachsenen und Kindern einzugehen, ist bei Kleinkindern unterschiedlich groß. So gibt es 2-Jährige, die emotional selbstständiger und beziehungsbereiter sind als 6-Jährige. Neben dem Temperament des Kindes spielen auch die Erfahrungen, die das Kind in den ersten Lebensjahren gemacht hat, eine wesentliche Rolle. Je geborgener sich ein Kind in der Familie fühlt, desto größer ist meist seine Bereitschaft, auf andere Menschen zuzugehen. Ein Kind, das bereits früh positive Erfahrungen mit verschiedenen Bezugspersonen in der Familie oder in einer Kinderbetreuungsstätte gemacht hat, wird sich anders verhalten als eines, das ausschließlich von ein bis zwei Bezugspersonen betreut wurde. Schließlich spielt auch die aktuelle Lebenssituation des Kindes eine Rolle. Ein 3- bis 4-Jähriger kann durch die Geburt eines jüngeren Geschwisters so verunsichert sein, dass er vermehrt die Nähe der Eltern sucht und vorübergehend den Besuch in der Spielgruppe verweigert.

Ein Kind fühlt sich in der Nachbarsfamilie, Spielgruppe oder Krippe dann wohl, wenn es folgendes Gefühl hat: Jederzeit ist eine vertraute Person für mich da, die mir hilft und mich beschützt, wenn ich sie brauche. Nur wenn sich das Kind wohlfühlt, ist es auch bereit, Beziehungen einzugehen und neue Erfahrungen zu machen. Damit es dem Kind gut geht, müssen gewisse Grundbedingungen für eine kindgerechte Betreuung erfüllt sein. In der Einleitung zum Kapitel »Beziehungsverhalten« und auf den Merkblättern im Anhang werden diese aufgeführt.

In der Gruppe fühlt sich ein Kind dann wohl, wenn es häufig genug mit den anderen Kindern zusammen sein kann, sodass diese ihm vertraut werden. Die Gruppe sollte in ihrer Zusammensetzung möglichst stabil sein und Kinder unterschiedlichen Alters aufweisen. Des Weiteren sollte die Anzahl Kinder groß genug sein, damit das Kind genug Auswahlmöglichkeiten hat.

Warum schlägt und beißt Jakob andere Kinder? Eine Erklärung könnte sein, dass er sich in der Spielgruppe nicht geborgen fühlt und für sein Empfinden zu wenig Zuwendung von den Erzieherinnen bekommt. Er lässt sein Unwohlsein an den anderen Kindern aus, um so wenigstens die negative Aufmerksamkeit der Erwachsenen zu bekommen. Vielleicht ist er auch eifersüchtig auf die anderen Kinder. Ein weiterer Grund für Jakobs Verhalten mag sein, dass er sich von den anderen Kindern wegen seines Verhaltens abgelehnt fühlt und seinen Platz in der Gruppe bisher nicht gefunden hat.

Jakob freut sich jedoch in die Spielgruppe zu gehen und fühlt sich dort wohl. Er mag die Erzieherinnen und auch die anderen Kinder. Diese mögen ihn wegen seines fröhlichen Wesens eigentlich auch, wenn da nur nicht die Angst vor seinen Wutausbrüchen wäre.

Sich in andere Menschen hineinversetzen

Menschen sind in einem gewissen Ausmaß fähig, sich in andere Menschen hineinzuversetzen, sich in ihre Emotionen hineinzufühlen und ihre Gedanken und Denkweise nachzuvollziehen. Diese Fähigkeit wird in der Psychologie *Theory of Mind* (ToM) genannt (Premack). In der deutschen Übersetzung wird von »Theorie des Denkens«, »Theorie des Geistes« oder »Alltagspsychologie« gesprochen. Dieser Begriff weist darauf hin, dass es sich bei einer ToM nicht um ein komplexes theoretisches Konstrukt, sondern um eine Fähigkeit handelt, über die alle Menschen verfügen und die wir im Alltag anwenden. Wir machen ständig Annahmen (»Theorien«) darüber, wie andere Menschen denken und sich fühlen, oft geschieht dies, ohne dass es uns bewusst wird.

Jeder Mensch hat seine eigenen Perspektiven, Wünsche und Gedanken, die aufgrund seiner bisher gemachten Erfahrungen und aktuellen Lebenssituation individuell sehr verschieden sein können. Mit einer ToM können wir uns in einer begrenzten Weise in andere Menschen hineinversetzen, um ihre Wünsche, Gedanken und Absichten zu erfassen. Wir können damit auch ihre Befindlichkeit, ihr Verhalten und ihre Handlungen verstehen und vorherzusagen versuchen. Die Einsicht in unsere eigene Befindlichkeit und die eigenen Gedanken (Introspektion) sowie in diejenigen anderer Menschen (Extrospektion) verhilft uns zu einem besseren Verständnis für das zwischenmenschliche Verhalten in der sozialen Gemeinschaft. Eine ToM ist damit ein essenzieller Bestandteil unseres Beziehungsverhaltens.

Wie entwickelt sich eine ToM? In den ersten 3 Lebensjahren sind Kinder in ihren Gefühlen, ihrer Wahrnehmung und ihrem Denken in einem hohen Maß selbstbezogen. Piaget spricht von einem Alter des Egozentrismus. Das Kind erlebt sich als Mittelpunkt, aber auch als Teil dieser Welt. Ein langer Entwicklungsprozess, der bereits im 1. Lebensjahr beginnt, führt gegen Ende des 2. Lebensjahres zur Selbstwahrnehmung (siehe Kapitel »Beziehungsverhalten 10 bis 24 Monate«). Das Kind erkennt sich im Spiegel und nimmt sich bewusst als eigenständige Person wahr. Diese Erkenntnis geht zugleich mit einer Abgrenzung gegen andere Personen einher. Dieses Selbstverständnis ist ein wichtiger Ausgangspunkt für die Entwicklung einer ToM.

Emotionen. Im 3. Lebensjahr beginnen die Kinder Anteil an den Gefühlen anderer Menschen zu nehmen. Nur Kinder, die sich bereits selber im Spiegel erkennen, zeigen auch ein empathisches Verhalten (Bischof-Köhler 1989). Bereits 2-Jährige beginnen sich mit Wünschen und Bedürfnissen auseinanderzusetzen, die sie selbst und andere Menschen haben können (Flavell 1993). Sie versuchen Emotionen zu beschreiben. Ein Wort, das Kinder in diesem Alter besonders gerne verwenden, ist *wollen*. »Ich will« bekommen viele Eltern mehrmals pro Tag zu hören. Im 4. Lebensjahr differenziert sich das Verständnis für die eigene emotionale Befindlichkeit und diejenige anderer Menschen weiter aus. Die Sprachentwicklung leistet dazu einen wesentlichen Beitrag. Die meisten Kinder sind nun sprachlich so kompetent, dass sie über ihre Emotionen auch sprechen können. Sie verwenden Tätigkeitswörter wie wünschen, wollen, wissen oder fühlen. Kinder mit einer langsamen Sprachentwicklung können darunter leiden, dass sie ihre Gedanken, Gefühle und Wünsche nicht ausdrücken können. Für ihre Eltern ist es oft schwierig herauszuspüren, was das Kind mitteilen will.

Wahrnehmung.   Im 3. Lebensjahr wissen die Kinder, dass andere Menschen etwas sehen können, das sie selber nicht sehen. Aber selbst 3-Jährige behaupten noch, eine Person, die mit ihnen einen Gegenstand betrachtet, sähe die Dinge so, wie sie selbst. Fragt man die Kinder zum Beispiel wie eine ihnen gegenübersitzende Person ein Spielzeugauto sieht, antworten sie, so wie sie selbst, nämlich von der Motorhaube her. Die Einsicht, dass ein Gegen-

Du siehst mich nicht.

stand aus unterschiedlichen Perspektiven verschieden wahrgenommen werden kann, entwickelt sich erst gegen Ende des 4. Lebensjahres (Flavell 1981).

Ein Kind im Alter von 3 Jahren geht noch davon aus, dass es von anderen nicht mehr gesehen werden kann, wenn es sich selber die Augen zuhält. Es bedenkt noch nicht, dass alle, die ihm beim Verstecken zusehen, wissen, wo es ist. Erst gegen Ende des 4. Lebensjahres ist Versteckenspielen mehr als »Nichtgesehenwerden«. Das Kind hat begriffen, dass es sich so verstecken muss, dass die anderen aus ihrer Perspektive nicht wissen können, wo es sich verborgen hat. Es muss nicht nur aus dem Blickfeld, sondern auch »aus dem Wissen« der anderen verschwunden sein.

Denken.   Das Auftreten einer ToM bei Kindern nachzuweisen erschien lange Zeit methodisch eine schwer lösbare Aufgabe. Anfang der Achtzigerjahre fanden Psychologen wie Wimmer und Perner eine elegante Möglichkeit: Sie entwickelten Geschichten, die in einem Alter von etwa 4 Jahren eine »qualitative Wende« im Denken der Kinder offenbarten. Eine dieser Geschichten ist diejenige von Annas Puppe. Dem Kind wird nebenstehende Geschichte erzählt oder mit Puppen vorgespielt.

Im Alter von 3 Jahren beantworten Kinder die Frage, wo Anna ihre Puppe suchen wird, entsprechend ihrer eigenen Erfahrung und ihrer realitätsbezogenen Vorstellung und damit falsch: Anna sucht dort, wo die Puppe tatsächlich ist. Da ihnen die ganze Geschichte erzählt wurde, gehen sie davon aus, dass auch Anna die ganze Geschichte kennt. Sie können sich nicht vorstellen, dass Anna nur die erste Hälfte der Geschichte miterlebt hat. Bis ins Alter von etwa 3,5 Jahren gehen Kinder davon aus, dass andere Menschen über die Welt so denken wie sie.

Zwischen 3,5 und 4 Jahren lösen sie die Aufgabe zunehmend richtig: Anna sucht die Puppe zuerst im Bett und findet sie daher nicht. Die Kinder verstehen, dass jeder Mensch seine eigenen Vorstellungen hat, die unter anderem durch unterschiedliche individuelle Erfahrungen bestimmt sind.

Mit etwa 4 Jahren beginnen Kinder also zu begreifen, dass verschiedene Personen unterschiedliche Überzeugungen und Vorstellungen haben. Sie erkennen, dass Handlungen durch Wün-

Die Geschichte von Annas Puppe (Wimmer).

1 Anna spielt mit ihrer Puppe. Dann legt sie die Puppe in ihr Bett und geht in den Garten.

2 Jan, der Bruder von Anna, kommt in ihr Zimmer. Er nimmt die Puppe aus dem Bett und spielt mit ihr.

3 Als er genug gespielt hat, legt er die Puppe in den Schrank und macht die Tür zu. Dann geht er aus dem Zimmer.

4 Jetzt kommt Anna wieder in ihr Zimmer. Sie möchte mit ihrer Puppe spielen. Wo wird Anna zuerst nach ihrer Puppe suchen?

sche und Absichten motiviert sind. Sie durchschauen, dass ihre Vorstellungen und Überzeugungen wie auch diejenigen anderer Menschen von der Realität verschieden und daher Fehlannahmen sein können. Vor dem 4. Lebensjahr haben Kinder Schwierigkeiten, sogar die eigene, zuvor falsch angenommene Überzeugung zu verstehen (Gopnik). Sie können sich beispielsweise nicht mehr vergegenwärtigen, dass sie in der Pralinenschachtel eigentlich Schokolade erwartet hatten, bevor sie darin –zu ihrer Überraschung – die Briefmarken fanden. Erst die Fähigkeit, eine falsche Annahme bei sich und anderen zu erkennen und zu bewirken, ermöglicht es ihnen, andere auch vorsätzlich zu täuschen oder zu belügen. Diese Fähigkeit stellt sich ab dem Alter von 4 Jahren ein (Sodian).

Das Kind lernt nun zu verstehen, was es bedeutet, ehrlich zu sein. Es erkennt, dass lügen heißt, etwas zu sagen, von dem es weiß, dass es falsch ist. Sagt es etwas, was es als richtig erachtet, das aber objektiv falsch ist, ist es hingegen ein Fehler. Einige Kinder probieren eine Zeit lang aus, ob die Eltern den Unterschied bemerken. Die Eltern sollten mit dem Kind geduldig sein, damit es über seine Annahmen und Überzeugungen nachdenken kann, und es in seiner Ehrlichkeit bestärken.

Im 4. Lebensjahr entdecken Kinder nicht nur das Denken, sie entwickeln auch ein erstes Zeitverständnis. Sie beginnen, sich Zukunft und Vergangenheit zu vergegenwärtigen. Mit großer Freude erkennen sie, dass Zukunft auf unterschiedliche Weise gestaltet werden kann, und schmieden phantasievoll vielerlei Pläne. Es wird ihnen möglich »auf Zeitreise zu gehen« (Bischof-Köhler 2000).

Damit ist die Entwicklung der ToM noch längst nicht abgeschlossen. Im Verlauf der Kindheit differenzieren sich die Intro- und Extrospektion weiter aus. Es entstehen Hierarchien von Vorstellungen. Eine Vorstellung wie »Maxi glaubt, dass Susi glaubt, die Schokolade sei in der Schublade« entwickelt sich weiter zu »Eva glaubt, dass Maxi glaubt, dass Susi glaubt…«. Perner und Wimmer sprechen von einer Kompetenz zweiter Ordnung für das Verständnis von Überzeugungen. Erst durch ein solches »Metaverständnis« lassen sich der Sinn hinter dem Sinn und somit auch Witz und Ironie verstehen. Ein solches Verständnis zeigen Kinder erst mit 6 bis 8 Jahren. Vor dem 6. Lebensjahr nehmen sie viele Witze für bare Münzen. Es ist eine große geistige Leistung, den feinen Unterschied von Ironie und Witz zur Lüge zu begreifen, der darin besteht, dass der Zuhörer gerade nicht getäuscht werden soll.

Im Schulalter können Kinder immer besser über ihre eigenen Gedanken nachdenken. Sie fangen an ihre Überzeugungen zu hinterfragen, mit anderen darüber zu sprechen und neue Sichtweisen zu lernen. Sie haben einen Begriff vom Denken und entwickeln die Vorstellung einer »inneren Sprache«, zuvor erlebten sie ihr Denken eher als ein punktuelles Ereignis (Flavell 1997). Eltern, Bezugspersonen und Lehrer sollten die Kinder ermuntern, über ihre Gedanken zu sprechen, und gemeinsam mit ihnen über unterschiedliche Sichtweisen nachdenken.

Auch am Ende der Kindheit ist die Entwicklung der Intro- und Extrospektion noch nicht abgeschlossen. Sie setzt sich bis weit ins Erwachsenenalter fort und kommt wohl während des ganzen Lebens nie zu einem Abschluss.

Ohne ausreichende zwischenmenschliche Erfahrungen lernt ein Kind nicht, sich in andere Personen hineinzufühlen und hineinzudenken. Ist diese Voraussetzung jedoch erfüllt, tritt eine ToM in unterschiedlichen Kulturen etwa im gleichen Entwicklungsalter auf (Avis, Flavell, Zhang).

Ein Verständnis für die Gefühle, Gedanken und das Verhalten anderer Menschen ist für das soziale Leben der Kinder von großer Bedeutung. Die Fähigkeiten der sozialen Kognition, die Kinder im Vorschulalter erwerben, sind eine wichtige Grundlage für ihre sozialen Interaktionen innerhalb der Familie, mit anderen Kindern und das gemeinsame Lernen in Kindergarten und Schule. Kinder, deren ToM gut ausgebildet ist, zeigen im Alltag eine höhere soziale Kompetenz und sind bei Gleichaltrigen in der Regel beliebter. Sie können ihre Gefühle und Vorstellungen besser ausdrücken und sich im Spiel vermehrt nach den Bedürfnissen anderer Kinder ausrichten (Slomkowski). Sie haben stabilere Freundschaften als sozial weniger kompetente Kinder und nehmen in Kindergruppen oft eine zentrale Stellung ein.

Auch in der Erziehung ist die Entwicklung einer ToM von Wichtigkeit. Kehren wir ein letztes Mal zu unserem kleinen »Rambo« Jakob zurück. Jakob schlägt und beißt andere Kinder, wenn er sich anders nicht mehr zu helfen weiß, zum Beispiel wenn ein Kind ein Spielzeug unter keinen Umständen mehr hergeben will. Jakob hat – im Gegensatz zu seiner älteren Schwester – eine temperamentvolle, für andere Kinder unangenehme Art, sich durchzusetzen. Wenn er in eine ausweglose Konfliktsituation gerät, wehrt er sich physisch. Jakob kann sich im Alter von 3 Jahren noch nicht in andere Kinder hineinversetzen. Er kann den Schmerz, den er selber fühlt, wenn er geschlagen wird, bei anderen Kindern noch nicht nachvollziehen. Wenn die Mutter und die Erzieherinnen Jakob sein aggressives Verhalten bewusst machen wollen und versuchen, bei ihm die Einsicht dafür zu wecken, dass er den anderen Kindern Schmerzen zufügt, so werden ihre Bemühungen wenig fruchten. Bei einem Kleinkind eine Verhaltensänderung durch Einsicht zu bewirken, ist gut gemeint, aber wenig erfolgreich, da dies sein Verständnisvermögen überfordert.

Eltern und Spielgruppenleiterin wollen und können Jakob aber nicht gewähren lassen. Was sollen sie tun? Jakob kann sein Verhalten aus einer Einsicht heraus noch nicht verändern. Er ist aber fähig auf Konsequenzen, die sich aus seinem Handeln ergeben, zu reagieren. Bei Jakob erwies sich die folgende Strategie als erfolgreich: Vor dem nächsten Besuch der Spielgruppe vereinbart die Mutter mit Jakob, dass er sofort nach Hause gehen muss, wenn er ein anderes Kind plagt. Vor der Ankunft in der Spielgruppe erinnert die Mutter Jakob nochmals an ihre Abmachung. Jakob hält sich eine halbe Stunde daran, dann erlebt er die Auswirkungen seines aggressiven Verhaltens konkret. Er schlägt ein Kind, und die Mutter holt ihn umgehend nach Hause. Nach zwei weiteren solchen Episoden hört Jakob auf, die anderen Kinder zu plagen. Eine wichtige Voraussetzung für den Erfolg dieser Maßnahme ist, dass Jakob in die Spielgruppe gehen will, dass er die Erzieherinnen mag und die anderen Kinder vermisst, wenn er nach Hause gehen muss.

Wenn Jakob 4 Jahre alt ist, wird er nachvollziehen können, was er einem andern Kind antut, wenn er es schlägt. Dann können die Eltern auf seine Einsicht zählen und ihm verständlich machen, wie man mit Konfliktsituationen konstruktiv umgehen kann. In den ersten Jahren sind die Kinder von Natur aus selbstbezogene Wesen. Sie erleben sich als Mittelpunkt ihrer Welt. Wir sollten sie daher, was ihr Selbstverständnis und Einfühlungsvermögen anbetrifft, nicht überfordern. Ihr Beziehungsverhalten können wir oft besser verstehen, wenn wir versuchen, ihre Perspektive einzunehmen.

Mit der beginnenden Einsicht in die eigene Person und auch in die Befindlichkeit anderer Menschen dürfen wir nicht unmittelbar erwarten, dass sich die Kinder nun auch mitfühlend verhalten. Die neu gewonnene Fähigkeit, sich in die Lebenssituation anderer Menschen einzufühlen, fordert uns dazu auf, empathisch mit ihnen umzugehen. Wie das Kind lernt, sein Verständnis über andere Menschen einzusetzen, hängt von seinen Vorbildern ab. Wenn die Eltern und andere Bezugspersonen einfühlsam mit dem Kind umgehen, seine Gefühle und Gedanken respektieren, wird es mit anderen Menschen ebenso umgehen. Erlebt das Kind aber, dass seine Gefühle missachtet und seine Gedanken entwertet werden, dass seine Anliegen und Wünsche schlecht gemacht werden, wird es sich im Umgang mit anderen Kindern und Erwachsenen auch so verhalten. Einmal mehr sind es die Vorbilder, die beeinflussen, wie die Kinder ihre Fähigkeiten der sozialen Kognition einsetzen werden.

Das Wichtigste in Kürze

1. Im Alter von 2 bis 4 Jahren erlebt das Kind häufig einen emotionalen Zwiespalt: Es will sich einerseits die Zuwendung der Eltern bewahren und andererseits selbstständig werden. Das Kind beginnt, sich gegen die Eltern aufzulehnen, und versucht, seinen eigenen Willen durchzusetzen.

2. Eltern können ihr Kind in diesem Entwicklungsprozess unterstützen, indem sie ihm alters- und entwicklungsgerechte Verantwortung übertragen, seine Bedürfnisse respektieren und es so oft wie möglich mit Wahlmöglichkeiten in ihre Entscheidungen mit einbeziehen. Diese Erziehungshaltung erfordert Zeit und Geduld, wird aber mit einer größeren Kooperationsbereitschaft des Kindes belohnt.

3. Kinder wollen selbstständig vielfältige Erfahrungen außerhalb der Familie mit Erwachsenen und Kindern unterschiedlichen Alters machen.

4. Ihre Bereitschaft, Beziehungen einzugehen, ist sehr unterschiedlich entwickelt. Ihre individuelle Veranlagung sowie die Erfahrungen innerhalb und außerhalb der Familie bestimmen diese Bereitschaft wesentlich mit.

5. Gegen Ende des 4. Lebensjahres beginnt das Kind sich in die Vorstellungen anderer Menschen hineinzudenken *(Theory of Mind)*. Es begreift, dass jeder Mensch seine eigenen Gedanken, Absichten und Gefühle hat.

6. Wie das Kind sein Einfühlungsvermögen im Umgang mit anderen Menschen einsetzt, hängt von den Erfahrungen ab, die es mit seinen Vorbildern macht.

Motorik

Einleitung

Der stolze Vater führt den Großeltern die ersten Gehversuche seines Sohnes vor. Er stellt den 11 Monate alten Pietro auf die Beine, hält ihn an beiden Händen und geht mit ihm langsam vorwärts. Pietro setzt hie und da einen Fuß vor den andern. Er macht dabei kein sonderlich interessiertes Gesicht. Kaum lässt ihn der Vater los, fällt er auf die Knie und krabbelt behände davon. Der Vater ist überzeugt, dass sein Sohn bald die ersten Schritte machen wird.

Eltern erleben ihr Kind im 1. Lebensjahr am nachhaltigsten durch seine Motorik. Der Augenblick, in dem das Kind erstmals gezielt nach den Spielsachen über dem Bettchen greift, der Abend, an dem es sich, völlig unerwartet, vom Bauch auf den Rücken dreht und dabei fast vom Wickeltisch fällt, und jener Sonntag, an dem es die ersten Schritte macht, bleiben den Eltern als Marksteine der frühen Entwicklung in der Erinnerung haften. Dabei entwickelt sich das Kind im 1. Lebensjahr nicht vornehmlich motorisch. In den anderen Entwicklungsbereichen wie der Sprache oder im Denken sind seine Fortschritte genauso groß, aber weniger leicht erkennbar.

Im Verlauf von etwa anderthalb Jahren wird aus dem hilflosen, keiner willentlichen Bewegung fähigen Säugling ein aufrechtes Wesen mit einer zielgerichteten motorischen Aktivität. Die Motorik erlaubt dem Kind, sich gegen die Schwerkraft zu behaupten, sich fortzubewegen, nach Gegenständen zu greifen und diese auf unterschiedlichste Weise zu benutzen. Sie ermöglicht aber noch weit mehr: Mit ihrer Hilfe vermag sich das Kind auszudrücken. Mimik, Blickverhalten, Gestik, Sprache, aber auch Zeichnen und Schreiben sind motorische Leistungen. Immer wenn das Kind in irgendeiner Weise auf seine Umwelt einwirken oder sich ausdrücken will, braucht es dazu seine Motorik.

Die Motorik spielt nicht nur in der kindlichen Entwicklung eine zentrale Rolle, sie ist in der Erwachsenenwelt von genauso großer Bedeutung. Unser Alltags- und Berufsleben ist voller motorischer Leistungen, man denke etwa ans Haushalten, Autofahren oder Maschinenschreiben. Der Sport besteht aus einer Vielzahl von Be-

Bewegungsfreude.

wegungsaktivitäten. Schließlich ist der künstlerische Ausdruck in der Malerei und Bildhauerei oder in Tanz und Musik nur dank einer hochdifferenzierten Motorik möglich.

Der Kampf gegen die Schwerkraft

Das ungeborene Kind beginnt sich in der 8. Schwangerschaftswoche zu bewegen, 8 bis 12 Wochen bevor die Mutter die ersten Kindsbewegungen spürt. Das Kind ist nahezu schwerelos im Fruchtwasser aufgehoben. Es kommt daher nicht von ungefähr, dass wir Ähnlichkeiten erkennen zwischen dem Bewegungsverhalten eines ungeborenen Kindes, wie wir es im Ultraschall beobachten können, und demjenigen eines Astronauten, der im Weltall herumspaziert. Als fast schwereloses Wesen kann sich das ungeborene Kind in allen 3 Dimensionen des Raumes bewegen.

Bei der Geburt wird das Kind durch die Schwerkraft abrupt in einen sehr hilflosen Zustand versetzt. Es kann wohl noch mit seinen Beinen strampeln und mit seinen Armen rudern, vermag aber kaum den Kopf zu heben. Sich aufzurichten oder sich fortzubewegen ist ihm für Monate verwehrt. Wenn es seine Körperlage verändern möchte, ist es auf die Hilfe der Eltern angewiesen.

Während der ersten Lebensmonate entwickelt der Säugling bestimmte motorische Fähigkeiten, mit denen er sich gegen die

Schwerkraft behaupten kann. Als Erstes gelingt es ihm, den Kopf anzuheben, zuerst im Liegen und dann auch im Sitzen. Im 2. Lebenshalbjahr dehnt er die Haltungskontrolle auf den ganzen Körper aus. Mit etwa 9 Monaten vermag er frei zu sitzen. Einige Wochen später beginnt sich das Kind aufzurichten. Die charakteristische Haltung des Menschen erreicht es im 2. Lebensjahr: Das Kind steht aufrecht auf seinen beiden Beinen und hat Arme und Hände frei.

Den Raum erobern

Willentliche Bewegungen kann das Kind zuerst mit seinen Händen ausführen: Mit 4 bis 5 Monaten beginnt es, gezielt zu greifen (siehe »Spielverhalten 4 bis 9 Monate«).

Wiederum 4 bis 5 Monate später unternimmt es die ersten Versuche, sich fortzubewegen. Die meisten Kinder durchlaufen verschiedene Stadien der Fortbewegung wie Robben und Krabbeln, bis sie sich im 2. Lebensjahr aufrichten und laufen. Damit ist die Entwicklung der Motorik aber noch längst nicht abgeschlossen.

Im 3. Lebensjahr besteigen die Kinder das Dreirad und 2 bis 3 Jahre später das Zweirad. Seilspringen, Skateboard und Skifahren, Schwimmen und eine Vielzahl anderer Aktivitäten sind weitere Etappen der motorischen Entwicklung im Kindergarten- und Schulalter. Die Differenzierung der Motorik ist im Schulalter weniger augenscheinlich, setzt sich aber bis in die Pubertät fort.

Üben oder reifen lassen?

Wenn ein Kind an seinem 1. Geburtstag die ersten freien Schritte macht, ist dies ein Geschenk für Eltern und Verwandte. Läuft ein Kind bereits mit 10 Monaten, erfüllt dies die Eltern mit Stolz. Lassen die ersten Schritte aber mit 18 Monaten immer noch auf sich warten, sind die Eltern beunruhigt, insbesondere wenn das gleichaltrige Nachbarskind seit einigen Monaten läuft. Woher kommen diese Unterschiede? Sind sie erziehungsbedingt?

Säuglinge drehen sich vom Bauch auf den Rücken und umgekehrt, ohne dass die Eltern sie darin anleiten. Sie robben und krabbeln, ohne dass die Eltern ihnen diese Fortbewegungsformen je vorgemacht hätten. Es gibt Kinder, die aus medizinischen Gründen die ersten 10 bis 15 Lebensmonate in einem Gipsbett verbringen müssen. Werden sie schließlich aus dieser Zwangslage befreit, können sie innerhalb kurzer Zeit laufen, ohne je die Stadien der frühen Bewegungsentwicklung wie Rollen oder Krabbeln durchlaufen zu haben. Die Beispiele machen es deutlich: Die motorische Entwicklung ist überwiegend ein Reifungsprozess, der nach inneren Gesetzmäßigkeiten abläuft. Eltern können die Ausreifung motorischer Funktionen bei ihrem Kind nicht beeinflussen. Ob ein Kind bereits mit 10 oder erst mit 17 Monaten die ersten Schritte macht, hängt im Wesentlichen davon ab, wie rasch diese Funktionen ausreifen. Auch fleißigstes Üben vermag diesen Reifungsprozess nicht zu beschleunigen.

Eltern müssen ihrem Kind das Krabbeln, das Sitzen und das Laufen nicht beibringen. Das Kind eignet sich diese motorischen Fähigkeiten selbst an – vorausgesetzt, es kann sich seinem Entwicklungsstand entsprechend motorisch betätigen.

Dies bedeutet aber nicht, dass die elterliche Erziehung und die Umgebung, in der das Kind aufwächst, für seine motorische Entwicklung bedeutungslos wären. Die Eltern haben zwar keinen Einfluss auf das Alter, in dem ihr Kind die ersten Schritte machen wird; aber kann das Kind laufen, hängt es wesentlich von den Eltern ab, welche Erfahrungen es mit dieser neu gewonnen Fähigkeit machen kann. Die Eltern bestimmen, wo und wie sich ihr Kind motorisch betätigen kann. Der Bewegungsraum wiederum bestimmt die weitere motorische Entwicklung. Ein Kind, das sich auf Spielplätzen, auf Wiesen und in Wäldern tummeln kann, wird motorisch geschickter werden und eine andere Beziehung zu seinem Körper bekommen, als wenn seine Bewegungsmöglichkeiten auf eine Wohnung beschränkt bleiben.

Die motorische Entwicklung wird aber nicht nur durch die Umgebung beeinflusst, in der sich das Kind bewegen kann, sondern auch durch die Erziehungshaltung, die die Eltern dem kindlichen Bewegungsdrang gegenüber einnehmen. Kinder, die in einem Haus mit Treppen aufwachsen, werden sich zuerst krabbelnd,

Je höher, desto besser.

dann aufrecht die Treppe hinauf- und hinunterbewegen – sofern
es die Eltern zulassen. Haben die Eltern die Treppe zur verbotenen
Zone erklärt, kann es geschehen, dass das Kind selbst mit 3 Jahren
nur mit Mühe eine Treppe bewältigt. Die Sorge der Eltern ist berechtigt, dass das Kind in einem kurzen, unbeobachteten Moment
die Treppe herunterstürzen und sich verletzen könnte. Das Kind
sollte keinen Zugang zur Treppe haben. Die Eltern sollten dem
Kind jedoch die Möglichkeit geben, dieses neue Terrain unter ihrer
Aufsicht zu erkunden – was sie mit Begeisterung tun werden.

Eltern haben bestimmte Erwartungen in Bezug auf das Alter, in
welchem ein Kind krabbeln, sitzen und laufen sollte. Ist ihr Kind
langsam in seiner motorischen Entwicklung, sind sie besorgt. Wie
wir in den folgenden Kapiteln sehen werden, ist ein Merkmal der
frühen motorischen Entwicklung die große zeitliche Streubreite.
So können die meisten Kinder mit 13 bis 15 Monaten laufen. Einige
Kinder machen die ersten Schritte bereits mit 8 bis 10, andere erst
mit 18 bis 20 Monaten. Nicht nur das zeitliche Auftreten, auch die
Bewegungsmuster sind von Kind zu Kind unterschiedlich ausgeprägt. So krabbeln die meisten Kinder auf Händen und Knien. Es
gibt aber Kinder, die krabbeln nie. Sie stehen (direkt) auf und
gehen oder rutschen auf dem Hosenboden herum, bis sie laufen

Und los geht's.

können. Kinder bewegen sich nicht nur unterschiedlich rasch und in unterschiedlicher Weise, sie sind auch sehr unterschiedlich motorisch aktiv. Es gibt Kleinkinder, die sich längere Zeit an einem Ort aufhalten und spielen. Andere sind den ganzen Tag auf den Beinen und halten die Eltern mit ihrer motorischen Betriebsamkeit und Neugierde ständig auf Trab.

Diese Verschiedenheit im motorischen Verhalten ist ein konstitutionelles Merkmal, das sich auch im Erwachsenenalter noch bemerkbar macht. Es gibt Erwachsene, die sind träge, jede körperliche Anstrengung ist ihnen zuwider. Andere haben das Bedürfnis, sich jeden Tag etwas zu bewegen, sei es bei einem Spaziergang, auf einem Fitnessparcours oder dem Hometrainer. Schließlich gibt es auch noch jene Menschen, für die ein Marathonlauf oder gar ein Triathlon das höchste der Gefühle darstellt.

Wenn ein Kind in seiner motorischen Entwicklung langsam ist, befürchten manche Eltern, dass sich seine gesamte Entwicklung verzögert und dass es sich auch in den folgenden Lebensjahren langsam entwickeln wird. Diese Annahme trifft für die große Mehrheit der Kinder, die spät beginnen, sich fortzubewegen, nicht zu. Zwischen der Motorik und den anderen Entwicklungsbereichen, wie beispielsweise der Sprache, bestehen keine bedeutsamen

Beziehungen. Ein Kind, das mit 18 Monaten die ersten Schritte macht, kann in seiner Sprache genauso weit entwickelt sein wie ein gleichaltriges Kind, das bereits mit 10 Monaten laufen konnte. Kinder, die sich motorisch langsam entwickeln, sind im Schulalter nicht weniger intelligent als jene Kinder, deren Motorik rasch ausreift. Die Motorik ist nur ein Teilbereich, wenn auch ein wichtiger, der frühkindlichen Entwicklung.

Das Wichtigste in Kürze

1. Die motorische Entwicklung beginnt in der 8. Schwangerschaftswoche und setzt sich bis in die Pubertät fort.

2. In den ersten Lebensmonaten lernt das Kind sich gegen die Schwerkraft zu behaupten und seinen Körper aufzurichten. In der 2. Hälfte des 1. Lebensjahres beginnt es sich fortzubewegen.

3. Die motorische Entwicklung ist im Wesentlichen ein Reifungsprozess, der von Kind zu Kind unterschiedlich rasch abläuft und aus unterschiedlichen Fortbewegungsmustern besteht.

4. Das Auftreten einer motorischen Fähigkeit, wie beispielsweise des Laufens, kann durch Üben nicht beschleunigt werden.

5. Ist eine motorische Fähigkeit herangereift, ist ihre weitere Differenzierung wesentlich von den Bewegungserfahrungen abhängig. Das Kind braucht daher ausgedehnte und vielfältige Betätigungsmöglichkeiten, damit es seine neu erworbenen Fähigkeiten einüben sowie mit anderen Entwicklungsbereichen ausreichend verbinden und verinnerlichen kann.

6. Es besteht kein Zusammenhang zwischen dem Tempo der motorischen Entwicklung und demjenigen anderer Entwicklungsbereiche. Ein Kind, das sich motorisch langsam entwickelt, kann sprachlich weit fortgeschritten sein und umgekehrt.

Vor der Geburt

Maja liegt auf dem Sofa und liest Zeitung. Unvermittelt hält sie inne – ein Strahlen geht über ihr Gesicht: Ihr Kind hat sich zum ersten Mal bemerkbar gemacht! Maja ist mit ihrem 3. Kind in der 16. Woche schwanger. Seit einer Woche wartet sie ungeduldig auf die Kindsbewegungen. Beim 1. Kind nahm sie die Bewegungen mit 19 und beim 2. mit 17 Wochen wahr. Jedes Mal ist es ein wunderbares Gefühl, das kleine Lebewesen zum ersten Mal zu spüren.

Die werdende Mutter erlebt ihr Kind erstmals als ein sich bewegendes Wesen in der 16. bis 20. Schwangerschaftswoche. Die Kindsbewegungen sind für die Mutter anfänglich nur dann spürbar, wenn sie sich ausruht und sich auf ihren eigenen Körper und das Kind besinnt. In den folgenden Wochen und Monaten werden die Kindsbewegungen immer häufiger und mit dem Größerwerden des Kindes auch kräftiger; gelegentlich können sie sogar etwas schmerzhaft sein. Wenn der Vater seine Hände auf den Bauch der Mutter legt, kann auch er die Kindsbewegungen fühlen. Im letzten Schwangerschaftsdrittel werden der Kopf, ein Arm, ein Bein oder der Po des ungeborenen Kindes gelegentlich als kleine Erhebungen in der mütterlichen Bauchdecke sichtbar.

Das Kind beginnt nicht erst mit 16 bis 20 Schwangerschaftswochen sich zu bewegen. Der Anfang seiner motorischen Aktivität reicht weit in die Frühschwangerschaft zurück. Frühestens in der 8. Schwangerschaftswoche werden im Ultraschall Bewegungen des ungeborenen Kindes beobachtet. Zwischen der 8. und 12. Woche entwickelt sich eine Vielfalt von Bewegungsformen. Die häufigsten Bewegungsmuster sind nach ihrem zeitlichen Auftreten in der folgenden Tabelle dargestellt.

Die ersten Bewegungen bestehen in einem langsamen Beugen und Strecken der Arme, Beine und des Rumpfes. Selten zieht das Kind ruckartig seine Gliedmaßen und seinen ganzen Körper zusammen (sogenannte »Startles«).

Gelegentlich hat das Kind Schluckauf, der durch rasche Kontraktionen seines Zwerchfells hervorgerufen wird. Die ruckartigen Bewegungen können in den letzten Schwangerschaftswochen so

Die häufigsten Bewegungsmuster während der Schwangerschaft.

Schwangerschaftswochen	5	6	7	8	9	10	11	12	13	14	15
Allgemeine Bewegungen				─	─	─	─	─	─	─	─
»Startle«				─	─	─	─	─	─	─	─
Schluckauf					─	─	─	─	─	─	─
Arm bewegen							─	─	─	─	─
Bein bewegen							─	─	─	─	─
Kopf zurückbeugen							─	─	─	─	─
Kopf drehen							─	─	─	─	─
Hand zum Gesicht bringen							─	─	─	─	─
Atembewegungen								─	─	─	─
Sich strecken								─	─	─	─
Mund öffnen								─	─	─	─
Kopf vorbeugen								─	─	─	─
Gähnen								─	─	─	─
Trinken									─	─	─

Die Striche geben an, ab welchem Alter die verschiedenen Bewegungsmuster beobachtet werden können (nach Prechtl).

kräftig sein, dass sie für die Mutter spürbar werden. In der 12. Schwangerschaftswoche beginnt das Kind, einzelne Gliedmaßen zu bewegen sowie den Kopf zu drehen und zurückzubeugen. Es macht rhythmische Atembewegungen, öffnet den Mund, gähnt und trinkt Fruchtwasser. Es führt seine Händchen zum Gesicht, gelegentlich zum Mund und saugt an Daumen und Fingerchen. Hie und da streckt und reckt es sich mit dem ganzen Körper und allen Gliedmaßen, genauso wie wir es am Morgen beim Aufstehen tun. Bis zur 14. Schwangerschaftswoche hat das ungeborene Kind alle Bewegungsmuster entwickelt, die es bei der Geburt mit etwa 40 Schwangerschaftswochen aufweist.

Viele Leser werden sich fragen: Warum diese motorische Betriebsamkeit, wo sich das Kind ja noch gar nicht fortbewegen kann? Warum atmet es, wo es noch gar keine Luft zum Atmen gibt? Die Motorik während der Schwangerschaft dient keinem unmittelbaren Zweck. Die verschiedenen Bewegungsmuster werden auch nicht durch äußere Reize ausgelöst, sondern sind vielmehr Ausdruck einer eigenständigen motorischen Aktivität. Sie sind

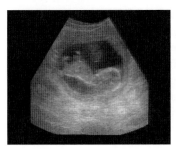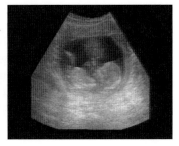

Ein Kind in der 14. Schwangerschaftswoche reckt und streckt sich.

eine Vorbereitung auf das Leben nach der Geburt und erfüllen dabei die folgenden Aufgaben:

Einüben von Bewegungsmustern. Geradezu lebenswichtig für das Kind ist das Einüben derjenigen motorischen Verhaltensweisen, die bei der Geburt auf Anhieb funktionieren müssen wie Atmen, Saugen und Schlucken. Einmal auf der Welt, muss sich das Kind mit Sauerstoff versorgen und Nahrung aufnehmen können.

Einüben von Organfunktionen. Die Atembewegungen fördern das Wachstum der Lungen. Das Trinken von Fruchtwasser regt den Darm zur Resorption und die Nieren zur Ausscheidung an.

Modellierung der Gliedmaßen. Muskeln, Knochen und Gelenke können sich nur normal entwickeln, wenn sich das Kind regelmäßig bewegt. Durch die Bewegungen werden die Gliedmaßen gewissermaßen modelliert.

Einstellen in den Geburtskanal. Spätestens in den letzten Tagen vor der Geburt verändert das Kind seine Lage in der Weise, dass es mit dem Kopf voran in den Geburtskanal eintreten und so auf die schonendste Weise auf die Welt kommen kann.

In den ersten Schwangerschaftsmonaten verfügt das Kind über sehr viel Raum. Es kann sich um sich selbst drehen, die Beine strecken, in seiner Fruchtblase herumgehen und selbst Purzelbäume schlagen. Je größer das Kind wird, desto geringer werden seine Bewegungsmöglichkeiten. Obwohl seine motorische Aktivität in den letzten Schwangerschaftswochen zunehmend eingeschränkt wird, ist es dem Kind aber immerhin noch möglich, sich für den Geburtsvorgang in eine günstige Lage zu bringen.

Mit der Geburt werden die engen Raumverhältnisse aufgehoben. Das Neugeborene kann sich aber keineswegs freier bewegen: Was ihm nun zu schaffen macht, ist die Schwerkraft.

Das Wichtigste in Kürze

1. Während der Schwangerschaft ist das Kind in einem weitgehend schwerelosen Zustand.

2. In der 8. Schwangerschaftswoche beginnt das ungeborene Kind, sich zu bewegen.

3. Bis zur 14. Schwangerschaftswoche sind alle Bewegungsmuster ausgebildet, die wir beim Neugeborenen am Geburtstermin beobachten können.

4. Zwischen der 16. und 20. Schwangerschaftswoche werden die Kindsbewegungen für die Mutter spürbar.

5. Die motorischen Aktivitäten während der Schwangerschaft dienen der Entwicklung von Organfunktionen, dem Einüben von Bewegungsmustern, der Modellierung der Gliedmaßen und der Einstellung in den Geburtskanal.

0 bis 3 Monate

Sabine schläft im Tragetuch bei der Mutter. Der 1 Monat alte Säugling ist ganz zusammengekuschelt. Seine Ärmchen hängen schlaff herunter. Sein Köpfchen ist auf die Seite geneigt. Die Großmutter betrachtet ihr Enkelkind nachdenklich. Die schlafende Sabine macht einen sehr zufriedenen Eindruck. Im Interesse der Enkelin meint sie aber, ihrer Schwiegertochter doch sagen zu müssen: »Diese verdrückte Lage im Tragetuch tut wohl dem noch schwachen Rücken von Sabine nicht gut.«

Der Umgang mit Säuglingen hat sich in einer Generation gewandelt. Eltern haben heutzutage eine andere körperliche Beziehung zu ihrem Kind als in früheren Jahren. Mütter und zunehmend auch Väter tragen ihre Kinder je nach Alter vorn, auf dem Rücken oder seitlich mit sich herum. Traghilfen wie Tragetuch, Ergo Baby Carrier, Snugli, Kängurutasche oder Babybjörn lösen den Kinderwagen immer häufiger ab. Die Kinder werden häufiger als früher von den Erwachsenen in den Armen und auf dem Schoß gehalten. Auch nachts bestehen heute weit mehr Körperkontakt und Nähe zwischen Kind und Eltern. Nicht nur Säuglinge, auch Kleinkinder schlafen immer öfter bei ihren Eltern.

Unsere Gesellschaft ist – wahrscheinlich nicht nur im Umgang mit Kindern – körperorientierter geworden. Immer mehr Eltern spüren, dass die körperliche Nähe wesentlich zum Wohlbefinden ihrer Kinder beiträgt. Verändert hat sich damit auch die Beziehung der Eltern zum Kind: Sie ist kindgerechter geworden (siehe »Beziehungsverhalten 0 bis 3 Monate«).

Während des 1. Lebensjahres löst sich das Kind langsam von der körperlichen Nähe der Eltern, und auch die motorische Abhängigkeit nimmt ab. Nach der Geburt vermag das Kind seine Körperlage nur unwesentlich zu verändern. 12 Monate später kann es sich im

Solea fühlt sich wohl
und beschützt.

Sitzen und Stehen aufrecht halten und sich fortbewegen. Die zunehmende motorische Selbstständigkeit geht mit einer entsprechenden Veränderung im Beziehungsverhalten des Kindes einher.

Kopf hoch!

Als Erstes gilt es für den jungen Säugling sich gegen die Schwerkraft zu behaupten. Die erste motorische Errungenschaft ist die Kontrolle über die Kopfhaltung: Das Kind vermag den Kopf gegen die Schwerkraft anzuheben und ihn aufrecht zu halten. Begleitet wird die Entwicklung der Kopfkontrolle mit entsprechenden Veränderungen in der Körperhaltung. Diese Entwicklung verläuft in Bauch- und Rückenlage, im Sitzen und in der aufrechten Haltung unterschiedlich.

Bauchlage.   Das neugeborene Kind hält in Bauchlage den Kopf seitlich. Gelegentlich hebt es den Kopf an, aber nur so weit, dass es ihn auf die andere Seite drehen kann. Die Seitenlage des Kopfes gewährleistet eine freie Atmung. Vor einigen Jahren haben Entwicklungsneurologen festgestellt, dass neugeborene Kinder den Kopf häufiger auf die rechte als auf die linke Seite drehen. Diese asymmetrische Kopfhaltung der Neugeborenen scheint ein früher Aus-

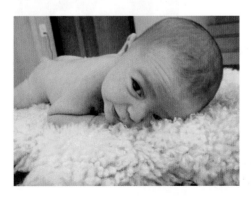

Wie bringe ich den
Kopf nur hoch ...

Kopf- und Körperhaltung in Bauchlage.

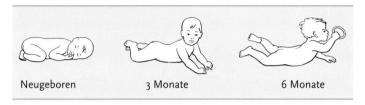

Neugeboren   3 Monate   6 Monate

druck der Dominanz der linken Hirnhälfte zu sein, die sich in den folgenden Jahren als Rechtshändigkeit manifestiert.

Die Gliedmaßen und der Körper sind in den ersten 2 Lebensmonaten überwiegend gebeugt. Die Beine liegen angezogen unter dem Körper, das Gesäß ist oftmals abgehoben.

Mit 3 Monaten vermag der Säugling den Kopf so weit anzuheben, dass er geradeaus schauen kann. Er beginnt, Eltern und Geschwister mit den Augen zu verfolgen, wenn sie im Zimmer umhergehen. Er stützt sich dabei auf Ellbogen oder mit den Händen ab. Seine Beinchen sind vermehrt gestreckt. Das Gesäß ist nicht mehr abgehoben. Der Säugling liegt mit dem ganzen Körper auf der Unterlage auf.

Im Alter von 6 Monaten ist die Kontrolle des Kopfes so weit entwickelt, dass das Kind den Kopf seitlich drehen sowie nach unten und oben blicken kann. Der Säugling überstreckt seinen Körper gelegentlich so sehr, dass er nur noch mit dem Bauch auf der Unterlage aufliegt und mit seinen Armen und Beinen in der Luft rudert. Bei dieser überstreckten Haltung entsteht der Eindruck, als ob der Säugling »schwimme«.

In den ersten 6 Lebensmonaten geht der Säugling in Bauchlage von einer Beugehaltung in eine Streckhaltung über. In der Rückenlage verläuft die Entwicklung der Körperhaltung genau umgekehrt.

Rückenlage.   Das Neugeborene hält in der Rückenlage den Kopf ebenfalls seitlich wie in der Bauchlage. Sein Körper ist mehr oder weniger gestreckt. Die Arme und Beine sind halb gebeugt.

Mit 3 Monaten hält der Säugling den Kopf weniger seitlich als in der Mitte und seine Arme überwiegend gebeugt. Die Hände sind häufig vor dem Gesicht und im Mund oder berühren sich gegen-

Kopf- und Körperhaltung in Rückenlage.

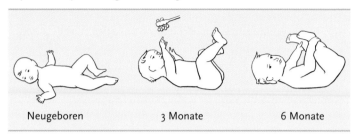

Neugeboren   3 Monate   6 Monate

seitig. Auf diese Weise lernt der Säugling seine Händchen kennen. Die mittelständige Kopfhaltung und die gebeugten Arme sind für die ersten Greifversuche mit 4 bis 5 Monaten wesentlich: Wenn der Säugling zu greifen beginnt, benutzt er gleichzeitig beide Hände. Die Beine werden im Alter von 3 Monaten vermehrt gebeugt und angezogen.

Mit 6 Monaten ist die Kopfkontrolle in Rückenlage so weit fortgeschritten, dass das Kind den Kopf spontan anheben kann, etwa beim Aufnehmen. Es vermag seine Beine so weit zu beugen, dass es Knie und Füße betasten kann. Das Kind zeigt in den folgenden Monaten ein großes Interesse an den unteren Gliedmaßen. Knie, Füße und Zehen sind attraktive und immer vorhandene Erkundungsobjekte. Einige Kinder werden zu regelrechten Akrobaten: Ihnen gelingt es die Zehen in den Mund zu stecken.

Hochziehen zum Sitzen.   Wenn wir ein Neugeborenes oder einen Säugling aufnehmen, stützen wir unwillkürlich seinen Kopf. Täten

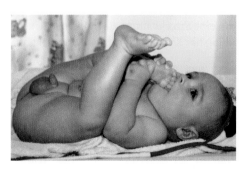

Die Füße kennenlernen.

Kopf- und Körperhaltung beim Aufsetzen.

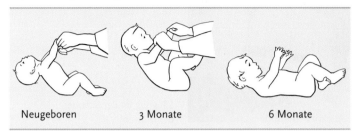

Neugeboren   3 Monate   6 Monate

wir es nicht, würde der Kopf nach hinten fallen. Neugeborenen und Säuglingen fehlt die Kraft, den schweren Kopf gegen die Schwerkraft anzuheben.

Mit etwa 3 Monaten vermag der Säugling, wenn wir ihn an den Armen zum Sitzen aufziehen, den Kopf mitzunehmen. Mit 5 bis 6 Monaten hebt er den Kopf spontan von der Unterlage ab, wenn er spürt, dass er aufgenommen wird. In diesem Alter hilft er zudem beim Aufziehen mit, indem er die Beine anzieht und den Rücken rund macht.

Sitzen.   Im Sitzen kann das Neugeborene den Kopf nur für wenige Sekunden aufrecht halten, dann fällt er nach hinten oder vorne. Sein Körper sackt zusammen. Das Kind fühlt sich unwohl.

Im Alter von 3 Monaten hält der Säugling den Kopf im Sitzen und vermag ihn seitwärts zu drehen. Mit 6 Monaten kann er nach oben und unten blicken.

Kopf- und Körperhaltung beim Sitzen.

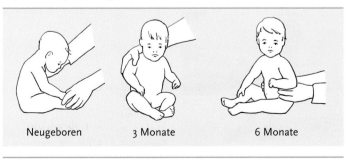

Neugeboren   3 Monate   6 Monate

Säugling an der Schulter
der Mutter.

Aufrechte Haltung.   Wenn der Säugling gestützt wird, beispielsweise an der Schulter der Mutter, vermag er den Kopf bereits mit wenigen Wochen aufrecht zu halten, insbesondere dann, wenn es etwas Interessantes zu sehen gibt.

Wenn wir ein Neugeborenes auf die Füße stellen, macht es seine Beine etwas steif und streckt seinen Körper durch. Gestützt steht es für kurze Zeit. Im Alter von 3 bis 5 Monaten verschwindet diese

Automatische Schreitbewegungen.

Bereitschaft zum Stehen: Die Beine knicken ein, und der Körper reckt sich nicht mehr. Mit 6 Monaten beginnt die Entwicklung der eigentlichen Stehbereitschaft, die zur aufrechten Körperhaltung führt. Die Kinder lieben es, immer wieder in die Knie zu gehen und sich von der Unterlage abzustoßen.

Stellen wir ein Neugeborenes auf seine Füße und neigen wir es leicht nach vorne, setzt es einen Fuß vor den anderen. Es geht! Lange Zeit waren die Wissenschaftler der Meinung, dass es sich bei diesen Schreitbewegungen um Vorläufer des Laufens handelt. Ultraschalluntersuchungen während der Schwangerschaft haben aber gezeigt, dass solche Schreitbewegungen ein vorgeburtliches motorisches Verhalten darstellen, das einige Zeit über die Geburt hinaus weiter besteht. Nach dem 1. Lebensmonat werden die Schreitbewegungen immer schwächer und verschwinden schließlich ganz.

Strampeln

Ab dem 3. Schwangerschaftsmonat bewegt sich das ungeborene Kind auf vielfältigste Weise. Nach der Geburt strampelt das Kind weiter. Es streckt und beugt rhythmisch und alternierend Arme und Beine. Es kommt dabei weit weniger vom Fleck als in den Monaten vor der Geburt! Einige Säuglinge machen in Bauchlage immerhin so kräftige Strampelbewegungen, dass sie sich bis an das obere Bettende hocharbeiten und von den Eltern aus einer oft unbequemen Lage befreit werden müssen.

Wie viel und wann Kinder strampeln, ist je nach Temperament unterschiedlich. Einige Kinder strampeln, wenn sie nackt sind, andere, wenn sie gebadet werden, wieder andere kommen in einen regelrechten Bewegungssturm, wenn sie müde sind, aber den Schlaf nicht finden können. Das Strampeln nimmt im Verlauf der ersten Lebensmonate immer mehr ab und wird schließlich von den willkürlichen Bewegungen abgelöst.

Relikte unserer Stammesgeschichte

Das Neugeborene und der Säugling weisen eine Vielzahl von sogenannten Reflexreaktionen auf. Darunter sind Verhaltensweisen zu verstehen, die durch einen bestimmten Reiz zuverlässig ausgelöst werden. Einen Reflex, den wohl jeder und jede von Arztbesuchen her kennt, stellt der Patellarsehnenreflex dar: Ein leichter Schlag auf die Sehne zwischen Kniescheibe und Schienbein löst eine Streckbewegung des Beines aus. Der Patellarsehnenreflex ist ein Beispiel für einen einfachen Reflex; das Reflexverhalten des Säuglings ist weit komplexer. Einige Reflexreaktionen sind geradezu lebenswichtig. Wird der Säugling mit dem Gesicht nach unten gelegt, dreht er den Kopf zur Seite. Dieser Reflex stellt sicher, dass die Nasenatmung erhalten bleibt. Such-, Saug- und Schluckreflexe gewährleisten die Nahrungsaufnahme (siehe »Trinken und Essen«). Der Hustenreflex verhindert, dass die Atemwege durch einen Fremdkörper verstopft werden.

Stammesgeschichtliche Besonderheiten stellen die Moro-Reaktion (Moro war ein deutscher Kinderarzt, der dieses Verhalten erst-

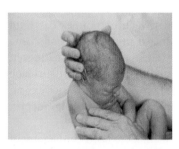
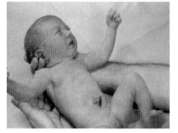
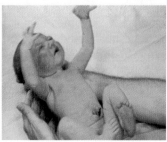

Die Moro-Reaktion.

mals beschrieben hat) und die Greifreflexe dar. Wird ein Neugeborenes unsanft abgelegt und fällt dabei sein Kopf nach hinten, macht es eine sogenannte Moro-Reaktion. Das Kind streckt ruckartig seine Arme aus und zieht sie sogleich wieder an. Gelegentlich machen die Beine die Bewegung der Arme mit. Die Moro-Reaktion ist unangenehm für das Neugeborene, häufig schreit es. Sie ist in den ersten Lebenswochen am ausgeprägtesten. Danach schwächt sie sich immer mehr ab. Nach dem 6. Lebensmonat ist sie nicht mehr nachweisbar.

Die abrupte Bewegung des Säuglings kann die Eltern erschrecken. Sie denken vielleicht, es handle sich um eine Form von Epilepsie. Diese Reflexreaktion gehört aber zum normalen Verhaltensrepertoire des Säuglings. Sie ist ein Relikt unserer Stammesgeschichte. Die ursprüngliche Bedeutung der Moro-Reaktion können wir im Zoo bei jungen Menschenaffenkindern beobachten, die von der Mutter noch herumgetragen werden. Bewegt sich die Affenmutter, fällt der Kopf des Jungen etwas nach hinten und löst dabei die Moro-Reaktion aus. Das Junge verstärkt seine Umklammerung. Dieses Reflexverhalten stellt sicher, dass das Junge nicht

Festhalten beim Menschen- und
beim Gorillakind.

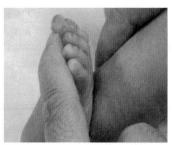

Greifreflex an Händen und Füßen.

von der Mutter fällt. Uns Menschen mahnt der Moro-Reflex, mit dem Säugling, der noch nicht über eine ausreichende Kopfkontrolle verfügt, sorgfältig umzugehen.

Ein weiterer Reflex bewahrt das Affenjunge davor, von der Mutter zu fallen: der Greifreflex der Hände und Füße. Mit diesem Reflex hält sich das Junge an der Mutter fest.

Auch Menschenkinder weisen in den ersten Lebensmonaten den Greifreflex auf. Drückt man auf die Innenfläche der Hände oder auf den vorderen Teil der Fußsohle, beugen sich die Finger beziehungsweise die Zehen. Am leichtesten kann der Reflex ausgelöst werden, wenn ein Fell über die Handinnenfläche und Fußsohle gezogen wird. Gelegentlich ist der Greifreflex so kräftig, dass die Knöchel an den Fäustchen weiß hervortreten.

Moro-Reaktion und Greifreflexe haben beim Menschen ihre ursprüngliche Funktion weitgehend verloren und stellen ein stammesgeschichtliches Kuriosum dar. Sie treten in den ersten Lebensmonaten noch auf, sind aber nicht mehr so ausgeprägt, dass sich das Kind an einer Bezugsperson festhalten könnte.

Herumtragen oder hinlegen?

Unter Großeltern ist die Angst noch ziemlich verbreitet, dass ein Säugling durch eine nicht kindgerechte Lagerung Schaden an seinem Rücken nehmen könnte. Sie sehen es daher ungern, wenn ihre Enkelkinder von den Eltern stundenlang herumgetragen werden. Diese Angst hat ihre Wurzel wohl in den Zeiten, als Kinder noch häufig an Rachitis erkrankten. Diese Knochenkrankheit war die Folge eines Vitamin-D-Mangels und führte zu Deformierungen der Wirbelsäule und der Extremitäten. In den westlichen Ländern schützt seit vielen Jahren eine Vitamin-D-Prophylaxe die Kinder wirksam vor Rachitis. Die Großmutter von Sabine braucht keine Angst zu haben: Ein gesundes Kind bekommt keinen Rückenschaden, wenn es herumgetragen wird.

In unserer Gesellschaft gibt es keine stichhaltigen Gründe gegen das Herumtragen des jungen Kindes in einer Tragehilfe. Im Gegenteil: Es ist diejenige Form des körperlichen Umgangs mit dem Säugling, die seinem Bedürfnis nach Körperkontakt und Bewegung am besten entspricht (Montagu). In der langen Menschheitsgeschichte wurde der Säugling immer von Erwachsenen und größeren Kindern herumgetragen. Wohnverhältnisse und vielfältige Gefahren erlaubten es nicht, ihn längere Zeit sich selbst zu überlassen. Den Säugling stundenlang in einem Bettchen liegen zu lassen ist eine Erfindung des Industriezeitalters. Diese Sitte wurde nicht im Interesse des Kindes eingeführt, sondern war eine Folge des veränderten Lebens- und Arbeitsstils der Erwachsenen. Die neuen Wohnverhältnisse ermöglichten und die Arbeitsbedingungen erzwangen eine Distanz zwischen Kind und Eltern. Der Brauch, Säuglinge nicht mehr herumzutragen und bei sich zu haben, ist nur etwa 150 Jahre alt – ein Nichts im Vergleich mit der langen Stammesgeschichte des Menschen.

Weitere Gründe, die für das Herumtragen sprechen, sind: Das Kind kann wieder vermehrt in den Alltag der Erwachsenen mit einbezogen werden. Die Eltern können bei zahlreichen Tätigkeiten das Kind wieder bei sich haben. Der Vater und andere Personen können das Baby genauso herumtragen wie die Mutter. Vor einigen Jahren erregte ein Vater mit seinem Kind im Tragetuch noch Aufsehen in der Öffentlichkeit. Die Leute drehten sich um, schauten dem Paar nach und schüttelten die Köpfe. Heutzutage gehört der Vater mit dem Kind in der Tragehilfe zum alltäglichen Straßenbild. Und schließlich: Kinder, die in den ersten 3 Lebensmonaten viel herumgetragen werden, schreien weniger (siehe »Schreiverhalten«).

Herumgetragenwerden ist wohl die wichtigste, wenn auch bei Weitem nicht die einzige Form des Körperkontaktes. Manche Säuglinge sind begeistert, wenn die Eltern mit ihnen turnen. Väter neigen zu einem mehr körperorientierten Umgang mit dem kleinen Kind. Säuglinge genießen es, wenn sie berührt, gestreichelt und bewegt werden. In den letzten Jahren haben Babymassagen, die in fernöstlichen Ländern Tradition haben, Eingang in unsere Kultur gefunden (beispielsweise nach Leboyer). Alle diese Aktivitäten tragen zum körperlichen Wohlbefinden des Kindes bei. Sie bereichern zudem die Beziehung zwischen Kind und Eltern. Erfahrungen, die über die Sinne des Körpers gemacht werden, sind die wichtigsten Bausteine der frühen Kind-Eltern-Beziehung.

Der wache Säugling sollte abwechslungsweise auf dem Bauch und auf dem Rücken oder in einer halb sitzenden Haltung sein. Jede dieser Stellungen fördert seine Motorik auf ihre Weise. Sehr dienlich sind Babywippen, die, je älter der Säugling wird, immer steiler gestellt werden können. In halb aufrechter Haltung kann das Kind gut verfolgen, was in seiner nächsten Umgebung vor sich geht. Es hat seine Hände frei zum Spielen und kann ungehemmt strampeln (zum Thema geeignete Lage des schlafenden Säuglings siehe »Schlafverhalten 0 bis 3 Monate«).

Das Wichtigste in Kürze

1. In den ersten Lebensmonaten entwickelt der Säugling die Kopfkontrolle. Mit etwa 3 Monaten vermag er den Kopf im Sitzen und in Bauchlage aufrecht zu halten.

2. In Bauchlage geht der Säugling in den ersten 6 Monaten von einer Beuge- in eine Streckhaltung über. In Rückenlage macht er die umgekehrte Entwicklung durch.

3. Das Bewegungsmuster des Säuglings besteht vorwiegend aus ungerichteten Arm- und Beinbewegungen. Sie sind wie auch die automatischen Schreitbewegungen Ausläufer vorgeburtlicher Bewegungsformen.

4. Komplexe Reflexverhalten wie der Saug- und Schluckreflex stellen lebenswichtige Funktionen sicher. Moro-Reaktion und Greifreflexe sind Relikte unserer Stammesgeschichte.

5. In einer Tragehilfe herumgetragen zu werden entspricht dem Bedürfnis des Säuglings nach Körperkontakt und Bewegung.

6. Der Säugling will sich frei bewegen und möchte berührt werden. Sinnliche Erfahrungen über den Körper (Baden, Babymassage, spielerisches Turnen) tragen zum körperlichen Wohlbefinden des Kindes und zur Kind-Eltern-Beziehung bei.

7. Der wache Säugling soll abwechslungsweise in Bauchlage, Rückenlage und einer halb aufrechten Sitzstellung (Babywippe) sein. Jede dieser Körperhaltungen gibt ihm auf unterschiedliche Weise Gelegenheit, mit den Händen zu spielen, mit den Beinen zu strampeln und zu verfolgen, was in der Familie vor sich geht.

8. Zum Schlafen soll der Säugling auf dem Rücken liegen. Fühlt er sich unbehaglich, wird er in derjenigen Körperstellung hingelegt, in der er sich am wohlsten fühlt.

4 bis 9 Monate

Die Mutter wechselt ihrer Tochter die Windeln, als das Telefon klingelt. Sie gibt der 6 Monate alten Lena eine Rassel zum Spielen und geht zum Telefon. Ein Jauchzer von Lena lässt sie nach wenigen Schritten zurückblicken und – mit einem Sprung ist sie wieder bei ihrem Kind. Lena wäre mit einer unerwarteten und raschen Drehung beinahe vom Wickeltisch gefallen.

Monatelang kann sich der Säugling nicht vom Fleck rühren. Er ist für jeden Lagewechsel auf die Eltern angewiesen. Zwischen 5 und 7 Monaten aber kommt der Tag, an dem sich das Kind erstmals bewegt: Es dreht sich. Oft geschieht dies – wie bei Lena – unerwartet für die Eltern. Die Eltern müssen sich neu auf ihr Kind einstellen. Das Kind wird mobil.

Das Kind will sich aber nicht nur fortbewegen, es will seine Umwelt auch erkunden. Von Woche zu Woche gelangt es in der Wohnung an immer mehr Orte. Es möchte alles Erreichbare berühren, in den Mund nehmen, mit den Händen untersuchen und betrach-

Bereit zum Drehen.

ten. Die zunehmende Mobilität des Kindes stellt die Eltern vor die Frage: Soll, muss und vor allem kann sich ihr Kind den Gegebenheiten der Wohnung anpassen? Oder muss die Wohnung kindersicher gemacht werden?

Wenn das Kind beginnt, sich fortzubewegen, kann es sich erstmals aus eigenem Antrieb von der Mutter und anderen Betreuungspersonen entfernen. Damit das Kind nicht verloren geht und sich laufend Gefahren aussetzt – der kindliche Erkundungstrieb kann sehr stark sein! –, hat die Natur eine Art Sicherung erfunden: die Trennungsangst (siehe »Beziehungsverhalten 4 bis 9 Monate«). Die Trennungsangst bindet das Kind an die Mutter und an andere Bezugspersonen. Sie unterbindet den kindlichen Erkundungsdrang nicht, setzt ihm aber räumliche Grenzen. Die Trennungsangst tritt etwa in dem Alter auf, in dem das Kind anfängt, sich fortzubewegen.

Die Motorik und die anderen Entwicklungsbereiche beeinflussen sich gegenseitig. Je nach Alter, in dem ein Kind beginnt, sich fortzubewegen, erweitern sich seine Möglichkeiten zum Erkunden unterschiedlich rasch. Ein neugieriges Kind wird motorisch aktiver sein als ein an seiner Umwelt weniger interessiertes Kind. Ein Kind, das sich leicht von der Mutter trennt, wird andere und vielfältigere Erfahrungen machen als ein scheues Kind, das ständig die Nähe der Mutter sucht. Ein Kind, das bewegungsfreudig ist, wird sich wiederum eher von der Mutter lösen als ein weniger aktives Kind.

Drehen

Wenn sich der Säugling mit 5 bis 7 Monaten zu drehen beginnt, wendet er sich als Erstes aus der Rücken- oder Bauchlage auf die Seite. Anschließend dreht er sich vom Bauch auf den Rücken und etwas später vom Rücken auf den Bauch. Einigen Kindern gelingt Letzteres zuerst.

Drehen zur Seite vom Bauch auf vom Rücken auf
den Rücken den Bauch

Die Eltern gewöhnen sich in den ersten Lebensmonaten daran, dass das Kind seine Lage nur mit ihrer Hilfe verändern kann. Dreht sich das Kind eines Tages plötzlich um seine eigene Achse und fällt – wie Lena – dabei beinahe vom Wickeltisch, kann diese neu erworbene Fähigkeit den Eltern einen nachhaltigen Schrecken einjagen.

Einige Kinder benutzen das Drehen nicht nur, um ihre Körperlage zu verändern. Sie entwickeln daraus eine besondere Fortbewegungsart: Sie rollen durch die Wohnung. Dabei richten sie ihren Körper im Raum geschickt so aus, dass wiederholtes Überrollen sie an den gewünschten Ort bringt.

Eine weitere Möglichkeit, an nahe liegende Gegenstände zu ge-

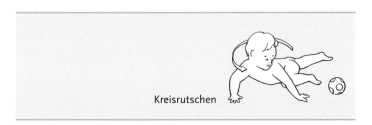

Kreisrutschen

langen, ist das sogenannte Kreisrutschen. Dabei dreht sich der
Säugling auf der Stelle. Der Drehpunkt ist der Bauch, mit den Armen und Beinen rudert sich das Kind im Kreis herum. Das Kreisrutschen wird durch die ausgeprägte Streckhaltung des Körpers
und der Gliedmaßen erleichtert, die das Kind mit etwa 6 Monaten
einnimmt (siehe »Motorik 0 bis 3 Monate«).

Robben und krabbeln

Mit 7 bis 10 Monaten beginnt das Kind zu robben: Es krabbelt auf
dem Bauch vorwärts. Anfänglich benützt es nur die Arme. Es stützt
sich dabei auf die Hände oder Ellbogen und zieht den Körper vorwärts. Kurze Zeit später benützt es auch die Beine. Die Bewegungen
aller Gliedmaßen werden nach und nach aufeinander abgestimmt:
Das Kind bewegt Arme und Beine alternierend über Kreuz.

Einen wichtigen Schritt hin zum aufrechten Gang macht das
Kind, wenn es sich auf Hände und Knie abstützt. Sein Körper ist
das erste Mal von der Unterlage abgehoben. In dieser Stellung
wippen die meisten Kinder einige Tage hin und her ohne sich fortzubewegen. Die ersten Krabbelversuche erfolgen häufig im »Rück-
wärtsgang«; dann aber geht es endlich vorwärts, nach einigen
Tagen bereits in einem erstaunlich hohen Tempo.

Manche Kinder bewegen sich, bevor sie aufstehen und laufen,
im Bärengang fort: Sie gehen auf Händen und Füßen. Der Bärengang ist eine eher mühselige und wenig wirkungsvolle Art der
Fortbewegung. Er ist nicht viel mehr als ein Übergangsstadium
zum Laufen.

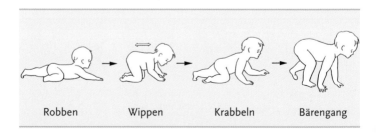

Robben   Wippen   Krabbeln   Bärengang

Sich aufsetzen und sitzen

Wenn die Kinder sich um ihre Körperachse drehen und von der Bauchlage in den Kniestand übergehen können, gelingt es ihnen auch in Kürze, sich aufzusetzen und sich aus dem Sitzen wieder hinzulegen.

Kinder sitzen mit unterschiedlichen Beinstellungen. Sie haben beide Beine gestreckt oder ein Bein gebeugt und das andere gestreckt. Sie sitzen im Schneidersitz oder im umgekehrten Schneidersitz, indem sie die gebeugten Beine nach außen drehen. Kinderärzte und Orthopäden sehen den umgekehrten Schneidersitz ungern. Sie sind der Meinung, dass diese Art des Sitzens für die Entwicklung der Hüftgelenke unvorteilhaft sei und daher von den Eltern unterbunden werden sollte. Manche Kinder können aus Gründen der Hüftgelenkanatomie nicht anders auf dem Boden sitzen als im umgekehrten Schneidersitz.

Das freie Sitzen eröffnet dem Kind in verschiedener Hinsicht neue Erfahrungsmöglichkeiten. Es kann am Geschehen in seiner näheren Umgebung besser teilhaben als im Liegen. Es muss sich nicht mehr mit den Armen abstützen, um das Gleichgewicht zu halten. Seine Hände sind frei zum Spielen.

Mit 9 bis 10 Monaten sind die meisten Kinder motorisch so weit entwickelt, dass sie robben oder krabbeln, sich aufsetzen und frei sitzen können. Es gibt aber Kinder, die sich an ihrem ersten Geburtstag noch nicht fortbewegen, was durchaus normal sein kann! In der nachfolgenden Altersperiode (siehe »Motorik 10 bis 24 Monate«) werden wir uns mit der großen Variabilität in der motorischen Entwicklung eingehender beschäftigen.

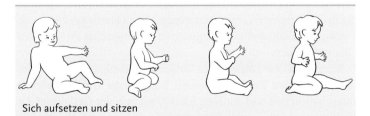

Sich aufsetzen und sitzen

Die Rolle der Eltern

Erziehen ist ein ständiges Abwägen zwischen Gewährenlassen und Grenzensetzen. Diesbezüglich stellt sich den Eltern eine größere Aufgabe, wenn ihr Kind mobil wird. Wenn das Kind zu krabbeln beginnt, werden viele Dinge in der Wohnung erreichbar, die nicht in Kinderhände gehören. Stereoanlage, Kunstbücher und kostbare Vasen sind in Gefahr. Gefahren drohen aber auch dem Kind: Es kann sich an Töpfen, wenn es sie herunterreißt verbrühen, an Blumenerde und Zimmerpflanzen, wenn es sie in den Mund stopft, vergiften, oder sich an Steckdosen oder Haushaltsgeräten verletzen.

Einsicht dürfen Eltern von ihrem Kind nicht erwarten. Was ist zu tun? Wie können Eltern die Wohnungseinrichtung vor dem Kind und das Kind vor sich selber schützen? Wie sehr dürfen sie den Bewegungs- und damit auch den Erfahrungsraum ihres Kindes einengen?

Eine naheliegende und empfohlene Maßnahme besteht darin, alle Gegenstände, die dem Kind gefährlich werden könnten oder die das Kind beschädigen könnte, außer Reichweite zu bringen. Dies bedeutet, dass sie mindestens einen Meter über dem Boden platziert werden müssen. Der Kochherd lässt sich mit einer Art Zaun so sichern, dass die Töpfe für das Kind unerreichbar werden. Für Steckdosen gibt es kindersichere Einsätze.

Sollte man das Kind in ein Laufgitter stecken? Eine pädagogische Streitfrage, die sich weder mit einem eindeutigen Ja noch mit einem klaren Nein beantworten lässt. Das Laufgitter hat eine lange Tradition in unserer Gesellschaft und ist nach wie vor weit verbreitet. Es wurde erfunden, um den oftmals unbändigen Bewegungsdrang des Kleinkindes in Grenzen zu halten. Eine andere Möglichkeit, den Bewegungsraum des Kindes zu begrenzen, sind Sperren, die in die Türrahmen eingesetzt werden. Viele Eltern werden durch die Wohnverhältnisse gezwungen, den Aktionsradius ihres Kindes einzuschränken.

Wie oft und wie lange Eltern ihr Kind ins Laufgitter setzen oder im abgesperrten Zimmer belassen, hängt unter anderem ab von ihren häuslichen und anderen Aktivitäten, von der Gestaltung der Wohnung wie auch vom Bewegungsdrang und vom Neugierver-

Im Wasser kann sich
das Kind frei bewegen.

halten des Kindes. Zu bedenken ist immer die Trennungsangst des Kindes: Längere Zeit allein zu sein kann ein Kleinkind leicht überfordern. Ein Kleinkind ist fähig, allein zu spielen, es braucht aber die Nähe der Mutter. Dabei ist das Bedürfnis nach mütterlicher Nähe von Kind zu Kind verschieden groß. Dem einen Kind reicht es, wenn es die Mutter hören kann, ein anderes will sie auch sehen. Ein drittes Kind schließlich braucht die körperliche Nähe der Mutter, damit es zufrieden ist und spielen kann. Wie sehr ein Kind auf die Nähe der Mutter angewiesen ist, hängt von seiner Persönlichkeit und der Art und Weise ab, wie die Eltern im 1. Lebensjahr ihre Beziehung zum Kind gestaltet haben (siehe »Beziehungsverhalten 4 bis 9 Monate«).

Säuglinge und Kleinkinder wollen und müssen sich bewegen. Sie wollen alle Dinge berühren, in den Mund nehmen und betrachten. Das Erkunden der Umwelt ist ein wichtiger Bestandteil ihrer frühen geistigen Entwicklung. Eltern sollten sich daher nicht nur darauf beschränken, ihr Kind vor Gefahren zu bewahren. Sie sollten sich bemühen, den Bewegungsraum des Kindes groß zu halten und dem Kind möglichst viele Gelegenheiten zum Erkunden zu geben (siehe »Spielverhalten 4 bis 9 Monate«).

Das freie Sitzen erweitert den Erfahrungsraum des Kindes. So kann das Kind im Hochstuhl an den Familientisch gesetzt werden. Andere Sitzvorrichtungen wie Lauflernhilfen oder Laufställe mit und ohne Spielzentrum sowie Hopser sind angenehm für Eltern, weil sich das Kind daraus nicht entfernen kann. Sie vermitteln dem Kind jedoch nur sehr einseitige motorische Erfahrungen. Zudem besteht auch eine beträchtliche Unfallgefahr. Kinder fallen in solchen Geräten immer wieder Treppen hinunter. Diese Geräte sollten nicht als »Aufbewahrungsvorrichtungen« verwendet werden. Das Kind braucht ausgedehnte Gelegenheiten zum Robben, Krabbeln, Laufen und Herumspringen. Wenn es sich nicht ausreichend bewegen kann, wird es schlecht gelaunt und lustlos auch für andere Aktivitäten.

Das Wichtigste in Kürze

1. Zwischen 4 und 9 Monaten beginnt das Kind, sich fortzubewegen. Zeitpunkt und Fortbewegungsart sind von Kind zu Kind verschieden.

2. Als Erstes dreht sich das Kind um die eigene Achse und im Kreis herum, dann robbt es, krabbelt und setzt sich auf.

3. Die Wohnung sollte so eingerichtet sein, dass das Kind
   - sich nicht verlassen fühlt, wenn es spielt;
   - in seinem Bewegungstrieb und Neugierverhalten möglichst wenig eingeschränkt wird;
   - keinen Gefahren ausgesetzt ist (herabstürzende Gegenstände, Steckdosen, giftige Zimmerpflanzen oder Chemikalien).

10 bis 24 Monate

Die Mutter macht sich Sorgen um Alex. Ihr Sohn ist 17 Monate alt und kann noch nicht laufen. Seine bisherige motorische Entwicklung verlief langsam: Mit 10 Monaten hat er sich gedreht, mit 12 Monaten hat er sich aufgesetzt und rutscht seither auf dem Hosenboden herum. Er ist nie gekrabbelt. Wenn die Mutter ihn auf die Beine stellt, will Alex nicht stehen. Der motorische Rückstand von Alex ist für die Eltern nicht mehr zu übersehen. Das Mädchen der Nachbarsfamilie läuft bereits seit 4 Monaten, obwohl sie einen Monat jünger ist als Alex.

Gestern war die Schwiegermutter zu Besuch. Als sie sah, wie Alex auf dem Gesäß herumrutschte, meinte sie überrascht: »Genau wie sein

Vater als Kind.« Sie versuchte die Schwiegertochter zu beruhigen: »Sein Vater hat auch erst mit 19 Monaten die ersten Schritte gemacht.«

Alex ist eines jener Kinder, deren motorische Entwicklung langsam verläuft und ungewöhnliche Wege geht, deshalb aber nicht etwa gestört ist. Viele Eltern erwarten, dass ihr Kind mit 7 bis 10 Monaten krabbelt und mit etwa 12 Monaten die ersten Schritte macht. Solche Erwartungen werden von einem Teil der Kinder erfüllt, aber keineswegs von allen. Es gibt normal entwickelte Kinder wie Alex, die monatelang auf dem Hosenboden herumrutschen, nie krabbeln und erst mit 18 bis 20 Monaten laufen.

Viele Wege führen zum Laufen

Bis vor einigen Jahren waren nicht nur Eltern, sondern auch die Fachleute der Überzeugung, dass die motorische Entwicklung bei allen Kindern gleich verlaufe. Die damalige Vorstellung war die folgende: Mit 5 bis 7 Monaten dreht sich das Kind vom Bauch auf den Rücken und etwas später auch in umgekehrter Richtung. Etwa im gleichen Alter dreht es sich auf der Stelle (Kreisrutschen). Mit

Kann ich auf den Steinen laufen?

Alte Vorstellung der frühen Fortbewegung (Lokomotion).

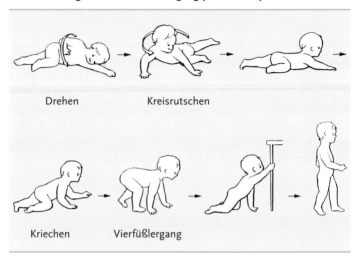

Drehen   Kreisrutschen

Kriechen   Vierfüßlergang

7 bis 10 Monaten robbt es mit dem Bauch auf der Unterlage und krabbelt alsbald auf Händen und Knien. Mit 10 bis 13 Monaten geht es in den Bären- oder Vierfüßlergang über, steht auf und läuft. Verlief die motorische Entwicklung bei einem Kind anders, wurde dafür eine neurologische Abweichung verantwortlich gemacht und das Kind – um nichts zu verpassen – einer physiotherapeutischen Behandlung zugeführt.

Neuere Studien, in denen die lokomotorische Entwicklung bei gesunden Kindern untersucht worden ist (Largo, Pikler), zeigen, dass die Entwicklung der frühen Fortbewegung weit vielfältiger ist, als bisher angenommen wurde. Bei der Mehrheit der Kinder verläuft die Entwicklung so, wie oben beschrieben. 13 Prozent der Kinder verhalten sich aber anders: Einige lassen gewisse Stadien der Lokomotion wie das Robben oder Krabbeln aus. Andere bewegen sich überhaupt nie auf allen vieren fort. Sie ziehen sich aus der Bauchlage auf und laufen. Schließlich gibt es auch Kinder, die weder robben noch krabbeln, sich dafür aufsetzen und auf dem Hosenboden herumrutschen wie Alex. Diese Kinder neigen dazu, erst mit 18 bis 20 Monaten zu laufen. Nachforschungen haben ergeben, dass sich bei 40 Prozent dieser Kinder ein Elternteil als

Neue Vorstellung der Lokomotion.

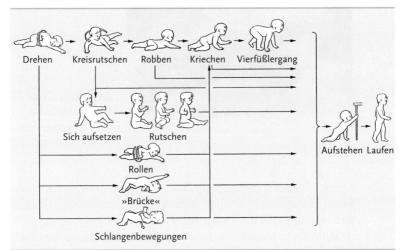

Kind in der gleichen Weise fortbewegte. Es handelt sich um ein vererbtes Bewegungsmuster.

Weitere, eher ungewöhnliche, aber durchaus normale Fortbewegungsarten sind das Rollen und das Schlängeln. Beim Rollen erreicht das Kind durch wiederholtes Überrollen ein gewünschtes Ziel. Das Schlängeln kann bereits mit 4 bis 5 Monaten einsetzen. Das Kind bewegt sich durch abwechselndes seitliches Schieben des Beckens und der Schulter fort. Das Kreisrutschen kann nicht nur in Bauchlage (siehe »Motorik 4 bis 9 Monate«), sondern auch in Rückenlage erfolgen. Schließlich gibt es noch die »Brücke«: Das Kind streckt in Rückenlage seinen Körper, hebt das Kreuz vom Boden und stößt sich mit den Beinen vorwärts. Eine eher mühselige Form der Fortbewegung, die von den Kindern denn auch nach kurzer Zeit durch ein erfolgreicheres Bewegungsmuster ersetzt wird.

Die Vielfalt in der lokomotorischen Entwicklung wird dadurch noch vergrößert, dass das einzelne Fortbewegungsmuster unterschiedlich ausgeführt werden kann. So verwenden Kinder, die auf dem Hosenboden herumrutschen, verschiedene Beinstellungen: Einige Kinder haben die Beine gestreckt, andere halten ein Bein ge-

Die »Brücke«, eine
etwas unbequeme
und aufwendige Art,
sich fortzubewegen.

streckt und das andere gebeugt, wieder andere sitzen im normalen oder im umgekehrten Schneidersitz. Gleichermaßen unterschiedlich bewegen sich die Kinder beim Robben und Krabbeln fort.

Mit 9 bis 15 Monaten zieht sich das Kind an Stühlen, Tischbeinen und anderen Möbelstücken zum Stand auf. Wenn es sich im Stehen einigermaßen sicher fühlt, beginnt es an den Möbeln entlangzugehen. Verliert es das Gleichgewicht, setzt es sich auf sein Gesäß.

Das Laufen kann ein Kind anfänglich ganz in Beschlag nehmen. Es probiert diese neu erworbene Fähigkeit in vielfältigster Weise aus. Wie stolz ist es, wenn es ihm gelingt, ohne umzufallen, auf einem weichen, dicken Teppich zu gehen, über eine Türschwelle zu treten oder um den Tisch herumzukurven! Sein Bewegungsdrang ist zumeist ungerichtet. Das Kind will nicht ein bestimmtes Ziel erreichen. Das Laufen an sich macht Spaß. Es gibt Kinder, die

Aufstehen   an Möbeln entlanggehen   Frei gehen

sind mit dem Laufen so beschäftigt, dass sie in anderen Entwicklungsbereichen für einige Zeit nur geringfügige Fortschritte machen. Die Kinder vergrößern kaum ihren Wortschatz und zeigen wenig Interesse an Bilderbüchern oder Spielsachen. Was sie wollen, ist, auf den Beinen sein!

Nach einigen Wochen und Monaten geht das Kind ziemlich sicher. Es läuft nicht mehr so breitbeinig wie zu Beginn. Es vermag das Tempo den räumlichen Gegebenheiten zunehmend anzupassen; Richtungsänderungen gelingen immer besser. Das Kind liebt es, Wägelchen herumzustoßen und Spielsachen auf Rädern hinter sich herzuziehen.

Frei zu stehen kann für ein Kind schwieriger sein als zu laufen. Wenn es frei stehen kann, begreift es rasch, wie es sich im freien Raum auch aufrichten kann. Am häufigsten bewerkstelligt es dies über den Vierfüßlerstand. Um das Gleichgewicht zu wahren, streckt das Kind beim Aufrichten sein Gesäß heraus. Schließlich lernt es auch, sich aus dem Stehen niederzukauern und wieder zu erheben.

Die frühe motorische Entwicklung ist nicht nur vielfältig in Bezug auf die Art und Weise, wie sich Kinder fortbewegen. Die ver-

Ein Wägelchen als Gehhilfe.

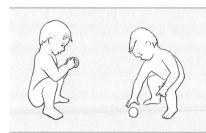

Sich niederkauern und bücken

schiedenen Entwicklungsstadien treten zudem von Kind zu Kind in verschiedenem Alter auf. So krabbeln einige Kinder bereits mit 6 bis 7, andere erst mit 12 Monaten.

Besonders groß ist die zeitliche Streubreite beim Laufen. Die ersten Schritte machen die meisten Kinder mit 13 bis 14 Monaten. Einige Kinder laufen bereits mit 8 bis 9 Monaten, andere erst mit 18 bis 20 Monaten.

Weil die motorische Entwicklung bezüglich der Art der Fortbewegung und ihres zeitlichen Verlaufs eine große Variabilität aufweist, lässt sich beim einzelnen Kind nie voraussagen, in welchem Alter und auf welche Weise es sich fortbewegen wird.

Bereits mit 2 Jahren hat das Kind einen Meilenstein geschafft, der den Menschen auszeichnet. Es kann aufrecht gehen und sich

Zeitliches Auftreten der häufigsten Entwicklungsstadien der Lokomotion.

Alter in Monaten	3	4	5	6	7	8	9	10	11	12	13	14	15	16	17	18	19	20
Dreht sich zur Seite	▬	▬																
Dreht sich auf den Bauch		▬	▬															
Dreht sich auf den Rücken				▬	▬													
Robbt					▬	▬	▬											
Krabbelt						▬	▬	▬										
Setzt sich auf							▬	▬	▬									
Steht auf							▬	▬	▬	▬								
Geht an Möbeln entlang							▬	▬	▬	▬	▬							
Geht frei									▬	▬	▬	▬	▬	▬	▬	▬		
Geht sicher												▬	▬	▬	▬	▬	▬	▬

Die Striche geben den Altersbereich an, in dem die verschiedenen Entwicklungsstadien bei der Mehrheit der Kinder auftreten.

Zeitliches Auftreten des Laufens.

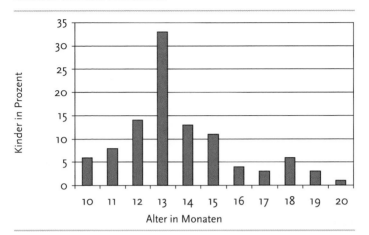

Die Säulen geben an, wie viel Prozent der Kinder in einem bestimmten Lebensmonat die ersten Schritte machen. Die Unterschiede zwischen Jungen und Mädchen sind geringfügig.

auf zwei Beinen fortbewegen. Es hat seine Hände frei und kann sie dazu benutzen, sich mit Gegenständen zu beschäftigen und damit Leistungen zu erbringen wie Schreiben oder ein Musikinstrument spielen, Leistungen, welche die menschliche Kultur auszeichnen.

Das Wichtigste in Kürze

1. Kinder bewegen sich auf ganz unterschiedliche Weise fort. Es gibt keine einheitliche Abfolge der motorischen Entwicklungsstadien, die alle Kinder durchlaufen.

2. Das Alter, in welchem verschiedene Entwicklungsstadien auftreten, ist von Kind zu Kind verschieden. So machen die meisten Kinder die ersten Schritte mit 12 bis 14 Monaten, einige bereits mit 8 bis 10 und andere erst mit 18 bis 20 Monaten.

3. Das Laufen kann ein Kind einige Wochen lang derart in Beschlag nehmen, dass es in seiner übrigen Entwicklung, insbesondere der Sprachentwicklung, in dieser Zeit kaum Fortschritte macht.

25 bis 48 Monate

Es regnet den ganzen Tag. Die Mutter bleibt mit Kevin zu Hause. Seit der 3-Jährige aufgestanden ist, ist er ständig in Bewegung. Er rennt, springt oder fährt auf seinem Dreirad unzählige Male zwischen Schlafzimmer, Korridor, Küche und Wohnzimmer hin und her. Einmal schlägt er mit dem Kopf an einen Türpfosten, weil er die Kurve nicht kriegt, was aber seinen Bewegungsdrang nur kurzzeitig mindert. Kevin scheint einfach nie müde zu werden. Die Mutter ist es am Abend umso mehr. Kevins Pate, der kurz vorbeischaut und den Jungen zu einer kleinen Pause verführen kann, meint zur Mutter, Kevin sei ein hyperaktiver Junge.

Kleinkinder sind sehr bewegungsfreudig, was viele Eltern als große Belastung erleben. Ist Kevins Bewegungsdrang noch normal oder – wie der Pate vermutet – eine Störung? Wir werden uns am Schluss dieses Kapitels näher mit dem Bewegungsdrang der Kleinkinder beschäftigen. Zuerst aber wollen wir uns den Fortschritten zuwenden, welche Kinder in ihrer motorischen Entwicklung zwischen 2 und 5 Jahren machen.

Ich bin bereit!

Differenzieren und anpassen

Die motorische Entwicklung zwischen 2 und 5 Jahren weist keine so spektakulären Meilensteine mehr auf wie das Auftreten des Laufens im 2. Lebensjahr. Wenn wir aber genauer hinsehen, sind die Fortschritte dennoch erstaunlich, welche die Kinder in dieser Altersperiode machen (Gallahue). Die folgenden Abbildungen beschreiben, wie die Kinder ihre Motorik weiterentwickeln und den Erfordernissen der Umwelt anpassen.

Gehen.   Wenn das Kind zu laufen gelernt hat, trippelt es in kleinen Schritten. Seine Beinstellung ist breit. Der Fuß wird beim Aufsetzen nicht abgerollt, sondern als Ganzes aufgesetzt. Rumpf und Kopf werden stramm gehalten und kaum bewegt. Die Arme werden in einer Henkelstellung seitlich hochgehalten. Sie werden beim Gehen kaum mit bewegt und dienen in erster Linie der Balance.

Mit 3 bis 4 Jahren hat das Kind die Schrittlänge vergrößert. Die Beinstellung ist schmaler geworden. Der Fuß wird zuerst mit der Ferse aufgesetzt und dann nach vorne abgerollt. Der Körper macht beim Gehen immer noch kaum mit. Die Arme werden nun hängen gelassen und schwingen ein wenig mit.

Im Schulalter wird die Schrittlänge nochmals vergrößert. Das Schwungbein wird aus dem Kniegelenk heraus nach vorne geschwungen. Der Körper macht die Gehbewegungen nun rhythmisch mit. Auch die Arme schwingen mit und tragen so zu einem harmonischen Gangbild und einer ökonomischen Fortbewegung bei.

Rennen.   Anfänglich kann das Kind das Gehtempo kaum variieren. Will es schneller werden, kann es lediglich die Zahl der Schritte erhöhen, ohne dass sich die Schrittlänge selbst vergrößert. Rumpf und Arme tragen zur Vorwärtsbewegung kaum bei.

Mit 4 bis 5 Jahren sind die wesentlichen Elemente des Rennens vorhanden. Das Schwungbein wird kräftig nach vorne geschleudert. Nach jedem Abstoßen ist das ganze Kind für einen Augenblick vom Boden abgehoben. Beim Aufsetzen wird der Fuß von der Ferse über den Vorfuß kräftig abgerollt. Die Vorwärtsbewegung

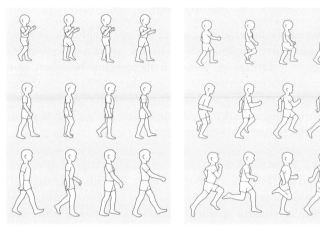

Gehen.   Rennen.

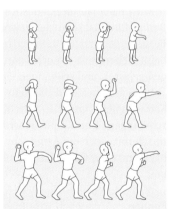

Ball fangen.   Ball werfen.

Entwicklung motorischer Fähigkeiten im Kleinkinder-, Kindergarten- und mittlerem Schulalter.

wird durch leichte Rotationsbewegungen des Rumpfes und Mit-
bewegungen der Arme zusätzlich unterstützt.

Ball fangen.   Mit 2 bis 3 Jahren wartet das Kind mehr oder wenig
unbeweglich, bis ihm der Ball in die Arme fällt. Körper und Arme
verharren in einer steifen, abwartenden Haltung. Das Kind kann
sich auf den entgegenfliegenden Ball noch nicht einstellen.

Mit 3 bis 4 Jahren fangen die Kinder an, die Flugbahn, die Geschwindigkeit und die Größe des Balls zu antizipieren. Der Körper
wird leicht nach vorne geneigt. Die Arme werden ausgestreckt.

Um den Ball im Flug aufzufangen, beugt es die Arme. Die Stellung der Hände passt es der Größe des Balles an. Es stellt die Beine
weit auseinander, um eine stabile Basis zu haben.

Im Schulalter ist die Fanghaltung voll entwickelt. In Erwartung
des Balls neigt das Kind den Körper deutlich nach vorne. Es streckt
die Arme dem Ball entgegen. Den Flug des Balls bremst es mit
einer antizipierenden Bewegung von Körper und Armen ab. Ein
Bein hat es vorgestellt.

Ball werfen.   Mit 2 bis 3 Jahren wirft das Kind den Ball mit einer
kurzen Bewegung des Unterarmes, die auf das Ellbogengelenk beschränkt bleibt. Der Körper wird kaum mitbewegt.

Mit 3 bis 4 Jahren macht das Kind einen Schritt nach vorn und
holt mit dem Wurfarm nach hinten aus. Die Wurfbewegung
kommt nun aus dem Schultergelenk und wird durch eine leichte
Rotation und Vorwärtsbewegung des Körpers unterstützt.

Im Schulalter setzt das Kind beim Werfen den ganzen Körper
ein. Ein Bein ist vorgestellt. Der Wurfarm holt weit nach hinten aus,
und der gegenseitige Arm wird zum Ausgleich nach vorne gestreckt. Die Kraft der Wurfbewegung wird durch eine Rotations-
bewegung des Rumpfes zusätzlich gesteigert.

Solche Steigerungen der Differenzierung und Effizienz sind
auch bei allen anderen motorischen Fertigkeiten wie Springen
oder Purzelbaumschlagen zu beobachten. Sie werden möglich,
weil das Kind Koordination und Gleichgewicht ständig weiterentwickelt und an Kraft zulegt. Seine besondere Leistung besteht aber
darin, die motorischen Funktionen und die Sinneswahrnehmung,
insbesondere die visuelle, miteinander in Verbindung zu bringen

und aufeinander abzustimmen. Wenn das Kind beispielsweise einen Ball fangen will, muss es Flugbahn, Geschwindigkeit und Größe des Balls in Sekundenbruchteilen richtig einschätzen und seine Motorik entsprechend koordinieren.

Eine vergleichbare Entwicklung wie bei der Grobmotorik können wir bei der Feinmotorik beobachten. Mit etwa 3 Jahren beginnen die Kinder zu zeichnen, zu basteln oder mit verschiedenen Materialien räumliche Gebilde nachzubauen. Die wesentliche Herausforderung für das Kind ist wiederum, das, was es sieht und spürt, mit seinen Händen motorisch umzusetzen (siehe »Spielverhalten 25 bis 48 Monate«).

Die Vielfalt der motorischen Entwicklung ist im Kleinkindesalter sehr groß. Es gibt Kinder, deren fein- und grobmotorische Koordination mit 3 Jahren bereits so gut ausgebildet ist wie bei durchschnittlich entwickelten Kindern mit 5 Jahren. Dies trifft auch für das Gleichgewicht und die Muskelkraft zu. Zwischen 3 und 7 Jahren können die motorischen Fähigkeiten unter gleichaltrigen Kindern um bis zu 3 Jahre variieren.

Die meisten motorischen Aktivitäten von Kleinkindern setzen keine streng kontrollierten Bewegungsabläufe wie etwa beim Ballfangen und -werfen voraus. Die Kinder verbringen viel Zeit damit, ihre Motorik im eigenen Spiel und im Spiel mit anderen Kindern auf unterschiedlichste Weise einzusetzen und zu erproben. Unter Kleinkindern bestimmt die Motorik eines Kindes wesentlich mit, was für eine Stellung es innerhalb der Gruppe einnehmen kann. Umgekehrt regt die Gruppe das Kind auch zu den unterschiedlichsten motorischen Aktivitäten an.

Schaukel, Dreirad und Skateboard

Sobald Kinder ihre Motorik einigermaßen unter Kontrolle haben, beginnen sie sich für alle möglichen Arten von Spielgeräten und Fortbewegungsmitteln zu interessieren. Rutschbahnen, Klettertürme und Schaukeln ziehen Kinder im 3. und 4. Lebensjahr magisch an. Verschiedene Gefährte in Form eines kleinen Traktors oder einer Schildkröte, auf denen das Kind sitzen und sich durch

Miguel mag das
Kitzeln im Bauch.

Abstoßen mit den Füßen vorwärts bewegen kann, sind gleichermaßen beliebt. Ein Meilenstein stellt das Dreirad dar, das Kinder
mit 2,5 bis 3 Jahren zu beherrschen lernen. Das Kind auf dem
Dreirad führt uns anschaulich vor Augen, welchen Differenzie-
rungsgrad die Motorik mit 3 Jahren bereits erreicht hat. Die Beine

Dreirad und andere Fortbewegungsmittel.

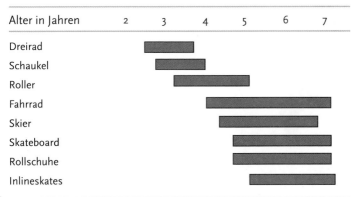

Die Balken geben den Altersbereich an, in dem die Kinder beginnen,
die Spielgeräte zu benutzen.

liefern den Antrieb zur Fortbewegung, die Arme steuern das Gefährt, und der ganze Körper hält das Gleichgewicht, damit das Kind nicht vom Dreirad fällt. Das Kind hat seine gesamte Motorik so weit unter Kontrolle, dass es Tempo und Richtungsänderungen den räumlichen Gegebenheiten anpassen kann.

Die Tabelle gibt einen Überblick darüber, in welchem Alter Kinder beginnen, die verschiedenen Fortbewegungsmittel zu benutzen. Wie bereits ausgeführt, sind Kinder motorisch verschieden weit entwickelt und daher auch in sehr unterschiedlichem Alter bereit, die Geräte anzuwenden. Es gibt Kinder, die bereits mit 4 Jahren Fahrrad fahren können, andere sind erst mit 6 bis 7 Jahren dazu fähig. In Ausnahmefällen fährt ein Kind bereits mit 3 Jahren auf Skiern den Berg hinunter, die meisten Kinder tun dies nicht vor 5 bis 6 Jahren.

Das Kind sollte nicht dazu bedrängt werden, ein Fahrrad oder Skateboard zu besteigen, wenn es dazu noch nicht bereit ist. Es sollte selber bestimmen können, wann es einen Versuch wagen will. Andere Kinder, die es bereits geschafft haben, sind mit ihrem Vorbild oft bessere Motivatoren als die Eltern mit ihren Erwartungen. Das Kind sollte eine möglichst selbstständige Lernerfahrung machen können, die ihm schließlich das Gefühl gibt: Ich habe es allein ge-

Die ersten Versuche auf Skiern.

schafft. Dieses Erfolgserlebnis macht dem Kind Mut, die nächste motorische Herausforderung anzupacken. Die Eltern können ihr Kind wirksam unterstützen, indem sie den Lernvorgang in einzelne Schritte aufteilen, die das Kind selbstständig vollziehen kann und dabei jedes Mal ein Erfolgserlebnis hat. Das Kind versucht sich beispielsweise als Erstes auf einem kleinen Fahrrad, auf dem es mit den Füßen den Boden erreichen kann, oder einem Lauflernrad. Dann wechselt es auf ein größeres Fahrrad mit zwei Stützrädern. Nach einiger Zeit wird ein Stützrad entfernt, oder die Eltern sichern das Fahrrad mit einer Führungsstange. Eine weitere Variante wäre, angehängt an das Fahrrad des Vaters Erfahrungen zu sammeln, bis sich das Kind sicher genug fühlt, allein loszufahren. Je nach Aktivität entsprechenden Körperschutz wie Helm, Ellbogen- oder Knieschützer nicht vergessen und dabei als gutes Vorbild vorangehen.

Bewegungsfreudige Kinder

Wie wir gesehen haben, macht das Kind im Alter zwischen 2 und 5 Jahren große motorische Fortschritte. Um sich all diese neuen motorischen Fähigkeiten anzueignen, muss es ausgedehnte Erfahrungen machen können. Die motorische Aktivität der Kleinkinder ist daher ein natürliches und nicht zu unterdrückendes Bedürfnis nach Bewegungserfahrungen. Erwachsene nehmen dieses natür-

Auch Töchter lieben es,
mit dem Vater zu kämpfen.

liche Bedürfnis häufig als motorische Unruhe wahr, weil es sie stört und das Kind sie damit herausfordert.

Genauso wie die motorische Entwicklung ist auch die motorische Betriebsamkeit unter Kindern verschieden groß. Dazu tragen verschiedene Faktoren bei:

Veranlagung.   Erwachsene sind motorisch unterschiedlich aktiv und so auch ihre Kinder. Ist ein Kind besonders bewegungsfreudig, kann eine Nachfrage bei den Großeltern, wie sie Mutter und Vater erlebt haben, aufschlussreich sein.

Alter.   Die motorische Aktivität nimmt im 3. Lebensjahr stark zu und erreicht ein Maximum mit 4 bis 6 Jahren. Im Schulalter nimmt sie bis zur Pubertät immer mehr ab. Dieser Verlauf ist ebenfalls von Kind zu Kind unterschiedlich ausgeprägt. So gibt es Kinder, die sich bereits mit 4 Jahren weitgehend beruhigt haben. Andere können auch in der 1. Klasse noch nicht lange auf ihrem Stuhl sitzen bleiben.

Geschlecht.   Jungen sind als Gruppe bewegungsaktiver als Mädchen. Was wiederum nicht heißt, dass es nicht auch Mädchen gibt, die sehr aktiv sind, und Knaben, die sich eher wenig bewegen.

Schau, wie ich
schaukeln kann!

Mangelnder Auslauf. Wenn sich das Kind motorisch nicht ausreichend betätigen kann, kann es missmutig und für die betreuenden Personen zu einer Belastung werden. Weil es seinen großen, aber durchaus normalen Bewegungsdrang nicht ausleben kann, versucht es wie Kevin, sich in der engen Wohnung auszutoben. Die Erfahrungen, die das Kind dabei machen kann, sind auf die Dauer gleichförmig und daher wenig sinnvoll für seine motorische Entwicklung. Für die Eltern wird seine motorische Unruhe zu einer großen Belastung.

Leider erlauben die heutigen Wohnverhältnisse vielen Eltern immer weniger, ihren Kindern den notwendigen Bewegungsraum zu geben. Die Wohnungen sind zu klein, und außerhalb des Hauses besteht auch nicht genügend Auslauf. Die Straßen gehören nicht mehr den Fußgängern und schon gar nicht den Kindern, sondern dem Verkehr. Mit den Kindern ins Freie zu gehen ist für viele Eltern ein größeres Unterfangen. Sie müssen in eine Gegend fahren, wo die Kinder ihren Bewegungsdrang gefahrlos ausleben können.

Beeinträchtigtes Wohlbefinden. Kinder können – wie auch Erwachsene – motorisch unruhig werden, wenn sie sich unwohlfühlen. Wenn sich ein Kind beispielsweise in der Spielgruppe nicht wohlfühlt, weil es von den anderen Kindern ausgegrenzt wird, kann es motorisch sehr unruhig werden.

Immer häufiger werden Kleinkinder wegen einer sogenannten Hyperaktivität zum Kinderarzt gebracht. Die meisten dieser Kinder sind jedoch nicht hyperaktiv. Sie haben wie Kevin lediglich nicht die Möglichkeit, ihren Bewegungsdrang ausreichend zu befriedigen.

Im Alter von 2 bis 5 Jahren müssen sich Kinder zahlreiche motorische Fähigkeiten aneignen. Eltern und andere Bezugspersonen, wie etwa Erzieherinnen in Kindertagesstätten, können sie in ihrer motorischen Entwicklung wesentlich unterstützen, wenn sie ihnen zeitlich ausreichende und vielfältige Bewegungsmöglichkeiten anbieten. Sie erleichtern damit auch sich selbst die Betreuung der Kinder.

Das Wichtigste in Kürze

1. Im Alter von 3 bis 5 Jahren machen Kinder große motorische Fort-schritte. Ihre Motorik differenziert sich bezüglich Koordination und Gleichgewicht, und ihre Muskelkraft nimmt deutlich zu.

2. Die motorischen Fähigkeiten sind unter gleichaltrigen Kindern sehr un-terschiedlich entwickelt.

3. Eine Vielzahl von Spielgeräten und Fortbewegungsmitteln stehen Kin-dern zur Verfügung. Die Bereitschaft, zum Beispiel Fahrrad zu fahren, tritt von Kind zu Kind in sehr unterschiedlichem Alter auf. Die Streu-breite kann bis zu 3 Jahre betragen.

4. Die motorische Aktivität steigt bis zum Alter von 4 bis 5 Jahren stetig und nimmt anschließend immer mehr ab. Sie ist unter den Kindern sehr unterschiedlich ausgeprägt. Der Bewegungsdrang hängt von der familiären Veranlagung, dem Alter und Geschlecht des Kindes, den Be-wegungsmöglichkeiten und dem Umfeld ab.

5. Kinder, die ihren Bewegungsdrang nicht befriedigen können, werden missmutig und bereiten oft erzieherische Schwierigkeiten. Ihre moto-rische Aktivität darf nicht als eine Verhaltensauffälligkeit im Sinne einer Hyperaktivität fehlgedeutet werden.

Schlafverhalten

Einleitung

Endlich ist Linus eingeschlafen. Die Eltern schauen sich erleichtert an.
Sie haben lange darauf warten müssen. Linus will abends einfach nicht
müde werden. Der Mutter fällt es schwer zu glauben, dass Linus mit so
wenig Schlaf auskommen kann. Im Alter von 3 Jahren schläft er 9 Stun-
den, fast gleich viel wie sie. Der Vater kommt dagegen mit 4 Stunden pro
Nacht aus. Die Eltern werfen nochmals einen Blick auf den nun selig
schlafenden Jungen und machen das Licht aus.

Fast ein Drittel unserer Lebenszeit verbringen wir im Schlaf. Schlafen erscheint uns selbstverständlich, und doch ist die Frage, warum
wir schlafen, auch heute noch nicht ganz geklärt. Der Schlaf ist für
Kinder und Erwachsene voller Geheimnisse. Von den frühesten
kulturellen Zeugnissen bis in unsere Tage haben die Menschen
dem Schlaf eine tiefe, oftmals mystische Bedeutung zugeschrieben. Sigmund Freuds psychologische Deutung der Träume hat
daran wenig geändert. Dem Schlaf haften Leichtigkeit und Schwere
gleichermaßen an. In den Schlaf entfliehen wir vor der Mühsal des
Tages, im Traum werden wir von unseren Lebensängsten wieder
eingeholt. »Der Schlaf ist das einzige Geschenk, das uns die Götter
ohne Arbeit gaben«, schrieb ein Dichter. »Der Schlaf ist der kleine
Bruder des Todes«, sagt eine Volksweisheit. Es fällt uns schwer,
den Schlaf allein als ein biologisches Phänomen zu betrachten, dabei gibt es durchaus verständliche physiologische Gründe, warum
Linus mit 3 Jahren kaum mehr Schlaf braucht wie seine Mutter.
Um den kindlichen Schlaf besser zu verstehen, wollen wir uns mit
den grundlegenden Eigenschaften des menschlichen Schlafverhaltens vertraut machen. Keine Angst, ein klein wenig biologisches
Wissen wird die Träume nicht vertreiben!

Was ist Schlaf?

Warum verbringen wir so viel Lebenszeit – oberflächlich gesehen – in einer Art Ohnmacht? Schlafen ist keine vertane Zeit, ein

Warten darauf, dass das Leben im Wachzustand seine Fortsetzung findet. Der Schlaf ist weit mehr als ein Ausschalten des Bewusstseins. Er ist eine Lebensnotwendigkeit: Im Schlaf regenerieren wir unsere geistigen und körperlichen Kräfte für den folgenden Tag, wir verarbeiten Eindrücke des Tages und stärken sogar unsere Immunabwehr. Bei Kindern scheint der Schlaf einen deutlichen Einfluss auf ihr Lernverhalten zu haben. Genauso wie unser Wachsein eine hoch organisierte Form unseres Bewusstseins darstellt, entspricht auch der Schlaf einem charakteristischen und hochdifferenzierten Funktionszustand des Gehirns. Forscher haben in den vergangenen 50 Jahren den Schlaf in allen Lebensaltern untersucht. Sie bedienten sich dabei des Elektroenzephalogramms (EEG) und der Beobachtung von Körperfunktionen wie der Atmung, der Augenbewegungen und des Spannungszustandes der Muskulatur. Sie konnten im Wesentlichen zwei Funktionszustände des Schlafes unterscheiden: einen oberflächlichen und einen tiefen Schlaf. Der oberflächliche oder aktive Schlaf geht mit einem bestimmten Muster neuraler Aktivität, einer unregelmäßigen Atmung, tiefem Muskeltonus, gelegentlicher motorischer Unruhe und schnellen Bewegungen des Augapfels unter den Augenlidern einher. Dieses Schlafstadium wird wegen der charakteristischen schnellen Augenbewegungen auch als REM-Schlaf bezeichnet (REM steht für die englische Bezeichnung *Rapid Eye Movements*.) Der tiefe Schlaf zeichnet sich durch das Fehlen von raschen Augenbewegungen aus, deshalb die Bezeichnung Non-REM-Schlaf. Während dieser Phase atmen wir regelmäßig, und wir bewegen uns nicht. Im EEG lassen sich vier typische Non-REM-Stadien unterscheiden.

Beim Neugeborenen sind die alternierenden Phasen von Schlaf und Wachsein erst teilweise ausgebildet. Einen oberflächlichen und einen tiefen Schlaf können wir aber bereits beim neugeborenen Kind unterscheiden. Im REM-Schlaf bewegt sich der Säugling und atmet unregelmäßig. In seinem Gesicht sind häufig Zuckungen zu sehen, gelegentlich scheint er Grimassen zu schneiden. Selten zieht er gleichzeitig beide Mundwinkel hoch: Das Kind lächelt im Schlaf. Der Volksmund spricht von einem Engelslächeln (siehe »Beziehungsverhalten o bis 3 Monate«). Im tiefen oder Non-REM-Schlaf liegt das Kind ruhig da, bewegt sich nur selten und atmet regelmäßig. Sein Gesicht strahlt Ruhe aus, zeigt keine

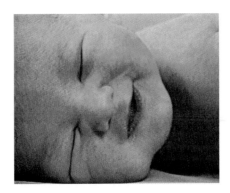

Engelslächeln.

Zuckungen. Der oberflächliche REM-Schlaf macht beim Säugling einen weit größeren Anteil aus als beim älteren Kind und beim Erwachsenen.

Zyklen und Rhythmen

Die Organfunktionen des Menschen weisen wie die der Pflanzen und der Tiere biologische Rhythmen auf, die wesentlich durch den Tag-Nacht-Wechsel geprägt werden. So ist der Schlaf des Menschen in Schlafzyklen gegliedert. Er unterliegt, wie auch der Wachzustand, den zirkadianen Rhythmen (Winfree).

Schlafzyklen entstehen durch regelmäßige Wechsel zwischen den oberflächlichem und tiefen Schlafstadien sowie dem Wachzustand. Der Beginn eines Schlafzyklus kündigt sich mit einem Gefühl von Schläfrigkeit, Juckreiz in den Augen und Gähnen an. Das Einschlafen setzt mit einem halb wachen Zustand ein, einer sogenannten Tag-Traum-Phase, in der unsere Wahrnehmungsfähigkeit schwächer wird. Gelegentlich haben wir das Gefühl, in die Tiefe zu stürzen. Arme und Beine können ruckartige Bewegungen machen, die manchmal so heftig ausfallen, dass wir davon wieder ganz geweckt werden. Zumeist wachen wir aber nicht mehr auf, sondern sinken vom oberflächlichen in den tiefen Schlaf ab und durchschreiten die vier Tiefschlafphasen. In den tiefsten Schlafstadien hören wir nichts mehr, selbst Gewitterdonner vermag uns nicht zu erreichen. In dieser Schlafphase lassen wir uns nur schwerlich und ungern wecken. Werden wir gewaltsam aus dem Schlaf gerissen, haben wir Mühe, uns räumlich und zeitlich zu orientieren. Es dauert längere Zeit, bis wir zuverlässig denken und reagieren können. Wird unser Schlaf nicht gestört, verbleiben wir kurze Zeit in den tiefsten Schlafstadien, dann flacht der Schlaf ab

Das Schlafverhalten während einer Nacht bei Kindern, jungen und älteren Erwachsenen.

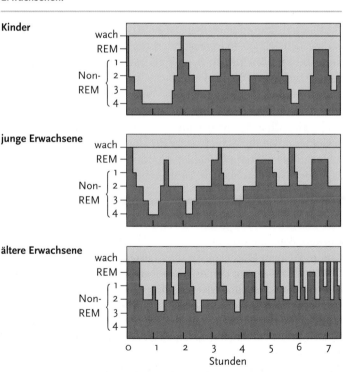

Waagerecht: Dauer des Nachtschlafes in Stunden. Senkrecht: Schlaf-stadien REM – (aktiver)/oberflächlicher Schlaf mit raschen Augen-bewegungen (Rapid Eye Movements); Non-REM – ruhiger Schlaf ohne rasche Augenbewegungen mit 4 Unterstadien (nach Linden).

und wir steigen wieder in oberflächliche Stadien auf. Bevor wir aufwachen, verweilen wir für etwa 20 Minuten im REM-Schlaf. Dies ist die Schlafphase, in der wir am meisten träumen. Etwa ein bis zwei Stunden nach dem Einschlafen ist ein Schlafzyklus beendet. Wir werden für einige Minuten wach – meist ohne uns am Morgen daran zu erinnern –, um erneut in die Tiefen des Schlafes hinabzusinken. Im Verlauf einer Nacht wiederholt sich dieser zyklische Wechsel zwischen den verschiedenen Schlafstadien und dem Wachzustand bis zu fünf Mal.

Wir schlafen also eine Nacht nicht in einem Zug durch, sondern sind mehrmals für einige Minuten wach. Am Morgen können wir uns daran nur ausnahmsweise erinnern. In der zweiten Hälfte des Nachtschlafs kommen vermehrt die oberflächlichen Schlafstadien vor. In den frühen Morgenstunden träumen wir am häufigsten und sind auch leichter zu wecken als in den ersten Stunden nach dem Einschlafen. Wenn wir aufwachen, nehmen wir zuerst Geräusche und Gerüche wahr wie das Rauschen einer Wasserleitung oder den Kaffeeduft. Solange wir die Augen nicht öffnen, hat der Schlaf eine Chance, uns nochmals einzufangen.

Genauso wie der Schlaf setzt sich auch das Wachsein aus verschiedenen Funktionszuständen zusammen, die wir während des Tages zyklisch durchlaufen. Deshalb hat unser Wachsein je nach Tageszeit eine unterschiedliche Qualität. So sind wir nicht immer im gleichen Ausmaß aufmerksam. Unsere Merkfähigkeit ist in den Morgenstunden größer als am frühen Nachmittag. In der Schweiz wird die Stunde nach dem Mittagessen wegen der verdauungsseligen Müdigkeit als »helvetisches Koma« bezeichnet.

Wie wir aus der vorigen Abbildung ersehen können, gibt es kein Alter, in dem die Schlafzyklen gewissermaßen ausgereift sind. Sie verändern sich ständig während des Lebens. Dies gilt ganz besonders für Kinder. Beim Säugling dauert ein Schlafzyklus etwa 50 Minuten. Er verlängert sich in den ersten Lebensjahren zunehmend und beträgt beim erwachsenen Menschen schließlich 90 bis 120 Minuten. Im höheren Alter geht die zyklische Struktur des Schlafes etwas verloren, die oberflächlichen Schlafstadien überwiegen immer mehr. Ältere Menschen liegen daher nachts häufig und für längere Zeit wach.

Wegen der Kürze ihrer Schlafzyklen wachen Säuglinge in den

ersten Lebenswochen etwa jede Stunde kurz auf. Nach 3 bis 4 Zyklen bleiben sie für längere Zeit wach. Bis zum 3. Lebensmonat werden die Schlaf- und Wachperioden differenzierter, erstrecken sich über längere Perioden und werden regelmäßiger. Dies sind die physiologischen Voraussetzungen, damit ein Kind nachts durchschlafen kann. Nach dem 3. Lebensmonat gleichen sich die Schlaf-Wach-Zyklen immer mehr denjenigen älterer Kinder und Erwachsener an.

Die Schlaf-Wach-Zyklen sind einem 24-Stunden-Rhythmus untergeordnet, der im Wesentlichen in seiner Länge durch den Tag-Nacht-Wechsel bestimmt wird. Weil dieser Rhythmus bei den meisten Menschen nicht genau 24 Stunden dauert, spricht man von einem zirkadianen Rhythmus (lateinisch: *circa* bedeutet ungefähr; *dies* heißt Tag).

Nicht nur der Schlaf, sondern sämtliche Körperfunktionen unterliegen zirkadianen Rhythmen. Das Herz schlägt in der Nacht nicht gleich rasch wie am Tag und morgens nicht gleich wie abends. Die Niere scheidet am Tag mehr Urin aus als nachts. Die äußeren und die inneren Drüsen des Körpers sind je nach Tageszeit ebenfalls unterschiedlich stark aktiv. So sind die Milchdrüsen stillender Mütter nachts produktiver als am Tag. Fingernägel und Haare wachsen nachts schneller. Das Wachstumshormon wird vor allem im Schlaf ausgeschüttet: Kinder wachsen im Schlaf.

Wenn Kinder auf die Welt kommen, haben sie noch keine zirkadianen Rhythmen. Sie bauen sie während der ersten 2 Lebensjahre langsam auf. Auf den nachfolgenden zwei Seiten ist die Entwicklung der 24-Stunden-Periodik für die Körpertemperatur dargestellt. In den ersten Lebenswochen ist die Körpertemperatur zu jeder Tages- und Nachtzeit etwa gleich. Ab der 6. Lebenswoche bildet sich zunehmend ein tageszeitabhängiges Muster der Körpertemperatur heraus: Während des Tages steigt die Körpertemperatur leicht an, erreicht abends ein Maximum und fällt bis zum frühen Morgen auf ein Minimum ab. Mit etwa 2 Jahren ist der zirkadiane Rhythmus der Körpertemperatur voll ausgebildet. Derartige Rhythmen bilden sich in den ersten Lebensmonaten und -jahren für alle Körperfunktionen aus.

Der zirkadiane Schlaf-Wach-Rhythmus ist selbst unter gleichaltrigen Menschen verschieden lang. Seine Dauer bestimmt we-

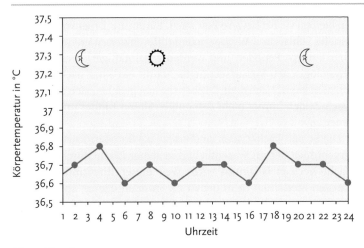

Alter: 1 Monat

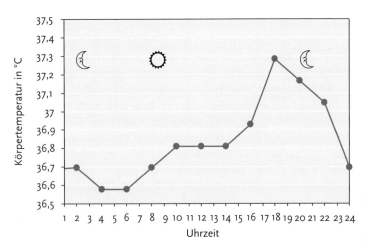

Alter: 6 Monate

Entwicklung einer 24-Stunden-Periodik der Körpertemperatur in den ersten 2 Lebensjahren (modifiziert nach Hellbrügge).

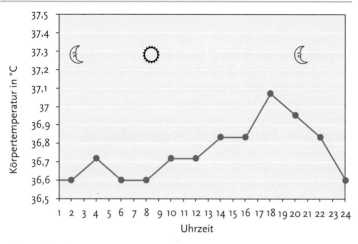

Alter: 3 Monate

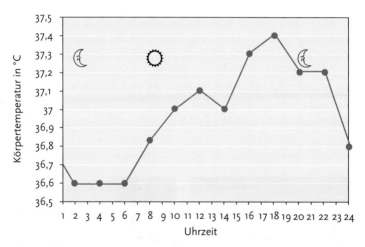

Alter: 24 Monate

sentlich mit, wie müde wir uns am Abend und am Morgen fühlen:

Ausgeglichene Menschen. Ihr zirkadianer Rhythmus beträgt genau 24 Stunden. Nur wenige Menschen gehören in diese Gruppe. Sie sind abends immer etwa zur gleichen Zeit müde und stehen morgens etwa zur gleichen Zeit auf.

Nacht- oder Eulenmenschen, Morgenmuffel. Ihr zirkadianer Rhythmus ist länger als 24 Stunden. In diese Gruppe gehören die meisten Menschen. Sie neigen dazu, abends länger aufzubleiben, weil sie sich noch nicht müde fühlen. Sie haben dafür am Morgen umso mehr Mühe, aus dem Bett zu steigen. Sie möchten in den Morgen hineinschlafen.

Morgen- oder Lerchenmenschen, Frühaufsteher. Sie haben einen zirkadianen Rhythmus von weniger als 24 Stunden. In diese Gruppe gehören wiederum nur wenige Menschen. Sie werden abends vorzeitig müde, was unangenehm sein kann, wenn sie beispielsweise bei einer Einladung bereits bei der Vorspeise zu gähnen anfangen. Sie stehen dafür morgens mit Leichtigkeit auf.

Gehört ein Kind zur ersten Gruppe, darf man die Eltern beneiden: Ihr Kind ist abends immer etwa zur gleichen Zeit müde und wacht morgens etwa zur gleichen Zeit auf.

Kinder schlafen
überall.

Die meisten Kinder sind Nachtmenschen: Sie neigen dazu, abends noch nicht müde zu sein. Sie möchten Abend für Abend etwas länger aufbleiben. Für die Eltern kann das Zubettbringen des Kindes zu einem Problem werden, besonders dann, wenn sie dem Kind immer wieder nachgeben. Am Morgen schlafen die Kinder in den Tag hinein, was vielen Müttern gar nicht so unlieb ist. Nur hat die Sache einen Haken: Je länger das Kind morgens schläft, desto länger möchte es am folgenden Abend aufbleiben. Die Folgen sind absehbar.

Die Morgenmenschen-Kinder werden von den Eltern als angenehm erlebt: Die Kinder wollen abends freiwillig ins Bett! Sie schlafen beim Spielen ein oder suchen selbst das Bett auf. Probleme kann es für die Eltern am Morgen geben: Die Kinder neigen dazu, immer etwas früher aufzuwachen. Sie sind oft ausgeschlafen und vergnügt zu einer Zeit, zu der die Eltern noch liebend gerne schlafen würden.

Da die Dauer des zirkadianen Schlaf-Wach-Rhythmus angeboren ist, liegt es nicht in der Macht der Eltern aus einem Eulenkind ein Lerchenkind zu machen.

Schlafdauer

Genauso wie die zirkadianen Rhythmen ist auch die Schlafdauer von Mensch zu Mensch unterschiedlich. Bereits im Neugeborenenalter gibt es Kinder, die lediglich 14, und andere, die 20 Stunden pro Tag schlafen. Linus ist ein solches Kind, das bereits in den ersten Lebensjahren mit wenig Schlaf auskommt. Die Unterschiede werden im Verlauf des Lebens nicht geringer. Die meisten Erwachsenen benötigen 7 bis 8 Stunden Schlaf, um am nächsten Tag ausgeruht zu sein. Es gibt aber Erwachsene wie Linus Vater, die kommen mit 4 bis 5 Stunden Schlaf pro Nacht aus, andere – wie Linus Mutter – dagegen schlafen 9 bis 10 Stunden. Napoleon wird nachgesagt, dass er lediglich 4 Stunden Schlaf pro Nacht benötigte. Albert Einstein dagegen schlief angeblich 10 Stunden.

Genauso wie sich die Wach-Schlaf-Zyklen während des Lebens ständig ändern, sind die Gesamtschlafdauer und die Anteile von

Schlafdauer.

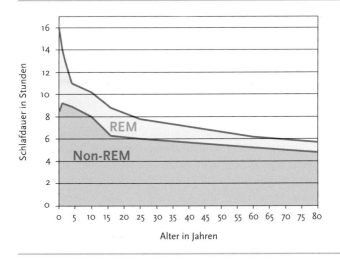

Die durchschnittliche Dauer des Gesamtschlafs sowie des REM- und des Non-REM-Schlafs von der Geburt bis ins hohe Alter. Waagerecht: Lebensalter. Senkrecht: Durchschnittliche Dauer des Gesamtschlafs sowie Anteile des REM- und des Non-REM-Schlafs (modifiziert nach Roffwarg).

oberflächlichem und tiefem Schlaf altersabhängig. Die Schlafdauer nimmt mit zunehmendem Alter immer mehr ab und das Verhältnis von oberflächlichem (REM-) und tiefem (Non-REM-) Schlaf verändert sich ständig. Neugeborene Kinder schlafen im Durchschnitt 16, 90-Jährige lediglich noch knapp 6 Stunden pro Tag. Ältere Menschen leiden gelegentlich darunter, dass sie nur noch wenige Stunden pro Nacht schlafen können.

Besteht ein Zusammenhang zwischen der Länge der zirkadianen Rhythmen und der Schlafdauer? Nein! Der Morgenmuffel ist nicht zwangsläufig einer, der viel Schlaf braucht. Es gibt unter den Nachtmenschen solche, die lange, und andere, die wenig schlafen. Genauso gibt es unter den Frühaufstehern solche, die mit wenig Schlaf auskommen, und andere, die viel Schlaf brauchen.

»Guter Schlaf«

Der zirkadiane Schlaf-Wach-Rhythmus und die Schlafdauer gehören zu einem Menschen wie seine Körpergröße, seine Augenfarbe oder der Tonfall seiner Stimme. Nehmen wir die Eigenheiten unseres Schlafes nicht ernst, sind wir in unserem körperlichen und psychischen Wohlbefinden beeinträchtigt.

Wir fühlen uns am wohlsten und sind am leistungsfähigsten,

- wenn unser Schlaf-Wach-Rhythmus regelmäßig ist. Unregelmäßige Schichtarbeit oder längere Flugreisen über mehrere Zeitzonen empfinden wir als Belastung. Bleiben wir abends länger als üblich auf und schlafen dafür am Morgen aus, fühlen wir uns oftmals müde und verstimmt;
- wenn wir unserem Schlafbedarf entsprechend schlafen. Zu wenig, aber auch zu viel Schlaf beeinträchtigt unser Wohlbefinden. Lang schlafen ist nicht gesünder!

Dies gilt im besonderen Maß auch für Kinder!

Das Wichtigste in Kürze

1. Der Schlaf setzt sich aus den verschiedenen Schlafstadien des oberflächlichen (REM-) und des tiefen (Non-REM-) Schlafs zusammen.

2. In einer Nacht werden die Stadien des oberflächlichen und des tiefen Schlafs sowie des Wachseins mehrmals zyklisch durchlaufen.

3. Die Schlaf-Wach-Zyklen sind wie alle Körperfunktionen einem zirkadianen, ungefähr 24 Stunden dauernden Rhythmus untergeordnet.

4. Schlaf-Wach-Zyklen, zirkadiane Rhythmen und Schlafdauer verändern sich ständig von der Geburt bis ins hohe Alter.

5. Schlaf-Wach-Zyklen, zirkadiane Rhythmen und Schlafdauer sind vererbte Eigenschaften wie die Körpergröße oder die Augenfarbe. Sie sind von Mensch zu Mensch unterschiedlich ausgeprägt.

6. Wohlbefinden und Leistungsfähigkeit sind am größten, wenn ein Mensch regelmäßig und seinem Schlafbedarf entsprechend schläft. Dies gilt für Erwachsene genauso wie für Kinder!

Vor der Geburt

Elvira ist in der 34. Woche schwanger. Sie liegt in dieser Nacht bereits das zweite Mal wach. Sie spürt ein sanftes Kicken ihres ungeborenen Kindes gegen Leber und Bauchdecke. Wacht ihr Kind auf, wenn sie wach ist?

In den ersten Schwangerschaftsmonaten ist das ungeborene Kind in einem Bewusstseinszustand, der weder dem uns vertrauten Wachsein noch dem Schlaf entspricht. Bei früh geborenen Kindern – darunter versteht man Kinder, die vor der 37. Schwangerschaftswoche geboren werden – können wir diese Art Dämmerzustand beobachten. Die Kinder haben die Augen zumeist geschlossen. Wenn sie die Augenlider öffnen, hat man nur für kurze Zeit den Eindruck, dass sie wach und aufnahmefähig sind. Etwa in der 36. Schwangerschaftswoche entwickeln sich langsam eigentliche Schlaf- und Wachperioden.

Vor der Geburt sind Wachsein und Schlafen noch nicht an den Tag-Nacht-Wechsel gebunden. Der Tag-Nacht-Taktgeber fehlt, da das ungeborene Kind in fast völliger Dunkelheit lebt. Es schläft während des Tages etwa gleich häufig wie in der Nacht. Die Wach- und Schlafperioden der Mutter übertragen sich, wenn überhaupt, nur wenig auf das Kind.

Das Wichtigste in Kürze

1. In den ersten Lebensmonaten ist das ungeborene Kind in einer Art Dämmerzustand. Schlaf- und Wachperioden bilden sich etwa in der 36. Schwangerschaftswoche aus.

2. Vor der Geburt sind Wachsein und Schlafen noch nicht an den Tag-Nacht-Wechsel gebunden. Der Schlaf-Wach-Rhythmus der Mutter überträgt sich kaum auf das Kind.

0 bis 3 Monate

Die Mutter von Andrea ist übermüdet. Jede Nacht steht sie ein- bis zwei-
mal auf, um den schreienden Säugling zu beruhigen. Einmal wach,
kann die Mutter nur mit Mühe wieder einschlafen. Andrea ist nun
3 Monate alt und hat noch keine einzige Nacht durchgeschlafen. Die
Mutter ist nicht nur übermüdet, sie ist auch verunsichert. Bei der Ge-
burt hat sie erwartet, dass Andrea ein genauso »pflegeleichtes« Kind
sein würde wie ihr erstes Kind. Felix hatte in den ersten 4 Lebenswochen
einmal pro Nacht die Brust verlangt und war nach dem Stillen ohne viel
Aufhebens wieder eingeschlafen. Als Felix im 2. Lebensmonat durch-
schlief, wurde die Mutter von den anderen Müttern beneidet. Um Rat
gefragt, konnte sie auch nicht sagen, was sie dazu beigetragen hatte,
dass Felix ein so guter Schläfer war. Andrea hat sie nicht nur genauso
behandelt wie Felix, sie hatte sich bei dem 2. Kind auch sicherer gefühlt.
Warum also schlief Andrea nicht durch? Was hat sie falsch gemacht?

Ein großes Thema in den ersten Wochen und Monaten nach der
Geburt eines Kindes für Eltern ist das Durchschlafen beziehungsweise das nächtliche Aufwachen ihres Kindes. Warum schlafen
einige Säuglinge bereits nach wenigen Wochen durch, während
anderen dies auch nach Monaten nicht gelingen will? Soll man die
Kinder schreien lassen? Hilft angereicherte Flaschenmilch?

Todmüde.

Die ganze Problematik dreht sich um das Kind, betroffen sind aber vor allem die Eltern. Es ist für eine Mutter sehr erschöpfend, mehrmals pro Nacht geweckt zu werden, um zu stillen, und dies oft über Monate hinweg. Manche Mütter sind nach einigen Wochen nicht nur übermüdet, sondern auch verstimmt. Erschwerend wirkt sich für viele Eltern aus, dass die Geburt des Kindes mit einer Neuorientierung ihres Lebens verbunden ist.

Wie steht es mit den Vätern? Sollen auch sie nachts aufstehen, wenn das Baby schreit? Was aber, wenn sie am anderen Morgen unausgeschlafen bei der Arbeit erscheinen?

Kinder passen sich dem Tag-Nacht-Wechsel an

Nach der Geburt führt der Säugling in den ersten 2 bis 4 Lebenswochen seinen vorgeburtlichen Rhythmus von Schlafen und Wachsein weiter (siehe »Schlafverhalten Vor der Geburt«). Wie sich beim einzelnen Kind allmählich ein Schlaf-Wach-Rhythmus ausbildet, ist in der folgenden Abbildung dargestellt.

In den ersten 2 Lebenswochen sind die Schlafperioden von 2 bis 4 Stunden und die kurzen Wachperioden gleichmäßig über den Tag und die Nacht verteilt. Die Wachperioden sind noch nicht an den Tag und die Schlafperioden noch nicht an die Nachtzeit gebunden. Sie treten an jedem Tag zu einer etwas anderen Zeit auf. Nach einigen Wochen beginnt der Säugling sich langsam auf den Tag-Nacht-Wechsel einzustellen. Zahlreiche Reize dienen ihm dabei als natürliche Zeitgeber. Die wichtigsten sind Tageslicht und Dunkelheit, weniger Einfluss haben immer wiederkehrende Alltagsgeräusche und nächtliche Stille, Temperaturwechsel, unterschiedliche Kleidung und Windelwechsel, periodische Kontakte mit den Eltern und Geschwistern. Zwischen 2 und 4 Lebenswochen beginnt das Schlafverhalten zunehmend regelmäßiger zu werden. Der Säugling schläft nun abends immer etwa zur gleichen Zeit ein und wacht nachts um die gleiche Zeit auf. Abends stellt sich eine längere Wachphase ein. In der 10. Lebenswoche schläft das Kind erstmals nachts durch. In den folgenden Lebenswochen werden auch die Wachperioden in der ersten Tageshälfte länger, es

Schlaf-Wach-Rhythmus.

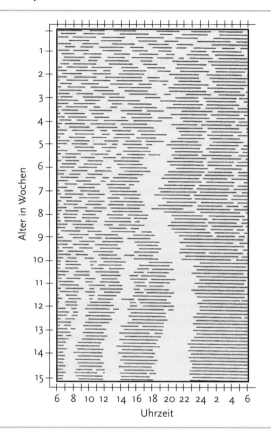

Entwicklung des Schlaf-Wach-Rhythmus eines Kindes in den ersten
15 Lebenswochen. Jede Linie entspricht einem Tag. Blau: Schlafphasen;
gelb: Wachphasen.

bilden sich 2 Schlafperioden heraus. Mit 15 Wochen hat der Säugling einen beständigen Schlaf-Wach-Rhythmus entwickelt.

Das Kind in der Abbildung zeigt eine durchschnittliche Entwicklung des Schlafverhaltens in den ersten 3 Lebensmonaten. Einige
Kinder schlafen bereits vor dem 3., andere erst nach dem 3. Monat
durch. Die Ausbildung der zirkadianen Rhythmen (siehe »Schlaf-

aufmerksamer, interessieren sich mehr für ihre Umwelt, schreien weniger und sind zufriedener als Kinder, die einen unregelmäßigen Rhythmus haben. Ein geordneter, steter Tagesablauf vermittelt dem Kind auch Geborgenheit. Die Regelmäßigkeit hilft ihm, mit dem Tagesablauf rascher vertraut zu werden, was sich wiederum positiv auf sein Wohlbefinden und sein Selbstwertgefühl auswirkt (siehe »Beziehungsverhalten 0 bis 3 Monate«).

Wie das allnächtliche Gewecktwerden überstehen?

Nächtliches Aufwachen kann, auch wenn es lediglich einige Wochen andauert, für Eltern zu einer großen Belastung werden.

Aus dem Schlaf gerissen zu werden weckt Aggressionen. Wenn ein Kind nachts mehrmals über Wochen und Monate hinweg aufwacht und schreit, können die Nerven der Eltern arg strapaziert werden. »Wenn das Kind doch nur endlich ruhig wäre! Hätten wir doch kein Kind!« Nicht wenige übermüdete Eltern werden in der Nacht von regelrechten Hassgefühlen überfallen, die sie selber erstaunen und zutiefst erschrecken, die sie kaum je äußern und – dem Himmel sei Dank – auch nicht in die Tat umsetzen. Diese psychische und körperliche Überforderung macht nachfühlbar, kann aber niemals entschuldigen, weshalb immer wieder Säuglinge so heftig geschüttelt werden – »Jetzt sei doch endlich ruhig!« –, dass sie schweren Schaden nehmen (siehe Schütteltrauma im Kapitel »Schreiverhalten«). Gelegentlich setzen diese »Nachtdienste« den Eltern auch dermaßen zu, dass es für sie undenkbar wird, weitere Kinder zu haben.

Schlimmer als das Aufwachen ist für manche Eltern, dass sie – einmal wach – nicht mehr einschlafen können. Ihr Kind schläft wieder selig, aber sie liegen hellwach im Bett und versuchen vergeblich den Schlaf wiederzufinden. Sie denken an morgen, wie sie sich müde durch den Tag kämpfen werden, und sind zunehmend verstimmt. Sie versuchen »Schäfchen zu zählen«, an nichts zu denken – der Schlaf aber lässt auf sich warten. Den Schlaf eher zurückbringen können Entspannungsübungen, eine Tasse Tee, lesen, bis die Augen zufallen, Musik hören oder einige Minuten spazieren gehen. Gelegentlich ist guter Rat teuer, so teuer wie der Schlaf, der ausbleibt.

Es lohnt also, sich Gedanken zu machen, wie man als Eltern diesen Härtetest am besten überstehen kann. Vorab das Wichtigste: Die Eltern sollten sich absprechen. Tun sie es nicht, kann es leicht geschehen, dass jede Nacht beide vom Geschrei des Kindes geweckt werden. Daraus entwickelt sich häufig ein »edelmütiges Verhalten« (Haslam): Wenn die Eltern vom Geschrei geweckt werden, tut jeder von beiden so, als ob er noch schlafen würde, und hofft darauf, dass der andere aufsteht. Gibt schließlich der eine nach und steht auf, tut der andere so, als ob er gerade erwacht wäre, und bietet dem Partner an aufzustehen. Dies wiederum in der Hoffnung, dass der Partner sein Angebot ausschlägt und ihn weiterschlafen lässt. Auf die Dauer ist solch »aufopferndes« Verhalten nicht durchzuhalten und vor allem: Es ist überaus ermüdend, führt zu unguten Gefühlen und belastet die Partnerschaft.

Eltern sollten sich genau überlegen, wie sie den »Nachtdienst« so einrichten können, dass beide zu möglichst viel Schlaf kommen. Manche Eltern teilen sich die Nächte auf, damit einer von beiden jede 2. Nacht ungestört schlafen kann. In gewissen Familien übernimmt der Vater jede 3. Nacht oder die Nächte am Wochenende, um nicht allzu übermüdet zur Arbeit zu gehen. Auch wenn der Vater nachts aufsteht, lastet die Hauptbürde zumeist auf der Mutter. Ein Teil der Mütter holt die versäumte Nachtruhe tagsüber nach, was allerdings nur beim ersten Kind zu bewerkstelligen ist.

Wird das Kind gestillt, kann die Mutter den Säugling in Reichweite zu ihrem Bett legen. Meldet sich das Kind, nimmt sie es ohne aufzustehen, an die Brust, stillt es und legt es zurück in sein Bettchen. Auf diese Weise findet die Mutter den Schlaf rasch wieder, und der Vater nimmt häufig das nächtliche Stillen gar nicht wahr. Manche Väter schlafen in einem separaten Zimmer.

Für viele Eltern, deren Kinder nachts aufwachen, ist die – oft nur vermutete – Ruhestörung der Nachbarn eine zusätzliche Belastung. Die Nachbarn werden zudem in der Vorstellung der Eltern Zeugen ihres vermeintlichen Versagens: Denn nur die Kinder unfähiger Eltern – denken sie – wachen nachts auf und stören die Nachtruhe anderer Leute. Schuld- und Versagensgefühle können dazu führen, dass Eltern Begegnungen mit den Nachbarn im Treppenhaus möglichst vermeiden. Nun, gar so schlimm ist es meist nicht. Viele Nachbarn haben aus eigener Erfahrung Verständnis für die Nöte von Eltern, deren Kinder nachts aufwachen. Sie sehen das Problem weniger bei den Eltern. Einige Tipps, wie man mit dem Problem »schlafgestörte Nachbarn« umgehen kann, finden sich im Kapitel »Schreiverhalten«.

Abschließend einige Anmerkungen zu Ratschlägen, die häufig gemacht werden, deren Befolgen aber nicht zu empfehlen ist:

- Das Kind schreien lassen. Säuglinge wachen in den ersten Lebensmonaten nachts auf, weil ihr Schlaf-Wach-Rhythmus noch nicht ausreichend entwickelt ist und sie auf die Nahrungszufuhr angewiesen sind: Sie können noch nicht durchschlafen. Sie sind auch kaum in der Lage, sich selber zu beruhigen, beispielsweise durch Daumenlutschen. Es ist daher quälend und sinnlos, Säuglinge schreien zu lassen. Es gibt keinerlei Hinweise, dass Kinder eher durchschlafen, wenn die Eltern sie schreien lassen.

- Dem Kind Medikamente geben. Schlaf- und Beruhigungsmittel fördern in keiner Weise die Entwicklung des Schlafverhaltens. Im Gegenteil: Sie hemmen die zyklische Aktivität des Schlafes und beeinträchtigen die Aufmerksamkeit des Kindes, wenn es wach ist. Sie dämpfen seine Gehirnaktivität. Medikamente können gelegentlich für die Eltern dienlich sein, für ihre Kinder sind sie es mit Bestimmtheit nicht.

- Dem Kind abends vor dem Einschlafen angereicherte Flaschenmilch oder Brei geben. Verschiedene Studien haben gezeigt, dass angereicherte Flaschennahrung nicht zu einem früheren Durchschlafen führt (Grunwaldt u. a.). Es trifft zu, dass gestillte Kinder nachts häufiger aufwachen und in einem späteren Alter durchschlafen als Kinder, die mit der Flasche ernährt werden. Dies hat unter anderem damit zu tun, dass gestillte Kinder dazu neigen, pro Mahlzeit weniger Milch zu sich zu nehmen und tagsüber weniger zu trinken. Sie sind daher vermehrt und für längere Zeit auf eine nächtliche Nahrungszufuhr angewiesen (siehe »Schlafverhalten 4 bis 9 Monate«).

Schlafen trotz Lärm

Bereits Neugeborene und Säuglinge können sich im Schlaf vor unangenehmen akustischen Reizen schützen. Diese Fähigkeit bewahrt sie davor, dass sie durch Geräusche in ihrer Umgebung aus dem Schlaf gerissen werden.

Der Säugling kann sich nicht nur einer Stimme oder einem Geräusch zuwenden (siehe »Sprachentwicklung 0 bis 3 Monate«), er kann auch gezielt auf akustische Reize nicht reagieren, was eine ebenso erstaunliche Leistung wie das Zuhören ist. Und dies nicht nur, wenn er wach ist, sondern auch im Schlaf. Beim erstmaligen Erklingen eines Geräusches verzieht der schlafende Säugling häufig das Gesicht und zuckt kurz zusammen. Auf die darauffolgenden Geräusche reagiert er nicht mehr. Er lässt sich in seinem Schlaf nicht stören. Erstaunlich ist diese Leistung deshalb, weil das Kind den lästigen Reiz wohl wahrnimmt, aber nicht darauf reagiert.

Wenn der Säugling tief schläft, stört ihn weder das Klingeln des Telefons noch der Lärm eines vorüberfahrenden Autos. Ist er in einem oberflächlichen Schlafzustand, schreckt er kurz zusammen, schläft aber weiter. Er wacht nicht auf, auch wenn die Störung anhalten sollte. Hätte das Kind nicht die Fähigkeit, unsinnige akustische Reize zu ignorieren, würde es bei jedem Geräusch aufwachen.

Wie viel Schlaf braucht ein Säugling?

Viele Eltern meinen, dass Kinder in den ersten Lebenswochen ausschließlich schlafen. Dass dem nicht so ist, zeigt folgende Abbildung. Bereits neugeborene Kinder sind durchschnittlich 8 Stunden pro Tag wach. Manche Säuglinge liegen mit offenen Augen ruhig in ihren Bettchen. Wenn die Eltern nach dem Kind schauen, stellen sie erstaunt fest, dass der Säugling nicht etwa schläft, sondern sie mit wachen Augen begrüßt.

In jeder Altersstufe ist der Schlafbedarf von Mensch zu Mensch sehr verschieden. Dies trifft auch auf Säuglinge und Kleinkinder

Nacht- und Tagschlaf.

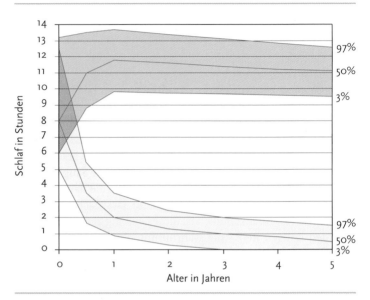

Entwicklung des Tag- und Nachtschlafes. Die dunkle Fläche gibt die Entwicklung und Streubreite des Nachtschlafes, die helle Fläche diejenige des Tagschlafes an. Die Linie in der Mitte bezeichnet die durchschnittliche Schlafdauer tags beziehungsweise nachts (Iglowstein).

zu. Die meisten Säuglinge schlafen 14 bis 18 von 24 Stunden. Einige Säuglinge kommen mit 12 bis 14 Stunden aus, andere schlafen bis zu 20 Stunden. Wie viel Schlaf ein Kind braucht, ist in hohem Maß biologisch vorgegeben. Um Schlafstörungen zu vermeiden, sollten die Eltern immer bedenken, dass ein Kind nur so viel schlafen kann, wie es seinem Schlafbedarf entspricht.

Wie viel Schlaf braucht unser Kind? Diese Frage stellen viele Eltern. Weil der Schlafbedarf unter gleichaltrigen Kindern so verschieden ist, gibt es keine Regel, die angeben könnte, wie viel Schlaf ein Kind in einem bestimmten Alter benötigt. Niemand kann den Schlafbedarf eines Kindes besser feststellen als die Eltern selbst. Sie kennen das Kind am besten. Ein Hilfsmittel zum Ermitteln des kindlichen Schlafbedarfes ist das Schlafprotokoll, welches im Anhang enthalten ist.

Mit der Anpassung an den Tag-Nacht-Wechsel kommt es zu einer Umverteilung der Schlafperioden. In den ersten Lebenswochen sind die Dauer des Tag- und diejenige des Nachtschlafes etwa gleich groß. In den folgenden Monaten nimmt die Dauer des Nachtschlafes immer mehr zu, während der Tagschlaf immer kürzer ausfällt. Mit etwa 6 Monaten ist die Umverteilung des Schlafes im Wesentlichen abgeschlossen. Was für den Gesamtschlaf zutrifft, gilt auch für den Tag- und Nachtschlaf: Die Kinder schlafen ganz unterschiedlich lang bei Tag und bei Nacht.

Dürfen, sollten oder müssen wir das Kind in unser Bett nehmen?

Über Jahrtausende schlief der Säugling in der Nähe seiner Mutter, oft in engem Körperkontakt. Mit Beginn des Industriezeitalters setzte eine tief greifende Veränderung in Lebensrhythmus und Arbeitsstil der Menschen ein, eine neue Wohnkultur entstand. Die Eltern begannen, den Säugling während des Tages mehrere Stunden lang abzulegen und nachts in einem separaten Zimmer schlafen zu lassen. Diese Sitte ist etwa 150 Jahre alt, eine minimale Zeitspanne gemessen an der Länge der Menschheitsgeschichte. Sie hat auch längst noch nicht in allen Kulturen Einzug gehalten. Nach wie vor wachsen Millionen von Säuglingen und Kleinkindern in engem körperlichem Kontakt mit den Eltern, Familienangehörigen und Sippenmitgliedern auf.

In der westlichen Welt müssen wir uns ernsthaft fragen, ob unser Umgang mit dem Säugling seinem Bedürfnis nach Sicherheit und Geborgenheit gerecht wird. Mindestens ein Teil der Kinder scheint für das körperliche und psychische Wohlbefinden während des Tages, aber auch in der Nacht, auf einen ausgedehnten Körperkontakt angewiesen zu sein. Säuglinge, die mehr herumgetragen werden, schreien in den ersten 3 Lebensmonaten weniger als diejenigen, die einen Großteil der Zeit allein in ihrem Bettchen verbringen (siehe »Schreiverhalten«).

Wir haben in unserer westlichen Kultur einen Lebensstil entwickelt, der in manchen Familien die ständige Gegenwart des Säuglings nicht oder kaum mehr zulässt, weder tags noch nachts. Es gibt viele Eltern, die sich in ihrem Schlaf gestört fühlen, wenn der Säugling in ihrem Bett oder in der Wiege im Elternschlafzimmer liegt. Es gibt aber noch andere Gründe, warum Eltern ihr Kind nicht oder nur ungern ins eigene Bett nehmen.

»Und dieses Weibes Sohn starb in der Nacht; denn sie hatte ihn im Schlaf erdrückt.« (I. Könige 3,19) Nach wie vor ist die Angst weit verbreitet, dass der Säugling im elterlichen Bett erdrückt werden oder ersticken könnte. Diese Befürchtungen lassen sich entkräften: Filmaufnahmen zeigen, dass Kind und Eltern sich im Schlaf so bewegen, dass es nie zu einer bedrohlichen Situation für das Kind kommt. Gefährlich kann es für einen Säugling dann werden, wenn das Reaktionsvermögen der Eltern beeinträchtigt ist, beispielsweise wegen Alkoholgenusses oder der Einnahme von Schlaftabletten. In zahlreichen Ländern der Welt schlafen Millionen von Kindern mit ihren Eltern in einem Bett, nicht nur in Afrika und im Fernen Osten. In Skandinavien schläft etwa ein Drittel der Kinder während des ganzen Vorschulalters bei den Eltern. Überall dort kommt der frühe Kindstod nicht häufiger vor als in Ländern mit getrennten Betten.

Manche Fachleute und gesellschaftliche Gruppen warnen davor, Kinder mit ins elterliche Bett zu nehmen. Ihre Hauptsorge gilt der Sexualität. Negative Auswirkungen auf die psychische Entwicklung der Kinder sind aber nie überzeugend nachgewiesen worden. Manche Eltern sind aber in ihrem Intimleben beeinträchtigt. Sie fühlen sich in ihrem Sexualleben gehemmt durch die Anwesenheit eines schlafenden Kleinkindes. Vielleicht ein Anreiz für die Eltern, zeitlich und örtlich etwas Neues auszuprobieren.

Wie sollen Eltern ihr Kind und sich selber betten? Es liegt an den Eltern herauszufinden, welche Schlafsituation ihrem Kind und ihnen selbst am besten entspricht. Es gibt Eltern, die fühlen sich mit ihren Kindern in einem großen Familienbett wohl. Andere wollen alleine schlafen. Es gibt eine große Spannbreite für die Eltern, Nähe und Distanz zu ihrem Kind zu gestalten: vom separaten Zimmer für das Kind über die Wiege im elterlichen

Schlafzimmer bis zum Kind im Elternbett. Die Schlafsituation ist dann richtig, wenn Kind und Eltern entspannt schlafen können.

Schlafen im Kinderbett

Falls das Kind im eigenen Bettchen schläft, wie sollte es beschaffen sein? Das Kind soll sicher aufgehoben sein und es warm haben. Wenn das Kind in einem Gitterbettchen schläft, ist darauf zu achten, dass die Gitterstäbe nicht mehr als 7 Zentimeter auseinanderliegen. Ist der Abstand zwischen den Gitterstäben größer, besteht die Gefahr, dass das Kind den Kopf zwischen den Stäben hindurchzwängt und sich verletzt. In einem einteiligen Anzug kühlt das Kind weniger aus als in einer mehrteiligen Schlafbekleidung. Unruhige Kinder, die dazu neigen, sich im Bettchen hochzustrampeln, bis sie mit dem Kopf am oberen Bettende anstoßen, werden so besser warm gehalten. Dies gilt auch für den Schlafsack. Er hat noch weitere Vorteile. Wenn das Kind hineingelegt wird, ist das für das Kind ein deutliches Signal, dass nun Schlafenszeit ist. Auswärts schläft ein Kind viel leichter ein, wenn es mit seinem Schlafanzug in seinen Schlafsack gebettet wird. Schlafsäcke und Decken sollten nicht mit Bändern am Bett befestigt werden.

Sollten Kinder zum Schlafen auf den Bauch oder auf den Rücken gelegt werden? Bis Anfang der 1960er-Jahre schliefen die Kinder in Europa auf dem Rücken. Dann haben die Ärzte die Bauchlage aus zwei Gründen propagiert: Die Erstickungsgefahr sei geringer, und einer Fehlentwicklung des Hüftgelenks (Hüftgelenksluxation) werde vorgebeugt. Das Argument der erhöhten Erstickungsgefahr in Rückenlage hat sich als nicht stichhaltig herausgestellt. Im Gegenteil: Der plötzliche Kindestod ist bei Kindern, die auf dem Rücken schlafen, etwas weniger häufig. Die derzeitige kinderärztliche Empfehlung lautet: Den Säugling zum Schlafen auf den Rücken legen. Kinder, die sich in Rückenlage unwohlfühlen – und die gibt es! –, in die Lage bringen, in der sie sich am wohlsten fühlen und am besten einschlafen können!

Das Risiko, dass ihr Kind am plötzlichen Kindestod stirbt, können die Eltern zusätzlich verringern, wenn sie folgende Punkte beachten: keine Überwärmung (keine Mützchen und Handschuhe bei Zimmertemperatur), keine Kissen, rauchfreie Umgebung und Schnuller.

Das so wichtige Thema Einschlafzeremoniell wird uns im Kapitel »Schlafverhalten 4 bis 9 Monate« ausführlich beschäftigen.

Das Wichtigste in Kürze

1. In den ersten Lebensmonaten entwickeln Kinder ihre zirkadianen Rhythmen und passen ihren Schlaf-Wach-Zyklus dem Tag-Nacht-Wechsel an.

2. Die Anpassung des Schlaf-Wach-Zyklus an den Tag-Nacht-Wechsel hängt von einem Reifungsprozess ab, der von Kind zu Kind unterschiedlich rasch abläuft. Kinder schlafen deshalb nachts verschieden rasch durch: einige Kinder bereits im 1., 70 Prozent bis zum 3. und 90 Prozent bis zum 5. Lebensmonat.

3. Durchschlafen bedeutet für den Säugling 6 bis 8 Stunden hintereinander zu schlafen. Eine 10- und mehrstündige Schlafdauer kommt in den ersten 3 Lebensmonaten nur ausnahmsweise vor.

4. Eltern können ihr Kind bei der Entwicklung eines beständigen Schlaf-Wach-Rhythmus unterstützen, wenn sie seinen Tagesablauf mit Mahlzeiten, Einschlafzeiten und anderen Aktivitäten wie spazieren gehen regelmäßig gestalten.

5. Der Säugling ist für sein körperliches und psychisches Wohlbefinden auf körperliche Nähe angewiesen. Dieses Bedürfnis ist je nach Kind unterschiedlich groß. Die Eltern sollten die Schlafsituation so gestalten, dass diese das Bedürfnis des Kindes nach Nähe und Geborgenheit so weit wie möglich befriedigt und dabei auch ihren eigenen Bedürfnissen so weit wie möglich entgegenkommt.

4 bis 9 Monate

Mit 8 Monaten fängt Urs zum Schrecken seiner Eltern an, nachts aufzuwachen. Zusätzlich zeigt er eine andere Verhaltenseigenheit, die die Eltern beunruhigt: Abends liegt er längere Zeit wach und bewegt den Kopf rhythmisch hin und her. Gelegentlich werden die Kopfbewegungen so kräftig, dass das Bettchen knarrt. Die Eltern haben aus Angst die Gitterstäbe mit Kissen abgepolstert. Urs könnte mit dem Kopf dagegen schlagen und sich verletzen. Das Kopfwackeln hat vor einem Monat angefangen und ist seither immer ausgeprägter geworden. Es erinnert die Mutter an die Bewegungen geistig behinderter Kinder. Urs hatte sich bisher aber normal entwickelt.

In den ersten 3 Lebensmonaten gilt eine Hauptsorge der Eltern dem Durchschlafen. Das Durchschlafen wird uns in diesem Kapitel nochmals beschäftigen, denn nach dem 3. Lebensmonat wacht noch etwa ein Viertel aller Säuglinge nachts regelmäßig auf. Ein weiteres Viertel der Kinder schläft – wie Urs – wochen- und monatelang durch und beginnt zwischen 6 und 12 Monaten nachts wieder aufzuwachen.

Nächtliches Aufwachen im ersten Lebensjahr ist häufig. Wenn ein Kind noch nicht oder nicht mehr durchschläft, sollten sich die Eltern durch die Bemerkungen von Verwandten und Bekannten, deren Kinder angeblich »problemlose Schläfer« sind, nicht verunsichern lassen. Sie brauchen sich weder als Versager noch einsam zu fühlen. Sie sind in guter Gesellschaft mit vielen anderen Eltern, deren Säuglinge auch nicht durchschlafen. Übrigens: Großeltern und Schwiegereltern haben es mit ihren Kindern auch nicht besser gehabt. Entwicklungsstudien belegen, dass vor 30 Jahren genauso viele Kinder nachts aufwachten wie heutzutage.

Im Zentrum dieses Kapitels steht das sogenannte Einschlafzeremoniell. Dieses Zeremoniell ist deshalb so wichtig, weil es für Kind und Eltern nicht nur den Verlauf des Abends, sondern auch den Fortgang der Nacht wesentlich mitbestimmt. Am Schluss des Kapitels werden wir uns mit dem Kopfwackeln von Urs und anderen rhythmischen Körperbewegungen befassen, die typischerweise zwischen 6 und 12 Monaten auftreten.

Tag- und Nachtschlaf

Wie oft und wie lange soll ein Kind tagsüber schlafen? Die meisten Kinder schlafen im Alter von 3 bis 9 Monaten jeweils zwei- bis dreimal eine halbe Stunde bis 2 Stunden pro Tag. Während einige Kinder tagsüber mehrere Stunden schlafen, machen andere lediglich ein Nickerchen von einer Stunde. Weil der Schlafbedarf von Kind zu Kind sehr unterschiedlich ist, gibt es keine Regel, die angeben könnte, wie oft und wie lange ein Kind in einem bestimmten Alter tagsüber schlafen sollte. Wie viel Schlaf ein Kind tagsüber braucht, können allein die Eltern herausfinden. Wegleitend für die Einschätzung des Schlafbedarfs ist das wache Kind: Es soll tagsüber so viel schlafen, dass es im Wachzustand zufrieden und an seiner Umgebung interessiert ist.

Kann ein Kind tagsüber auch zu viel schlafen? Es kann für eine Mutter angenehm sein, wenn ihr Kind tagsüber viel und lange schläft. Während das Kind sein Nickerchen macht, kann sie ungestört ihren eigenen Interessen nachgehen oder den Haushalt machen. Die Sache hat aber einen Haken: Ein Kind, das tagsüber viel schläft, kann die Eltern nachts wach halten, denn der Schlafbedarf eines Kindes ist eine feste Größe. Das heißt, wenn ein Kind tagsüber viel schläft, schläft es nachts umso weniger und umgekehrt.

Viele Eltern, die diese Regel zum ersten Mal hören, sind mit ihr nicht einverstanden. Aufgrund eigener Erfahrung machen sie beispielsweise folgenden Einwand: Anna schläft am Morgen und am Nachmittag je 1,5 Stunden, insgesamt also 3 Stunden tagsüber. Am vergangenen Sonntag war die Familie zu Besuch, Anna hat den ganzen Tag lediglich 1 knappe Stunde geschlafen. In der darauffolgenden Nacht schlief sie aber nicht 2 Stunden länger, sondern ebenso lang wie in den vorangehenden Nächten. Der Einwand ist berechtigt. Die Regel gilt nicht für ein einmaliges Ereignis, sondern nur für eine Periode von mindestens 7 bis 14 Tagen.

Warum ist das so? Der Schlaf-Wach-Rhythmus ist Teil einer biologischen Uhr, der sogenannten zirkadianen Rhythmen (Erläuterung siehe Einleitung). Wie bei einer Uhr lässt sich der Schlaf-Wach-Rhythmus nicht so ohne Weiteres verändern; er hat ein gewisses Beharrungsvermögen. Alle Leser, die eine größere Flugreise über einige Zeitzonen hinweg gemacht haben, kennen aus eigener Erfahrung die Beständigkeit ihrer zirkadianen Rhythmen als Jetlag: Während einiger Tage, wenn es schlimm kommt, bis zu einer Woche, leidet man darunter, dass man zu Unzeiten müde beziehungsweise hellwach ist, weil die innere Uhr immer noch auf die Zeit am Herkunftsort eingestellt ist. Nach der Ankunft am Bestimmungsort passen sich die zirkadianen Rhythmen nicht sogleich der Zeitverschiebung an. Sie brauchen Tage, gewisse Körperfunktionen benötigen sogar Wochen, bis sie die Anpassung an den neuen Tag-Nacht-Wechsel vollzogen haben. Dies gilt genauso für eine Anpassung an veränderte Einschlaf- und Aufwachzeiten im Säuglings- und Kleinkindalter!

Daraus ergibt sich eine wichtige Regel: Wenn wir etwas am Schlafverhalten eines Kindes ändern wollen, müssen wir Geduld haben und 7 bis 14 Tage lang mit unseren Maßnahmen konsequent sein. Nur so lässt sich die biologische Uhr anders einstellen.

Um noch einmal auf Anna zurückzukommen: Wenn Annas Eltern der Meinung sind, dass ihr Kind eigentlich nur 1 Stunde und nicht 3 Stunden Tagschlaf braucht, dann lässt sich dies nicht von einem Tag auf den anderen ändern. Wenn die Eltern Anna aber über zwei Wochen hinweg dazu anhalten, nur noch 1 Stunde tagsüber zu schlafen, wird sich ihr Schlaf umverteilen. Anna wird tagsüber nur 1 Stunde, nachts dafür 2 Stunden länger schlafen.

Wenn wir davon ausgehen, dass der Schlafbedarf beim einzelnen Kind eine feste Größe ist, ergibt sich eine weitere wichtige Beziehung: Einschlafzeit und Aufwachzeit stehen in einem engen Verhältnis zueinander. Das heißt, je früher ein Kind abends einschläft, desto früher ist es am Morgen wach und umgekehrt.

Die meisten Eltern haben mit ihren Kindern wiederum Erfahrungen gemacht, die dieser Regel nicht entsprechen, wie beispielsweise die folgende: Kathrin geht üblicherweise um 8 Uhr abends ins Bett und schläft bis 7 Uhr morgens. Gestern Abend kam der Pate zu Besuch, Kathrin durfte bis 10 Uhr aufbleiben. Heute Morgen schlief sie nicht 2 Stunden länger, sondern ist wie üblich um 7 Uhr aufgewacht. Auch diese Regel gilt wegen des Beharrungsvermögens der biologischen Uhr nicht für ein einmaliges Ereignis. Die Eltern können Kathrins Einschlafzeit auf 10 Uhr abends verschieben, wenn sie 14 Tage lang diese Zeit konsequent anstreben. Damit die Umstellung nicht abrupt geschieht, sollten die Eltern Kathrin jeden Abend eine viertel bis eine halbe Stunde später zu Bett bringen, bis die gewünschte Zeit erreicht ist.

Selbstverständlich kann die Einschlafzeit nicht nur hinausgeschoben, sondern auch vorgezogen werden. Dazu ein Beispiel: Lea schläft um 11 Uhr nachts ein und wacht um 9 Uhr morgens auf. Die Eltern möchten, dass Lea bereits um 9 Uhr einschläft. Sie setzen die Einschlafzeit jeden Abend um eine viertel bis eine halbe Stunde früher an, bis sie die gewünschte Zeit erreicht haben. Ganz wichtig: Sie müssen natürlich auch dafür sorgen, dass Lea am Morgen immer früher aufwacht! Sie dürfen sie nicht in den Morgen hineinschlafen lassen. Was die Eltern vielleicht wünschen, aber nicht erwarten dürfen, ist, dass Lea von 9 Uhr abends bis 9 Uhr morgens schläft! Wenn Lea um 9 Uhr abends einschläft, wird sie um 7 Uhr morgens ausgeschlafen sein, weil sie aus biologischen Gründen nicht länger als 10 Stunden schlafen kann.

Ernährung und Durchschlafen

Gestillte Kinder neigen häufiger dazu, nachts aufzuwachen, als flaschenernährte Kinder. Dafür gibt es eine Reihe von Gründen. Mütter, die stillen, sind eher bereit, ihre Kinder auf Verlangen zu ernähren, als Mütter, die ihren Kindern die Flasche geben. Auf Verlangen stillen heißt: Das Kind bekommt die Brust, wann immer es danach verlangt. Verständlicherweise erwartet der Säugling, der auf Verlangen gestillt wird, dass die Brust nachts genauso verfügbar ist wie tagsüber. Kinder, die gestillt werden, nehmen häufig während des Tages weniger Nahrung zu sich als Flaschenkinder. Sie müssen dafür auch nachts trinken, damit sie ihren Kalorienbedarf decken können. Sie melden sich nachts, weil sie Hunger haben. Gestillte Kinder schlafen schließlich häufig im Bett der Mutter oder sind in einem Bettchen neben der Mutter untergebracht. Die Mutter nimmt jede Regung des Kindes wahr und ist auch bereit, darauf zu reagieren.

Stillen auf Verlangen ist diejenige Ernährungsform, die dem kindlichen Bedürfnis am besten entspricht. Viele stillende Mütter fühlen sich auch nicht gestört, wenn ihr Kind einmal bis mehrere Male in einer Nacht die Brust verlangt. Das Kind und die Mutter fühlen sich wohl. Es besteht also kein Grund, etwas zu ändern.

Andere Mütter wollen nach einigen Monaten ungestört schlafen. Einige fühlen sich richtig erschöpft. Wie lässt sich das Trinkverhalten eines Kindes verändern? Wenn das Kind nachts die Brust verlangt, ist es der Mutter nicht möglich sich dem Kind zu verweigern. Wenn sie das Kind umgewöhnen will, sollte sie eine Änderung des kindlichen Trinkverhaltens nicht nachts, sondern während des Tages anstreben. Folgendes Vorgehen hat sich bewährt: Tagsüber dehnt die Mutter die Zeitabstände zwischen dem Stillen auf 3 bis 4 Stunden aus und achtet darauf, dass ihr Kind seinen Nahrungsbedarf während des Tages deckt (siehe »Trinken und Essen 4 bis 9 Monate«). Ist die Ernährung ganz auf den Tag umgestellt, gilt es noch folgendes Problem zu lösen: Viele gestillte Kinder schlafen an der Brust der Mutter ein. Sie sind gar nicht in der Lage, ohne Kontakt zur Mutter einzuschlafen, weder abends noch nachts, wenn sie aufwachen. Die Mutter muss also auch das Einschlafritual verändern. Wie dies geschehen kann, wird weiter unten erläutert.

Es gibt natürlich auch Flaschenkinder, die nachts zu trinken verlangen. Wenn sie während der Nacht größere Nahrungsmengen zu sich nehmen, wachen sie wie die gestillten Kinder auf, weil sich ihr Körper an die nächtliche Kalorien- und Flüssigkeitszufuhr gewöhnt hat. Nach dem 3. Lebensmonat ist der Säugling nicht mehr auf eine nächtliche Nahrungszufuhr angewiesen. Wie das Trinkverhalten umgestellt werden kann, wird im Kapitel »Trinken und Essen 4 bis 9 Monate« geschildert.

Einschlafzeremoniell

Mit dem Einschlafzeremoniell sind die abendlichen Aktivitäten gemeint, die sich vor dem (erhofften) Einschlafen des Kindes abspielen. Sie sind für Kind und Eltern gleichermaßen von Bedeutung.

Warum ist die Art und Weise, wie die Eltern das Kind zu Bett bringen, so wichtig?

Erwartungshaltung.   Während des ersten Lebensjahres bildet sich beim Kind ein Erinnerungsvermögen aus, Vertrautes erkennt es bereits früh wieder. Das Kind entwickelt schnell eine Erwartungshaltung zu bestimmten Tagesvorkommnissen. Hört das Kind das Geklapper des Geschirrs, wird es in sein Stühlchen gesetzt und der Latz umgebunden, dann weiß das Kind: Jetzt gibt es zu essen. Damit das Kind solche Erwartungen entwickeln kann, ist eine regelmäßige Wiederholung der täglichen Aktivitäten und damit auch Konstanz beim Zubettbringen notwendig. Spielen sich die abendlichen Aktivitäten immer in der gleichen Reihenfolge ab, dann bereiten sie ab einem bestimmten Alter das Kind auf das Schlafen vor. Wird das Kind jeden Abend etwa zur gleichen Zeit gefüttert und ab und an gebadet, darf es anschließend mit dem Vater oder der Mutter noch etwas spielen. Wird es dann ins Bettchen gelegt und nach einem Schlafliedchen mit einem Kuss verabschiedet,

Sich verabschieden vor
dem Einschlafen.

wird sich das Kind im Verlauf des Abends auf das Schlafen einstellen. Wenn die Eltern schließlich das Licht ausmachen, weiß das Kind, dass jetzt der Schlaf kommt. Läuft aber jeder Abend für das Kind anders ab, kann es keine Erwartungen entwickeln. Es weiß nie, wann Schlafenszeit ist. Jeden Abend wird es – für sein Empfinden nicht voraussehbar und überraschend – ins Bettchen gelegt und soll nun plötzlich einschlafen.

Müssen Vater und Mutter das Einschlafzeremoniell gleich abhalten? Ein Kind kann sich auf das unterschiedliche Verhalten von Vater und Mutter oder von anderen vertrauten Personen einstellen. Wenn der Vater dem Kind mehr Freiheiten lässt als die Mutter, wird das Kind zwischen den beiden sehr wohl zu unterscheiden wissen. Alle Personen sollten aber gleichermaßen konsequent sein.

Aufregung ist Gift für das Einschlafen. Wenn Eltern sich hektisch für den Theaterabend bereit machen, sich überstürzt vom Kind verabschieden und das Einschlafritual ausfallen lassen, dann macht dem Kind nicht nur die Abwesenheit der Eltern zu schaffen, sondern auch das fehlende Einschlafritual. Übernimmt eine andere Bezugsperson frühzeitig am Abend das Kind und gibt ihm mit dem elterlichen oder einem eigenen, dem Kind vertrauten Einschlafzeremoniell die nötige Geborgenheit, wird es problemlos einschlafen können. Mit den Kindern herumzubalgen ist eine Vorliebe der Väter, und die Kinder genießen es. Die Mütter haben oft weniger Freude daran, weil die Kinder danach häufig aufgedreht sind und Mühe haben einzuschlafen. Rat an Väter: Das Herumtollen so früh ansetzen, dass das Kind ausreichend Zeit hat, sich zu beruhigen. Auf diese Weise fördern das Herumtollen und die darauf folgende Müdigkeit sogar die Schlafbereitschaft.

Geborgenheit. Wir alle brauchen Geborgenheit, müssen uns sicher fühlen, damit wir uns entspannen und einschlafen können. Genauso ergeht es den Kindern. Zum Einschlafritual gehören Zuwendung, Zärtlichkeit und das Vermitteln des Gefühls, dass sich das Kind vertrauensvoll dem Schlaf hingeben kann. Das gelegentliche abendliche Bad ist diesbezüglich hilfreich. Das Kind entspannt sich körperlich und bekommt zudem Zuwendung und Zärtlichkeit.

Geborgenheit ist nicht erst am Abend und in der Nacht für das

Kind wichtig. Das Kind soll sich auch tagsüber geborgen fühlen. Bekommt das Kind am Tag die notwendige Geborgenheit und Zuwendung, fühlt es sich nachts auch eher sicher. Auf welche Weise die Eltern dem Kind Geborgenheit vermitteln können, ist in den Kapiteln über das »Beziehungsverhalten« näher ausgeführt.

Abhängigkeit oder Selbstständigkeit. Bereits das neugeborene Kind verfügt über gewisse, wenn auch beschränkte Fähigkeiten, sich selbst zu beruhigen und selbstständig einzuschlafen. So saugt das Neugeborene an seinen Händchen und rekelt sich, bis es den Schlaf findet. Diese Fähigkeiten entwickeln sich in den ersten Lebensmonaten rasch weiter, sind aber unter den Kindern verschieden ausgeprägt. Manche Kinder finden bereits nach wenigen Wochen den Schlaf problemlos selber, andere sind während längerer Zeit mindestens zeitweise auf die Hilfe der Eltern angewiesen. Ob das Kind die Fähigkeiten, sich selbst zu beruhigen, entwickeln kann, hängt nicht nur vom Entwicklungsstand und von der Persönlichkeit des Kindes, sondern ganz wesentlich auch vom Verhalten der Eltern ab.

Stellen wir uns zwei unterschiedliche mütterliche Verhaltensweisen vor: Ein Kind schläft jeden Abend an der Brust der Mutter ein; es nuckelt an der Brust, wird gehalten und gewiegt, bis es den Schlaf findet. Ein anderes Kind wird wach zu Bett gelegt; die Mutter sitzt am Bettchen. Wenn das Kind zu schreien anfängt, unruhig ist und nicht einschlafen kann, spricht die Mutter leise zu ihm, streichelt ihm über sein Köpfchen und hält seine Händchen. Die Mutter bestärkt ihr Kind in seinem Bemühen, den Schlaf selber zu finden. Das erste Kind verbindet nach einer gewissen Zeit Einschlafen mit der mütterlichen Brust, es will gehalten und gewiegt werden. Die Nähe der Mutter ist ein fester Bestandteil des Einschlafrituals geworden. Das Kind kann nur im engen körperlichen Kontakt mit der Mutter einschlafen. Das zweite Kind wird von Woche zu Woche selbstständiger, bis es schließlich so weit ist, dass es ohne mütterliche Hilfe einschlafen kann. Wir sollten das eine oder das andere mütterliche Verhalten nicht als besser oder schlechter einschätzen. Aber es sind zwei verschiedene Erziehungsstile, die sich unterschiedlich auf das Bindungsverhalten des Kindes und seine Entwicklung zur Selbstständigkeit auswirken. Es gibt Eltern, die sich wohler fühlen, wenn ihr Kind auch im 2. Lebensjahr nur in ihren Armen einschlafen kann. Andere leiden darunter, dass ihr Kind nur auf diese Weise in den Schlaf findet. Sie fühlen sich körperlich zunehmend unwohl und angebunden. Die Unselbstständigkeit des Kindes hindert sie daran, eigene Bedürfnisse wahrzunehmen. So ist es ihnen unter anderem nicht möglich abends auszugehen.

Zwischen diesen beiden Verhaltensweisen gibt es einen großen Spielraum, den die Eltern entsprechend den Bedürfnissen des Kindes und ihren eigenen gestalten können. Dabei sollten Eltern Folgendes bedenken: In den ersten Monaten gestalten sie die körperliche Verbindung zu ihrem Kind für die kommenden Jahre. Eine möglichst große Nähe und Enge in der körperlichen Beziehung wird häufig mit psychischem Wohlbefinden und einer starken Bindung gleichgesetzt. Dies ist jedoch eine zu einseitige Vorstellung von der Entwicklung des kindlichen Selbstwertgefühles, denn nicht nur Geborgenheit, auch Selbstständigkeit ist ein wesentlicher Bestandteil des Selbstvertrauens. Eltern sollten ihr Kind in dem Maße zur Selbstständigkeit hinführen, wie das Kind selbstständig sein kann, ohne dass sie es dabei unter- oder überfordern. Wenn das Kind selbstständig einschlafen kann, ist es von seiner Umgebung weniger abhängig und fühlt sich weniger verlassen, wenn es nachts allein im dunklen Zimmer aufwacht. Selbstständigkeit gibt auch Sicherheit.

»Abendkinder«. Die meisten Menschen neigen dazu, abends länger aufzubleiben, und haben morgens Mühe, aus dem Bett zu steigen. Sie haben einen zirkadianen Schlaf-Wach-Rhythmus, der mehr als 24 Stunden beträgt (siehe »Schlafverhalten Einleitung«). »Abendkinder« sind, wenn die Eltern sie ins Bett legen möchten, quicklebendig. Das Sandmännchen lässt auf sich warten! Das Problem ist weniger am Abend als vielmehr am Morgen zu lösen. Bringen die Eltern das Kind hellwach zu Bett, kann es nicht einschlafen und zermürbt die Eltern mit seinem Gequengel. Wenn die Eltern aber das Kind nicht in den Morgen hineinschlafen lassen, sondern sanft frühzeitig wecken, wird es am Abend müder und eher bereit sein, ins Bett zu gehen.

Durchschlafen. Wie in der Einleitung ausgeführt, wachen Säuglinge und Kleinkinder mehrmals pro Nacht auf. Dies gehört zum normalen Schlafverhalten. Eltern werden aber in ihrer Nachtruhe nicht gestört, weil ihr Kind aufwacht, sondern weil es nicht selbstständig wieder einschlafen kann. Kindern, die abends nicht alleine einschlafen können, gelingt dies verständlicherweise auch nachts weit weniger als Kindern, die abends dazu in der Lage sind. Das Kind, das abends an der Brust der Mutter einschläft, wird, wenn es nachts aufwacht, nach der Mutter rufen, weil es ihre Brust, das Gehalten- und-Gewiegt-Werden braucht, um wieder einzuschlafen. Das Kind, das abends alleine einschläft, findet auch nachts den Schlaf selbstständig wieder. Das Einschlafritual bestimmt also nicht nur das Einschlafen, sondern auch das Durchschlafen des Kindes.

Nächtliches Aufwachen

Mindestens ein Viertel der Kinder, die über Wochen und Monate durchschliefen, wachen zwischen 6 und 12 Monaten zum Schrecken der Eltern erneut nachts auf. Was ist passiert? Haben die Eltern etwas falsch gemacht?

Veränderung des Schlafverhaltens. Während der ersten Lebensmonate entwickelt sich der kindliche Schlaf weiter, oft unmerklich für die Eltern. Stimmen die Bedürfnisse des Kindes und das elterliche Verhalten nicht mehr überein, können Durchschlafstörungen auftreten. Was ist zu tun? Die Eltern müssen sich neu auf die Bedürfnisse ihres Kindes einstellen, indem sie herausfinden, wie viel Schlaf ihr Kind tagsüber und nachts tatsächlich braucht (zum Beispiel mit Hilfe des Schlafprotokolls im Anhang).

Die weitaus häufigste Ursache für das nächtliche Aufwachen ist, dass das Kind nicht mehr so lange schlafen kann, wie es die Eltern erwarten. Wenn der 8 Monate alte Stefan einen Schlafbedarf von 10 Stunden pro Nacht hat und die Eltern ihn um 7 Uhr abends in der Erwartung zu Bett bringen, dass er bis 7 Uhr morgens schläft, können sich folgende Schwierigkeiten ergeben: Stefan kann abends nicht einschlafen, weil er noch nicht müde ist. Er wacht nachts mehrere Male auf, oder er ist morgens frühzeitig wach, weil er bereits ausgeschlafen ist. Im ungünstigsten Fall haben die Eltern unter allen drei Varianten zu leiden. Schlafverhalten dieser Art können immer behoben werden, wenn folgende Regel beachtet wird: Das Kind soll nur so lange im Bett sein, wie es auch schlafen kann.

Diese Regel wird von den Eltern oft nicht so leicht akzeptiert. Wenn Stefan bis 7 Uhr morgens schlafen soll, dann können die Eltern ihn nicht vor 9 Uhr abends zu Bett bringen. Dies wiederum wollen die Eltern nicht. Sie möchten abends etwas Zeit für sich haben. Andererseits wollen die Eltern auch nicht um 4 Uhr morgens aufstehen. Was ist zu tun? Es liegt an den Eltern zu entscheiden, wie sie ihr Kind und sich selber »betten« wollen. Viele Eltern, die ihr Kind abends länger aufbehalten, machen eine sehr befriedigende Erfahrung mit den gemeinsamen Abenden. Insbesondere die Väter sind davon sehr angetan, weil ihnen das längere abendliche Zusammensein mit dem Kind Gelegenheit gibt, eine intensivere Beziehung zum Kind aufzubauen. Manche Kinder verlangen, wenn sie am Morgen aufwachen, nicht sofort nach den Eltern. Sie spielen vergnügt alleine, wenn Spielsachen in Reichweite sind, und lassen die Eltern noch etwas schlafen.

Krankheit und Schmerzen. Zahnschmerzen können ein Kind so plagen, dass es nachts schreiend aufwacht. Das schmerzhafte Durchstoßen eines Zahns beschränkt sich in der Regel auf einen bis wenige Tage. Wochenlanges nächtliches Aufwachen sollte nicht auf Zahnschmerzen zurückgeführt werden. Wenn Kinder erkältet sind, eine Ohrentzündung oder eine Magen-Darm-Grippe haben, können die Schmerzen sie auch beim Schlafen beeinträchtigen. Eltern fällt es nicht schwer, nachts aufzustehen, wenn ihr Kind leidet. Viele Eltern nehmen das kranke Kind zu sich ins Bett.

Probleme entstehen für die Eltern gelegentlich, wenn das Kind wieder gesund ist. Das Kind verzichtet oftmals ungern auf die vermehrte Zuwendung der Eltern, die zusammen mit einem süßen Zahngelee oder dem warmen Elternbett die Nächte verschönert hat. Reagieren die Eltern nicht mehr auf das Schreien des Kindes – ein häufig erteilter Ratschlag –, kann sich daraus eine Protestaktion während mehrerer Nächte ergeben. Eine humanere Art, mit dem Problem umzugehen, ist die folgende: Die Eltern entziehen dem Kind über einige Nächte allmählich die zusätzliche Zuwendung. Sie gewöhnen ihm gewissermaßen seine neu geweckte Erwartung und damit auch sein während der Krankheit zugestandenes Verhalten ab. Ein Beispiel: Der 9 Monate alte Florian hatte 5 Tage lang hohes Fieber und Durchfall. Er benötigte vermehrt Flüssigkeit, auch während der Nacht. Wieder gesund, schreit er nachts, weil er sich an die Flasche mit gesüßtem Tee gewöhnt hat. In einem ersten Schritt verdünnt die Mutter einige Nächte lang den Tee, bis die Flasche schließlich nur noch Wasser enthält. Zusätzlich schränkt die Mutter auch die Flüssigkeitsmenge jeden Tag etwas mehr ein. Nach einer Woche schläft Florian wieder durch.

Bei Vollmond scheinen – laut Elternberichten – manche Kinder weniger zu schlafen, andere wachen wiederholt auf. Der Vollmond muss dabei nicht ins Kinderzimmer scheinen. Den Eltern zum Trost: Der Vollmond hält nicht lange an, und das Kind beruhigt sich nach 1 bis 3 Nächten auch von allein wieder.

Kopfwackeln, Schaukeln und andere rhythmische Bewegungen

Zwischen 6 und 12 Monaten treten bei mehr als der Hälfte aller Kinder rhythmische Bewegungen auf. Vorzugsweise vor dem Einschlafen und nachts, wenn sie wach sind, aber auch tagsüber, wenn die Kinder sich langweilen oder müde sind. Schaukelbewegungen haben für Kinder und selbst für manche Erwachsene eine beruhigende Wirkung.

Am häufigsten schaukeln Kinder mit dem ganzen Körper. Ein Teil der Kinder bewegt den Kopf rhythmisch hin und her, vor allem vor dem Einschlafen. Ein normal entwickeltes Kind, das aus Müdigkeit oder Langweile schaukelt, verliert sich nicht darin. Sobald es einschläft oder sein Interesse durch etwas Aufregendes in der Umgebung geweckt wird, hört es mit den gleichförmigen Bewegungen auf. Bedrohlich kann es auf die Eltern wirken, wenn das Kind den

Rhythmische Bewegungen.

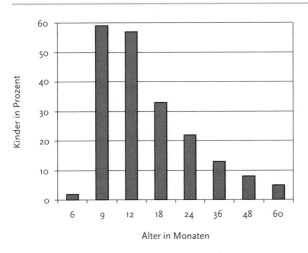

Rhythmische Bewegungen in den ersten Lebensjahren (nach Klackenberg).

Kopf auf eine harte Unterlage oder gegen die Bettumrandung schlägt. Selten sind die Bewegungen des Kindes so heftig, dass das Bettchen mitbewegt wird und dabei ein erheblicher Lärm entsteht. Gelegentlich kann es notwendig sein, dass die Eltern das Bett auspolstern, damit sich das Kind nicht verletzt. Sie brauchen es aber nicht von den rhythmischen Bewegungen abzuhalten. Das wäre auch ein schwieriges Unterfangen!

Im 2. Lebensjahr nimmt die Häufigkeit dieser rhythmischen Bewegungen deutlich ab; nach dem 5. Lebensjahr weisen nur noch wenige Kinder diese Eigenheit auf. Allerdings gibt es Erwachsene, die sich mit schaukelnden und wippenden Bewegungen beruhigen. Rhythmische Bewegungen sind im Kleinkindalter häufig und gehören zur normalen kindlichen Entwicklung. Die Mutter von Urs kann also beruhigt sein: Sein Kopfwackeln bedeutet nicht, dass sie sich Sorgen um seine geistige Entwicklung machen muss.

Das Wichtigste in Kürze

1. Der Schlafbedarf ist von Kind zu Kind unterschiedlich groß. Jedes Kind kann nur so lange schlafen, wie es seinem Schlafbedarf entspricht.

2. Der Schlafbedarf ist unter gleichaltrigen Kindern sehr unterschiedlich groß. Es gibt keine Regel, die angeben könnte, wie viel Schlaf ein Kind in einem bestimmten Alter braucht. Den Schlafbedarf eines Kindes können die Eltern nur individuell ermitteln (siehe Schlafprotokoll im Anhang).

3. Tag- und Nachtschlaf hängen voneinander ab: Je mehr ein Kind tagsüber schläft, desto weniger schläft es nachts und umgekehrt.

4. Einschlaf- und Aufwachzeiten sind voneinander abhängig: Je früher ein Kind zu Bett gebracht wird, desto früher wird es am Morgen wach sein und umgekehrt.

5. Der zirkadiane Schlaf-Wach-Rhythmus erlaubt keine rasche Änderung des Schlafverhaltens. Deshalb gelten die Feststellungen 3. und 4. nicht für ein einmaliges Ereignis, sondern nur für eine Zeitperiode von mindestens 7 Tagen.

6. Eine Veränderung des Schlafverhaltens kann nur durch eine konsequente Erziehungshaltung über 7 bis 14 Tage hinweg erreicht werden. Das ist anstrengend, aber es lohnt sich!

7. Abendliches Einschlafen gelingt am besten, wenn Zeitpunkt und Gestaltung des Einschlafrituals konstant sind.

8. Nächtliches Durchschlafen stellt sich am ehesten ein, wenn das Kind:
   - sich tagsüber geborgen fühlt und in seiner Selbstständigkeit gefördert wird;
   - am Abend durch ein vertrautes Einschlafzeremoniell geführt wird und dann ohne elterliche Hilfe einschlafen kann;
   - nur so lange im Bett ist, wie es auch Schlaf braucht.

9. Rhythmische Bewegungen wie Kopfwackeln gehören zum normalen Schlafverhalten im Säuglings- und Kleinkindalter.

10 bis 24 Monate

Es ist 2 Uhr morgens. Die ganze Familie schläft tief, nur die 23 Monate alte Anna sitzt seit einer Stunde vergnügt in ihrem Bettchen. Sie spielt mit ihren Püppchen, plaudert und jauchzt. Schließlich hat Anna genug, sie mag nicht mehr alleine spielen, etwas mehr Unterhaltung wäre ihr lieb. Sie möchte ein Büchlein anschauen oder eine Geschichte hören und ruft nach den Eltern. Da die Eltern nicht erscheinen, steigt sie aus ihrem Bett und stapft ins elterliche Schlafzimmer.

Die Franzosen sprechen von einer *insomnie joyeuse* (fröhliche Schlaflosigkeit), wenn Kinder wie Anna mitten in der Nacht bei bester Laune spielen. Anna ist wach und vergnügt sich, weil sie nicht mehr schlafen kann. Wie kommt es, dass sie um 2 Uhr morgens ausgeschlafen ist? Müssen solche nächtlichen Eskapaden sein? In diesem Kapitel wollen wir uns überlegen, wie Kinder wie Anna zum Durchschlafen zurückfinden können.

Wenden wir uns aber zuerst dem Tagschlaf zu, der im 2. Lebensjahr ebenso zu erzieherischen Unsicherheiten bei den Eltern führen kann.

Wie viel Tagschlaf braucht ein Kind?

Im 2. Lebensjahr beginnt der Schlafbedarf deutlich abzunehmen. Kinder schlafen vor allem tagsüber weniger. Praktisch alle Kinder schlafen im 2. Lebensjahr tags nur noch einmal, in der Regel am Nachmittag. Für einige Eltern stellt sich bereits gegen Ende des 2. Lebensjahres die Frage, ob ihr Kind tagsüber überhaupt noch schlafen soll.

Wie wir aus der folgenden Abbildung ersehen können, schlafen einige Kinder bereits mit 18 Monaten nicht mehr jeden Nachmittag. Mit 24 Monaten schlafen vereinzelte Kinder tagsüber überhaupt nicht mehr. Eine wesentliche Reduktion des Tagschlafes stellt sich bei den meisten Kindern im 3. und 4. Lebensjahr ein. In der Schweiz schlafen mit 3 Jahren noch 60 Prozent der Kinder regelmäßig tagsüber. Mit 4 Jahren sind es nur noch 10 Prozent. 70 Prozent der Kinder schlafen in diesem Alter tagsüber überhaupt nicht mehr und 20 Prozent noch unregelmäßig am Nachmittag.

Diese Zahlen haben keine allgemeine Gültigkeit! In Skandinavien machen deutlich weniger Kinder mit 3 und 4 Jahren ein Nickerchen als in der Schweiz, während in einigen südeuropäischen Ländern selbst Kindergartenkinder noch einen Mittagschlaf halten.

Ob und wie viel ein Kind tagsüber schläft, hängt anfänglich stark von seinem Entwicklungsalter und seinem individuellen Schlafbedürfnis ab. Je älter es wird, desto mehr wird es von Gewohnheiten und kulturellen Faktoren geprägt. Schlafphysiologische Untersuchungen zeigen, dass eine kurze Schlafphase in der Mitte des Tages für Menschen jeden Alters sinnvoll wäre.

Wie können Eltern entscheiden, ob und wie viel ihr Kind während des Tages schlafen soll? Die Eltern sollten sich nach dem Verhalten des wachen Kindes richten: Das wache Kind sollte zufrie-

Tagschlaf.

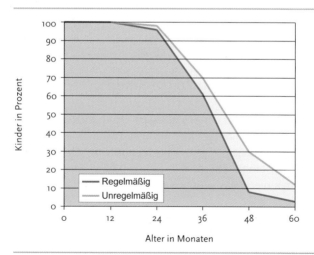

Die dunkle Fläche gibt an, wie viele Kinder (in Prozent) tagsüber regelmäßig, die helle, wie viele Kinder unregelmäßig schlafen. Weiß bezeichnet die Kinder, die tagsüber nicht mehr schlafen.

den und aktiv sein. Kinder, die tagsüber zu wenig schlafen, werden quengelig und lustlos in ihrem Spiel. Gelegentlich schlafen sie sogar beim Spielen ein. Die meisten Kinder schlafen im 2. Lebensjahr 0,5 bis 1,5 Stunden am Nachmittag. Einige Kinder schlafen nur noch unregelmäßig oder überhaupt nicht mehr.

Kann ein Kind tagsüber auch zu viel schlafen? Unter Umständen ja. Eine unangenehme Folge wird sein, dass das Kind nachts nicht durchschläft. Damit wären wir bei Anna und ihrem nächtlichen Spiel.

Nachts munter

Anna ist längst nicht die einzige 2-Jährige, die nachts aufwacht. In den Zürcher Longitudinalstudien wurde häufig von nächtlichem Aufwachen zwischen 2 und 5 Jahren berichtet (siehe Abbildung nächste Seite).

Zwischen 12 und 60 Monaten wachten 40 bis 55 Prozent der Kinder nachts ein Mal oder mehrere Male auf. Etwa 20 Prozent der Kinder wachten in dieser Altersperiode jede Nacht auf. Jungen und Mädchen liegen etwa gleich häufig wach.

Wie können nun die Eltern von Anna herausfinden, warum ihr Kind nachts so lange wach ist? Im Kapitel »Schlafverhalten 0 bis 3 Monate« haben wir gehört, dass jedes Kind einen individuellen Schlafbedarf hat. Ein Kind kann nur einschlafen, wenn es müde ist, und es wird nur so lange schlafen, wie es seinem Schlafbedürfnis entspricht. Ein Kind, das tagsüber lange schläft, wird also nachts entsprechend weniger Schlaf brauchen (siehe »Schlafverhalten 4 bis 9 Monate«). Anna schläft am Nachmittag etwa 3 Stunden. Nachts wacht sie nach 6 Stunden Schlaf auf und spielt quietschvergnügt 1 bis 3 Stunden, weil sie ausgeschlafen ist. Die Eltern werden dem Kind nicht gerecht, wenn sie von ihm verlangen, dass es weiterschlafen soll. Anna kann nicht mehr einschlafen.

Was ist zu tun? Die Eltern können die Schlafenszeiten von Anna überdenken und sich Folgendes überlegen:
■ Wie viel Schlaf braucht Anna in 24 Stunden?

Nächtliches Aufwachen in den ersten 5 Lebensjahren.

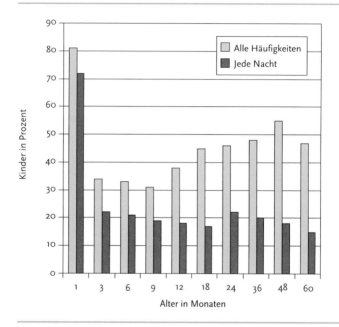

Hell: Alle Kinder (in Prozent), die nachts in einem bestimmten Alter aufwachen. Dunkel: Kinder (in Prozent), die jede Nacht ein Mal oder mehrere Male aufwachen (Jenni).

- Wie viel Schlaf braucht Anna tagsüber, damit sie zufrieden und aufmerksam ist?
- Welches ist die beste Schlafenszeit tagsüber?
- Von wann bis wann soll Anna nachts schlafen?

Die Eltern kommen mithilfe des Schlafprotokolls zu folgender Einschätzung:
- Insgesamt schläft Anna 12 Stunden.
- Sie braucht den Tagschlaf. Ein Nickerchen von 1 Stunde zwischen 1 und 2 Uhr ist ausreichend.
- Es bleiben 11 Stunden für den Nachtschlaf.

Schlafprotokoll von Anna.

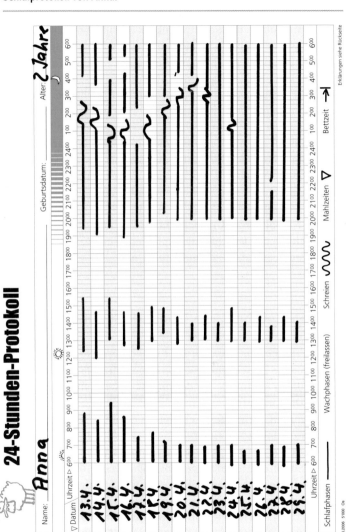

Striche: Schlafperioden. Leerstellen: Wachsein. Wellenlinien: Schreien.

Bisher haben die Eltern Anna um 7 Uhr abends zu Bett gebracht und zwischen 8 und 9 Uhr morgens aus dem Bettchen genommen. Beim Führen des Schlafprotokolls erkennen die Eltern, dass Anna tagsüber zu lange schlief und nachts 2 bis 3 Stunden zu lange alleine in ihrem Bett war. Diese 2 bis 3 Stunden zu viel im Bett hat Anna spielend verbracht. Die Eltern beschließen, Anna um 8 Uhr abends zu Bett zu bringen und um 7 Uhr morgens aufzunehmen, damit sie nicht länger im Bett ist, als sie auch schlafen kann. Ist Anna um 7 Uhr noch nicht wach, wecken die Eltern sie sanft, indem sie die Schlafzimmertür etwas aufmachen und ein wenig Licht und Geräusche ins Zimmer lassen. Die Eltern haben dieses Vorgehen 2 Wochen lang konsequent durchgeführt. Das Schlafprotokoll zeigt, dass die nächtlichen Spielepisoden von Anna verschwunden sind.

Allen Eltern, deren Kinder nachts aufwachen, sind die Regeln zum nochmaligen Durchlesen empfohlen, die am Schluss des vorhergehenden Schlafkapitels aufgeführt sind.

Mit den Geschwistern in einem Zimmer schlafen

Aus unerfindlichen Gründen sind viele Eltern der Ansicht, dass Kinder alleine besser schlafen. Das Gegenteil trifft zu. Gemeinsames Schlafen hat für die Kinder und die Eltern einen immensen Vorteil: Die Kinder fühlen sich nachts nicht alleingelassen! Kinder, die mit ihren Geschwistern schlafen, suchen nur ausnahmsweise und dann zumeist aus einem triftigen Grund, beispielsweise wegen Krankheit, das elterliche Schlafzimmer auf.

Viele Eltern, deren Kinder getrennt schlafen, befürchten die Unruhe, wenn sie die Kinder in einem Zimmer schlafen lassen. Richtig ist: Es gibt vorübergehend einige lebhafte Abende, wenn Kinder zum Schlafen zusammengebracht werden. Die Kinder finden aber nach einigen Nächten des übermütigen Austobens immer Mittel und Wege, miteinander auszukommen, vorausgesetzt: Die Eltern schauen mit Zurückhaltung nach Ruhe und Ordnung! Häufig machen Eltern den Fehler, dass sie Polizisten spielen: die beste Voraussetzung dafür, dass die Kinder keine Ruhe geben!

Im gleichen
Zimmer oder
gar Bett schläft
es sich besser.

Ein anderer häufig gemachter Einwand ist, dass die Schlafbe-dürfnisse der Kinder so unterschiedlich seien, dass sie sich gegen-seitig stören würden. Dies mag eine Schwierigkeit sein, wenn eines der Kinder noch sehr klein ist. Ab dem 2. Lebensjahr können Kinder aber gemeinsam schlafen, auch wenn sie einen unter-schiedlichen Schlafbedarf haben. Kinder, die gemeinsam schlafen, vertragen sich auch tagsüber besser. Im gleichen Zimmer schla-fen, miteinander vor dem Einschlafen über den vergangenen Tag reden, nachts, wenn man aufwacht, den Atem des Geschwisters hören und am Morgen gemeinsam aufstehen stärkt das Zusam-mengehörigkeitsgefühl.

Das Wichtigste in Kürze

1. Der Schlafbedarf nimmt im 2. Lebensjahr ab. Rückläufig ist insbeson-dere der Tagschlaf. Mit 24 Monaten schlafen einige Kinder tagsüber be-reits nicht mehr.

2. Wenn ein Kind im 2. Lebensjahr aufwacht, ist die häufigste Ursache ein verminderter Schlafbedarf. Eltern können das Kind zum Durchschlafen bringen, wenn sie die Einschlaf- und Aufwachzeiten dem Schlafbedürf-nis des Kindes anpassen (Schlafprotokoll führen).

3. Geschwister sollten im gleichen Zimmer schlafen. Es gibt ihnen ein Gefühl von Zusammengehörigkeit. Kinder, die gemeinsam schlafen, suchen nur selten das elterliche Schlafzimmer auf.

25 bis 48 Monate

Die Eltern von Peter begeben sich gerade zu Bett, als ihr 2-jähriger Sohn aus Leibeskräften zu schreien anfängt. Sie stürzen ins Kinderzimmer: Peter steht mit einem ängstlichen Gesichtsausdruck in seinem Bett. Seine Augen sind weit aufgerissen. Er schreit wie am Spieß und starrt gebannt auf ein imaginäres Ungeheuer. Er atmet und schwitzt, als ob er Schwerstarbeit verrichten würde. Als sich ihm die Mutter nähert, weicht er zurück. Sie redet besänftigend auf ihn ein, was sein Geschrei aber nur verstärkt. Sie versucht ihn in die Arme zu nehmen und zu streicheln. Peter schlägt wild um sich. Schließlich rüttelt der Vater den Jungen sachte, aber Peter lässt sich nicht wecken. Nach etwa 10 Minuten ist der Spuk vorbei: Peter blickt umher und ist nicht mehr verstört. Er wirkt müde und schläft nach kurzer Zeit zufrieden ein.

Was die Eltern von Peter erlebt haben ist ein nächtliches Angsterschrecken (Pavor nocturnus). Der Pavor nocturnus kann Eltern, die dieses Verhalten nicht kennen, einen gehörigen Schrecken einjagen. Dazu sowie zu Angstträumen später mehr, zunächst wollen wir uns einem weiteren typischen Verhalten dieses Alters zuwenden, das Eltern über Monate und gelegentlich über Jahre hinweg beschäftigen kann: Ihr Kind will nicht mehr alleine schlafen und sucht Unterschlupf im Elternbett. Im 2. Lebensjahr beginnt sich das Kind tagsüber von den Eltern zu lösen. Dieser Aufbruch zur inneren Selbstständigkeit verunsichert und geht je nach Kind mit unterschiedlich großen Trennungsängsten einher. Um

Das Familienbett.

sich weiterhin geborgen zu fühlen, sucht das Kind in der Nacht die körperliche Nähe der Eltern.

Ein Besuch im Elternbett

Kleinkinder schlüpfen nachts oft ins Elternbett. Manche Kinder tun es so diskret, dass die Eltern erst einige Stunden später, vielleicht auch erst am Morgen, den Gast in ihrem Bett entdecken.

Kinder schlafen weit häufiger im Bett der Eltern als gemeinhin angenommen wird. In der Zweiten Zürcher Longitudinalstudie wurden die folgenden Beobachtungen gemacht (Jenni). Die Häu-

Kinder im Elternbett.

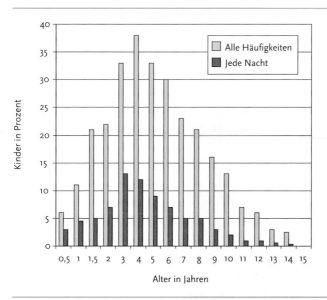

Anzahl der Kinder (in Prozent), die zwischen 1 und 14 Jahren nachts das Elternbett aufsuchen. Hell: alle Kinder; Dunkel: davon jene Kinder, die dies jede Nacht tun (Jenni).

figkeit der Kinder, die mindestens einmal pro Woche das Elternbett aufsuchten, nahm von 12 Prozent mit 1 Jahr auf 38 Prozent mit 4 Jahren zu. Danach nahm die Häufigkeit wieder ab. Mit 8 Jahren schliefen aber immer noch 22 Prozent der Kinder mindestens einmal pro Woche bei den Eltern. 4 Prozent der Kinder schliefen mit 1 Jahr jede Nacht bei den Eltern, mit 3 Jahren waren es 13 und mit 8 Jahren noch 5 Prozent. Zwischen 2 und 7 Jahren hat fast die Hälfte der Kinder irgendwann mindestens einmal pro Woche im Laufe eines Jahres oder mehrerer Jahre im Elternbett geschlafen.

Offensichtlich können diese Kinder nachts nicht allein sein. Dies erstaunt eigentlich nicht, wenn man bedenkt, dass Kinder tagsüber auch nicht allein sein können. Weshalb also sollten sie nachts, wenn sie doch mehrmals aufwachen, dazu fähig sein? Kinder allein in einem Zimmer schlafen zu lassen wurde erst im Industriezeitalter möglich, als sich die Wohnbedingungen deutlich verbesserten. Zuvor haben die Menschen – Kinder mit Eltern, Geschwistern und Angehörigen – auch in unserem Kulturkreis

Ich will nicht allein schlafen!

gemeinsam in einem Raum geschlafen. In vielen Gesellschaften ist dies heute immer noch so. Es gibt keinen stichhaltigen Grund, weshalb ein Kind allein schlafen soll, aber gute Gründe dagegen. Dies sollten alle Eltern bedenken, wenn ihr Kind im Elternschlafzimmer erscheint.

Weshalb kommt es zwischen 2 und 4 Jahren zu dieser starken Zunahme der Besuche der Kinder im Elternbett? Solche Besuche werden erst dann möglich, wenn das Kind sein Bett verlassen und das elterliche Schlafzimmer aufsuchen kann. Die Mobilität ist aber nur eine Voraussetzung und nicht der eigentliche Grund für die nächtlichen Ausflüge. Weitere Gründe dafür, dass ein Kind nicht mehr alleine schlafen will und das Elternbett aufsucht, sind:

Entwicklung der Selbstständigkeit. Im 2. Lebensjahr macht das Kind einen ersten großen Schritt hin zu einer eigenständigen Persönlichkeit. Die beginnende Selbstständigkeit äußert sich darin, dass das Kind seine Bedürfnisse selber durchsetzen und nicht mehr auf deren Erfüllung durch die Eltern warten will. Wenn dem Kind dieses Vorhaben misslingt, äußert es seine Frustration in Trotzreaktionen und Wutanfällen. Die Kehrseite des Drangs zum Selbstständigwerden ist das Gefühl des Alleinseins. Mitten im Spiel kann ein Kind zu weinen anfangen und verzweifelt nach der Mutter rufen. Es hat plötzlich realisiert, dass es alleine im Zimmer ist: ein Gefühl des Verlassenseins überwältigt es. Das Wechselspiel zwischen »Sich-von-den-Eltern-Ablösen« und »Geborgenheit-bei-den-Eltern-Suchen« beginnt im 2. Lebensjahr. Es wird von nun an Kind und Eltern begleiten (siehe »Beziehungsverhalten 10 bis 24 Monate« und »Beziehungsverhalten 25 bis 48 Monate«).

Das Gefühl des Alleinseins äußert sich besonders stark beim Zubettgehen und beim nächtlichen Aufwachen. Das Kind will die Eltern nach dem Gutenachtkuss nicht gehen lassen. Es beginnt zu weinen, sobald die Eltern das Kinderzimmer verlassen wollen. Wacht es nachts auf, fühlt es sich allein und sucht Nähe und Wärme im Elternbett.

Kinder schreiten in ihrer Autonomieentwicklung wie in jedem anderen Entwicklungsbereich unterschiedlich rasch voran. Die Selbstständigkeit und emotionale Unabhängigkeit gleichaltriger

Kinder ist daher je nach ihrer Persönlichkeit und Erziehung verschieden stark ausgeprägt. Ihre Trennungs- und Verlassenheitsängste sind unterschiedlich groß. In einer Familie kann es vorkommen, dass ein Kind über längere Zeit die Eltern nachts heimsucht, während seine Geschwister die Eltern nie belästigen. Trennungs- und Verlassenheitsängste sind selbst unter Geschwistern verschieden stark ausgeprägt.

Selbstbestimmte Geborgenheit. Emotionale Selbstständigkeit und Unabhängigkeit hängen unter anderem von der Fähigkeit der Kinder ab, sich selber zu beruhigen und sich selber ein Gefühl von Sicherheit zu geben. Manche Kinder plaudern vor sich hin oder singen, wenn sie nachts aufwachen. Andere drehen an ihren Haarlocken, schaukeln mit Kopf und Körper oder saugen am Schnuller. Die Nächte können für die Familie ungestörter verlaufen, wenn die Eltern dem Kind mehrere Schnuller ins Bett geben, dann ist mit wenig Aufwand immer ein Exemplar greifbar (siehe »Schlafverhalten 4 bis 9 Monate«).

Für viele Kinder wird im 2. und 3. Lebensjahr ein bestimmter Gegenstand wie eine Tüchlein, eine Puppe oder ein Teddybär zum ständigen Begleiter. Die Kinder tragen den Gegenstand den ganzen Tag mit sich herum. Sie wollen und können nicht mehr ohne ihren Teddybären, ihre Puppe oder ihr Tüchlein einschlafen. Nachts schreien sie Zeter und Mordio, wenn sie ihr Tüchlein nicht mehr finden. Solche heiß geliebten Gegenstände werden von den Psychologen als Übergangsobjekte bezeichnet (siehe »Beziehungsverhalten 10 bis 24 Monate«). Übergangsobjekte dienen den Kindern als Mutterersatz auf Zeit auf ihrem Weg zur eigenen inneren Selbstständigkeit. Sie helfen mit, Zeiten zu überbrücken, die mit einem Gefühl des Alleinseins und Verlassenseins verbunden sind. Die Qualitäten, die ein Übergangsobjekt für die Kinder einmalig machen, sind für die Eltern oft kaum nachzuvollziehen. So ist es schwer verständlich, warum gerade dieses zerzauste Tüchlein vom Kind so angehimmelt wird. Dass dem Teddybären ein Auge fehlt und seine Arme kurz vor dem Abfallen sind, kümmert das Kind nicht. Das Aussehen ist für es unwichtig, der Geruch spielt dafür eine umso bedeutsamere Rolle. Wird das stinkende Tüchlein von der Mutter in bester hygienischer Absicht gewaschen, kann dies

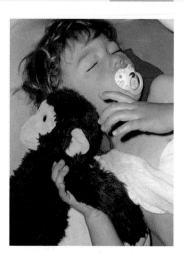

Nicht mehr allein.

ein größeres Geschrei auslösen. Das Kind setzt dann alles daran, dem Tüchlein so rasch wie möglich seinen alten Geruch zurückzugeben.

Geborgenheit während des Tages. Das nächtliche Auftreten von Trennungs- und Verlassenheitsängsten ist wesentlich davon abhängig, inwieweit sich das Kind tagsüber geborgen und sicher fühlt. Je mehr sich ein Kind am Tag aufgehoben fühlt und je weniger es verunsichert wird, desto weniger kommt in ihm nachts ein Gefühl des Alleinseins auf. Wenn das Kind tagsüber immer wieder in seinem Gefühl bestätigt wird, dass die Mutter, der Vater oder eine andere Bezugsperson da ist, wenn es sie braucht, wird das Kind diese Sicherheit in den Schlaf mitnehmen. Macht ein Kind aber tagsüber wiederholt die Erfahrung, dass die Eltern oder eine Bezugsperson unvorhergesehen nicht da sind, wird es nachts aufwachen und nach den Eltern rufen, um sich ihrer Anwesenheit zu versichern. »Nicht-Dasein« während des Tages kann auch bedeuten, dass eine Bezugsperson wohl körperlich anwesend, aber gefühlsmäßig für das Kind nicht erreichbar ist. Erhält ein Kind tagsüber zu wenig Zuwendung, neigt es dazu, sich die nötige Nähe und Wärme in der Nacht zu holen.

Emotionale Selbstständigkeit beginnt damit, dass ein Kind während einer begrenzten Zeit für sich allein spielen kann und dabei zufrieden ist. Ein Kind, das tagsüber allein spielen kann, wird sich nachts weniger rasch verlassen fühlen. Mit anderen Worten: Die hohe Kunst für die Eltern besteht darin, dem Kind einerseits ein Gefühl von Geborgenheit zu geben und es andererseits zur Selbstständigkeit hinzuführen: eine nicht einfache Aufgabe, die in den Kapiteln über das Beziehungsverhalten ausführlich behandelt wird.

Familienkonstellation. Verschiedene familiäre Umstände können die Verlassenheits- und Trennungsängste eines Kindes vergrößern. Wenn die Eltern Schichtarbeit leisten, kann ein Kind verunsichert werden, weil es nie mit Bestimmtheit weiß, von wem es umsorgt wird. War die Mutter für einige Tage abwesend, kann das Kind mitten in der Nacht im elterlichen Schlafzimmer erscheinen, um sich zu vergewissern, dass die Mutter noch da ist. Darf ein Kind in der Zeit, während der Vater auf Geschäftsreisen ist, bei der Mutter schlafen, verzichtet das Kind nach der Rückkehr des Vaters

Wo schläft denn mein Schwesterchen?

nur ungern auf die Nähe der Mutter. Es kann schwerlich verstehen, warum es nach der Rückkehr des Vaters wieder in seinem Zimmer schlafen soll, und fühlt sich schlimmstenfalls von den Eltern ausgeschlossen. Kommt ein Geschwister zur Welt und schläft das Baby im Elternzimmer, kann dies für ein Kleinkind ein weiterer Grund sein, das Elternbett aufzusuchen. Wenn die Eltern auch noch so überzeugend argumentieren, das Kind kann nicht verstehen, warum nur das Geschwister bei den Eltern schlafen darf. Haben die Eltern das Baby etwa lieber? Die Eifersucht treibt das Kind ins elterliche Schlafzimmer.

Schreckgespenster. Zwischen 2 und 5 Jahren entwickeln Kinder eine starke innere Vorstellungskraft, die mit ausgeprägten Gefühlen verbunden sind (sogenanntes magisches Denken). So kann ein Vorhang im Halbdunkel die Gestalt einer Hexe annehmen. Ein Knacken in den Möbeln kann ein Kind in Angst versetzen, weil es dieses Geräusch nicht deuten kann. Ein Nachtlicht, das dem Kind eine gewisse Sicht erlaubt, kann diese Schrecken der Nacht vermindern.

Wie sehr ein Kind durch solche Wahrnehmungen verängstigt wird, hängt von seiner Persönlichkeit und von den Erfahrungen ab, die es tagsüber macht. Eine gruselige Geschichte von einer Tonbandkassette oder unverständliche Bilder im Fernsehen können sich in der Nacht zu Ungeheuerlichkeiten auswachsen, insbesondere dann, wenn das Kind sich mit den Eltern über das Gehörte

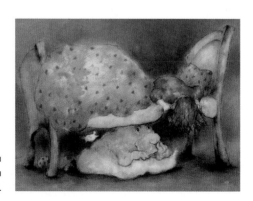

Jedes Kind hat sein eigenes Gespenstlein unter dem Bett.

und Gesehene vor dem Einschlafen nicht aussprechen kann. Eltern, die solche Gespräche versäumen, müssen dann eben nachts mit ihrem Kind über solche Erfahrungen reden.

Krankheit.   Kranke Kinder suchen die Nähe der Eltern. Fühlen sie sich nachts nicht wohl oder werden sie von Schmerzen geplagt, kommen sie ins Elternbett. Die Eltern haben dann meist Verständnis dafür. Schwierigkeiten kann es geben, wenn die Kinder wieder gesund sind, aber weiterhin bei den Eltern schlafen möchten. Entwöhnen mit Geduld und Verständnis hilft.

Was sollen Eltern tun, wenn ihr Kind bei ihnen schlafen will?

Akzeptieren.   Es gibt Eltern, die es nicht stört oder die es sogar gerne haben, wenn die Kinder bei ihnen schlafen. Sie fühlen sich dadurch auch in ihrem Liebesleben nicht behindert. Wenn sich alle wohlfühlen, ist dagegen nichts einzuwenden. Wie bereits im Kapitel »Schlafverhalten 0 bis 3 Monate« ausgeführt wurde, ist gemeinsames Schlafen von Eltern und Kindern in zahlreichen Gesellschaften, auch in europäischen, weit verbreitet. Voraussetzung ist allerdings ein großes Bett!
Nicht wenige Eltern sind durch die Gegenwart des Kindes physisch und psychisch in ihrem Schlaf gestört. Das Kind liegt quer im Bett, strampelt und stößt die Eltern. Die Eltern fühlen sich in ihrem Sexualleben eingeengt oder gar völlig gehemmt.

Wie können sie dem Kind und sich selbst zu einer ungestörten Nachtruhe verhelfen?

Matratze neben dem Elternbett.   Manche Eltern wollen das Kind nicht im eigenen Bett. Sie haben aber nichts dagegen, wenn es im eigenen Bett im selben Zimmer schläft. Eine bewährte Methode ist eine Matratze neben dem Elternbett. Viele Kinder sind mit dieser Lösung glücklich.

Kind selbstständig machen.   Wenn die Eltern wollen, dass ihr Kind allein schläft, müssen sie das Kind zur Selbstständigkeit erziehen. Das heißt auch, daß das Kind mit entscheiden darf, wenn es betroffen ist. Darf das Kind beim Kauf seines Bettes dabei sein und mitbestimmen, ist es weit eher bereit, auch darin zu schlafen. Es hat sich ja selber dafür entschieden! Zur Selbstständigkeit gehört auch, dass das Kind allein einschlafen (siehe »Schlafverhalten 4 bis 9 Monate«) und sich mit seinem Tüchlein oder seinem Schnuller selbst ein Gefühl von Geborgenheit geben kann.

Selbstständige Kinder schlafen auch problemloser an einem fremden Ort. Wenn sie mit ihrem Schlafsack und Kopfkissen zum Schlafen gelegt werden, den vertrauten Teddybären und den Schnuller bei sich haben, fühlen sie sich so weit geborgen, dass sie einschlafen können.

Nächtliche Angstgespenster

Manche Eltern rufen den Kinderarzt, wenn sie das erste Mal bei ihrem Kind einen Pavor nocturnus erleben. Bis der Arzt eintrifft, ist das ganze Geschehen zumeist bereits vorüber. Die Eltern möchten vom Arzt wissen, warum Peter so verstört war. Was hat Peter erlebt, dass sein Gesicht so angsterfüllt war? Was hat Peter gesehen, dass seine Augen so weit aufgerissen waren? Warum ließ er sich nicht wecken? Könnte sich ein solcher Vorfall wiederholen? Haben sie in der Erziehung etwas falsch gemacht?

Die wichtigsten schlafphysiologischen Merkmale und Verhaltenseigenheiten des Pavor nocturnus sowie der Angstträume sind in der folgenden Tabelle zusammengestellt. Der Pavor nocturnus ist ein normales Schlafphänomen. Dem Angsterschrecken liegt ein partielles Aufwachen aus dem tiefsten Non-REM-Schlafstadium zugrunde. Das heißt, das Kind wacht aus dem Tiefschlaf unvollständig auf, was sich in einer Art Verwirrtheitszustand äußert.

Der Pavor nocturnus tritt typischerweise 1 Stunde bis 3 Stunden nach dem Einschlafen auf. Das Kind hat die Augen weit offen, reagiert aber nicht oder nur inadäquat auf das Erscheinen der Eltern. Sein Gesicht und seine Haltung drücken Angst, Wut oder Verwirrung aus. Das Kind schwitzt ausgeprägt, atmet verstärkt und hat einen schnellen Puls. Seine Eltern nimmt es nur begrenzt wahr.

Sprechen die Eltern das Kind an, so antwortet es nicht oder wirr. Es gelingt den Eltern nicht, das Kind zu wecken. Versuchen sie das Kind zu beruhigen, indem sie es streicheln und in den Arm nehmen, regt es sich zusätzlich auf. Es stößt die Eltern weg und schlägt um sich. Das Aufwachen geschieht abrupt. Atmung und Puls normalisieren sich schlagartig. Wie ein Spuk verschwindet der Schreck aus dem Gesicht und der Haltung des Kindes. Das Kind ist zufrieden, müde und schläft rasch ein. Wenn die Eltern das Kind fragen, was es erlebt hat, kann es keine Auskunft geben. Es hat auch in den folgenden Tagen keine Erinnerung. Den Pavor nocturnus nimmt es nicht bewusst wahr. Die meisten Episoden dauern 5 bis 15 Minuten. Zumeist dauert eine Episode weniger als eine Viertelstunde – dennoch eine sehr, sehr lange Zeit für die Eltern.

Der Pavor nocturnus tritt zwischen dem 2. und 5. Lebensjahr, selten bereits Ende des 1. Lebensjahres auf. Am häufigsten kommt er im 4. und 5. Lebensjahr vor. Im Schulalter wird er nur noch selten beobachtet. Genaue Angaben über die Häufigkeit des Pavor nocturnus fehlen. Man geht davon aus, dass zwischen dem 2. und 7. Lebensjahr ein Drittel bis die Hälfte aller Kinder solche Episoden haben. Bei den meisten Kindern treten sie nur sporadisch auf, ein oder wenige Male. Manche Kinder erleben über 1 bis 2 Jahre hinweg alle paar Monate ein solches Ereignis. Sehr selten tritt ein Pavor nocturnus bei einem Kind jede Nacht auf.

Nach einem ereignisvollen Tag, zum Beispiel nach einem Familientreffen oder dem Besuch eines Rummelplatzes, neigen gewisse Kinder in der darauf folgenden Nacht zu einem Pavor nocturnus. Auslöser kann einerseits sein, dass die Kinder später zu Bett gehen und übermüdet sind. Dazu beitragen mag auch, dass die Kinder ungewöhnlich vielen Eindrücken ausgesetzt waren, deren Verarbeitung ihnen Mühe bereitet.

Der Pavor nocturnus gehört zum normalen kindlichen Schlafverhalten, er ist keine Verhaltensauffälligkeit! Keine Sorge: Beim Pavor nocturnus liegt keine psychische Störung vor, er ist auch nicht die Folge schwerwiegender psychischer Erlebnisse. Betroffene Kinder leben nicht häufiger in schwierigen familiären Verhältnissen als Kinder ohne Pavor nocturnus. Der Pavor ist ebenso wenig mit einem bestimmten elterlichen Erziehungsstil verbunden. Er ist nicht Ausdruck einer falschen Erziehung.

Schlechte Träume.

	Pavor nocturnus	Angstträume
Schlafphase	Partielles Aufwachen aus tiefem Non-REM-Schlaf	Angstmachender Traum im REM-Schlaf, gefolgt von Aufwachen
Zeitliches Auftreten	1 bis 3 Stunden nach dem Einschlafen	In der 2. Hälfte der Nacht
Erster Eindruck vom Kind	Kind mit aufgerissenen Augen, außer sich. Kann nicht geweckt werden!	Waches Kind weint oder ruft nach Eltern.
Verhalten des Kindes	Sitzt im Bett, schlägt um sich. Rennt umher. Ist desorientiert, angstvoller Gesichtsausdruck, Zorn oder Verwirrung. Ausgeprägtes Schwitzen, jagender Puls, starkes Atmen. Verhalten normalisiert sich sofort nach dem Aufwachen.	Weint und ist verängstigt: Angst dauert an nach Aufwachen.
Verhalten des Kindes gegenüber den Eltern	Nimmt Eltern nicht wahr. Lässt sich nicht beruhigen. Stößt Eltern weg, schreit und schlägt um sich, wenn es gehalten wird.	Nimmt Eltern sofort wahr. Will getröstet werden.
Wiedereinschlafen	Rasch	Oft verzögert
Erinnerung	Keine	Auch am folgenden Tag
Was tun als Eltern?	Abwarten, nicht versuchen das Kind zu wecken. Vor Verletzung schützen	Zuwendung. Falls Bedürfnis, mit Kind über Traum reden.
Alter	1. bis 5. Lebensjahr	3. bis 10. Lebensjahr
Psychische Probleme	Keine	Gelegentlich

Es gibt andere Verhaltensweisen, die die gleiche elektrophysiologische Grundlage haben wie ein Pavor nocturnus. Andere Kinder knirschen mit den Zähnen oder reden im Schlaf – wie übrigens auch Erwachsene. Ein Teil dieser Kinder neigt im Schulalter zum Schlafwandeln. Wenn die Eltern bei Großeltern und Verwandten nachfragen, stellen sie häufig fest, dass Pavor nocturnus und Schlafwandeln in der Familie Tradition haben.

Wie sollen sich die Eltern verhalten? Es ist verständlich, dass Eltern alle ihnen verfügbaren Mittel einsetzen, um ihr Kind von diesem – aus ihrer Sicht – psychischen Terror zu befreien. Sie versuchen, das Kind durch Zureden, Streicheln und Halten zu beruhigen. Sie möchten das Kind wecken. Sie rütteln es, waschen ihm das Gesicht mit einem kalten Waschlappen ab oder halten es gar unter die Dusche. Alle diese Maßnahmen sind vergeblich. Im Kind läuft ein Prozess ab, zu dem die Eltern keinen Zugang haben. Wenn sich das Kind nicht wecken lässt, was können die Eltern tun? Sie können nur abwarten und das Kind vor Verletzungen schützen, indem sie es zum Beispiel davor bewahren, dass es eine Treppe hinunterstürzt. Dass es Eltern schwerfällt, tatenlos das Ende des Anfalls abzuwarten, ist verständlich. Beruhigend ist: Der Pavor schädigt die Gesundheit des Kindes nicht. Er ist auch keine Form von Epilepsie. Und vor allem brauchen sich die Eltern nicht

Schöne Momente vor
dem Einschlafen.

schuldig zu fühlen, denn mit ihrer Erziehung hat der Pavor nocturnus nichts zu tun.

Vom Angsterschrecken zu unterscheiden sind Angstträume. Angstträume können bereits in den ersten Lebensjahren auftreten, sind aber seltener als der Pavor nocturnus. Während dieser immer spätabends auftritt, kommen Angstträume vorwiegend in der 2. Hälfte der Nacht vor. Einen Angsttraum erleben die Eltern bei ihrem Kind anders als einen Pavor nocturnus. Wenn die Eltern auf das Kind aufmerksam werden, ist es bereits wach. Es ist verängstigt, aber nicht orientierungslos. Es möchte getröstet werden und braucht die Zuwendung der Eltern. Die Eltern können sich – im Gegensatz zum Pavor nocturnus – mit dem Kind verständigen, es in den Arm nehmen und wieder beruhigen. Je nach Alter des Kindes können die Eltern mit ihm über den Trauminhalt sprechen. Das Kind erinnert sich an das Geträumte, oft auch noch in den folgenden Tagen. Inhalt der Angstträume sind häufig für das Kind belastende Ereignisse. Das Kind braucht die Zuwendung und das Verständnis seiner Eltern, damit es seine Traumerlebnisse verarbeiten kann. Die Eltern sollten nicht versuchen, dem Kind die Träume auszureden. Träume haben für die Kinder eine ganz andere Qualität als für Erwachsene. Kinder können in diesem Alter zwischen Schein und Sein noch nicht unterscheiden. Sie begreifen noch nicht, dass ihre Vorstellungen keine Wirklichkeiten sind. Träume sind für die Kinder so real wie ihre Wahrnehmung im Wachzustand. So kann es geschehen, dass ein Kind die Eltern noch Tage beharrlich nach dem großen schwarzen Hund fragt, der ihm im Traum so große Angst eingejagt hat.

Angstträume sind – wenn sie sporadisch auftreten – Teil des normalen Schlafverhaltens wie der Pavor nocturnus. Sie weisen nicht zwangsläufig auf das Vorliegen einer psychischen Unstimmigkeit hin. Kommen Angstträume ein oder mehrmals pro Woche vor und ist das Kind auch tagsüber verängstigt und bedrückt, sollten die Eltern vorsorglich fachliche Hilfe in Anspruch nehmen.

Wir haben uns nun ausführlich mit den schlechten Träumen beschäftigt. Selbstverständlich haben Kinder in den ersten Lebensjahren auch schöne Träume. Weil für sie die Traumwelt genauso real ist wie die Welt im Wachzustand, nehmen sie wahrscheinlich an, ihre Träume seien uns bekannt. Kleinkinder können nicht erzählen, was sie Schönes im Traum erlebt haben, aber ihre glücklichen Gesichter im Schlaf zeugen davon.

Das Wichtigste in Kürze

1. Fast die Hälfte der Kleinkinder schläft im Laufe eines oder mehrerer Jahre mindestens einmal pro Woche im Elternbett. Mit 3 bis 4 Jahren schlafen 10 bis 15 Prozent der Kinder jede Nacht bei den Eltern. Der häufigste Grund ist das Bedürfnis nach Geborgenheit.

2. Trennungs- und Verlassenheitsängste sowie magisches Denken führen dazu, dass Kinder im Verlauf der Nacht das Elternbett aufsuchen. Diese Ängste können durch Ereignisse wie etwa die Geburt eines Geschwisters verstärkt werden.

3. Eltern vermindern die Trennungs- und Verlassenheitsängste, wenn sie dem Kind tagsüber ein Gefühl von Geborgenheit geben und seine emotionale Selbstständigkeit fördern.

4. Schlechte Träume äußern sich als
   - Pavor nocturnus;
   - Angsttraum.
   Diese beiden Traumformen sind in Erscheinungsbild und Ursache verschieden und verlangen ein unterschiedliches elterliches Verhalten.

Schreiverhalten

Einleitung

Mittagszeit in einem Restaurant. Stimmengemurmel und Besteckge-klapper werden durch das Schreien eines Säuglings abrupt unterbro-chen. Die Gäste halten einen Moment inne und essen nur zögernd wei-ter. Das Schreien hält an. Frauen machen ein besorgtes und Männer ein vorwurfsvolles Gesicht. Das Schreien hört auf, um nach kurzer Zeit erneut anzufangen, diesmal aber noch kräftiger. Zunehmend besorgt blicken die Gäste im Lokal umher. Eine ältere Frau steht auf und geht auf Umwegen zur Toilette. Ihre Blicke suchen unentwegt das weinende Kind. Endlich hört das Schreien auf und geht in ein leises Schmatzen über. Die Gäste atmen erleichtert auf und essen weiter.

Das Schreien eines Säuglings lässt uns nicht unberührt. Kind-liches Schreien ist anstrengend und wird umso unerträglicher, je länger es dauert. Es zu ignorieren gelingt den meisten Erwachse-nen, und nicht bloß Eltern, nur kurze Zeit. Ob Frau oder Mann, in-tuitiv wollen wir nachschauen, warum ein Kind weint, es trösten und ihm den notwendigen Beistand gewähren. Sind Frauen anwe-send, erwarten die Männer oftmals, dass diese sich um das Kind kümmern. Sind Männer allein, fühlen auch sie sich zum Handeln gedrängt. Ein Säugling gibt seine Grundbedürfnisse vehement schreiend der Umgebung kund, das hat die Natur sichergestellt. Entsprechend hat sie uns mit dem Drang ausgestattet, rasch alles

Zufrieden.
So möchten wir
das Kind!

zu unternehmen, um ihn zu befriedigen, damit der Säugling – Gott sei Dank – zu schreien aufhört.

Das kindliche Schreien ist für Eltern, insbesondere wenn sie noch unerfahren sind, eine große Hilfe in der täglichen Pflege: Das Kind macht sich unüberhörbar bemerkbar, wenn es etwas braucht. Das Schreien in den ersten Lebensmonaten kann aber für Eltern auch zu einer großen Belastung werden: Die Kinder schreien oft ohne ersichtlichen Grund, und dies – je nach Kind – überaus ausdauernd und laut. Sie tun es mit Vorliebe abends und nachts und bereiten damit den Eltern und – je nach Wohnsituation – auch den Nachbarn schlaflose Nächte.

Wir wollen uns in diesem Kapitel zuerst mit den verschiedenen Ursachen des Schreiens befassen und uns dann überlegen, wie wir mit diesem appellativen und manchmal sehr belastenden Verhalten unserer Kinder umgehen können.

Warum schreien Kinder?

Kann uns die Art und Weise, wie ein Kind schreit, einen Hinweis darauf geben, warum es schreit? Erwachsene, die regelmäßigen Umgang mit Säuglingen haben, wie Mütter, Hebammen und Kinderkrankenschwestern konnten anhand von Tonbandaufnahmen mit großer Zuverlässigkeit drei Schreiformen voneinander unterscheiden (Wasz-Höckert). Richtig zugeordnet wurden der Geburtsschrei, der Hungerschrei und der Schmerzschrei. Die Art, wie ein Kind schreit, kann den Eltern also einen Hinweis geben, was die Ursache des Schreiens sein könnte. Ausschlaggebend für ihr Handeln ist die Art des Schreiens aber nicht. Eltern deuten das Schreien eher, indem sie das Schreien in einen sinnvollen Zusammenhang stellen. Sind seit der letzten Nahrungsaufnahme vier Stunden vergangen, ist es wahrscheinlich, dass der Säugling hungrig ist. Wurde das Kind vor einer halben Stunde gefüttert, ist das Schreien kaum durch Hunger bedingt. Das Kind kann weinen, weil es die verschluckte Luft unvollständig aufgestoßen, volle Windeln oder Mühe mit dem Einschlafen hat. Der Zeitpunkt und die Situation, in der ein Kind schreit, sowie die guten Kennt-

Warum schreien Kinder?

Körperliche Gründe	Emotionale Gründe	Unspezifisches Schreien
• Geburt • Hunger • Müdigkeit • Überreizung • nasse Windeln • Schmerzen • Wetter-/Mondphasen- fühligkeit • Krankheit	• nicht allein sein • Körperkontakt • soziales Spiel • unvertraute Person • unvertraute Umgebung	• keine Gründe eruierbar

nisse der Eigenheiten ihres Kindes helfen den Eltern, das Schreien richtig zu interpretieren. Es gelingt aber nicht immer. Dies ist eine der Schwierigkeiten, die Eltern mit ihrem schreienden Kind haben.

Verschiedene Gründe können also zum Schreien führen:

Geburt. Der Geburtsschrei hilft dem neugeborenen Kind, seine Lungen erstmals mit Luft zu füllen. Der erste Schrei ist für Eltern und alle, die bei der Geburt anwesend sind, ein willkommener Gruß und Ausdruck der Vitalität des Kindes. Wenn ein Kind nach der Geburt nicht sofort oder nur schwach schreit, sind Eltern und Geburtshelfer zu Recht besorgt.

Hunger. Jeder gesunde Säugling schreit, wenn er Hunger hat. Dies ist in den ersten Lebenswochen mindestens alle 2 bis 4 Stunden der Fall. In den folgenden Monaten werden die Zeitabstände zunehmend größer. Ein Säugling kann bereits in den ersten 2 Stunden nach einer Mahlzeit schreien, wenn er nur wenig Nahrung zu sich genommen hat (siehe »Trinken und Essen«).

Schmerz. Säuglinge und Neugeborene, selbst sehr Frühgeborene, reagieren auf schmerzhafte Reize mit Weinen und ungezielten Abwehrbewegungen. Sie empfinden genauso wie wir, weisen aber bei der Schmerzempfindung eine etwas höhere Reizschwelle und eine längere Reaktionszeit als ältere Kinder auf (Peiper).

Langeweile. Ein Säugling kann schreien, wenn er nicht mehr allein sein will, zum Beispiel am Morgen nach dem Aufwachen. Säuglinge haben ein großes Bedürfnis, mit vertrauten Menschen in Kontakt zu sein, herumgetragen zu werden, sie hautnah zu spüren, ihre Gesichter zu sehen und ihre Stimmen zu hören.

Übermüdung. Wenn ein Säugling tagsüber viel erlebt hat, kann es geschehen, dass er trotz Erschöpfung keine Ruhe finden und nicht einschlafen kann, er fühlt sich unwohl und schreit.

Überreizung. In einer reizintensiven Umgebung, zum Beispiel in einem überfüllten Supermarkt, kann ein Säugling zu schreien anfangen, weil er von den vielen visuellen und akustischen Reizen überflutet wird. Gelegentlich kann es vorkommen, dass sich Eltern mit ihrem Kind zu intensiv beschäftigen und ihm keine Zeit lassen sich zu erholen. Eine mögliche Reaktion des Säuglings ist zu schreien, eine andere ist es, in Schlaf zu fallen.

Unvertraute Person oder fremde Umgebung. Ein Säugling kann zu weinen anfangen, wenn er von einer ihm unvertrauten Person aufgenommen und gehalten wird. Ein unbekannter Geruch oder eine fremde Umgebung mit ungewohnten Farben oder viel Licht kann ihn zum Weinen bringen.

Entleeren von Darm und Blase. Kurz bevor ein Säugling den Darm oder die Blase entleert, bewegt er sich etwas mit Körper und Beinen und stößt gleichzeitig einen kurzen Schrei aus. Der Schrei und die Bewegung signalisieren der Umgebung, dass sich das Kind gleich entleeren wird. Dieses Verhalten ist für Mütter in den Kulturkreisen von Bedeutung, in denen der Säugling die meiste Zeit mehr oder weniger nackt auf dem Körper der Mutter oder einer anderen Bezugsperson verbringt. Schreit das Kind, hält die Mutter den Säugling unverzüglich von ihrem Körper weg und wird so nicht beschmutzt. Auch unsere neugeborenen Kinder zeigen in den ersten Lebenswochen dieses Verhalten. Danach verschwindet es, weil wir nicht darauf reagieren.

Wetterfühligkeit, Mondphasen.   So wie es Erwachsene gibt, deren Schlafverhalten durch bestimmte Wetterlagen und Mondphasen beeinträchtigt wird, gibt es auch Kinder, deren Schlaf von Wetter- und Mondphasen abhängig ist. So kann ein Kind auf eine Föhnlage mit Einschlafschwierigkeiten, motorischer Unruhe und vermehrtem Schreien reagieren. Nach dem Wetterumschlag schläft es mühelos ein und schläft die Nacht durch, ohne aufzuwachen oder zu schreien. Vollmond scheint – laut einigen Eltern – bei gewissen Kindern zu Einschlafschwierigkeiten und nächtlichem Erwachen mit vermehrtem Schreien zu führen (siehe »Trocken und sauber werden«).

Schreien ohne ersichtlichen Grund

In den ersten Lebensmonaten schreien Kinder häufig, ohne dass es den Eltern gelingt, eine Ursache dafür zu finden. Die Kinder schreien gewissermaßen ohne ersichtlichen Grund. In unserer westlichen Gesellschaft nimmt dieses unspezifische Schreien in den ersten 3 Lebensmonaten einen charakteristischen Verlauf.

Nach der Geburt schreien alle Kinder von Woche zu Woche mehr. Mit etwa 6 Wochen weinen die Säuglinge am meisten. In den folgenden Wochen werden die Schreiperioden wieder kürzer. Im Alter von 3 Monaten schreien die meisten Kinder nicht mehr oder nur noch wenig. Wie die folgende Abbildung zeigt, weinen sie unterschiedlich viel. Bei einigen Kindern ist die tägliche Schreidauer bis zu dreimal länger als bei anderen. Unterschiedlich ist auch das Alter, in dem die maximale Schreidauer erreicht wird. Bei manchen Kindern ist dies bereits mit 4 bis 5 Wochen, bei anderen erst mit 7 bis 8 Wochen der Fall.

Etwa 5 Prozent aller Kinder kommen 3 bis 14 Wochen vor dem errechneten Termin zur Welt. Bei ihnen hält sich der oben beschriebene Verlauf des Schreiverhaltens nicht an das Geburtsdatum, sondern an den erwarteten Termin. Das heißt, wenn ein

Dauer der täglichen Schreistunden in den ersten 3 Lebensmonaten.

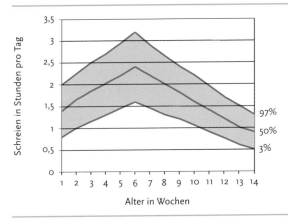

Waagerecht: Alter in Wochen. Senkrecht: tägliches Schreien in Stunden.
Die Fläche stellt den Streubereich dar, die Linie in der Mitte die durchschnittliche Schreidauer (modifiziert nach Brazelton).

Kind 6 Wochen zu früh auf die Welt kommt, wird sich die maximale Schreidauer nicht mit 6, sondern erst mit 12 Wochen nach
der Geburt einstellen. Und was für Eltern besonders wichtig ist:
Die Schreiperiode wird nicht nach 3, sondern erst nach 4,5 Monaten zu Ende gehen. Eltern, deren Kind vorzeitig auf die Welt
kommt, müssen sich also etwas mehr gedulden. Sie sollten sich
aber nicht verunsichern lassen. Auch für sie wird das Schreialter
einmal vorüber sein.

Charakteristisch für das unspezifische Schreien ist, dass es überwiegend am späteren Nachmittag und in den Abendstunden auftritt.

Das unspezifische Schreien in den ersten Lebenswochen kann
die Eltern stark verunsichern. Weil sie sich das Schreien nicht erklären können und weil das Schreien von Woche zu Woche schlimmer wird, nehmen sie schließlich an, dass sie irgendetwas in der
Pflege oder im Umgang mit dem Kind falsch machen. Die Mütter
können so verunsichert werden, dass sie mit dem Stillen aufhören,
ständig die Ernährung umstellen und schließlich Hilfe bei Freunden und Fachleuten suchen.

Welche Erklärungen gibt es für dieses unspezifische Schreien?

Bauchkoliken. Bis zu einem Fünftel aller Kinder werden als ausgesprochene Schreikinder oder Bauchkolikkinder bezeichnet. Viele Eltern, Erzieher und sogar manche Ärzte führen ausgeprägtes Schreien auf Bauchkoliken zurück. Diese Ansicht ist verständlich, wenn man sieht, wie sich der Säugling beim Schreien zusammenkrümmt und sich sein Bauch bläht. Der aufgetriebene Bauch scheint aber eher die Folge als die Ursache des Schreiens zu sein: Der Säugling schluckt beim Schreien viel Luft. Eine organische Ursache im Bereich des Darms, zum Beispiel ein Verdauungsenzym, das noch nicht ausgereift ist, konnte trotz intensivster Suche nicht gefunden werden. Auch durch spezielle Ernährung ist bisher keine Besserung gelungen. Sowohl bei ausschließlichem Stillen als auch bei der Ernährung mit Flaschenmilch auf Kuhmilch-, Sojabohnen- oder anderer Basis treten Bauchkoliken auf.

Milieufaktoren. Einige Autoren erklären den Umstand, dass Babys vorwiegend abends schreien, damit, dass dann nicht nur der Säugling, sondern die ganze Familie müde ist und sich die gereizte Stimmung auf den Säugling übertragen kann. Unverständlich bleibt aber, warum das Schreien in den ersten Lebenswochen zu- und danach abnimmt. Tatsächlich beeinflusst die Umwelt das Schreiverhalten mit. Dies zeigt sich unter anderem darin, dass ausgeprägtes Schreien bei Erstgeborenen – mit noch unerfahrenen Eltern – häufiger vorkommt als bei später geborenen Kindern und dass ein Milieuwechsel, beispielsweise ein Aufenthalt von einigen Tagen bei den Großeltern, zu einer Reduktion der Schreiperioden führen kann.

Ein wesentlicher Faktor scheint der Umgang mit dem Säugling zu sein: Erfahrene Eltern wenden oft weniger Zeit für ihr schreiendes Kind auf als unerfahrene. Sie deuten den Zusammenhang des Schreiens schneller und verstehen es, die richtige Maßnahme im rechten Augenblick anzuwenden. Manchmal kann es beispielsweise ausreichend sein, einem schreienden und müden Kind leise zuzureden, damit es einschläft. Lassen die Eltern das Kind aber längere Zeit schreien, verpassen sie den besten Einschlafzeitpunkt.

Tägliche Schreiperioden.

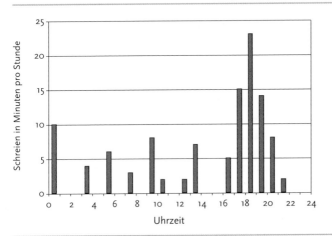

Verteilung der Schreiperioden während 24 Stunden bei einem 6 Wochen alten Kind.

Nehmen sie es schließlich aus dem Bettchen und tragen es umher, wird es überstimuliert und schreit weiter.

Kulturelle Faktoren. In Gesellschaften, in denen Säuglinge einen engen Körperkontakt mit der Mutter und anderen vertrauten Personen haben, scheint das unspezifische Schreien weniger ausgeprägt zu sein. Man muss bedenken, dass Säuglinge beinahe während der ganzen Menschheitsgeschichte von der Mutter, anderen weiblichen Bezugspersonen und dem Vater herumgetragen wurden. Wir müssen uns deshalb ernsthaft fragen, ob Kinder überhaupt in der Lage sind, in den ersten Lebensmonaten mit wenig Körperkontakt auszukommen.

Möglicherweise werden manche Säuglinge durch das stundenlange Liegenlassen, wie es in unserer Kultur seit rund 150 Jahren der Brauch ist, in einen unphysiologischen Zustand versetzt, der sich unter anderem in unspezifischem Schreien äußert.

Verschiedene Studien zeigen, dass ein vermehrtes Herumtragen, mindestens 3 Stunden am Tag, zu einer Verminderung des täglichen Schreiens führt (Hunziker). Entscheidend dabei ist, dass der Säugling nicht erst herumgetragen wird, wenn er weint, sondern das Herumtragen über den Tag verteilt erfolgt. Wiederholter Körperkontakt und häufige Stimulierung des Gleichgewichts- und Bewegungsorgans scheinen eine rhythmisierende Wirkung auf verschiedenste Körperfunktionen zu haben, was zu einer Reduzierung der Schreiperioden führt. Kinder, die vermehrt herumgetragen werden, schlafen nicht mehr oder weniger als andere Kinder, sie schlafen aber leichter ein. Zudem sind sie aufmerksamer und interessierter an ihrer Umwelt.

In Gesellschaften, in denen Kinder weniger lang schreien, werden Säuglinge nicht nur mehr herumgetragen als bei uns, sie werden auch häufiger gestillt. Bei den !Kung, Nomaden in der Kalahari-Wüste, werden die Säuglinge beispielsweise tagsüber alle 20 Minuten an die Brust gelegt (Barr). Die häufige orale Befriedigung und die mehr oder weniger kontinuierliche Ernährungsweise haben möglicherweise einen zusätzlichen beruhigenden Einfluss auf das Schreiverhalten.

Zirkadiane Rhythmisierung. Wie die Abbildung auf Seite 255 zeigt, ist das unspezifische Schreien im Wesentlichen auf die ersten 3 Lebensmonate beschränkt. In dieser Altersperiode macht das Gehirn eine ausgesprochen rasche Entwicklung durch, die sich auch im Verhalten der Kinder widerspiegelt: Die Kinder blicken zusehends aufmerksamer umher und zeigen ein steigendes visuelles Interesse an der Umwelt. Sie freuen sich, Sprache und Töne zu hören, machen die ersten Greifversuche und beginnen andere Menschen anzulächeln. Mit der Ausbildung zirkadianer Rhythmen nimmt das Schreien nach und nach ab. Die Rhythmisierung des kindlichen Organismus über 24 Stunden ist eine wichtige Voraussetzung für eine regelmäßige Schlaf-Wach-Periodik und für den Verlauf des unspezifischen Schreiens (siehe »Schlafverhalten Einleitung«). Kinder, die früh eine Hand-Mund-Aktivität, ein waches Blickverhalten, Plaudern und einen stabilen Schlaf-Wach-Rhythmus entwickeln, schreien weniger und hören auch früher damit auf. Kinder, die nach dem 3. Lebensmonat noch keinen Schlaf-Wach-Rhythmus gefunden haben, schreien vermehrt und länger.

Umgang mit dem Schreien

Die Natur hat die Eltern nicht nur mit einer besonderen Sensibilität für das kindliche Schreien ausgestattet, Mütter und Väter haben auch die Fähigkeit, intuitiv richtig auf die körperlichen und psychischen Bedürfnisse eines Säuglings zu reagieren. Einfühlungsgabe allein genügt aber nicht, Eltern sind auch auf Erfahrung und Wissen angewiesen.

Dazu einige Anmerkungen:

- Schreien bedeutet längst nicht immer Hunger. Vor allem unerfahrene Eltern neigen dazu, auf das Schreien ihres Kindes mit Stillen oder mit der Milchflasche zu reagieren. Sie haben die durchaus verständliche Angst, ihr Kind könnte nicht genügend Nahrung bekommen (siehe »Trinken und Essen«).

- Wie unterschiedlich die Bedürfnisse und Eigenheiten der Kinder bereits in den ersten Lebenswochen sind, können wir daraus ersehen, dass gewisse Kinder schreien, weil sie übermüdet sind und nicht einschlafen können, während andere schreien, weil ihnen die Umgebung zu laut ist oder weil sie sich in ihren nassen Windeln unwohlfühlen. Nicht nur das Neugeborene, auch die Eltern machen in den ersten Wochen nach der Geburt eine Anpassungs- und Lernphase durch, in der sie die individuellen Bedürfnisse und Eigenheiten ihres Kindes kennenlernen. Für diese Phase sollten sich Eltern Zeit lassen und an sich selber keine allzu hohen Ansprüche stellen – auch nicht untereinander. Kein Ratschlag kann so gut sein wie die konkreten Erfahrungen, die Eltern mit ihrem Kind machen. Nur über die Erfahrung können Eltern die Individualität ihres Kindes erfassen und lernen, kompetent darauf einzugehen.

- Junge Säuglinge sind selten ernsthaft krank. Sie haben von der Mutter Abwehrstoffe erhalten, die sie in den ersten Lebensmonaten wirksam gegen Infektionen schützen. Es kann aber doch einmal geschehen, dass ein Säugling schreit, weil er krank ist, beispielsweise wegen eines schmerzhaften eingeklemmten Leistenbruchs. Wenn ein Säugling schreit, ohne dass die Eltern eine Ursache finden, und wenn er nicht mehr trinken will, Fieber hat, apathisch und lustlos wirkt, sollten sie einen Arzt aufsuchen.

- Bereits neugeborene Kinder sind sozial interessierte und neugierige Wesen, wenn auch in einem begrenzten und unterschiedlichen Ausmaß. So ist das Bedürfnis nach Körperkontakt von Säugling zu Säugling verschieden ausgeprägt. Einige Säuglinge wollen immer wieder das Gesicht ihrer Mutter betrachten, andere sind besonders an ihrer Stimme interessiert. Eltern wiederum haben nicht gleich viel Zeit, sich mit dem Kind abzugeben. Während der eine Vater zu Hause ist und sein Kind im Tragtuch mit sich herumträgt, kann ein anderer weit weniger Zeit für das Kind aufbringen, weil er Geld verdienen oder sich um die anderen Kinder kümmern muss (siehe auch »Einführung«). Die Natur hat damit gerechnet, dass Eltern unterschiedlich viel Zeit mit ihren Kindern verbringen. Kinder können ihre Bedürfnisse in einem begrenzten Ausmaß an die Gegebenheiten anpassen, ohne dass ihre Entwicklung darunter leidet.

Zu einem großen Problem kann für die Eltern das abendliche Schreien werden. Wenn der Säugling um 24 Uhr immer noch

Selig schlafend, unzufrieden nörgelnd, aus vollem Hals schreiend.

keine Ruhe gibt, der Vater schon lange schlafen möchte, weil er am nächsten Morgen pünktlich zur Arbeit muss, und die Mutter völlig übermüdet mit dem schreienden Kind in der Wohnung herumwandert, sind negative Gefühle unvermeidlich. Die Eltern fühlen sich ihrem Kind auch ausgeliefert, was wiederum zu Schuldgefühlen führen kann. Viele Eltern glauben, bei der Pflege ihres Kindes versagt zu haben, und entwickeln in ihrer Hilflosigkeit schon mal Aggressionen: Sie möchten das Kind am liebsten durchschütteln. Wegen möglicher Kopfverletzungen sollten sie dies aber keinesfalls tun! Wenn die Eltern spüren, dass ihnen die Kontrolle über ihre Gefühle und ihr Handeln entgleitet, sollten sie Hilfe holen. Wenn dies nicht möglich ist, sollten sie das Kind in sein Bettchen legen, die Zimmertür schließen und das Kind schreien lassen. Hält die Überlastung über Tage an, sollten die Eltern Unterstützung verlangen. Elternvereine und Beratungsstellen vermitteln Familienbegleitung, die Hilfe suchende Familien eine Zeit lang entlasten.

Für manche Eltern ist es tröstlich zu hören, dass
- das Schreien in den ersten Lebenswochen bei jedem Kind zunimmt, wie auch immer sich die Eltern verhalten;
- die Eigenheiten des Kindes und nicht so sehr die Erziehungshaltung der Eltern das Ausmaß des Schreiens bestimmen. Ob ein Kind viel schreit oder nicht, hängt weit weniger vom elterlichen Verhalten als von der kindlichen Disposition ab;
- dieses Schreien im Wesentlichen auf die ersten 3 Lebensmonate beschränkt ist.

Am wirksamsten können Eltern das Ausmaß des unspezifischen Schreiens reduzieren, niemals aber völlig verhindern, wenn sie sich an den folgenden Beobachtungen im täglichen Umgang mit dem Kind orientieren:
- Kinder, die regelmäßig und über den Tag verteilt herumgetragen werden, schreien weniger. Die Kinder sollten nicht erst herumgetragen werden, wenn sie schreien, sondern wiederholt und regelmäßig über den Tag verteilt.
- Kinder, mit denen sich die Eltern während der Wachperioden aktiv beschäftigen, schlafen leichter ein und schreien weniger.

- Die Eltern, die ihrem Kind einen regelmäßigen Rhythmus von Wachsein und Schlafen sowie der Mahlzeiten vorgeben, erleichtern es ihrem Kind, eine stabile Tagesrhythmik zu entwickeln, und vermindern damit auch die Schreiperioden.

Wie das schreiende Kind beruhigen?

Bereits Neugeborene und Säuglinge haben eine begrenzte Fähigkeit, sich selber zu beruhigen: Sie verändern ihre Körperlage, saugen an ihren Fingerchen oder an einem Schnuller. Dieses Saugen ist nicht etwa Ausdruck eines Hungergefühls. Es handelt sich um ein nahrungsunabhängiges Saugverhalten, das der eigenen Beruhigung dient. Der Säugling verfügt damit über eine, wenn auch bescheidene Kontrolle über sich selbst. Er ist in seinem Wohlbefinden nicht ausschließlich auf die Umgebung angewiesen.

Für Eltern gibt es vielerlei Möglichkeiten, wie sie ihr Kind beruhigen können.

Die Liste beginnt mit Maßnahmen, die wenig eingreifend sind: das Kind anblicken und ihm leise zureden. Wird dem Kind die Hand aufs Körperchen gelegt, werden Arme und Beine festgehalten, hat dies eine stärker beruhigende Wirkung. Noch wirksamer ist es, dem Kind die Fingerchen an den Mund zu halten oder einen Schnuller zu geben, damit es daran saugen kann. Bei weitem die

Lena beruhigt sich selbst, indem sie an ihrem Daumen lutscht.

Wie beruhige ich meinen schreienden Säugling?

- Kind anblicken
- leise mit ihm sprechen
- ein Lied vorsingen
- Hand auf den Bauch des Kindes legen
- Ärmchen und Beinchen halten
- Schnuller oder Fingerchen zum Saugen geben
- Kind aufnehmen und im Arm halten
- im Arm halten und wiegen
- im Arm halten, wiegen und herumgehen

wirksamsten Maßnahmen sind: das Kind aufzunehmen, im Arm zu halten, es zu wiegen oder mit ihm herumzugehen. Wird das Kind bewegt, kommt es zu einer Stimulierung des Gleichgewichts- und Bewegungsorgans (vestibuläre Stimulierung), die sich sehr beruhigend auf das Kind auswirkt.

Eltern, deren Kind abends stundenlang schreit, wissen sich gelegentlich nicht mehr anders zu helfen, als das Kind ins Auto zu packen und mit ihm 2 bis 3 Stunden herumzufahren. Erfinderische Eltern helfen sich auf eine weniger kostspielige und umweltfreundlichere Art: Sie legen das Kind in eine Tragtasche. Sie befestigen daran eine Schnur und können so durch gelegentliches Ziehen die Tragtasche in Bewegung und das Kind zufrieden halten. Eine Hängematte oder ein Kinderwagen können ebenfalls sehr hilfreich sein. Hängematten sind in Ländern wie Indien oder Mexiko weit verbreitet. In Kurdistan hängen die Eltern das Kinderbett an vier starken Schnüren an der Decke auf: Das Kind beruhigt sich mit seinen Bewegungen selbst.

Die eine Maßnahme zur Beruhigung eines Kindes gibt es nicht, und die eingreifendste ist nicht unbedingt die wirksamste. Wenn ein Kind Mühe hat, den Schlaf zu finden, und schreit, kann es genügen, ihm eine Hand aufzulegen und ihm leise zuzusprechen, damit es einschlafen kann. Wird das Kind aber aus dem Bett genommen und herumgetragen, kann sich das Schreien unter Umständen viel länger hinziehen. Die wirksamste Beruhigung besteht darin, auf das Kind und die momentane Situation angemessen zu

Schaukeln beruhigt.

reagieren. Genauso wie die Kinder aus verschiedenen Gründen schreien, reagieren sie auch unterschiedlich auf das elterliche Verhalten. Während das eine Kind gewiegt werden will, beruhigt sich ein anderes, wenn seine Händchen von der Mutter sanft gestreichelt werden.

Soll man das Kind schreien lassen? Die meisten Säuglinge vermögen viel länger zu schreien, als es ihre Eltern aushalten können. Es ist eine oft geäußerte Befürchtung der Eltern, dass durch häufiges und rasches Reagieren auf das kindliche Schreien der Säugling verwöhnt werde. Dies trifft für die ersten Lebensmonate nicht zu. Im Gegenteil: Säuglinge, die rasch besänftigt werden, schreien in den kommenden Monaten weniger. Erst ab dem 6. Lebensmonat kommt es zu einem Gewöhnungseffekt, indem rasches und häufiges Reagieren der Eltern auf das kindliche Schreien nicht zu einer Abnahme, sondern zu einer Zunahme des Schreiens führen kann (Bell).

Die Nachbarn hören mit

Die meisten jungen Familien wohnen nicht allein in einem Haus. Manche leben in ungenügend schallisolierten Wohnungen, in engstem Kontakt mit den Nachbarn oben und unten, zur Rechten und zur Linken. Die Nachbarn werden durch das abendliche und nächtliche Schreien des Kindes nicht nur aufgeweckt, sie nehmen für die Eltern ungewollt nah am Familienleben teil: Wie lange lassen die Eltern das Kind schreien? Wie rasch können sie das Kind beruhigen? Wie lange wird die Ruhe andauern? Die Eltern haben den Nachbarn gegenüber oft Schuldgefühle, weil sie glauben, nur ihre Kinder würden nachts so oft und ausdauernd schreien.

Was tun? Viele Nachbarn sind sehr verständnisvoll. Wenn Eltern das Gespräch mit den Nachbarn suchen, machen sie häufig die Erfahrung, dass die Nachbarn aufgrund eigener Erlebnisse Verständnis für Kind und übernächtigte Eltern haben. Eltern sollten frühzeitig den Kontakt mit den Nachbarn aufnehmen, ihnen ihr Kind zeigen und ihre Situation erklären. Nachbarn zeigen sehr viel mehr Verständnis für die nächtliche Ruhestörung, wenn sie Kind und Eltern kennengelernt haben und spüren, dass die Eltern ihr Bestes tun. Nicht wenige sind dann auch bereit, der Familie mit Rat und Tat beizustehen.

Das Wichtigste in Kürze

1. Das Schreiverhalten zeigt in den ersten 3 Lebensmonaten einen charakteristischen Verlauf: Es nimmt von der Geburt bis zur 6. Lebenswoche zu, um danach bis zum 3. Lebensmonat ständig abzunehmen. Bei frühgeborenen Kindern bezieht sich dieser Verlauf nicht auf das Geburtsdatum, sondern auf den errechneten Geburtstermin.

2. Ausmaß und Dauer des Schreiens sind von Kind zu Kind sehr unterschiedlich. Sie sind weniger vom elterlichen Verhalten als von der kindlichen Disposition abhängig.

3. Manches Schreien wird durch bestimmte Ursachen wie Hunger oder Müdigkeit ausgelöst. Oft gibt es aber keine bestimmte Ursache. Dieses unspezifische Schreien tritt charakteristischerweise in den Abendstunden auf.

▶

4. Eltern können die Schreiperioden verkürzen, wenn auch nicht eliminieren, wenn sie
   - die Kinder regelmäßig über den Tag verteilt herumtragen;
   - sich spielerisch mit dem wachen Kind beschäftigen;
   - einen regelmäßigen Tagesablauf einhalten für Mahlzeiten, Schlafenszeiten und andere Aktivitäten wie spazieren gehen.

5. Mit Nachbarn, die durch das nächtliche Schreien gestört werden könnten, sollten die Eltern frühzeitig sprechen.

Das Wichtigste: Nicht verzagen! Bei jedem Kind geht die Schreiphase vorüber.

Spielverhalten

Einleitung

Nach der Breimahlzeit sitzt der 9 Monate alte Mauro in seinem Hoch-
stuhl. Die Mutter hat ihm einige Küchenutensilien zum Spielen hinge-
legt. Während die Mutter die Küche aufräumt, trommelt Mauro mit der
Kelle auf den Pfannendeckel, fährt mit dem Schneebesen über das Tisch-
chen und schlägt Kochlöffel und Kelle gegeneinander. Nach einigen Mi-
nuten beginnt er die Gegenstände auf den Boden zu werfen. Interessiert
schaut er dabei zu, wie sie nach unten fallen. Sie machen ganz unter-
schiedliche Geräusche, wenn sie auf dem Boden aufschlagen. Einige ver-
schwinden unter dem Küchentisch. Nach kurzer Zeit ist sein Tischchen
leer. Mauro schreit nach der Mutter und macht ihr mit auffordendem
Blick und ausgestreckten Armen deutlich, dass er die Küchenutensilien
wieder haben möchte. Die Mutter liest geduldig die Gegenstände auf
und legt sie Mauro zurück auf sein Tischchen. Sofort beginnt Mauro
von Neuem, Kelle, Schneebesen und Pfannendeckel lustvoll auf den
Boden zu werfen.

In diesem Kapitel wollen wir uns mit dem kindlichen Spielverhalten befassen. Ob man so etwas Spontanes wie das kindliche Spiel
überhaupt hinterfragen sollte? Verstellen wir uns nicht den natür-
lichen Zugang zum kindlichen Spiel, wenn wir es mit unserem
Verstand zu ergründen versuchen? Sollten wir die Kinder nicht
einfach spielen lassen?

In unserer westlichen Gesellschaft gehen wir schon lange nicht
mehr unbefangen mit dem Spiel unserer Kinder um. Eltern machen sich ausgiebig Gedanken, wenn sie vor Weihnachten Spiel-
zeugkataloge studieren und für ihre Kinder Geschenke kaufen.
Pädagogen, Psychologen und Kinderärzte haben verschiedenste
Vorstellungen vom kindlichen Spiel. Sie betreffen unter anderem
die Art und Weise, wie Kinder allein oder in Gruppen miteinander
spielen sollten und mit welchen Spielsachen ihre geistige, soziale
und sprachliche Entwicklung am besten gefördert werden kann.
Entsprechen diese Vorstellungen aber auch wirklich den Bedürfnissen unserer Kinder?

Was klingt wie, wenn es auf dem
Boden aufschlägt?

Macht das kindliche Spiel Sinn?

Wenden wir uns noch einmal der einleitenden Spielszene und Mauro zu: Die Mutter gibt ihm Küchenutensilien zum Spielen, weil sie bemerkt hat, dass ihr Kind an ihnen sehr interessiert ist. Was diese Gegenstände für es besonders attraktiv macht, ist, dass es die Mutter jeden Tag damit hantieren sieht.

Mauro schlägt die Küchenutensilien auf den Tisch und gegeneinander, schließlich wirft er sie lustvoll zu Boden. Das macht zunächst einmal Krach. Auf Erwachsene wirkt sein Spiel daher aggressiv, bisweilen sogar destruktiv. Schnell ist man versucht, seine Aktivitäten zu unterbinden. Für Mauro jedoch – und das ist wichtig – macht sein Treiben Sinn. Er macht nicht Lärm aus Langeweile oder etwa, um seine Mutter bei der Arbeit lautstark zu stören. Er wirft die Dinge nicht aus purem Zeitvertreib auf den Boden, weil ihm nichts Besseres einfällt. Für ihn ist sein Spiel eine ernste Angelegenheit. Durch seine Aktivitäten macht Mauro allerhand Erfahrungen, die für ihn sinnvoll sind:

- Indem er die Gegenstände auf den Tisch und gegeneinander schlägt, lernt er ihre physikalischen Eigenschaften kennen. Er spürt, wie schwer ein bestimmter Gegenstand ist, was für eine Größe, Form und Härte er hat. Er hört, wie Holzlöffel, Schneebesen und Pfannendeckel unterschiedliche Geräusche machen, wenn er sie gegeneinanderschlägt oder sie zu Boden wirft. Eine einmalige Erfahrung genügt dabei nicht. Mauro muss die Gegenstände viele Male auf den Tisch schlagen und zu Boden werfen, um zu erkunden, welche Materialien welche Eigenschaften haben und wie sie sich voneinander unterscheiden.

- Einige Spielsachen verschwinden unter dem Tisch. Im Alter von etwa 9 Monaten ist das Kurzzeitgedächtnis so weit entwickelt, dass das Kind weiß: Wenn ein Gegenstand aus seinem Blickfeld verschwindet, muss er auch weiterhin vorhanden sein. Um seine Erinnerung zu bestätigen, muss ihm die Mutter die Spielsachen unter dem Tisch wieder hervorholen. Und dies nicht nur einmal!

- Darüber hinaus hat das Spiel für Mauro auch einen sozialen Aspekt. Er möchte die Mutter in seine Aktivitäten mit einbeziehen. Sie soll mitspielen. Dass die Mutter zunächst die Küche aufräumen möchte, kümmert ihn nicht.

Natürlich kann es noch andere, weniger »sinnvolle« Gründe geben, warum Mauro die Gegenstände zu Boden wirft. Er könnte mit seinem Verhalten zum Beispiel versuchen, die Mutter dazu zu bringen, ihn aus dem Hochsitz zu befreien. Solche für die Eltern weniger erfreulichen Aspekte kann es im kindlichen Spiel auch geben. Sie sind aber nicht die Regel, sondern die Ausnahme. Wir verstehen nun besser, was Mauro in seinem Spiel Sinnvolles erlebt. Grundkenntnisse über das kindliche Spielverhalten helfen uns, unsere eigenen Vorstellungen und negativen Gefühle zu überwinden und das Spiel von Mauro nicht mehr als aggressiv und destruktiv anzusehen. Wir können uns Gedanken darüber machen, welche anderen alltäglichen Gegenstände neben den Küchenutensilien als Spielsachen geeignet wären, und stellen fest, dass wir den Begriff »Spielsachen« stark erweitert haben. Spielsachen sind nicht nur jene Artikel, die wir im Spielwarenladen kaufen, sondern – aus der Sicht des Kindes – alle Gegenstände, die sich zum Spielen eignen. Ein besseres Verständnis für das kindliche Spiel hilft uns auch dabei, uns als Spielpartner besser auf die kindlichen Bedürfnisse einzustellen. Den Sinn eines Spiels aus der Sicht des Kindes neu zu entdecken und ihn wertzuschätzen, trägt dazu bei, dass wir unsere Kinder in ihrem Spiel weniger behindern oder ihr Spiel gar deswegen unterbinden, weil wir den Sinn ihres Tuns nicht erkennen können.

Was ist Spielen?

Der Erwachsene arbeitet, das Kind spielt. Worin unterscheidet sich das Spiel von der Arbeit? Ein wesentlicher Unterschied besteht darin, dass das kindliche Spiel kein fertiges Endprodukt vorweisen muss. Der Sinn des kindlichen Spiels liegt vielmehr in der Handlung selbst. Wenn Mauro auf unterschiedliche Weise mit den Küchenutensilien umgeht, sammelt er Erfahrungen, die den eigentlichen Sinn seines Spiels ausmachen.

Dies bedeutet nicht, dass das kindliche Spiel zweckfrei ist. Es dient sehr wohl einem Zweck, nicht unmittelbar, aber langfristig. Verhaltensweisen, die sich das Kind spielerisch aneignet, werden in der fortschreitenden Entwicklung zu zielgerichteten Fähigkeiten. Krabbeln und Laufen, neu erworben, werden zunächst spielerisch eingeübt. Stehen sie dem Kind sicher zur Verfügung, wird es diese zielgerichtet dazu einsetzen, um an einen bestimmten Ort

Bereits kleine Kinder lernen voneinander im gemeinsamen Spiel.

zu gelangen. In einem gewissen Alter entleert das Kind spielerisch unentwegt Behälter. Es hat gerade entdeckt, dass es den Inhalt eines Behälters ausgießen kann, indem es den Behälter kippt. Einige Zeit später kippt das Kind Behälter nur noch dann, wenn es den Inhalt tatsächlich entleeren will. Der Vorgang des Kippens an sich interessiert das Kind nicht mehr.

Folgendes ist zudem charakteristisch für das kindliche Spiel:

Nur ein Kind, das sich wohl- und geborgen fühlt, spielt.   Während einer Krankheit spielt ein Kind weniger als in gesunden Tagen oder gar nicht. Ist ein Kind müde, traurig oder fühlt es sich alleingelassen, so wirkt sich sein beeinträchtigtes Befinden auf sein Spiel aus. Das physische und psychische Wohlbefinden ist also eine notwendige Voraussetzung dafür, dass ein Kind spielen kann. Für aufmerksame Eltern ist Unlust beim Spielen eines der ersten Anzeichen dafür, dass sich ihr Kind nicht wohlfühlt oder krank ist.

Das Spiel drückt den Entwicklungsstand des Kindes aus.   Das Kind setzt sich seinem Entwicklungsalter entsprechend spielerisch mit seiner Umgebung auseinander. Sein Spiel spiegelt wiederum seinen Entwicklungsstand wider. Behälter füllen und entleeren ist ein charakteristisches Spielverhalten des 2. nicht aber des 1. oder 3. Lebensjahres. Altersspezifisches Verhalten mit Spielcharakter können wir in allen Entwicklungsbereichen beobachten: in der Motorik, wenn ein 3-Jähriger unermüdlich vom ersten Treppenabsatz herunterspringt, in der Sprache, wenn ein 2 Jahre altes Mädchen am Spieltelefon mit seinem Geplauder die Mutter nachahmt, oder im Sozialverhalten, wenn ein 15 Monate altes Kind versucht mit dem Löffel zu essen.

Die Abfolge der spielerischen Verhaltensweisen ist bei allen Kindern gleich.   Die verschiedenen Verhaltensweisen beim Spielen treten zwar von Kind zu Kind in unterschiedlichem Alter auf. Was bei allen Kindern jedoch gleich bleibt, ist die Reihenfolge, in der die verschiedenen Verhaltensweisen auftreten. Bei mehreren hundert Kindern konnten wir immer die gleichen Abfolgen im Spielverhalten beobachten (Largo). Jedes Kind räumt mit etwa 12 Monaten

Behälter ein und aus, baut dann mit etwa 18 Monaten Türme und erst danach, mit etwa 24 Monaten, einen Zug. Dass ein Kind beispielsweise einen Turm baut, bevor es mit Behälter und Inhalt umgehen kann, oder dass es die Würfel zu einem Zug zusammenfügt, ohne fähig zu sein, einen Turm zu bauen, haben wir nie beobachtet.

Das Spielverhalten ist universal. Die genannten Verhaltensweisen beim Spielen finden sich bei allen Kindern in den unterschiedlichsten Kulturen. Die Art und Weise, wie diese zur Darstellung gebracht werden, ist aber so vielfältig wie die kulturelle Umwelt, in der die Kinder leben. Während Kinder in Europa für ihr Inhalt-Behälter-Spiel Plastikbecher und Sand benutzen, verwenden Kinder in Afrika Tongefäße und Erde oder auf Bali ausgehöhlte Kürbisse und Kerne. Der Ausdruck des Spiels ist zeit- und kulturgebunden und damit von Generation zu Generation und von Gesellschaft zu Gesellschaft verschieden. Die Abfolge und der Inhalt des Spiels werden jedoch durch den gesetzmäßigen Ablauf der geistigen Entwicklung des Kindes bestimmt.

Kontrolle über das Spiel. Das Kind will und muss in seinem Spiel selbstbestimmt sein. Es braucht die Kontrolle über seine Aktivitäten, damit es interessiert bleibt und das Spiel zu einer sinnvollen eigenen Erfahrung wird.

Wie wichtig Eigenkontrolle bereits in den ersten Lebensmonaten für Lernerfahrungen ist, zeigt eine Studie von Watson (siehe nachstehende Abbildung). Er und seine Mitarbeiter hängten 8 Wochen alten Säuglingen jeden Tag für 10 Minuten ein Mobile über ihre Bettchen. Die Gruppe A erhielt ein normales Mobile. Die Gruppe B bekam ein Mobile, das jede Minute 5 Sekunden lang eine Drehbewegung ausführte. Der Gruppe C wurde ein Mobile über das Bettchen gehängt, das mit Drucksensoren in Verbindung stand, die in die Kopfkissen eingenäht waren. Kopfbewegungen des Säuglings führten über die Drucksensoren zu einer Drehbewegung des Mobiles.

Wie wir aus der Abbildung ersehen können, war das Verhalten der Säuglinge nach 3 Wochen in verschiedener Hinsicht sehr unterschiedlich. Während in den Gruppen A und B die Häufigkeit

Bedeutung der Selbstbestimmung im Spiel bei 8 Wochen alten Säuglingen.

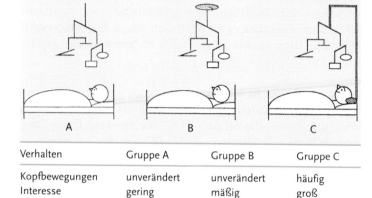

Verhalten	Gruppe A	Gruppe B	Gruppe C
Kopfbewegungen	unverändert	unverändert	häufig
Interesse	gering	mäßig	groß
Freude	gering	gering	groß

A: Normales Mobile; B: Das Mobile bewegt sich in regelmäßigen Zeitabständen; C: Das Mobile wird durch Kopfbewegungen des Kindes in Bewegung gesetzt. Das Verhalten der Kinder wurde nach 3 Wochen Erfahrung mit dem Mobile festgehalten (Watson).

der Kopfbewegungen sich nicht veränderte, nahmen sie in der Gruppe C deutlich zu. Die Säuglinge der Gruppe C lernten innerhalb weniger Tage, dass sie mit Kopfbewegungen Einfluss auf das Mobile nehmen konnten. Ihr Interesse am Mobile wurde von Tag zu Tag größer, während die Kinder der Gruppen A und B nach einigen Tagen ihr Mobile nicht mehr beachteten. Die dritte und wesentlichste Beobachtung war schließlich, dass die Kinder der Gruppe C mehr plauderten, lächelten und einen lebhafteren Gesichtsausdruck zeigten als die Kinder der anderen beiden Gruppen.

Die Studie von Watson zeigt überzeugend: Bereits junge Säuglinge sind fähig, im Spiel zu lernen. Sie nehmen die Auswirkungen ihrer motorischen Aktivitäten wahr, passen ihr Verhalten den Umständen an und wirken mit ihrem Verhalten gezielt auf ihre Umwelt ein. Diese Erfahrungen konnten die Säuglinge dank der genialen Versuchsanordnung von Watson machen. Wie aber ist es im Alltag, wo es keine Drucksensoren gibt? Haben Kinder in den ersten Lebensmonaten, wo sie ihre Bewegungen noch kaum unter

Kontrolle haben, die Möglichkeit, auf ihre Umgebung gezielt ein-zuwirken und durch Erfahrungen zu lernen?

Weil Säuglinge ihre Motorik nur sehr beschränkt willentlich ein-setzen können, sind sie auf andere Menschen als Spielpartner angewiesen. Eltern, Geschwister und andere Bezugspersonen ge-ben dem Säugling Rückmeldungen auf seine Aktivitäten. Wenn der Säugling mit seinen Beinchen strampelt und weint, weil er sich unwohlfühlt, nimmt ihn die Mutter auf. Wenn er in den Ar-men des Vaters Töne macht, ahmt der Vater die Laute nach. Lächelt er ein Geschwister an, lächelt das Geschwister zurück und plau-dert mit ihm. In den ersten Lebenswochen macht das Kind über das soziale Spiel (siehe »Spielverhalten o bis 3 Monate«) vielfältige Erfahrungen, die es darin bestätigen, dass seine Verhaltensweisen bestimmte, zuverlässig eintreffende Reaktionen bei vertrauten Per-sonen bewirken.

Angeborenes Interesse, Freude am Spiel. Die Studie von Watson weist auf ein weiteres wichtiges Merkmal des kindlichen Spiels hin: Das Kind hat ein genuines Interesse am Spiel. Auch wenn es mit großem Ernst dabei ist, als Beobachter spüren wir: Das Kind spielt gerne und ist interessiert an dem, was es tut. Das Kind ist immer auch emotional an seinem Spiel beteiligt.

Selbst die Kontrolle zu haben sowie die interessierte und lust-volle Ausführung unterscheiden das kindliche Spiel grundsätzlich von jenem Lernprozess, dem wir Erwachsene unberechtigterweise so große Bedeutung beimessen: dem Einüben oder Trainieren von Fertigkeiten. Im Gegensatz zum Spiel kann das Üben einer be-stimmten Tätigkeit dem Kind aufgezwungen werden. Häufig geht dies ohne eine innere Beteiligung des Kindes einher. Wenn das Kind spielerisch lernt, mit dem Löffel zu essen, wird es diese Fer-tigkeit als eine eigene Willensäußerung erleben und verinner-lichen. Wenn die Eltern dem Kind »beibringen«, wie man mit dem Löffel zu essen hat, wird das Essen zu einer aufgezwungenen Handlung, die das Kind nicht mehr als etwas eigenständig Ge-lerntes und somit Natürliches empfindet. Antrainiert kann das Essen selbst nach Jahren für das Kind immer noch ein Vorgang sein, der nicht seinem eigenen Bedürfnis entspringt, sondern von den Eltern gewollt und durch die Eltern kontrolliert wird. Dass ein derartig anerzogenes Essverhalten zu Essstörungen führen kann, erstaunt nicht.

Ist jede Aktivität eines Kindes gleichbedeutend mit Spiel? Viele kindliche Verhaltensweisen haben eine spielerische Qualität, aber nicht alle. Wir sollten nicht so weit gehen, dass wir jede Tätigkeit des Kindes zum Spiel erklären. Die meisten Verhaltensweisen haben, wenn sie auftreten, spielerische Qualitäten, verlieren diese aber im Verlauf der Entwicklung. Bereits das neugeborene Kind zeigt Verhaltensweisen wie das Saugen an der mütterlichen Brust, die unmittelbar zweckgerichtet und daher kein Spiel sind. Vor der Geburt saugt das Kind monatelang spielerisch an seinen Fingerchen. Nach der Geburt wird es ernst: Es muss sich ernähren.

Warum spielen Kinder?

Nicht nur Menschenkinder, auch Jungtiere vieler, insbesondere höherentwickelter Tierarten spielen. Einige Spielformen haben Kinder mit Jungtieren gemein, andere sind dem Menschen eigen.

Einüben von angeborenen Verhaltensweisen. Diese Form des Spiels ist unter Tieren weit verbreitet. Das Spiel der Jungtiere hat große Ähnlichkeit mit dem Verhalten ausgewachsener Tiere. Die Jungen proben gewissermaßen den Ernstfall. Junge Kätzchen jagen hinter einem Wollknäuel her, schubsen es zwischen ihren Vorderpfötchen hin und her und beißen plötzlich heftig zu. Sie eignen sich spielerisch die Fertigkeit an, Mäuse mit so viel Zuverlässigkeit zu fangen und zu töten, dass sie, einmal erwachsen, sich davon ernähren können.

Dieses Spielverhalten ist angeboren. Die Kätzchen brauchen ihre Eltern nicht als Vorbilder. Gegenstände, die bestimmte Attribute von Mäusen haben wie Größe, fellartige Oberfläche, schwanzartige Verlängerung oder Fortbewegungsart, lösen bei ihnen das Verhaltensrepertoire des Mäusefangs aus.

Verhaltensweisen, die angeboren sind und spielerisch erprobt werden, können wir auch bei unseren Kindern beobachten. Die frühe Motorik besteht überwiegend aus angeborenen Verhaltensmustern. Das Kind krabbelt, ohne dass die Eltern ihm diese Art der Fortbewegung je vorgemacht hätten. Es übt sie spielerisch ein. Wenn es die ersten Schritte macht, erprobt es eine neue Möglichkeit sich fortzubewegen. Es läuft herum, ohne ein bestimmtes Ziel zu haben. Das Greifen zwischen den Fingerkuppen von Zeigefinger und Daumen, den sogenannten Pinzettengriff, übt das Kind ebenfalls spielerisch ein, indem es einige Zeit mit großem Eifer kleine und kleinste Gegenstände wie Brotkrümel und Fäden vom Boden aufklaubt.

Sammeln von Erfahrungen über die physikalischen Eigenschaften der gegenständlichen Umwelt.   Im ersten Lebensjahr lernen Kinder die Gegenstände kennen, mit denen sie im Alltag in Berührung kommen. Sie machen ihre Erfahrungen anfänglich weit weniger über die Augen als vielmehr über den Mund und die Hände.

Sie nehmen die Gegenstände in den Mund, befühlen sie mit Lippen und Zunge, drehen und wenden sie in den Händen und schlagen sie auf eine Unterlage. Auch dies sind Verhaltensweisen, die die Kinder selbst hervorbringen und nicht durch Nachahmung erwerben. Eltern würde es nie einfallen, ihrem Säugling vorzumachen, dass man einen Gegenstand kennenlernen kann, indem man ihn in den Mund nimmt. Das orale und manuelle Erkunden wird vom Kind über Monate spielerisch auf alle Gegenstände an-

Befühlen mit Lippen und Zunge.

gewendet, derer es habhaft werden kann. Gegen Ende des 1. Lebensjahres wird das Betrachten der Gegenstände die hauptsächliche Form des Erkundens.

Über den Mund, die Hände und die Augen lernen Kinder die Gegenstände aufgrund ihrer physikalischen Eigenschaften wie Größe, Form und Gewicht kennen und voneinander zu unterscheiden.

Erwerben von Fähigkeiten durch Nachahmung. In der menschlichen Gesellschaft sind die Beziehungsstrukturen, Kommunikationsformen und Kulturtechniken so komplex geworden, dass ein Kind 10 bis 20 Jahre braucht, um die wesentlichen Verhaltensweisen durch Nachahmung zu erwerben. Ein ausgeprägtes Bedürfnis des Kindes nach Nachahmung spielt dabei ebenso eine entscheidende Rolle wie das notwendige Vorhandensein von Vorbildern.

Die Nachahmung prägt das Spielverhalten in verschiedenen Bereichen der Entwicklung:

- Das soziale Spiel ist das vorrangige Spielverhalten der ersten Lebensmonate. Bereits das Neugeborene vermag einfache mimische Ausdrucksformen nachzuahmen. Das Kind eignet sich in den ersten 2 Lebensjahren spielerisch Haltungen, Bewegungen und mimische Ausdrucksweisen an, die den zwischenmenschlichen Umgang innerhalb der Familie und der Gesellschaft bestimmen. Dabei finden sich große kulturelle Unterschiede im Sozialverhalten. So gibt es Kulturen, in denen die Menschen sich bei der Begrüßung in die Augen schauen, während in anderen der Blickkontakt durch eine Neigung des Kopfes und einen gesenkten Blick tunlichst vermieden wird. Solche Verhaltenskonventionen übernehmen die Kinder durch Nachahmung.
- In der frühen Sprachentwicklung spielt die Nachahmung eine vielfältige Rolle. Im 1. Lebensjahr beginnt das Kind, Laute nachzuahmen, die es in der Familie hört. Seine lautlichen Äußerungen passen sich dabei immer mehr seiner sprachlichen Umwelt an. Im 2. Lebensjahr beginnt das Kind in seinem Spiel die Sprechweise der Eltern, Geschwister und anderer vertrauter Personen nachzuahmen. Es spricht ins Spieltelefon wie die Mutter oder belehrt den Teddybären wie das ältere Geschwister.

- Gegen Ende des 1. Lebensjahres versucht das Kind einfache Gesten wie Ade-Winken oder In-die-Hände-Klatschen nachzuahmen. Aufmerksam beobachtet es die Art und Weise, wie Erwachsene und ältere Kinder mit Gegenständen umgehen. Indem das Kind ihre Handlungen in den folgenden Monaten nachahmt, beginnt es, Gegenstände funktionell zu gebrauchen. Es versucht, mit einem Löffel zu essen, oder fährt sich mit der Haarbürste über den Kopf. Im 2. Lebensjahr spielt das Kind mit Puppen und Teddybären zunächst einfache Handlungsabläufe nach. In den folgenden Jahren werden ganze Alltagsabläufe und wichtige Ereignisse wie etwa Einkaufen, der Besuch beim Doktor oder eine Hochzeit im Rollenspiel thematisch nachgespielt.

Im Gegensatz zu den angeborenen Verhaltensweisen des frühkindlichen Spiels besitzen die Spielweisen, die aus der Nachahmung hervorgehen, verschiedene Erscheinungsformen. Mimischer Ausdruck und Gestik der Kleinkinder sind in Schweden, Deutschland und Italien verschieden. Auch das Plaudern älterer Säuglinge ist charakteristisch für ihre Sprachregion. In Europa essen Kinder mit dem Löffel, in Indien mit der Hand und in China mit Stäbchen. Umgangsweisen, die sich Kinder durch Nachahmung erwerben, sind durch die Kultur geprägt, in der sie aufwachsen.

Spielformen, die aus der Nachahmung hervorgehen, kommen in eingeschränkter Weise auch bei höherentwickelten Säugetieren vor, insbesondere bei den Menschenaffen. Schimpansen angeln

Jetzt muss die Puppe schlafen.

Ein Schimpanse versucht mit einem Grashalm Termiten zu angeln (oben) und eine Pandanuss mit einem Stein zu zerschlagen (links).

sich Termiten, indem sie einen Zweig in ein Loch eines Termitenhügels stecken, warten, bis sich die Insekten daran festgebissen haben, und dann den Zweig sorgfältig herausziehen. Die Jungtiere beginnen Ende des 2. Lebensjahres diese Tätigkeit nachzuahmen. Sie lernen über spielerisches Ausprobieren, wie dick und lang ein Zweig sein muss, damit er in die Öffnung eines Termitenhügels passt, wie lange sie warten müssen, bis sich die Termiten daran festgebissen haben, und wie der Zweig herauszuziehen ist, ohne dass die Termiten dabei abgestreift werden. Sie brauchen etwa 3 Jahre, bis sie durch Nachahmung und eigene Erfahrungen ihre Geschicklichkeit so weit entwickelt haben, dass sie die heiß begehrte Delikatesse selbstständig angeln können.

Durch Nachahmen älterer Tiere lernen junge Schimpansen auch, wie man Nüsse knackt: Die Nuss wird auf eine harte Unterlage gelegt und mit einem Ast oder einem Stein aufgeschlagen. Die Jungtiere beobachten sehr aufmerksam den Vorgang und versuchen, ihn nachzuahmen. Anfänglich bleibt der Erfolg zumeist aus, da sie beispielsweise nicht auf eine harte Unterlage achten. Die Erfahrung lehrt sie, die Nüsse auf eine feste Unterlage wie einen Stein, eine Wurzel oder einen Termitenhügel zu legen.

Sammeln von räumlichen Erfahrungen.   Im 2. Lebensjahr setzt sich das Kind spielerisch mit den räumlichen Beziehungen von

Gegenständen auseinander. Es füllt und entleert Behälter und baut Türme mit Würfeln.

Erkunden von kausalen und kategorialen Zusammenhängen. Im Spiel findet das Kind auch heraus, wie Gegenstände aufeinander wirken können. Der 8 Monate alte Säugling begreift, dass ein Ziehen an der Schnur der Musikdose Klänge hervorruft. Spielerisch hat er entdeckt, dass weder die Berührung noch das Wegwerfen oder In-den-Mund-Nehmen der Musikdose die Musik ertönen lässt. Allein das Ziehen an der Schnur führt zuverlässig zum Erfolg.

Am Ende des 2. Lebensjahres beginnt das Kind, Gegenstände aufgrund bestimmter Eigenschaften wie Form oder Farbe zu sortieren. Es hat erkannt, dass mehrere Gegenstände gleich oder verschieden sind und in Gruppen kategorisiert werden können. Die Fähigkeit, Dinge nach bestimmten Merkmalen einander zuzuordnen, ist eine Grundfunktion für das logische Denken. Auch diese neue Erkenntnis übt das Kind anfänglich spielerisch ein: Es sortiert beispielsweise Besteck, indem es die Löffel und die Messer an verschiedenen Orten ablegt.

Diese Spielformen sind auch unter hoch entwickelten Tieren kaum verbreitet. Menschenaffen können zwar einen Gegenstand als Mittel zum Zweck verwenden: In freier Natur angeln sie sich, wie oben beschrieben, Termiten mit einem Zweig oder im Zoo eine Banane, die außerhalb des Käfigs liegt, mit einem Stock. Ihr Verständnis für kausale und kategoriale Zusammenhänge bleibt im Vergleich zum Menschen aber sehr eingeschränkt. Das Menschenkind versteht spätestens im 3. Lebensjahr seine gegenständliche Umwelt und deren Zusammenhänge besser als ein ausgewachsener Menschenaffe.

Spielen alle Kinder gleich?

Für Eltern, die mehrere Kinder haben, ist es offensichtlich, dass sich Kinder in ihrem Spielverhalten unterscheiden. Unterschiede ergeben sich in zweierlei Hinsicht.

Ein bestimmtes Spielverhalten kann in unterschiedlichem Alter auftreten. So beginnt ein bestimmtes Kind bereits mit 8 Monaten Gegenstände aufmerksam zu betrachten, während ein anderes Kind dies erst mit 10 Monaten tut.

Ein bestimmtes Spielverhalten ist von Kind zu Kind verschieden stark ausgeprägt. Alle Kinder nehmen Gegenstände in den Mund, aber die einen mehr, die anderen weniger. Das eine Kind räumt wochenlang Schubladen ein und aus, während ein anderes diese Aktivität – zur Freude der Mutter – bereits nach wenigen Tagen wieder aufgibt.

Spielen Mädchen anders als Jungen?

Jungen und Mädchen unterscheiden sich im Spielverhalten in den ersten 2 Lebensjahren nur geringfügig. In unseren Spielstudien beobachteten wir in den ersten 18 Monaten keine Geschlechtsunterschiede (Largo). Wir ließen die Jungen mit Puppen, Milchflasche und Haarbürste spielen. Sie haben genauso wie die Mädchen die Puppen gefüttert und ihnen die Haare gebürstet. Dabei hatte die Mehrzahl der Jungen nie zuvor mit einer Puppe gespielt!

Jungen spielen mit einer Puppenstube ebenso differenziert wie Mädchen, sofern sie die Gelegenheit dazu haben. Mädchen nehmen Gegenstände genauso oft und ausgiebig in den Mund wie Jungen. Diese sind wiederum genauso interessiert daran, Behälter zu füllen und zu entleeren und die Mutter bei Haushaltstätigkeiten nachzuahmen wie Mädchen.

Am Ende des 2. Lebensjahres treten erste Unterschiede im Spielverhalten zwischen den Geschlechtern auf: Jungen neigen mehr zum Auskundschaften ihrer Umwelt, Mädchen eher zum symbolischen und sozialen Spiel. Wir konnten beispielsweise die folgende Beobachtung machen: Unter den Puppenmöbelchen, die wir den Kindern zum Spielen gaben, befand sich ein kleiner Kochherd. Die Mädchen kochten auf dem Herd für ihre Püppchen Mahlzeiten, die Jungen versuchten den Herd auseinanderzunehmen.

Bruder und Schwester
spielen nicht
das Gleiche.

Die Mädchen spielten nach, was sie erlebt hatten, die Jungen wollten wissen, wie der Kochherd gebaut ist und wie er funktioniert. Studien, die sich mit dem Spielverhalten von 3- bis 6-jährigen Kindern befassen, weisen darauf hin, dass sich solche Geschlechtsunterschiede nach dem 2. Lebensjahr deutlich verstärken.

Die Geschlechtsunterschiede, die wir im Spiel zwischen Jungen und Mädchen sehen, werden durch die Erwachsenen zusätzlich verstärkt: Sie neigen dazu, den Jungen Autos, Eisenbahnen und Flugzeuge, den Mädchen Miniaturhaushaltsgeräte, Schminkkoffer und Kinderwägelchen zu kaufen.

Spielsachen

Kinder haben wohl seit Urzeiten mit den Gegenständen gespielt, deren sie in ihrer Umwelt habhaft werden konnten. Von besonderem Interesse waren dabei Dinge, mit denen die Erwachsenen hantierten und die für sie eine wichtige Bedeutung hatten, etwa Tonschüsseln, die in Kinderhänden leicht zerbrechen, oder Waffen, die für Kinder gefährlich sind. Die ersten Spielsachen, von denen man weiß, wurden wahrscheinlich von Erwachsenen deshalb entwickelt, weil sie vermeiden wollten, dass die Kinder die Sachen der Eltern beschädigten oder sich verletzten. Eltern haben bereits in prähistorischen Zeiten kindgerechte Ausgaben von Geschirr und Geräten für ihre Kinder hergestellt. So sind bei

Ausgrabungen von Pfahlbausiedlungen am Zürichsee neben viel Geschirr auch Spielkochtöpfe aus Ton gefunden worden. Heute machen es die Spielwarenhändler wie die Pfahlbaubewohner: Sie bieten Miniaturausgaben der Geräte moderner Haushalte wie Kochherd, Staubsauger oder Fernseher an.

Ein weiterer Grund, warum Erwachsene ihren Kindern Spielsachen geben, war und ist immer mehr, dass sie die Kinder beschäftigen wollen, damit sie in Ruhe ihren eigenen Tätigkeiten nachgehen können. Das Kind soll in seinem Zimmer spielen und möglichst wenig stören. Dieser Absicht bringen die Kinder allerdings kaum das von den Erwachsenen gewünschte Verständnis entgegen. Kinder können und wollen alleine spielen, aber nicht ausschließlich. Sie brauchen Erwachsene und andere Kinder, um Erfahrungen zu machen, die sie dann in ihrem Spiel verwenden können, und um im gemeinsamen Spiel spielerische Anregungen zu erhalten.

Fachleute und viele Eltern möchten das Kind mit Spielsachen gezielt in seiner Entwicklung fördern. So werden *Mobiles* und *Play Activity Centers* erfunden, die die visuelle, motorische und geistige Entwicklung der Kinder besonders voranbringen sollen. Unausgesprochen ist damit die Hoffnung verbunden, dass eine gezielte Anregung in den ersten Lebensjahren sich mittelfristig in verbesserten Schulleistungen und langfristig in einer erfolgreichen Berufskarriere niederschlägt. Derartige elterliche Wunschvorstellungen sind Fehlerwartungen und führen zu einem Missbrauch der kindlichen Spielfreude.

Nicht nur Kinder, auch Eltern werden dabei von der Spielwarenindustrie manipuliert. Diese hat ein feines Gespür dafür, was nicht nur für Kinder, sondern gerade für Eltern besonders attraktiv ist. Erwachsene lassen sich beim Kauf von Spielsachen häufig von ästhetischen Gesichtspunkten sowie von bestimmten pädagogischen Vorstellungen – und nicht so selten von Vorurteilen – leiten. So wirken Spielsachen aus Holz, vor allem wenn sie handgefertigt sind, auf Erwachsene anziehender und werden als pädagogisch wertvoller angesehen als solche aus Plastik. Ob sie auch immer kindgerechter sind? Je nach Anfertigung kann ein Säugling eine Rassel aus Plastik einer hölzernen durchaus vorziehen, weil sie ihm mehr Möglichkeiten zum oralen, manuellen und visuellen Erkunden bietet.

Ob ein Gegenstand ein Spielzeug ist oder nicht, entscheiden nicht die Vorstellungen von Eltern und Fachleuten, sondern allein das Kind! Ein Schlüsselbund ist für 1-jährige Kinder ein höchst attraktives Spielzeug, was Erwachsene verwundern mag. Die Schlüssel sind von unterschiedlicher Größe und Aussehen. Wird der Schlüsselbund bewegt, ordnen sich die Schlüssel auf immer neue Weise. Die Schlüssel geben Klänge und Geräusche von sich. Schließlich hat das Kind Mutter und Vater tagtäglich mit dem Schlüsselbund hantieren sehen, was den Gegenstand für das Kind besonders anziehend macht. Die Spielwarenindustrie hat auch dies bemerkt und bietet seit einigen Jahren Schlüsselbunde aus Plastik für Säuglinge an. Der Schlüsselbund zeigt uns, dass sich ganz alltägliche Gegenstände für das kindliche Spiel ausgezeichnet eignen können, auch wenn sie aus Sicht der Erwachsenen keine eigentlichen Spielsachen sind.

Was können wir tun, wenn wir unschlüssig sind, was wir einem Kind zum Spielen geben sollen? Ausprobieren! Darauf achten, für welche Gegenstände sich das Kind interessiert! Hier breitet sich ein weites Feld für Kind und Eltern zum Auskundschaften aus – nicht in den Spielwarenläden, sondern im eigenen Haus und in der Natur. Es sei nochmals an Mauro und die Küchenutensilien erinnert!

Gemeinsam spielen

Kinder jeden Alters wollen und können sich allein beschäftigen. Kinder möchten aber auch mit ihren Eltern und anderen Kindern spielen. Wie soll sich der Erwachsene als Spielpartner verhalten?

Je jünger ein Kind ist, desto eher stellen wir uns als Eltern intuitiv richtig auf sein Spiel ein. Wird das Kind älter, so geraten wir immer stärker in die Versuchung, das Kind zu belehren und ihm etwas ganz Bestimmtes beibringen zu wollen. Damit verderben wir sein unbefangenes Spiel. Es sei nochmals daran erinnert: Für ein Kind ist die Erfahrung im Spiel an sich wichtig und nicht deren Endprodukt. Wenn Eva sich bemüht, ihre Stiefel anzuziehen, geht es ihr weit weniger darum, in den Stiefeln zu stehen. Sie will herausfinden, ob sie die Stiefel allein anziehen kann und wie dies zu bewerkstelligen ist. Wenn wir Eva dabei – in bester Absicht – helfen, werden wir sie entmutigen. Wir haben ihr nichts Gutes getan, wir haben ihr Spiel verdorben.

Wenn wir uns am Spiel eines Kindes beteiligen wollen, können wir sein Interesse und seine Freude am meisten wecken, wenn wir es dort abholen, wo es in seiner Entwicklung steht. Was damit gemeint ist? Nebenstehende Bilder zeigen uns die 18 Monate alte Martina. Sie hat großen Spaß daran, mit den Würfeln einen Turm zu bauen. Ihr Gesicht drückt aus, welche Freude ihr das Turmbauen macht. Nach einiger Zeit wird sie aufgefordert, einen Zug nachzubauen. Sie bemüht sich, es will ihr aber nicht gelingen. Sie kann nur einen Turm bauen. Schließlich gibt sie ihr Spiel enttäuscht und verstimmt auf.

Was können wir von Martina lernen? Wenn wir uns am Spiel eines Kindes beteiligen, kann sich unser Tun verschieden auswirken:

- Wir holen das Kind dort ab, wo es in seiner Entwicklung steht. Dies ist bei Martina anfänglich der Fall: Das Turmbauen entspricht ihrem Entwicklungsalter. Sie macht deshalb mit Begeisterung und eigenständig mit.
- Wir überfordern das Kind. Wir tragen ein Spielverhalten an das Kind heran, das über seinem Entwicklungsstand liegt. Erst mit etwa 24 Monaten wird Martina fähig sein, einen Zug zu bauen. Jedes Kind reagiert je nach seinem Temperament unterschiedlich: Es wirft die Spielsachen weg, setzt sein eigenes Spiel fort oder verweigert das Spiel wie Martina.
- Wir unterfordern das Kind. Wir erwarten vom Kind ein Spiel, das für das Kind nicht mehr interessant ist und nicht mehr seinem Entwicklungsstand entspricht. Dies könnte bei Martina der Fall sein, wenn wir von ihr ein Spiel mit Behältern verlangt hätten, das Kinder typischerweise im Alter von 9 bis 15 Monaten interessiert.

Wenn wir uns dem Entwicklungsstand des Kindes anpassen, spielt das Kind mit. Über- und Unterforderung aber führen zur Verweigerung. Ein untrüglicher Indikator, ob unsere Vorgehensweise dem Kind entspricht oder nicht, ist die emotionale Reaktion des

Martina baut begeistert einen
Turm. Der Zug überfordert sie.

Kindes: Ist das Kind interessiert, so zeigt es wie Martina beim Turmbauen einen freudigen Gesichtsausdruck, das vorgeschlagene Spiel ist sinnvoll. Bleibt das Kind passiv und ist sein Gesichtsausdruck lustlos oder gar abweisend, haben wir das Kind unter- oder überfordert.

Wie sollen wir uns verhalten, wenn wir nicht genau wissen, wo das Kind in seiner Entwicklung steht? Anstatt irgendeine Aktivität an das Kind heranzutragen und Gefahr zu laufen, »neben dem Spiel des Kindes zu liegen«, lassen wir das Kind selber spielen, beobachten sein Tun und ahmen sein Spiel nach. Nachspielen wird vom Kind als eine Sympathiebekundung empfunden. Will das Kind, dass wir mitspielen, wird es uns dazu einladen.

Auch wenn es uns Erwachsenen manchmal schwerfällt, dem Kind die Initiative und Kontrolle zu überlassen, es lohnt sich allemal. Wenn wir uns vom Kind im Spiel führen lassen, aber weiterhin emotional beteiligt bleiben, kann das gemeinsame Tun für uns eine wunderbare Erfahrung voller Überraschungen werden und – das Kind wird es uns danken!

Als Eltern Spielpartner zu sein ist gut, Vorbild zu sein oftmals besser. Im 2. Lebensjahr ist das Kind besonders daran interessiert, Eltern und Geschwistern, aber auch anderen Erwachsenen und Kindern bei ihren Tätigkeiten zuzusehen. Es hat ein großes Bedürfnis, das Gesehene nachzuahmen. Es möchte daher so weit wie möglich in die Tätigkeiten der Erwachsenen mit einbezogen werden, um vielfältige Möglichkeiten zur Nachahmung zu haben. Mit etwas Geschick und Organisation gibt es immer wieder Gelegenheiten, das Kind im Alltag »mithelfen« zu lassen: beim Decken und Abräumen des Esstisches, beim Gießen der Pflanzen oder beim Einkaufen. Wenn sich der Vater am Sonntagmorgen rasiert, kann das Kind mit Rasierschaum mittun. Erledigen die Eltern Schreibarbeiten, kritzelt das Kind mit einem Bleistift auf einem Stück Papier herum und hantiert mit Klebestreifen oder Locher. In der Werkstatt beim Nachbarn gibt es Schrauben und Nägel zu sortieren, erste Erfahrungen mit einem Hammer und einer Zange zu machen. Wunderbar ist es für ein Kind, wenn die Großmutter mit ihm »Kaffeetrinken« spielt.

Die besten Vorbilder für ein Kind sind gleichaltrige und etwas ältere Kinder. Ihre Verhaltensweisen sind dem Kind vertrauter als diejenigen der Erwachsenen und deshalb für das Kind leichter nachzuahmen. Auf dem Spielplatz spielt ein Kleinkind zunächst

Mit dem Vater Erfahrungen in der Natur sammeln.

meist nicht mit anderen Kindern, es beobachtet aber aufmerksam deren Spiel und merkt sich genau ihre Handlungsweisen. Einige Stunden oder gar Tage später spielt es nach, was die anderen ihm vorgespielt haben. Geschwister und andere Kinder sind die besten Lehrmeister.

Vorsicht!

Kinder möchten auch mit gefährlichen Geräten wie Bratenmesser oder Gartenschere hantieren – ihre Eltern tun es schließlich auch. Ein berechtigtes Anliegen der Eltern ist es, solche Gegenstände möglichst außer Reichweite der Kinder zu halten.

Wir sollten dem Kind aber auch Gelegenheit geben, neue Erfahrungen mit potenziell gefährlichen Gegenständen unter »diskreter Aufsicht« zu machen. Nur so lernt das Kind, vorsichtig mit ihnen umzugehen und Vertrauen in die eigenen Fähigkeiten zu entwickeln. Geräte wie etwa ein Bügeleisen, das auch unter bester Aufsicht kein Spielzeug sein kann, lassen sich durch eine kindgerechte Ausführung ersetzen.

Schließlich gibt es Dinge, die zwar nicht gefährlich, aber den Eltern lieb und teuer sind, beispielsweise das Fotoalbum. Dies gehört nur den Eltern. Wenn sie hie und da das Album mit dem Kind zusammen sorgfältig herunternehmen und gemeinsam anschauen, ist das für das Kind fast wie Weihnachten. Es sollte Dinge geben, die nur den Eltern gehören. Damit lernt das Kind auch, Respekt vor Sachen zu haben, die anderen gehören.

Weder dieses einleitende noch die folgenden Kapitel sind umfassende Abhandlungen über das kindliche Spielverhalten der ersten 4 Lebensjahre. Sie beschreiben nur einige Aspekte des kindlichen Spiels. Beim Spielen gibt es viele Verhaltensweisen, die in diesem Buch nicht oder nur am Rande erwähnt werden. Kinder spielen nicht nur mit Würfeln und Puppen, sondern auch mit Sand, Erde und Wasser. Sie beschäftigen sich mit Tieren und Pflanzen. Eltern werden daher bei ihren Kindern viele Verhaltensweisen beobachten, die in diesem Buch nicht aufgeführt sind. Das kindliche Spiel ist einmalig und wird von jedem Kind immer wieder neu geschaffen. Das Spiel, welches das Kind in seiner geistigen, sprachlichen und sozialen Entwicklung am besten fördert, gibt es nicht. Hindern wir das Kind nicht an der Entfaltung seiner spielerischen Fähigkeiten mit unseren Vorstellungen! Was Spiel ist, bestimmt das Kind und nicht die Erwachsenen.

Das Wichtigste in Kürze

1. Im Spiel macht das Kind vielfältige Erfahrungen, die für seine soziale, geistige und sprachliche Entwicklung bedeutsam sind.

2. Der Sinn des kindlichen Spiels liegt nicht in einem Endprodukt, sondern in der Handlung selbst.

3. Das Spiel wird durch das Kind bestimmt und ist lustbetont. Spielen hat mit Antrainieren nichts zu tun.

4. Das Spiel eines Kindes ist altersspezifisch: Es spiegelt seinen jeweiligen Entwicklungsstand.

5. Die Abfolge der spielerischen Verhaltensweisen ist bei allen Kindern gleich. Die verschiedenen Spielformen treten aber in unterschiedlichem Alter auf und sind verschieden stark ausgeprägt.

6. Mädchen und Jungen unterscheiden sich in ihrem Spiel in den ersten 2 Lebensjahren kaum; danach zunehmend.

7. Kinder spielen, um:
   - angeborene Verhaltensweisen einzuüben;
   - Erfahrungen über physikalische Eigenschaften der gegenständlichen Umwelt zu sammeln;
   - sich Handlungsabläufe und den funktionellen Gebrauch von Gegenständen anzueignen;
   - soziale und sprachliche Fähigkeiten durch Nachahmung zu erwerben;
   - räumliche, kausale und kategoriale Zusammenhänge zu entdecken.

8. Die Rolle der Erwachsenen besteht darin:
   - Vorbild zum Nachahmen zu sein;
   - als Spielpartner interessiert, geduldig und nicht bestimmend zu sein;
   - Spielsachen bereitzustellen.

9. Beteiligen wir uns am kindlichen Spiel, sollten wir das Kind im Spiel dort abholen, wo es in seiner Entwicklung steht. Wird es unter- oder überfordert, verweigert es das Spiel.

Vor der Geburt

Monika ist im 8. Monat schwanger. Kleine Buckel, die langsam erschei-
nen und wieder verschwinden, wandern über ihre Bauchdecke. Tim hat
den Eindruck, dass sich das Kind stärker bewegt, wenn er seine Hand
auf einen Buckel legt. Ein Spiel mit dem Ungeborenen?

Spielen Kinder vor der Geburt? Das ungeborene Kind zeigt bereits
in der Frühschwangerschaft gewisse motorische Aktivitäten, denen man spielerische Qualitäten zuschreiben kann. Das Einüben
motorischer Bewegungsmuster kann durchaus als Spiel angesehen werden. Das Kind saugt beispielsweise am Daumen oder
strampelt mit seinen Beinchen. Die meisten dieser Verhaltens-
muster sind auch noch beim Neugeborenen zu beobachten.

Eine ausführliche Beschreibung der motorischen Verhaltens-
muster, die in der Schwangerschaft beobachtet werden können, ist
im Kapitel »Motorik vor der Geburt« zu finden.

Das Wichtigste in Kürze

Eine Reihe von motorischen Aktivitäten, die bereits in der Frühschwangerschaft auftreten, sind spielerisch im Sinne des Einübens von Bewegungsmustern.

0 bis 3 Monate

Die Großmutter strahlt: Alexandra hat die weißen Handschuhe an, die bereits ihre Tochter als Säugling trug. Die Mutter sieht wohl die Freude der Großmutter, kann sich aber für die Handschuhe nicht so recht begeistern. Alexandra hat sich in ihrem Bemühen, die Händchen in den Mund zu stecken, beide Wangen mit ihren feinen Fingernägeln zerkratzt. Als die Großmutter die Kratzer sah, holte sie eiligst die Handschuhe aus der Truhe auf dem Dachboden hervor.

Einmal auf der Welt, beginnen Kinder zu spielen, auch wenn sie in den ersten Lebensmonaten noch nicht nach Gegenständen greifen können. Das vorherrschende Spiel des Neugeborenen ist das soziale Spiel. Es spielt mit dem Ausdruck seiner Augen, der Mimik und den Lauten, die es hervorbringt. Dazu braucht es ein Gegenüber, eine Person, die mit ihm spielt.

Säuglinge können aber auch alleine spielen, indem sie sich auf verschiedenste Weise mit ihren Händchen beschäftigen. Dieses Spiel ist eine Vorbereitung auf das eigentliche Greifen, das mit 4 bis 5 Monaten einsetzt.

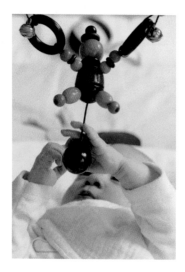

Anfänge des Spiels
mit Gegenständen.

Soziales Spiel

Der Säugling hat ein ausgesprochenes Interesse an anderen Menschen. Er möchte Mutter, Vater und Geschwister aber nicht nur sehen und hören, er will mit ihnen auch spielen. Er freut sich daran, wenn ihm eine vertraute Person ihr Gesicht immer wieder aufs Neue zuwendet, dabei große Augen macht, Koseworte wiederholt und dazu die Stimme langsam anhebt. Der Säugling ist nicht nur fasziniert vom Schauspiel, er versucht sich auch mitzuteilen: Er verändert seinen mimischen Ausdruck, bewegt Arme und Beine und gibt Töne von sich, die vom Gegenüber wiederum aufgenommen werden. So entwickelt sich bereits in den ersten Lebenstagen ein Wechselspiel zwischen dem Kind und den Menschen, die sich ihm zuwenden.

Dem sozialen Spiel sind in den ersten Lebenswochen noch Grenzen gesetzt. Die Fähigkeit von Neugeborenen und Säuglingen, Sinnesreize zu empfangen und sich auszudrücken, wird sich jedoch in den kommenden Monaten rasch weiterentwickeln. Anfänglich brauchen Kinder noch viel Zeit, um einen Sinneseindruck wahrzunehmen und zu verarbeiten. Sie sind darauf angewiesen, dass der Eindruck stark ist, lange andauert und wiederholt auftritt. Wenn sie sich mitteilen wollen, müssen sie wiederum viel Zeit aufwenden, um sich mimisch auszudrücken oder Laute von sich zu geben. Säuglinge ermüden noch rasch in ihrem Bemühen, sich der Umwelt zuzuwenden und sich ihr mitzuteilen.

Soziales Spiel. Spaß
haben miteinander.

Mutter und Vater passen sich den begrenzten kommunikativen Fähigkeiten ihres Kindes intuitiv richtig an (siehe »Beziehungsverhalten 0 bis 3 Monate«). Sie verändern nicht nur ihr Verhalten, sie stellen sich intuitiv auch auf die beschränkten und sich langsam entwickelnden Äußerungsmöglichkeiten ihres Kindes ein. Sie spüren, dass es viel Zeit braucht, um sich mitzuteilen. Sie sind geduldig mit dem Säugling. Sie können warten, bis die Augen ihres Kindes erstrahlen und sich Laute gebildet haben.

In wissenschaftlichen Studien wurden Mütter gebeten, ihr Verhalten vorsätzlich zu ändern. Sie wurden beispielsweise aufgefordert, mit ihrem Säugling wie mit einem Erwachsenen umzugehen, das heißt ihren überdeutlichen Ausdruck zurückzunehmen, sich nicht zu wiederholen und ihre Bewegungen nicht zu verlangsamen. Weil damit das mütterliche Verhalten nicht mehr an die kindliche Wahrnehmung angepasst war, verlor das Kind rasch den Faden des gewohnten Beziehungsspiels oder konnte ihn gar nicht erst aufnehmen. Das Kind reagierte irritiert und verweigerte schließlich das Spiel. Weil sich die Mutter anders als bisher verhielt, wurde das Kind auch in seinen Erwartungen enttäuscht, die es sich im Umgang mit der Mutter angeeignet hatte.

Eine Extremsituation stellt diesbezüglich das sogenannte Still-Face-Experiment dar (Dixon): Die Mutter wird aufgefordert, ohne jede mimische und körperliche Regung oder jeden sprachlichen Ausdruck vor ihrem Kind zu sitzen. Das Kind reagiert nach kurzer Zeit bekümmert und ist verwirrt. Es versucht mit zunehmend angestrengter Mimik, immer mehr Lauten und immer heftigeren Arm- und Körperbewegungen seine Mutter zu einer Reaktion zu bewegen. Gelingt ihm dies auch unter größten Anstrengungen nicht, fängt der Säugling an zu weinen, dreht sich entmutigt weg, schließt die Augen oder schläft einfach ein. Die heftigen Reaktionen der Kinder zwingen die meisten Mütter, das Experiment vorzeitig abzubrechen.

Wie unverwechselbar und einmalig das Wechselspiel zwischen Eltern und Kind ist, wird dann offensichtlich, wenn nicht die Eltern, sondern eine fremde Person mit dem Säugling spielt. Die Ausdrucksweisen des Kindes sind zurückhaltender, sein Verhalten ist weniger gut auf dasjenige der fremden Person abgestimmt. Dadurch wirkt das Spiel weniger harmonisch und ist von kürzerer

Dauer als das Spiel mit den Eltern oder einer anderen vertrauten Bezugsperson.

Warum ist das Wechselspiel zwischen Eltern und ihrem Kind einmalig? Der wohl wichtigste Grund ist, dass jeder Mensch auf seine Weise einmalig ist. Die eine Mutter hat eine besonders ausdrucksstarke Mimik, eine andere kann sich besser stimmlich mitteilen. Ein Vater erlebt das Kind vor allem über den Körperkontakt, ein anderer achtet mehr auf das Blickverhalten seines Kindes. Die sinnliche Wahrnehmung und die Ausdrucksmöglichkeiten sind auch von Kind zu Kind verschieden, und dies bereits im Neugeborenenalter. Es gibt Säuglinge, die am Gesicht der Mutter sehr interessiert sind, andere hören besonders aufmerksam auf ihre Stimme und wieder andere wollen vor allem gehalten und liebkost werden (siehe »Beziehungsverhalten o bis 3 Monate«).

Im sozialen Spiel der ersten Lebenswochen lernen sich Eltern und Kind gegenseitig kennen und stimmen sich in ihren Eigenheiten aufeinander ab. Die spielerischen Begegnungen zwischen Kind und Mutter oder Vater sind in den Tagesablauf eingewoben. Immer wenn die Eltern den körperlichen Bedürfnissen des Kindes nachkommen, gibt es auch einen spielerischen Umgang mit ihm: sei es beim Stillen oder Flaschegeben, beim Windelnwechseln oder Zubettbringen. Eltern und Kind entwickeln nicht nur aufeinander abgestimmte Verhaltensweisen, sondern durch das innige Kennenlernen entstehen bei ihnen auch Erwartungen, wie sich der andere in bestimmten Situationen verhalten wird. Dies macht die Einmaligkeit der Kind-Eltern-Beziehung aus. Beides, Verhaltensweisen und Erwartungen, können andere Personen nur begrenzt nachvollziehen.

Bedeutet dies nun, dass der Säugling nur zu seinen Eltern eine Beziehung aufbauen kann? Die meisten Fachleute sind heutzutage nicht mehr dieser Ansicht (Scarr). Der Beziehungsfähigkeit kleiner Kinder sind zweifelsohne Grenzen gesetzt. Ihre Fähigkeit zur Reizverarbeitung ist noch wenig entwickelt, und sie brauchen viel Zeit, um eine Person kennenzulernen. Säuglinge sind aber bereits fähig, zu mehreren Personen Beziehungen aufzunehmen. Sie können sich bereits in den ersten Lebenswochen auf das unterschiedliche Spiel von Mutter, Vater, Geschwistern und anderen Bezugspersonen einstellen. Eine Beziehung entsteht, wenn das

Kind spürt, dass wir an ihm interessiert sind und wir uns die Zeit nehmen, die das Kind und auch wir brauchen, um uns gegenseitig im Spiel kennenzulernen (siehe »Beziehungsverhalten 0 bis 3 Monate«).

Das richtige Maß

Ein Mangel an Zuwendung beeinträchtigt das Wohlbefinden des Kindes. Kann es auch ein Zuviel an Zuwendung geben, das das Kind überfordert und sein Wohlbefinden ebenfalls beeinträchtigt. Anders gefragt: Gibt es ein richtiges Maß an Zuwendung?

Die folgende Spielszene zwischen dem 2 Tage alten Ahmed und seiner Mutter veranschaulicht, worin das richtige Maß an Zuwendung im sozialen Spiel bestehen könnte.

Ahmed liegt im Arm seiner Mutter. Er betrachtet aufmerksam das mütterliche Gesicht und zeigt eine ausdrucksvolle Mimik (A). Er horcht auf ihre Stimme und versucht selber Laute zu bilden (B). Nach etwa 2 Minuten wird Ahmed müde. Das Spiel hat ihn erschöpft. Er wendet Kopf und Augen von der Mutter ab. Als die Mutter zu früh versucht, wieder Kontakt mit ihm aufzunehmen, gelingt ihr dies nicht. Ahmed drückt in seinem Blickverhalten, seiner Mimik und Körperhaltung aus, dass er dazu noch nicht bereit ist (C). Schließlich hat sich Ahmed erholt; er dreht sich seiner Mutter wieder zu, blickt aufmerksam in ihr Gesicht und erfreut sich an ihrer Zuwendung (D). Dann gähnt er und wendet sich erneut ab (E). Nachdem er sich erholt hat, schaut er die Mutter wieder an und bildet Laute (F).

Das Spiel zwischen Ahmed und seiner Mutter ist von kurzer Dauer. Wie wir bereits gehört haben, brauchen Säuglinge im Vergleich zu älteren Kindern oder Erwachsenen viel mehr Zeit, um Sinneseindrücke aufzunehmen und sich auszudrücken. Sie ermüden auch viel rascher als ältere Kinder. Es strengt Ahmed noch an, sich seiner Umwelt wach und aufnahmefähig zuzuwenden. Er ist dazu nur kurze Zeit in der Lage.

Der Mutter gelingt es nicht, Ahmed vorzeitig ins Spiel zurückzuholen. Das Spiel geht erst dann weiter, wenn Ahmed sich erholt

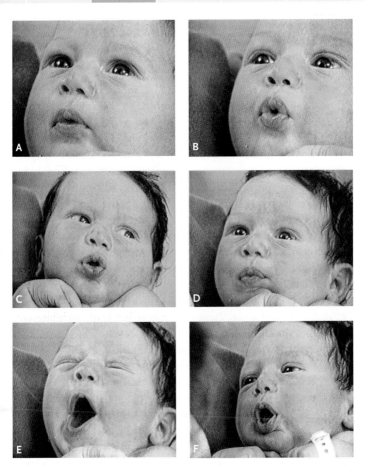

Wechselspiel zwischen Ahmed und seiner Mutter.

hat und sich selber aktiv der Mutter zuwendet. Wenn eine Mutter ihrem Kind das Spiel gewissermaßen aufdrängen will, verbleibt ihm keine Zeit, sich zu erholen. Wie das Kind darauf reagiert, hängt von seinem Temperament ab. Ahmed wendet sich mit Blick und Körper von der Mutter ab. Ein anderes Kind reagiert auf das Drängen der Mutter, indem es unzufrieden wird, wieder ein anderes fängt an, zu niesen oder zu gähnen, und schläft ein.

Das soziale Spiel mit einem Kind ist ein Wechselspiel: Phasen von Interesse und Zuwendung wechseln sich mit Phasen der Erholung ab. Das Interesse am sozialen Spiel und das Bedürfnis nach Erholung sind dabei von Kind zu Kind unterschiedlich ausgeprägt. Diese Eigenheiten des frühen kindlichen Beziehungsverhaltens wollen respektiert sein, damit das Kind weder zu wenig Anregung erhält noch überfordert wird.

Wie können sich Eltern »richtig« verhalten? Verschiedene Untersuchungen, unter anderem diejenigen des Ehepaares Papousek, zeigen, dass Eltern eine angeborene Fähigkeit haben, das Verhalten von Säuglingen richtig zu »lesen«. Die Natur hat sie mit der Gabe ausgestattet, sich intuitiv den individuellen Aufnahme- und Ausdrucksmöglichkeiten ihrer Kinder anzupassen. Eltern spüren, wann ihr Kind zum Spiel bereit ist und wann es müde wird und wünscht, in Ruhe gelassen zu werden. Auch andere Erwachsene haben diese intuitiven Fähigkeiten, wenn sie sich emotional auf das Kind einlassen und es ausreichend kennenlernen.

Keine Fachfrau und kein Fachmann kann den Eltern sagen, wie viel und welche Art von Zuwendung und Spiel ihr Kind braucht. Eine allgemeingültige Antwort hierauf gibt es nicht. Die besten Ratgeber für Eltern sind ihre eigene Einfühlungs- und Beobachtungsgabe. Wenn sie Vorstellungen, die sie gelesen oder gehört haben, bei ihrem Kind eins zu eins umsetzen wollen, kann dies für das Kind nachteilig werden. Eine solche leider weitverbreitete Vorstellung ist, dass sich ein Kind umso besser entwickelt, je intensiver sich die Eltern mit ihm beschäftigen. Diese Vorstellung ist falsch. Es kommt vor, dass Eltern sich so ausdauernd mit ihrem Säugling abgeben, dass sie das Kind überfordern. Je nach Temperament reagiert das Kind mit ausgedehntem Weinen, Aufstoßen oder Schlaflosigkeit auf die wohlgemeinten, aber verfehlten Bemühungen der Eltern.

Jedes Kind hat seine ihm eigenen Bedürfnisse nach Spiel und Erholung. Nach diesen Bedürfnissen sollten sich die Eltern richten. Eine zuverlässige Hilfe ist für die Eltern dabei immer die kindliche Bereitschaft. Solange das Kind am sozialen Spiel selber interessiert ist, zeigt es dies auch. Wenn das Kind lustlos wird, will es in Ruhe gelassen werden (siehe auch »Beziehungsverhalten Einleitung« und »Beziehungsverhalten 0 bis 3 Monate«).

Spiel mit den Händen

In den ersten Lebensmonaten beschäftigt sich der Säugling ausgiebig mit seinen Händchen. Dieses Spiel dient als Vorbereitung für das Greifen, das mit 4 bis 5 Monaten einsetzt. Die folgenden Spielformen mit den Händen lassen sich beobachten:

Hände in den Mund (Hand-Mund-Koordination). Bereits im 4. Schwangerschaftsmonat nimmt das ungeborene Kind seine Fingerchen in den Mund und saugt daran (Prechtl, siehe auch »Trinken und Essen«). Es erstaunt daher nicht, dass das Neugeborene dieses Verhalten häufig zeigt und bereits einigermaßen geschickt ausführen kann.

Der Säugling nimmt die Fingerchen nicht nur in den Mund, wenn er Hunger hat. An den Fingern und Händen zu saugen ist für ihn ein ausgezeichnetes Mittel, um sich selbst zu beruhigen

Spiel mit den Händen: Vorläufer des Greifens.

Alter in Monaten	Geburt	1	2	3	4	5	6	7
Hände im Mund (Hand-Mund-Koordination). Kind steckt die Hände in den Mund.								
Hände betrachten (Hand-Augen-Koordination). Das Kind führt langsam eine Hand vor das Gesicht, bewegt die Finger und schaut sie an.								
Hände betasten (Hand-Hand-Koordination). Das Kind bringt die Hände zusammen, Finger berühren sich gegenseitig. Sieht aus, als ob das Kind betete.								
Beidhändiges palmares Greifen. Das Kind ergreift Gegenstände mit beiden Händen.								

Hand-Mund-Koordination. Das Kind nimmt seine Fingerchen in den Mund, um sie kennenzulernen.

und sich zum Beispiel das Einschlafen zu erleichtern. Der Säugling nimmt die Hände aber auch in den Mund, um sie kennenzulernen. Er befühlt die Finger mit seinen Lippen und seiner Zunge. Er spürt, wie sie sich anfühlen, wenn sie sich bewegen. Wenn das Kind mit 4 bis 5 Monaten beginnt, Gegenstände zu ergreifen, werden diese ebenfalls zum Mund geführt. Der Mund ist das erste Wahrnehmungsorgan, mit dem das Kind Gegenstände erkundet.

Für den Säugling sind Handschuhe, auch wenn sie noch so niedlich aussehen, eine große Beeinträchtigung. Sie hindern ihn daran, seine Händchen kennenzulernen, und nehmen ihm die Möglichkeit, sich selbst zu beruhigen. Alexandras Handschuhe betrachtet die Mutter zu Recht mit gemischten Gefühlen.

Mit etwa 4 Monaten haben die Kinder ihre Hände gut kennengelernt und untersuchen sie nicht mehr mit dem Mund. Als Beruhigungsmittel haben Finger und Daumen aber längst noch nicht ausgedient. Sie bleiben für viele Kinder jahrelang unersetzliche Tröster. Es gibt Schulkinder und selbst Erwachsene, die noch gelegentlich den Daumen oder die Finger in den Mund nehmen, um sich zu beruhigen oder zu trösten.

Hände betrachten (Hand-Augen-Koordination). Wenn wir einem wachen Neugeborenen längere Zeit bei seinem Händchenspiel

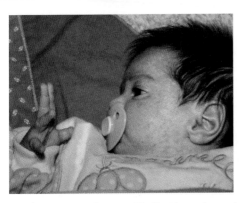

Hand-Augen-Koordination. Ein Kind betrachtet sein Händchen (links); ein Gorillajunges schaut aufmerksam seine Hand an (rechts).

aufmerksam zuschauen, können wir beobachten, wie es gelegentlich eine Hand vor das Gesicht führt, die Finger öffnet, sie langsam bewegt und dabei unentwegt anschaut.

Während sich beim Neugeborenen die Hand-Augen-Koordination noch kaum entwickelt hat, ist sie im 2. und 3. Lebensmonat gut ausgebildet. Wenn das Kind im 4. und 5. Lebensmonat zu greifen beginnt, hat es seine Arm-, Hand- und Fingerbewegungen so weit unter Kontrolle, dass es seine Hände gezielt zu einem Gegenstand führen kann.

Studien von Held und Bauer mit höherentwickelten Menschenaffen zeigen, dass die Hand-Augen-Koordination für die Entwicklung des Greifens von wesentlicher Bedeutung ist.

Werden junge Schimpansen am Betrachten ihrer Hände gehindert, entwickelt sich das willkürliche Greifen stark verzögert. Bei blinden Kindern wirkt sich das Ausbleiben der Hand-Augen-Koordination ebenfalls nachteilig auf die Greifentwicklung aus. (Solche Deprivationsstudien sind bei Primaten aus ethischen Gründen nicht mehr erlaubt.)

Hände betasten (Hand-Hand-Koordination). Der Säugling lernt seine Hände nicht nur über den Mund und die Augen kennen, sondern auch indem die eine Hand die andere erforscht. So werden sie in ihren Bewegungen aufeinander abgestimmt.

Hand-Hand-Koordination. Das Kind betastet seine Händchen.

Mit 3 bis 4 Monaten bringen die Kinder ihre Hände häufig vor dem Gesicht zusammen, dabei betastet die eine Hand die andere. Gelegentlich halten die Kinder ihre Hände, als würden sie beten. Durch das gegenseitige Betasten erfährt jede Hand, was die andere tut.

Zwischen 4 und 5 Monaten beginnen Kinder, gezielt zu greifen. Sie nähern sich gezielt mit beiden Händen einem Gegenstand und packen zu. Der Daumen und alle Finger machen dabei die Greifbewegung mit. Der Greifreflex, der in den ersten 3 Lebensmonaten kräftig ist, schwächt sich mit dem Auftreten des Greifens immer mehr ab (mehr darüber im Kapitel »Motorik 0 bis 3 Monate«). Besonders geeignete Objekte, um das Greifen spielerisch einzuüben, sind die Finger von Mutter und Vater.

Eltern als Spielpartner

In den ersten Lebensmonaten ist das Kind in einem hohen Maße auf die Eltern als Spielpartner angewiesen. Das bedeutet nicht, dass die Eltern den ganzen Tag mit ihrem Kind spielen müssen. Die Zeit, in der das Kind wach und zum Spielen bereit ist, ist begrenzt. Besonders aufnahmebereit ist der Säugling nach den Mahlzeiten und in den Abendstunden. Diese Zeit sollten die Eltern für das gemeinsame Spiel nutzen (siehe »Beziehungsverhalten o bis 3 Monate« und »Schreiverhalten«).

Häufig ist der Säugling wach, will nicht spielen, möchte aber dennoch nicht allein sein. Er verlangt nicht, dass sich die Eltern mit ihm beschäftigen. Er ist zufrieden, wenn er mit einer vertrauten Person Körperkontakt haben oder in ihrer Nähe sein kann. So genügt es dem Säugling, wenn er auf dem Rücken von Mutter oder Vater an ihren Tätigkeiten teilhaben, in den Armen der Großmutter liegen oder aus einer Babywippe heraus die Aktivitäten der Familie beobachten kann.

Wenn ein Säugling allein spielt, tut er dies vor allem mit seinen Händen. Liegt er auf dem Bauch, sind seine Spielmöglichkeiten besonders begrenzt. In Rückenlage kann er seine Arme und Hände freier bewegen, die Finger in den Mund nehmen, sie betrachten und damit spielen.

Wie wir im einleitenden Kapitel gesehen haben, verlieren Kinder rasch das Interesse an Gegenständen, auf die sie nicht einwirken können. Ein Mobile, das über dem Bettchen hängt, zieht den Säugling anfänglich stark in seinen Bann. Seine Attraktivität nimmt aber nach einigen Tagen immer mehr ab. Häufig wird der Säugling auf ein Schaffell oder eine Krabbeldecke gelegt, über die ein Babytrapez mit Spielsachen gestellt wird. Wenige Spielsachen, die immer wieder ausgewechselt werden, sind für das Kind anregender als viele gleiche Spielsachen, die es über Wochen hinweg zur Verfügung hat.

Ist das Mobile deshalb nutzlos? Wahrscheinlich nicht. Das Mobile wird für das Kind ein Teil der vertrauten Umgebung wie die Vorhänge und die Möbel. Ein Mobile ist für das Kind immer noch attraktiver als die weiße Zimmerdecke. Eine ähnliche Bedeutung haben wohl Puppen, Teddybären oder Bilderbücher, die Eltern in sein Bettchen legen. Sie geben ihm ein vertrautes Gefühl, was in den Zeiten, in denen das Kind allein ist, beispielsweise vor dem Einschlafen oder nach dem Aufwachen, besonders wichtig ist.

Das Wichtigste in Kürze

1. Die beiden wichtigsten Spielformen in den ersten 3 Lebensmonaten sind das soziale Spiel und das Spiel mit den eigenen Händen.

2. Das soziale Spiel ist ein Wechselspiel zwischen dem Kind und einer Bezugsperson: Phasen der Zuwendung und des gegenseitigen Interesses wechseln sich mit Phasen der Erholung ab.

3. Das soziale Spiel entwickelt sich am besten, wenn wir dann auf das Kind eingehen, wenn es sich uns selber aktiv zuwendet, und es in Ruhe lassen, sobald es das Interesse an uns verliert oder sich abwendet.

4. Das Spiel mit den Händen setzt sich zusammen aus:
   - Hände in den Mund nehmen (Hand-Mund-Koordination);
   - Hände betrachten (Hand-Augen-Koordination);
   - Hände betasten (Hand-Hand-Koordination).

5. Der Säugling lernt seine Hände durch das Spiel mit ihnen kennen. Diese Form des Spielens dient der Vorbereitung auf das Greifen, das mit 4 bis 5 Monaten einsetzt.

4 bis 9 Monate

Der 7 Monate alte Peter liegt in seinem Bettchen. Er packt sein Bilderbuch mit beiden Händen und steckt eine Ecke in den Mund. Er dreht und wendet das Buch, befühlt die Ränder der Plastikseiten mit den Lippen und der Zunge. Peter schlägt das Buch mehrmals auf die Bettunterlage und wirft es schließlich aus dem Bettchen. Interesse für die Bilder zeigt er nicht.

Was macht ein Säugling mit einem Gegenstand, den er gerade ergriffen hat? Er will ihn kennenlernen. Er tut dies nicht – wie die meisten Eltern wohl erwarten – mit den Augen, sondern mit dem Mund und den Händen. Erst gegen Ende des 1. Lebensjahres beginnt ein Kind, Gegenstände ausführlich zu betrachten. Das Erkunden von Gegenständen mit Mund, Händen und Augen eröffnet ihm das Verständnis für die gegenständliche Umwelt. Die sinnlichen Erkundungsweisen stellen die wichtigsten Spielformen im 1. Lebensjahr dar.

Damit ein Säugling mit Gegenständen spielen kann, muss er sie greifen können. Kinder beginnen im 4. bis 5. Lebensmonat, gezielt zu greifen. Innerhalb weniger Monate entwickelt sich ihre Greiffähigkeit in einem ungeahnten Ausmaß: Aus dem plumpen Zupacken mit beiden Händen wird über verschiedene Zwischenstadien das Greifen mit der Kuppe des Zeigefingers und des Daumens. Dieser sogenannte Pinzettengriff ermöglicht das Aufnehmen kleinster Gegenstände. Er kommt nur beim Menschen und bei Menschenaffen vor. Die hoch spezialisierten Greiffunktionen der menschlichen Hand sind eine Grundvoraussetzung für den Umgang mit Werkzeugen und damit auch indirekt für die Entwicklung unserer Kultur.

Wie lernen Kinder das Greifen?

Eltern weisen ihr Kind nicht an, wie es nach einem Gegenstand greifen kann. Das Kind eignet sich die Grundfunktionen des Greifens auch nicht durch Nachahmung an. Die Entwicklung des Greifens ist weitgehend ein biologischer Reifungsprozess. Zwischen 4 und 12 Monaten entwickelt sich eine Reihe von Greiffunktionen, deren Abfolge bei allen Kindern gleich ist. Kinder schaffen dabei innerhalb weniger Monate Entwicklungsschritte, für die die Menschheit in der Evolution Millionen von Jahren gebraucht hat.

Bevor ein Säugling greifen kann, muss er seine Händchen kennenlernen. Er tut dies, indem er sie zum Mund bringt, betastet und betrachtet. Sieht ein 2 Monate alter Säugling einen interessanten Gegenstand, kann bei ihm ein regelrechter Bewegungssturm ausbrechen: Er strampelt heftig mit Armen und Beinen. Er kann mit seinen Händen noch nicht zugreifen und möchte den Gegenstand am liebsten mit seinem ganzen Körper packen. In den folgenden 2 Monaten nimmt diese Art der Bewegung immer weiter ab. Der Säugling bleibt nun ruhig liegen und schlägt lediglich mit seinen Händen gegen die Spielsachen, die über seinem Bettchen hängen. Mit 4 bis 5 Monaten hat das Kind seine Arm-

Entwicklung des Greifverhaltens im 1. Lebensjahr.

Alter in Monaten	4	5	6	7	8	9	10
Beidhändiges palmares Greifen. Das Kind ergreift den Gegenstand mit beiden Händen, dabei werden alle Finger gebeugt.							
Einhändiges palmares Greifen. Das Kind ergreift den Gegenstand mit einer Hand. Alle Finger machen die Beugebewegung mit.							
Scherengriff. Das Kind ergreift den Gegenstand an der Basis von Daumen und Zeigfinger.							
Pinzettengriff. Das Kind ergreift den Gegenstand zwischen den Fingerkuppen von Daumen und Zeigfinger.							

bewegungen so weit unter Kontrolle, dass es seine Hände gezielt zu einem Gegenstand führen kann.

Die wichtigsten Stadien der Greifentwicklung zwischen dem 4. und 10. Lebensmonat sind:

Beidhändiges palmares Greifen. Die ersten Greifversuche mit 4 bis 5 Monaten macht der Säugling, indem er seine Händchen unter Führung der Augen zum Gegenstand bringt. Er greift dabei nach dem Gegenstand mit beiden Händen. Weil die Kinder mit der Handinnenfläche zupacken, spricht man von einem palmaren Greifen (lateinisch *palma manus* bedeutet Handinnenfläche).

Einhändiges palmares Greifen. Mit 6 bis 7 Monaten geht der Säugling bei kleineren Gegenständen vom beidhändigen zum einhändigen Greifen über. Nun können die Kinder gezielt mit einer Hand zupacken. Während die eine Hand einen Gegenstand ergreift, macht die andere anfänglich die Greifbewegung abgeschwächt mit oder dient als Hilfshand.

Die 5 Monate alte Jana greift beidhändig nach der Brille des Vaters.

Zwischen dem 4. und 7. Monat ergreift das Kind einen Gegenstand mit der ganzen Hand. Alle Finger machen die Beugebewegung mit. Die einzelnen Finger haben noch keine spezialisierten Aufgaben. Die Art und Weise, wie sich die Hand dem Gegenstand nähert, hat sich in dieser Zeit verändert. Während sich mit 4 und 5 Monaten die Hand mit der Kleinfingerseite (Ulnarseite) dem Gegenstand nähert, geschieht dies in den folgenden Monaten immer mehr mit der Daumenseite (Radialseite). Das Greifen hat sich auf den Zeigefinger und den Daumen verlagert. Der Anfang zur Spezialisierung der Fingerfunktionen ist gemacht.

Das einhändige Greifen ermöglicht den erweiterten Umgang mit Gegenständen: Das Kind kann mit jeder Hand einen Gegenstand ergreifen sowie einen Gegenstand von einer Hand in die andere geben (transferieren). Damit dies gelingt, muss es die Hände unabhängig voneinander öffnen und schließen können. Wenn es anfängt, einhändig zu greifen, kann ihm die unvollständige Funktionstrennung der Hände einen Streich spielen. Es hält beispielsweise einen Gegenstand in der einen Hand; in dem Augenblick, da es die andere öffnet, um einen weiteren Gegenstand zu ergreifen, öffnet sich auch die erste, und der bereits ergriffene Gegenstand geht verloren.

Scherengriff. Mit 7 bis 8 Monaten ergreift das Kind kleine Gegenstände mit der Basis von Daumen und Zeigefinger. Man spricht von einem Scherengriff, weil die Greifbewegung einem Scherenschluss gleicht. Der Greifvorgang umfasst nun nicht mehr alle

Entwicklung des Greifens.

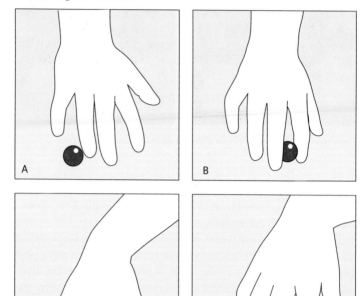

Palmares Greifen auf Ulnarseite (A), palmares Greifen auf Radialseite (B), Scheren- (C) und Pinzettengriff (D).

Finger. Er beschränkt sich auf Daumen und Zeigefinger. In den folgenden Wochen verlagert sich der Greifvorgang immer weiter gegen die Fingerkuppen hin.

Pinzettengriff.   Mit 9 bis 10 Monaten ergreift der Säugling kleine Gegenstände zwischen den Fingerkuppen von Daumen und Zeigefinger.

Auch der Pinzettengriff wird von Kindern spielerisch eingeübt. Sie lieben es, auf dem Fußboden kleinste Gegenstände wie Brotkrumen und Fäden aufzuklauben, ohne dass sie sich mit den Gegenständen, einmal ergriffen, weiter beschäftigen. Sie sind am Greifvorgang an sich interessiert.

Während Kinder am Ende des 1. Lebensjahres bereits großes Geschick im Ergreifen von Gegenständen zeigen, bereitet ihnen das Loslassen von Gegenständen noch Mühe. Eine häufig angewendete Strategie, um einen Gegenstand loszuwerden, sind heftige Arm- und Handbewegungen. Für uneingeweihte Eltern wirft das Kind den Gegenstand unsacht fort, was die Eltern manchmal fürchten lässt, das Kind sei zerstörerisch veranlagt. Erst am Anfang des 2. Lebensjahres ist ein Kind fähig, einen Gegenstand gezielt loszulassen.

Rechts- oder Linkshänder?

Die Entwicklung der Händigkeit scheint bereits vor der Geburt einzusetzen. Ungeborene Kinder stecken häufiger den rechten als den linken Daumen in den Mund. Nach der Geburt ist eine Seitendominanz allerdings noch nicht sicher nachweisbar. Bis zum 8. Lebensmonat benutzen die Kinder die rechte und linke Hand beim Greifen etwa gleich häufig. Danach bevorzugen die meisten Kinder eine Hand beim Greifen. Werden ihnen Spielsachen in der Mittellinie angeboten, gebrauchen sie meistens immer dieselbe Hand, 9 von 10 Kindern die rechte. Die Händigkeit wird in den folgenden Monaten und Jahren immer ausgeprägter.

Erkundungsverhalten

Am Ende des 1. Lebensjahres kennt das Kind die Gegenstände seines Alltags wie Milchflasche, Bett und Spielsachen. Es gilt eine Vielzahl von physikalischen Eigenschaften wie Größe, Form und Gewicht wahrzunehmen, bis das Kind Gegenstände zuverlässig voneinander unterscheiden kann. Wenn ein Kind erstmals ein Holztier in seinen Händen hält, stellt es fest, dass sich das Spielzeug weniger kalt anfühlt als die Metallglocke, die es vorher erforscht hat. Es bemerkt auch, dass das Holztier eine rauere Oberfläche aufweist, sich nicht zusammendrücken lässt wie das Gummitierchen und nicht mit Härchen bedeckt ist wie der Teddybär. Oberflächenbeschaffenheit, Größe und Gewicht des Holztiers erinnern das Kind an einen großen Holzwürfel. Das Holztier weist aber weichere Formen auf als der kantige Würfel.

Das Kennenlernen der Gegenstände geschieht im 1. Lebensjahr weit weniger über die Augen als über den Mund und die Hände. Säuglinge sind im Gegensatz zu älteren Kindern und Erwachsenen nicht Augen-, sondern Mund- und Handwesen. Wir Erwachsenen neigen dazu, die Bedeutung der Augen als Wahrnehmungsorgan zu überschätzen. Wir glauben, mit den Augen alles Wesentliche erfassen zu können, weil wir die meisten Gegenstände in unserer Umwelt bereits kennen. Ist uns ein Material aber fremd, streichen auch wir wie die kleinen Kinder mit den Fingern über seine Oberfläche, versuchen den Gegenstand zusammenzudrücken und anzuheben. Kein Besucher geht im Raumfahrtmuseum in Washington am Mondgestein vorbei, ohne es zu berühren. Jeder Besucher will spüren, ob es sich wie Erdgestein anfühlt.

Spielverhalten mit Erkundungscharakter.

Alter in Monaten	3	6	9	12	15	18	21	24
Orales Erkunden (Mundeln). Das Kind nimmt Gegenstände zum Mund und untersucht sie mit Lippen und Zunge.								
Manuelles Erkunden (Hantieren). Das Kind schlägt Gegenstände auf die Unterlage und gegeneinander, bewegt sie hin und her und wirft sie zu Boden.								
Visuelles Erkunden (Betrachten). Das Kind betrachtet Gegenstände von allen Seiten. Es führt dabei die Augen mit dem Zeigefinger.								

Zwischen dem 4. und 12. Lebensmonat treten drei Formen des Erkundens auf: zuerst das Mundeln oder orale Erkunden, dann das Hantieren oder manuelle Erkunden und schließlich das Betrachten oder visuelle Erkunden. Die Kinder erwerben sich ihre Kenntnisse der gegenständlichen Umwelt somit in drei unterschiedlichen Sinnesbereichen.

Orales Erkunden. Will ein Säugling einen Gegenstand ergreifen, führt er, durch seine Augen geleitet, seine Hände zum Gegenstand. Sobald er den Gegenstand ergriffen hat, benutzt er aber nicht etwa seine Augen, sondern seinen Mund, um den Gegenstand zu untersuchen. Er führt den Gegenstand zum Mund, befühlt ihn mit seinen Lippen und tastet ihn mit der Zunge ab.

Das Kind will nicht prüfen, ob der Gegenstand essbar ist, oder ihn gar verschlingen. Sein Verhalten hat Erkundungscharakter: Es lernt den Gegenstand über seinen Mund kennen. Mit Lippen und Zunge untersucht es Größe, Konsistenz, Form und Oberflächenbeschaffenheit. Dabei vermitteln ihm die Sinneskörperchen der Schleimhäute sowie der Zungen- und Lippenmuskeln Eindrücke über die Beschaffenheit des Gegenstandes (sogenannte taktil-kinästhetische Wahrnehmung). Die Entwicklungspsychologin Rose und ihre Mitarbeiter haben zeigen können, dass 9 Monate alte Säuglinge Formen von Gegenständen, die sie ausschließlich mit dem Mund untersucht haben, mit den Augen später wiedererkennen können.

Mundeln oder orales Erkunden. Celine betastet mit Lippen und Zunge den Würfel.

Das orale Erkunden ist das dominierende Spielverhalten bis zum 8. Monat. Danach nehmen die Kinder Gegenstände immer seltener in den Mund. Nach dem 18. Lebensmonat kommt orales Erkunden kaum mehr vor. Der Mund bleibt aber ein empfindliches Sinnesorgan. Für blinde Menschen stellt er ein Leben lang ein wichtiges Wahrnehmungsinstrument dar.

Manuelles Erkunden.   Dieses Spielverhalten tritt einige Wochen nach dem oralen Erkunden auf. Beim manuellen Erkunden bewegt das Kind den Gegenstand in der Luft hin und her, schlägt ihn auf die Unterlage oder gegen einen anderen Gegenstand. Häufig reibt es ihn auf der Unterlage oder wirft ihn zu Boden.

Das Kind erhält mit diesem Verhalten wiederum – wie beim oralen Erkunden – sogenannte taktil-kinästhetische Informationen über einen Gegenstand. Diesmal sind es nicht der Mund und die Zunge, sondern die Hände und Arme, die diese Information vermitteln. Durch das Hin-und-her-Bewegen, Schlagen und Werfen lernt das Kind, dass Gegenstände verschieden schwer sein können, sich unter Krafteinwirkung unterschiedlich stark verändern und verschiedenartige Geräusche erzeugen.

Manuelles Erkunden ist ein charakteristisches Spielverhalten für die 2. Hälfte des 1. Lebensjahres. Es kann auch nach dem 15. Lebensmonat noch vorkommen, steht dann aber beim Spielen nicht mehr im Vordergrund. Immerhin versuchen auch ältere Kinder und selbst noch Erwachsene, einen Gegenstand manuell anzuge-

Manuelles Erkunden. Rhea schlägt die Würfel auf den Tisch.

hen, wenn er sie vor ein unlösbares Problem stellt. Ein kaputtes Spielzeug bringt ein älteres Kind oder eine defekte Uhr einen Erwachsenen leicht dazu, sehr handfest mit dem ärgerlichen Gegenstand umzugehen.

Visuelles Erkunden.   Ein eigentliches Betrachten von Gegenständen können wir regelmäßig erst im Alter von 8 bis 9 Monaten beobachten. Vor diesem Alter benutzen Kinder die Augen lediglich dazu, einen Gegenstand zu lokalisieren und die Hand zum Gegenstand zu führen. Einmal gegriffen, wird der Gegenstand nicht oder nur flüchtig angeschaut. Mit 8 bis 9 Monaten aber setzt ein intensives visuelles Erkunden ein.

Die Gegenstände werden vom Kind ausdauernd betrachtet, in den Händen nach allen Seiten gewendet und sorgfältig mit dem Zeigefinger betastet, als ob das Kind die Augen mit dem Zeigefinger führen wollte. Das visuelle Erkunden nimmt während des 2. Lebensjahres ab. Kinder kennen ihre Spielsachen und die alltäglichen Gegenstände wie Puppe, Löffel oder Schuhe nun gut. Sie haben keinen Anlass mehr, sie ausgiebig zu betrachten. Trifft das Kind aber auf einen unbekannten Gegenstand, sieht es ihn ausdauernd an. Ältere Kinder und Erwachsene sind ausgesprochene »Augenmenschen«. Betrachten bleibt für das ganze Leben die vorherrschende Form des Erkundens der dinglichen Welt.

Kinder erkunden einen Gegenstand zumeist auf mehrere Weisen. Ein 10 Monate altes Kind beispielsweise nimmt einen Löffel

Visuelles Erkunden. Beim Betrachten führt Tabea ihre Augen mit dem Zeigefinger. Martina dreht und wendet die Glocke.

zuerst in den Mund, dann betrachtet es ihn, reibt ihn auf der Unterlage und nimmt ihn wieder in den Mund.

Jede Erkundungsweise ist von Kind zu Kind unterschiedlich ausgeprägt. Gewisse Kinder sind ausgesprochene Augenkinder, sie betrachten die Dinge genau und ausdauernd. Andere Kinder lernen die Gegenstände vor allem über den Mund oder durch ihre Hände kennen.

Das Spiel mit der Merkfähigkeit

Im Alter von 9 Monaten spiegelt sich im kindlichen Spiel ein wichtiger geistiger Entwicklungsschritt wider: die Merkfähigkeit, das Kurzzeitgedächtnis oder – wie es Piaget (1975 a, b) genannt hat – die Objektpermanenz. Bis zu diesem Alter reagiert das Kind auf einen Gegenstand, sobald er aus seinem Blickfeld verschwindet, so, als sei er nicht mehr vorhanden. Er existiert für das Kind nicht mehr. In den ersten Lebensmonaten gilt also im wahrsten Sinne des Wortes: aus den Augen, aus dem Sinn. Mit etwa 9 Monaten beginnt das Kind, sich an das Gesehene zu erinnern. Es bewahrt einen Eindruck von dem Gegenstand, der verschwunden ist. Wenn der Ball unter die Kommode rollt, sucht es danach oder schreit nach der Mutter, damit sie ihm hilft, den Ball wieder hervorzuholen. Es weiß: Obwohl der Ball nicht mehr zu sehen ist, gibt es ihn immer noch.

Sein neu erworbenes Kurzzeitgedächtnis erprobt das Kind auf vielfältige Art allein und im sozialen Spiel. Von seinem Hochstuhl wirft es Gegenstände auf den Boden und beobachtet interessiert, wohin die Gegenstände verschwinden, wenn sie wegrollen. Es steckt Spielsachen in eine Schachtel, holt sie wieder hervor und lässt sie aufs Neue verschwinden. Es legt ein Kissen auf seinen Teddybären und deckt ihn nach kurzer Zeit wieder ab, um sich zu vergewissern, dass der Teddybär noch da ist.

Der »Renner« unter den sozialen Spielen am Ende des 1. Lebensjahres ist das Gugus-Dada-Spiel. Eine frühe Form dieses Spiels mit dem Kurzzeitgedächtnis geht wie folgt: Das Kind ist auf dem Arm der Mutter. Vater und Kind spaßen miteinander hinter dem

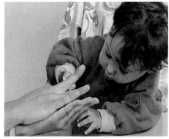

Rhea sucht nach dem Spielzeug in
den Händen eines Erwachsenen.

Rücken der Mutter. Wenn der Vater sich auf die andere Seite der
Mutter begibt, wird er für das Kind unsichtbar. Das Kind sucht
nach dem Vater und dreht sich ebenfalls zur anderen Seite. Es
freut sich, wenn sich seine Erwartung erfüllt und es den Vater
wiederfindet.

Eine weitere Form dieses Spiels besteht darin, dass der Vater
sein Gesicht mit einem Tuch abdeckt, dabei »Gugus« sagt, nach
1 bis 2 Sekunden das Tuch wegzieht, ein erstauntes Gesicht macht
und »Dada« sagt. Er kann für zusätzliche Überraschung sorgen,
wenn er sein Gesicht an einem anderen Ort erscheinen lässt. An-
stelle des eigenen Gesichts kann der Vater auch das des Kindes ab-
decken. Mütter und Väter entwickeln ein feines Gespür, wie lange
das Versteckspiel dauern darf, um beim Kind die größtmögliche
Erwartung auszulösen, ohne Angst oder Langeweile aufkommen
zu lassen.

Bis zum Alter von 12 Monaten liegt die Initiative beim Gugus-
Dada-Spiel vorwiegend bei den Eltern. In den folgenden Lebensmonaten übernimmt das Kind immer mehr die aktive Rolle. Es

Das Gugus-Dada-Spiel.

will bestimmen, wer sich versteckt und wie das Spiel gespielt wird. 2-jährige Kinder lieben es, sich hinter Möbeln zu verkriechen, um sich suchen zu lassen.

Etwas bewirken

Im Verlauf des 1. Lebensjahres beginnt das Kind, die Auswirkungen einfacher Handlungen zu begreifen. Durch wiederholtes Schütteln der Glocke erfasst es den Zusammenhang zwischen seiner Handbewegung und dem Glockenton. Wird ein Spielzeug mehrmals an einer Schnur über den Tisch gezogen, versucht das Kind selbst, das Spielzeug durch Ziehen an der Schnur in seine Reichweite zu bekommen.

Das Verständnis für kausale Zusammenhänge erschließt sich Kindern im Alltag auf vielerlei Weise, besonders aber im Umgang

Mittel zum Zweck. Silvan zieht
die Holzlok gezielt an der Schnur
zu sich.

mit Materialien wie Erde oder Wasser. Gewisse Kinder sind geradezu süchtig nach Wasserhähnen. Bei jedem erreichbaren Wasserhahn wollen sie ausprobieren, ob ein Drehen daran das Wasser tatsächlich zum Fließen bringt. Vergleichbares Interesse gilt Licht-
schaltern oder Türen: Geht das Licht an oder nicht? Lässt sich die
Tür öffnen und wieder schließen? Gefährlich kann es werden,
wenn ein Kind beispielsweise von den Bedienelementen eines
Kochherds magisch angezogen wird.

Spielzeug

Wenn wir davon ausgehen, dass Kinder zwischen 4 und 10 Monaten in ihrem Spiel vor allem die dingliche Umwelt erkunden, dann
ist jeder Gegenstand, der sich zum Erkunden eignet, für das Kind
ein Spielzeug. So packt der Säugling den Schlüsselbund des Va-

Spielzeug für das 1. Lebensjahr.

Spielverhalten	Entwicklungs-psychologische Bedeutung	Spielsachen	
		Eigenschaften	Materialien
Erkundung Oral (ab 4 Monaten) Manuell (ab 6 Monaten) Visuell (ab 8 Monaten)	Kennenlernen der physikalischen Eigenschaften von Gegenständen	Gegenstände unterschiedlicher Größe, Form, Konsistenz, Oberflächenbeschaffenheit, Farbe	Holz, Plastik, Papier, Stoff, Schwämme, Wolle, Leder
Merkfähigkeit (ab 9 Monaten)	Üben und Überprüfen der Merkfähigkeit	Verschwindenlassen von Gegenständen, Personen	Kugelbahn, Gugus-Dada-Spiel
Mittel zum Zweck (ab 8 Monaten)	Einsetzen von Gegenständen für einen bestimmten Zweck	Gegenstände zum Heranziehen, Herumstoßen	Tier auf Rollen an einer Schnur
Kausalität (ab 9 Monaten)	Erkennen von Ursache und Wirkung	Gegenstände, die Geräusche, Klänge machen	Rasseln, Glocken

ters, nimmt ihn in den Mund, schüttelt und betrachtet ihn. Gegenstände aus dem Haushalt, zum Beispiel unbedrucktes Papier, welches das Kind zerfetzen darf, können für das Kind weitaus attraktiver sein als ein teures Holzspielzeug mit – für Erwachsene – schönem Design.

Ein gutes Spielzeug ist ein Gegenstand, an dem das Kind Interesse hat – und das ungefährlich ist!

Ungefährlich ist ein Gegenstand, wenn er:

- so groß ist, dass das Kind ihn nicht ganz in den Mund nehmen kann;

- keine scharfen Kanten und Spitzen hat;
- unzerbrechlich ist;
- nicht mit giftiger Farbe bemalt ist.

Nur Gegenstände, die das Kind vollständig in den Mund stecken kann, können in die Luftwege gelangen. Am gefährlichsten sind nicht etwa Spielsachen, sondern Haushaltsgegenstände wie Reißnägel oder Büroklammern und Nahrungsmittel. Weitaus am häufigsten geraten Erdnüsse in die Luftwege!

Die Rolle der Eltern

In den ersten 3 Lebensmonaten ist das Kind in seinem Spiel auf seine Eltern und andere Bezugspersonen ausgerichtet. Nach dem 4. Lebensmonat interessiert sich das Kind immer mehr für seine gegenständliche und soziale Umwelt. Dies spiegelt sich auch in der körperlichen Beziehung zu den Eltern wider. In den ersten Lebensmonaten ist das Kind mit Gesicht und Körper den Eltern zugewandt. Nach dem 5. Lebensmonat will das Kind immer häufiger so gesetzt werden, dass es seine Umgebung betrachten kann. Das Kind möchte mit anderen Menschen Kontakt aufnehmen und ihnen bei ihren Tätigkeiten zuschauen. Es will nach Gegenständen greifen und mit ihnen spielen. Die Eltern sind noch der häufigste, aber nicht mehr der ausschließliche Spielpartner. So kann das Gugus-Dada-Spiel mit den Geschwistern genauso großen oder noch größeren Spaß machen als mit den Eltern. Die Eltern und andere Bezugspersonen bleiben aber für das Kind der sichere Bezugspunkt, von dem aus es die Welt zu erobern beginnt (siehe »Beziehungsverhalten 4 bis 9 Monate«).

Eltern brauchen ihr Kind weder im Greifen noch im Erkunden der Gegenstände zu unterweisen. Es würde ihnen kaum einfallen, etwas in den Mund zu nehmen, um ihrem Kind das Mundeln vorzumachen. Und doch ist das Kind in einem hohen Maße in seinem Spiel von den Eltern abhängig: Je kleiner das Kind ist, desto mehr bestimmen die Eltern seine Körperlage und damit auch den Gebrauch seiner Hände. In Bauchlage lässt sich nur sehr begrenzt spielen, weit besser geht es in Rückenlage und noch besser in einer Babywippe, etwa 30 Grad aufgestützt. Die Eltern bestimmen auch, ob und welche Spielsachen in Reichweite sind.

Die meisten Eltern sehen es ungern, wenn ihr Kind Gegenstände in den Mund nimmt. Sie möchten das Mundeln unterbinden, weil sie der Meinung sind, dass es unhygienisch ist und zu vermehrtem Speicheln führt. Am meisten aber fürchten die Eltern, dass ein Gegenstand in die Luftwege des Kindes geraten könnte. Da das Mundeln ein vitales Bedürfnis des Säuglings ist, gelingt es den Eltern kaum, das orale Erkunden zu verhindern. Sie sollten es auch nicht unterbinden, da es ein sinnvolles Verhalten ist. Was die Eltern tun können, ist, dafür zu sorgen, dass in der Reichweite des Kindes möglichst keine gefährlichen Gegenstände herumliegen.

Wenn wir bedenken, dass alle Kinder über Monate hinweg Gegenstände in den Mund nehmen, ist offensichtlich: Das Mundeln führt äußerst selten zum Ersticken oder Verschlucken von Gegenständen. Orales Erkunden allein stellt keine Gefahr dar. Wenn Gegenstände verschluckt werden oder in die Luftwege der Kinder geraten, liegen immer besondere Umstände vor. Das Kind hat beispielsweise ein Lego-Teilchen in den Mund gesteckt und wird von einem Geschwister zum Lachen gebracht oder umgestoßen. Erst das heftige Einziehen der Luft beim Lachen beziehungsweise beim unerwarteten Sturz bewirkt, dass das Lego-Teilchen in die Luftröhre gerät.

Kinder lieben es, mit Sand, Steinen und Erde zu spielen, und sie nehmen auch ihre schmutzigen Finger in den Mund. Verhindern können wir das nicht, aber wir können darauf achten, wo die Kinder spielen. Da der Kot von Hunden und Katzen häufig Krankheitserreger enthält, sollten Kinder nur auf Spielplätzen und in Sandkästen spielen, die vor den Toilettengeschäften dieser Tiere geschützt werden.

Nach dem 7. Lebensmonat beginnen Kinder zunehmend, sich für einfache ursächliche Zusammenhänge zu interessieren. Sie realisieren in einem begrenzten Ausmaß die Auswirkungen ihres Handelns. Schütteln sie eine Glocke, ertönt ein Ton, wenn sie ihre Spielsachen über den Bettrand hinausschieben, verschwinden sie, ziehen sie an der Schnur, kommt die Ente auf Rädern auf sie zu.

Während Kinder beim spielerischen Erkunden weitgehend für sich spielen, sind Spielpartner bei anderen Spielformen sehr erwünscht. Das Kind freut sich, wenn die Eltern mit ihm Gugus-Dada spielen oder ein Geschwister mit ihm gemeinsam die Ente über den Boden zieht.

Das Wichtigste in Kürze

1. Mit 4 bis 5 Monaten beginnen Kinder, zuerst beid-, dann einhändig zu greifen. Aus dem Greifen mit der ganzen Hand (palmares Greifen) entwickelt sich über den Scherengriff der selektive Pinzettengriff.

2. Die wichtigsten spielerischen Verhaltensweisen im 1. Lebensjahr sind:
   - das Erkunden von Gegenständen;
   - das Spiel mit der Merkfähigkeit;
   - Mittel-zum-Zweck-Spiele.

3. Das Kind lernt die gegenständliche Umwelt kennen durch:
   - Mundeln: orales Erkunden von Gegenständen;
   - Hantieren: manuelles Erkunden von Gegenständen;
   - Betrachten: visuelles Erkunden von Gegenständen.
   Alle 3 Erkundungsverhalten entsprechen einem Grundbedürfnis des Säuglings und sollten daher nicht unterbunden werden.

4. Spiele mit der Merkfähigkeit sind:
   - das Gugus-Dada-Spiel;
   - Gegenstände verschwinden zu lassen.

5. Mittel-zum-Zweck-Spiele sind beispielsweise:
   - Musikdosen;
   - Spielsachen zum Herumziehen;
   - das Spiel mit Erde, Sand und Wasser. Es fördert das Verständnis von Ursache und Wirkung.

6. Ein Spielzeug ist ein Gegenstand, der für den Säugling interessant und ungefährlich ist. Er ist ungefährlich, wenn er
   - so groß ist, dass das Kind ihn nicht vollständig in den Mund nehmen kann;
   - keine scharfen Kanten und Spitzen hat;
   - unzerbrechlich ist;
   - nicht mit giftiger Farbe bemalt ist.

10 bis 24 Monate

Eva angelt sich den Telefonhörer, hält ihn ans Ohr und plaudert hinein. Als die Mutter erscheint, streckt Eva ihr den Telefonhörer entgegen. Evas Gesicht drückt dabei eine Mischung aus Triumph und schlechtem Gewissen aus. Eva hat eine zwiespältige Beziehung zum Telefon: Sie ist einerseits eifersüchtig auf das Telefon, andererseits liebt sie es über alles. Wenn die Mutter ins Telefon spricht, dazu lacht und ihr Gesicht die unterschiedlichsten Gemütsbewegungen zeigt, reagiert Eva mit Geschrei. Die ganze Zuwendung der Mutter gilt diesem Apparat. Andererseits schlüpft Eva am Telefon gerne in die Rolle der Mutter.

Im 2. Lebensjahr entfaltet das Kind in seinem Spiel eine Vielzahl von Verhaltensweisen, die seine rasche geistige, sprachliche und soziale Entwicklung in diesem Altersabschnitt widerspiegeln. Wenn das Kind Gefäße füllt und entleert, Becher stapelt und Bauklötze aneinanderreiht, spiegelt dies sein Verständnis für räumliche Zusammenhänge wider. Über die Nachahmung von alltäglichen Handlungen lernt es, Gegenstände funktionell zu gebrauchen. Es fährt sich mit der Haarbürste über den Kopf, kritzelt mit dem Kugelschreiber auf die Zeitung oder angelt sich den Telefonhörer und plaudert wie die Mutter. Das Telefonieren spricht das Kind besonders an, da die Eltern mit dem Telefon umgehen wie mit einem Menschen: Sie reden mit dem Apparat und äußern dabei die unterschiedlichsten Gefühle.

Gegen Ende des 2. Lebensjahres beginnen Kinder zu begreifen, dass Gegenstände aufgrund bestimmter Eigenschaften gleich oder verschieden sein können. Sie stellen ihre Spielautos in einer Reihe und ihre Holztiere in einer anderen auf. Oder sie sortieren das Puppengeschirr nach Form und Größe. Die Fähigkeit, Kategorien nach bestimmten Merkmalen zu bilden – eine Grundvoraussetzung für das logische Denken –, drückt ihren Anfang in dieser Art Spiel aus.

In diesem Kapitel werden einige der häufigsten und uns verständlichen spielerischen Verhaltensweisen beschrieben. Es werden keineswegs alle Spielformen besprochen, die Eltern bei ihren Kindern im 2. Lebensjahr beobachten können. Es gibt zweifelsohne Verhaltensweisen, deren Bedeutung es immer noch zu entdecken gilt, sei es durch Eltern oder Fachleute!

Die Darstellung des Spielverhaltens ist aus didaktischen Gründen vereinfacht. Sie ist einseitig in dem Sinn, dass die meisten Spielaktivitäten, die Eltern bei ihren Kindern beobachten, nicht nur ein Merkmal, sondern mehrere Charakteristiken enthalten. Wenn ein 2-jähriges Kind mit seiner Puppenstube spielt, setzt sich sein Spiel aus räumlichen, funktionellen und kategoriale Elementen zusammen. Es richtet zum Beispiel die Möbel so ein, wie sie auch zu Hause im Wohnzimmer angeordnet sind, stellt mit seinen Puppen das Familienleben nach und legt alle Löffelchen zusammen. Eine weitere Vereinfachung besteht darin, dass das jeweilige Spielverhalten anhand seines mittleren Auftretens beschrieben wird. Sämtliche Formen von Spielverhalten treten aber von Kind zu Kind in unterschiedlichem Alter auf. So baut das eine Kind einen Turm bereits mit 16 Monaten, ein anderes mit 17 und ein drittes schließlich mit 18 Monaten. Für das einzelne Kind gelten die Altersangaben über das zeitliche Auftreten der Spielformen deshalb nur annäherungsweise. Diese Vereinfachungen sollten beim Lesen dieses Kapitels bedacht werden.

Spielverhalten mit räumlichen Charakteristiken

Einige Spielformen des 2. und 3. Lebensjahres spiegeln das Raumverständnis des Kleinkindes wider. Sie geben uns einen Einblick, wie sich das Kind mit den räumlichen Beziehungen von Gegenständen, den Dimensionen des Raumes und der Schwerkraft auseinandersetzt. Das Spiel ist für das jeweilige Entwicklungsalter des Kindes charakteristisch. So hat ein Kind im Alter von 12 bis 16 Monaten ein großes Interesse an Behältern, und mit 16 bis 20 Monaten stapelt es mit Vorliebe Gegenstände. Die verschiedenen Spielformen erscheinen bei allen Kindern in der Reihenfolge, wie sie in der Übersicht auf Seite 325 aufgeführt werden. In unseren Studien haben wir bei allen Kindern nur diese Abfolge des jeweiligen Spielverhaltens beobachtet. Es kam beispielsweise nie vor, dass ein Kind

Der 9 Monate alte Simon füllt die Würfel in die Schachtel ein. Die 18 Monate alte Martina baut damit einen Turm. Die 26 Monate alte Anina baut einen Zug.

mit 12 Monaten Türme bauen, aber erst mit 18 Monaten mit Behältern und deren Inhalt umgehen konnte (Largo 1979a).

Inhalt-Behälter-Spiel.   In unseren Studien über das Spielverhalten haben wir ein Glasfläschchen verwendet, das ein kleines Holzkügelchen enthielt. Anhand dieses Fläschchens lässt sich die Entwicklung des Inhalt-Behälter-Spiels sehr gut verfolgen. Ein 6 Monate altes Kind nimmt das Fläschchen sogleich in den Mund. Es bemerkt das Kügelchen nicht, auch wenn es durch Schütteln des Fläschchens darauf aufmerksam gemacht wird. Das Kind nimmt das Fläschchen nur als Ganzes wahr. Nach dem 7. Lebensmonat zeigt das Kind ein wachsendes Interesse an dem Kügelchen. Es versucht das Kügelchen mit dem Finger durch das Glas hindurch zu erreichen. Mit 9 bis 12 Monaten steckt es einen Zeigefinger in die Öffnung des Fläschchens und bemüht sich, auf diese Weise an das Kügelchen heranzukommen. Das Verhalten des Kindes zeigt uns, wie es ein Verständnis dafür entwickelt, dass ein Gegenstand in einem anderen Gegenstand sein kann.

Spielverhalten mit räumlichen Charakteristiken.

Alter in Monaten	6	9	12	15	18	21	24	30
Inhalt-Behälter-Spiel. Gegenstände werden ineinandergelegt. (Würfel in Schachtel.)								
Vertikales Bauen/Stapeln. Gegenstände werden aufeinandergelegt. (Turm bauen mit Würfeln.)								
Horizontales Bauen. Gegenstände werden in der Horizontalen aneinandergelegt. (Zug bauen mit Würfeln.)								
Vertikales und horizontales Bauen. Gegenstände werden in der Vertikalen und Horizontalen verwendet. (Treppe bauen mit Würfeln.)								

Mit 12 Monaten kann das Kind das Kügelchen in das Fläschchen stecken, ohne es aber wieder herausnehmen zu können. Wenn wir ihm zeigen, wie das Kügelchen durch Kippen aus dem Fläschchen entfernt werden kann, ist es noch nicht in der Lage, das Kippen nachzuahmen. Das Kind versucht durch Schütteln, das Kügelchen herauszubekommen. Nach Vorzeigen kippt es das Kügelchen aus dem Fläschchen mit etwa 15 Monaten. Mit 18 Monaten kann es das Fläschchen spontan entleeren.

Zwischen 10 und 15 Monaten zeigen Kinder eine große Vorliebe für das Aus- und Einräumen von Behältern jeglicher Art – gelegentlich zum Leidwesen der Eltern. Das kindliche Interesse gilt nicht nur Spielzeugbechern und -würfeln, sondern auch Kleider-

Fläschchen mit Kügelchen. A: Die 8 Monate alte Tabea bemerkt das Kügelchen im Fläschchen und versucht durch das Glas an das Kügelchen heranzukommen. B: Der 12 Monate alte Leandro weiß, dass ein Behälter eine Öffnung hat. Er versucht mit dem Finger das Kügelchen zu erreichen. C und D: Die 18 Monate alte Rhea entleert das Fläschchen durch Kippen und steckt das Kügelchen zurück.

kommoden, Küchenschubladen, CD- und DVD-Sammlungen und Bücherregalen. Die Eltern können sich das Leben etwas erleichtern, wenn sie dem Kind zwei Schubladen überlassen, die es ein- und ausräumen darf.

Vertikales Bauen/Stapeln.   Vor dem 15. Lebensmonat zeigen Kinder kaum Interesse daran, aus Würfeln einen Turm zu bauen. Mit 18 Monaten neigen sie dazu, Gegenstände zu stapeln. Sie bauen nicht nur Türme mit Würfeln und Bauklötzen, sondern stapeln auch Gegenstände aufeinander, die sich dafür weniger eignen, zum Beispiel Puppenhausmöbelchen.

Horizontales Bauen. Mit 24 Monaten klingt das Interesse am einfachen Turmbau ab. Das Kind reiht nun mit Eifer Klötze horizontal aneinander.

Der Vorliebe für die Horizontale kommt die Beschäftigung mit Spielzeugeisenbahnen entgegen. 2- bis 3-jährige Kinder haben Spaß daran, Gleisstücke aneinanderzufügen und Eisenbahnwagen aneinanderzuhängen. Duplo- und Lego-Elemente oder Bauklötze werden von den Kindern auf die gleiche Weise verwendet.

Einen interessanten Einblick, wie sich die räumlichen Vorstellungen während des 2. Lebensjahres entwickeln, gibt uns das Spiel mit einem Puppenhaus. Die Art und Weise, wie das Kind mit Tisch, Stühlen und Geschirr umgeht, spiegelt seine Raumvorstellungen wider. Mit 15 Monaten hat ein Kind noch kein Verständnis dafür, wie die Stühlchen um einen Tisch herum anzuordnen sind. Mit 18 Monaten ist es vor allem am Stapeln interessiert. Es stellt die Stühlchen weit eher aufeinander statt um den Tisch. Mit 24 bis 30 Monaten sind das räumliche und funktionelle Verständnis so weit entwickelt, dass das Kind die Stühlchen an den Tisch rückt, die Puppen auf die Stühlchen setzt und den Tisch deckt.

Am liebsten alles ausräumen.

Beliebtes Spielzeug mit 2 Jahren: der Zug

Puppenmöbelchen. Der 18 Monate alte Dominik ist noch überfordert. Der gleichaltrige Simon baut mit den Stühlchen einen Turm. Anina ordnet mit 21 Monaten Stühlchen, Geschirr und Püppchen richtig an.

Spielverhalten mit Symbolcharakter

Am Ende des 1. Lebensjahres hat das Kind seine Umwelt so weit kennengelernt, dass es die Gegenstände des Alltags voneinander unterscheiden und wiedererkennen kann (siehe »Spielverhalten 4 bis 9 Monate«). Im 2. Lebensjahr wendet sich sein Interesse den konkreten Funktionen zu, die die Gegenstände haben.

Die Nachahmung spielt bei der Entfaltung der Spielformen mit funktionellem Charakter eine wichtige Rolle. Gegen Ende des 1. Lebensjahres beginnt das Kind einfache Handlungen nachzuahmen. Den Gebrauch von Gegenständen eignet es sich über die direkte und verzögerte Nachahmung an (funktionelles Spiel). Es versucht, mit dem Löffel zu essen, während es von der Mutter gefüttert wird (direkte Nachahmung). Eine verzögerte oder indirekte Nachahmung können wir häufig beobachten, wenn das Kind für sich allein spielt. Es spielt Situationen nach, die es Stunden oder Tage zuvor erlebt hat.

Zwischen 12 und 18 Monaten macht das Kind einen ersten Schritt hin zur Entwicklung von Symbolfunktionen. Es entsteht über die verzögerte Nachahmung eine innere Vorstellung einer Handlung (Piaget 1975 a, b). Diese innere Vorstellung ist unabhängig von den zeitlichen und örtlichen Gegebenheiten, bei denen das Kind die Handlung erlebt hat, und damit auf neue Situationen übertragbar. Dies ermöglicht dem Kind, eine Handlung, wie beispielsweise »mit dem Löffel essen«, nicht nur bei sich selber auszuführen, es kann auch die Mutter oder die Puppe mit dem Löffel füttern (repräsentatives Spiel I). In einem weiteren Schritt stellt sich das Kind vor, dass die Puppe selbst den Löffel benutzt (repräsentatives Spiel II). Am Anfang des 3. Lebensjahres ist seine Vorstellungskraft schließlich so weit entwickelt, dass das Kind nicht nur einzelne Handlungen, sondern ganze Handlungsabläufe mit einer gemeinsamen Thematik zur Darstellung bringen kann (sequenzielles Spiel). Es spielt beispielsweise in der Puppenstube »essen am Familientisch« oder »zu Bett gehen« nach. Die inneren Vorstellungen oder Symbolfunktionen sind von größter Bedeutung für das Denken, das Beziehungsverhalten und ganz besonders für die Sprachentwicklung (siehe »Sprachentwicklung Einleitung«).

Nachfolgend sind die verschiedenen Spielformen mit Symbolcharakter ausführlicher dargestellt.

Funktionelles Spiel. Zwischen 9 und 12 Monaten beginnen die Kinder einfache Handlungen nachzuahmen. Das Kind bürstet sich die Haare oder hält sich den Telefonhörer ans Ohr und plau-

Funktionelles Spiel. Silvan trinkt aus einer Tasse und gibt seiner Mutter zu trinken (Übergangsstadium zum repräsentativen Spiel I).

Spielverhalten mit Symbolcharakter.

Alter in Monaten	9 12 15 18 21 24 30

Funktionelles Spiel
Der Gegenstand wird seiner Funktion entsprechend auf dem eigenen Körper verwendet (das Kind führt den Löffel zum Mund).

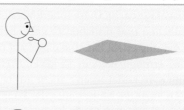

Repräsentatives Spiel I
Der Gegenstand wird funktionell an der Puppe gebraucht (das Kind gibt der Puppe mit dem Löffel zu essen).

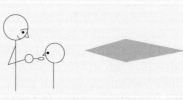

Repräsentatives Spiel II
Die Puppe, geführt durch das Kind, benutzt einen Gegenstand funktionell (das Kind legt der Puppe den Löffel in die Arme, sich vorstellend, die Puppe esse selber).

Sequenzielles Spiel
Handlungen mit einer gemeinsamen Thematik werden nachgespielt. Das Kind spielt »Mahlzeit« (kocht, setzt Puppen an den Tisch, verteilt das Essen und lässt die Puppen essen).

Symbolspiel
Einem Gegenstand wird die Bedeutung eines anderen Gegenstandes verliehen, oder das Kind stellt sich einen Gegenstand vor (es setzt Puppen hintereinander, als würden sie Bus fahren).

dert. Wenn es einen Bleistift in die Hände bekommt, ahmt es die Eltern beim Schreiben und das Geschwister beim Zeichnen nach. Das Kind will und kann noch nicht etwas Bestimmtes zur Darstellung bringen. Es geht ihm lediglich darum, den Gebrauch des Stiftes kennenzulernen.

Das funktionelle Spiel stellt die einfachste Form des funktionellen Umgangs mit Gegenständen dar: Die Anwendung des Gegenstandes bleibt auf den Körper des Kindes beschränkt.

Repräsentatives Spiel. In einem Übergangsstadium zum repräsentativen Spiel verwendet das Kind einen Gegenstand nicht mehr nur für sich selbst, sondern überträgt die Handlung auf eine Zweitperson, vorzugsweise die Eltern. Das Kind füttert die Mutter oder kämmt dem Vater die Haare. In einem weiteren Schritt überträgt das Kind seine Handlungen auf eine Puppe (Repräsentatives Spiel I).

Repräsentatives Spiel I. Anina gibt der Puppe mit dem Löffel zu essen. Silvan hält der Puppe den Telefonhörer hin.

Repräsentatives Spiel II. Anina versucht, der Puppe den Löffel in die Hand zu geben; die Puppe soll selber essen.

Sequenzielles Spiel.
Anina spielt »Mahlzeit«.

Das Kind gibt der Puppe die Milchflasche oder hält ihr eine Tasse zum Trinken hin. Diese Spielform setzt mit 12 bis 18 Monaten ein. Einige Monate später erweitert das Kind sein Spiel, indem die Puppe selbst zu einer handelnden Figur wird (Repräsentatives Spiel II).

Das Kind setzt die Puppe vor einen Spiegel, legt ihr die Haarbürste in die Arme und stellt sich dabei vor, die Puppe bürste sich die Haare selbst. Die Spielwarenindustrie wurde vor einigen Jahren auf dieses Spielverhalten aufmerksam, rasch stattete sie ihre Spielzeugmännchen und -frauen mit Werkzeughänden aus.

Sequenzielles Spiel.   Mit 21 bis 24 Monaten beginnt das Kind, Handlungsabläufe darzustellen, die zu einer bestimmten Alltagssituation gehören. Es spielt beispielsweise »Mahlzeit«: Das Kind kocht, deckt den Tisch, trägt das Essen auf, setzt die Puppen an den Tisch und lässt sie essen.

Symbolisches Spiel.   Bei diesem Spiel verleiht das Kind einem Gegenstand die Bedeutung eines anderen, nicht vorhandenen Gegenstandes, oder es stellt sich einen Gegenstand ganz einfach vor.

Ein Kind setzt beispielsweise eine Puppe in einen Schuh, der in seiner Vorstellung ein Auto darstellt, oder es bewegt die Puppe in der Luft herum und tut dabei so, als ob die Puppe in einem Flugzeug säße.

Kategorisieren

Zwischen 18 und 24 Monaten zeigen Kinder ein Spiel, das von einem neuen Ordnungssinn bestimmt zu sein scheint: Alle Spielzeugautos werden in einer Reihe aufgestellt und alle Plastikmännchen in einer anderen. Die Stühle werden an einem Ort zusammengestellt, die Teller an einem anderen. Dieses Verhalten drückt weniger ein Bedürfnis nach Ordnung als die erwachende Erkenntnis aus, dass Gegenstände aufgrund bestimmter Eigenschaften gleich oder verschieden sein können. Die Kinder sortieren oder gruppieren Spielsachen und Gegenstände nach bestimmten Merkmalen.

Zuordnen von Formen. Leandro mit seinen 18 Monaten schafft es noch nicht. Die 21 Monate alte Anina ordnet die Formen richtig zu.

Zuordnen von Farben. Die 21 Monate alte Anina kann die Farben noch nicht zuordnen. Der 24 Monate alten Katja gelingt es mühelos.

Die Fähigkeit zu kategorisieren ermöglicht es den Kindern, gegen Ende des 2. Lebensjahres einfache Formen einander zuzuordnen. So können 2-jährige Kinder Kreis, Quadrat und Dreieck in ein Formenbrett einsortieren. Wenig später lernen sie Farbkategorien zu bilden und ordnen Würfel nach ihren Farben einander zu. Formenwürfel werden im 3. Lebensjahr ein beliebtes Spielzeug: Die Kinder passen komplexe Formen in die entsprechenden Öffnungen ein.

Soziale Spiele

Auch im 2. Lebensjahr bleiben die sozialen Spiele für das Kind eine wichtige Erfahrung. Ein häufiges Spiel besteht in einem gegenseitigen Geben und Nehmen. Das Kind gibt dem Erwachsenen einen Gegenstand und erwartet, dass der Gegenstand wieder zurückgegeben wird. Der Ball rollt vom Kind zur Mutter und wieder zurück. Der Vater belädt den Spielzeuglaster mit Bauklötzen, der Sohn entlädt ihn, und der Vater belädt das Gefährt aufs Neue. Das Faszinierende an diesem Spiel ist für das Kind, dass es eine bestimmte Erwartung hat, wie sich die andere Person verhalten wird. Es will im Spiel herausfinden, ob seine Annahme richtig ist und ob es die andere Person beeinflussen kann: Bitte mach, was ich möchte!

Die Rolle der Eltern

Für das 2. Lebensjahr gilt noch mehr als für das 1. Jahr: Wenn wir uns bei der Wahl von Spielsachen vom Entwicklungsstand und den Bedürfnissen des Kindes leiten lassen, dann sind weniger gekaufte Spielsachen gefragt als vielmehr all jene Gegenstände, mit denen das Kind tagtäglich in Berührung kommt. Nachstehend eine Zusammenstellung der verschiedenen Spielverhaltensweisen und einige Hinweise auf Dinge, die als Spielzeug dienen können. Die Liste ist bei weitem nicht vollständig. Sie wartet darauf, von den Eltern kräftig ausgebaut zu werden!

Spielzeug für das 2. Lebensjahr.

Spielverhalten	Entwicklungspsychologische Bedeutung	Spielsachen
Räumliche Charakteristiken	Verständnis der räumlichen Beziehungen zwischen Gegenständen	
Inhalt-Behälter-Spiel (ab 9 Monaten)		Töpfe, Becher, Körbe, Plastikbehälter/ -flaschen, Walnüsse, Korkzapfen, Rosskastanien, Wasser, Sand
Vertikales Bauen (ab 15 Monaten)		Bauklötze, Becher, Ringe auf Stab
Horizontales Bauen (ab 21 Monaten)		Bauklötze, Spielzeugeisenbahn
Vertikales und horizontales Bauen (ab 30 Monaten)		Bausteine, Duplo/Lego
Symbolische Charakteristiken	Verständnis des funktionellen Gebrauchs von Gegenständen, von Handlungen und Verhaltensweisen	
Funktionelles Spiel (ab 12 Monaten)		Löffel, Tasse, Haarbürste, Spielbügeleisen, -geschirr, Spielhandwerkzeug, Haushaltsgegenstände
Repräsentatives Spiel (ab 15 Monaten)		Puppen, Teddybären
Sequenzielles Spiel (ab 21 Monaten)		Puppenstube, Stall mit Holztieren

▶

Spielverhalten	Entwicklungspsychologische Bedeutung	Spielsachen
Symbolspiel (ab 18 Monaten)		Gegenstände aus der Natur wie Holzstücke, Steine, Schneckenhäuser, Muscheln
Kategorisieren	Zuordnen aufgrund bestimmter Merkmale	
Gruppieren, sortieren (ab 21 Monaten)		Würfel, Becher verschiedener Größe und Farbe, Formenwürfel/-bretter, Einsteck- und andere Puzzles

Das Kind in den Alltag mit einzubeziehen ist oft leichter gesagt als getan. Wenn der kleine Dario den lieben langen Tag den Staubsauger ein- und ausschalten und in der ganzen Wohnung herumziehen möchte, ist dies weder der Familie noch dem Staubsauger zuzumuten. Mit etwas Glück und Begeisterungsfähigkeit finden Eltern aber andere Tätigkeiten innerhalb und außerhalb des Hauses, die Dario gleichermaßen begeistern und weniger geräuschvoll sind. Es sei nicht verschwiegen: Gelegentlich gibt es Kinder, die auf einen ungeeigneten Gegenstand oder eine Tätigkeit so fixiert sind, dass sie nur mit Mühe und Geschrei davon abzuhalten sind.

Auf die Gefahr hin, es einmal zu viel zu sagen: Mit dem Kind zu spielen ist gut. Dem Kind Vorbild zu sein, indem wir es in unsere Aktivitäten mit einbeziehen, ist besser. Dabei sind nicht nur Eltern, Geschwister und Großeltern, Bekannte und Nachbarn angesprochen. Unsere ganze Gesellschaft sollte die Kinder wieder vermehrt in ihre Aktivitäten mit einbeziehen, sei es zu Hause, am Arbeitsplatz, bei familiären oder öffentlichen Anlässen.

Das Wichtigste in Kürze

1. Im 2. Lebensjahr lernt das Kind im Spiel eine Fülle von Verhaltensweisen, die ihm zu vielfältigen Erfahrungen und Einsichten verhelfen.

2. Das Spielverhalten mit räumlichen Charakteristiken entwickelt sich in der folgenden Reihenfolge:
   - Inhalt-Behälter-Spiel;
   - vertikales Bauen/Stapeln;
   - horizontales Bauen;
   - vertikales und horizontales Bauen.

3. Das Spielverhalten mit Symbolcharakter entsteht aus der direkten und indirekten Nachahmung. Es tritt wie folgt auf:
   - funktionelles Spiel (funktioneller Gebrauch von Gegenständen);
   - repräsentatives Spiel (Handlungen ausgeführt an Puppen);
   - sequenzielles Spiel (Handlungen mit gemeinsamer Thematik);
   - Symbolspiel (der Gegenstand wird stellvertretend für einen anderen Gegenstand benutzt).

4. Über die Nachahmung von Eltern, Geschwistern und anderen vertrauten Personen eignet sich das Kind den funktionellen Gebrauch von Gegenständen und soziales Handeln an.

5. Spielweisen, die dem Kind den Zusammenhang zwischen Ursache und Wirkung erschließen, ergeben sich besonders häufig im Umgang mit Naturelementen wie Sand und Wasser.

6. Kategorisieren drückt sich im Spiel aus als Sortieren und Gruppieren von Gegenständen aufgrund bestimmter Eigenschaften.

7. Gegenstände aus dem Alltag der Familie und der vertrauten Umgebung des Kindes sind oft weitaus attraktiver als gekaufte Spielsachen.

8. Mit dem Kind zu spielen ist gut. Dem Kind Vorbild zu sein, indem wir es in unseren Alltag mit einbeziehen, ist besser.

25 bis 48 Monate

Am vergangenen Wochenende waren Bastian und Sophie mit ihren Eltern im Zoo. Nun spielen sie nach, was sie dort gesehen und erlebt haben. Der 4-jährige Bastian baut mit Bauklötzen Käfige für Löwen und Bären, damit sie den anderen Tieren und den Menschen nichts antun können. Den Elefanten bindet er kurze Farbstifte auf, die sie als Baumstämme herumschleppen sollen. Die 3-jährige Sophie lässt die Affen herumklettern und füttert sie mit Papierkügelchen, als wären es Bananen und Orangen. Ein Affenbaby hat es ihr besonders angetan. Dann spielen die beiden Kinder gemeinsam den Auftritt der Pinguine nach. Schließlich stellt Bastian sein Lieblingstier, den furchteinflößenden riesigen Dinosaurier mitten in den Zoo. Sophie ist nicht begeistert und meint: Im Zoo gibt es doch gar keine Dinos!

Im Verlauf des 3. und 4. Lebensjahres wird das kindliche Spiel immer vielfältiger und differenzierter. Der 4-jährige Bastian hat sein räumliches Vorstellungsvermögen so weit entwickelt, dass er ganze Teile des Zoos mit Wegen und Gehegen nachbauen kann. Sophie spielt das Verhalten der Affen nach. Gemeinsam stellen sie die Pinguinshow dar. Die beiden Kinder sind fähig, den Ablauf eines Geschehens, das sie nur ein Mal erlebt haben, zu einem späteren Zeitpunkt wiederzugeben. Ein charakteristisches Merkmal des Spiels in dieser Altersperiode sind Phantasiefiguren, die für die Kinder etwas Besonderes verkörpern: der Dinosaurier als das größte und stärkste Raubtier aller Zeiten oder die Prinzessin als Verkörperung der Schönheit.

In diesem Kapitel werden Spielweisen wie das Raumspiel beschrieben, die bereits im 2. Lebensjahr auftreten und die sich im Alter von 3 und 4 Jahren weiterentwickeln. Hinzu kommen neue Aktivitäten wie das Zeichnen oder Basteln. Am Schluss des Kapitels beschäftigen wir uns mit den folgenden Fragen: Wie können Eltern das Spiel ihres Kindes fördern? Wie sollten Eltern auf ein Kind eingehen, das bereits mit 3 bis 4 Jahren Interesse an Buchstaben oder Zahlen zeigt? Darf ein Kleinkind fernsehen?

Schlafen wie eine
Katze.

Raumspiel

Zwischen 2 und 4 Jahren entwickelt das Kind eine Vorstellung der
3 Dimensionen des Raumes. Dieses Verständnis stellt es auch in
seinem Spiel dar.

Vertikales/horizontales Bauen. Nach dem Turmbauen zeigt das
2-jährige Kind eine Vorliebe für die Horizontale. Spielzeugeisenbahnen, deren Wagen aneinandergehängt werden können, faszinieren es. Mit etwa 2,5 Jahren bringt das Kind in seinem Spiel die
vertikale und horizontale Raumdimension erstmals zusammen.
Es baut beispielsweise mit Bauklötzen eine Treppe für die Puppe
oder eine Brücke für den Zug.

Dreidimensionales Bauen. Im Alter von 3 bis 4 Jahren beginnt
das Kind Gebilde zu bauen, bei denen es alle 3 Raumdimensionen
berücksichtigt. Ein Junge konstruiert beispielsweise mit Bauklötzen eine Garage für seine Autos. Bis zum 5. Lebensjahr ist das
räumliche Vorstellungsvermögen so weit fortgeschritten, dass das
Kind mit Legosteinen und anderen Materialien Häuser, Flugzeuge
und Autos nachbauen kann.

Das räumliche Vorstellungsvermögen spielt nicht nur beim
Bauen, sondern auch in anderen Bereichen eine wichtige Rolle.
Wenn das Kind eine Puppe ankleiden will, ihr das Kleid über den
Kopf ziehen und die Schuhe anziehen möchte, braucht es eine
innere Vorstellung vom menschlichen Körper, ein Körperschema.
Mit 18 bis 24 Monaten kennt das Kind einige Körperteile wie die

Räumliches Spiel.
Brücke mit 2,5 bis 3 Jahren,
Treppe mit 3 bis 4 Jahren,
Haus mit 5 bis 6 Jahren.

Nase, die Hände oder die Beine. Im 3. und 4. Lebensjahr entwickelt
es eine umfassende Vorstellung vom eigenen Körper, die es auch
auf andere Menschen oder Puppen übertragen kann.

Zeichnen und Basteln

Im Kapitel über die Sprachentwicklung werden wir etwas Grund-
sätzliches lernen: Das Kind versteht immer weit mehr, als es selber
sprachlich auszudrücken vermag. Mit dem Zeichnen ist es ähnlich
wie mit dem Sprechen. Beim Zeichnen fehlen dem Kind auch
lange Zeit die feinmotorischen Fähigkeiten, um seine figuralen
Vorstellungen von Gegenständen und Lebewesen konkret umzusetzen. Im 3. Lebensjahr entwickelt es zwar eine Vorstellung vom
menschlichen Körper, eine menschliche Gestalt kann es aber frühestens ein bis zwei Jahre später und dann in noch sehr rudimen-
tärer Form zeichnen.

Jungen bauen leidenschaftlich gern.

Im 3. Lebensjahr kritzeln die meisten Kinder noch. Sie ahmen dabei die Bewegungen nach, die größere Kinder und Erwachsene beim Schreiben und Zeichnen mit einem Stift machen. Im 4. Jahr entstehen aus dem strichförmigen Gekritzel immer öfter runde, geschlossene Formen. Dann schafft das Kind auch die erste bildliche Darstellung eines Menschen, den sogenannten Kopffüßler.

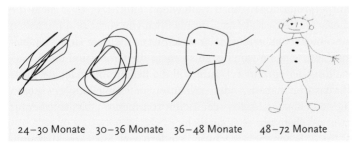

24–30 Monate   30–36 Monate   36–48 Monate   48–72 Monate

Vom Kritzeln zur Mannzeichnung.

Erste Versuche mit Malen und Zeichnen.

Bis zum 5. Lebensjahr differenziert das Kind die rundliche Form in Kopf, Hals, Rumpf und Extremitäten weiter aus und fügt immer mehr Details wie Haare, Hände und Füße hinzu. Im Kindergartenalter enthält eine Mannzeichnung alle wesentlichen Elemente der menschlichen Gestalt, wenn auch eine richtige Darstellung der Körperproportionen noch weitgehend fehlt. Das Kind stellt die menschliche Gestalt fast ausschließlich von vorne und nur selten aus einer seitlichen Sicht dar. Zeichnet es mehrere Gestalten, beispielsweise seine Familie, so spiegeln die Größe und die Ausgestaltung der einzelnen Figuren oft die Bedeutung wider, die diese für das Kind haben. Andere zeichnerische Darstellungen wie etwa die von Häusern, Autos oder Tieren kommen vor, bleiben aber bis zum 5. Lebensjahr eher spärlich.

Im 4. Lebensjahr macht es Kindern viel Spaß, in Malheften Figuren und Ornamente mit Buntstiften auszumalen. Sie können die Strichführung ausreichend gut kontrollieren und die Farben richtig auswählen.

Puzzle und Memory

Im 3. Lebensjahr beschäftigt sich das Kind gerne mit Steckpuzzles. Dabei passt es eine Form, beispielsweise die eines Tieres, in die entsprechende Vertiefung der Vorlage ein. Im 4. Lebensjahr beginnt es, einfache Zusammensetzspiele zusammenzufügen. Das Interesse und die Kompetenz sind dabei von Kind zu Kind sehr unterschiedlich entwickelt. Manche Kinder sind regelrechte Meister im Erkennen von Details, die zusammengehören, sei es anhand der Form, Farbe oder Schnittstelle der Puzzleteilchen.

Einfaches Memory spielen Kinder erstmals mit 4 bis 5 Jahren. Dabei zeigen sie nicht nur erstaunliche Fähigkeiten beim richtigen Zuordnen der Bilder. In diesem Alter können sie sich auch die räumlichen Positionen der Bilder außergewöhnlich gut merken. Darin sind sie manchen Erwachsenen überlegen, was ihnen großen Spaß und Genugtuung bereitet.

Basteln

Mit 2,5 bis 3 Jahren kann das Kind selbstständig eine Schere benutzen und Holzperlen auf eine Schnur zu einer Halskette auffädeln. Diese Tätigkeiten verlangen ihm viel ab. Es braucht dazu eine differenzierte Verarbeitung verschiedener Sinneseindrücke und große motorische Geschicklichkeit. Basteln ist für das Kind aus vielerlei Gründen attraktiv. Es beschäftigt sich gerne mit unterschiedlichsten Materialien wie Knetmasse, Papier oder Holz. Es lernt spielerisch mit Werkzeugen wie Schere oder Hammer umzugehen. Es kann etwas herstellen, was sein eigenes Werk ist. Das Kind kann durchaus alleine basteln, am liebsten bastelt es aber gemeinsam mit anderen Kindern und Erwachsenen.

Mein Bilderbuch.   Meine Geige.

Bilder und Lieder

Spätestens im 3. Lebensjahr zeigen Kinder ein ausgeprägtes Interesse an Bilderbüchern. Anfänglich sind es vor allem die Details der Bilder, auf die Kinder aufmerksam werden: zum Beispiel ein Mädchen, das mit dem Ball spielt, oder eine Katze, die der Maus nachspringt. Dann überblicken sie allmählich den Gesamtzusammenhang einer dargestellten Situation und schließlich auch den Ablauf einer einfachen Geschichte. Ein langsames Tempo und Wiederholungen beim Betrachten und Erzählen sind dabei wichtig. Wenn Kinder die verschiedenen Rollen der Akteure und den Ablauf einer Geschichte begreifen, werden auch Hörkassetten interessant.

Kinder lieben es, mit den Eltern das Familienalbum anzusehen. Für Eltern ist es überaus spannend, beim Durchblättern des Albums zu erleben, wie das Kind allmählich die Familienmitglieder und sich selbst erkennt. Das schönste Bilderbuch, das Eltern ihrem Kind schenken können, ist sein eigenes Fotoalbum. Im Laufe der Jahre wird es für das Kind immer wichtiger werden.

Wenn sie 3 Jahre alt sind, freuen sich Kinder zudem sehr an Reimen und einfachen Liedern. Sie singen gerne, am liebsten in

Gruppen mit anderen Kindern und Erwachsenen. Es gibt Kinder, die bereits im 4. Lebensjahr ein Musikinstrument spielen möchten. Um herauszufinden, ob ihr Interesse wirklich nachhaltig ist und welches Instrument sich für das Kind am besten eignet, sollte es mit verschiedenen Instrumenten unter der Anleitung einer erfahrenen Person, beispielsweise einer Musikpädagogin, Erfahrungen sammeln können.

Spielverhalten mit Symbolcharakter

Zu Beginn des 3. Lebensjahres ist das Kind fähig, einfache Handlungsabläufe des Alltags nachzuspielen. Mädchen neigen dazu, sich in ihrem Spiel eher an häuslichen Aktivitäten wie Kochen und sozialen Situationen wie dem Familientisch zu orientieren. Sie versuchen sehr früh, das Verhalten vertrauter Menschen und die Rolle, die sie beispielsweise in der Familie spielen, in ihrem Spiel wiederzugeben. Die zwischenmenschlichen Beziehungen, zum Beispiel zwischen Kind, Mutter und Vater, sowie die Art und Weise, wie diese miteinander umgehen, werden immer wieder aus Neue durchgespielt. Auch Jungen spielen mit Puppen den Alltag nach. Viele wollen aber auch wissen, weshalb man Arme und Beine der Puppe bewegen kann und wo der Ton herkommt, wenn sie weint. Sie lieben es, Erlebnisse nachzuspielen, die sie im Straßenverkehr gemacht oder auf Baustellen beobachtet haben. Sie fahren mit Spielzeugautos auf fiktiven Straßen herum und parken diese in Garagen. Sie beladen mit einem Kran einen Laster und karren die Ladung herum, um sie anderswo wieder abzuladen. Manche Jungen sind richtige Macher. Sie probieren wissbegierig aus, wie etwas funktioniert, wollen es selber zum Laufen bringen und damit etwas bewirken.

Bis ins 3. Lebensjahr spielen Kinder gerne zusammen, aber wenig miteinander. Sie gehen in ihrem Spiel noch kaum aufeinander ein. Sie spielen häufig nebeneinander ähnliche Situationen und Handlungen nach (Parallelspiel). Dabei beobachten sie, was die anderen Kinder machen, und übernehmen deren Handlungen in ihr eigenes Spiel.

Kaja ist auf der Straße einem Obdachlosen mit Hund begegnet. Sie war so beeindruckt, dass sie ihn zu Hause nachspielt.

Aus diesem Spiel entwickelt sich zwischen dem 3. und 5. Lebensjahr das Rollenspiel. Die Kinder spielen Szenen des Alltags wie beispielsweise »Spazierengehen« nach. Die Puppe wird angezogen, das Wägelchen bereitgestellt, die Puppe hineingelegt, und auf geht es zur Spazierfahrt. Ereignisse wie eine Hochzeit oder eine Reise, welche die Kinder besonders beeindruckt haben, sind andere beliebte Vorlagen.

Eine weitere Stufe des Rollenspiels erreicht das Kind, wenn es einerseits eine bestimmte Rolle einnehmen und andererseits auf die Rolle eingehen kann, die ein anderes Kind übernommen hat. Dazu wird das Kind fähig, wenn es sich in das Denken, Fühlen und Handeln eines anderen Kindes hineinversetzen kann (*Theory of Mind*: siehe »Beziehungsverhalten 25 bis 48 Monate«). Ein beliebtes Spiel im Kindergartenalter ist das »Einkaufen«: Ein Kind übernimmt die Rolle der Verkäuferin, die anderen Kinder diejenige der Kunden.

Das Symbol- und Rollenspiel lebt von den Erfahrungen, die das Kind im Alltag machen kann. Ohne Erfahrungen gibt es kein Spiel. Es ist daher überaus wichtig, dass die Eltern das Kind in ihre vielfältigen Aktivitäten möglichst stark mit einbeziehen: im Haushalt, im Garten, beim Einkaufen und so weiter. Zusätzlich braucht das Kind Erlebnisse mit anderen Bezugspersonen: mit der Großmutter beim Kochen und Backen, mit dem Großvater beim Fischen oder bei Besuchen auf einem Bauernhof, einer Baustelle oder dem Bahnhof und mit einem Nachbarn, der Hühner, Kaninchen oder Schafe hält. Das Kind braucht für sein Spiel und seine Entwicklung Erlebnisse und Vorbilder.

Der Kinderarzt, der das kranke Geschwister zu Hause untersucht, oder der Sanitärinstallateur, der vorbeikommt, um ein defektes Wasserleitungsrohr zu ersetzen, werden zu Erlebnissen, die das Kind auf seine Weise nachspielt und verinnerlicht. Einen tiefen und bleibenden Eindruck hinterlässt beim Kind auch der Küchenbrand im Nachbarhaus und das Anrücken der Feuerwehr oder die verunfallte Frau aus dem Viertel, die von der Ambulanz ins Spital gebracht wird. Das Kind spielt solche Szenen immer wieder nach, um sie zu verarbeiten. Auch familiäre Ereignisse und Schicksalsschläge hinterlassen bei einem Kind einen tiefen Eindruck und werden im Spiel aufgeführt: die Geburt des Geschwisters, die Heirat des Onkels, der Tod des Großvaters.

Im Alter von 3 bis 5 Jahren ist das Kind noch kaum fähig, seine Gefühle in Worte zu fassen. Es kann sie weit besser und differenzierter im Spiel ausdrücken. Beim Rollenspiel verhält es sich ähnlich wie beim Symbolspiel der kleineren Kinder. Die meisten 2-Jährigen können in Worten noch nicht ausdrücken, dass man zum Essen einen Löffel benutzt, füttern aber bereits die Puppe mit dem Löffel. Sie können also die Handlung adäquat nachspielen. Genauso verfügt ein Kleinkind noch nicht über die notwendigen Wörter, um seine Emotionen auszudrücken. Es ist aber in der Lage, Situationen und Verhalten und auch Gefühle wie Freude, Trauer, Wut oder Angst präzise nachzuspielen, ohne dass sie ihm dabei bewusst werden. Im Symbol- und Rollenspiel flüchtet sich das Kind nicht etwa in eine Traumwelt. Das Spiel hilft ihm vielmehr dazu, konkrete Erfahrungen und Gefühle verschiedenster Art zu verarbeiten.

Mit 3 bis 4 Jahren kommt das Kind in die sogenannte »magische Phase«, die bis ins Schulalter hinreichen kann. Es hört liebend gerne Märchen und schaut sich gerne Phantasiefilme an. Feen und Hexen werden für das Kind im Spiel zu realen Wesen. Spiel-

Hier der Strauß,
bitte schön.

sachen beginnen ein geheimnisvolles Eigenleben zu führen. Ku-
scheltiere und Puppen können fliegen, sich verwandeln und zau-
bern. Das Kind entwickelt eine ausgeprägte Vorliebe für Prinzes-
sinnen und Ritter, Dinosaurier und Monster. Alle diese Figuren besitzen großartige und wundersame Fähigkeiten und symbolisieren
Eigenschaften wie Schönheit, Größe oder Kraft. Sie können auch
das Böse symbolisieren und Furcht einjagen, oder sie stellen das
Gute dar und bieten Schutz. Die Kinder identifizieren sich mit diesen Phantasiewesen und wollen sich ihre Insignien wie Waffen
oder Diademe zulegen.

   Manche Eltern sind wenig begeistert oder gar entsetzt, wenn das
Lieblingsspielzeug ihres Sohnes ein blinkendes Gummischwert
wird oder ein Stück Plastikschlauch, das er als Gewehr gebraucht.
Ihr Sohn spürt an den Reaktionen der Erwachsenen und vor allem
an denjenigen anderer Kinder, dass die Waffe Furcht auslöst und
ihn mächtig macht. Je heftiger und emotionaler das Gegenüber
auf sein Spiel reagiert, umso interessanter wird für ihn auch sein
Spiel. Die Eltern irritiert dieser Hang zur Gewalt. Sie haben das
Kind doch nicht zur Gewalt erzogen! Aber auch Barbiepuppen,
von den meisten Mädchen vergöttert, rufen bei manchen Eltern als
ein frühes Symbol der Konsum- und Mediengesellschaft gemischte
Gefühle hervor. Es sind in gewisser Weise archetypische Rollen,
die das Kind neu entdeckt und in seinem Spiel auslebt: der starke
Held, die schöne Frau, das bösartige Monster. Zur Beruhigung der
Eltern: Die Vorliebe für derartige Gegenstände ist bei den meisten
Kindern von vorübergehender Natur.

Unsere erste
eigene Hütte.

In dieser magischen Periode setzt die Moralentwicklung des Kindes ein und wird damit auch ein Thema in der Erziehung. Das Kind muss lernen, dass man Waffen nicht gegen andere Menschen richtet oder gar anwendet. Es geht aber um weit mehr als nur den achtsamen Umgang mit dem Gummischwert oder ein Verbot für Barbiepuppen. Es geht um die Werte, die das Kind in seinem Spiel zum Ausdruck bringt, und darum zu lernen, die Reaktionen der Umgebung darauf zu verarbeiten. Der Junge fühlt sich mit der Waffe mächtig. Warum will er anderen Menschen Angst einjagen? Was denkt er, wie sich andere Menschen fühlen,

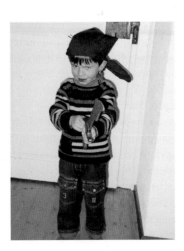

Wer hat Angst vor mir?

wenn sie von ihm bedroht werden? Warum ist es so wichtig, schön zu sein? Welche anderen Werte gibt es, die eine Person auch begehrenswert machen? Wie auch immer die Eltern sich verhalten, sie tragen mit ihrer Reaktion auf sein Spiel und ihrem Verhalten im Alltag dazu bei, welche Werte das Kind übernimmt und worauf das Kind sein Selbstwertgefühl aufbaut.

Besonders phantasiebegabte Kinder legen sich einen imaginären Freund zu, dem sie einen Namen geben und der sie wie ein Schatten durch den Tag begleitet. Das Kind spricht mit ihm und fragt ihn um Rat und Hilfe. Manches Kind erwartet von den Eltern und Geschwistern, dass sie den neuen Freund als ein vollwertiges Familienmitglied behandeln. Nach einigen Wochen oder Monaten verschwindet der Freund dann genauso plötzlich und unerklärlich, wie er aufgetaucht ist. Eltern brauchen sich keine Sorgen zu machen, wenn ihr Kind plötzlich mit einer Phantasiegestalt am Familientisch aufkreuzt. Imaginäre Spielkameraden gehören zur normalen Entwicklung im Kleinkindesalter.

Im Freien

Während Zehntausenden von Jahren sind Kinder nicht in Häusern groß geworden. Sie haben die Erfahrungen, die sie für ihre Entwicklung benötigten, in der freien Natur gemacht. Auch heute haben Kinder immer noch eine große Affinität zur Natur, weshalb Waldkindergärten bei vielen Kindern überaus beliebt sind. Diese Verbundenheit mit der Natur erklärt wohl auch, weshalb sich Kinder in Wiesen und Wäldern nie langweilen. Sie lieben es mit Sand, Erde, Steinen und Wasser zu spielen. Sie haben ein reges Interesse an Schnecken und Käfern, Blumen und Früchten. Lustvoll stampfen sie mit Stiefeln in Regenpfützen herum. Die Natur spricht alle Sinne des Kindes an und lädt es ein, sich darin zu bewegen. Das Kind erlebt die Elemente der Natur körperlich und erfährt unmittelbar die Auswirkungen seines Handelns. Was geschieht, wenn ich den schweren Stein in den Bach werfe? Auf vielerlei Weise macht das Kind die Erfahrung, dass es etwas bewirken kann.

Warum langweilen sich Kinder in der Natur nie?

Mit den Eltern, anderen Bezugspersonen und vor allem mit anderen Kindern in der freien Natur zu spielen, ein Feuer zu machen oder gar im Zelt zu übernachten, sind Höhepunkte im Erleben eines Kleinkindes.

Lesen und Rechnen

Die meisten Kinder zeigen in den ersten 6 Lebensjahren kaum Interesse an Buchstaben oder Zahlen. Es gibt aber vereinzelt Kinder, die bereits im 3. oder 4. Lebensjahr unbedingt lesen lernen wollen. Sie bringen sich das Lesen mit wenig Unterstützung selber bei. Es reicht ihnen, die Eltern und andere Bezugspersonen zu fragen, wie Buchstaben und Worte ausgesprochen werden. Diese Kinder haben bereits oft ganze Bücher gelesen, wenn sie in die Schule kommen. Mit dem Lesen entwickeln sich meist auch die Anfänge des Schreibens.

Das Zahlenverständnis bleibt bei den meisten Kindern in den ersten 6 Jahren auf die Zahlen 1 bis 5 beschränkt. Wenn sie gefragt werden, wie alt sie sind, strecken sie voller Stolz eine Anzahl Fingerchen in die Höhe. Es gibt aber Kinder, die sich früh für Zahlen interessieren. Ihr Zahlenverständnis kann mit 4 Jahren bereits einen Zahlenraum bis 1000 umfassen.

Lars kann mit 3 Jahren lesen.

Diese Kinder haben eine Teilbegabung im Lesen oder Rechnen. Eltern können, wenn sie ihr Kind vorzeitig mit Buchstaben und Zahlen konfrontieren, diese Bereitschaft weder erzeugen noch die Entwicklung des Lesens oder Rechnens beschleunigen. Kinder, die früh lesen und rechnen, sind oft nicht intelligenter als andere Kinder. Es gibt nicht wenige durchschnittlich und selbst überdurchschnittlich begabte Kinder, die erst spät lesen und rechnen lernen.

Wie sollten Eltern mit einem frühreifen Kind umgehen? Die meisten Eltern sind stolz, nicht wenige aber auch beunruhigt über die schnelle Entwicklung ihres Kindes. Eltern sollten ihr frühreifes Kind weder gezielt fördern noch seine Neigung unterdrücken, sondern ihm die Unterstützung geben, nach der es verlangt. Im Übrigen unterscheiden sich diese Kinder nicht von anderen Kindern. Für sie sind das Spiel und alle anderen Erfahrungen, die in diesem Kapitel beschrieben werden, ebenso wichtig und dürfen nicht vernachlässigt werden.

Wie können Kinder im Spiel gefördert werden?

Im deutschen Sprachraum wird jedes Jahr Spielzeug im Wert von etwa 3 Milliarden Euro verkauft, Spielsachen, die sich die Kinder wünschen und von denen die Eltern hoffen, dass es die Entwicklung ihrer Kinder besonders gut fördern. Kinder brauchen zum Spielen Materialien und Gegenstände, die sie ihrem Entwicklungsstand entsprechend verwenden können. Spielzeug allein reicht aber für eine gute Entwicklung nie und nimmer aus. Was Kinder wirklich brauchen, sind Erfahrungen mit anderen Menschen und das Spiel mit anderen Kindern.

Kinder verinnerlichen im Spiel, was sie erlebt haben. Damit sie überhaupt spielen können, müssen sie zuvor Erfahrungen gemacht haben. Bastian und Sophie könnten nicht »Zoo« spielen, wenn sie nie im Zoo gewesen wären. Genauso ist es mit den meisten anderen Spielaktivitäten. Ein Kind schaut immer wieder allein sein Lieblingsbilderbuch an, aber nur, wenn die Eltern zuvor mit ihm das Bilderbuch betrachtet und die Geschichte dazu erzählt haben. Je mehr Erfahrungen ein Kind machen kann, und je vielfältiger diese sind, desto besser kann es spielen. Dies gilt ganz besonders für das Symbol- und das Rollenspiel.

Eltern und andere Bezugspersonen sollten dem Kind nicht in erster Linie Spielpartner sein. Sie sollten ihm vor allem Erlebnisse vermitteln und Vorbilder sein. Eltern und andere Bezugspersonen sollten daher das Kind möglichst oft in ihre Tätigkeiten und Unternehmungen mit einbeziehen.

Kinder können durchaus auch allein spielen, aber niemals ausschließlich. Sie wollen vor allem mit anderen Kindern zusammen sein und mit ihnen spielen. Aus dem Spiel mit den anderen Kindern holen sie sich die Anregungen, um alleine spielen zu können. Allein spielen sollte die Ausnahme und das Spiel mit anderen Kindern die Regel sein.

Spielen Jungen und Mädchen dasselbe, wenn sie von ihren Eltern gleich behandelt werden? Nein, es gibt sehr deutliche Geschlechtsunterschiede im Spielverhalten von Kleinkindern. Es ist viel wahrscheinlicher, dass ein Junge mit Bagger und Laster spielt und ein Mädchen mit Puppen und Kochgeschirr, wenn sie vor die

Wahl gestellt werden. Selbstverständlich gibt es auch Mädchen, die sich mit Kran und Flugzeug beschäftigen wollen, und Jungen, die sogar begeistert mit Töpfen und Barbiepuppen spielen. Es ist nicht nur die geschlechtsspezifische Disposition, die das Spiel bestimmt. Es sind auch individuelle Vorlieben, unterschiedliche Erfahrungen, die Kinder machen, und unterschiedliche Vorbilder, die ihnen zur Verfügung stehen, die das Spiel beeinflussen. Kinder gleichen Alters und Geschlechts spielen sehr unterschiedlich. So gibt es 4-jährige Jungen, die vor allem bauen, andere, die stundenlang mit Ritterfiguren spielen, und wieder andere, die lieber basteln. Die Vorlieben verändern sich beim einzelnen Kind auch im Verlauf seiner Entwicklung. Wochenlang hat sich das Kind fast ausschließlich mit der Eisenbahn beschäftigt, nun will es nur noch zeichnen. Die aktuellen Interessen des Kindes zu spüren und ihm die entsprechenden Möglichkeiten für sein Spiel zu geben, ist eine wichtige Aufgabe der Eltern.

Kinderzimmer sind oft übersät mit Spielsachen. Manche Eltern geben sich den Erziehungsauftrag, ihr Kind von klein auf zur Ordnung zu erziehen, indem sie von ihm verlangen, selbstständig aufzuräumen. Ordnung war über Jahrhunderte hinweg in unserer Kultur ein hohes erzieherisches Ziel, das bis heute nachwirkt. Wie soll ein 3- bis 4-jähriges Kind wissen, was unter Ordnung zu verstehen ist? Was es begreifen kann, ist, dass die Spielsachen nach dem Spielen in Schachteln verstaut werden können. Ob es zum Aufräumen motiviert werden kann, hängt davon ab, wie geschickt es die Eltern anstellen. Wenn das Aufräumen eine Pflichtlektion in Sachen Ordnung vor dem Einschlafen darstellt, ist das Kind verständlicherweise kaum bereit mitzumachen. Wenn die Eltern das Kind nicht dazu verdonnern, sondern als Vorbild vorangehen und das Aufräumen zum Spiel werden lassen, kann daraus für Kind und Eltern sogar etwas Lustvolles werden.

Fernseher und Co.

In Mitteleuropa sehen die meisten Kleinkinder jeden Tag 0,5 bis 1 Stunde fern oder schauen sich Filme auf DVD und Videokassette an. In den USA sitzen Kleinkinder durchschnittlich 2 Stunden pro

Tag vor dem Bildschirm. Seit Jahren wird eine heftige öffentliche Diskussion über die folgenschweren Auswirkungen geführt, die das Fernsehen auf Kinder haben kann. Verdummung, soziale Vereinsamung und Anstiftung zur Gewalt sind die häufigsten Bedenken. Trotz dieser überaus negativen Einschätzung setzt die Mehrheit der Eltern ihre Kleinkinder vor den Bildschirm. Es mag Eltern geben, die diese Bedenken nicht teilen und überzeugt sind, dass Fernsehsendungen und Filme einen positiven Beitrag zur Entwicklung ihres Kindes leisten. Die meisten Eltern setzen ihre Kinder aber nicht vor den Bildschirm, weil sie in ihm ein geeignetes Fördermittel sehen, sondern weil er ein ausgezeichneter Babysitter ist. Die Kinder bleiben wie angenagelt vor dem Fernseher sitzen, und die Eltern können ihren eigenen Tätigkeiten nachgehen. Die Diskussion sollte also nicht nur über die Wirkung von Fernsehsendungen geführt werden, sondern ebenso darüber, weshalb die Eltern ihre Kinder, wenn auch mit einigem Unbehagen, in die »Obhut« des Fernsehers geben.

Wie interessiert sind Kinder überhaupt am Fernsehen? Der 6 Monate alte Aron liegt auf dem Boden vor dem Fernseher. Es läuft ein Tennismatch. Aron schaut aufmerksam längere Zeit zu. Was nimmt er wahr? Faszinieren ihn die Bewegungen oder die Farben und Töne? Bereits sehr kleine Kinder beobachten interessiert, was auf dem Bildschirm abläuft.

Kein Kleinkind sitzt gegen seinen Willen länger als einige Minuten vor dem Bildschirm. Was sich dort abspielt, muss für das Kind

Draußen spielen oder vor dem Bildschirm sitzen?

von Interesse sein. Was spricht das Kind an und was ist vielleicht sogar eine kindgerechte Fernsehsendung? Vor 15 Jahren wurden in England die »Teletubbies« entwickelt, eine Sendung für Kinder zwischen 2 und 5 Jahren. Die Sendungen wurden in mehr als 20 Sprachen übersetzt und in mehr als 120 Ländern verbreitet. Seit 1999 wird sie auch im deutschen Sprachraum gesendet. Die Sendung ist so erfolgreich, dass sie als »Einstiegsdroge zum Fernsehkonsum für Kleinkinder« bezeichnet wird.

Weshalb sind Tinky Winky, Dipsy, Laa-Laa, Po und ihre Abenteuer so attraktiv, dass sich kaum ein Kleinkind von ihnen abwendet? Es sind die folgenden Merkmale:

Aussehen und Verhalten.   Die 4 Figuren werden von Erwachsenen gespielt, sehen aber aus wie Kleinkinder, bewegen sich und handeln auch so. Sie machen kleine Schritte, und fallen – zum Jubel der Kinder – gelegentlich um.

Sprache.   Die Figuren sprechen in einfachsten Sätzen. Ihr Vokabular ist den Kindern aus dem Alltag vertraut. Die Kinder werden direkt angesprochen.

Darstellung.   Die Darstellung der Szenerie ist auf das Notwendigste beschränkt. Ein Hügel und einige stilisierte Blumen müssen als Dekoration genügen. Kinder sollen durch Überflüssiges nicht abgelenkt werden.

Geschichte.   Sie stammt aus dem Erfahrungsbereich der Kleinkinder und weist einen Ablauf auf, dem Kleinkinder gut folgen können. Die Handlungen sind so weit vereinfacht, dass Kleinkinder sie gut verstehen. Es wird möglichst nur eine Information vermittelt, entweder wird gehandelt oder gesprochen.

Tempo.   Bewegungen, Sprechweise und Handlungen sind stark verlangsamt und damit an das Wahrnehmungs- und Auffassungsvermögen von Kleinkindern angepasst.

Wiederholungen.   Situationen, Handlungen und Gesprochenes werden wiederholt. Dadurch bekommt das Kind sicher alles mit und wird, was in diesem Alter besonders wichtig ist, in seinen Erwartungen bestätigt.

Diese Merkmale zeigen auf, dass die Sendung bezüglich Wahrnehmungsvermögen, geistiger Verarbeitung, Kommunikation und eigenen Erfahrungen dem Entwicklungsalter von Kleinkindern entspricht. Dadurch wird die Sendung für Kleinkinder spannend und für Erwachsene schmerzhaft langsam und nervtötend langweilig. Was diese aber daraus lernen können, ist, dass Kleinkinder in vielerlei Hinsicht wirklich anders ticken, als Erwachsene annehmen. Es hilft im Umgang mit Kleinkindern, wenn man selber hie und da ein wenig Laa-Laa spielt. Den Kindern gefällt es.

Die »Teletubbies« erfüllen viele Kriterien einer entwicklungsgerechten Darstellung. Die folgenden Schwachpunkte bleiben:

- Das Kind sieht ein zweidimensionales Bild und macht keine dreidimensionale Erfahrung.
- Das Kind sieht und hört zwar, aber seine anderen Sinne wie Spüren, Schmecken und Riechen werden nicht angeregt.
- Das Kind ist die ganze Zeit passiv. Es sieht und hört die Figuren handeln und sprechen. Es kann sich aber nicht beteiligen.
- Das Kind bleibt motorisch inaktiv.
- Das Kind kann keinen Einfluss auf das Geschehen nehmen. Es wird nie aufgefordert etwas beizutragen.
- Es gibt keinen Austausch zwischen dem Kind und Laa-Laa und seinen Freunden.

Die »Teletubbies« können konkrete Erfahrungen also nicht ersetzen. In den vergangenen Jahren sind immer mehr Sendungen produziert worden, die sich wie die »Teletubbies« am altersspezifischen Verhalten und den altersspezifischen Interessen der Kinder orientieren. Filme wie etwa »Winnie the Pooh« vermitteln Inhalte, die Kleinkinder sehr ansprechen, und soziale Werte, die viele Eltern für wünschenswert halten.

Es gibt Eltern, die keinen Fernseher in der Familie wollen, was die Kinder in ihrer Entwicklung sicher nicht benachteiligt. Eltern, die ihre Kinder fernsehen lassen, sollten Folgendes bedenken:

- Wenn die Betreuungsnot der Hauptgrund ist, weshalb die Eltern das Kind vor den Bildschirm setzen, sollten sie sich nach einem

Babysitter umsehen, mit dem das Kind spielen und etwas erleben kann.

- Wenn Eltern ihrem Kind erlauben fernzusehen, sollten sie darauf achten, dass die Sendung seinem Entwicklungsstand und seinem Verständnis sowie ihren eigenen ethischen Vorstellungen entspricht (siehe Tabelle).

- Eltern sollten eine Sendung mindestens das erste Mal zusammen mit ihrem Kind anschauen. Wie der Film auf das Kind wirkt, können sie am besten an seiner Mimik und Körperhaltung ablesen.

- Das Kind schaut einen Film, wenn immer möglich, gemeinsam mit anderen Kindern an. So kann es mit ihnen darüber reden und die Handlung nachspielen.

- Der Fernseher ist der bedeutendste Konkurrent des kindlichen Spiels. Auch die beste Sendung ist nicht so gut für die Entwicklung des Kindes wie konkrete Erfahrungen, bei denen das

Ist die Sendung kindgerecht?

Akteure/Figuren
- Wie kindgerecht und liebevoll sind sie dargestellt?
- Wie ist ihr Verhalten, vor allem auch im Umgang mit anderen?
- Ist ihre Sprache in Form und Inhalt für das Kind verständlich?
- Welche Werte vertreten sie?

Setting
- Wie sind die Szenen gestaltet? Sind sie dem Kind vertraut?

Geschichte
- Ist ihr Inhalt dem Kind verständlich? Steht sie in einem Bezug zum Erfahrungsbereich des Kindes?
- Ist der Ablauf so einfach gestaltet, dass das Kind die Geschichte verstehen kann?
- Wie wird mit Konflikten und Gefahren umgegangen, und wie erlebt sie das Kind?
- Was ist die Botschaft der Geschichte? Ist sie kindgerecht?

Gestaltung der Sendung
- Ist das Tempo dem Wahrnehmungsvermögen des Kindes angepasst?
- Gibt es Wiederholungen in Handlung und Sprache?

Kind selber aktiv sein darf. Während der Zeit, die das Kind vor dem Bildschirm sitzt, kann es keine konkreten Erfahrungen machen. Wenn das Kind zwischen 2 und 5 Jahren täglich 1 Stunde fernsieht, kommen bis ins Alter von 5 Jahren mehr als 1000 Stunden zusammen, in denen das Kind weder gespielt noch Erfahrungen mit anderen Kindern und Erwachsenen gemacht hat.

- Eltern beeinflussen mit ihren Fernsehgewohnheiten ganz wesentlich das Verhalten des Kindes. In Mitteleuropa sitzen Erwachsene 3 bis 4 Stunden pro Tag vor dem Fernseher. Für diese Eltern ist es schwierig, den Fernsehkonsum bei ihrem Kind einzudämmen. Sehen die Eltern nicht fern, ist der Bildschirm auch für das Kind kaum ein Thema.
- Gewalttätige Szenen und viele sehr belastende Ereignisse, denen die Eltern ihr Kind eigentlich nicht aussetzen möchten, sehen die Kinder weniger in Kindersendungen, sondern vor allem in Nachrichtensendungen und Spielfilmen, die sich Erwachsene ansehen.

Im 3. und 4. Lebensjahr entwickelt sich das Kind sehr dynamisch hinsichtlich seiner geistigen Fähigkeiten, Sprache und Motorik. Eltern sind daher in dieser Altersperiode besonders stark gefordert, dem Kind die notwendigen Erfahrungsmöglichkeiten zu bieten, damit es sich so gut wie möglich entwickeln kann.

Die Natur ist immer kindgerechter als der Fernseher.

Das Wichtigste in Kürze

1. Bis zum 5. Lebensjahr entwickelt das Kind eine Vorstellung von den 3 Dimensionen des Raumes, die in seinem Spiel zum Ausdruck kommen.

2. Im Verlauf des 4. Lebensjahres beginnt das Kind konkret zu zeichnen (Mannzeichnung), zu basteln, einfache Puzzles zusammenzusetzen und Memory zu spielen.

3. Bilderbücher und einfache Geschichten interessieren das Kind ab dem 3., Hörkassetten ab dem 4. Lebensjahr.

4. Zwischen 2 und 5 Jahren weitet sich das Spiel mit Symbolcharakter zum Rollenspiel mit anderen Kindern aus.

5. Es gibt vereinzelt Kinder, die sich bereits mit 3 bis 4 Jahren für Buchstaben und Zahlen interessieren. Eltern sollten die Teilbegabung ihres Kindes nicht zusätzlich fördern, aber auch nicht unterdrücken. Im Übrigen entwickeln sich diese Kinder genauso wie andere Kinder.

6. Eltern können zum Spiel ihres Kindes Wesentliches beitragen, wenn sie:
   - dem Kind Gelegenheit geben, vielfältige Erfahrungen zu machen, und ihm ein gutes Vorbild sind;
   - das Kind regelmäßig mit anderen Kindern spielen lassen.

7. Wenn Eltern ihr Kind fernsehen lassen, sollten sie:
   - darauf achten, dass die Sendung entwicklungs- und kindgerecht ist;
   - die Sendung zumindest das erste Mal mit dem Kind zusammen ansehen.

8. In den Stunden, in denen das Kind fernsieht, spielt es nicht und kann keine Erfahrungen mit anderen Kindern und Erwachsenen machen. Das sollten Eltern bedenken.

Sprachentwicklung

Einleitung

»Man erzählt vom Hohenstaufen Kaiser Friedrich dem Zweiten (1194–1250), der mindestens 7 Sprachen beherrschte, er habe sich auch darum bemüht, die menschliche Ursprache zu erforschen. Zu diesem Zweck habe er eine Anzahl Kinder von Ammen aufziehen lassen, denen er aufs Strengste verbot, mit den Kindern zu sprechen. Der Kaiser wollte nämlich ergründen, ob die Kinder die hebräische Sprache als die älteste oder griechisch, lateinisch oder arabisch sprechen würden oder aber die Sprache der Eltern, die sie geboren hatten. Der Versuch missglückte, denn die Kinder starben.«

Ernst Kantorowicz

Kaiser Friedrich II. war ein hochgebildeter Mensch, dennoch machte er einen solch unmenschlichen Versuch mit Kindern, um den Ursprung der Sprache zu finden. Dabei hatte er ein Vorbild: Herodot (griechischer Historiker, 5. Jahrhundert vor Christus) berichtet, ein ähnliches Experiment sei bereits im 7. Jahrhundert vor Christus in Ägypten vom Pharao Psammetich I. durchgeführt worden. Die Sprache als etwas spezifisch Menschliches hat die Menschen seit jeher fasziniert. Wir hoffen, unser Wesen besser zu begreifen, wenn wir die Anfänge der Sprache verstehen.

Kinder brauchen zum Leben Zuwendung. Fehlt ihnen die Zuwendung, sterben sie. In dem Versuch Friedrichs II. sollten sie die menschliche Ursprache allein aus sich heraus erlernen. Er befahl seinen Ammen also Stillschweigen. Sie sollten die Kinder gut ernähren, ansonsten ihnen aber keinerlei körperliche und emotionale Zuwendung geben. Daran sind sie gestorben. Gesprochen haben sie nie. Die Sprache hat eine ihrer Wurzeln im Beziehungsverhalten des Menschen. So ist es auch beim Kind: Aus den frühen sozialen Erfahrungen entwickelt sich die Sprache.

Eine weitere biologische Voraussetzung der Sprache liegt im menschlichen Gehirn. Die bedeutsamen funktionellen Bereiche für die Verarbeitung von Sprache entstehen nicht erst durch das erste Wort. Das Kind kommt mit einem »Sprachorgan« auf die Welt. Es besteht im Wesentlichen aus zwei nahe beieinander liegenden Zentren; das eine vermag Sprache zu analysieren, das andere Sprache zu erzeugen. Bei älteren Menschen, die einen Schlaganfall erleiden, erleben wir, welch gravierende Folgen der Ausfall eines oder beider Sprachzentren haben kann. Wird durch den Schlaganfall ein Sprachzentrum verletzt, kann der Betreffende Gesagtes nicht mehr verstehen oder nicht mehr sprechen. Sind beide Zentren betroffen, ist weder das Verstehen noch das Reden mehr möglich.

Eine nicht minder bedeutsame Wurzel der Sprache besteht im Denkvermögen des Menschen. Sprache ist mehr als nur Gesprochenes aufzunehmen, um aus Lauten Wörter zu bilden. Der Wortsinn muss auch verstanden werden, eigene Gedanken wollen ausgedrückt sein. Sagt eine Mutter zu ihrer 2-jährigen Tochter, »Deine Puppe liegt auf dem Sofa«, so muss das Kind nicht nur wissen, welche unter all den Gegenständen in der Wohnung die Puppe und das Sofa sind. Es muss auch die Bedeutung des Wörtchens »auf« verstehen. Dies setzt eine räumliche Vorstellungskraft beim Kind voraus. Nur so begreift es, in welcher räumlichen Beziehung die Puppe und das Sofa zueinander stehen: Die Puppe liegt nicht unter, hinter oder neben, sondern auf dem Sofa.

Bevor wir uns genauer mit diesen drei Wurzeln der Sprache beschäftigen, wollen wir versuchen, uns über den Begriff »Sprache« etwas Klarheit zu verschaffen. Das ist nicht einfach: Mithilfe der Sprache das Wesen der Sprache verstehen? Ist das nicht ein Ding der Unmöglichkeit?

Was ist Sprache?

Versuchen wir uns an den Begriff »Sprache« heranzutasten. Eine grundlegende Funktion von Sprache ist der Austausch von Information. Mit dem gesprochenen und geschriebenen Wort teilen wir uns anderen Menschen mit. Doch auch der Säugling, der schreit, macht bereits eine wichtige Mitteilung: Er hat Hunger. Sein Schreien würden wir aber noch nicht als Sprache bezeichnen. Schreien gehört zu den Formen der Kommunikation, wie sie auch unter Tieren weit verbreitet sind. Der Hund bellt einen anderen

Hund an, um ihn von seinem Revier fernzuhalten. Das Vogelmänn-
chen zwitschert, weil es ein Weibchen anlocken will. Beim Säugling löst der Hunger, beim Hund das Revierverhalten und beim
Vogel der Sexualtrieb ein bestimmtes kommunikatives Verhalten
aus. Säugling, Hund und Vogel vermitteln Botschaften, die Ausdruck ihrer Grundbedürfnisse, Verhaltensinstinkte und Empfindungen sind. Sprache ist aber weit mehr als das Vermitteln solcher
Botschaften.

Schon Piaget (ein Psychologe des 20. Jahrhunderts) wies auf ein
wichtiges Kennzeichen der menschlichen Sprache hin: Die Sprache ermöglicht uns, mit Worten und Sätzen Aussagen zu machen,
die losgelöst von äußeren Gegebenheiten sind. Bereits das 2-jäh-
rige Kind versteht die Präposition »auf« in verschiedenen sprachlichen Zusammenhängen. Es begreift, dass die Puppe auf dem
Sofa ist. Es versteht aber auch, dass sich die Mütze auf dem Kopf
befindet oder der Apfel auf dem Baum wächst. Das Kind gebraucht
die Präposition nicht nur in dem Zusammenhang, in dem es das
Wort von den Eltern, Geschwistern und anderen Leuten erstmals
gehört hat. Das Kind verwendet den Begriff »auf« auch losgelöst
von seinen konkreten Erfahrungen, die es mit der vertikalen Di-
mension des Raumes und dem Wörtchen »auf« gemacht hat. Es
kann die Präposition sinnvoll auf alle vertikalen Beziehungen anwenden, die zwischen Objekten möglich sind.

Dadurch dass sprachliche Begriffe immer neu in konkrete Zusammenhänge gestellt werden können, erhält die Sprache ihre un-
erschöpfliche Kreativität und immense Produktivität. Würde die
menschliche Sprache wie die »Sprache« der Tiere nur der Signal-
übermittlung dienen oder würde sie allein durch Nachahmung erworben, hätte die menschliche Kultur nicht entstehen können.

Verfügt allein der Mensch über Sprache im Sinne Piagets? Alle
höheren und auch die meisten niedrigen Tiere kommunizieren
miteinander. Durch den Austausch differenzierter Verhaltenssig-
nale wird ihr Zusammenleben geregelt. Die höheren Tiere gebrauchen dafür Ausdrucksweisen der nonverbalen Kommunikation,
die auch uns Menschen vertraut und für unser Zusammenleben
wichtig sind. Sie drücken ihre Bedürfnisse durch die Haltung und
die Bewegungen ihres Körpers, das Blickverhalten, die Mimik und
bestimmte Laute aus. Die Katze macht einen Buckel vor dem

Hund: eine Drohgebärde. Der Hund wedelt mit dem Schwanz, um seine Sympathie zu zeigen, oder fletscht die Zähne, um Angriffsbereitschaft zu signalisieren.

Eine Sonderstellung unter den höheren Tieren nehmen die Menschenaffen ein. Inzwischen weithin bekannte Untersuchungen konnten nachweisen, dass Schimpansen und Gorillas in der Lage sind, Gebärden- und Zeichensprache zu lernen (Premack). Menschenaffen sind offenbar fähig, sich Sprache im oben definierten Sinne in einem sehr beschränkten Umfang anzueignen. Sie verbinden Gebärden und Zeichen zu neuen sinnvollen Satzkonstruktionen. Sie brauchen dazu aber immer Menschen als Lehrmeister. Affenmütter in Gefangenschaft geben ihre Gebärden an ihre Jungen weiter. Die Verwendung von Gebärden wurde aber bei Menschenaffen, die in der Natur leben, noch nie beobachtet. Die sprachlichen Möglichkeiten der Menschenaffen bleiben auch nach vieljährigem Training durch Menschen sehr beschränkt. Sprachverständnis und Ausdrucksvermögen von Gorillas und Schimpansen erreichen im besten Fall den sprachlichen Entwicklungsstand eines 2- bis 3-jährigen Kindes (Tomasello).

Beziehungsverhalten: Wiege der Sprache

Sprache im engeren piagetschen Sinne tritt bei unseren Kindern erst im 2. Lebensjahr auf. Zuvor besteht aber keineswegs ein Kommunikationsnotstand. Säuglinge kommunizieren mit ihrer Umgebung in vielfältigster Weise vom ersten Lebenstag an. Diese frühen Verständigungsformen, die aus der sozialen Interaktion entstehen, sind eine unabdingbare Voraussetzung für die weitere Sprachentwicklung.

Im Umgang mit anderen Menschen neigen wir dazu die Bedeutung der gesprochenen Sprache zu überschätzen. Wie wir uns fühlen und wie wir einem anderen Menschen gegenüber gestimmt sind, teilen wir weit weniger mit den konkreten Inhalten unserer Wörter als durch unsere Körpersprache mit, der sogenannten nonverbalen Kommunikation. Wir brauchen kein Wort zu sagen, lediglich die Mundwinkel nach oben zu ziehen, und der andere weiß

Bescheid: Wir sind ihm wohlgesinnt. Wenn eine Person uns nicht ins Gesicht blickt, will sie meist nichts mit uns zu tun haben. Unsere Ausdrucksmittel im zwischenmenschlichen Verhalten sind neben dem gesprochenen Wort der Körper, die Mimik, das Blickverhalten, die Stimme und der Körpergeruch. Als Wahrnehmungsorgane der Kommunikation dienen uns vor allem die Augen, aber auch der Tastsinn, das Gehör und der Geruchssinn. Beim gesprochenen Wort ist der Inhalt oft weniger wichtig als die Art und Weise, wie wir etwas sagen. Ob das Wort »Schelm« zu einer abschätzigen Bezeichnung oder einem Kosewort wird, bestimmt allein der Ausdruck der Stimme.

In den ersten 2 Lebensjahren kommunizieren Kind und Eltern fast ausschließlich über die Körpersprache. Wenn eine Mutter zu ihrem Säugling spricht, ist der Inhalt ihrer Wörter für das Kind nicht von Bedeutung. Entscheidend sind die Tonlage, die Melodie und der Ausdruck der mütterlichen Stimme. Der Säugling wiederum teilt sein Befinden der Mutter mit seiner Mimik, seinem Schrei- und Blickverhalten sowie seinen Bewegungen mit.

Die Körpersprache schafft eine tiefe Beziehung zwischen dem Kind und den Eltern (siehe »Beziehungsverhalten«). Eingebettet in diese Beziehung entwickelt sich die gesprochene Sprache.

Körpersprache.

Ausdruck	Wahrnehmung	Beispiel
Körperhaltung	Sehen	schlaffe Haltung
Bewegung	Sehen	dynamischer Schritt
Mimik	Sehen	freudiger Gesichtsausdruck
Blickverhalten	Sehen	Blickkontakt vermeiden
Stimme	Hören	schmeichelnde Stimme
Berührung	Tastsinn	Streicheln
Körpergeruch	Riechen	unvertrauter Körpergeruch

Die biologischen Vorraussetzungen der Sprache

Die außerordentlichen Entwicklungs- und Anpassungsleistungen des kindlichen Gehirns kommen beim Spracherwerb besonders deutlich zum Ausdruck. Die Kinder werden mit einem riesigen Sprachpotenzial geboren, das bereits in den ersten Lebensjahren erstaunliche sprachliche Leistungen ermöglicht. Die Sprachentwicklung wird wesentlich durch die Hirnreifung bestimmt, die weit vor der Geburt beginnt und mit der Pubertät abgeschlossen wird (Lenneberg). Wie wir gehört haben, vermag das Gehirn allein jedoch keine Sprache hervorzubringen. Es braucht dazu die ausgedehnten sprachlichen Erfahrungen im Zusammenleben mit Menschen.

Kinder im vorpubertären Alter erwerben Sprache anders als die meisten Erwachsenen. Sie eignen sich eine Sprache an, indem sie zuhören und das Gehörte mit Personen, Handlungen, Gegenständen und Vorgängen in ihrer Umwelt in Beziehung bringen. Eltern müssen ihren Kindern Sprache nicht beibringen. Es genügt, wenn sie ihren Kindern sinnbezogene Erfahrungen mit der Sprache ermöglichen. Im Gegensatz zu den Erwachsenen lernen die meisten Kinder eine Zweit- und Drittsprache mit Leichtigkeit. Sie beherrschen eine Fremdsprache innerhalb von 6, spätestens 12 Monaten und sprechen sie grammatikalisch perfekt und akzentfrei.

Die Pubertät stellt einen entscheidenden Wendepunkt in der Sprachentwicklung dar. Die meisten Erwachsenen können eine

Sprache lernen durch Zuhören und Erleben.

Sprache nicht mehr ganzheitlich wie die Kinder, sondern nur noch über einen analytischen Umweg lernen. Sie müssen sich die Vokabeln mühsam ins Gedächtnis einprägen und sich eine Unzahl von Regeln über den Gebrauch der Wörter und über den Satzbau merken. Selbst nach 20 und mehr Jahren beherrschen nur wenige Erwachsene eine Fremdsprache grammatikalisch perfekt und so akzentfrei wie ihre Muttersprache. Es gibt Erwachsene, denen die Begabung ausnahmsweise erhalten bleibt, sich Sprachen wie Kinder anzueignen: allein durch Hinhören und Sprache erleben.

Die Fähigkeit, Spracheinheiten zu analysieren und zu produzieren, ist bereits im frühen Säuglingsalter aktiv und biologisch verankert.

Diese Annahme legen die folgenden Beobachtungen nahe:

Sprachzentren.   Der Mensch verfügt nicht nur über ein hoch spezialisiertes Gehör, sondern auch über ein Sprachorgan. Seit mehr als 100 Jahren ist bekannt, dass das menschliche Gehirn im Wesentlichen 2 Sprachzentren aufweist. Darunter werden spezialisierte Bereiche des Gehirns verstanden, die für die Verarbeitung der Sprache zuständig sind. Eines dieser Zentren im Schläfenlappen dient dem Sprachverständnis, nach seinem Entdecker wird es das Wernicke-Areal genannt. In diesem Hirnareal werden die akustischen Informationen analysiert, die über das Innenohr, den Hörnerv sowie zentrale Hirnkerne und -bahnen dem Sprachzentrum zugeführt werden. Das 2. Zentrum im Frontallappen dient der Produktion gesprochener Sprache und wird nach seinem Entdecker Broca-Areal genannt. Diese beiden Zentren stehen in enger Beziehung zueinander und zu vielen anderen Arealen des Gehirns.

Bei rechtshändigen Menschen liegen diese beiden Sprachzentren in der linken, bei Linkshändern in der Regel in der rechten Hirnhälfte (Kimura, Lassen, Penfield). Nichtsprachliche akustische Signale, beispielsweise Musik, werden überwiegend in der gegenüberliegenden Hirnhälfte verarbeitet.

In den ersten Lebensjahren sind diese Zentren noch nicht eindeutig auf eine Gehirnhälfte festgelegt. Erleidet ein Kind eine Verletzung eines Sprachzentrums, zum Beispiel bei einem Verkehrsunfall, gelingt es dem kindlichen Gehirn überraschend gut, die ausgefallenen Sprachfunktionen in Areale der nicht beschädigten Hirnhälfte zu verlagern. Verliert ein Erwachsener hingegen durch einen Schlaganfall die Sprache, ist die Erholung oft nur unvollständig oder bleibt ganz aus. Das Gehirn ist in der Kindheit nicht nur aufnahmebereiter, sondern auch weitaus anpassungsfähiger als im Erwachsenenalter.

Spezifische Verarbeitung und Produktion der Sprachlaute. In der Evolution spezialisierten sich nicht nur bestimmte Hirnareale darauf, Sprachfunktionen zu übernehmen; diese Funktionen wurden auch zunehmend auf die besonderen Bedürfnisse menschlicher Kommunikation abgestimmt (Godnik, Miller). Sprachlaute werden vom Gehirn grundlegend anders analysiert als Töne und Geräusche (kategorische Perzeption nach Eimas). Diese unterschiedliche Verarbeitung erklärt, warum Kinder auf Sprachlaute anders reagieren als auf Töne und Geräusche.

Universalität der Sprachlaute. Die Sprachlaute werden von allen Menschen nach den gleichen phonologischen Regeln analysiert und gebildet, unabhängig davon, welche Sprache sie sprechen. Lisker und seine Mitarbeiter haben elf sehr unterschiedliche Sprachen wie Italienisch, Deutsch und Finnisch untersucht und dabei festgestellt, dass die Lautproduktion in allen Sprachen den gleichen phonetischen Gesetzmäßigkeiten folgt. Wenn auf der Welt auch eine Vielzahl von Sprachen gesprochen wird, so ist die biologische Grundlage doch für alle Sprachen gleich. Das macht verständlich, dass Kinder auf der ganzen Welt in den ersten Lebensmonaten die gleichen Laute bilden (Weir).

Biologische Determinierung der Grundstruktur der Sprache. Die Fähigkeit, Sätze zu analysieren und zu bilden, setzt bei Kindern unterschiedlich rasch ein. Einige Kinder bilden Zweiwortsätze bereits zwischen 15 und 24 Monaten, andere erst zwischen 30 und 42 Monaten. Unabhängig vom Alter, in dem die Satzbildung einsetzt, verläuft sie bei allen Kindern gleich und unterliegt den gleichen Gesetzmäßigkeiten (Szagun).

Eine für uns einfach klingende Aussage wie »Susi singt ein Lied« ist für ein Kind im Spracherwerb eine sehr intelligente Leistung.

Das Kind hat gelernt, mindestens zwei Wortklassen zu unterscheiden: Substantive wie »Susi« und »Lied«, die sich auf Gegenstände und Personen beziehen, und Verben wie »singen«, die Tätigkeiten bezeichnen. Das Kind hat auch begriffen, dass Verben wie »singen« in ihrer Form von einem Subjekt wie »Susi« bestimmt werden.

Kinder machen – oft zur Erheiterung der Erwachsenen – ungewöhnliche Wortbildungen und Satzkonstruktionen. Dazu kommt es, weil sie aufgrund dessen, was sie hören, unbewusst Regeln über den Gebrauch der Wörter und über den Satzbau aufstellen. Ihre selbst gebildeten Regeln wenden sie anfänglich zu allgemein an, was zu ungewöhnlichen Aussagen führen kann. Ausnahmen einer Regel, wie beispielsweise unregelmäßige Verben, spielen ihnen dabei einen Streich. Die korrekte Anwendung der Konjugationsregel für regelmäßige Verben führt dazu, dass das Kind sagt: »Peter ess(e)t«. Ähnliche Fehler können bei den Zeitformen der Verben oder bei der Bildung des Plurals auftreten. Das Kind sagt beispielsweise: »Ich denkte« oder »viele Mause«. Für uns Erwachsene kann es ein interessantes Spiel sein, herauszufinden, aufgrund welcher Überlegung ein Kind solche regelhaften Fehler bildet. Die Regelbildung über die Abfolge von Subjekt, Verb und Objekt ist ebenfalls mit Anfangsschwierigkeiten verbunden. Das Kind vertauscht beispielsweise »Susi« und »Lied« oder setzt das Tätigkeitswort an das Satzende: »Lied Susi singt.«

Kinder merzen solche Fehler in Kürze aus. Es bleibt ein kleines Wunder, wie rasch sie die vielfältigen Regeln der Wortbildung oder des Satzbaus und auch deren Ausnahmen erfassen. Und wohlgemerkt: ohne sich die Regeln je bewusst gemacht zu haben!

Die ungewöhnlichen Wortbildungen und Satzkonstruktionen sind ein deutlicher Hinweis darauf, dass das Kind sich die Sprache durch Regelbildung aneignet und nicht durch Nachahmung erwirbt. Wäre Letzteres der Fall, müsste das Kind alle Sätze, die es sagen wird, zumindest einmal zuvor gehört haben. Das Kind lernt also nicht Wörter und Sätze auswendig. Es ist die ureigene Leistung des Kindes, aus seinen sprachlichen Erfahrungen Regeln über den hierarchischen Aufbau der Sprache abzuleiten. Chomsky (ein amerikanischer Sprachwissenschaftler des 20. Jahrhunderts) hat postuliert, dass das Kind eine Prädisposition für die Struktur der Sprache aufweist. Er meint damit, dass das Kind gewissermaßen ein Vorwissen über die Struktur der Sprache besitzt. Dieses Vorwissen ermöglicht es dem Kind, Sätze überhaupt zu verstehen und bilden zu können. Anders gesagt: Das Kind hat ein inneres Bedürfnis, Ordnung in seine Sprache zu bringen.

Sprache und Denken

Was kommt zuerst: das Denken oder die Sprache? Für die meisten Erwachsenen ist Denken ohne Sprache nicht vorstellbar: »Wie soll ich denken, wenn ich keine sprachlichen Begriffe habe?« Also nehmen sie an, dass auch in der kindlichen Entwicklung die Sprache dem Denken vorausgehen muss. Jean Piaget kam anhand seiner ausgedehnten Beobachtungen zu der Einsicht, dass sich zuerst das Denken entwickelt, lange bevor das Kind zu sprechen beginnt. Geistige Einsichten sind eine unabdingbare Voraussetzung für die Entwicklung der menschlichen Sprache. Die Abfolge von geistiger Entwicklung und Sprache in den ersten Lebensjahren lässt sich vereinfacht folgendermaßen beschreiben: geistige Entwicklung > Sprachverständnis > sprachlicher Ausdruck.

In der folgenden Grafik ist diese zeitliche Beziehung zwischen der geistigen Entwicklung und der Sprache anhand des Wortes »essen« dargestellt. Gegen Ende des 1. Lebensjahres entwickelt das Kind ein Verständnis für die Tätigkeit »essen« (siehe »Spielverhalten 10 bis 24 Monate«). Es versucht, zuerst mit den Händen, dann mit dem Löffel zu essen. Kurze Zeit später versteht das Kind auch, dass diese Tätigkeit »essen« genannt wird. Wenn die Mutter zum Essen ruft, weiß das Kind, was damit gemeint ist. Bei den meisten Kindern dauert es aber noch Wochen oder gar Monate, bis sie das Wort »essen« selber aussprechen und auch anwenden können.

Als Erstes entwickelt das Kind also eine innere Vorstellung von der Handlung »essen«, dann versteht es das dazugehörige Wort, und schließlich benutzt es dieses auch. Ein Mensch versteht in jedem Alter immer mehr, als er sprachlich auszudrücken vermag. Dies trifft ganz besonders auf das Kleinkind zu, gilt aber auch noch für uns Erwachsene. Wir begreifen mit unserem Verstand mehr, als wir in Worten ausdrücken können. Wir lesen und verstehen

Begreifen, Verstehen und Sprechen.

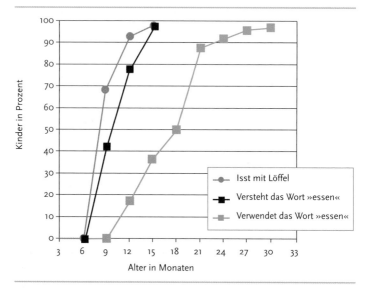

Beziehung zwischen geistiger Entwicklung, sprachlichem Verständnis und Ausdruck. Die Linien geben an, wie viele Kinder (in Prozent) den Gebrauch des Löffels kennen, das Wort »essen« verstehen und anwenden können.

Goethes Schriften; kaum jemand von uns ist aber fähig, vergleichbare Texte zu verfassen.

Keine Regel ohne Ausnahme: Im Verlauf der kindlichen Entwicklung entstehen sprachliche Begriffe, die ein Denken höherer Ordnungen erst ermöglichen. Dies ist beispielsweise in Logik oder Mathematik der Fall. Für die ersten Lebensjahre aber gilt: Zuerst kommt das Denken, dann das Verstehen und schließlich das Sprechen.

Die Rolle der Eltern

Kinder erwerben ihre Sprache zwar eigenständig, sie brauchen dazu aber intensive und ausgedehnte Erfahrungen mit der Sprache im

Austausch mit Eltern, Kindern und anderen Bezugspersonen. Die Eltern müssen ihrem Kind das Sprechen nicht beibringen, dennoch haben sie einen großen Einfluss auf die Sprachentwicklung ihres Kindes. Sie ermöglichen dem Kind, durch konkretes Erleben Sprache zu erwerben.

Untersuchungen über die Beziehung zwischen dem Erziehungsstil der Eltern und der Sprachentwicklung der Kinder zeigen die folgenden Resultate (Cadzen, Nelson): Eltern können die Sprachentwicklung ihrer Kinder fördern, indem sie die kindliche Ausdrucksweise zwar inhaltlich, nicht aber in der Form korrigieren. Ist eine Aussage des Kindes nicht richtig, können die Eltern den Sachverhalt klarstellen und den Satz gegebenenfalls in seiner korrekten Form noch einmal bejahend wiederholen. Für das Kind ist es nicht hilfreich, wenn die Eltern seine Aussprache und seinen Satzbau korrigieren, es zum Wiederholen der richtigen Form anhalten oder gar versuchen, es auf seine Fehler aufmerksam zu machen. Bedenkt man, dass das Kind die Sprache nicht über direkte Nachahmung erwirbt, erstaunen diese Befunde nicht. Das Kind muss sich die Gesetzmäßigkeiten der Sprache selber aneignen. Es fördert seine Sprachentwicklung also nicht, wenn wir das Kind zum Nachsprechen animieren. Viel sinnvoller ist es, auf vielfältige Weise mit dem Kind zu sprechen. Ein Kind liebt es, ein neues Wort immer wieder zu sagen und neu zu variieren. Es freut sich über Klang und Ausdruck, und wir Erwachsenen können dabei die Vielfalt unserer Sprache neu entdecken.

Im Weiteren wird die Sprachentwicklung gefördert, wenn die Eltern eine bejahende, fehlerfreundliche Erziehungshaltung haben, offene Fragen stellen und sich dafür interessieren, wie das Kind die Welt entdecken lernt. Ein direktiver Erziehungsstil hat dagegen eher negative Auswirkungen auf die Sprachentwicklung des Kindes, denn Sprache ist immer auch eigener Ausdruck und Aussage davon, was das Kind erlebt. Aufforderungen und Anweisungen helfen dem Kind nicht, seine Sprache zu finden.

Wie sollen die Eltern mit ihrem Kind sprechen? Ist eine Babysprache sinnvoll? Form und Inhalt ihrer Sprache sollten die Eltern nicht dem Sprechniveau des Kindes, sondern seinem geistigen Entwicklungsstand und seinem Sprachverständnis anpassen. Eltern sind für ihr Kind dann am verständlichsten, wenn sie sich konkret, das heißt handlungs- und sachbezogen, ausdrücken. Ihre Sprache sollte der Vorstellungswelt des Kindes entsprechen und in einer sinnvollen Beziehung zu der Situation stehen, in der sich das Kind gerade befindet.

Ein schwieriges Unterfangen! Da sagt ein Vater zu seinem 2-jährigen Kind beim Gutenachtkuss: »Morgen gehen wir in den Zoo.« Die Bedeutung des Wortes »morgen« versteht das Kind aber nicht, da seine Vorstellungen über die Zeit in diesem Alter noch kaum entwickelt sind. Eine Aussage wie »Jetzt wirst du einschlafen. Wenn du aufwachst, gehen wir miteinander in den Zoo« hätte das Kind wohl eher verstanden. Solche Ungereimtheiten gehören zum Kinderalltag. Sie sind auch nicht weiter schlimm, denn die Kommunikation mit dem Vater ist für das Kind weitaus wesentlicher als die genaue Bedeutung der einzelnen Wörter. Zur Verständigung untereinander gehören ebenso das vertraute Gesicht des Vaters, seine Stimme und die Hand, die über den Kopf des Kindes streicht. »Morgen gehen wir in den Zoo.« Das Kind hört »Zoo« und freut sich auf die Tiere.

Für den sprachlichen Umgang mit Kindern jeden Alters sei nochmals daran erinnert: Die Art und Weise, wie wir mit einem Kind reden, sollten wir nicht nach dem sprachlichen Ausdruck des Kindes, sondern nach seinem jeweiligen Sprachverständnis richten. Wir sollten also nicht die Sprache des Kindes übernehmen, sondern so mit ihm reden, dass wir in unserer Beziehung zum Kind spüren: Das Kind versteht, was wir sagen wollen.

Das Wichtigste in Kürze

1. Die menschliche Kommunikation beinhaltet die Körpersprache sowie die gesprochene und geschriebene Sprache.

2. Mit der Körpersprache drücken wir unsere Befindlichkeit aus und wie wir miteinander umgehen wollen. Körperhaltung und -bewegung, Mimik, Blickverhalten, Berührung und Geruchsstoffe werden als Ausdrucksmittel eingesetzt.

3. Mit der Sprache können Begriffe »in Worte gefasst« werden. Begriffe sind geistige Vorstellungen und Abstraktionen, die nicht mehr an ein unmittelbares Erleben gebunden sind.

4. Die Sprache hat eine ihrer Wurzeln im Beziehungsverhalten des Menschen. Aus den frühen zwischenmenschlichen Erfahrungen entwickelt sich die Sprache.

5. Im Gehirn sind im Wesentlichen 2 Zentren für die Verarbeitung von Sprache zuständig: eines für das Sprachverständnis und eines für den sprachlichen Ausdruck. Lautbildung (Phonetik) und Grundstruktur der Sprache (Grammatik und Syntax) sind biologisch vorgegeben.

6. Inhaltlich spiegelt sich in der Sprachentwicklung die geistige Entwicklung des Kindes wider.

7. Die geistige Entwicklung geht der sprachlichen voraus: Zuerst entwickelt das Kind eine innere Vorstellung, dann versteht es den sprachlichen Begriff, der diese Vorstellung bezeichnet, und schließlich wendet es den Begriff selbst an.

8. Die Art und Weise, wie wir mit einem Kind sprechen, sollten wir nicht an seiner Ausdrucksweise, sondern an seinem Sprachverständnis ausrichten. Unsere Sprache sollte sich an der Vorstellungswelt des Kindes orientieren und in einer sinnvollen Beziehung zur aktuellen Situation stehen.

9. Die beste Sprachförderung ist eine gute Beziehung zum Kind und ein Interesse dafür, wie es lernt, die Welt der Sprache zu entdecken.

Vor der Geburt

Peter und Maria sitzen in einem Konzert. Maria ist weniger vom Furioso der Musik hingerissen als vom Bewegungssturm ihres ungeborenen Kindes. Maria ist im 7. Monat schwanger. Das Kind strampelt nach allen Seiten und stößt ihr mehrmals kraftvoll gegen den Rippenbogen.

Hört bereits das ungeborene Kind? Falls ja, was hört es, und wie bedeutungsvoll ist das Gehörte für das Kind? Wir wissen, dass das Innenohr des Menschen (die sogenannte Cochlea) bereits in der 20. Schwangerschaftswoche Erwachsenengröße erreicht hat (Bast). Das Hörorgan ist in diesem frühen Alter auch teilweise funktionstüchtig. In der 36. bis 40. Schwangerschaftswoche ist es ausgreift, die Hörzellen reagieren elektrophysiologisch wie beim erwachsenen Menschen (Leibermann). Mit dieser sehr frühen Ausbildung des Innenohrs vermeidet die Natur, dass sich die akustische Wahrnehmung durch das Wachstum des Hörorgans während der ersten Lebensjahre ständig verändert.

Bereits Anfang des 20. Jahrhunderts versuchte man mit teilweise martialischen Methoden herauszufinden, ob das ungeborene Kind hört. Eine Versuchsanordnung bestand darin, schwangere Frauen in eine Badewanne zu setzen, mit einem Hammer gegen die Wanne zu schlagen und darauf zu achten, ob der Lärm Kindsbewegungen auslöste. Oder man setzte Musikinstrumente, mit Vorliebe Trompeten, auf den Bauch der schwangeren Frau und achtete auf motorische Reaktionen des Kindes auf Töne und Melodien. In den letzten Jahren sind die Untersuchungsmethoden präziser und vor allem kindgerechter geworden. Mithilfe von Herzfrequenzaufzeichnungen und Elektroenzephalogrammen lässt sich nachweisen, dass das ungeborene Kind auf akustische Reize zuverlässig mit einer Änderung der Herzfrequenz und der Hirnaktivität reagiert.

Diese Ergebnisse werfen viele Fragen auf: Kann das ungeborene Kind zwischen Geräuschen, Tönen und Klängen unterscheiden? Hat die mütterliche Stimme eine besondere Bedeutung für das Kind? Freut es sich mit den Eltern, eine Beethovensonate im Konzertsaal anzuhören? Wie wichtig ist die vorgeburtliche Kommunikation zwischen Mutter und Kind?

Über diese Thematik ist in den letzten Jahren vieles, aber nur wenig wirklich Belegtes geschrieben worden. Es gibt Fachleute und Laien, die der vorgeburtlichen Erfahrung eine große Bedeutung beimessen. Folgende Beobachtungen wurden wiederholt berichtet: Während laute Geräusche die Herzfrequenz ansteigen lassen und eine vermehrte Bewegung des ungeborenen Kindes nach sich ziehen, führt die menschliche Stimme oder Musik zu einer Abnahme der Herzfrequenz und einer motorischen Beruhigung. Dabei scheint bereits das ungeborene Kind auf vertraute und unvertraute Stimmen unterschiedlich zu reagieren. Das Neugeborene kann zuverlässig zwischen der Stimme seiner Mutter und derjenigen fremder Personen unterscheiden. Diese Befunde deuten darauf hin, dass Hörerfahrungen für das ungeborene Kind von unterschiedlicher Bedeutung sind. Das Kind wird schon in der Schwangerschaft mit der mütterlichen Stimme vertraut.

Die Fähigkeiten des ungeborenen Kindes sind bemerkenswert, wenn man bedenkt, wie viele Faktoren die akustische Wahrnehmung vor der Geburt einschränken. Die Gebärmutter ist alles andere als ein ruhiger Ort. Das ungeborene Kind ist dort von einem ständigen Geräuschpegel von 60 bis 80 Dezibel umgeben, was etwa der Lautstärke einer durchschnittlich lauten Stimme bei einem Gespräch entspricht: zischende Strömungsgeräusche der Gebärmuttergefäße und der Körperschlagader sowie gurgelnde Geräusche des mütterlichen Darms. Eine weitere Einschränkung besteht darin, dass die menschliche Stimme, Klänge und Geräusche auf ihrem Weg zum kindlichen Ohr die mütterliche Bauchwand, die Gebärmutter und das Fruchtwasser durchqueren müssen und dabei stark gedämpft werden. Was das ungeborene Kind in etwa zu hören bekommt, können wir erahnen, wenn wir uns in die volle Badewanne setzen, den Wasserhahn aufdrehen, den Kopf unter Wasser stecken und dabei versuchen, Musik zu hören oder einem Gespräch zu folgen.

Zusammenfassend lässt sich Folgendes sagen: Das Kind zeigt vorgeburtliche Reaktionen auf akustische Erfahrungen. Schwierig abzuschätzen ist ihre Bedeutung für das ungeborene Kind. Wahrscheinlich ist sie noch stark eingeschränkt – vielleicht zum Vorteil des Kindes. Wäre seine Aufnahmebereitschaft allzu groß, wie würden sich wohl Fernseher und Radio, Straßenverkehr und Staubsaugerlärm auf das ungeborene Kind auswirken?

Das Wichtigste in Kürze

1. Das kindliche Gehör ist in der 20. Schwangerschaftswoche teilweise und in der 36. bis 40. Schwangerschaftswoche voll funktionstüchtig.

2. Das ungeborene Kind reagiert auf akustische Reize wie Geräusche, Klänge und menschliche Stimmen unterschiedlich. Mit der Stimme seiner Mutter wird es bereits während der Schwangerschaft vertraut.

0 bis 3 Monate

Die 2 Wochen alte Lisa liegt nach dem Stillen satt und zufrieden im Arm der Mutter. Ihre Mutter spricht sie leise an. Nach einiger Zeit sucht Lisa mit ihren Augen das Gesicht der Mutter und hört ihr aufmerksam zu.

In der Vergangenheit waren die Fachleute der Überzeugung, dass Neugeborene noch nicht hören können. Begründet wurde diese Ansicht unter anderem mit einer funktionellen Unreife des Gehörs und störender Flüssigkeit im Mittelohr. Die Mütter wussten es schon damals besser. Sie sprachen dennoch mit ihren Kindern. Sie spürten intuitiv, dass das Kind an ihrer Stimme interessiert war. Heutzutage wissen es auch die Fachleute: Die Hörschwelle liegt in den ersten Lebenstagen nur unwesentlich höher als im Erwachsenenalter (Leibermann). Das Gehör ist bei der Geburt funktionsbereit und weitaus besser entwickelt als die Augen.

In diesem Kapitel wollen wir uns zuerst mit den Anfangsstadien der Sprachentwicklung beschäftigen. Danach geht es um die Frage, warum es sinnvoll ist, mit dem Säugling in der Babysprache zu sprechen.

Babys hören

Bereits in den ersten Lebensstunden hat das Neugeborene großes Interesse an der menschlichen Stimme. Hört es eine Stimme, so bekommt es einen aufmerksamen Gesichtsausdruck, bewegt sich unterschiedlich stark, und manchmal versucht es eigene Töne zu bilden. Spricht die Mutter seitlich etwa auf Höhe der Ohren zu ihrem Kind, wendet das Kind seine Augen und gelegentlich auch den Kopf der Mutter zu. Das Neugeborene vermag nur kurze Zeit der Stimme der Mutter zu lauschen. Es ermüdet rasch und dreht den Kopf und die Augen von der Mutter weg. Es braucht eine Erholungspause, bevor es sich erneut für die mütterliche Stimme interessieren kann. Weder Geräusche noch Musik oder Klänge vermögen die Aufmerksamkeit des Neugeborenen so auf sich zu ziehen wie eine menschliche Stimme.

Eine Frauenstimme weckt das Interesse eines Säuglings eher als eine Männerstimme. Der Grund liegt vielleicht darin, dass ihm die weibliche Stimme bereits während der Schwangerschaft vertraut geworden ist. Neben der höheren Stimmlage sind Tonfall und Ausdruck der weiblichen Stimme für das Kind besonders interessant. Der Inhalt der Wörter kümmert das Kind noch nicht. Ob wir Wörter oder Laute gebrauchen, und was sie genau bedeuten, ist ihm unwichtig. Die menschliche Stimme, nicht das Wort spricht zum Kind: Sie begrüßt das Kind und beruhigt es. Sie vermag mit ihrer Melodie und Lautstärke Gefühle auszudrücken. Recht bald kann der Säugling eine freundliche von einer zornigen Stimme unterscheiden. Nach wenigen Wochen ist er an fremden Stimmen weit weniger interessiert als am vertrauten Klang der Stimmen seiner Bezugspersonen. Mit 2 bis 3 Monaten beginnt das Kind, auf den Mund der Mutter zu schauen und auf ihre Lippenbewegungen zu achten, wenn sie mit ihm spricht.

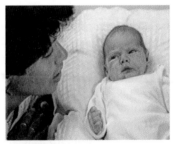

Die Mutter spricht zu Samantha. Das Neugeborene wendet sich erst mit seinen Augen und schließlich mit dem Kopf der mütterlichen Stimme zu.

In den ersten Lebensmonaten lernt der Säugling, den Ausdruck der Stimme von Mutter und Vater und charakteristische Geräusche mit Ereignissen zu verbinden, die sich regelmäßig wiederholen. Nach und nach werden ihm auch die Wörter vertraut, die Kinder und Erwachsene in seiner Umwelt gebrauchen, beispielsweise während der Vater die Milchflasche abfüllt oder das Bad zubereitet.

Der Säugling wendet sich einer Stimme oder einem Geräusch aber durchaus nicht immer zu. Wird es ihm zu viel, kann er sich abwenden und nicht mehr hinhören. Diese Fähigkeit, störende akustische Reize zu ignorieren, ist insbesondere im Schlaf von großer Bedeutung (siehe »Schlafverhalten 0 bis 3 Monate«).

Erste Laute

Nach dem 1. Lebensmonat bildet der Säugling immer mehr und zunehmend verschiedenartige Laute, vor allem gurrende wie »a-a-a«, »oo-oo-oo« oder »guhr-guhr«. Die Vokale überwiegen dabei. Im 3. Monat werden es immer häufiger singende Laute wie »are-are« oder »agne-agne«. Die ersten Konsonanten kommen hinzu. Seine Lebensfreude äußert der Säugling im 1. und 2. Lebensmonat vergnügt mit charakteristischen Quiek- und Schreilauten. Im 3. Lebensmonat schreit er immer weniger, jetzt bildet er erste freudige Laute. Die Äußerungen der ersten 3 Lebensmonate sind für diese Altersperiode charakteristisch und haben nur wenig mit späteren Sprachlauten gemeinsam. Babys auf der ganzen Welt plaudern in dieser frühen Phase gleich, dann werden ihre Lautäußerungen immer mehr durch ihre Muttersprache geprägt und damit kulturspezifisch.

Der Säugling freut sich, wenn die Mutter, der Vater oder ein Geschwister seine Laute wiederholen. Gelegentlich ahmt er sie auch nach. Gegen Ende des 3. Lebensmonats begrüßt der Säugling die Mutter, wenn sie sich ihm nähert, mit freundlichem Geplauder. Will er sich bemerkbar machen, schreit er nun immer weniger und versucht dafür mit Plaudern die Aufmerksamkeit der Eltern und der Geschwister zu wecken.

Der Säugling plaudert nicht nur, wenn er ein Gegenüber hat, er plaudert auch lustvoll, wenn er alleine ist, beispielsweise am Morgen nach dem Aufwachen oder nach dem Füttern in der Babyliege. Er plappert vor sich hin und spielt mit seinen Tönen.

Babysprache ja oder nein?

Während des Tages gibt es unzählige Gelegenheiten, mit dem Kind zu plaudern: beim Füttern, beim Windelnwechseln, beim Baden oder beim Zubettbringen.

Mütter und Väter, aber auch fremde Erwachsene und größere Kinder nehmen eine charakteristische Sprechweise an, wenn sie sich mit einem Säugling unterhalten: Sie erhöhen ihre Stimmlage und verwenden viele Vokale. Sie dehnen die Laute, übertreiben und wiederholen sie – oft vielfach. Sie spüren, dass das Kind aufmerksamer ist, wenn sie so mit ihm sprechen. Das ist sinnvoll, da eine solche Sprechweise dem Säugling entgegenkommt. Mit dieser »Babysprache« passen wir uns den begrenzten Aufnahmefähigkeiten des Kindes an. Wir verlangsamen das Sprechtempo, übersteigern den Ausdruck und wiederholen uns. Diese Anpassung vollziehen wir nicht nur sprachlich, sondern in unserem ganzen Verhalten. Verlangsamung, Übertreibung und Wiederholung verändern auch unser Blickverhalten, unsere Mimik und unsere

Baden entspannt und regt zum Plaudern an.

Bewegungen im Umgang mit dem Säugling (umfassender dargestellt in »Beziehungsverhalten 0 bis 3 Monate«).

Die Aufmerksamkeitsspanne der Neugeborenen und Säuglinge ist noch kurz. Zuhören ist für sie anstrengend, sie ermüden rasch. Nach einigen Wochen kennen die Eltern ihr Kind gut genug, um zu spüren, wann es innerlich dazu bereit ist, ihnen zuzuhören. Sie überfordern es nicht und hören intuitiv auf, mit ihm zu sprechen, wenn es nicht mehr aufnahmefähig ist.

Im frühen Säuglingsalter ist die Sprachentwicklung noch ganz in das Beziehungsverhalten eingebettet. Das Gefühlvolle der Sprache und die zwischenmenschliche Kommunikation sind für das Kind das Wesentliche. Zuhören und Plaudern gehören zum Wechselspiel zwischen dem Säugling und seinen Bezugspersonen.

Das Wichtigste in Kürze

1. Das Kind kommt mit einem funktionstüchtigen Gehör auf die Welt.

2. Der Säugling ist vor allem am Ausdruck der Stimme interessiert. Der Inhalt der Wörter ist für ihn noch ohne Bedeutung.

3. Der Säugling drückt sich in den ersten 3 Lebensmonaten immer weniger durch Schreien und zunehmend durch Vokalisieren aus.

4. Langsames, vereinfachtes, ausdrucksstarkes und insbesondere sich wiederholendes Sprechen kommt der Aufnahmefähigkeit des Säuglings entgegen und ist daher sinnvoll (Babysprache).

4 bis 9 Monate

Der Vater ist aufgebracht. Der 3-jährige Raffael hat versucht, mit seinen Bausteinen einen möglichst hohen Turm zu bauen. Als der Turm schließlich zusammenstürzt, ist Raffael so frustriert, dass er die Bauklötze wild durchs Zimmer schmeißt. Ein Bauklotz trifft die 6 Monate alte Eva beinahe am Kopf. Als der Vater mit erregter Stimme seinen Sohn zurechtweisen will, fängt nicht Raffael, sondern das Baby an zu weinen.

In den ersten 6 Lebensmonaten sind Wörter und Sätze für den Säugling noch ohne Bedeutung. Das Kind erfasst aber bereits den Gefühlsausdruck einer menschlichen Stimme. Dass Eva beinahe von einem Bauklotz getroffen wurde, hat sie nicht realisiert. Was der Vater zu Raffael sagt, kann sie noch nicht begreifen, dass der Vater aber aufgebracht ist, spürt Eva sehr wohl an seiner Stimme.

In der 2. Hälfte des 1. Lebensjahres beginnt sich ein erstes Verständnis für einzelne Wörter heranzubilden. Die Sprache bekommt nun für das Kind neben einer gefühls- und beziehungsmäßigen auch eine inhaltliche Bedeutung. Die Lautbildung macht in diesem Alter ebenfalls große Fortschritte. Am Ende des 1. Lebensjahres verfügen einige Kinder bereits über erste Wörter.

In diesem Kapitel wollen wir uns zuerst mit den Anfängen des kindlichen Sprachverständnisses und anschließend mit der Lautbildung und den Gesten beschäftigen. Gesten sind ein weiteres Vorstadium der gesprochenen Sprache.

Erstes Verstehen

Mit etwa 6 Monaten beginnt das Kind die Bedeutung bestimmter Wörter zu begreifen. Als Erstes bringt es Namen mit Menschen in Verbindung. Wenn das Kind mit seinem Namen angesprochen wird, hält es in seinem Spiel inne. Hört es die Mutter »Papa« sagen, schaut das Kind zum Vater. Wenn die Mutter eines seiner Geschwister ruft, sucht das Kind mit seinen Augen nach ihm. Etwas später setzt das Kind bestimmte Worte mit Gegenständen und Situationen in Beziehung. Es kennt nun vertraute Gegenstände des Alltags wie die Milchflasche oder seinen Schnuller beim Namen. Wenn die Mutter Wörter wie »essen«, »baden« oder »spazieren gehen« gebraucht, weiß das Kind, welche Situationen und Aktivitäten damit gemeint sind. Das Kind beginnt auch zu begreifen, was mit Begriffen wie »komm«, »tschüß« oder »nein« gemeint ist.

Das erste Sprachverständnis ist noch stark an die Anwesenheit der angesprochenen Personen, an Tätigkeiten und konkrete Gegenstände wie auch an die aktuelle Situation gebunden. Das Kind erlebt den Sinngehalt der Wörter. So versteht das Kind anfänglich das Wort »spazieren gehen« nur im Zusammenhang mit Jacke-und-Mütze-Anziehen und Ins-Wägelchen-gesetzt-Werden. Einige Zeit später wird das Wort allein für das Kind von ausreichender Bedeutung.

Mit etwa 9 Monaten beginnt das Kind sich für Gespräche zu interessieren. Es hört aufmerksam zu, wenn Eltern und Geschwister miteinander reden. Es ist Zeit, das Kind an den Familientisch zu nehmen.

Plaudern

In den ersten 5 Lebensmonaten ist die Lautproduktion unbeeinflusst von der Umgebung, in der das Kind aufwächst. Kinder verschiedenster Kulturkreise bilden die gleichen Laute, und gehörlose Kinder plaudern genauso wie hörende Kinder – ein weiterer Hinweis darauf, dass die Lautproduktion anfänglich aus dem Kind selbst kommt und noch keine Nachahmung von Sprachlauten anderer darstellt. Während das hörende Kind nach dem 6. Monat sein Repertoire an Lauten ständig ausweitet, macht das gehörlose Kind immer weniger Laute. Es verstummt schließlich gegen Ende des 1. Lebensjahres. Das Stagnieren der Sprachentwicklung beim gehörlosen Kind zeigt uns, wie wichtig es ist, dass wir bereits im 1. Lebensjahr mit unseren Kindern sprechen. Auch wenn das Kind in den ersten Lebensmonaten kaum nachahmt, nimmt es doch die Laute wahr und verarbeitet sie.

Zwischen dem 4. und 6. Monat macht der Säugling immer mehr Vokallaute wie »oh-oh« und »ah-ah«. Zusammen mit »p«-, »b«- und »m«-ähnlichen Konsonanten entstehen Lautfolgen wie »poo-poo« oder »meh-meh«. Innerhalb kurzer Zeit bildet der Säugling 4 und mehr verschiedene Lautketten. Charakteristisch für das Alter von 6 Monaten sind Blas- und Reiblaute. Das Kind spielt mit seinem Speichel und dem Lippenschluss. Nach dem 6. Lebensmonat verwendet das Kind zunehmend mehr Konsonanten. Es hängt zwei und mehr Silben aneinander, Lautfolgen wie »bah-bah-bah«, »gah-gah-gah« oder »opoo-opoo-opoo« entstehen.

Spricht die Mutter mit dem Säugling und ahmt sein Plaudern nach, lächelt das Kind und setzt das Plaudern fort. Eine erste einfache Form der Konversation! Das Kind plaudert auch, wenn es allein ist, beispielsweise vor dem Einschlafen oder nach dem Aufwachen. Wenn es sich im Spiegel erblickt, plappert es mit seinem Spiegelbild. Das Kind beginnt sein Unbehagen immer mehr mit Lauten und immer weniger durch Schreien auszudrücken. Wenn es ein Spielzeug haben will, das es nicht erreichen kann, beginnt es zu schimpfen; sein Plappern bekommt einen ärgerlichen Unterton. Will es Zuwendung, schreit es nicht mehr, sondern macht sich mit lockenden oder klagenden Lauten bemerkbar. Der Säugling passt die Lautstärke seiner Stimme der Distanz zur angesprochenen Person an. Sein Plaudern wird lauter, wenn sich die Mutter entfernt. Schließlich beginnt das Kind auch die Tonhöhe seiner Stimme zu verändern; sein Geplauder nimmt einen singsangähnlichen Charakter an.

Mit 7 bis 8 Monaten setzt die Fähigkeit zur unmittelbaren Nachahmung ein. Die Kinder ahmen zuerst Laute nach, die sich bereits

Laute nachahmen.

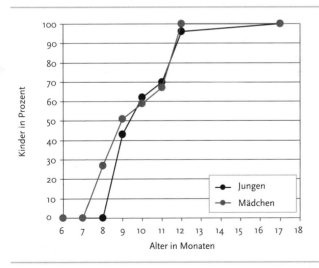

Anzahl der Kinder (in Prozent), die Laute nachahmen (Largo).

in ihrem Repertoire befinden, dann auch Laute, die ihnen noch nicht vertraut sind. Aus der Abbildung können wir ersehen, dass Kinder unterschiedlich rasch nachahmen. Bei einigen Jungen setzt das Nachahmen erst im 2. Lebensjahr ein.

Durch die Wiederholungen einzelner Laute entstehen mit 8 bis 10 Monaten Silbenketten wie »ta-ta«, »ma-ma« oder »ba-ba«. Daraus leitet das Kind die ersten Namen für seine Eltern ab. Ob daraus zuerst »Mama« oder »Papa« wird, hängt nicht nur von der Beziehung des Kindes zu Mutter und Vater ab, sondern auch davon, welche Silben das Kind zuerst artikulieren kann. Nicht selten schafft das Kind als Erstes »Papa«, sehr zur Freude des stolzen Vaters. Auf der ganzen Welt geben die Kinder ihren Eltern ähnliche Namen, was darauf hinweist, dass die Lautbildung auch in diesem Alter aufgrund innerer Gesetzmäßigkeiten immer noch ziemlich einheitlich verläuft. Zunächst gebrauchen die Kinder »Mama« und »Papa« eher zufällig. Nach kurzer Zeit wenden sie die Namen gezielt an.

»Mama« und »Papa« sagen.

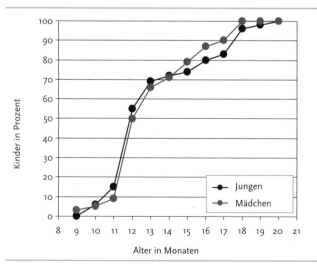

Die Punkte geben an, wie viele Kinder (in Prozent) in einem bestimmten Alter »Mama« und »Papa« gezielt anwenden (Largo).

Woher kommen
die Laute?

Das zeitliche Auftreten von »Mama« und »Papa« ist von Kind zu Kind sehr unterschiedlich. Einige Kinder haben bereits mit 9 bis 10 Monaten Namen für ihre Eltern. Bei etwa der Hälfte der Kinder ist dies mit 12 Monaten der Fall. Andere, vor allem Jungen, rufen ihre Eltern erst mit 15 bis 20 Monaten beim Namen.

Die 8 bis 12 Monate alten Kinder ahmen nicht nur die Laute nach. Sie sind auch fasziniert vom Gesicht und insbesondere vom Mund, der die Laute hervorbringt. Sie betasten häufig den Mund anderer Menschen mit ihren Fingern.

In der 2. Hälfte des 1. Lebensjahres weitet sich nicht nur die Fähigkeit zur sprachlichen, sondern auch jene zur nichtsprachlichen Nachahmung stark aus. Das Kind verwendet Gesten, also Bewegungsabläufe und Stellungen der Hand, denen eine bestimmte Bedeutung zukommt. Es winkt auf Wiedersehen, klatscht in die Hände, um seine Freude auszudrücken, und verweigert seine Zustimmung, indem es den Kopf schüttelt. Wenn es einen Gegenstand haben möchte, den es nicht erreichen kann, zeigt es zuerst mit der ganzen Hand darauf, später mit dem Zeigefinger. Wenn der Vater mit dem Zeigefinger auf eine Person oder einen Gegenstand zeigt, blickt das Kind in die entsprechende Richtung. Es beginnt die Aufmerksamkeit mit den Eltern und anderen Bezugspersonen zu teilen. In diesem Alter stellt sich schließlich auch die Merkfähigkeit ein. Das Gugus-Dada-Spiel in all seinen Varianten erfreut Kind und Eltern (siehe »Beziehungsverhalten 4 bis 9 Monate«, »Beziehungsverhalten 10 bis 24 Monate« und »Spielverhalten 4 bis 9 Monate«).

Die Rolle der Eltern

Wie können die Eltern das Kind in seiner Sprachentwicklung unterstützen? Das Kind hat ein großes Bedürfnis, mit anderen Menschen zusammen zu sein. Es möchte dabei sein, wenn andere Leute miteinander reden. Indem es zuhört, nimmt es die Laute und die Sprachmelodie seiner Muttersprache auf.

Bis weit in das 2. Lebensjahr hinein ist für das Kind das Verständnis von Wörtern aufs Engste mit Personen, Gegenständen, Handlungen und Situationen verbunden. Wenn die Eltern beim Spiel, Füttern und bei der Pflege Gegenstände und Tätigkeiten benennen, die das Kind in den Händen hat oder sieht, eignet sich das Kind die entsprechenden Wörter an. Machen die Eltern das Kind zum Spazierengehen bereit, klingt es für das Kind etwa so: Die Eltern ziehen ihm das »Mäntelchen« und die »Schuhe« an, setzen ihm die »Mütze« auf den »Kopf« und holen das »Wägelchen« hervor.

Das Wichtigste, was die Eltern ihrem Kind vermitteln können, ist das Erleben der gesprochenen Sprache. Alles, was die Eltern ansprechen, sollte das Kind gleichzeitig auch sehen, hören oder fühlen können.

Das Wichtigste in Kürze

1. Nach dem 6. Lebensmonat setzt das Sprachverständnis ein. Es bezieht sich zunächst auf die einfache Benennung von Personen, Gegenständen, Handlungen und Situationen.

2. Das Kind beginnt, sich für Gespräche zwischen Familienmitgliedern zu interessieren.

3. Das Kind eignet sich die Laute der Umgangssprache an. Es ahmt die Sprachmelodie nach.

4. Aus Kettenlauten entwickelt es die ersten Wortgebilde wie »Mama« und »Papa«, die es zuerst zufällig, dann personenbezogen benutzt.

5. Mit etwa 9 Monaten versteht und verwendet das Kind eine Reihe von Gesten wie In-die-Hände-Klatschen, Auf-Wiedersehen-Winken oder Kopfschütteln.

6. Das Kind beginnt, die Aufmerksamkeit mit anderen Menschen zu teilen.

7. Die Worte, die wir an das Kind richten, sollten in einem unmittelbaren Bezug zum Kind und seinem Erleben stehen. Alles, was wir ansprechen, sollte das Kind gleichzeitig sehen, hören oder fühlen können.

10 bis 24 Monate

Karl ist 2 Jahre alt und hat noch kein Wort gesprochen. Seine Schwester bildete im gleichen Alter bereits einfache Sätze. Karl versteht alles, was die Mutter zu ihm sagt. Wenn er etwas will, das für ihn unerreichbar ist, führt er die Mutter an der Hand durch die Wohnung, zeigt mit dem Zeigefinger auf das Gewünschte und macht »mh-mh«. Oft ist Karl verstimmt, weil er seine Anliegen nicht in Worten ausdrücken kann. Vor einigen Tagen bekam er einen Tobsuchtsanfall, als die Eltern auch mit größtem Bemühen nicht erraten konnten, was er ihnen mitteilen wollte.

So wie Eltern erwarten, dass ein Kind mit 1 Jahr die ersten Schritte macht, nehmen sie auch an, dass es mit 2 Jahren spricht. Doch genauso wie die motorische Entwicklung von Kind zu Kind unterschiedlich rasch verläuft, setzt auch das Sprechen in unterschiedlichem Alter ein. Während einige Kinder bereits gegen Ende des 1. Lebensjahres zu sprechen beginnen, lässt das Reden bei anderen bis ins 3. Lebensjahr auf sich warten. Diese große Streubreite betrifft vor allem das Sprechen, weniger das Verstehen. Kinder gleichen Alters unterscheiden sich deshalb in ihren sprachlichen Ausdrucksmöglichkeiten weit mehr als in ihrem Sprachverständnis.

Verstehen

Gegen Ende des 1. Lebensjahres kennt das Kind die Personen und Gegenstände, mit denen es täglich in Berührung kommt, beim

Namen. Es versteht einfache Aufforderungen wie: »Gib mir den Ball!« Es reagiert sinngemäß auf Fragen wie: »Wo ist der Papa?« Sagt die Mutter »Nein!«, hält das Kind – mindestens einen Augenblick lang – in seiner Tätigkeit inne. Gegen Ende des 2. Lebensjahres versteht das Kind bereits längere Sätze wie: »Wenn wir auf dem Spielplatz sind, darfst du mit dem Ball spielen.«

Zwischen 12 und 18 Monaten hört das Kind aufmerksam zu, wenn Eltern und Geschwister miteinander sprechen. Sein Sprachverständnis ist nun so weit entwickelt, dass die Wörter für es auch Sinn machen, wenn die angesprochenen Personen und Gegenstände nicht gegenwärtig sind. Wenn die Mutter das Kind auffordert, seine Schuhe aus einem anderen Raum zu holen, weiß das Kind, welcher Gegenstand gemeint ist und wo er sich befindet. Schaut die Mutter mit ihm ein Bilderbuch an und nennt ein Tier beim Namen, zeigt das Kind auf das erwähnte Tier. Das Kind kennt die Namen einiger Körperteile wie Mund, Augen oder Füße und einiger Kleidungsstücke wie Schuhe oder Mütze.

Tätigkeitswörter aus dem Alltag wie »essen«, »schlafen« oder »spielen« erhalten für das Kind eine konkrete Bedeutung. Anfänglich verbindet das Kind damit eine sehr weite Vorstellung. Das Wort »schlafen« beispielsweise kann alles umfassen, was sich vom abendlichen Einschlafzeremoniell über das eigentliche Schlafen bis zum Aufgenommenwerden durch die Mutter oder den Vater

Brumm-brumm, tüt-tüt.

am nächsten Morgen abspielt. »Schlafen« kann auch eine Bezeichnung für das Bett sein. Über Monate und Jahre hinweg engt sich der Bedeutungsgehalt des Wortes immer mehr ein und wird damit immer spezifischer. Das Wort »schlafen« bezeichnet schließlich nur noch ein bestimmtes Verhalten.

Im 2. Lebensjahr beginnt das Kind räumliche Verhältniswörter wie »in« oder »auf« zu verstehen. Deren Verständnis setzt eine innere Vorstellung des Raumes voraus, die das Kind erwirbt, indem es sich im Raum bewegt und mit Gegenständen spielt (siehe »Spielverhalten 10 bis 24 Monate«).

Zuerst eignet sich das Kind ein Verständnis für das Verhältniswort »in« an. Bereits Ende des 1. Lebensjahres begreift es, dass ein

Entwicklung des Inhalt-Behälter-Spiels, des Sprachverständnisses für die Präposition »in« und deren sprachliche Anwendung.

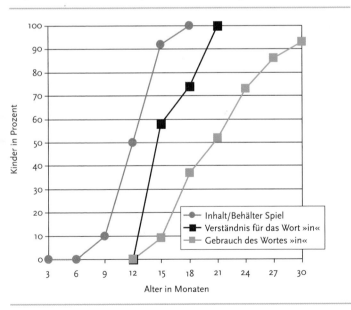

Die Kurven repräsentieren die Anzahl Kinder (in Prozent), die in einem bestimmten Alter mit Behältern spielen, die Präposition »in« verstehen beziehungsweise gebrauchen.

Gegenstand in einem anderen Gegenstand sein kann. Im sogenannten Inhalt-Behälter-Spiel setzt sich das Kind mit dieser räumlichen Vorstellung auseinander. Am Anfang des 2. Lebensjahres
begreift es, dass das Verhältniswort »in« für diese räumliche Beziehung zwischen zwei Gegenständen steht. Wenn die Mutter
sagt: »Der Apfel ist in meiner Tasche«, sucht das Kind in der mütterlichen Handtasche nach dem Apfel. Es vergehen Wochen und
Monate, bis das Kind das Wort »in« auch aussprechen und anwenden kann. Die meisten Kinder benutzen es erst gegen Ende des
2. Lebensjahres.

Im Folgenden ist die Reihenfolge dargestellt, in der die räumlichen Verhältniswörter auftreten. Die Abfolge der Wörter ist im
Wesentlichen bei allen Kindern gleich. Auf das Wörtchen »in«
folgt »auf«. Wenn sie von der Mutter aufgenommen werden wollen, sagen sie »auf«, häufig auch, wenn sie auf den Boden zurück

Entwicklung des Verständnisses für räumliche Verhältniswörter.

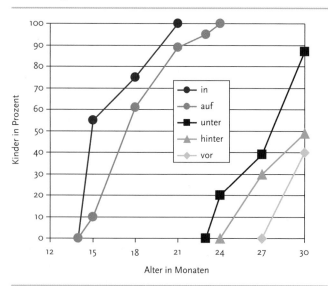

Die Punkte geben an, wie viele Kinder (in Prozent) in einem bestimmten
Alter räumliche Verhältniswörter verstehen.

möchten. Mit »auf« meinen sie eine Bewegung in der Vertikalen: hinauf und hinunter. Auf das Verhältniswort »auf« folgt »unter«, mit 2,5 bis 3 Jahren »hinter« und schließlich »vor«.

Im 2. Lebensjahr ist das Verständnis für die Fürwörter »du« oder »dein« noch sehr beschränkt. »Gib dem Papa die Schuhe!« versteht ein 2-jähriges Kind besser als »Gib mir die Schuhe!«. Besonders große Mühe bereiten dem Kind die persönlichen Pronomen. Es ist daher sinnvoller, das Kind mit seinem Namen und nicht mit »du« anzusprechen. Eltern spüren, dass diese Wortkategorie ihrem Kind noch Schwierigkeiten bereitet. Sie vermeiden daher Fürwörter und gebrauchen Eigennamen.

Kleinkinder haben eine große Vorliebe für Kinderreime. Sie können sich mühelos lange Reime mithilfe der Melodie und rhythmischer Begleitbewegungen merken. Die Inhalte der Reime interessieren die Kinder weit weniger als Melodie und Rhythmus. So ist das ABC-Lied für das Kind ohne jeden Sinn, die Melodie und der Rhythmus haben es ihm aber angetan.

Sprechen

Zu Beginn des 2. Lebensjahres entwickeln Kinder einen sogenannten Sprechjargon. Es handelt sich um ein Kauderwelsch, das sich aus längeren Lautfolgen zusammensetzt und zumeist keine eigentlichen Wörter enthält. Das Charakteristische daran ist, dass die Kinder den Fluss, Rhythmus und Tonfall der Umgebungssprache nachahmen. Je nach Stimmung und Situation, die sich das Kind vorstellt, klingt sein Geplauder wie die Sprechweise der Mutter, des Vaters oder eines Geschwisters. Kinder benutzen häufig ihren Jargon, wenn sie allein spielen, ein Bilderbuch ansehen oder am Morgen wach im Bettchen liegen.

Kinder ahmen nicht nur die Sprechweisen der Familienangehörigen nach, sondern auch andere Äußerungen wie Niesen, Husten oder Schmatzen. Umgebungslaute wie Hundegebell oder das Geräusch eines fahrenden Autos sind ebenfalls beliebt, besonders aber Tierlaute. Kinder bezeichnen Tiere anfänglich mit den Lauten, die für die Tiere charakteristisch sind. Die Tierlaute liegen ihren sprachlichen Ausdrucksmöglichkeiten näher als die Tiernamen, die Erwachsene verwenden.

Eltern warten gespannt darauf, dass ihr Kind die ersten Wörter sagt. Die meisten Kinder tun dies zwischen 12 und 18 Monaten, frühestens aber zwischen 8 und 12 Monaten. Einige Eltern müssen sich besonders lange gedulden: Ihre Kinder sprechen nicht vor 20 bis 30 Monaten. Wenn ein Kind zu laufen beginnt, kann es gelegentlich zum Stillstand in der Sprachentwicklung kommen. Das Kind ist so beschäftigt damit, seine neu erworbene motorische Fähigkeit zu erproben, dass der Wortschatz für einige Wochen unverändert bleibt. Oftmals geht es dafür danach umso rasanter vorwärts. Bei vielen Kindern besitzt die frühe Sprachentwicklung einen sprunghaften Charakter; der Wortschatz weitet sich nicht kontinuierlich, sondern in Schüben aus.

Erste drei Worte.

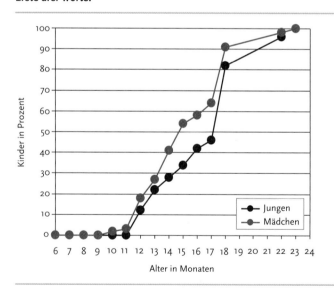

Auftreten der ersten 3 Wörter (außer Papa, Mama). Die Grafik gibt an, wie viele Kinder (in Prozent) in welchem Alter über 3 oder mehr Wörter verfügen (Largo 1986).

Aus der Abbildung können wir ersehen, dass die Sprachentwicklung bei Mädchen etwas rascher verläuft als bei Jungen. So sind es mehr Mädchen, die am Ende des 1. Lebensjahres zu sprechen anfangen, und mehr Jungen, die erst nach dem 2. Lebensjahr damit beginnen.

Die ersten Wörter werden häufig noch undeutlich und unvollständig ausgesprochen. »Muh« ist eine Kuh, »Agge« ein Bagger. Eltern und Geschwister verstehen das Kind, weil sie mit seiner Aussprache vertraut sind und die Bedeutung seiner Wörter kennen. Für Außenstehende aber kann es schwierig oder gar unmöglich sein, das Kind zu verstehen.

Eine weitere Eigenheit der frühen Sprachentwicklung besteht darin, dass das Kind häufig die Bedeutung eines Wortes ausweitet. Mit »Kuh« bezeichnet es beispielsweise alle größeren Tiere, also nicht nur Kühe, sondern auch Pferde, Schafe und Ziegen. Gelegentlich engt es aber deren Bedeutung auch ein. So gebraucht es beispielsweise »Auto« nur für das Fahrzeug der Familie, nicht aber für andere Autos. Auch ein Spielzeugauto oder ein Auto in einem Bilderbuch sind für das Kind keine Autos. »Auto« ist gewissermaßen der Name für die Familienkutsche.

Weil das Kind nur einzelne Wörter benutzt, ist die Bedeutung eines Wortes im hohen Maß an die Intonation und die konkrete Situation gebunden. »Schuhe« kann je nach sprachlichem Ausdruck und Gestik des Kindes sowie der aktuellen Situation die folgende Bedeutung haben: Dies sind meine Schuhe. – Sind das Schuhe? – Ich möchte die Schuhe anziehen. – Das sind Mamas Schuhe.

Kleinkinder haben ein großes Interesse daran, die Namen von allen möglichen Gegenständen zu erfahren und sich Aussagen, wie sie oben aufgeführt sind, erklären oder bestätigen zu lassen. Sie stellen den lieben langen Tag Was-Fragen und erwarten, dass die Eltern Auskunft geben (1. Fragealter). Das Kind greift in die Geschirrschublade und fragt: »Messer?« Die Mutter bestätigt: »Ja, das ist ein Messer.« Es zeigt auf die Zeitung: »Papi?« – »Ja, das ist Papis Zeitung.« Auf den Armen getragen, zeigt das Kind auf alle möglichen Gegenstände in der Wohnung und will deren Namen hören.

Frühestens zwischen 15 und 18 Monaten beginnen Kinder ihren

Den eigenen Namen sagen.

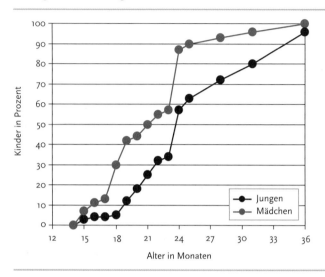

Anzahl der Kinder (in Prozent), die in den verschiedenen Altersstufen ihren Vornamen verwenden.

Vornamen zu benutzen. Die meisten Kinder gebrauchen den Vornamen erstmals zwischen 18 und 27 Monaten. Eine geringe Anzahl Jungen ist dazu erst gegen Ende des 3. Lebensjahres in der Lage. Diese Fähigkeit ist aufs Engste mit der Ich-Entwicklung verbunden: Kinder bilden zwischen 18 und 24 Monaten eine erste Vorstellung von ihrer Person (siehe »Beziehungsverhalten 10 bis 24 Monate«). Damit wird es dem Kind möglich, von sich selbst zu sprechen.

Kinder, die in der Sprechentwicklung langsam sind, sind auch im 2. und 3. Lebensjahr noch sehr auf Gestik und Mimik als Kommunikationsmittel angewiesen. Sie benützen Gesicht, Hände und gelegentlich auch andere Körperteile, um sich auszudrücken. Manche Kinder entwickeln sich dabei zu richtigen Mimen. Nicht wenige Kinder leiden unter diesem Zustand: Sie verstehen ihre Umgebung genauso gut wie andere Kinder. Sie wissen auch genau, was sie sagen möchten, aber es will ihnen einfach nicht gelingen.

Ihre Frustration kann so weit gehen, dass sie wie Karl in einen regelrechten Tobsuchtsanfall ausbrechen, wenn sie nicht verstanden werden.

Die Sprachentwicklung unter Geschwistern kann recht unterschiedlich verlaufen. Erbfaktoren, die unter den Kindern verschieden verteilt sind, das Geschlecht des Kindes und die Geschwisterfolge spielen dabei eine Rolle. In unseren Studien haben wir festgestellt, dass die Sprachentwicklung bei erstgeborenen Kindern rascher verläuft als bei zweitgeborenen (Largo). Dritt- und Spätergeborene wiederum weisen eine schnellere Sprachentwicklung auf als Zweitgeborene, oft vergleichbar jener der Erstgeborenen. Diese Beobachtungen lassen sich folgendermaßen erklären: Für das erstgeborene Kind hat die Mutter mehr Zeit als für die nächstgeborenen Kinder. Von allen Kindern spricht sie mit ihm am meisten. Dadurch erklärt sich die rasche Sprachentwicklung Erstgeborener. Für das zweitgeborene Kind hat die Mutter weniger Zeit als für ihr erstes, und das Erstgeborene spricht zumeist selbst noch nicht so gut, als dass das jüngere von ihm profitieren könnte. Bei Dritt- und Spätergeborenen verläuft die Sprachentwicklung schneller als bei Zweitgeborenen, weil die älteren Kinder mit ihren jüngeren Geschwistern sprechen. Nicht unbedeutend ist dabei der Altersabstand. Geschwister, die 2 bis 4 Jahre älter sind, sind ideale Gesprächspartner für ein Kleinkind, weil sich ihre Interessen, Verhaltens- und sprachlichen Ausdrucksweisen ähnlich sind. Je größer der Altersabstand zwischen den Kindern ist, desto verschiedener sind sie und desto geringer ist ihr Einfluss auf die Sprachentwicklung der jüngeren Geschwister.

Die Rolle der Eltern

Eltern passen sich auch im 2. und 3. Lebensjahr dem begrenzten Sprachverständnis ihres Kindes an. Ihre Sprechweise ist wohl anspruchsvoller als im 1. Lebensjahr des Kindes, enthält aber immer noch eine Reihe von Vereinfachungen.

Eltern sprechen mit einem Kleinkind langsamer als mit älteren Kindern oder Erwachsenen. Die Tonlage ihrer Stimme ist immer

Wie Erwachsene mit Kindern sprechen (Szagun).

Sprechweise
- Langsamere Sprechgeschwindigkeit
- Höhere Tonlage
- Verstärkter Wechsel der Tonlage
- Wiederholung von Wörtern, Satzteilen und ganzen Sätzen

Satzbau
- Oft nur einzelne Wörter
- Vereinfachte Sätze (vor allem Hauptwörter, weniger Tätigkeitswörter)
- Gegenwartsform der Tätigkeitswörter, keine Vergangenheits- oder Zukunftsform
- Einfache Form der Hauptwörter, Eigenschaftswörter
- Viele Fragen

noch etwas erhöht, die Modulation ausgeprägter. Die Eltern wiederholen sich häufig. Sie vereinfachen den Satzbau. Sie verwenden vor allem Hauptwörter, selten Eigenschaftswörter und vermeiden Vergangenheits- oder Zukunftsformen der Tätigkeitswörter. Sie stellen viele Fragen und passen die Sprache der aktuellen Situation an. In Alltagssituationen ist ihre Sprache einfach, beispielsweise beim Essen oder beim Schlafengehen. Wenn die Eltern mit dem Kind ein Bilderbuch ansehen, ist ihre Sprache differenzierter.

Wenn die Eltern das Wort mit einer Tätigkeit verbinden, erleichtern sie dem Kind das Verstehen. Häufig übernimmt das Kind die Ausdrucksweise der Eltern, beispielsweise beim Bilderbuchanschauen: Das Kind schlüpft in die Rolle der Mutter und kommentiert Bilder und Text.

Das Sprachverständnis 2-jähriger Kinder ist beschränkt. Eltern spüren intuitiv, welche Wörter und Satzkonstruktionen ihr Kind versteht, und passen ihre Sprechweise seinem Sprachverständnis an. Eltern sollten nicht die Sprechweise des Kindes übernehmen, sondern ihre Sprache nur so weit vereinfachen, dass sie vom Kind verstanden wird.

Wie bereits im einleitenden Kapitel ausgeführt, wirkt sich der folgende Umgang fördernd auf die Sprachentwicklung des Kindes aus: Eltern haben eine akzeptierende Grundhaltung, können gut zuhören und ermutigen das Kind zum Sprechen. Sie korrigieren nur die inhaltlichen Aussagen des Kindes, nicht aber die grammatikalische Form, in der es spricht. Sie korrigieren eine falsche Satzkonstruktion nicht, solange die Aussage verständlich ist. Wenn nötig, wiederholen sie die Aussage des Kindes grammatikalisch berichtigt. Sie stellen viele Fragen. Negativ wirkt sich folgendes elterliche Verhalten auf die Sprachentwicklung eines Kindes aus: Eltern geben ihrem Kind laufend Anweisungen und korrigieren das Kind bei Aussprache und Satzstellung. Sie können nicht zuhören und sprechen wenig mit dem Kind.

Die Eltern müssen ihrem Kind die Sprache nicht beibringen! Das Kind kommt selbst zur Sprache, wenn es Gelegenheit hat, Sprache zu hören und anzuwenden. Es ist nicht sinnvoll, Kinder, die in ihrer Sprachentwicklung langsam sind, zum Reden zu drängen, indem die Eltern beispielsweise nicht auf ihre Gesten und Mimik eingehen. Eltern können die Sprachentwicklung ihres Kindes am besten fördern, wenn sie dem Kind möglichst viel Gelegenheit geben, Sprache bei Alltagsbeschäftigungen und im Spiel mitzuerleben und anzuwenden. Entscheidend für die Sprachentwicklung des Kindes sind das elterliche Interesse am Kind und eine innere Bereitschaft zur Kommunikation.

Zwei- und Mehrsprachigkeit

Kinder, die mit mehr als einer Sprache aufwachsen, lernen nicht nur eine, sondern 2 oder gar mehrere Sprachen: ein immenser Vorteil im späteren Leben! Vorübergehend muss dieser Vorteil mit einer langsameren Sprachentwicklung in den ersten Lebensjahren erkauft werden. Die Verzögerung kann sich mit einem kleineren Wortschatz und einem einfacheren Satzbau bis ins frühe Schulalter bemerkbar machen. Die Kinder holen aber diesen Rückstand auf! Dieser Nachteil sollte daher Eltern nicht davon abhalten, ihrem Kind mehr als eine Sprache zu vermitteln.

Die frühe Sprachentwicklung von Kindern, die mehrsprachig aufwachsen, verläuft grundsätzlich gleich wie bei einsprachigen Kindern, weist aber gewisse Eigenheiten auf. Die Entwicklung ist häufig asynchron, das heißt die Sprachen entwickeln sich unterschiedlich rasch. Kinder bevorzugen beim Sprechen die Sprache, die sie am meisten hören und die ihre Hauptbezugspersonen sprechen. Sie vermischen oft bis ins 4. Lebensjahr die Sprachen (zum Beispiel »*no more* essen«). Sie greifen vor allem dann zu solchen Wortkonstruktionen, wenn ihnen nicht alle Worte in einer Sprache zur Verfügung stehen.

Eltern sollten die folgende Einschränkung berücksichtigen: Mutter, Vater und andere Bezugspersonen sollten mit dem Kind in den ersten Jahren nur eine Sprache sprechen. Wenn die Mutter nur norwegisch und der Vater nur deutsch sprechen, kann sich das Kind sprachlich darauf einstellen. Es assoziiert die Eigenheiten einer Sprache mit der Bezugsperson. Schwierig kann es für das Kind werden, wenn die Mutter oder der Vater abwechselnd mal norwegisch, mal deutsch spricht. Dies kann für das Kind zu einer Sprachverwirrung und Überforderung führen.

Das Wichtigste in Kürze

1. Am Ende des 1. Lebensjahres kennt das Kind vertraute Personen und Gegenstände beim Namen. Im 2. Lebensjahr lernt es die Bezeichnungen von Handlungen und räumlichen Beziehungen kennen.

2. Im 2. Lebensjahr gebraucht das Kind beim Spiel häufig einen Sprechjargon, der Tonfall und Rhythmus der Umgangssprache imitiert, aber noch keine eigentlichen Wörter enthält.

3. Die ersten Wörter spricht das Kind zwischen 10 und 30 Monaten. Überdehnungen und Verkürzungen von Wortbedeutungen sind häufig.

4. Ihren Vornamen beginnen Kinder zwischen 18 und 36 Monaten zu benutzen.

5. Kinder verstehen in jedem Alter weit mehr, als sie in Worten ausdrücken können.

6. Mädchen sind in jedem Alter in der Sprachentwicklung etwas weiter als Jungen.

7. Eltern sollten ihre Sprechweise nicht an derjenigen des Kindes, sondern an seinem Sprachverständnis ausrichten.

25 bis 48 Monate

Mit 3,5 Jahren beginnt Kim zu stottern. Er kann sich nur mit Mühe ver-
ständlich ausdrücken, wiederholt Laute und einzelne Wörter. Seine
Eltern warten jeweils geduldig ab, bis Kim sagen kann, was er will. Der
Vater macht sich langsam Sorgen, denn Kim stottert nun doch schon
seit 3 Monaten. Er befürchtet, dass das Stottern bleibt. Er kann sich an
einen Freund erinnern, der wegen des Stotterns in der Schule ständig
gehänselt wurde.

Vorübergehendes Stottern gehört zur normalen Sprachentwicklung. Mehr als die Hälfte aller Kinder plagen sich wie Kim in einem
bestimmten Stadium ihrer Sprachentwicklung damit herum. Der
Grund für das Stottern sind paradoxerweise gerade die großen
Fortschritte, die Kinder sprachlich zwischen 2 und 5 Jahren ma-
chen. Ihr Sprachverständnis wächst in diesem Alter rasch, und ihr
Wortschatz erweitert sich schneller als zu irgendeinem späteren
Zeitpunkt. Kinder eignen sich zugleich die Grundregeln der Gram-
matik und des Satzbaus an, und sie verbessern unentwegt ihre
Artikulation. So viele Herausforderungen auf einmal bringen die
Mehrheit der Kinder vorübergehend ins Stottern.

Verstehen

Wir staunen über das Sprachverständnis mancher 2-Jähriger und
haben den Eindruck, das Kind verstehe schon alles. Dabei steht es
mit 2 Jahren immer noch am Anfang seiner Sprachentwicklung.
Die Ausbildung und Differenzierung seiner Sprache wird noch
viele Jahre in Anspruch nehmen.

Wenn wir die Sprachentwicklung eines Kindes einschätzen wollen, orientieren wir uns vor allem an seinem sprachlichen Ausdruck. Wie gut das Kind die Sprache tatsächlich versteht, ist viel
schwieriger zu beurteilen. Eltern überschätzen häufig das Sprachverständnis ihres Kindes. Das Kind reagiert in seinem Verhalten
zumeist verständig, weil es neben dem Gesagten auch nichtsprach-

liche Informationen mit einbezieht. Wenn der Vater mit Mäntelchen und Schuhen in der Hand, das Kind fragt, ob es draußen spielen möchte, wird es seine Frage nicht umfassend verstehen. Mäntelchen und Schuhe sowie der Tonfall der väterlichen Stimme vermitteln ihm aber, was der Vater will.

Im 3. Lebensjahr hören Kinder gerne den Gesprächen von Erwachsenen zu, – auch wenn sie nur brockenweise etwas von deren Inhalt verstehen. Sie sind im 2. Fragealter und stellen den lieben langen Tag Warum- und Wann-Fragen. Daraus lässt sich ableiten, wie groß und vielfältig ihre Interessen geworden sind. Sie schauen gerne Bilderbücher an und lieben es, wenn ihnen die Geschichten dazu erzählt werden. Anfänglich sind sie vor allem an den Details der Bilder und den neuen Wörtern interessiert. Während des 3. Lebensjahres erwacht ein erstes Verständnis für den Ablauf einer Geschichte. Eine weitere Vorliebe haben sie für Reime und Lieder, die ihnen vorgesungen oder rhythmisch gesprochen werden.

Im 4. Lebensjahr können Kinder immer besser auf Fragen des Alltags Antwort geben und sich an kurzen Gesprächen beteiligen. Die Fähigkeit, den Inhalt und Ablauf von Geschichten zu verstehen, nimmt deutlich zu. Nun sind sie so weit, dass sie sich auch Hörkassetten anhören wollen. Sie können berichten, was sie erlebt haben, planen vielfältige Unternehmungen und können auch sagen, was sie sich wünschen.

Wortschatz

Zwischen 2 und 5 Jahren erweitern Kinder ihren Wortschatz in einem Tempo, das sie später nie mehr erreichen werden. Innerhalb von 3 Jahren wächst ihr Wortschatz von wenigen auf einige 1000 Wörter. Jeden Tag lernt das Kind mehrere Wörter neu dazu und nimmt sie für immer in sein Vokabular auf. Ein 5-jähriges Kind versteht bereits 2000 bis 5000 Wörter. Dabei ist der passive Wortschatz weitaus größer als der aktive. Mit 5 Jahren können Kinder 8000 bis 15 000 Wörter verstehen. Die Unterschiede zwischen den Kindern sind beim Wortschatzerwerb ausgesprochen groß, und doch kann kaum ein Erwachsener eine solche Leistung auch nur annäherungsweise vollbringen.

Zunächst lernt das Kind die Wörter, die es in einem unmittelbaren Erfahrungszusammenhang mit den Gegenständen und Personen seiner Umgebung hört. Wörter, die sich nicht auf einen konkreten Zusammenhang beziehen, werden erst später erworben.

Die Abbildung zeigt auch, dass die Anzahl der Wörter, über die gleich alte Kinder verfügen, sehr unterschiedlich groß ist. Mädchen weisen im Mittel immer einen etwas größeren Wortschatz auf als Jungen. Es gibt aber durchaus auch Jungen, die über sehr viele Wörter verfügen, wie auch Mädchen mit einem eher begrenzten Wortschatz. Ein Kind, das viel versteht, spricht nicht zwangsläufig mehr und besser. Sprachverständnis und sprachlicher Ausdruck stehen nicht in einem solch engen Zusammenhang.

Hat das Kind einen Wortschatz von etwa 200 Wörtern erreicht, beginnt es die Wörter nach einfachen Regeln von Grammatik und

Wortschatz zwischen 2 und 5 Jahren.

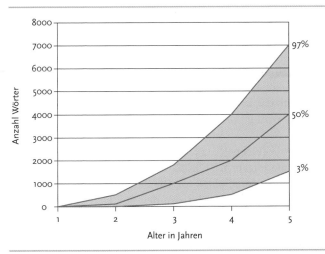

Die Fläche bezeichnet die Streubreite, die Linie in der Mitte den Mittelwert der Anzahl der Wörter (Zusammenstellung aus verschiedenen Quellen).

Syntax zusammenzufügen. Diese Feststellung gilt unabhängig vom Alter, in welchem der Wortschatz diesen Umfang erreicht. Das Kind passt nun das Verb dem Subjekt an und stellt die Wörter zu kurzen Sätzen zusammen (»Ich spiele Ball«).

Grammatik

Die wenigsten Erwachsenen haben in der Schule gerne die komplexen Regeln der Grammatik und Syntax gepaukt. Kleinkinder müssen sich damit nicht abmühen; sie sind Meister im intuitiven Lernen der formalen Strukturen der Sprache. Nachfolgend werden einige Merkmale der formalen Sprachentwicklung zwischen 2 und 5 Jahren beschrieben.

Hauptwörter (Substantive). Anfänglich verwenden Kinder nur die Grundform des Substantivs und benutzen keine Artikel. Dann verwenden sie immer häufiger Artikel wie auch Ein- und Mehrzahl.

Eigenschaftswörter (Adjektive). 2-jährige Kinder verwenden noch kaum Adjektive. Eine Ausnahme bildet das Wörtchen »heiß«, das häufig und früh benutzt wird. Der Kochherd, der Ofen oder das Badewasser sind heiß: Nicht berühren! Die eigene Wahrnehmung und die emotionale Bedeutung, welche die Eltern dem Wort geben, sind für die meisten Kinder derart einprägsam, dass sich ihnen dieses Wort gewissermaßen ins Gedächtnis »einbrennt«.

Tätigkeitswörter (Verben). 2-jährige Kinder verwenden sie nur in der unkonjugierten Form (Infinitivform). Sie passen die Tätigkeitswörter noch nicht dem Subjekt an. Die Beugung (Konjugation) wie auch die verschiedenen Zeitformen der Tätigkeitswörter wenden sie im 3. und 4. Lebensjahr erstmals an. Eine wichtige Voraussetzung dabei ist, dass das Kind sich und andere Menschen als eigenständige Personen wahrnimmt und ein erstes Zeitverständnis hat. Im 4. Lebensjahr entwickelt das Kind eine Vorstellung davon, dass es eine Zeit vor und nach dem Jetzt gibt.

Räumliche Verhältniswörter (Präpositionen). Kinder verstehen mit 2 Jahren die Wörter »in«, »auf« und »unter«. Die übrigen räumlichen Präpositionen begreifen sie bis zum 4. Lebensjahr.

Zeitbegriff. Wenn der Vater am Morgen, bevor er zur Arbeit geht, zu seinem 2-jährigen Kind sagt: »Heute Abend werden wir miteinander spielen«, so versteht das Kind »spielen«. Der Begriff »heute Abend« ist für es noch nicht von Bedeutung. Das Kind lebt in diesem Alter gewissermaßen noch zeitlos. Begriffe wie »gestern«, »heute« oder »morgen« versteht ein 2-jähriges Kind noch nicht. Die ersten einfachen Vorstellungen über eine begrenzte Zeitspanne entwickeln sich im 3. Lebensjahr. Die Mutter sagt beispielsweise am Morgen: »Nach dem Mittagsschlaf gehen wir auf den Spielplatz.« Das Kind hat eine einfache innere Vorstellung über den Tagesablauf: Am Morgen wache ich auf. Wir gehen einkaufen, dann gibt es Mittagessen, und anschließend gehe ich schlafen. Nach dem Schlafen gehen wir auf den Spielplatz. Im 4. Lebensjahr beginnen Kinder, zeitliche Begriffe wie »gestern« oder »morgen« besser zu verstehen.

Kategorisieren. Obergriffe wie »Möbel« oder »Tiere« spielen in der Sprache eine bedeutende Rolle. Die Verwendung der meisten Oberbegriffe setzt aber erst im Schulalter ein.

Bevor das Kind Obergriffe verstehen und anwenden kann, muss es in den ersten Lebensjahren ein Verständnis dafür entwickeln, dass Gegenstände aufgrund bestimmter Eigenschaften gleich oder verschieden sein können (siehe »Spielverhalten 10 bis 24 Monate«). Gegen Ende des 2. Lebensjahres realisiert es beispielsweise, dass Löffel gleich aussehen und sich von Messern und Gabeln in der Form unterscheiden. Im 3. Lebensjahr beginnt das Kind Kategorien zu bilden, indem es Zuordnungen aufgrund bestimmter Eigenschaften macht. So gehören das »Kind« und die »Geschwister« zur Kategorie »Kinder«, die »Eltern« und »Großeltern« zur Kategorie »Erwachsene«. Nach dem gleichen Prinzip geht das Kind bei den Farben vor. Zuerst ordnet es die Farben einander zu (siehe »Spielverhalten 10–24 Monate«, Kategorisieren), dann lernt es ihre Namen kennen, und schließlich benennt es die Farben.

Hierarchien von Oberbegriffen.

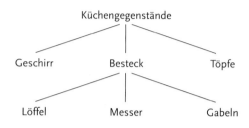

Im 5. Lebensjahr beginnt das Kind, einfache Oberbegriffe wie »Spielsachen« oder »Tiere« zu verstehen. In den folgenden Jahren begreift es dann nicht nur, welche Kriterien Stuhl, Tisch und Sofa voneinander unterscheiden, sondern auch, was sie gemeinsam haben. Nun kann es den Oberbegriff »Möbel« verstehen.

Mengenbegriff.   Bereits 2-jährige Kinder können bis 5 oder mehr zählen. Zählen ist für sie aber wie das Hersagen eines Reims. Einen Zahlenbegriff, eine Vorstellung von Zahlen, haben sie noch

Wie groß war die Maus? So groß.

nicht. Die erste Unterscheidung von Mengen, die das Kind im 3. Lebensjahr vornimmt, ist »eines« und »vieles«. Damit wird es ihm möglich, Einzahl und Mehrzahl von Hauptwörtern zu verstehen. Erst im 4. und 5. Lebensjahr weitet sich der Zahlenbegriff weiter aus. Er bleibt aber bis zum Schuleintritt bei den meisten Kindern auf unter 5 begrenzt.

Persönliche Fürwörter (Pronomen). 2-jährige Kinder sprechen von sich, indem sie ihren Vornamen benutzen. Im 3. Lebensjahr verwenden sie zuerst die Fürwörter »mein« und »mir«. Es folgen »du« und schließlich »ich«. Die richtige Anwendung der Ichform ist eine erstaunliche Leistung, die das Kind aus einem neuen Selbstverständnis heraus alleine vollbringt. Erstaunlich deshalb, weil Eltern und Geschwister von sich in der Ichform sprechen, das Kind aber mit »du« anreden. Das Kind muss die folgende Regel selbstständig ableiten: Wenn eine Person von sich spricht, sagt

»Ich« sagen.

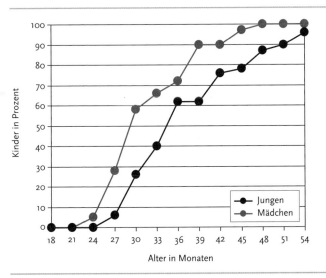

Anzahl der Kinder (in Prozent), die in verschiedenem Alter die Ichform benutzen.

sie »ich«, wenn sie zu einer anderen Person spricht, sagt sie »du«. Damit das Kind diese Regel überhaupt aufstellen kann, muss die Entwicklung des Selbst und die Abgrenzung von anderen Personen einen gewissen Stand erreicht haben (siehe »Beziehungsverhalten 10 bis 24 Monate«). Dies ist ein weiterer überzeugender Beweis dafür, dass sich Kinder Sprache nicht durch Nachahmung aneignen.

Mit den ersten Mengenvorstellungen erschließt sich dem Kind auch die Bedeutung der Wirform.

Kausalbegriffe. Ursächliche Zusammenhänge bemerken Kinder in ihrer Umgebung bereits im 1. Lebensjahr (siehe »Spielverhalten 4 bis 9 Monate«). Ein bewusstes Verständnis für kausale Beziehungen stellt sich aber erst im 3. und 4. Lebensjahr ein. Die Kinder kommen ins Frage-Alter. Sie stellen den ganzen Tag Warum-Fragen, und das nicht nur bei Zusammenhängen, die sie nicht verstehen. Gelegentlich bekommen die Eltern den Eindruck, die Kinder fragen um des Fragens willen. Dem ist aber nur ausnahmsweise so: Sie stellen tatsächlich häufig Fragen über Sachverhalte, die ihnen bereits bekannt sind, aber nicht, um die Eltern zu ärgern, sondern um sich zu vergewissern, dass ihre Annahmen auch zutreffen. Zum 2. Fragealter gehören auch die Wann-Fragen: Das Kind beginnt, sich für die Zeit zu interessieren, und versucht mit Fragen herauszufinden, welcher Art die zeitlichen Beziehungen zwischen Ereignissen in Vergangenheit, Zukunft und Jetzt sind.

Satzbau

Mithilfe der Grammatik wird das einzelne Wort in den Sinnzusammenhang eines Satzes eingefügt. Bei der Satzbildung werden die Wörter in die richtige Reihenfolge gesetzt und anhand grammatikalischer Regeln »eingepasst«. Beispielsweise der Satz: »Ich trinke Milch« nach der Regel Subjekt-Verb-Objekt. Die Ausdifferenzierung des Satzbaus geht mit derjenigen der Grammatik Hand in Hand.

Wenn der Wortschatz auf 20 bis 50 Wörter angewachsen ist, beginnen Kinder Zweiwortsätze zu bilden. Diese entstehen aus der Verbindung zweier Wörter, die nicht als ein Begriff verstanden werden. »Papa, da« oder »Schuhe Eva« sind Zweiwortsätze, nicht aber »Guten Abend«. Erste Zweiwortsätze treten wie die ersten Wörter in sehr unterschiedlichem Alter auf.

Kinder benutzen Zweiwortsätze frühestens mit 15 bis 18 Monaten, spätestens im Alter von 3 bis 3,5 Jahren. Mädchen weisen dabei durchschnittlich wiederum eine etwas raschere Entwicklung auf als Jungen.

Mit Zweiwortsätzen kann sich das Kind wesentlich differenzierter ausdrücken als mit einzelnen Wörtern (siehe Tabelle). Es kann in einem Zweiwortsatz mitteilen, dass eine Person oder ein Gegenstand anwesend oder abwesend ist. Es vermag Handlungen und Personen verschiedenen Orten zuzuordnen und kann seine Wünsche und Absichten äußern. Letzteres setzt voraus, dass sich das Kind als Person wahrnimmt. Damit werden dem Kind auch die eigenen Sinnesempfindungen bewusst (zum Beispiel »Ich höre«) und es kann auch körperliche Bedürfnisse ausdrücken (zum Beispiel »Jana trinken« heißt »Ich habe Durst«). Schließlich begreift das Kind, was wem in der Familie gehört, und kann dies auch benennen: Die Schuhe der Mutter, die Puppe der Schwester. Solche Besitzangaben sind wiederum nur möglich, wenn die Persönlich-

Entwicklung des Satzbaus (Syntax) zwischen 2 und 5 Jahren.

Alter in Jahren	1	2	3	4	5	6
		einzelne Worte				
	Apfel					
		Zweiwortsätze				
		Apfel essen				
			Mehrwortsätze			
			Peter Apfel essen			
				Einfache Sätze		
				Peter isst den Apfel		
					Haupt- und Nebensätze	
					Peter isst den Apfel, weil er lecker ist	

keitsentwicklung einen gewissen Entwicklungsstand erreicht hat. Das Kind muss ein Bewusstsein seines Selbst und anderer Personen haben, damit es Gegenstände anderen Personen zuordnen kann.

Wie einzelne Wörter sind auch Zweiwortsätze oft vieldeutig. Das Kind greift nach dem Apfel und sagt: »Mama, essen.« Je nach Intonation, Mimik und Gestik und konkreter Situation kann dies bedeuten: Ich habe Hunger! Mamas Apfel? Darf ich den Apfel essen?

Nach einer Phase mit Mehrwortsätzen (»Anna Papa Auto«), die bei den meisten Kindern nur kurze Zeit andauert, beginnen sie, einfache Hauptsätze zu bilden. Dieser Entwicklungsschritt ist der eigentliche Quantensprung in der Sprachentwicklung. Er stellt höchste Anforderungen an die Sprachkompetenz, da das Kind gleichzeitig die richtigen Worte finden sowie die passenden grammatikalischen und syntaktischen Regeln anwenden muss. Jeder

Zweiwortsätze.

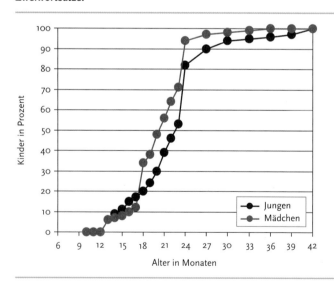

Anzahl der Kinder (in Prozent), die in verschiedenem Alter Zweiwortsätze bilden (Largo).

Ausdrucksmöglichkeiten mit Zweiwortsätzen (modifiziert nach Bloom).

Bedeutung	Beispiel
vorhanden/nicht vorhanden sein	»Puppe da.«, »Auto fort.«
Handlungsträger und Handlung	»Peter spielen.«
Handlung mit Ortsbezeichnung	»Küche essen.«
Gegenstand/Person mit Ortsbezeichnung	»Baby Bett.«
Absicht	»Susi spielen.« (Susi = ich)
Eigenwahrnehmung	»Großvater hören.« (Ich höre den Großvater kommen.)
Bedürfnisse	»Will Schokolade.«
Besitzangabe	»Mami Tasche.« (Mutters Tasche)

Erwachsene, der eine Fremdsprache lernt, kennt diese Herausforderung. Es erstaunt nicht, dass die meisten Kinder diesen Entwicklungsschritt nur mit Schwierigkeiten meistern, wie wir im Folgenden sehen werden. Im 4. Lebensjahr ergänzen die Kinder Hauptsätze mit Nebensätzen, wobei sie Konjunktionen wie »dass«, »bis« oder »wenn« verwenden.

Aussprache

Im Alter von 2 Jahren ist die Aussprache bei den meisten Kindern noch ziemlich undeutlich. Oft sind es nur die Eltern, die das Kind verstehen. Die Kinder können zwar alle Vokale bilden, aber nur einen Teil der Konsonanten. In den folgenden 3 Jahren eignen sie sich auch die verbleibenden Konsonanten an, wobei im Alter von 5 Jahren immer noch etwa 30 Prozent der Kinder die Laute r, s und sch nur unvollständig bilden können. Die meisten Kinder sind aber in diesem Alter auch für Außenstehende gut verständlich.

Entwicklung der Artikulation.

Alter in Jahren	1	2	3	4	5
Vokale	alle (a, e, i, o, u)				
Konsonaten		b, d, m, n, f			
			p, t, w, g, ch, l		
				r, s, sch	

Das Auftreten von Vokalen und Konsonanten in Abhängigkeit vom Alter.

Wie bereits erwähnt, ist die Satzbildung für Kinder eine große Herausforderung und stellt für manche von ihnen eine rechte Hürde dar. Mehr als die Hälfte der Kinder reagiert wie Kim mit Stottern darauf. Sie suchen nach den richtigen Wörtern, den richtigen Formen und der richtigen Reihenfolge der Wörter und geraten dabei ins Stocken. Dieses »natürliche Stottern« dauert bei den meisten Kindern einige Wochen, selten bis zu 6 Monate. Dann haben sie es geschafft und können sich korrekt in einfachen Sätzen ausdrücken.

Die Rolle der Eltern

Wie in der gesamten Sprachentwicklung sind Kinder auch in ihrem Sprachverständnis in jedem Alter unterschiedlich weit entwickelt. Das Sprachverständnis eines Kindes ist dabei immer weiter fortgeschritten als sein Ausdrucksvermögen. Verständnis und Ausdruck klaffen von Kind zu Kind unterschiedlich weit auseinander. Eltern und andere Bezugspersonen sollten darauf achten, dass sie ihre Sprechweise der Sprachkompetenz des Kindes so weit wie möglich anpassen, damit sie das Kind in seiner Sprachentwicklung möglichst gut unterstützen und positiv bestärken.

Wie sollten sich die Eltern verhalten, wenn ihr Kind stottert? Sie sollten wie Kims Eltern geduldig mit ihm sein. Ungeduld verunsichert das Kind zusätzlich und verstärkt das Stottern. Die Eltern sollten das Kind nicht Sätze wiederholen lassen, sondern ihm nur seine Aussage inhaltlich bestätigen. Wenn sich das Kind nicht verständlich machen kann und entmutigt ist, sollten die Eltern für seine Not Verständnis zeigen. So können sie vermeiden, dass das Kind gegen sein Sprechproblem anzukämpfen beginnt, was das Stottern nur noch verschlimmern würde. Spürt das Kind die Frustration seiner Eltern, kann es ein Vermeidungsverhalten entwickeln und in seinem psychischen Wohlbefinden beeinträchtigt werden. Erst wenn das Stottern mehr als 6 Monate anhält oder die Eltern verunsichert sind, sollten sie sich von einer Fachperson beraten lassen.

In den ersten Lebensjahren können sich Kinder Sprache am besten aneignen, wenn sie in unterschiedlichen Lebenssituationen ausreichend Gelegenheit haben, mit Eltern, Geschwistern, anderen Kindern und Erwachsenen Sprache in vielfältiger Weise zu erfahren. Ist dies gewährleistet, ist die Sprache bei den meisten Kindern mit 4 bis 6 Jahren so weit entwickelt, dass sie ihre Muttersprache und gegebenenfalls auch noch eine Zweit- und Drittsprache im täglichen Umgang gut verstehen. Sie selber sprechen in vollständigen, grammatikalisch korrekten Sätzen und sind bezüglich Artikulation und inhaltlicher Aussage gut verständlich.

Das Wichtigste in Kürze

1. Zwischen 2 und 5 Jahren macht das Kind in seiner Sprachentwicklung in den folgenden Bereichen große Fortschritte: inhaltliche Aussage (Semantik), Grammatik, Satzbau (Syntax) und Aussprache.

2. Sein aktiver Wortschatz wächst von wenigen auf einige 1000 Wörter: Jeden Tag kommen mehrere neue Wörter hinzu.

3. Das Kind lernt die wichtigsten Regeln der Grammatik und Syntax kennen.

4. Es lernt, alle Vokale und die meisten Konsonanten auszusprechen. Die Konsonanten r, s und sch bereiten aber noch etwa 30 Prozent der 5-jährigen Kinder Schwierigkeiten.

5. Das Kind kann im Alltag auf einfache Fragen antworten, sich an Gesprächen beteiligen und Geschichten inhaltlich folgen.

6. Mit 5 Jahren verfügt das Kind über eine Sprachkompetenz, mit der es seine Muttersprache gut verstehen und in vollständigen, grammatikalisch korrekten Sätzen sprechen kann. Seine Artikulation und inhaltliche Aussage sind gut verständlich.

7. Die Sprachkompetenz ist in jedem Alter von Kind zu Kind unterschiedlich weit entwickelt.

8. Stottern gehört zur normalen Sprachentwicklung. Über 50 Prozent der Kinder stottern vorübergehend im Alter von 2,5 bis 4 Jahren. Es dauert zumeist wenige Wochen, maximal 6 Monate.

9. Erwachsene sollten ihre Sprechweise der Sprachkompetenz des Kindes anpassen, um es in seiner Sprachentwicklung zu unterstützen und positiv zu bestärken. Stottert das Kind, sollten sie Geduld mit ihm haben.

Trinken und Essen

Einleitung

Die Großeltern sind zu Besuch. Sie haben dem Vater eine Flasche Wein, der Mutter einen Blumenstrauß und dem 2-jährigen Jean einen großen Hasen aus Schokolade mitgebracht. Zufrieden schauen sie zu, wie ihr Enkel die Verpackung aufreißt und sich genussvoll über den Hasen hermacht. Noch mehr freuen sie sich über die dankbaren Blicke, die ihnen Jean aus seinem schokoladenverschmierten Gesichtchen schenkt.

Essen und Trinken sind physiologische Notwendigkeiten wie Atmen oder Schlafen. Hunger- und Durstgefühl zwingen uns, diese elementaren körperlichen Bedürfnisse zu befriedigen. Freier sind wir in der Art und Weise, wie wir uns ernähren. Was wir essen, wie wir die Nahrung zu uns nehmen und welche gefühlsmäßige und soziale Bedeutung wir dem Essen zumessen, ist von Mensch zu Mensch, von Familie zu Familie und von Gesellschaft zu Gesellschaft sehr verschieden. Während Fleisch für manche Menschen zu jeder Mahlzeit dazugehört, ernähren sich andere Menschen ausschließlich vegetarisch. Manche Familien bereiten

Alleine trinken!

die Mahlzeiten mit großem zeitlichen Aufwand und viel Sorgfalt zu, andere ernähren sich vorwiegend von Fertiggerichten.

Bereits Neugeborene unterscheiden sich voneinander in ihrem Trinkverhalten, und schon Kleinkinder können ausgeprägte Abneigungen und Vorlieben für bestimmte Speisen haben. Das Essverhalten und die Bedeutung, welche die Nahrung und die Mahlzeiten für ein Kind bekommen, drücken aber nicht nur individuelle Eigenheiten aus, sondern sie werden auch durch familiäre Erfahrungen geprägt. Eltern ernähren ihre Kinder nicht nur, sie erziehen sie durch ihr Vorbild und ihre Wertvorstellungen auch zu einem bestimmten Essverhalten. Ob Kaviar für den Nachwuchs eine Delikatesse oder nur »fade Fischeier« sind, ist ebenso eine Frage des persönlichen Geschmacks wie der Erziehung.

Die 3 Ernährungsformen

In den ersten Lebensjahren wird das Kind auf drei verschiedene Arten ernährt. Jede Ernährungsform ist dem jeweiligen Entwicklungsstand des kindlichen Organismus angepasst. Sie entspricht seinen Möglichkeiten der Nahrungsaufnahme, der Verdauung, des Stoffwechsels und der Ausscheidung.

Flüssige Nahrung. Muttermilch und Flaschenmilch sind die ideale Nahrung in den ersten 4 Lebensmonaten. Sie sind leicht verdaulich und belasten Stoffwechsel und Nieren nicht. Die Muttermilch enthält zudem Abwehrstoffe, die das Kind in den ersten Lebensmonaten wirksam vor schweren Infektionen schützen. 5 bis 14 Tage nach der Geburt kann das Kind bereits genügend Nahrung aufnehmen, damit seine Entwicklung und sein Wachstum gewährleistet sind.

Breinahrung. Nach dem 4. Lebensmonat genügt die Milch dem Nährstoff- und Energiebedarf des Säuglings immer weniger. Die Verdauung, der Stoffwechsel und die Ausscheidung sind so weit fortgeschritten, dass das Kind von flüssiger Nahrung auf Breimahlzeiten übergehen kann. In dieser Altersperiode beginnt das

Kind auch feste Nahrung wie Brotrinde in den Mund zu nehmen und daran zu saugen.

Feste Nahrung.   Im 2. Lebensjahr sind Mundmotorik und Darmfunktion so weit entwickelt, dass sich das Kind von Erwachsenenkost ernähren kann. Das Kind kann ausreichend beißen und kauen. Es hat seine Körperhaltung so weit unter Kontrolle, dass es am Familientisch sitzen kann.

Stillen ist wieder »in«

Bis ins 19. Jahrhundert wurden alle Säuglinge gestillt. War es einer Mutter nicht möglich, ihr Kind zu stillen, wurde es von einer Amme ernährt. Die Praxis des Stillens und Umgang mit Stillschwierigkeiten gaben die Mütter und weiblichen Verwandten an die nächste Generation weiter. Nur unter besonderen Umständen wurden einem Säugling während einer begrenzten Zeit Kuh-, Schafs- oder Ziegenmilch eingeflößt.

Um 1850 wurden die ersten Milchflaschen hergestellt. Nach 1920 setzte die industrielle Produktion von Säuglingsmilchnahrung auf Kuhmilchbasis ein. Die Ernährung mit der Milchflasche konkurrierte in den folgenden 40 Jahren immer mehr mit dem Stillen. Flaschenmilch wurde als sichere und billige Säuglingsnahrung angepriesen. Zeitgeist, Rollenwandel der Frau und eine ganze Reihe von Vorurteilen haben den Müttern das Stillen zusätzlich erschwert:

- Stillen ist umständlich.
- Stillen macht müde.
- Stillen ruiniert die Brust.
- Stillen verhindert die Berufstätigkeit.
- Stillen schränkt die persönliche Freiheit ein.
- Stillen ist in der Öffentlichkeit nicht möglich.
- Stillen ist ein Zeichen für niedrigen sozialen Status.
- Die Trinkmenge lässt sich mit der Milchflasche besser kontrollieren.

Nachteilig wirkte sich schließlich auch der fehlende Wille von Ärzten, Schwestern und Hebammen aus, sich für das Stillen einzusetzen. Bis in die Mitte des 20. Jahrhunderts führte diese Haltung in den westlichen Gesellschaften zu einem starken Rückgang des Stillens.

Vor etwa 40 Jahren setzte ein Umdenken ein, das vor allem von Organisationen wie der La Leche League ausging und immer noch ausgeht. In der Medizin wurden der biologische Wert der Muttermilch und die psychologische Bedeutung des Stillens wiederentdeckt. Heutzutage kommen in den meisten Frauenkliniken Stillberaterinnen zu den Müttern ans Wochenbett, damit sich das Stillen gut einspielen kann.

Das Stillen ist wieder weit verbreitet, und doch fühlen sich viele junge Mütter mit ihren Stillschwierigkeiten alleingelassen. Oft können sie ihre eigenen Mütter und weiblichen Verwandten nicht um Rat fragen, da diese ihre Kinder nicht selber gestillt haben. Erfahrene Frauen und ausgebildete Stillberaterinnen sind daher für junge, im Stillen noch unerfahrene Mütter sehr hilfreich.

»Gestillte Kinder sind glücklicher«, »Stillen ist die Voraussetzung für eine gute Mutter-Kind-Beziehung« oder ähnliche Behauptungen lassen sich in zahlreichen Büchern und Zeitschriften nachlesen. Die vorgebrachten diätetischen und psychologischen Argumente sind überzeugend: Stillen ist die ideale Ernährungsform für den Säugling. Muttermilch ist von Natur her sehr gut auf die physiologischen Vorraussetzungen des Säuglings abgestimmt. Von dieser Einsicht ist der Weg leider nicht weit zur Ideologie: Jede gute Mutter stillt ihr Kind. Doch nicht alle Frauen wollen und können stillen. Es gibt äußere Umstände wie Frühgeburt, Krankheit des Kindes oder Berufstätigkeit der Mutter, die das Stillen unmöglich machen können. Manche Frauen können aus unterschiedlichsten Gründen ihr Kind nicht selber stillen. Für diese Frauen kann der Anspruch »jede Mutter kann stillen« zum psychischen Stress werden und Schuldgefühle auslösen. Sie haben schnell das Gefühl zu versagen und befürchten, dass durch ihr »Unvermögen« dem Kind ein erfolgreicher Start ins Leben verwehrt wird.

Stillen ist für Kind und Mutter erstrebenswert, aber nicht die einzige Möglichkeit, einen Säugling gut zu ernähren. Ein Kind kann mit der Milchflasche durchaus vollwertig ernährt werden. Dabei kann zwischen Mutter und Kind eine genauso tiefe Beziehung entstehen wie beim Stillen. Es gibt keine wissenschaftliche Studie, die überzeugend belegt, dass Flaschenkinder sich in ihrem Wachstum und in ihrer Beziehungsfähigkeit von gestillten Kindern unterscheiden.

Muttermilch oder Flaschenmilch?

Säugetiere ernähren wie der Mensch ihre Jungen während der ersten Wochen und Monaten mit Milch. Die Milch jeder Tierart ist den spezifischen Bedürfnissen der Jungen angepasst. Ihre Zusammensetzung aus Kohlehydraten, Eiweißen, Fetten und anderen Nährstoffen ist auf das Wachstum, die motorische Aktivität und die Wärmeproduktion des jungen Tieres abgestimmt. Ratten verdoppeln ihr Geburtsgewicht innerhalb von nur 6 Tagen, Kühe brauchen dazu 45 bis 60, Menschen gar 150 Tage. Der Milchgehalt wird dem unterschiedlichen Wachstumstempo angeglichen: Die Milch der rasch wachsenden Ratte enthält viermal mehr Eiweiß, den wichtigsten Baustoff, als die der Kuh und zehnmal mehr als die des Menschen. Der Energiegehalt der Milch ist bei der Ratte ebenfalls wesentlich höher als bei der Kuh und beim Menschen. Daraus lässt sich ersehen, dass sich Kuh-, Schafs- oder Ziegenmilch in ihrem Nährstoff- und Energiegehalt wesentlich von Muttermilch unterscheiden und daher keine ideale Nahrung für einen menschlichen Säugling sein können.

Die Vorteile der Muttermilch gegenüber der Kuhmilch sind in nachstehender Tabelle aufgeführt. Sie umfassen den Energie- und Nährstoffbedarf des Säuglings, seinen Stoffwechsel, die Abwehr von Infektionen und die Vermeidung einer frühzeitigen Allergisierung. Letztere ist vor allem für Säuglinge wichtig, in deren Familien gehäuft Allergien wie Hautekzeme, Asthma und Heuschnupfen vorkommen.

Stillen ist schließlich nicht nur vorteilhaft für das Kind, sondern auch für die Mutter. Es vermindert ihr Risiko, an Brustkrebs zu erkranken.

Vorteile der Muttermilch gegenüber der Kuhmilch.

- Sie ist optimal abgestimmt auf den Energie- und Nährstoffbedarf des Säuglings.
- Sie enthält mehr ungesättigte Fettsäuren.
- Sie enthält mehr fettlösliche Vitamine (außer Vitamin D), dafür weniger wasserlösliche als Kuhmilch.
- Sie enthält Lipase (fehlt gänzlich in Kuhmilch).
- Sie ist angepasst an die noch eingeschränkten Verdauungsfunktionen des kindlichen Darmes (enthält Lipase, mehr Molkenprotein, weniger Kasein).
- Sie ist angepasst an die eingeschränkte Ausscheidungskapazität der kindlichen Nieren (weniger Mineralstoffe).
- Sie enthält zahlreiche Spurenelemente und ermöglicht eine optimale Resorption von Eisen.
- Sie enthält Abwehrstoffe gegen Krankheitserreger:
  - Sekretorische Immunglobuline (IgA) verhindern, dass sich Krankheitskeime an der Darmwand festsetzen können.
  - Enzyme beschleunigen die Auflösung von Krankheitserregern (Lysozyme); entziehen den Krankheitserregern Eisen (Lactoferrin) und zerstören Krankheitserreger (Lactoperoxidase-System).
  - Abwehrzellen (Makrophagen, Granulozyten, Lymphozyten)
- Sie enthält Laktose und somit den Bifidusfaktor, einen Wachstumsfaktor für Lactobazillus bifidus. Dieses Bakterium bewirkt ein saures Darmmilieu, welches das Wachstum krank machender Keime hemmt.
- Sie ist keimarm.
- Sie ist immer verfügbar.
- Sie braucht nicht aufgewärmt zu werden.
- Sie ist kostenlos.
- Sie verhindert eine frühzeitige Allergisierung, insbesondere gegen Kuhmilcheiweiße.

Doch Muttermilch weist gegenüber Kuhmilch nicht nur Vorteile, sondern leider auch – menschengemachte – Nachteile auf. Die Industrie hat über Jahrzehnte hinweg chemische Substanzen entwickelt, die der Natur fremd sind. Inzwischen sind sie als Insektizide und Pestizide in großen Mengen in der Umwelt verbreitet, um die Pflanzen vor Insektenfraß und Pilzbefall zu schützen. Chlorierte Kohlenwasserstoffe, die als Weichmacher für Kunststoffe und Lacke dienen, gelangen beim Abbau in die Luft, die

Böden und das Trinkwasser. Diese Substanzen können von der Natur nur schwer oder überhaupt nicht abgebaut werden. Sie gelangen über die Nahrungskette in den Menschen. Vom Menschen werden sie allerdings kaum ausgeschieden, sondern vorzugsweise im Körperfett abgelagert. Beim Stillen werden die mütterlichen Fettreserven wieder mobilisiert, dabei gelangen die Substanzen auch in die Muttermilch. In dieser erreichen diverse Chemikalien eine Konzentration, die das Hundertfache des ursprünglichen Vorkommens in den Pflanzen übersteigen kann. In den vergangenen 30 Jahren hat sich die Konzentration der Pestizide um das Fünf- bis Zehnfache verringert, da die schädlichsten Pflanzenschutzmittel inzwischen verboten wurden. Andere Schadstoffe wie die chlorierten Kohlenwasserstoffe sind unvermindert hoch konzentriert. Derzeit liegt der Schadstoffgehalt der Muttermilch über dem der Kuhmilch, erlaubt aber immer noch ein bedenkenloses Stillen. Wenn wir in den kommenden Jahren mit unserer Umwelt nicht sorgsamer umgehen, wird so etwas Elementares und Natürliches wie das Stillen zu einem gesundheitlichen Risiko für das Kind werden.

1920 waren die biochemischen Untersuchungsmethoden so weit fortgeschritten, dass die genaue Zusammensetzung der Mutter- und Kuhmilch verglichen werden konnte. Die Analysen ergaben, dass Kuhmilch zu viel und andersgeartete Eiweiße, zu wenig Fettsäuren (vor allem Linolsäure) und zu viele Mineralstoffe enthält. Daraufhin unternahm die Industrie große Anstrengungen, die Kuhmilch zu verdünnen und durch den Zusatz von Nährstoffen der Muttermilch anzupassen. Im Vergleich zu Kuhmilch ist in der Säuglingsmilchnahrung:

- das Gesamteiweiß reduziert, der Gehalt an Kasein vermindert und derjenige an Molkenproteinen erhöht;
- sind ungesättigte Fettsäuren zugesetzt;
- Milchzucker (Laktose) angereichert;
- der Gehalt an Mineralstoffen vermindert;
- sind Vitamine, insbesondere Vitamin D, und Eisen zugesetzt.

Die Anfangsmilch ist im Nährstoff- und Energiegehalt weitgehend der Muttermilch angeglichen. Was ihr fehlt, sind die Abwehrstoffe, und je nach Zubereitung ist sie nicht so keimarm wie die Muttermilch. Ihr Gehalt an Vitaminen und Eisen ist höher als derjenige der Muttermilch. Im Vergleich mit der Anfangsmilch enthält die Folgemilch mehr Stärke aus verschiedenen Kohlehydraten (Glucose, Maltose, Lactose), und ihr Eiweiß ist weniger gut angeglichen (das Kasein-Albumin-Verhältnis beträgt nicht mehr 60:40, sondern 80:20). Die Folgemilch verweilt länger im Magen und führt damit zu einem stärkeren Sättigungsgefühl.

Selbstständigkeit

Säuglinge sind in ihrer Ernährung völlig von ihren Eltern und anderen Bezugspersonen abhängig. Erst im zweiten Lebenshalbjahr beginnt das Kind, in seinem Trink- und Essverhalten selbstständiger zu werden. Es hält die Milchflasche und führt die Brotrinde zum Mund. Gegen Ende des 1. Lebensjahres versucht das Kind erstmals, aus der Tasse zu trinken und mit dem Löffel zu essen. Das Kind liegt nicht mehr im Arm der Fütternden, es sitzt nun eigenständig in einem Stühlchen. Während des 2. Lebensjahres beginnt das Kind, sich spezifische Esstechniken anzueignen, indem

Die Gehilfen beim
Kuchenbacken.

es seine Bezugspersonen beim Essen nachahmt. Je nach kulturellem Umfeld, in dem das Kind aufwächst, isst es mit dem Löffel, mit Stäbchen oder mit den Händen.

In den ersten 2 Lebensjahren wird aus dem Säugling, der gefüttert werden muss, ein Kleinkind, das sich die Nahrung selbstständig zuführen kann und dies auch will! Mancher »schlechte Esser« entpuppt sich als wahrer Genießer, der nur endlich nicht mehr gefüttert werden will. Um zu essen »wie die Großen«, sollte das Kind ruhig ein wenig experimentieren dürfen.

Suppenkasper und Zappelphilipp

Am Familientisch erlebt das Kind, wie sich Eltern und Geschwister beim Essen verhalten. Die Eltern machen es auf die Regeln bei Tisch aufmerksam, loben ein bestimmtes Verhalten und unterbinden anderes. Tischsitten sind wie Essgewohnheiten von Gesellschaft zu Gesellschaft ganz verschieden. In unserem Kulturkreis werden Kinder ermahnt, nicht unanständig laut zu rülpsen und zu schmatzen, woanders lernen sie, dass es ein Zeichen des Wohlbehagens und des Lobes für den Gastgeber ist.

Tischmanieren sind in unserer Gesellschaft seit *Struwwelpeters* Zeiten ziemlich in Verruf geraten. Viele Eltern versuchen, sich von den strengen Tischsitten früherer Generationen zu lösen und einen kindgerechteren Umgang am Familientisch zu finden. Kein einfaches Unterfangen! Manche Eltern machen mit einem wohlgemeinten, aber allzu nachgiebigen Erziehungsstil am Familientisch die Erfahrung: Ganz ohne Regeln kann Kind und Eltern die Lust am Essen vergehen. Auch hier gilt, Kinder lernen von Erwachsenen. Tippt der Vater beim Frühstück nebenbei auf seinem Handy herum, versteht das Kind nicht, warum es kein Spielzeug zu Tisch nehmen darf. Gehen die Eltern mit gutem Vorbild voran, und gelten bestimmte Regeln für alle, lernen Kinder die Tischmanieren nebenbei, und das Essen kann gemeinsam genossen werden.

Ich hab dich zum Fressen gern

Essen bringt die Menschen einander näher. Seit jeher spielte das Mahl eine zentrale Rolle im gemeinschaftlichen Leben. In allen Kulturen wird bei einer wichtigen Begegnung zwischen Menschen gern ein festliches Essen eingenommen: an Hochzeiten, Taufen, Beerdigungen, aber auch bei Kindergeburtstagen und Staatsbesuchen. Gemeinsames Trinken und Essen erleben Menschen jeden Alters als eine Form der gegenseitigen Zuwendung.

Zuneigung mit Genussmitteln auszudrücken ist immer noch weit verbreitet. Gemeinsam verzehrt, haben sie oft eine wichtige soziale Bedeutung. Die Großeltern beschenken Jean mit einem Schokoladenhasen und den Vater mit einer guten Flasche Wein. Der Schwiegervater ist sich damit der Sympathie von Vater und Enkel gewiss. Da die Tochter auf Diät ist, bekommt sie einen Blumenstrauß.

Das Füttern des Säuglings ist nicht nur beim Stillen, sondern auch bei der Ernährung mit der Flasche mit viel Zuwendung und großer körperlicher Nähe verbunden. Auch wenn das Kleinkind selbstständig isst und trinkt, können Eltern das Essen immer noch dazu benutzen, um ihrem Kind ihre Zuneigung oder auch Ablehnung zu zeigen. Sie können das Kind mit Süßigkeiten belohnen, trösten und ablenken oder es bestrafen, indem sie ihm das Dessert verbieten. Doch Esswaren sind ein fragwürdiges Erziehungsmittel und sollten nicht dazu dienen, dass Verhalten des Kindes zu steuern. Derart zweckentfremdet, können sie das Kind auf die Dauer in seinem psychischen Wohlbefinden von Nahrungsmitteln abhängig machen.

»Mir hat es den Appetit verschlagen.« Essverhalten und psychisches Befinden beeinflussen sich gegenseitig. Ein gutes Essen macht gute Laune und bereitet Wohlbehagen. Frustration führt bei manchen Menschen zu Appetitlosigkeit, bei anderen zu vermehrtem Essen. Eine Reihe von Nahrungsmitteln, insbesondere aber Süßigkeiten, sind für Kinder und Erwachsene willkommene Tröster und ein vermeintlicher Ersatz für vielfältigste unbefriedigte Bedürfnisse. Weil Nahrungsmittel in der westlichen Welt im Überfluss zu haben sind und ihr Konsum aus kommerziellen Gründen

Essen ist Genuss.

durch Geschmacksverstärker noch erhöht wird, sind dieser Art von Ersatzbefriedigung fast keine Grenzen mehr gesetzt. Wichtige Gründe, weshalb Übergewichtigkeit in unserer Gesellschaft ein derart großes gesundheitliches Problem geworden ist.

In den ersten Lebensjahren lernt das Kind, wie es mit Enttäuschungen fertig werden kann. Ob dabei Süßigkeiten als Tröster eine Rolle spielen, bestimmen weitgehend die Eltern. Wenn sie dem weinenden Kind keine Süßigkeiten geben, sondern es trösten, indem sie es in den Arm nehmen und ihm Mut zusprechen, wird das Kind in den folgenden Jahren weniger versucht sein, seine Frustrationen mit Leckereien zu bekämpfen.

Mit der Ernährung üben nicht nur die Eltern Einfluss auf das Kind aus, das Kind hat mit seinem Essverhalten eine ebenso große Macht über die Eltern. Ein Kind, das beim Essen kräftig zulangt, weil es ihm schmeckt, erfreut die Eltern. Sie fühlen sich als Eltern bestätigt: Sie sorgen gut für das Kind. Ein Kind, das »isst wie ein Spatz«, beunruhigt die Eltern: Ist das Kind etwa krank? Um gesund zu bleiben, muss ein Kind doch essen! Machen wir etwas falsch? Eltern haben einen imperativen Drang, ihr Kind gut zu ernähren. Ein rosiges, rundes Baby gilt vielerorts als ein Zeichen guter Gesundheit und ist eine Auszeichnung für die Eltern. Ein Kind, das wenig isst und mager ist, weckt Schuld- und Versagensgefühle bei den Eltern. Verweigert das Kind sogar das Essen, fühlen sich die Eltern abgelehnt und machen sich ernsthafte Sorgen um die Gesundheit ihres Kindes. Scheinbare Appetitlosigkeit kann für viele Eltern einen lebensbedrohlichen Charakter annehmen, auch wenn das Kind gesund ist, spielt und motorisch aktiv bleibt. Ist ihr Kind ein schlechter Esser, lassen sich viele Eltern um den Finger wickeln. Die Angst und die ablehnenden Gefühle, die ein Kind mit seinem Essverhalten bei den Eltern auslösen kann, sind schon in der Geschichte des Suppenkaspers im *Struwwelpeter* treffend dargestellt worden. Lassen Sie sich als Eltern nicht verunsichern: Ein gesundes Kind verweigert das Essen nie in einem solchen Ausmaß, dass seine Gesundheit und seine Entwicklung ernsthaft beeinträchtigt werden. Hunger und Durst sind Ihre mächtigen Gehilfen!

Kinder können auf vielerlei Weise ernährt und zum Essen erzogen werden. Die ideale Art, ein Kind im Essen zu unterweisen, gibt es nicht. Jede Erziehungshaltung hat ihre ernährungs-, aber auch gefühls- und beziehungsmäßigen Vor- und Nachteile. Eltern können sich bemühen, ihr Kind zu einem gesunden und selbstständigen Essverhalten zu erziehen. Sie können das Kind aber auch mit Esswaren belohnen und bestrafen. Das Kind kann mit seinem Essverhalten die Eltern erfreuen oder ängstigen. Esswaren und Essverhalten sind für Kind und Eltern ein weites Feld der Verführungen.

Wie wir uns als Eltern auch immer verhalten: Den Grundstein für das spätere Essverhalten eines Kindes legen wir in seinen ersten Lebensjahren.

Das Wichtigste in Kürze

1. Der Säugling und das Kleinkind werden auf 3 verschiedene Arten ernährt, die jeweils dem Entwicklungsstand des kindlichen Organismus angepasst sind:
   - flüssige Nahrung in Form von Milch in den ersten 4 bis 6 Lebensmonaten;
   - Breinahrung zwischen 4 und 12 Monaten;
   - feste Nahrung ab dem 2. Lebensjahr.

2. Das Stillen ist aus biologischer und psychologischer Sicht die ideale Ernährungsform für den Säugling.

3. Muttermilch ist dem Nährstoff- und Energiebedarf des Säuglings angepasst, enthält zahlreiche Abwehrstoffe und ist keimarm.

4. Auch unter besten Bedingungen können nicht alle Mütter stillen. Manche Mütter sind auf die Ernährung mit der Flasche angewiesen.

5. Säuglingsmilchnahrung ist in Nährstoff- und Energiegehalt ein vollwertiger Ersatz für Muttermilch.

6. Mütter, die ihr Kind mit der Flasche ernähren, können eine genauso tiefe Beziehung zu ihrem Kind aufbauen wie stillende Mütter.

7. Mit Zuwendung und Liebesentzug beeinflussen Eltern ihr Kind in seinem Trink- und Essverhalten. Andererseits kann das Kind mit seinem Trink- und Essverhalten auch Druck auf die Eltern ausüben.

8. Essen sollte ein Genuss sein und nicht als Erziehungsmittel missbraucht werden.

Vor der Geburt

Ultraschalluntersuchung in der 16. Schwangerschaftswoche. Die Frauenärztin zeigt den Eltern ihr Kind auf dem Monitor. Die Eltern können es kaum fassen: Ihr Kind gähnt, saugt an seinen Händchen und macht Schluckbewegungen.

In den ersten 9 Lebensmonaten wird das ungeborene Kind umfassend von der Mutter versorgt. Es bezieht von ihr alle Nährstoffe, die es für seine Entwicklung und sein Wachstum braucht: Kohlehydrate, Aminosäuren, Fettsäuren, Vitamine, Mineralstoffe und Spurenelemente. Die Endprodukte seines Stoffwechsels kann das Kind wiederum an die Mutter abgeben; sie scheidet diese über ihre Nieren, die Leber und den Darm aus. Das Kind atmet auch durch die Mutter. Es bezieht den Sauerstoff aus dem mütterlichen Blut und gibt das Kohlendioxid auf demselben Weg wieder ab. Diese umfassende Versorgung wird durch die Plazenta und die Nabelschnur gewährleistet, die beide den kindlichen Kreislauf mit demjenigen der Mutter verbinden. Schließlich umgibt der mütterliche Körper das Kind mit einem Wärme- und Schutzmantel.

Das Menschenkind wirkt im Vergleich mit anderen Säugetieren bei der Geburt unreif. Es kommt gewissermaßen zu früh auf die Welt. Der Schweizer Biologe Adolf Portmann bezeichnete das Neugeborene deshalb als eine »physiologische Frühgeburt«. Lange Zeit war man der Ansicht, dass beim Menschen die Schwangerschaft auf 9 Monate beschränkt ist, weil das mütterliche Becken die Geburt eines größeren Kindes nicht zulassen würde. Die Schwangerschaftsdauer scheint aber auch durch die Versorgungsmöglichkeiten der Mutter eingeschränkt zu werden. Eine weitere Größenzunahme des Kindes wäre mit einem Energie- und Nährstoffbedarf verbunden, den die Mutter nicht mehr aufbringen könnte.

Obwohl das Kind während der Schwangerschaft umfassend von der Mutter versorgt wird, verhält es sich dennoch nicht völlig passiv. Es bereitet sich frühzeitig auf die Aufnahme flüssiger Nahrung vor. In der 8. bis 12. Schwangerschaftswoche beginnt es, an seinen Händchen zu saugen, trinkt Fruchtwasser, resorbiert die Flüssigkeit und scheidet sie über die Nieren wieder aus.

Mit der Geburt wird die umfassende Versorgung durch die Mutter abrupt unterbrochen. Die Nabelschnur wird durchtrennt, und die Plazenta löst sich von der Gebärmutter ab. Damit ist der Organismus des Neugeborenen innerhalb weniger Minuten ganz auf sich allein gestellt. Während die Atmung unmittelbar beginnt und das Neugeborene mit dem lebensnotwendigen Sauerstoff versorgt, kommt die Verdauung nur langsam in Gang. Die Nahrungsauf-

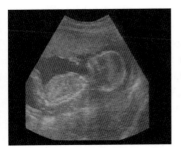
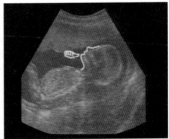

Ein Kind in der 14. Schwangerschaftswoche steckt seinen Daumen in den Mund und saugt daran.

nahme ist in den ersten 5 bis 10 Tagen nach der Geburt unzureichend. Um diese Zeit zu überbrücken, wird das Kind mit einem Energievorrat an Fett und Kohlehydraten (Glykogen) geboren. Das Neugeborene braucht also in den ersten Lebenstagen noch nicht vollständig ernährt zu werden.

Ernährung während der Schwangerschaft

Damit sich das ungeborene Kind gut entwickeln kann, sollte sich die Mutter ausreichend und vielseitig ernähren. Eine kalorienarme wie auch eine zu kalorienreiche Ernährung oder ein Vitaminmangel können das Wachstum und die Entwicklung des Kindes beeinträchtigen. Letzteres kann bei einer streng vegetarischen und ganz besonders bei einer veganen Ernährungsweise auftreten und zu großen Problemen bei Kind und Mutter führen.

In den industrialisierten Ländern gibt die Umweltverschmutzung zu immer größerer Besorgnis Anlass. Davon betroffen ist auch unsere Ernährung und im Besonderen diejenige des ungeborenen Kindes. Als Einzelperson kann sich eine schwangere Frau diesen Einflüssen nur schwer entziehen. Sie kann aber vermeiden, sich bestimmte Substanzen zuzuführen, welche die Versorgung und Entwicklung des ungeborenen Kindes stark beeinträchtigen können. Dazu gehören insbesondere Nikotin und Alkohol. Rauchen schränkt die Funktion der Plazenta ein und führt dadurch zu einer Minderversorgung des ungeborenen Kindes mit Sauerstoff und Nährstoffen. Kinder, deren Mütter während der Schwangerschaft regelmäßig geraucht haben, sind bei der Geburt durchschnittlich 300 Gramm leichter als Kinder von Nichtraucherinnen. Auch Passivrauchen führt bereits zu Beeinträchtigungen. Alkohol kann die Entwicklung des ungeborenen Kindes besonders schwer beeinträchtigen, da Äthanol und Acetaldehyd über die Plazenta in die kindlichen Zellen und Organe gelangen. Insbesondere die geistige Entwicklung des Kindes kann so nachhaltig geschädigt werden. Aber auch andere allgemeine Entwicklungsbehinderungen mit lebenslangen Folgen sind bereits bei kleinen Alkoholmengen beschrieben worden. Einen schädigenden Grenzwert gibt es nicht, während der Schwangerschaft sollte daher auf Alkohol möglichst ganz verzichtet werden. Solange die Wirkung künstlicher Süßstoffe auf den menschlichen Stoffwechsel und insbesondere auf denjenigen des ungeborenen Kindes ungeklärt ist, sollte die schwangere Frau auch auf diese Substanzen verzichten. Schließlich können Medikamente, auch nicht rezeptpflichtige, die Entwicklung des ungeborenen Kindes beeinträchtigen. Sie sollten von einer schwangeren Frau immer nur im Einverständnis mit ihrem Arzt eingenommen werden.

Viele Eltern beschäftigen sich bereits vor der Geburt ihres Kindes mit der Ernährung und Pflege eines Säuglings. Sie besuchen Vorbereitungskurse, die sie mit den Eigenheiten der Schwangerschaft und der Geburt vertraut machen und sie in die Ernährung und Pflege des Säuglings einführen. Weil in unserer Gesellschaft Praxis und Wissen über Schwangerschaft, Geburt und Umgang mit dem Säugling von Generation zu Generation kaum mehr weitergegeben werden, sind solche Vorbereitungskurse für zukünftige Eltern sehr hilfreich.

Das Wichtigste in Kürze

1. Während der Schwangerschaft wird das Kind über die Plazenta und die Nabelschnur umfassend von der Mutter mit Nährstoffen und Energie versorgt. Es atmet durch die Mutter und scheidet die Endprodukte seines Stoffwechsels über die Mutter aus.

2. Ab dem 3. Schwangerschaftsmonat »lernt« das ungeborene Kind das Saugen und Schlucken von Flüssigkeit.

3. Um ein gutes Gedeihen des ungeborenen Kindes zu gewährleisten, sollte sich die Mutter ausreichend und vielseitig ernähren.

4. Alkohol, Nikotin und andere Drogen beeinträchtigen die Entwicklung des ungeborenen Kindes. Das gilt auch für Medikamente aller Art, die nur nach Rücksprache mit dem Arzt eingenommen werden sollten.

o bis 3 Monate

Vor zwei Tagen ist die Mutter mit ihrem ersten Kind aus der Klinik nach Hause zurückgekehrt. Bettina verlangt alle 2 bis 4 Stunden zu trinken. Sie schreit heftig, wenn sie Hunger hat, und saugt kräftig an der Brust. Die Mutter ist dennoch unsicher, ob ihr Kind genügend Milch bekommt. Am 7. Lebenstag wiegt Bettina immer noch 100 Gramm weniger als bei der Geburt.

Die ersten Wochen nach der Geburt sind für Kind und Mutter eine Zeit der Umstellung. Das Neugeborene muss sich an die neuen Lebensbedingungen anpassen. Atmung und Kreislauf bewältigen die Umstellung bereits in den ersten Minuten nach der Geburt. Verdauung, Stoffwechsel und Ausscheidung kommen nur langsam über Tage und Wochen in Gang.

In den ersten 5 bis 10 Lebenstagen sind Nahrungsaufnahme und Verdauung noch nicht voll funktionstüchtig. Die Natur hat für diese Zeit vorgesorgt: In den letzten Schwangerschaftswochen legt das Kind eine Nährstoff- und Energiereserve in Form eines Fettpolsters in der Unterhaut und eines Kohlehydratdepots (Glykogen) in der Leber an. Von diesen Reserven kann das Kind in den ersten Lebenstagen zehren.

Die Mutter muss sich körperlich und psychisch von den Anstrengungen der Entbindung und den hormonellen Umstellungen nach der Geburt erholen. Sie braucht Zeit und Ruhe, damit sie mit ihrem Kind vertraut werden und das Stillen richtig einsetzen kann.

Trinkverhalten

Wenn die Mutter ihr Kind in den ersten Minuten nach der Geburt an die Brust legt, sucht das Neugeborene nach der Brustwarze und macht die ersten Saugversuche. Saugen und Schlucken sind Verhaltensweisen, die das Kind vor der Geburt monatelang eingeübt hat. Spätestens in der 34. Schwangerschaftswoche sind diese Reflexmechanismen so weit entwickelt, dass ein Kind, das zu diesem Zeitpunkt zur Welt kommt, Nahrung zu sich nehmen kann.

Die Nahrungsaufnahme wird in den ersten Lebensmonaten durch die folgenden Reflexverhaltensweisen sichergestellt:

Suchreflex. Berühren die Wange oder die Lippen eines hungrigen Neugeborenen die Brust, beginnt das Kind nach der Brustwarze zu suchen, um sie in den Mund zu nehmen. Allein die Körperwärme kann zu Suchbewegungen führen. Wenn der Säugling die Wärmeabstrahlung der mütterlichen Brust auf der Wange spürt, dreht er ihr den Kopf instinktiv zu. Die Suchbewegungen können beim hungrigen Kind auch mit einem Schnuller oder Finger ausgelöst werden.

Der Säugling orientiert sich auch an dem Geruch der mütterlichen Brust. MacFarlane konnte zeigen, dass ein Säugling bereits am 5. Lebenstag das Brusttüchlein der eigenen Mutter von denjenigen anderer Mütter zuverlässig unterscheiden kann.

Saugreflex. Berührt die Brustwarze die Lippen des Säuglings, saugt das Kind die Brustwarze tief in die Mundhöhle und hält sie mit Ober- und Unterkiefer fest. Die Zunge drückt die Brustwarze gegen den Gaumen und streicht die Milchzisternen der Brustdrüsen von hinten nach vorne aus. Anschließend öffnet sich der Mund etwas, der Druck der Zunge lässt nach, und die Zisternen füllen

Suchbewegungen eines hungrigen Säuglings an der Schulter der Mutter.

Der Finger löst beim hungrigen Säugling Saugbewegungen aus.

sich erneut. Der Saugreflex lässt sich ebenfalls mit einem Schnuller oder Finger leicht auslösen.

Nach 2 bis 3 Wochen bildet sich an der Oberlippe ein kleines Saugpolster aus. Damit vermag der Säugling die Brustwarze oder den Sauger besser zu umfassen.

Der Säugling trinkt an der Brust anders als an der Flasche. Beim Stillen drückt das Kind die Milchzisternen mit der Zunge aus. Es saugt nicht eigentlich, indem es einen Unterdruck in der Mundhöhle erzeugt. Dass Trinken ohne Unterdruck möglich ist, zeigt der offene Mundwinkel in der folgenden Abbildung. An der Milchflasche wird der Flaschensauger von der Zunge ebenfalls ausgepresst. Zusätzlich erzeugt der Säugling in der Mundhöhle einen Unterdruck, um der Flasche die Milch zu entziehen. Weil der Trinkvorgang an der Brust und an der Flasche verschieden ist, haben manche Kinder Mühe, von der Brust auf die Flasche zu wechseln und umgekehrt. Mit etwas Geduld ist eine Umstellung aber zumeist möglich.

Neugeborene und Säuglinge saugen nicht nur, weil sie Hunger haben; sie saugen auch an ihren Händchen, um sich zu beruhigen, wenn sie missgestimmt, gelangweilt oder müde sind und einschlafen wollen (siehe »Schreiverhalten«). Außerdem saugen sie auch an ihren Händchen, um diese kennenzulernen (siehe »Spielverhalten 0 bis 3 Monate«). Saugbewegungen sind also nicht immer ein Hungersignal!

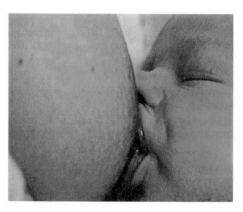

Trinken an der Brust.
Man beachte den
offenen Mundwinkel!

Schluckreflex. Monatelang trinkt das ungeborene Kind Frucht-wasser. Der Schluckreflex ist bei der Geburt bestens eingeübt und mit den Saug- und Atembewegungen abgestimmt. Beim Trinken macht der Säugling 10 bis 30 Saugbewegungen innerhalb von etwa 15 Sekunden und schluckt dabei 1- bis 4-mal; nach 1 bis 2 Schluck-bewegungen macht er einen Atemzug. Der Säugling vermag etwas, was uns Erwachsenen nicht mehr gelingt: Er kann saugen und schlucken und dabei gleichzeitig durch die Nase atmen. Da der Säugling ausschließlich durch die Nase atmet, ist er darauf ange-wiesen, dass die Nase immer durchgängig ist. Bereits ein banaler Schnupfen kann ihn beim Trinken behindern. Störendes Nasen-sekret lässt sich mit einem Politzer-Ballon für Kinder (erhältlich in Apotheken) leicht absaugen.

Greifreflex. Beim Trinken hält sich der Säugling häufig an den Kleidern der Mutter, an seinem eigenen Hemdchen oder an der Fla-sche fest. Das Saugen verstärkt den Greif- und Umklammerungs-reflex (siehe »Motorik 0 bis 3 Monate«).

Milchbildung

Während der Schwangerschaft wird die mütterliche Brust durch die erhöhten Hormonkonzentrationen von Progesteron und Östro-gen in eine aktive Drüse verwandelt. Spätestens ab dem 6. Schwan-gerschaftsmonat sind die Brustdrüsen funktionsbereit. Die Milch-bildung wird durch die hormonelle Umstellung bei der Geburt in Gang gesetzt. Der Säugling stimuliert durch sein Saugen die Bil-dung und die Ausscheidung der Milch. Wie beim kindlichen Trink-verhalten spielen auch bei der Milchbildung Reflexmechanismen eine wichtige Rolle.

Milchbildungsreflex. Der Saugreiz des Kindes bewirkt bei der Mutter im Vorderlappen der Hirnanhangdrüse (Hypophysen-Vor-derlappen) die Ausschüttung von Prolaktin. Dieses Hormon regt die Brustdrüse zur Milchbildung an. Je häufiger die Mutter das Neugeborene an die Brust legt, umso stärker wird die Brustdrüse stimuliert, und desto größer ist die produzierte Milchmenge. Der Milcheinschuss führt zu einer gespannten Brust. Er kann Schmerzen verursachen und schon mal den Schlaf beeinträchtigen.

Milchausscheidungsreflex. Der Saugreiz bewirkt bei der Mutter im Hinterlappen der Hirnanhangdrüse (Hypophysen-Hinterlappen) die Ausschüttung von Oxytocin ins mütterliche Blut. Dieses Hormon kontrahiert die Muskelfasern, die sich um die Milchdrüsen und -gänge winden. Dadurch wird die Milch aus den Zisternen gepresst. Mithilfe dieses Milchausscheidungsreflexes kann der Säugling innerhalb von nur 5 Minuten eine Brust fast vollständig leer trinken. Die Mutter kann mit Massagen der Brust und viel Trinken den Milchausscheidungsreflex fördern. Körperliche und psychische Belastungen sowie Müdigkeit hemmen ihn.

Der Milchausscheidungsreflex kann so stark sein, dass er zu einem spontanen und für die Mutter unangenehmen Milchfluss führt. Er wird gelegentlich bereits durch das Schreien des hungrigen Kindes oder die Vorbereitungen zum Stillen ausgelöst. Manche Mütter haben dabei eine angenehm prickelnde und kribbelnde

Tägliche Trinkmenge in den ersten 14 Lebenstagen.

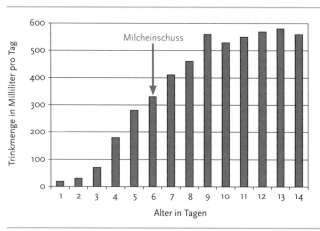

Durchschnittliche tägliche Trinkmengen eines Kindes in den ersten 14 Lebenstagen.

Empfindung. Darüber hinaus bewirkt Oxytocin nach der Geburt durch eine erhöhte Muskelspannung auch eine beschleunigte Rückbildung der Gebärmutter.

Die gebildete Milchmenge beträgt am ersten Lebenstag 30 bis 60 Milliliter; sie nimmt an jedem der folgenden Tage um 40 bis 80 Milliliter zu. Am 3. bis 7. Tag nach der Entbindung beginnt die Milchmenge schlagartig anzusteigen (Milcheinschuss). Die Brust ist prall gefüllt, und die Körpertemperatur der Mutter kann bisweilen erhöht sein. Häufiges Anlegen des Kindes hilft, die Brust zu entspannen. Mit etwa 7 bis 12 Tagen deckt die Milchmenge vollständig den Nährstoff- und Energiebedarf des Kindes.

Während der ersten 14 Tage nimmt die Milchmenge nicht nur stark zu, sie verändert sich auch in ihrer Zusammensetzung:

Vormilch. In den ersten 3 Tagen nach der Entbindung wird zunächst die sogenannte Vormilch (Kolostrum) ausgeschieden. Die gelblich durchsichtige Vormilch ist besonders reich an Abwehrstoffen. Sie wird deshalb als die »erste Schutzimpfung des Neugeborenen« bezeichnet.

Übergangsmilch. Mit dem Milcheinschuss am 3. bis 7. Tag steigt auch der Fett- und Energiegehalt der Milch an.

Reife Milch. 2 bis 3 Wochen nach der Entbindung wird eine mehr oder weniger konstante Zusammensetzung der Milch erreicht. Fett- und Energiegehalt nehmen in den folgenden Monaten nur noch wenig zu.

Ein erfolgreicher Start beim Stillen

In der Gebärklinik haben sich die Schwestern, Hebammen und Ärzte um das Neugeborene gekümmert und der Mutter beim Stillen beigestanden. Nach Hause zurückgekehrt, liegt nun die ganze Verantwortung für die Ernährung des Neugeborenen bei der Mutter.

Die beiden wichtigsten Dinge für einen erfolgreichen Start beim Stillen sind Zeit und Ruhe. Beides ist für viele Mütter nicht leicht zu haben. Manche Mutter fühlt sich müde, und die hormonelle Umstellung macht sie einige Tage lang schwermütig. Zu Hause erwartet sie die oft schwierige Aufgabe, die Versorgung und Pflege des Neugeborenen, aber auch der Geschwister, den Haushalt und andere Aktivitäten in einen geordneten Tagesablauf zu bringen. Es ist für die Mutter eine große Entlastung, wenn der Vater während der ersten 2 Wochen nach der Entbindung zu Hause bleiben kann, um im Haushalt nach dem Rechten und nach den anderen Kindern zu schauen. Auch Personen aus der Verwandtschaft und Bekanntschaft können viel dazu beitragen, damit Eltern und Kind Zeit und Ruhe finden, miteinander vertraut zu werden und die Mutter das Stillen gelassen angehen kann. Die ersten 2 Wochen zu Hause entscheiden oft über den weiteren Erfolg oder Misserfolg beim Stillen!

Einige praktische Hinweise, die helfen, das Stillen erfolgreich zu gestalten:

Wie das Kind an die Brust anlegen?   Die Mutter kann ihr Kind auf verschiedene Weise an die Brust legen. Die folgende Haltung hat sich bewährt und ist wohl auch am meisten verbreitet: Das Kind ruht auf dem Arm der Mutter oder einem Stillkissen. Es liegt auf der Seite, sein Gesicht ist der Mutter zugewandt. Sein Kopf ist auf der Höhe der mütterlichen Brust. Nun hebt die Mutter die Brust leicht an, damit das Kind die Brustwarze finden und in den Mund nehmen kann. Es liegt richtig, wenn seine Nase die Brust berührt; dafür, dass es gut atmen kann, sorgt es selbst. Das Kind sollte so viel wie möglich von Warze und Hof in seine Mundhöhle aufnehmen, damit es die Milchausführungsgänge vollständig auspressen kann. Das Kind wird abwechselnd zuerst an die linke oder rechte Brust angelegt. Das Kind sollte immer von beiden Seiten trinken, damit jede Brust zur Milchproduktion angeregt wird.

Wie das Kind von der Brust wegnehmen?   Ist das Kind satt, oder hat es die Brust leer getrunken, löst es sich selbstständig von ihr.

Falls die Mutter das Saugen vorher beenden möchte, schiebt sie einen Finger zwischen Ober- und Unterkiefer des Kindes. Sie unterbricht damit das Saugen und kann die Brustwarze herausnehmen, ohne sie zu strapazieren.

Wie oft an die Brust anlegen? In den ersten Lebenstagen erhält das Kind tagsüber alle 2 bis 4 Stunden und wiederholt auch nachts die Brust. Mit dieser Regelmäßigkeit wird weniger eine möglichst große Nahrungszufuhr für das Kind als vielmehr eine bestmögliche Anregung der Milchbildung erreicht. Untenstehende Abbildung zeigt, wie die Stillhäufigkeit nach dem Milcheinschuss wieder zurückgeht und sich bei 5 bis 7 Mahlzeiten am Tag einpendelt.

Wie lange an der Brust lassen? Am 1. Lebenstag saugt das Kind an jeder Brust etwa 5 Minuten, am 2. Lebenstag 10 Minuten und an den folgenden Tagen nicht länger als 15 Minuten. Längeres Anlegen ist nicht empfehlenswert, da das Kind dadurch nicht mehr Milch bekommt, die Brustwarzen aber überbeansprucht werden.

Mahlzeiten in den ersten 14 Lebenstagen.

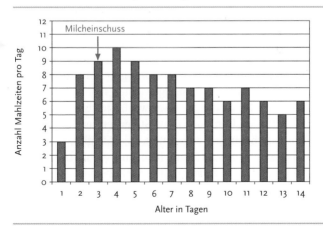

Durchschnittliche Anzahl von Mahlzeiten bei einem gestillten Kind in den ersten 14 Lebenstagen.

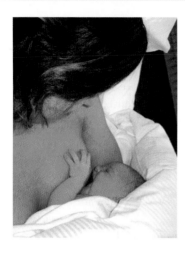

Geglückter Stillbeginn.

Die Milchbildung wird nicht durch die Länge der Mahlzeiten, sondern durch häufiges und regelmäßiges Stillen angeregt.

Gewicht. Alle Kinder nehmen in den ersten Lebenstagen weniger Nahrung zu sich, als sie Flüssigkeit ausscheiden. Sie verlieren daher in den ersten Lebenstagen an Körpergewicht, manche Kinder bis zu 6 und mehr Prozent ihres Geburtsgewichtes. Mit 7 bis 14 Tagen haben sie ihr Geburtsgewicht wieder erreicht (siehe »Wachstum 0 bis 3 Monate«).

Zufüttern. Wenn ein Säugling sehr hungrig und durstig ist, mehr als 10 Prozent seines Geburtsgewichtes abgenommen hat, Fieber bekommt oder in der 2. Lebenswoche noch nicht an Gewicht zunimmt, wird ihm nach dem Stillen etwas Tee, Zuckerlösung oder Flaschenmilch zugefüttert. Als Säuglingsmilch ist eine hypoallergene Milch zu empfehlen, um einer frühzeitigen Allergisierung gegen Kuhmilcheiweiße vorzubeugen (siehe Flaschennahrung).

Gelbsucht. Manche Kinder werden in der 1. Lebenswoche leicht gelb. Die Gelbsucht macht sie häufig etwas schläfrig. Selten bleibt die Gelbsucht über die 1. Lebenswoche hinaus bestehen. Auch bei

Gelbsucht kann der Säugling weiter gestillt werden. Eine starke oder mehr als 10 Tage dauernde Gelbsucht muss durch den Kinderarzt kontrolliert werden.

Stillprobleme. Wenn die Mutter unsicher ist oder Zweifel hat, ob ihre Milch ausreicht und das Kind gut gedeiht, oder wenn sich Stillprobleme wie wunde Brustwarzen einstellen, sollte sie frühzeitig eine erfahrene Mutter, Stillberaterin oder Hebamme um Rat fragen. Mit Geduld und der Unterstützung einer erfahrenen Person lassen sich die meisten Stillschwierigkeiten gut beheben.

Mit der Flasche geht es auch

Aus verschiedenen Gründen können nicht alle Mütter ihre Kinder stillen. Manche Mütter entwöhnen ihre Kinder schon nach einigen Wochen und ernähren sie mit der Flasche weiter.

Säuglingsmilchnahrung ist eine vollwertige Ernährung; was ihr fehlt, sind die Abwehrstoffe der Muttermilch. Eine Mutter, die ihr Kind mit der Flasche aufzieht, kann zu ihrem Kind in den ersten Lebenswochen eine genauso tiefe Beziehung aufbauen wie eine stillende Mutter. Ein Vorteil der Ernährung mit der Milchflasche: Nicht nur die Mutter, auch der Vater und jede andere Bezugsperson kann das Kind füttern. Dieser Umstand sollte aber nicht vom Stillen abhalten. Ist die Mutter einige Stunden abwesend, kann das Kind zwischendurch mit abgepumpter Muttermilch oder hypoallergener Milch aus der Flasche gefüttert werden.

Säuglingsmilch ist einfach zuzubereiten, keimarm und gut verdaulich, wenn die folgenden Punkte beachtet werden:

- Um Darminfektionen zu vermeiden, sollte die Flasche immer heiß ausgewaschen und die Milch mit abgekochtem Wasser zubereitet werden.
- Es empfiehlt sich jede Mahlzeit frisch zuzubereiten. Die Tagesmenge an Säuglingsmilch kann aber durchaus am Morgen zubereitet und verschlossen im Kühlschrank bis zu 24 Stunden aufbewahrt werden. Angetrunkene Flaschen sollten wegen erhöhter Infektionsgefahr nicht wieder verwendet werden.

- Zum Trinken sollte die Milch etwa 30 bis 40 Grad warm sein. Körperwarme Milch, aus der Flasche auf den Handrücken getropft, fühlt sich angenehm an. Vorsicht beim Aufwärmen im Mikrowellenherd: Die Milch kann bereits stark erhitzt sein, während sich die Flasche außen immer noch kalt anfühlt.

- Das Loch im Sauger sollte so klein sein, dass etwa ein Tropfen pro Sekunde von der gestürzten Flasche abtropft. Der Säugling soll sich beim Trinken etwas anstrengen. Ein zu großes Saugerloch führt zu hastigem Trinken und vermehrtem Luftschlucken.

- Die Versuchung ist groß, die Milch mit etwas mehr Pulver anzumachen, als vom Hersteller empfohlen wird. Manche Eltern erhoffen sich von angereicherter Flaschenmilch, dass ihr Kind besser gedeiht, weniger schreit und eher durchschläft. Von dieser Praxis ist dringend abzuraten; sie bewirkt genau das Gegenteil. Nicht wenige Kinder haben bereits Mühe, die empfohlene Konzentration Milchpulver zu verdauen. Zu viel Milchpulver führt zu hartem Stuhl, Bauchschmerzen und vermehrtem Schreien. Der Messlöffel soll deshalb nicht gehäuft, sondern mit einem Messerrücken abgestrichen werden.

- Weil der Nitratgehalt des Trinkwassers in gewissen Gegenden zu hohe Werte erreicht hat, sind Eltern dazu übergegangen, die Milch anstatt mit Trinkwasser mit Mineralwasser anzumachen. Die meisten Mineralwasser haben jedoch einen Mineralstoffgehalt, der so hoch ist, dass er den kindlichen Organismus über Gebühr belastet und daher zu Flüssigkeitsverlust und Durchfall führen kann. Eine Umstellung auf Mineralwasser ist daher nicht zu empfehlen. Die Zusammensetzung des Trinkwassers ist zwar oft nicht mehr so gut wie früher, aber für Säuglinge immer noch verträglicher als Mineralwasser.

- Fehlende Gewichtszunahme, Durchfall sowie viel und häufiges Schreien sind nur ausnahmsweise durch eine bestimmte Säuglingsmilchnahrung bedingt. Da die auf dem Markt befindlichen Anfangs- und Folgemilchprodukte alle eine ähnliche Zusammensetzung haben, bringt ein Wechsel nur ausnahmsweise eine Lösung des Problems. Die meisten Ernährungsstörungen sind nicht auf ein bestimmtes Produkt, sondern auf die Menge und Zusammensetzung der Milch zurückzuführen: Das Kind

bekommt entweder zu wenig oder zu viel Nahrung beziehungsweise zu wenig oder zu viel Flüssigkeit. Anstatt verschiedene
Produkte auszuprobieren, sollten die Eltern rechtzeitig den Kinderarzt oder eine Familienberatungsstelle um Rat fragen.

- Säuglingsmilch enthält alle notwendigen Vitamine und Eisen.
  Eine zusätzliche Gabe von Vitaminen erübrigt sich.

- Kindern aus Familien, in denen Allergien wie Heuschnupfen,
  Asthma oder Ekzeme gehäuft vorkommen, sollte eine sogenannte hypoallergene Milch gefüttert werden. Diese Ernährung
  vermindert das Allergierisiko mindestens im 1. und 2. Lebensjahr. Den besten Schutz gegen eine Allergisierung bietet allerdings das Stillen.

Ernährung in den ersten 3 Monaten

Muttermilch wird nicht immer in der gleichen Menge gebildet und
ist je nach Tageszeit unterschiedlich zusammengesetzt. Damit verändert sich auch der Sättigungsgrad der Milch von Mahlzeit zu
Mahlzeit. Es erstaunt daher nicht, dass Kinder verschieden viel
trinken und nach unregelmäßigen Zeitabständen wieder Hunger
haben. Während die Milchmenge von Mahlzeit zu Mahlzeit variiert, ist die tägliche Trinkmenge insgesamt ziemlich konstant. Unabhängig davon, wie oft eine Mutter ihr Kind anlegt, trinkt das
Kind pro Tag immer etwa die gleiche Menge.

Mit der Flasche ernährte Kinder trinken je nach Tageszeit ebenfalls unterschiedlich viel, obwohl die Fertignahrung immer die
gleiche Zusammensetzung aufweist. Ihre tägliche Trinkmenge ist
wie bei gestillten Kindern insgesamt immer etwa gleich groß.

Die Milchmenge pro Tag und nicht die einzelne Mahlzeit ist also
bei gestillten und mit der Flasche ernährten Kindern das zuverlässige Maß, um den Nahrungsbedarf richtig einzuschätzen.

Die täglichen Trinkmengen sind bei gleichaltrigen Kindern sehr
unterschiedlich. Im Alter von 1 Monat trinken die meisten Kinder
zwischen 500 und 600 Milliliter Milch pro Tag; einige Kinder benötigen jedoch bis zu 800 Millilitern, andere kommen mit etwas
mehr als 400 Millilitern aus. Die Hälfte der Kinder trinkt bereits

Tägliche Trinkmenge in den ersten 6 Monaten.

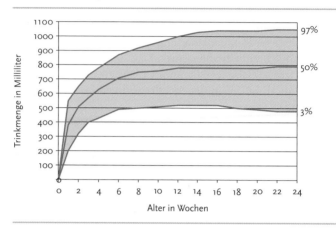

Tägliche Trinkmengen gestillter Kinder in den ersten 6 Lebensmonaten (nach Wallgren). Die Fläche bezeichnet den Streubereich, die Linie in der Mitte den Mittelwert.

mit 4 Wochen mehr Milch als ein Viertel der Kinder mit 6 Monaten. Die tägliche Trinkmenge hängt dabei nicht proportional vom Körpergewicht ab (siehe »Trinken und Essen 4 bis 9 Monate«). Schwere und große Kinder trinken nicht mehr als leichte und kleine Kinder.

Die Trinkmengen sind von Kind zu Kind verschieden, weil ihre Verdauung und ihr Stoffwechsel unterschiedlich arbeiten, die Kinder ungleich schnell wachsen, und die Milch von Mutter zu Mutter unterschiedlich zusammengesetzt ist.

Eine Mahlzeit dauert an einer Brust etwa 10 bis 15 Minuten; eine Brust kann aber auch bereits in 5 Minuten vollständig leer getrunken sein. Je mehr sich die Brust entleert, desto nährreicher wird die Milch. Der Fettgehalt kann während einer Mahlzeit um das 4-Fache und der Eiweißgehalt um das 1,5-Fache ansteigen. Damit verändern sich der Geschmack und die taktile Empfindung für das Kind. Die Änderungen in der Zusammensetzung der Milch während der Mahlzeit regulieren den Appetit des Säuglings.

Kinder, die mit Flaschennahrung ernährt werden, trinken ebenfalls unterschiedlich rasch. Während einige Kinder innerhalb von 5 Minuten die Flasche leer trinken, brauchen andere wesentlich länger. Spätestens nach 20 Minuten lässt die Trinkbereitschaft so stark nach, dass die Mahlzeit beendet werden kann.

In den ersten 3 Lebensmonaten wird ein Säugling 5- bis 10-mal pro Tag gestillt. Die meisten Kinder sind für mindestens 2 Stunden satt und zufrieden. Nach 1 bis 2 Monaten treten gelegentlich ausgesprochene Appetitspurts auf, die die Mutter verunsichern können: Sie bekommt den Eindruck, ihr Kind erhalte nicht mehr genügend Milch. Sie ist versucht, schnell auf Flaschennahrung umzustellen. Wenn sie das Kind jedoch häufig ansetzt, wird ihre Milchmenge zunehmen und das Kind satt werden. Mit dem Zufüttern sollte sie noch etwas zuwarten, da dieses leicht zu einem Rückgang der Milchmenge führen kann.

Die meisten Kinder, die mit der Flasche ernährt werden, erhalten im 1. Lebensmonat 5 Mahlzeiten pro Tag. Nach dem 2. bis 3. Lebensmonat kommen sie mit 4 Mahlzeiten aus. Nach dem 4. Lebensmonat benötigen viele die Nachtmahlzeiten nicht mehr. Gestillte Kinder neigen aus verschiedenen, aber durchaus vermeidbaren Gründen dazu, auch in den folgenden Lebensmonaten nachts nach der Brust zu verlangen (siehe »Schlafverhalten 4 bis 9 Monate«).

Vitamine sind in der Muttermilch umfassend enthalten, allerdings deckt ihr Gehalt an Vitamin D den Bedarf des Säuglings nur unzureichend. Ein Mangel an Vitamin D wirkt sich auf die Kno-

Ernährung in den ersten 3 Lebensmonaten (nach Wood, Fomon, Wachtel).

Alter in Monaten	1	2	3
Brustmahlzeiten	5–10	5–8	5–8
Flaschenmahlzeiten	5–6	5	4–5
Trinkmenge (ml/kg)	150–210	140–190	130–190
Trinkmenge pro Tag (ml)	400–800	600–900	600–1000
Gewichtszunahme (g/Woche)	80–300	80–300	80–300

chenbildung nachteilig aus: Er kann zu Rachitis führen. Die Eigenbildung von Vitamin D benötigt Sonnenlicht und ist deshalb in den Wintermonaten oft nur ungenügend. Um ein gestilltes Kind wirksam vor Rachitis zu schützen, empfiehlt es sich, jeden Tag dem Kind 400 IE (Internationale Einheiten) Vitamin D in Tropfenform vor einer Mahlzeit zu verabreichen. Kinder, die täglich Fertignahrung bekommen, brauchen kein zusätzliches Vitamin D, es ist der Säuglingsmilchnahrung in ausreichender Menge zugesetzt.

Breimahlzeiten sollten in den ersten 4 Lebensmonaten nicht eingeführt werden. Sie belasten die Verdauung, den Stoffwechsel und die Ausscheidung zu stark. Der Säugling ist während dieser ersten Zeit mit Milch ausreichend ernährt.

Aufstoßen

Jeder Säugling schluckt beim Trinken Luft, sei es an der Brust oder an der Flasche. Diese verschluckte Luft muss er wieder loswerden. Hat der Säugling keine Gelegenheit, die Luft aufzustoßen, kommt gelegentlich während der Mahlzeit oder einige Zeit danach nicht nur Luft, sondern auch etwas Milch wieder hoch. Verschluckte Luft kann auch zu schmerzhaften Blähungen führen, die wiederum Anlass für vermehrtes Schreien sein können (siehe »Schreiverhalten«).

Bei manchen Kindern rinnt nach jeder Mahlzeit ein feines Bächlein Milch aus den Mundwinkeln, oder etwas Milch kommt im Schwall wieder hoch. Sie stoßen auf, auch wenn sie ausreichend Gelegenheit hatten, die verschluckte Luft während der Mahlzeit entweichen zu lassen. In Bauch und Rückenlage kommt das Aufstoßen besonders häufig vor. Bei diesen Kindern ist der Schließmuskel am Mageneingang noch nicht vollständig funktionstüchtig. Das Aufstoßen beeinträchtigt das Gedeihen eines Säuglings nicht, kann aber zu Unannehmlichkeiten führen, wenn die herausgegebene Milch einen hässlichen Fleck auf dem Sonntagskleidchen oder auf dem besten Hemd des Vaters hinterlässt und einen säuerlichen Geruch verbreitet. Es kann vermindert werden, wenn der Säugling nach einer Mahlzeit herumgetragen und sanft auf den Rücken geklopft wird. Für mindestens eine halbe Stunde sollte er aufgesetzt oder mit etwas hoch gelagertem Oberkörper auf den Bauch gelegt werden. Die meisten Kinder hören nach wenigen Wochen mit dem Aufstoßen auf; bei einigen Kindern kann es bis zu einem Jahr anhalten. Stößt das Kind größere Mengen auf, oder erbricht es sich, sollten die Eltern ihr Kind dem Kinderarzt zeigen.

Gedeiht das Kind?

Wie können Eltern die Ernährung und das Gedeihen ihres Säuglings beurteilen?

»Jede Mutter hat genügend Milch für ihr Kind.« Diese Annahme trifft für die meisten, aber nicht für alle Mütter zu. Eine große Brust oder ein spontanes Fließen der Milch ist nicht notwendigerweise Ausdruck einer besonders guten Milchbildung. Eine Mutter, deren Milch spontan fließt, kann durchaus wenig und fettarme Milch haben.

»Das Kind nimmt sich, was es braucht, sonst schreit es.« Hunger- und Sättigungsgefühle sind bereits in den ersten Lebenstagen von Kind zu Kind unterschiedlich ausgeprägt. Das eine Neugeborene schreit kräftig, wenn es Hunger hat, und wird krebsrot vor Anstrengung, um so viel Milch wie möglich zu bekommen; nach dem Trinken strahlt sein Gesicht Wohlbehagen aus. Ein anderes Kind meldet sich kaum, wenn es Hunger hat. Es saugt weniger kräftig und gibt sich auch bald zufrieden. Das Schreien ist ein wichtiger, aber nicht immer zuverlässiger Hinweis darauf, dass das Kind hungrig ist:

■ Nicht jeder Säugling, der hungrig ist, schreit. Wenn ein Kind zufrieden, aufmerksam und motorisch aktiv ist, ist das ein recht zuverlässiges Zeichen dafür, dass das Kind ausreichend ernährt wird. Die meisten Kinder sind nach einer Mahlzeit für 2 bis 4 Stunden zufrieden. Es gibt aber auch ungenügend ernährte

Kinder, die mehrere Stunden zufrieden und ruhig sind. Sie haben ihren Stoffwechsel auf ein Sparprogramm umgestellt.

■ Nicht jeder Säugling, der schreit, hat Hunger. Ein Kind kann auch schreien, wenn es ein Bedürfnis nach Nähe hat, sich langweilt, müde ist oder sich unwohlfühlt (siehe »Schreiverhalten«, »Beziehungsverhalten o bis 3 Monate«). Ein Kind will nicht unbedingt gefüttert werden, wenn es schreit.

Nasse und volle Windeln. Nasse Windeln sagen etwas über die Flüssigkeits-, nicht aber über die Kalorienzufuhr aus. Auch die Häufigkeit der Stuhlentleerungen gibt wenig Hinweis auf das Gedeihen.

Gewichtszunahme. Lange Zeit wurden Mütter dazu angehalten, ihre Kinder zu wiegen. Sie überprüften das Gewicht ihres Kindes täglich, nicht wenige nach jeder Mahlzeit. Manche Mütter haben sich mehr an der Waage als am Gedeihen und Wohlbefinden ihres Kindes orientiert. Vor einigen Jahren ertönte der Ruf: »Weg mit der Waage, hin zum Kind!« Die Waage wurde verbannt, und das kindliche Verhalten wurde zum Richtmaß für das Gedeihen des Kindes.

Die kinderärztlichen Erfahrungen der letzten Jahre haben gezeigt, dass auf die Waage nicht ganz verzichtet werden kann. Die Waage ist eine nützliche Orientierungshilfe, wenn sie maßvoll eingesetzt wird. In den ersten 3 Lebensmonaten sollte ein Säugling einmal pro Woche gewogen werden. Die durchschnittliche wöchentliche Gewichtszunahme beträgt 170 Gramm; sie kann bis zu 300 oder nur 80 Gramm betragen. Es kommt durchaus vor, dass ein gesundes Kind innerhalb von 1 bis 2 Wochen kaum an Gewicht zunimmt.

Wenn Zweifel bestehen, ob das Kind genügend Nahrung erhält, kann es eine Zeit lang vor und nach dem Stillen gewogen werden. Falls die Milchmenge zu klein ist, sollte das Kind einige Tage lang häufiger gestillt werden. Stagniert das Gewicht über 3 und mehr Wochen, sollten die Eltern das Kind dem Kinderarzt zeigen.

Gewichtskurve. Die Gewichtskurve ist der beste Indikator für das Gedeihen eines Säuglings. Gutes Gedeihen zeichnet sich dadurch

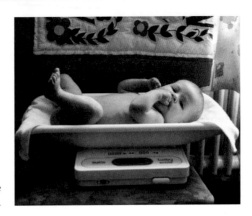

Ein Mal pro Woche
auf die Waage.

aus, dass die Gewichtskurve mehr oder weniger parallel zu den Wachstumslinien, den sogenannten Perzentilen, verläuft (siehe »Wachstum o bis 3 Monate« und Anhang).

Ein Blick in die Windeln

Das Neugeborene entleert den ersten Stuhl einige Stunden bis spätestens 2 Tage nach der Geburt. Der Stuhl ist geruchlos, von dunkelgrüner bis schwärzlicher Farbe und wird deshalb auch Kindspech (Mekonium) genannt. Er enthält Verdauungssäfte, Darmzellen und Fruchtwasser.

Gestillte Kinder haben in den ersten 2 Lebenswochen einen weichen, gelblichen, süß bis süßsauer riechenden Stuhl. Danach wird der Stuhl gelb bis grün, bleibt weich, oft dünnflüssig. Mit der Flasche ernährte Kinder haben einen festeren Stuhl als gestillte Kinder. Ihr Stuhl ist von weißlicher Farbe und riecht etwas faulig; häufig ist er durchmischt mit festeren Klumpen. Harter Stuhl, Schreien bei der Stuhlentleerung und eventuelle Blutspuren auf dem Stuhl sind deutliche Hinweise darauf, dass die Nahrung mit zu viel Milchpulver angemacht wird.

Die Stuhlfrequenz ist von Kind zu Kind sehr unterschiedlich: Einige Säuglinge entleeren mehrmals pro Tag ihren Darm, manche hingegen nur ein Mal in 5 Tagen. Gestillte Kinder haben häufiger, dafür weniger Stuhl als mit der Flasche ernährte Kinder. Oftmals kommt es nach einer Mahlzeit zu einer Darmentleerung. Wird das Kind mit der Flasche ernährt, ist sein Stuhl häufig fester. Er kann so fest sein, dass das Kind Schmerzen hat und den Stuhl zurückhält. In diesem Fall sollte man ihm mehr Flüssigkeit zuführen.

Ernährung der stillenden Mutter

Eine wichtige Vorbedingung für ein erfolgreiches Stillen ist eine gesunde Ernährung der Mutter. Ihre Ernährung sollte vielseitig sein und pflanzliche Lebensmittel, vor allem viel frisches Obst und Gemüse, aber auch Milchprodukte, Eier, Fleisch und Fisch umfassen. Beim Kochen ist darauf zu achten, jodiertes und fluoriertes Kochsalz zu verwenden.

Noch einige bedenkenswerte Hinweise:

Zusätzliche Energie. Um 100 Milliliter Milch zu bilden, muss die Mutter 80 Kilokalorien aufwenden. Diese Energie kommt aus der Nahrung und den eigenen Fettreserven. Mütter, deren Körpergewicht ihrem Sollgewicht entspricht oder darunter liegt, sollten pro Tag zusätzlich 500 bis 700 Kilokalorien an Nahrung zu sich nehmen. Von Diäten ist für die Gesundheit von Mutter und Kind wegen des erhöhten Energiebedarfs während der Stillzeit abzuraten.

Milchprodukte. Der Säugling wächst rasch. Innerhalb von 5 Monaten verdoppelt er sein Körpergewicht. Für die Knochenbildung benötigt er besonders viel Kalzium und Phosphat, die aus der Muttermilch bezogen werden.

Wenn sich die Mutter ausreichend mit Kalzium und Phosphat versorgt, werden diese Mineralstoffe nicht ihrem eigenen Körper beziehungsweise ihren Knochen entzogen. Milchprodukte und Milch sind ausgezeichnete Mineralstoffspender für eine stillende

Mutter. Sie sollte jeden Tag 200 bis 500 Milliliter Milch oder Milchprodukte wie Joghurt, Quark oder Käse zu sich nehmen.

Obst und Gemüse. Säuglinge brauchen zahlreiche Vitamine, insbesondere Vitamin C. Die Mutter sollte mindestens einmal pro Tag Obst und Gemüse essen. Bei längerer Stilldauer und ungenügender Vitaminzufuhr werden die Vitamine sonst dem mütterlichen Körper entzogen.

Blähungen. Gewisse Gemüsesorten wie Kohl, Lauch, Zwiebeln, Knoblauch und Hülsenfrüchte enthalten organische Schwefelverbindungen, die Blähungen hervorrufen. Es gibt Hinweise darauf, dass diese Nahrungsmittel über die Muttermilch auch beim Kind zu Unpässlichkeiten führen können. Diese Gemüse sind aber nie allein verantwortlich, sondern immer nur eine Ursache unter vielen anderen, die Blähungen beim Kind bewirken können (siehe »Schreiverhalten«).

Vegetarische Ernährungsweise. Eine stillende Mutter kann sich fleischlos ernähren. Voraussetzung ist, dass Milchprodukte und Eier auf ihrem Speisezettel stehen.

Eine streng vegane Ernährung, also ein vollständiger Verzicht auf tierische Nahrungsmittel, kann zu einer Mangelversorgung der Mutter und des Kindes führen. Die folgenden Nährstoffe, Vitamine und Mineralstoffe werden bei einer streng veganen Ernährungsweise unzureichend aufgenommen: Eiweiß und Aminosäuren, Vitamin B_{12}, Kalzium, Eisen und Jod. Diese Stoffe kommen in Leber, Fleisch, Fisch, Eiern und Milchprodukten vor. In Lebensmitteln pflanzlicher Herkunft sind sie nur in sehr geringer und nicht ausreichender Menge enthalten.

Eisen braucht das Kind für die Blutbildung. Es ist vor allem in Leber, Fleisch und Eigelb, aber auch beschränkt in gewissen Hülsenfrüchten enthalten. Mütter, die nach der Entbindung einen ungenügenden Hämoglobingehalt haben, sollten zusätzlich ein Eisenpräparat einnehmen.

Flüssigkeit. Eine Mutter, die stillt, sollte zu ihrem normalen Bedarf mindestens 1 Liter Flüssigkeit zusätzlich pro Tag trinken. Als

Getränke eignen sich Obst- und Gemüsesäfte, eventuell verdünnt, Milch, Sauermilch und andere Milcharten oder verschiedene Tees.

Genussmittel. Koffein aus Kaffee und schwarzem oder grünen Tee gehen mit der Muttermilch auf das Kind über. 2 bis 3 Tassen Kaffee pro Tag scheinen für ein Kind noch zuträglich zu sein. Stillende sollten ihren Kaffee direkt nach dem Stillen trinken, bis zum nächsten Anlegen ist dann ein Teil des Koffeins schon wieder abgebaut. Alkohol gelangt ebenfalls in die Milch und hemmt zudem ihre Bildung. Alkohol sollte daher während der Stillzeit lieber gar nicht oder nur äußerst zurückhaltend getrunken werden. Er belastet zudem den kindlichen Organismus, da der Alkohol von diesem nur unzureichend abgebaut werden kann.

Nikotin verengt die mütterlichen Blutgefäße, schränkt die Sauerstoffversorgung des Gewebes ein, senkt den mütterlichen Prolaktinspiegel und führt somit zu einer verminderten Milchmenge. Nikotin erreicht in der Muttermilch Werte, die über denen im Blut der Mutter liegen. Auch andere schädliche Stoffe wie Schwermetalle gehen nach dem Genuss einer Zigarette durch die Milch auf das Kind über. Zudem beeinträchtigt die stickige und verrauchte Luft die Atmung des Kindes und führt zu Reizungen seiner Luftwege. Mütter und Väter (!) sollten dem Kind zuliebe auf das Rauchen verzichten. Auch wenn sie im Freien rauchen, bleibt Nikotin in ihrer Kleidung haften.

Künstliche Süßstoffe und deren Abbauprodukte gehen beim Stillen auf das Kind über. Da ihre Wirkung nicht geklärt ist, sollte die Mutter künstliche Süßstoffe meiden. In hohen Konzentrationen führen sie zu Durchfall.

Medikamente gelangen häufig in die Muttermilch. Eine stillende Mutter sollte sich immer bei ihrer Frauenärztin erkundigen, ob ein bestimmtes Medikament in die Milch gelangt und sich gegebenenfalls nachteilig auf das Kind auswirken kann.

Familienplanung

Stillen wirkt empfängnisverhütend. Prolaktin verzögert den Eisprung, und der Zyklus setzt meist erst nach dem Abstillen wieder ein. Der Schutz vor Empfängnis ist umso größer, je häufiger die Mutter stillt; er ist aber nie vollständig. Eine Schwangerschaft ist während der Stillzeit nicht wahrscheinlich, aber durchaus möglich. Mit der Pille sollte frühestens 6 Wochen nach der Entbindung begonnen werden. Die heute auf dem Markt befindlichen Verhütungsmittel beeinträchtigen die Milchbildung nicht mehr. Stillen während einer gleichzeitigen neuen Schwangerschaft ist mit einer großen körperlichen Beanspruchung für die Mutter verbunden, häufig geht die Milchmenge dann stark zurück.

Das Wichtigste in Kürze

1. In den ersten 7 bis 14 Lebenstagen passen sich Nahrungsaufnahme, Verdauung, Stoffwechsel und Ausscheidung des Neugeborenen an die neuen Lebensbedingungen an.

2. Die Nahrungsaufnahme wird durch verschiedene Reflexmechanismen sichergestellt:
   - Suchreflex;
   - Saugreflex;
   - Schluckreflex.

3. Die Milchbildung bei der Mutter wird durch 2 Reflexmechanismen gesteuert:
   - Milchbildungsreflex;
   - Milchausscheidungsreflex.

4. Wichtigster Reiz für die Milchbildung ist das Saugen des Kindes an der mütterlichen Brust. Je häufiger das Kind angelegt wird, desto größer ist die produzierte Milchmenge.

5. Die Milchmenge nimmt mit jedem Lebenstag des Säuglings um 40 bis 80 Milliliter zu. Der Milcheinschuss tritt 3 bis 7 Tage nach der Entbindung auf. Nach 5 bis 10 Tagen deckt die Milchmenge den Nährstoff- und Energiebedarf des Säuglings.

6. Die Vormilch (Kolostrum) der ersten Lebenstage ist reich an Abwehr-stoffen. Reife Milch wird erstmals nach einer Übergangsperiode von etwa 2 Wochen gebildet.

7. Säuglingsmilchnahrung gewährleistet eine vollwertige Ernährung des Säuglings. Was ihr fehlt, sind die Abwehrstoffe der Muttermilch.

8. Eine Mutter, die ihr Kind mit der Flasche ernährt, kann eine genauso tiefe Beziehung zu ihrem Kind aufbauen wie eine Mutter, die stillt.

9. Die Anzahl der Mahlzeiten und der Trinkmengen sind von Kind zu Kind sehr unterschiedlich. Gewisse Kinder trinken doppelt so viel wie andere gleichaltrige Kinder. Die tägliche Trinkmenge hängt kaum vom Körpergewicht ab.

10. Das Gedeihen eines Kindes lässt sich anhand folgender Merkmale ein-schätzen:
    - Schreiverhalten;
    - Aufmerksamkeit und motorische Aktivität des wachen Kindes;
    - wöchentliche Gewichtszunahme;
    - Wachstumskurve (bester Indikator).

4 bis 9 Monate

Die Eltern sitzen nach einem guten Mittagessen beim Kaffee. Ihre 3 Kin-der tollen auf dem Spielplatz des Restaurants herum. Plötzlich kommt der 4-jährige Urs hereingerannt, stürzt sich auf seine Mutter, hebt ziel-strebig ihre Bluse hoch und beginnt an der Brust zu saugen. Die Gäste an den Nachbartischen schauen dem Geschehen erstaunt zu.

In den ersten Lebensmonaten ernährt sich der Säugling aus-schließlich von Milch. Mit etwa einem halben Jahr bekommt er erstmals zusätzlich Brei. Anfang des 2. Lebensjahres beginnt das Kind, am Familientisch Erwachsenenkost zu essen. Wie rasch oder wie langsam ein Kind von der Milchflasche auf Breimahlzeiten und schließlich auf feste Nahrung übergeht, hängt von der Ausrei-fung der Verdauung, des Stoffwechsels, der Mundmotorik und der Zahnentwicklung ab. Die Eltern bestimmen mit ihren Essgewohnheiten und ihrer Erziehungshaltung mit, wie diese Entwicklung bei ihrem Kind verläuft.

Die meisten Mütter entwöhnen ihre Kinder im 1. Lebensjahr. Über längere Zeit gestillte Kinder verlieren das Interesse an Brustmahlzeiten im Verlauf des 2. Lebensjahres. Gelegentlich stillt eine Mutter ihr Kind bis ins Kindergartenalter weiter. Je älter das Kind wird, umso weniger dient ihm die mütterliche Brust noch als Nährquelle, sie wird zu einem Ort der mütterlichen Zuwendung. Urs kommt nicht angelaufen, weil er hungrig ist. Er hat sich auf dem Spielplatz wehgetan und tröstet sich nun an der mütterlichen Brust.

Warum Brei?

Zwischen 5 und 9 Monaten reicht die ausschließliche Ernährung mit Milch für immer mehr Kinder nicht mehr aus. Durch das rasch zunehmende Körpergewicht ist der Nährstoff- und Energiebedarf des Kindes so stark angestiegen, dass flüssige Nahrung wie Muttermilch und Säuglingsmilchnahrung nicht mehr genügt. In diesem Alter sind die Verdauung, der Stoffwechsel und die Ausscheidung über die Nieren weit genug entwickelt, dass das Kind neue und schwerer verdauliche Nahrungsmittel in Breiform aufnehmen und verdauen kann.

Stolz hält Aron die Flasche.

Wann mit Breimahlzeiten beginnen?

Damit der Säugling Brei essen und verdauen kann, müssen verschiedene Körperfunktionen herangereift sein:

Mundmotorik. Vor dem 4. Lebensmonat wehrt sich der Säugling noch gegen halbfeste Speisen. Er stößt mit der Zunge gegen den Löffel und befördert den Brei nach außen. Bevor die Löffelmahlzeit gelingen kann, muss die Mundmotorik einen gewissen Entwicklungsstand erreicht haben: Der Säugling spürt den Brei im Mund, er kann die Nahrung mit der Zunge zum Rachen befördern und hinunterschlucken.

Im 1. Lebensjahr kann das Kind feste Speisen nicht kauen. Die Speisen müssen daher püriert werden. Mit 9 bis 12 Monaten können einige Kinder halbfeste Speisen, die weich gekocht oder fein geschnitten sind, mit der Zunge zerdrücken und sie dann hinunterschlucken.

Geschmack. Neugeborene und Säuglinge sind ausschließlich auf Süßes ausgerichtet. Ein Tropfen zuckerhaltige Lösung auf der Zunge bringt die Augen eines Neugeborenen zum Strahlen. Das Kind spitzt den Mund und beginnt zu saugen. Auf jeden anderen Geschmackreiz wie Bitteres, Salziges oder Saures reagiert es mit Speien, verzieht das Gesicht und dreht den Kopf zur Seite. Nach dem 3. Lebensmonat beginnt das Kind, sich langsam für andere Geschmacksempfindungen zu interessieren.

Verdauung. Der Brei stellt weit höhere Anforderungen an den Darm und die Verdauungsdrüsen als die Milch. Breinahrung enthält weniger Flüssigkeit, und ihre Nährstoffe sind schwerer verdaulich als diejenigen der Muttermilch und der Säuglingsmilchnahrung. Der Verdauungsapparat muss also eine gewisse Reife haben, damit er Brei verdauen kann.

Ausscheidung. Breie enthalten mehr Mineralstoffe als Mutter- oder Säuglingsmilch. Der Körper muss den größten Teil der Salze über die Nieren wieder ausscheiden. Mit etwa 4 Monaten ist die Niere dazu in der Lage.

Die verschiedenen Verdauungsfunktionen reifen von Kind zu Kind unterschiedlich rasch heran. Einige Kinder essen Brei bereits mit 4, die meisten mit 5 bis 7 Monaten und einige erst mit 8 bis 9 Monaten. Ist ein Kind nach dem Stillen oder nach den Flaschenmahlzeiten noch hungrig, kann dies ein Hinweis darauf sein, dass das Kind auf Breimahlzeiten angewiesen ist.

Die ersten Breimahlzeiten sollen dazu dienen, das Kind mit dem Löffel, dem neuen Geschmack und den neuen Empfindungen im Mund vertraut zu machen. Dabei sollten über einige Tage hinweg nur kleine Portionen des gleichen Breis verwendet werden, damit sich das Kind an die neue Nahrungsform allmählich gewöhnen kann. Wehrt das Kind Löffel und Brei wiederholt ab, fühlt es sich unwohl, kommt es zu Blähungen oder Durchfall, werden die Breimahlzeiten für 2 bis 4 Wochen aufgeschoben. Weitere Breie können leichter eingeführt werden, wenn sie anfänglich mit einem bereits vertrauten Brei gemischt werden. Flüssigkeit wie Milch oder Tee sollte dem Kind erst nach dem Brei angeboten werden.

Brei mit Löffel essen.

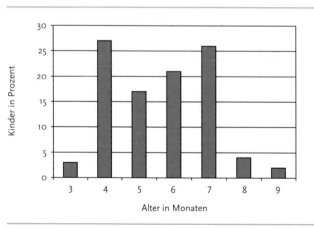

Die Säulen geben an, wie viele Kinder (in Prozent) in einem bestimmten Alter erstmals mit Brei gefüttert werden.

Aron sperrt den Mund auf
wie ein junger Vogel seinen
Schnabel.

Ein Kind, das in seiner Entwicklung bereit ist, Brei zu essen, zeigt dies in seinem Verhalten: Es öffnet erwartungsvoll den Mund, wenn der Löffel vom Teller abhebt. Kinder haben anfänglich Mühe, den Brei im Mund zu behalten. Manche versuchen die Nahrung mit ihren Händchen in den Mund zurückzustoßen, andere geben den Brei wieder heraus. Eltern können dem Breiabenteuer entspannter entgegensehen, wenn sie Körper und Arme des Kindes mit einem großen Latz schützen, die Fütterung in der leicht zu reinigenden Küche abhalten und sich ausreichend Zeit dafür nehmen.

Was zu essen geben?

Die Ernährung in der 2. Hälfte des 1. Lebensjahres besteht aus den Breimahlzeiten, Milch und Zwischenmahlzeiten.

Die Breimahlzeiten setzen sich im Wesentlichen aus vier Gruppen von Nahrungsmitteln zusammen:

Getreide enthält reichlich Kohlehydrate, Eiweiße, Mineralien und Ballaststoffe. Glutenfreies Getreide wie Hirse, Reis und Mais kann frühestens ab dem 5. Monat verfüttert werden. Nach dem 6. Monat können auch glutenhaltige Getreide wie Weizen oder Hafer verwendet werden. Gluten ist der Oberbegriff für die soge-

Ernährungsplan von 4 bis 12 Monate (SGP).

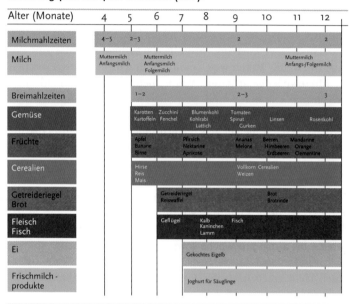

Alter (Monate)	4	5	6	7	8	9	10	11	12
Milchmahlzeiten	4–5	2–3				2			2
Milch	Muttermilch Anfangsmilch	Muttermilch Anfangsmilch Folgemilch					Muttermilch Anfangs-/Folgemilch		
Breimahlzeiten		1–2				2–3			3
Gemüse		Karotten Kartoffeln	Zucchini Fenchel	Blumenkohl Kohlrabi Lattich	Tomaten Spinat Gurken		Linsen		Rosenkohl
Früchte		Apfel Banane Birne		Pfirsich Nektarine Aprikose		Ananas Melone	Beeren, Himbeeren Erdbeeren	Mandarine Orange Clementine	
Cerealien		Hirse Reis Mais				Vollkorn Cerealien Weizen			
Getreideriegel Brot			Getreideriegel Reiswaffel				Brot Brotrinde		
Fleisch Fisch			Geflügel	Kalb Kaninchen Lamm	Fisch				
Ei				Gekochtes Eigelb					
Frischmilch- produkte				Joghurt für Säuglinge					

nannten Klebereiweiße, die in verschieden Getreidesorten vorkommen. Diese können zu einer seltenen, aber schweren Unverträglichkeitsreaktion des Dünndarms und somit zu einer gravierenden Gedeihstörung (Zöliakie) durch eine verminderte Aufnahme von Nährstoffen führen.

Früchte sind reich an Vitaminen, vor allem an Vitamin C, und Ballaststoffen. Geeignet sind zerdrückte Bananen und geraspelte Äpfel ohne Schale, versuchsweise auch Orangensaft. Zitrusfrüchte enthalten aromatische Öle, die gelegentlich den Darm reizen und Durchfall hervorrufen.

Gemüse sind Kohlehydrat-, Eiweiß- und Vitaminlieferanten sowie reich an Ballaststoffen. Zur Einführung von Gemüsebreimahlzeiten eignen sich Karotten, Fenchel und Zucchini. Gemüse, die Blähungen hervorrufen, sind zu vermeiden. Wird Gemüse mit

Kartoffeln oder Reis kombiniert, kann ein besseres Sättigungsgefühl erreicht werden. Damit die Vitamine nicht vernichtet oder ausgeschwemmt werden, ist auf eine schonende Zubereitung zu achten: Gemüse nicht im Wasser liegen lassen, sondern unter fließendem Wasser kurz und gründlich waschen. Gemüse mit Zugabe von wenig Wasser weich dämpfen und nicht sieden, eventuell im Mikrowellengerät garen. Wenn mehrere Gemüsemahlzeiten auf einmal zubereitet und portionenweise tiefgekühlt werden, lässt sich der Arbeitsaufwand erheblich verringern. Beim Auftauen wird der Vitamingehalt etwas vermindert, die Arbeitsersparnis rechtfertigt aber diese Einbuße. Gemüsesaft erübrigt sich, wenn das Kind frisches Gemüse bekommt.

Fleisch und Ei enthalten Eiweiße, Eisen, andere Spurenelemente und verschiedene Vitamine, vor allem das wichtige Vitamin B_{12}. Geeignet sind Rind-, Kalb-, Hähnchen- und Schweinefleisch oder Leber 1- bis 2-mal pro Woche sowie ein Eigelb pro Woche.

Milch bleibt auch nach der Einführung der Breimahlzeiten ein wichtiges Nahrungsmittel. Sie enthält wertvolle Eiweiße sowie Kalzium und Phosphat für den Knochenaufbau. Jeden Tag sollte ein Kind 2 bis 5 Deziliter Milch trinken. Entwickelt ein Kind eine Abneigung gegen Milch, sollte ihm die Milch nicht aufgedrängt werden. Das Kind kann das notwendige Kalzium auch aus Milchprodukten wie Joghurt beziehen.

Während des 1. Lebensjahres reifen Verdauung und Immunabwehr so weit heran, dass mit 5 bis 6 Monaten von Anfangsmilch auf Folgemilch und mit 12 Monaten auf Vollmilch (keine teilentrahmte Milch, da zu fettarm) übergegangen werden kann. Folgemilch und Vollmilch haben einen höheren Sättigungsgrad als Anfangsmilch.

Naturjoghurt, versetzt mit frischen Früchten, ist Früchtejoghurts vorzuziehen, da letztere viel Zucker enthalten. Quark sollte im 1. Lebensjahr nicht gefüttert werden, da sein hoher Eiweißgehalt den kindlichen Organismus zu stark belasten kann.

In Familien, in denen Allergien wie Hautekzeme, Asthma und Heuschnupfen vorkommen, kann einer frühzeitigen Allergisie rung vorgebeugt werden, wenn die folgenden Nahrungsmittel im 1. Lebensjahr vermieden werden: Weizen, Soja, Eier, Fisch, Schokolade, Kakao, Nüsse und Südfrüchte.

Verschiedene Breie sollten als Vorbereitung auf die gemischte Kost die Geschmackspalette allmählich verbreitern. Beim Kochen sollten Zucker und Salz (mit Jod- und eventuell Fluorzusatz) sparsam verwendet werden. Gewürze und Kräuter sind verträglicher als Salz, da Letzteres die Ausscheidung der Nieren belastet und dem Körper Wasser entzieht. Im letzten Vierteljahr des 1. Lebensjahres kann langsam auf leicht gesalzene Erwachsenenkost übergegangen werden. Von der Verwendung von künstlichen Süßstoffen ist strikt abzuraten, da deren Wirkung auf den kindlichen Organismus nicht geklärt ist!

Geeignete Getränke neben Milch sind Leitungswasser und ungezuckerter Tee wie Kamillen- oder Fencheltee. Mineralwasser ist nicht zu empfehlen, da es viele Mineralsalze enthält, die die kindlichen Nieren belasten. Die Kohlensäure kann überdies Bauchbeschwerden hervorrufen. Von Fruchtsäften, außer bei Mahlzeiten, ist ebenfalls abzuraten, da diese häufig sehr viel Zucker enthalten. Ihre zerstörerische Wirkung auf die Zähne ist im Kapitel »Wachstum 10 bis 24 Monate« beschrieben.

Wie viel muss ein Kind essen?

Wie viel muss oder wie wenig kann ein Kind essen, um gesund zu bleiben und sich normal zu entwickeln? Es ist für Eltern schwierig zu akzeptieren, aber dennoch eine biologische Gegebenheit: Gleichaltrige Kinder essen sehr unterschiedliche Mengen. Wie wir aus folgender Abbildung ersehen können, essen einige Kinder mehr als doppelt so viel wie andere Kinder gleichen Alters.

Wird das Körpergewicht der Kinder berücksichtigt, indem die Nahrungsmenge auf das individuelle Körpergewicht bezogen wird, stellt sich heraus, dass die Unterschiede in jedem Alter bestehen bleiben. Im Alter von 9 Monaten beispielsweise gibt es Kinder, die mit 70 Gramm Nahrung pro Kilogramm Körpergewicht auskommen, während andere mehr als 140 Gramm Nahrung pro Kilogramm Körpergewicht zu sich nehmen.

Wie viel essen Kinder pro Tag?

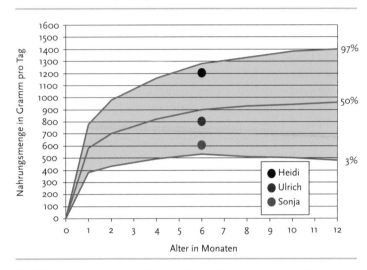

Die Fläche gibt an, wie viel Nahrung Kinder in verschiedenem Alter pro Tag zu sich nehmen (zusammengestellt aus Stolley, Wachtel). Im Alter von 6 Monaten nimmt Sonja 600 Gramm Nahrung pro Tag zu sich, Ulrich 800 Gramm und Heidi 1200 Gramm. Heidi isst also doppelt so viel wie Sonja.

Warum essen nicht alle Kinder gleich viel? Ein wichtiger Grund besteht darin, dass Kinder die Nahrung ungleich verwerten, wie übrigens auch Erwachsene. Der Stoffwechsel arbeitet von Mensch zu Mensch unterschiedlich. Es gibt magere Menschen, die mehr essen als übergewichtige. Kinder essen zudem nicht immer gleich viel: Perioden mit großem Appetit wechseln ab mit solchen, in denen das Kind nur wenig isst. Springt ein Kind an der frischen Luft herum, wird es mehr Appetit haben, als wenn es sich den ganzen Tag in der Wohnung aufhält und herumsitzt. Kinder, die gerade einen Wachstumsschub durchmachen, essen mehr als gewöhnlich. Schließlich essen Kinder Nahrungsmittel mit verschieden hohen Nähr- und Energiewerten.

Wenn ein Kind krank ist, isst es wenig oder gar nicht. Innerhalb weniger Tage kann es erheblich an Gewicht abnehmen. Wieder ge-

Tägliche Nahrungsaufnahme bezogen auf das Körpergewicht.

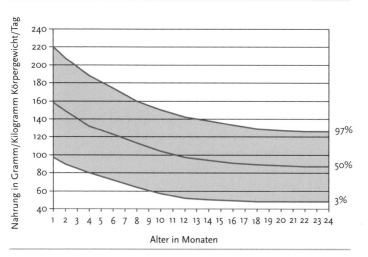

Die Fläche gibt an, wie viel Gramm Nahrung pro Kilogramm Körpergewicht und Tag Kinder zu sich nehmen (nach Birch, Stolley, Wachtel).

sund, entwickelt es einen regelrechten Heißhunger und legt rasch wieder an Gewicht zu.

Nicht nur die Mengen, die Kinder essen, sind ungleich groß, die Kinder essen auch unterschiedlich oft. Nicht allen behagt es, 3 große Mahlzeiten zu essen; manche fühlen sich mit 5 kleinen Mahlzeiten wohler. Der Appetit eines Kindes und die Nahrungsmenge, die das Kind zu sich nimmt, sind keine sehr zuverlässigen Parameter für das Gedeihen eines Kindes. Nach was sollen sich die Eltern richten? Das Kind gedeiht, wenn:

■ das Kind zufrieden und aktiv ist;
■ Anzeichen wie Fieber für eine Krankheit fehlen;
■ der Stuhl normal geformt ist;
■ die Wachstumskurven von Gewicht und Körpergröße einigermaßen parallel zu den Wachstumslinien verlaufen und damit konstant zunehmen (siehe »Wachstum 4 bis 9 Monate«). Der Verlauf der Wachstumskurven ist das beste Maß für das Gedeihen eines Kindes.

Selbstständig essen

Mit etwa einem halben Jahr beginnen Kinder, Interesse an fester Nahrung zu zeigen. Damit ein Kind an einem Stück harten Brot oder an einem Getreideriegel knabbern und herumlutschen kann, müssen verschiedene Fähigkeiten einen bestimmten Entwicklungsstand erreicht haben:

Greifen. Mit 5 Monaten beginnt der Säugling zu greifen. Damit kann er sich erstmals selbst Nahrung zuführen.

Der Mund dient in diesem Alter nicht nur der Nahrungsaufnahme. Er ist auch ein wichtiges Erkundungsorgan für den Säugling. Mit dem Mund untersucht er alle Gegenstände, derer er habhaft werden kann (siehe »Spielverhalten 4 bis 9 Monate«).

Speichelproduktion. Im Alter von 2 bis 3 Monaten nimmt die Speichelbildung stark zu. Der Speichel enthält reichlich Amylase, ein Enzym, welches der Verdauung von Stärke (Kohlehydratketten) dient.

Erste Versuche, einen Keks
anzuknabbern.

Feste Esswaren in den Mund nehmen.

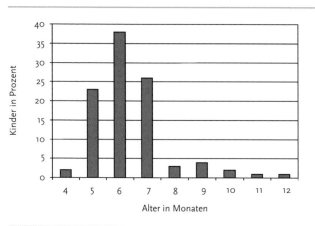

Die Säulen geben an, wie viele Kinder (in Prozent) in einem bestimmten Alter beginnen, feste Esswaren wie hartes Brot in den Mund zu nehmen.

Zähne. Bei den meisten Kindern brechen die ersten Zähne zwischen dem 6. und 10. Monat durch (siehe »Wachstum 4 bis 9 Monate«). Zuerst erscheinen die Schneidezähne: Das Kind kann nun beißen. Da die Backenzähne erst im 2. Lebensjahr durchbrechen, ist ein Kauen bis dahin noch nicht möglich. Der Säugling behilft sich, indem er feste Speisebrocken mit Speichel aufweicht, im Mund hin- und herschiebt und zwischen Zunge und Gaumen oder Ober- und Unterkiefer zerdrückt.

Kinder beginnen zwischen dem 5. und 7. Monat an festen Esswaren herumzukauen. Bei einigen wenigen Kindern ist dies nicht vor Ende des 1. Lebensjahres der Fall.

Zwischenmahlzeiten geben dem Kind Gelegenheit, Esswaren selbstständig zum Mund zu führen und kennenzulernen. Sie sollten keine Energiespender sein. Am besten eignen sich als Zwischenmahlzeiten hartes Brot oder Getreideriegel, beim älteren Säugling auch Obst. Vorsicht mit Kinderbiskuits: Sie enthalten oft reichlich Zucker und verderben somit den Appetit und schaden den Zähnen.

Selbstständig trinken

Sobald ein Kind greifen kann, versucht es beim Trinken die Flasche selbstständig zu halten. Je nachdem, wie aktiv das Kind ist und wie oft die Mutter dem Kind das Fläschchen überlässt, beginnt ein Kind frühestens mit 5 Monaten, das Fläschchen selbst zu halten. Gegen Ende des 1. Lebensjahres halten fast alle Kinder selber das Fläschchen.

Um aus einer Tasse zu trinken, muss die Tasse nicht nur richtig gehalten, sondern auch die Mundmotorik an diese angepasst werden. Der Flüssigkeitsstrom kann dann nicht mehr durch vermehrtes oder vermindertes Saugen kontrolliert werden. Die Flüssigkeit rinnt in den Mund und wird in Portionen geschluckt. Ist die Mundmotorik ausreichend weit entwickelt, gibt das Kind von sich aus zu verstehen, dass es wie die anderen auch aus einer Tasse oder einem Glas trinken möchte.

Fläschchen mit beiden Händen halten.

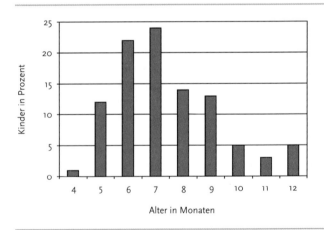

Die Säulen geben an, wie viele Kinder (in Prozent) in einem bestimmten Alter beginnen, das Fläschchen mit beiden Händen zu halten.

Wann entwöhnen?

Ein Kind bezieht, je älter es wird, immer weniger Nahrung von der mütterlichen Brust. Wenn die Mutter es will, bleibt die Brust für das Kind aber ein Ort der Zuwendung und ein Trostspender. An der Brust will sich das Kind beruhigen, fühlt sich geborgen und kann leichter einschlafen. Wenn die Mutter sich wohl dabei fühlt, ist dagegen nichts einzuwenden.

Die meisten Mütter entwöhnen ihr Kind während des 1. Lebensjahres. Verschiedene Gründe führen zum Abstillen. Die beiden wichtigsten sind:

- Beim Weiterstillen bleibt das Kind körperlich stark an die Mutter gebunden. Die Mutter kann ihr Kind nicht für längere Zeit einer anderen Betreuungsperson überlassen. Die Eltern können nicht gemeinsam ausgehen. Wenn sie eingeladen werden, müssen sie das Kind immer mitnehmen.
- Das Kind kann nur an der mütterlichen Brust einschlafen. Wenn es nachts aufwacht, will es gestillt werden. Deshalb kann selbst der Vater das Kind nicht zu Bett bringen oder nachts beruhigen.

Es hat sich bewährt mit dem Entwöhnen tagsüber zu beginnen. Nachts ist es für Kind und Mutter schwieriger, auf das Stillen zu verzichten. Über einige Wochen wird langsam mit den folgenden Umstellungen begonnen:

- Die Brust wird durch andere Formen der Zuwendung wie In-den-Armen-Halten, Streicheln, Zureden, miteinander Spaßen und Spielen ersetzt.
- Brustmahlzeiten, nach denen das Kind am wenigsten verlangt, werden durch Brei- oder feste Mahlzeiten und Flaschenmilch abgelöst.
- Zu bestimmten Mahlzeiten ist die Mutter nicht anwesend. Der Vater oder eine andere Bezugsperson füttert das Kind.

Wird das Kind tagsüber nicht mehr gestillt, nimmt die Milchbildung der Mutter immer mehr ab, bis die Milch schließlich auch nachts ausbleibt. Ein medikamentöses Abstillen ist nur ausnahmsweise notwendig. Die Milchmenge geht umso stärker zurück, je weniger das Kind an der Brust saugt.

Das Wichtigste in Kürze

1. Muttermilch und Säuglingsmilchnahrung genügen nach dem 4. Lebensmonat dem Nährstoff- und Energiebedarf des Kindes immer weniger.

2. Je nach Reifung von Mundmotorik und Verdauung ist ein Kind zwischen 4 und 8 Monaten für die erste Breimahlzeit bereit.

3. Breimahlzeiten setzen sich aus den folgenden Nahrungsmittelgruppen zusammen: Getreide, Früchte, Gemüse, Fleisch und etwas Ei.

4. Milch und Milchprodukte bleiben wichtige Eiweiß-, Kalzium- und Phosphatlieferanten für die Knochenbildung. Nach dem 5. Monat kann die Anfangsmilch durch Folgemilch und diese wiederum mit 12 Monaten durch Vollmilch ersetzt werden. Teilentrahmte Milch eignet sich für Säuglinge nicht, sie ist zu fettarm.

5. Zwischen 5 und 7 Monaten beginnt das Kind, feste Esswaren in den Mund zu nehmen, und lernt deren Geschmack und Konsistenz kennen. Die Zwischenmahlzeiten sollten zucker- und kalorienarm sein.

6. Die täglich aufgenommene Nahrungsmenge ist in jedem Alter von Kind zu Kind unterschiedlich groß. Manche Kinder essen mehr als doppelt so viel wie andere gleichaltrige Kinder.

7. Das Gedeihen eines Kindes lässt sich folgendermaßen einschätzen:
   - Das Kind ist zufrieden und aktiv;
   - Das Kind ist gesund;
   - Der Stuhl ist normal geformt;
   - Die Wachstumskurven von Gewicht und Länge verlaufen etwa parallel zu den Wachstumslinien.

   Appetit und verzehrte Nahrungsmenge sind keine zuverlässigen Parameter für das Gedeihen eines Kindes.

8. Je älter das Kind wird, desto weniger ist die Brust eine Nährquelle, sie wird ein Ort der Zuwendung. Nach dem 1. Lebensjahr wird der Zeitpunkt der Entwöhnung weniger von der Ernährung als vielmehr von der Mutter-Kind-Beziehung bestimmt.

10 bis 24 Monate

Die Mahlzeiten mit dem 15 Monate alten Roberto verlaufen zur Zeit mühsam. Er will einfach nicht mehr mit dem Löffel gefüttert werden, mit dem Löffel selbstständig essen kann er aber noch nicht. Zufrieden stopft er sich das Essen mit beiden Händen in den Mund. Zum Leidwesen der Eltern macht die 3-jährige Nina, die gut mit dem Löffel essen kann, ihren Bruder nach: Was er kann, darf ich auch.

Zu Beginn des 2. Lebensjahres sind Kinder bereit, Erwachsenenkost zu essen. Damit stellt sich den Eltern die Frage nach einer gesunden Ernährung für ein Kleinkind. Das Kauen gewisser Speisen wie Fleisch oder Salat bereitet den Kindern zunächst noch Mühe. Was ihnen auch noch fehlt, ist die Selbstständigkeit beim Essen und Trinken.

Gesunde Ernährung

Die Kost für ein Kleinkind sollte abwechslungsreich und vielseitig sein. Sie setzt sich folgendermaßen zusammen:

- Jeden Tag isst das Kind Vollkornprodukte, Früchte, Gemüse und Salat roh oder gekocht.
- Jeden 2. bis 3. Tag bekommt es Fleisch, Fisch oder Eier.
- Jeden Tag trinkt es 2 bis 4 Deziliter Milch oder isst Milchprodukte wie Joghurt, Quark oder Käse.
- Als Zwischenmahlzeiten bekommt es Früchte, Karotten, Brot oder Getreideriegel. Süßigkeiten gibt es nur ausnahmsweise, da sie zumeist einen geringen Nährwert haben, den Appetit verderben und die Zähne schädigen.

Die Speisen können mit den Kindern gemeinsam frisch zubereitet werden. Fertigprodukte sollten nicht aufgetischt werden, sie enthalten meist zu viele Geschmacksverstärker. Salz möglichst sparsam verwenden und durch Kräuter ersetzen; Streuwürze vom Speiseplan streichen. Pflanzliche Fette sind tierischen vorzuziehen.

Ernährungsplan von 12 bis 24 Monate (SGP).

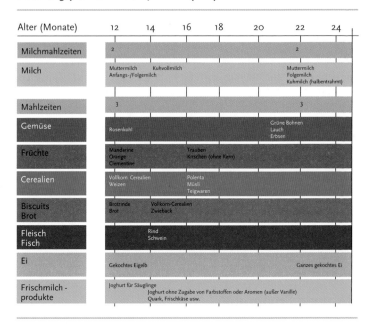

Alter (Monate)	12	14	16	18	20	22	24
Milchmahlzeiten	2					2	
Milch	Muttermilch / Anfangs-/Folgemilch — Kuhvollmilch					Muttermilch / Folgemilch / Kuhmilch (halbentrahmt)	
Mahlzeiten	3					3	
Gemüse	Rosenkohl					Grüne Bohnen / Lauch / Erbsen	
Früchte	Mandarine / Orange / Clementine		Trauben / Kirschen (ohne Kern)				
Cerealien	Vollkorn-Cerealien / Weizen		Polenta / Müsli / Teigwaren				
Biscuits Brot	Brotrinde / Brot	Vollkorn-Cerealien / Zwieback					
Fleisch Fisch		Rind / Schwein					
Ei	Gekochtes Eigelb					Ganzes gekochtes Ei	
Frischmilch - produkte	Joghurt für Säuglinge / Joghurt ohne Zugabe von Farbstoffen oder Aromen (außer Vanille) / Quark, Frischkäse usw.						

Das wäre die Idealkost für ein Kleinkind. Keine Familie kann aber ihre Kinder jeden Tag »ideal« ernähren. Ausnahmen müssen immer wieder gemacht werden – die Kinder vertragen sie gut.

Beißen und kauen

Wie lange müssen Speisen püriert und zerkleinert werden? Kinder beginnen in unterschiedlichem Alter zu beißen und zu kauen, da die Zähne von Kind zu Kind verschieden rasch durchbrechen (siehe »Wachstum 4 bis 9 Monate«) und die Mundmotorik unterschiedlich rasch ausreift. Spätestens Ende des 1. Lebensjahres sind die Schneidezähne durchgebrochen: Das Kind kann ein Stück feste Nahrung abbeißen. Die Backenzähne treten im 2. Lebensjahr

Essen kauen.

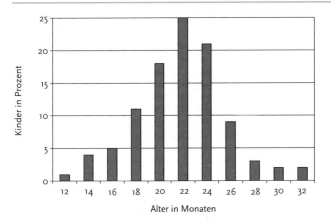

Die Säulen geben an, wie viele Kinder (in Prozent) in einem bestimmten Alter beginnen Speisen zu kauen.

hervor. Das Kauvermögen ist bei den meisten Kindern im 2. und bei einigen erst im 3. Lebensjahr ausreichend entwickelt. Im 2. Lebensjahr brauchen Speisen im Allgemeinen nicht mehr püriert zu werden. Die Kinder können alle Speisen hinunterschlucken, wenn diese etwas zerdrückt und zerkleinert werden. Das Zerkauen von Fleisch und Salat bereitet den Kindern am längsten Schwierigkeiten, da sich die Backenzähne spät entwickeln (Zahnentwicklung siehe »Wachstum 25 bis 48 Monate«).

Wie viel ist genug?

Im 2. Lebensjahr nimmt der Appetit bei den meisten Kindern deutlich ab. Manche Kinder essen im 2. Lebensjahr weniger als im 1. Das von Kind zu Kind sehr unterschiedliche Essverhalten bleibt erhalten: Kinder, die wenig essen, nehmen manchmal weniger als die Hälfte der Nahrung zu sich als diejenigen Kinder, die

Tägliche Nahrungsmenge.

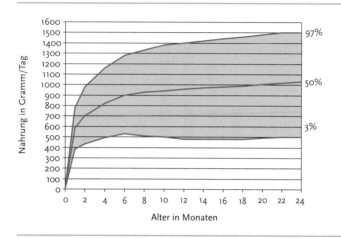

Die Fläche gibt die Nahrungsmenge an, die Kinder in den ersten zwei Lebensjahren während eines Tages aufnehmen. Die Linie in der Mitte entspricht dem Mittelwert (nach Stolley, Wachtel).

viel essen, und kommen damit aus. Die Gründe, warum dem so ist, sind im Kapitel »Trinken und Essen 4 bis 9 Monate« ausgeführt.

Die Kriterien, mit denen Eltern das Gedeihen ihres Kindes einschätzen können, sind im Kapitel »Trinken und Essen 4 bis 9 Monate« aufgeführt.

Selbstständig werden

Jedes Kind möchte irgendwann selbstständig essen und trinken. Dieses Bedürfnis erwacht, wenn seine geistigen und motorischen Fähigkeiten einen entsprechenden Entwicklungsstand erreicht haben.

Wie man aus einer Tasse trinkt und mit einem Löffel isst, lernt das Kind, indem es nachahmt, wie Erwachsene und ältere Kinder essen. Zwischen 9 und 15 Monaten ist das Kind geistig so weit entwickelt, dass es einfache Handlungen nachzuahmen vermag (siehe »Spielverhalten 10 bis 24 Monate«). Wenn es eine Tasse oder einen Löffel in die Hand bekommt, versucht es, aus der Tasse zu trinken oder den Löffel zum Mund zu führen.

Das Kind muss nicht zum Essen erzogen werden. Was es vielmehr braucht, sind Vorbilder zum Nachahmen. Das Kind eignet sich die notwendigen Fertigkeiten am Familientisch selber an, wenn es den Eltern und Geschwistern zuschauen kann, wie sie aus Gläsern und Tassen trinken und mit Löffel, Gabel und Messer essen.

Aus einer Tasse zu trinken erfordert viel Feingefühl: Sobald die Flüssigkeit die Lippen berührt und in den Mund zu rinnen beginnt, muss das Kind je nach Flüssigkeitsmenge die Tasse mehr oder weniger neigen. Die Tasse so weit zu kippen, dass die Flüssigkeit nur in den Mund und nicht über das Gesicht läuft, verlangt einiges an feinmotorischem Geschick.

Essverhalten nachahmen.

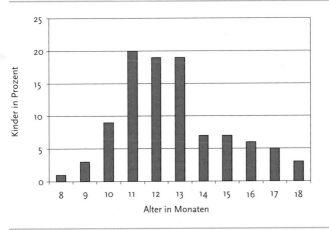

Die Säulen geben an, wie viele Kinder (in Prozent) in einem bestimmten Alter beginnen in ihrem Spiel das Trink- und Essverhalten anderer nachzuahmen.

Aus dem Glas trinken
klappt schon ganz gut.

Einzelnen Kindern gelingt dieses Kunststück bereits Ende des
1. Lebensjahres. Die meisten Kinder können mit 18 Monaten selbstständig aus einer Tasse trinken.

Die Schnabeltasse erleichtert dem Kind den Übergang von der
Flasche zur Tasse. Das Kind kann an der Schnabeltasse saugen wie

Selbstständig aus Tasse trinken.

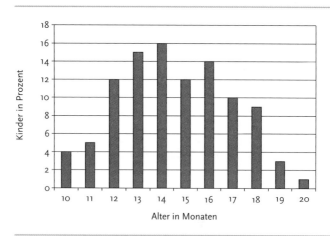

Die Säulen geben an, wie viele Kinder (in Prozent) in einem bestimmten
Alter anfangen, selbstständig aus einer Tasse zu trinken.

an der Flasche oder die Flüssigkeit in den Mund rinnen lassen wie aus einer Tasse. Es kann die Schnabeltasse stürzen, ohne dass ihm die Flüssigkeit über das Gesicht läuft.

Manche Kinder, die aus der Tasse trinken, trennen sich nur ungern von der Flasche. Die Flasche dient ihnen weniger als Durstlöscher, sondern vor allem als Tröster. Sie übernimmt die Funktion eines Schnullers und wird zur »Nuckelflasche«. Wenn sich das Kind unwohlfühlt, ihm etwas versagt wird, es sich langweilt oder müde ist, nuckelt es an seiner Flasche herum. Welche verheerenden Folgen die Nuckelflasche für die Zähne haben kann, ist im Kapitel »Wachstum 10 bis 24 Monate« nachzulesen.

Mit dem Löffel erfolgreich zu essen erfordert ein noch größeres Geschick, als das Trinken aus einer Tasse. Als Erstes ist der Löffel mit Speise zu beladen, dann muss er zum Mund geführt werden, ohne ihn zu neigen oder zu drehen und dabei seinen Inhalt zu verlieren. Schließlich ist die Speise gezielt in den offenen Mund und nicht etwa zur Nase oder Wange zu befördern. Wie ist das Kind doch stolz, wenn es dies alles geschafft hat!

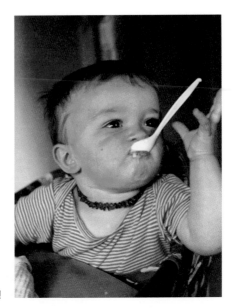

Schau, was ich kann!

Erste Versuche, mit Löffel zu essen.

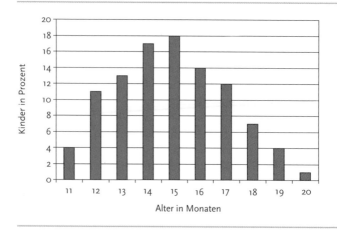

Kinder in Prozent (y-Achse) / Alter in Monaten (x-Achse)

Die Säulen geben an, wie viele Kinder (in Prozent) in einem bestimmten Alter die ersten Versuche machen, mit dem Löffel zu essen.

Kinder sind in unterschiedlichem Alter dazu bereit, den Löffel zu verwenden. Einige versuchen bereits Ende des 1. Lebensjahres, mit dem Löffel zu essen. Die meisten Kinder beginnen damit zwischen 12 und 18 Monaten. Wenn das Kind Interesse am Löffel zeigt und versucht, den Löffel vom Teller zum Mund zu führen, sollten

Füttern kann mehr
Spaß machen
als selber essen.

die Eltern das Kind gewähren lassen, auch wenn zunächst wenig Nahrung in den Mund gelangt.

Bei seinen ersten Essversuchen mit dem Löffel wird das Kind nicht satt. Während sich das Kind mit dem Löffel abmüht, kann die Mutter zwischendurch etwas zufüttern. Es empfiehlt sich, dabei einen separaten Teller zu benutzen, das Kind wird sich so weniger bedrängt fühlen. Wenn das Kind einige Zeit mit dem Löffel hantiert hat, lässt das Interesse am Löffel nach, und der Hunger wird stärker; das Kind will nun gefüttert werden.

Mit dem Löffel zu essen ist für das Kind eine Fähigkeit, die es spielerisch einübt: Wie gelingt es mir, die Speise auf den Löffel zu laden? Wie muss ich den Löffel halten, damit die Speise nicht herunterfällt? Es probiert aus, welche Bewegungsabläufe zum Ziel führen, und lernt die Tücken eines Löffels kennen. Dass bei solchen Experimenten Kind, Stühlchen und Fußboden bekleckert werden, ist nicht zu vermeiden. In der Küche mit einem leicht zu reinigendem Boden unter dem Hochsitz und einem Kleider schonenden Latz können Kind und Eltern gemeinsam ihren Spaß an den ersten eigenständigen Essversuchen haben. Dazu gehört, dass sich die Eltern auch Mal vom Kind füttern lassen.

Erste Essversuche.

Mit Löffel selbstständig essen.

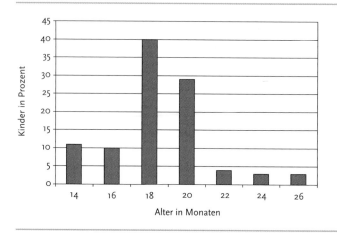

Die Säulen geben an, wie viele Kinder (in Prozent) in einem bestimmten Alter selbstständig mit dem Löffel essen.

Das Kind wird nach wenigen Tagen bis Wochen selbstständig mit dem Löffel essen. Wenn die Eltern es gewähren lassen, wird es ausreichende und zu Beginn nicht immer glückende Erfahrungen machen. Den Gebrauch des Löffels können die Eltern ihrem Kind eigentlich gar nicht beibringen. Sie können ihm lediglich einige Hilfestellungen dazu geben. Die Eltern tragen am meisten zu diesem Lernprozess bei, indem sie sich für die Mahlzeiten ausreichend Zeit nehmen und die Esssituation so gestalten, dass sie sich über das unvermeidliche Geklecker nicht ärgern müssen.

Was geschieht, wenn Eltern ihr Kind daran hindern, mit dem Löffel zu essen? Es wird protestieren, allenfalls das Essen verweigern, im schlimmsten Fall wird sein Impuls selbstständig zu werden wieder erlahmen. Das Kind stellt sich darauf ein, dass es wohl immer gefüttert werden wird. Die Eltern dürfen sich nicht wundern, wenn das Kind in den kommenden Jahren wenig Interesse bekundet, selbstständig zu essen. Das 2. Lebensjahr ist daher eine kritische Periode in der Entwicklung des Essverhaltens: Das Be-

Mit Gabel essen.

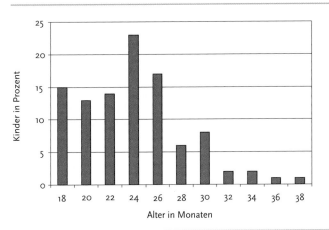

Die Säulen geben an, wie viele Kinder (in Prozent) in einem bestimmten Alter beginnen, die Gabel zu benutzen.

dürfnis des Kindes, selbstständig essen zu lernen, darf nicht versäumt oder auf einen anderen Zeitpunkt verschoben werden.

Eltern und größere Geschwister benutzen beim Essen häufiger die Gabel als den Löffel. Es ist daher begreiflich, dass das Kleinkind auch mit der Gabel essen möchte. Manchen Kindern fällt es leichter, kleine Nahrungsstücke mit der Gabel aufzuspießen, als sie auf den Löffel aufzuladen.

In der Schweiz beginnen Kinder in sehr unterschiedlichem Alter mit der Gabel zu essen. Der Grund ist wahrscheinlich, dass viele Eltern ihr Kind nur ungern mit einer Gabel hantieren lassen, weil sie befürchten, dass sich das Kind dabei verletzen könnte. Die Verletzungsgefahr ist aber bei stumpfen Kindergabeln gering.

Gegen Ende des 2. Lebensjahres beherrschen die meisten Kinder den Umgang mit Löffel und Gabel so weit, dass sie selbstständig einigermaßen »anständig« essen können. Manche Speisen überfordern aber auch das geschickteste Kleinkind. Spaghetti zu essen kann selbst für Erwachsene noch eine Herausforderung sein.

Speicheln

Mit 3 Monaten nimmt die Speichelproduktion deutlich zu. Beim Essen, Schlafen und vor allem beim Spielen läuft dem Säugling ein dünnflüssiger Speichel aus dem Mund. Bei manchen Kindern ist dies nur gelegentlich und in kleinen Mengen der Fall, bei anderen ist es so viel, dass ihre Oberkleider durchnässt werden. Das Speicheln nimmt Anfang des 2. Lebensjahres wieder ab. Nach dem 18. Lebensmonat speicheln die meisten Kinder nicht mehr.

Speichelt nicht mehr.

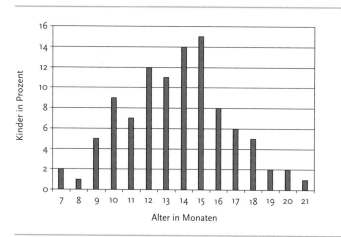

Die Säulen geben an, wie viele Kinder (in Prozent) in einem bestimmten Alter aufhören zu speicheln.

Das Wichtigste in Kürze

1. Im 2. Lebensjahr isst das Kind am Familientisch mit. Seine Kost sollte abwechslungsreich und vielseitig sein. Milch bleibt ein wichtiger Mineralstoff- und Eiweißlieferant.

2. Gegen Ende des 2. Lebensjahres ist das Kauvermögen des Kindes so weit entwickelt, dass es viele Speisen der Erwachsenenkost essen kann.

3. Das Kind isst in jedem Alter unterschiedlich viel. Solange es gesund und aktiv ist und seine Wachstumskurven von Gewicht und Länge zumeist parallel zu den Perzentilenlinien verlaufen, gedeiht das Kind gut.

4. Damit ein Kind beim Essen und Trinken selbstständig werden kann, braucht es Eltern, Geschwister und andere Bezugspersonen als Vorbilder. Das Kind wird durch Nachahmung selbstständig.

5. Mit 18 bis 24 Monaten können die meisten Kinder selbstständig aus einer Tasse trinken und mit dem Löffel essen.

6. Nach dem 18. Lebensmonat speicheln die meisten Kinder nicht mehr.

25 bis 48 Monate

> *Sitz aber selb zu Tisch bei Jungen oder Alten*
> *so sollst Du Deine Füße still und zusammen halten,*
> *die Ellenbogen Dir nicht sollen Stützen sein,*
> *die Arme lege nicht bis den selbigen ein.*
> *Mit aufgerichtetem Leib zu sitzen dich gewöhne*
> *und mit den Achseln dich nicht ungebührlich lehne,*
> *Nicht kratz auf bloßem Haupt, nicht in dem Busen Dein,*
> *das Nasengrübeln gar lass underwegen sein.*
> *Beidseits abwende Dich im Schneutzen, Husten, Nießen,*
> *das Riechen an der Speis tut männiglich verdrießen,*
> *auch trinke nicht, wann du noch etwas in dem Mund,*
> *nicht red dannzumal und gar nicht ohne Grund.*«

Johann Simmler, 1645

Tischmanieren und Essverhalten waren bereits vor 360 Jahren ein Thema bei Hof und Bürgertum und sind es bis heute geblieben. 2004 beklagten sich mehr als 60 Prozent der Schweizer Eltern darüber, dass ihre Kinder im Alter von 2 bis 4 Jahren keine Tischmanieren hätten (Schöbi und Perrez). Vielen Eltern bereitete es darüber hinaus Mühe, dass ihre Kleinkinder ein ausgeprägt wählerisches Essverhalten an den Tag legen.

Vorlieben und Abneigungen

Nicht wenige Kinder möchten sich über Tage oder gar Wochen hinweg ausschließlich von einer Lieblingsspeise ernähren. Besonders beliebt sind unter Kleinkindern beispielsweise Pommes frites, Chips und Fischstäbchen. Eltern befürchten, dass das Kind sein einseitiges Essverhalten beibehält und schließlich seine Gesundheit Schaden nehmen könnte. In einer amerikanischen Studie durften sich Kleinkinder wochenlang ganz nach ihrem Geschmack ernähren (Birch). Bei jeder Mahlzeit konnten sie aus einer großen Palette von Speisen frei auswählen, was sie essen wollten. Was sie zu sich nahmen, wurde sorgfältig protokolliert. Die meisten Kinder ernährten sich anfänglich tatsächlich ausgesprochen einseitig, aber nur für eine kurze Zeit. Nach 12 Wochen konnten die Ernährungsforscher jedem Kind attestieren, dass es sich ausreichend und ausgewogen ernährt hatte. Der Körper reguliert über längere Zeitspannen das Essverhalten unbewusst so, dass das Kind – wie auch der Erwachsene – alle wichtigen Nährstoffe zu sich nimmt, wenn das notwendige Angebot an Nahrungsmitteln zur Verfügung steht. Die Befürchtung vieler Eltern ist also unberechtigt.

Eine Eigenheit dieser Altersperiode ist es, dass die Vorliebe der Kinder nicht mehr nur Süßigkeiten, sondern vor allem gewürzten Speisen gilt. Kinder sind regelrecht versessen auf Salz und Streuwürze, vor allem auf Glutamat. Sie schlecken Salz aus dem Streuer, lutschen Bouillonwürfel wie Bonbons oder tröpfeln sich flüssige Würze auf die Hand, um sie dann genussvoll abzuschlecken. Es ist nicht bekannt, ob sich in diesem Alter die Geschmacksrezeptoren für Salz und Glutamat besonders stark ausbilden oder ob der Stoffwechsel des Kindes einen vermehrten Salzbedarf hat. Diese Vorliebe bleibt in den folgenden Jahren bestehen, ist aber nie mehr so ausgeprägt wie im Kleinkindesalter.

Salz und Glutamat sind wie Zucker Geschmacksverstärker, welche die fatale Wirkung haben, dass Kinder und Erwachsene mehr von einer Speise essen, als ihnen eigentlich zuträglich ist. Geschmacksverstärker sind eine der wichtigsten Ursachen für Überernährung. Wie stark uns Geschmacksverstärker verführen, kann jeder nachprüfen, wenn er einen Hamburger ohne Glutamat und

Würzige Verführung.

ein Joghurt ohne Zucker isst. Das Sättigungsgefühl stellt sich viel schneller ein. Kleinkinder haben nicht nur ausgeprägte Vorlieben, sondern auch Abneigungen gegen bestimmte Speisen. Die meisten Eltern möchten erreichen, dass ihr Kind von allem, was auf den Tisch kommt, ein wenig isst. Dieses Vorhaben gelingt leichter, wenn neue Speisen langsam und in kleinen Portionen eingeführt werden. So hat das Kind Zeit, sich an den fremden Geschmack und die ungewohnte Konsistenz zu gewöhnen. Hat das Kind eine ausgesprochene Abneigung gegen eine bestimmte Speise, sollte ihm diese nicht aufgezwungen, sondern durch eine ähnliche im Speiseplan ersetzt werden. Mag das Kind beispielsweise keinen Spinat, kann es Karotten, Bohnen oder ein anderes Gemüse essen. Spinat ist keine diätetische Notwendigkeit.

Ausschlaggebend ist, dass das Kind nicht alleine, sondern gemeinsam mit der Familie oder anderen Erwachsenen und Kindern isst und so erlebt, wie andere lustvoll verspeisen, was auf den Tisch kommt. Schwierig kann es werden, wenn zum Beispiel der Vater oder die Mutter grundsätzlich kein Gemüse und keinen Salat isst. Wie soll sich da das Kind für das Grünzeug begeistern? Es empfiehlt sich, dem Kind zuerst in kleinen Portionen diejenigen Speisen zu geben, die es weniger gern hat, bevor es seine Lieblingsspeise bekommt. Bei weniger beliebten Speisen sollte nicht das Aufessen, sondern das Motivieren zum Probieren im Vordergrund stehen und eine Ablehnung des Kindes akzeptiert werden.

Tischmanieren

Wer kennt sie nicht, die Ermahnungen: Mit den Fingern isst man nicht! Beim Kauen den Mund geschlossen halten! Die Ellenbogen nicht auf dem Tisch aufstützen, und nicht auf dem Stuhl herumrutschen! In den vergangenen 30 Jahren ist die Erziehung zu Tische liberaler geworden, doch die elterlichen Nerven werden am Familientisch nach wie vor strapaziert.

Mahlzeiten sollten für alle Beteiligten eine angenehme Zeit sein. Dazu einige Anregungen, die nicht nur auswärts, sondern auch zu Hause und für alle gelten sollten.

- Das Kind, wenn möglich, beim Kochen mithelfen lassen, beispielsweise beim Zubereiten von Gemüse. So lernt das Kind mit Nahrungsmitteln sorgsam umzugehen und sie zu respektieren.

- Mahlzeiten werden von Erwachsenen und Kindern so oft wie möglich gemeinsam eingenommen.

- Weder Fernseher noch Radio laufen nebenbei, niemand liest Zeitung oder betätigt sich anderweitig.

- Das Kind wird in das Gespräch mit einbezogen. Wenn der Vater beim Abendessen 10 und mehr Minuten der Mutter berichtet, welchen Ärger er am Arbeitsplatz erleben musste, dürfen sich die Eltern nicht wundern, wenn dem Kind dabei langweilig wird und es mit diversen Mitteln versucht, die Aufmerksamkeit auf sich zu ziehen: Es verweigert das Essen, spielt mit dem Essen oder verlässt vorzeitig den Tisch. Andererseits wirkt es sich auch nicht segensreich aus, wenn sich die Erwachsenen während der ganzen Mahlzeit ausschließlich auf das Kind konzentrieren. Das Kind wird dann über kurz oder lang nicht mehr ohne das Gefühl auskommen, am Tisch immer der Mittelpunkt sein zu müssen.

- Dem Kind kleine Portionen geben, die das Kind auf jeden Fall aufzuessen vermag. Lieber nachfüllen als den halb vollen Teller abräumen. Eltern sollten das Kind nie zwingen, den Teller leer zu essen! Machtkämpfe verderben die Freude am Essen.

- Was auf den Tisch kommt, bestimmen die Eltern. Dabei sollte das Kind nicht gezwungen werden, von allen Speisen essen zu müssen. Mag es beispielsweise ein bestimmtes Gemüse nicht, bekommt es ein anderes.

- Wie viel das Kind isst, ist seine eigene Sache und wird von den Eltern weder bestimmt noch kritisiert oder gelobt. »Schön aufgegessen« und ähnliche Kommentare sind zu vermeiden. Das Kind sollte nicht den Eltern zuliebe, sondern seinem Bedürfnis entsprechend essen.

- Das Kind sollte gelobt werden, wenn es sich bemüht, seinem Entwicklungsstand entsprechend »anständig« zu essen. Lob fördert seine Selbstständigkeit.

- Spielt das Kind mit dem Essen oder wirft es zu Boden, ist es wahrscheinlich nicht mehr hungrig. Wenn das Kind auf die Aufforderung weiterzuessen in seinem Tun fortfährt, sollen die

Eltern dem Kind das Essen wegnehmen. Es kann aber auch sein, dass sich das Kind vernachlässigt fühlt und Aufmerksamkeit erregen will. Isst das Kind keine der aufgetischten Speisen, bekommt es auch kein Dessert.

- Bevor die Essenszeit um ist, wird das Kind auf das Ende der Mahlzeit hingewiesen. Kleinkinder haben noch kein Zeitgefühl. Ist der Teller nicht leer gegessen, wird er kommentarlos abgeräumt. Das Kind wird nicht zum Leeressen des Tellers gedrängt.

- Niemand geht vorzeitig vom Tisch. Zu berücksichtigen ist, dass ein Kleinkind kaum länger als 15 Minuten still sitzen kann.

- Wenn das Kind vor der nächsten Mahlzeit über Hunger und Durst klagt, bekommt es Früchte, aber keine zuckerhaltigen, kalorienreichen Getränke oder Esswaren. Der große Hunger sollte bei den Haupt- und nicht bei den Zwischenmahlzeiten gestillt werden.

- Schlechte Esser sind eine Gefahr für den Familientisch: Sie verunsichern die Eltern. Die Ängste der Eltern und das Trotzverhalten des Kindes sind der beste Nährboden für beidseitige Machtkämpfe bei den Mahlzeiten. Lassen Sie sich nicht verunsichern: Ein gesundes Kind isst so viel, wie es braucht! Es schadet sich nicht vorsätzlich, indem es zu wenig isst!

Geliebte Schokolade.

- Kinder sollten so früh wie möglich zum Mithelfen im Familienleben ermuntert werden. Genauso wie der Tisch nicht vorzeitig verlassen wird, sollten alle beim Tischdecken und Abräumen helfen. Kleine Kinder fühlen sich auch in ihrem Selbstwertgefühl bestärkt, wenn sie mithelfen dürfen. Sie sollen das Gefühl bekommen, gebraucht zu werden, und ein vollwertiges Mitglied der Familie zu sein.
- Essen soll bei aller gesunden Ernährung und Erziehung auch etwas Lustvolles sein und bleiben. Süßigkeiten gehören zu unserer Esskultur. Sie sind kaum gesundheitsschädigend, solange sie vorwiegend zu den Hauptmahlzeiten gegessen werden und als Zwischenmahlzeit nicht zur Gewohnheit oder gar Hauptbestandteil der Ernährung werden.

Wenn es darum geht, was und wie das Kind essen soll, gilt einmal mehr: Prägend ist vor allem das Vorbild anderer Erwachsenen und Kinder, insbesondere die Familie. Die Bedeutung, welche die Eltern dem Essen zumessen, ihre Ansichten über Nahrungsmittel, ihre persönlichen Vorlieben und Abneigungen bestimmen das Essverhalten des Kindes in einem hohen Maße mit. Richten die Erwachsenen die Mahlzeiten mit Sorgfalt her, und ist ihnen ein gemeinsames Mahl wichtig, wird das Essen für das Kind eine andere Bedeutung bekommen, als wenn sich die Familie vor dem Fernseher in Schnellimbissmanier mit Fertiggerichten und aus Büchsen verpflegt. Tischmanieren werden dem Kind weit weniger anerzogen als vielmehr von Eltern und Geschwistern vorgelebt. Es ist das Vorbild, das erzieht, und nicht der erhobene Zeigefinger.

Das Wichtigste in Kürze

1. Kleinkinder haben oft ausgeprägte Vorlieben für und Abneigungen gegen bestimmte Speisen, die aber nie längere Zeit anhalten.

2. Kleinkinder können eine besonders ausgeprägte Vorliebe für Salz und Geschmacksverstärker haben.

3. Geschmacksverstärker (Salz, Glutamat, aber auch Zucker) sollten Eltern so wenig wie möglich verwenden, da diese das Sättigungsgefühl täuschen und die Kinder deshalb zu viel essen.

4. Wer bestimmt was beim Essen?
   - Was das Kind essen soll, bestimmen die Eltern.
   - Wie viel das Kind essen mag, bestimmt das Kind. Eine Speise, die es nicht essen mag, wird ihm nicht aufgezwungen.
   - Wie das Kind essen soll, bestimmen anfänglich die Eltern, dann immer mehr das Kind.

5. Tischregeln sind dazu da, die Mahlzeiten für die ganze Familie angenehm zu gestalten. Sie werden weit weniger anerzogen als vorgelebt.

6. In unserer schnelllebigen Zeit ist es wichtig, sich bewusst wieder auf die Qualitäten des gemeinsamen Essens zu besinnen: Alle sollten sich für die Mahlzeiten regelmäßig Zeit nehmen, einander zuhören und sich wohlfühlen.

Wachstum

Einleitung

Die Eltern sind mit der 3 Monate alten Sonja bei den Großeltern zu Besuch. Bei der Begrüßung ist die Großmutter ein wenig enttäuscht: Die Enkelin trägt nicht das Jäckchen, das sie ihr zur Geburt gestrickt hat. Die Mutter erklärt entschuldigend: »Die Strickjacke ist Sonja schon zu eng geworden.« Die Großmutter atmet auf: »Ein gutes Zeichen, dann gedeiht Sonja ja prächtig!«

Der Säugling wächst so rasch, dass ihm seine Sachen innerhalb weniger Wochen zu klein werden und die Wiege ihm nach einigen Monaten nicht mehr genügend Platz bietet. Das Neugeborene ist ein Federgewicht, beim Füttern des halbjährigen Säuglings kann der Mutter aber bereits der Arm schwer werden. Das körperliche Wachstum ist nie größer als im ersten Lebenshalbjahr. Danach nimmt es immer mehr ab; selbst der Wachstumsschub in der Pubertät erreicht in seiner Dynamik nur mehr einen Bruchteil der frühkindlichen Größenzunahme.

Ein gesundes Kerlchen.

Das Wachstum des Kindes beschäftigt Eltern in den ersten Lebensmonaten sehr: Gewichts- und Größenzunahme sind für sie Indikatoren seiner Gesundheit. Gedeiht ein Säugling prächtig, sind die Eltern zufrieden. Nimmt er nicht an Gewicht zu oder sogar ab, sind sie zutiefst beunruhigt. Kenntnisse über das normale Wachstum, insbesondere über seine Variabilität, sind für die Eltern daher von großem Interesse.

Dynamik des Wachstums

Die Wachstumsdynamik im 1. Lebensjahr schlägt sich in beeindruckenden Zahlen nieder: Im Alter von 5 Monaten hat der Säugling sein Geburtsgewicht verdoppelt und mit 12 Monaten verdreifacht. Die Gewichtszunahme ist im 2. und 3. Lebensmonat am größten: Im Durchschnitt nehmen Kinder in einem Monat 800 bis 900 Gramm an Gewicht zu, was etwa 200 Gramm pro Woche

Gewichtszunahme.

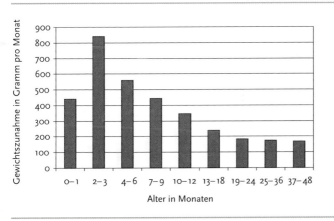

Durchschnittliche monatliche Zunahme des Gewichts bei Mädchen in den ersten 4 Lebensjahren (nach Prader). Die monatliche Gewichtszunahme der Jungen ist geringfügig größer als diejenige der Mädchen.

oder rund 30 Gramm pro Tag entspricht. Die monatliche Gewichtszunahme ist dabei von Kind zu Kind sehr unterschiedlich groß. Bei einigen Kindern beträgt sie lediglich 500, bei anderen bis zu 1200 Gramm.

Nach dem 3. Lebensmonat verringert sich die Gewichtszunahme ständig. Am Ende des 1. Lebensjahres beträgt sie durchschnittlich 400 Gramm und gegen Ende des 2. Lebensjahres nur noch 200 Gramm im Monat. Sie hat also in 24 Monaten um das Vierfache abgenommen. Diese Verlangsamung im körperlichen Wachstum lässt uns verstehen, warum Kinder mit dem Größerwerden nicht notwendigerweise mehr Nahrung zu sich nehmen. Im 2. Lebensjahr ist die Nahrungsmenge, die ein Kind täglich verzehrt, oftmals kleiner als im 1. Lebensjahr.

Einen ähnlichen Verlauf wie das Gewicht zeigt auch das Längenwachstum in den ersten 2 Lebensjahren. In den ersten 3 Lebensmonaten wachsen Kinder durchschnittlich 3,5 Zentimeter pro Monat, das heißt mehr als 1 Millimeter Tag für Tag! Das Längenwachstum ist – wie die Gewichtszunahme – von Kind zu Kind ganz un-

Längenwachstum.

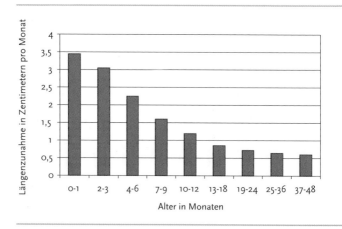

Durchschnittliche monatliche Zunahme der Körpergröße bei Jungen in den ersten 4 Lebensjahren (nach Prader). Das Längenwachstum ist bei Mädchen etwas geringer.

terschiedlich groß: Einige Kinder wachsen in einem Monat lediglich 1,5, andere bis zu 5,5 Zentimeter. Nach dem 3. Lebensmonat
wird die Zunahme der Körperlänge wie diejenige des Gewichts
zusehends geringer. Zwischen 3 und 6 Monaten beträgt die monatliche Längenzunahme etwa 2 Zentimeter, am Ende des 1. Lebensjahres noch etwa 1 Zentimeter. Im 3. Lebensjahr wachsen Kinder nur noch 7 Millimeter pro Monat, also fünfmal weniger als in
den ersten 3 Lebensmonaten. Diese Angaben sind durchschnittliche Werte, die grundlegende Wachstumsdynamik gilt aber für
alle Kinder.

Jedes Kind hat sein eigenes Wachstumstempo

Kinder wachsen bereits während der Schwangerschaft unterschiedlich rasch und sind daher bei der Geburt verschieden groß
und schwer. Die Unterschiede in Gewicht und Größe nehmen in
den folgenden Lebensjahren weiter zu.

Wie wir aus der Abbildung ersehen können, sind die meisten
Jungen und Mädchen gleich groß und gleich schwer. Ein kleiner
Unterschied besteht insofern, als die größten und schwersten Kin-
der Jungen, die kleinsten und leichtesten Kinder Mädchen sind.

Weit bedeutsamer als der Geschlechtsunterschied ist die große
Streubreite der Körpermaße. Am Ende des 2. Lebensjahres haben
die schwersten Jungen ein Körpergewicht von 16 Kilogramm, die
leichtesten wiegen zwischen 10 und 11 Kilogramm. Bei den Mädchen variiert das Gewicht zwischen 10 und 14,5 Kilogramm. Die
größten Jungen haben mit 2 Jahren eine Körperlänge von 95 Zentimetern, die größten Mädchen eine von 92 Zentimetern. Die
kleinsten Knaben sind 82 und die kleinsten Mädchen 80 Zentimeter groß.

Warum sind Kinder gleichen Alters so unterschiedlich groß
und schwer? Welche Faktoren beeinflussen das kindliche Wachstum?

Vererbung. Die Körpergröße wird in der genetischen Anlage
weitervererbt, das heißt, Kinder sind verschieden groß, weil ihre

Körpergewicht.

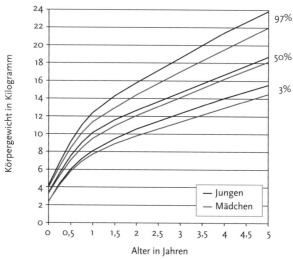

Körpergröße.

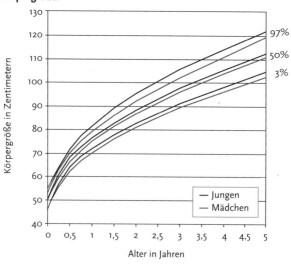

Gewicht und Körpergröße in den ersten 5 Lebensjahren. Man beachte die große Streubreite und den geringen Unterschied zwischen Jungen und Mädchen (nach Prader).

Eltern auch verschieden groß sind. Kleine Eltern haben eher kleine, große Eltern eher große Kinder. Der statistische Zusammenhang zwischen der Größe des Kindes und der seiner Eltern ist aber nicht so groß, dass Ausnahmen von dieser Regel nicht immer wieder möglich wären.

Entwicklungsgeschwindigkeit. Die Unterschiede in der Körperlänge werden zusätzlich dadurch verstärkt, dass Kinder unterschiedlich rasch und verschieden lange wachsen. Es gibt Kinder, die zunächst klein bleiben, weil sie langsam wachsen. Sie wachsen dafür länger als andere Kinder und sind als Erwachsene vergleichsweise größer. Andererseits gibt es Kinder, die eine Zeit lang unter den Größten sind, weil sie rasch wachsen. Weil sie früher zu wachsen aufhören als andere Kinder, sind sie als Erwachsene eher klein. Die meisten Leser werden sich an Schulkameraden erinnern, die einmal zu den Kleinsten gehörten, aber als Erwachsene von mittlerer oder sogar großer Statur sind. Andererseits gab es Kameraden, die frühreif und groß waren und als Erwachsene eher klein sind.

Ernährung. In Europa wird das kindliche Wachstum durch eine ungenügende Ernährung kaum mehr beeinträchtigt. In den Entwicklungsländern wirken sich Mangel- und Fehlernährung leider immer noch sehr nachteilig auf das Wachstum und die Entwicklung aus. Die Kinder können ihr Wachstumspotenzial nicht voll entfalten.

Akzeleration. In den vergangenen 150 Jahren wurde in Europa jede Generation im Mittel um etwa 3 Zentimeter größer als die vorangegangene. Diese Akzeleration wird auch als säkularer Trend bezeichnet. Sie wird auf den ausgezeichneten Ernährungs- und Gesundheitszustand der Bevölkerung sowie auf zahlreiche Umweltfaktoren wie die gesteigerte Einwirkung von künstlichem Licht und allgemeine Reizvermehrung zurückgeführt.

Wächst das Kind normal?

Weil Kinder in jedem Alter unterschiedlich groß und schwer sind, können wir das Wachstum eines Kindes nur dann richtig einschätzen, wenn wir die normale Streubreite von Gewicht und Länge berücksichtigen und den individuellen Wachstumsverlauf darauf beziehen.

Die Streubreite wird am besten mit sogenannten Perzentilenkurven erfasst. Perzentilenkurven beschreiben, wie sich in einer bestimmten Altersperiode die Körpermaße verteilen (siehe Anhang). Die 50. Perzentile entspricht dem durchschnittlichen Körpermaß: 50 Prozent der Kinder liegen darunter und 50 Prozent darüber. Die 97. Perzentile bezeichnet das Körpermaß, das lediglich 3 Prozent aller Kinder übertreffen. Dies kommt selten vor, ist aber zumeist normal. 97 Prozent der Kinder liegen mit ihrem Körpermaß unter der 97. Perzentile. Die umgekehrte Aussage

Perzentilenwerte für Körperlänge von 5 Jungen.

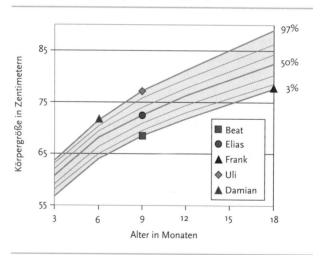

Körpergröße von 5 Jungen aufgetragen auf Perzentilenkurven der Körperlänge für Jungen (Erklärung siehe Text).

kann über die 2. Perzentile gemacht werden: Lediglich 3 Prozent aller Kinder liegen darunter und 97 Prozent darüber.

Die Perzentilenkurve zeigt die Körperlänge von 5 Jungen. Auf der Horizontalen ist das Lebensalter in Monaten aufgetragen, auf der Senkrechten die Körperlänge. Die Größe von Elias liegt im Alter von 9 Monaten auf der 50. Perzentile; der Junge weist eine Körpergröße auf, die genau dem Durchschnitt entspricht. Der gleichaltrige Uli liegt mit seiner Länge auf der 97. Perzentile. Er gehört zu den größten Kindern seines Alters; lediglich 3 Prozent sind noch größer als Uli. Er ist damit etwa so groß wie Frank, der allerdings 9 Monate älter ist. Beat gehört zu den kleinsten Kindern. Er liegt mit seiner Körpergröße auf der 3. Perzentile; lediglich 3 Prozent der gleichaltrigen Kinder sind noch kleiner als Beat. Beat ist mit 9 Monaten kleiner als der 6 Monate alte Damian.

Das Wachstum eines Kindes lässt sich aufgrund einer einzelnen Messung nur bedingt einschätzen. Weit wichtiger als ein einzelner Messwert ist der Verlauf des Wachstums über Monate und gegebenenfalls Jahre.

Gestaltwandel

Wachstum bedeutet nicht einfach nur Größerwerden. Es beinhaltet auch einen Gestaltwandel: In der Kindheit unterliegen die Körperproportionen und das Erscheinungsbild des Menschen einem großen Wandel.

Zu Beginn hat die Entwicklung des Gehirns Vorrang. So nimmt der Kopf des ungeborenen Kindes im Alter von 2 Monaten die Hälfte der gesamten Körperlänge ein. Beim Neugeborenen macht der Kopf noch ein Viertel und beim Erwachsenen schließlich nur noch ein Achtel der Gesamtlänge aus.

Die Proportionen des Kopfs verändern sich ebenfalls. Säuglinge haben einen besonders großen Hirn- und einen kleinen Gesichtsschädel. Dieses Verhältnis ist nicht nur Menschenkindern, sondern allen Jungtieren eigen; es ist ein wichtiger Bestandteil des sogenannten Kindchenschemas (siehe »Beziehungsverhalten Einleitung«). Während des Wachstums nimmt der Gesichtsschä-

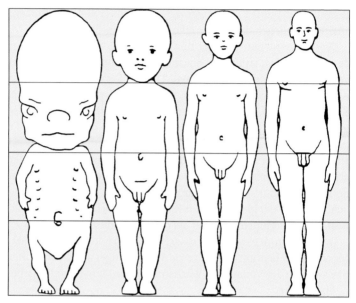

Veränderung der Körperproportionen während des Wachstums
(nach Stratz).

del immer mehr an Größe zu. Bei den meisten Erwachsenen dominiert letztlich der Gesichtsschädel gegenüber dem Hirnschä-
del.

Im Gegensatz zum Kopf sind Arme und Beine beim ungeborenen Kind noch wenig entwickelt. Im 2. Schwangerschaftsmonat
machen die Beine lediglich ein Achtel der Körperlänge aus. Beim
neugeborenen Kind ist die Beinlänge auf ein Drittel und beim Erwachsenen auf die Hälfte der Körperlänge angewachsen.

Neugeborene und Säuglinge haben O-Beine. Diese Beinstellung
soll den Eltern nicht etwa das Wickeln erleichtern. Sie ist durch die
engen Platzverhältnisse in der Gebärmutter bedingt; in O-Stellung
schmiegen sich die Beine dem Körper des ungeborenen Kindes
besser an. In den ersten 2 Lebensjahren bildet sich diese O-Beinstellung immer mehr zurück. Am Ende des 3. Lebensjahres hat sie
sich sogar ins Gegenteil verkehrt: Die Kinder weisen nun eine
leichte X-Beinstellung auf, die sich bis ins Schulalter wieder weit-

gehend zurückbildet. Nun steht das Kind in seiner Beinstellung weitgehend gerade.

Der Gestaltwandel kommt dadurch zustande, dass sich die Organe je nach Funktion und Alter unterschiedlich rasch entwickeln. Das Gehirn bestimmt die Entwicklung von Beginn an wesentlich mit. Besonders ausgeprägt wächst es vor der Geburt und in den ersten 2 Lebensjahren. Bei der Geburt hat es bereits ein Drittel der Gehirngröße eines Erwachsenen erreicht, während das Körpergewicht noch weniger als ein Zwanzigstel des Erwachsenengewichts ausmacht. Andere Organe, die sich ebenfalls frühzeitig entwickeln, sind die Augen und das Gehör. Die Beine werden bei der Geburt noch nicht benötigt und sind daher wenig entwickelt. Erst mit der Reifung der Grobmotorik nimmt das Wachstum der Beine zu. In der Pubertät erfolgt der letzte Gestaltwandel mit einem Wachstumsschub und dem Auftreten der sekundären Geschlechtsmerkmale.

Das Wichtigste in Kürze

1. In den ersten Lebensmonaten ist das Wachstum größer als in jedem anderen Altersabschnitt. Mit zunehmendem Alter gehen die monatliche Gewichts- und Längenzunahme immer mehr zurück.

2. In jedem Alter sind Kinder unterschiedlich groß und schwer. Im vorpubertären Alter sind Jungen nur geringfügig größer und schwerer als Mädchen.

3. Das Wachstum eines Kindes kann am besten mithilfe der Perzentilenkurven erfasst werden (siehe Anhang).

4. Bei einem normalen Wachstum verlaufen die Wachstumskurven mehr oder weniger parallel entlang der Perzentilenlinien, das heißt Länge und Gewicht nehmen kontinuierlich zu.

5. Mit dem Wachstum geht ein Gestaltwandel einher, der zu einer Veränderung der Körperproportionen führt.

Vor der Geburt

Gemeinsames Essen mit Freunden. Alle bestellen Beefsteak Tatar, nur Helena nicht, obwohl gerade sie es ausgesprochen gern isst. Für Anke steht fest: Helena ist schwanger.

Der wissenschaftliche und der technische Fortschritt haben uns wichtige Erkenntnisse über die früheste Entwicklung des ungeborenen Kindes vermittelt. Wir sind aber nach wie vor weit davon entfernt, die Anfänge des menschlichen Lebens wirklich zu verstehen.

Die körperliche Entwicklung des ungeborenen Kindes zwischen Zeugung und Geburt dauert etwa 40 Wochen und umfasst im Wesentlichen drei Entwicklungsperioden von je etwa drei Monaten Dauer (Trimenon):

Anlage der Organe. Nach einer Phase intensiver Zellteilung formt sich mit 14 Tagen die erste Körpersymmetrie: Die Zellen ordnen sich zu einem Kopf- und einem Schwanzende an. Daraufhin beginnen sich die verschiedenen Gewebe zu differenzieren. Gehirn und Rückenmark werden angelegt. Zwischen 21 und 28 Tagen bilden sich die Herzkammern, Gefäße sprießen aus und vereinigen sich zu einem Blutkreislauf. Ein einfacher Darm entsteht, aus dem die Leber, die Bauchspeicheldrüse und die Lungenflügel durch Ausstülpungen hervorgehen. Die Extremitäten knospen aus; Muskeln und Knorpel entstehen. Mit etwa 42 Tagen sind bereits die Fingerstrahlen sichtbar. Am Anfang des 3. Schwangerschaftsmonats sind alle Organe als Anlage vorhanden. Das Kind ist zu diesem Zeitpunkt etwa 30 Gramm schwer und etwa 6 Zentimeter lang. Diese Entwicklungsperiode ist für schädigende Einwirkungen (Infektionen, Alkohol, Medikamente) besonders anfällig.

Differenzierung der Organe. Im 3. bis 6. Schwangerschaftsmonat differenzieren sich die Organe bis zur Funktionstüchtigkeit aus. So werden Lungenbläschen und Luftwege (Bronchien) gebildet. Das Hörorgan und die Augen reifen weiter aus. Die Mine-

Organentwicklung.

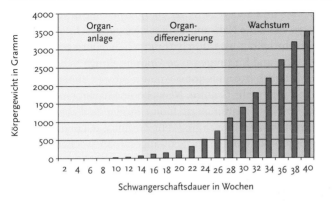

Die drei Perioden der Organentwicklung beim Ungeborenen. Die Säulen geben das Körpergewicht in den verschiedenen Schwangerschaftswochen an. Man beachte die Zunahme des Gewichts im letzten Schwangerschaftsdrittel.

ralisation der Milchzähne setzt ein, 10 Monate bevor die Zähne durchbrechen.

Die Organe bilden sich nicht nur heraus, sie üben ihre Funktionen auch ein, lange bevor sie gebraucht werden. So macht das ungeborene Kind Atembewegungen, schluckt Fruchtwasser, resorbiert Flüssigkeit im Darm und scheidet sie über die Nieren wieder aus.

Am Ende des 2. Schwangerschaftstrimenons sind die Organe soweit ausgereift, dass etwa die Hälfte der Kinder, die in der 25. bis 27. Schwangerschaftswoche auf die Welt kommen, mit Hilfe der modernen Geburtshilfe und Neonatologie überleben. Das Körpergewicht beträgt in diesem Alter 500 bis 800 Gramm und die Körperlänge etwa 35 Zentimeter.

Größenzunahme. Im letzten Schwangerschaftstrimenon legen die Kinder massiv an Gewicht zu: Sie vermehren ihr Körpergewicht zwischen der 26. und 40. Schwangerschaftswoche um das Vier- bis Siebenfache. Diese Gewichtszunahme wird durch eine

Vergrößerung aller Organe und die Bildung eines kräftigen Unterhautfettgewebes erreicht. Der »Babyspeck« dient einerseits als Wärmeschutz und andererseits als Energiespeicher für die ersten Lebenstage, wenn die Nahrungszufuhr noch eingeschränkt ist.

Am Termin beträgt das durchschnittliche Geburtsgewicht für Mädchen 3300 und für Jungen 3500 Gramm. Einige Neugeborene sind aber lediglich 2500 bis 3000 Gramm schwer, andere wiegen bis zu 4500 und mehr Gramm. Neugeborene haben eine Körperlänge von 50 bis 52 Zentimetern. Einige Kinder sind aber nur 46, andere bereits 55 Zentimeter groß. Für Zwillinge reicht die plazentare Versorgung in den letzten Schwangerschaftswochen oftmals nicht mehr ganz aus. Ihr Geburtsgewicht ist deshalb im Durchschnitt 600 Gramm niedriger als dasjenige von Einzelkindern. Sie sind aber gleich groß wie diese. Drillinge und Vierlinge sind in ihrer Versorgung noch mehr eingeschränkt als Zwillinge. Sie sind daher bei der Geburt noch leichter und auch etwas kleiner als Einzelkinder.

Für sich und das Kind Sorge tragen

Eine schwangere Frau trägt am meisten zum guten Gedeihen ihres ungeborenen Kindes bei, wenn sie in einem umfassenden Sinne für sich selbst Sorge trägt. Eine gesunde Ernährung sowie körperliches und psychisches Wohlbefinden sind die besten Voraussetzungen für eine normale körperliche Entwicklung des ungeborenen Kindes (siehe »Trinken und Essen Vor der Geburt«). Für viele schwangere Frauen sind die Lebensumstände leider oft so beschwerlich, dass sie sich nicht ausreichend um sich selbst kümmern können. Sie leben in familiären und beruflichen Verhältnissen, die ihnen Verpflichtungen und oft große körperliche und psychische Belastungen auferlegen. Im Interesse zukünftiger Generationen ist zu hoffen, dass sich in unserer Gesellschaft die Einsicht wieder durchsetzt, dass die schwangere Frau und werdende Mutter der Schonung bedarf.

Verschiedene äußere Faktoren können die Entwicklung und das Wachstum des ungeborenen Kindes beeinträchtigen. Dazu gehören Infektionen, welche die Mutter durchmacht und die sich auf das Kind übertragen können. Zwei der häufigsten Infektionen, die das ungeborene Kind nachhaltig schädigen können, lassen sich vorbeugend vermeiden: Röteln und Toxoplasmose. Gegen Röteln bietet eine Impfung vor der Schwangerschaft sicheren Schutz. Ob die schwangere Frau Abwehrstoffe gegen Toxoplasmose besitzt und damit gegen diese Infektion geschützt ist, lässt sich zu Beginn der Schwangerschaft durch einen Bluttest feststellen. Falls keine Abwehrstoffe nachgewiesen werden, sollte die schwangere Frau kein rohes Fleisch und keine Rohmilchprodukte essen und sich von Haustieren, beides mögliche Ansteckungsquellen, fernhalten.

Das Wichtigste in Kürze

1. Die Entwicklung des ungeborenen Kindes durchläuft während der Schwangerschaft 3 Perioden:
   - Im 1. Trimenon werden die Organe angelegt.
   - Im 2. Trimenon differenzieren sich die Organe und werden funktionstüchtig.
   - Im 3. Trimenon nimmt das Kind an Gewicht und Größe zu. Unterhautfettgewebe wird gebildet, welches nach der Geburt als Wärmeschutz und Energiespeicher dient.

2. Eine gesunde Ernährung sowie körperliches und psychisches Wohlbefinden der Mutter sind wesentliche Voraussetzungen für ein gutes Gedeihen des ungeborenen Kindes.

3. Gegen die beiden gefährlichsten Infektionen während der Schwangerschaft kann sich die Mutter mit einer Impfung vor der Schwangerschaft (Röteln) und dem Verzicht auf rohes Fleisch und Rohmilchprodukte sowie Distanz zu Haustieren (Toxoplasmose) schützen.

0 bis 3 Monate

Der 1 Monat alte Arno liegt im Arm der Mutter. Der 4-jährige Lukas streichelt seinem kleinen Bruder vorsichtig über den Kopf. Plötzlich macht er ein erstauntes Gesicht, tastet mit dem Zeigefinger mehrmals über dieselbe Stelle und sagt zur Mutter: »Arno hat ein Loch im Kopf!«

Mit der Geburt wird die umfassende Versorgung beendet, die das Kind von der Mutter 9 Monate lang erhalten hat. Das Neugeborene muss nun weitgehend für sich selbst sorgen.

Nahrungsaufnahme und Verdauung kommen nur langsam in Gang. Das Neugeborene verbraucht in den ersten Lebenstagen mehr Kalorien, als es sich zuführen kann, und scheidet mehr Flüssigkeit aus, als es aufnimmt. Es nimmt daher in den ersten Lebenstagen an Gewicht ab. Diese Gewichtsabnahme ist normal. Da die Nahrungszufuhr gering ist, wächst das Neugeborene während der ersten Lebenstage auch nicht. Nach 5 bis 10 Tagen nimmt der Säugling so viel Nahrung zu sich, dass sein Wachstum wieder einsetzt, und dies nicht etwa langsam, sondern rasant.

Übergangsphase

Alle Kinder verlieren in den ersten Lebenstagen an Gewicht, jedoch unterschiedlich viel. Die folgende Abbildung zeigt, wie verschieden sich das Körpergewicht in den ersten 12 Tagen entwickeln kann. Dora nimmt in den ersten 2 Lebenstagen nur 100 Gramm an Gewicht ab. Am 5. Lebenstag hat sie ihr Geburtsgewicht bereits wieder erreicht. Beat nimmt bis zum 4. Lebenstag 200 Gramm ab. Er hat sein Geburtsgewicht am 8. Lebenstag wieder erlangt. Res schließlich verliert bis zum 5. Lebenstag 395 Gramm, viermal so viel wie Dora. Das Geburtsgewicht stellt sich erst nach 12 Tagen wieder ein.

Die meisten Kinder verlieren in den ersten Lebenstagen 3 bis 6 Prozent ihres Geburtsgewichts. Bei einigen Kindern beträgt der

Entwicklung des Körpergewichts nach der Geburt.

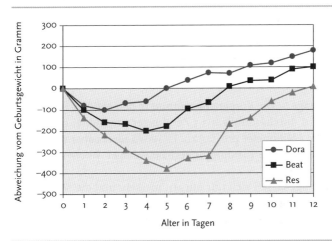

Horizontal ist das Alter in Tagen angegeben, in der Vertikalen die Abweichung vom Geburtsgewicht in Gramm.

Gewichtsverlust weniger als 2, bei anderen bis zu 10 und mehr Prozent des Geburtsgewichts.

Wachstum in den ersten Lebensmonaten

Nach der Neugeborenenperiode lässt sich die körperliche Entwicklung in den ersten Lebensmonaten wie folgt beschreiben:

Gewicht. Die Gewichtszunahme in den ersten Lebensmonaten ist rasant. Am größten ist sie im 2. Lebensmonat: Die Kinder nehmen durchschnittlich 850 Gramm an Gewicht zu. Die Gewichtszunahme ist aber von Kind zu Kind sehr unterschiedlich, größere Abweichungen vom Durchschnittswert sind häufig. Einige Kinder nehmen in einem Monat lediglich 500 Gramm an Gewicht zu, bei anderen sind es bis zu 1000 Gramm (siehe »Trinken und Essen 0 bis 3 Monate«).

Die wöchentliche Gewichtszunahme beträgt in den ersten 3 Lebensmonaten zwischen 80 und 300 Gramm. Es kann durchaus vorkommen, dass ein Kind 1 bis 2 Wochen lang kaum an Gewicht zunimmt. Bleibt das Gewicht über 3 Wochen konstant oder nimmt sogar ab, sollten die Eltern mit ihrem Kind den Kinderarzt aufsuchen.

Körperlänge. Die Körperlänge nimmt in den ersten 3 Lebensmonaten um durchschnittlich 3,5 Zentimeter pro Monat oder etwas mehr als 1 Millimeter pro Tag zu. Es verwundert daher nicht, dass dem Säugling die Kleidung innerhalb weniger Wochen zu klein wird.

Säuglinge lassen sich nur ungern messen, und die Messungen sind häufig recht ungenau. Längenmessungen sind daher im 1. Lebensjahr nicht sehr aussagekräftig. Wenn ein Kind regelmäßig an Gewicht zunimmt, ist auch sein Längenwachstum aller Wahrscheinlichkeit nach normal.

Kopfwachstum. Im 1. Lebensjahr wächst auch der Kopf rasch. Sein Umfang nimmt jeden Monat um etwa 1 Zentimeter zu. Der Kopf wächst in den ersten 2 Lebensjahren weit mehr als in der ganzen Zeit danach.

Bei der Geburt ist der Kopf bei allen Neugeborenen ähnlich geformt: Die Stirn ist abgeflacht und der Hinterkopf ausgezogen. Manche Kinder haben eine sogenannte Geburtsgeschwulst, eine umschriebene Verdickung der Kopfhaut, gelegentlich auch eine kleine unbedeutsame Blutansammlung zwischen Schädelknochen und Kopfhaut. Die Geburtsgeschwulst markiert jene Stelle des Kopfes, die zuerst aus dem Geburtskanal ausgetreten ist. Die Geschwulst verschwindet innerhalb von Tagen oder wenigen Wochen.

Im 1. Lebensjahr bekommt jedes Kind die ihm eigene Kopfform, die wesentlich durch familiäre Merkmale geprägt ist. So stellt der Großvater mit Genugtuung fest, dass sich im Enkel die markante Schädelform seiner Familie weitervererbt hat. Auch die Schwerkraft formt in den ersten Lebensmonaten den Kopf mit: Säuglinge, die – wie empfohlen – auf dem Rücken schlafen, halten den Kopf überwiegend in einer Mittelstellung. Sie entwickeln einen eher rundlichen Kopf mit oft abgeflachtem Hinterkopf. Dieser gleicht sich später wieder aus. Um die Ausbildung einer ausgeglichenen Kopfform zu unterstützen, sollte der wache Säugling aber ausreichend oft auf den Bauch gelegt werden, was auch seiner Motorik zugute kommt. Frühgeborene Kinder halten ihren Kopf in Bauch- und Rückenlage vorwiegend zur Seite gedreht. Die Schwerkraft wirkt daher über Wochen hinweg seitlich auf die weichen Schädelknochen ein. Frühgeborene Kinder haben deshalb einen besonders schmalen, hohen und nach hinten ausgezogenen Kopf.

Fontanelle. Etwas oberhalb der Stirn, im vorderen Drittel des Mittelscheitels, besteht eine fühlbare Lücke im Schädelknochen. Lukas ist mit seinem Finger auf die sogenannte Fontanelle gestoßen. Viele Eltern scheuen sich davor, die Stelle zu berühren. Eine Verletzungsgefahr besteht aber kaum: Auch wenn der Schädelknochen noch fehlt, eine kräftige Knochenhaut schützt das darunter liegende Gehirn. Diese Lücke ist nicht etwa ein Defekt. Weil das Gehirn in den ersten 2 Lebensjahren sehr schnell wächst und immer mehr Platz braucht, sind die Schädelnähte, die Berührungslinien zweier Knochen, noch offen. An der Kreuzungsstelle zweier Schädelnähte bildet sich die Fontanelle. Sie verschließt sich von Kind zu Kind unterschiedlich rasch. Bei den meisten Kindern geschieht dies im Alter zwischen 9 und 18 Monaten, bei einigen bereits mit 3 bis 6 Monaten, bei anderen wiederum erst zwischen 21 und 27 Monaten (Duc).

Die Kopfbehaarung ist bei Neugeborenen sehr unterschiedlich ausgebildet. Während manche Kinder einen richtigen Wuschelkopf haben, haben andere erst einige wenige feine Härchen. Die Haare fallen in den ersten Lebensmonaten teilweise aus, danach wachsen sie umso dichter und kräftiger nach. Bei Kindern, die überwiegend auf dem Rücken liegen und oft ihren Kopf hin und her bewegen, kann vorübergehend eine kahle Stelle am Hinterkopf entstehen.

Normales Wachstum

Was ist unter einem normalen Wachstum zu verstehen? Wie können Eltern das Gedeihen ihres Kindes zuverlässig beurteilen? Am besten lässt sich das Wachstum eines Kindes anhand der Perzentilenkurven einschätzen (siehe »Wachstum Einleitung«). Perzentilenkurven für Gewicht und Länge sind im Anhang des Buches abgedruckt. Die Kurven können aus dem Buch kopiert und die Messungen der Kinder darauf eingetragen werden.

Ein Kind wächst normal, wenn seine Wachstumskurven von Gewicht, Länge und Kopfumfang mehr oder weniger parallel den Perzentilenkurven folgen. Die unten stehende Abbildung zeigt die Gewichtskurve von Simon in den ersten 6 Lebensmonaten. Sie verläuft ziemlich parallel zu den unteren Perzentilenlinien und zeigt damit eine konstante Gewichtszunahme an. Bei der Beurtei-

Gewichtskurve von Simon.

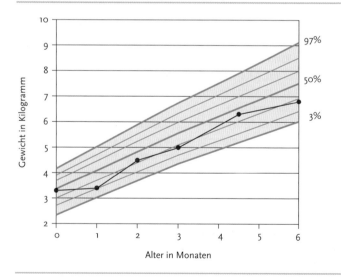

Das Gewicht folgt in seinem Verlauf mehr oder weniger den Perzentilenlinien, was auf ein konstantes und damit normales Wachstum hinweist.

lung des Wachstums geht es weniger darum, ob ein Kind schwer oder leicht beziehungsweise groß oder klein ist, sondern ob das Kind konstant an Gewicht und Länge zunimmt.

Gedeiht ein Kind ungenügend, kreuzt seine Gewichtskurve im Verlauf mehrerer Perzentilenlinien nach unten. Bei einer übermäßigen Gewichtszunahme durchquert die Gewichtskurve die Perzentilenlinien nach oben. Die stete Zunahme des Körpergewichts ist der zuverlässigste Indikator für das Gedeihen eines Kindes. Kinder sollten daher in den ersten Lebensmonaten alle 1 bis 2 Wochen gewogen werden.

Gefeit gegen Infektionen

Säuglinge sind selten krank. Sie werden in den ersten Lebensmonaten durch Abwehrkörper geschützt, die sie während der Schwangerschaft von der Mutter erhalten haben. Dies bedeutet leider nicht, dass sie gegen alle Krankheiten gefeit wären. Gegen Bakterien sind sie recht gut geschützt, weit weniger aber gegen virale Infektionen. Erwachsene und Kinder, die erkältet sind, sollten einem Säugling daher nicht nahe kommen. Selbst eine banale Erkältung kann einen Säugling erheblich beeinträchtigen. Seine Atemwege sind noch wenig ausgebildet und noch eng; außerdem atmet ein Säugling ausschließlich durch die Nase und nicht durch den Mund. Ein Schnupfen und vor allem eine Entzündung der Bronchien können ihm schwer zu schaffen machen (siehe auch »Trinken und Essen 0 bis 3 Monate«).

Das Wichtigste in Kürze

1. In den ersten Lebenstagen verliert ein Neugeborenes bis zu 10 Prozent seines Geburtsgewichtes. Nach 5 bis 14 Tagen hat es sein Geburtsgewicht wieder erreicht.

2. In den ersten Lebensmonaten nehmen Kinder stark an Gewicht und Länge zu. Das Kopfwachstum ist ebenfalls ausgeprägt.

3. Das Wachstum eines Kindes lässt sich am besten anhand der Perzentilenkurven beurteilen (siehe Anhang). Ein normales Wachstum zeichnet sich durch Gewichts- und Längenkurven aus, die mehr oder weniger parallel zu den Perzentilenlinien verlaufen und damit eine konstante Zunahme anzeigen.

4. Die jedem Kind eigene Kopfform bildet sich im Verlauf des 1. Lebensjahres aus. Sie wird durch konstitutionelle Merkmale und die Einwirkung der Schwerkraft geprägt.

5. Die Fontanelle verschließt sich bei den meisten Kindern zwischen dem 6. und 24. Monat.

6. In den ersten 3 Lebensmonaten ist der Säugling durch die mütterlichen Abwehrstoffe weitgehend vor schweren bakteriellen Infektionen geschützt. Er ist aber anfällig für Virusinfektionen, die seine Atmung erheblich beeinträchtigen können. Erwachsene und Kinder, die erkältet sind, sollten sich daher vom Säugling fernhalten.

4 bis 9 Monate

Die Mutter hat Urs in den ersten 5 Lebensmonaten ausschließlich gestillt. Anfänglich wog sie den Säugling wöchentlich. Da Urs regelmäßig an Gewicht zunahm, hat sie seit dem 3. Monat die Waage nicht mehr benutzt. Als er 5 Monate alt ist, stellt sie bestürzt fest, dass Urs in den letzten 3 Monaten lediglich 400 Gramm an Gewicht zugenommen hat. Dabei war Urs durchaus zufrieden und aktiv. Er hat auch kaum geschrien.

Nach einigen Monaten haben Eltern Vertrauen in das Gedeihen ihres Kindes gefasst. Die Art und Weise, wie sie das Kind ernähren, hat sich bewährt: Das Kind trinkt gut und nimmt an Gewicht zu. Zwischen dem 4. und 12. Lebensmonat muss die Ernährung den veränderten kindlichen Bedürfnissen angepasst werden: Das Kind wird abgestillt, bekommt Brei und schließlich feste Speisen zu essen. Damit stellt sich für die Eltern erneut die Frage nach dem Gedeihen: Bekommt das Kind ausreichend zu essen? Wächst es normal?

Urs holt auf

Nach dem 3. Lebensmonat genügt es, das Kind einmal pro Monat zu wiegen. Ganz sollten die Eltern auf die Waage aber nicht verzichten. Wie das Beispiel von Urs zeigt, schließen Wohlbefinden und eine rege motorische Aktivität eine ungenügende Gewichtszunahme nicht immer aus. Urs nahm in den ersten 2 Lebensmonaten normal an Gewicht zu; seine Gewichtskurve verlief parallel zu den Perzentilenlinien. Später wog die Mutter Urs nicht mehr. Sie nahm an, dass seine Ernährung ausreichend sei. Im Alter von 5 Monaten stellte der Kinderarzt bei einer Routineuntersuchung fest, dass Urs zwischen 4,5 und 7,5 Monaten gerade mal 300 Gramm zugenommen hatte.

Gewichtskurve von Urs.

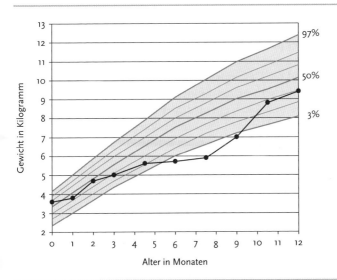

Das Gewicht durchkreuzt zwischen 2 und 5 Monaten mehrere Perzentilenlinien und fällt danach unter die 3. Perzentile ab: Urs nimmt kaum mehr an Gewicht zu. Im 8. Monat kommt es zu einem Aufholwachstum. Nach dem 10. Lebensmonat verläuft die Gewichtskurve wieder parallel zu den Perzentilenlinien.

Die Mutter ist bestürzt und verunsichert. Sie ging davon aus, dass Urs sich häufiger melden und quengelig werden würde, wenn er zu wenig Milch bekäme. In den folgenden Tagen wiegt die Mutter Urs nach dem Stillen und stellt dabei fest, dass die Milchmenge nicht mehr ausreichend ist. Sie gibt Urs nach jedem Stillen zusätzlich die Flasche und beginnt ihn mit Brei zu füttern. Innerhalb von 2 Monaten macht Urs sein fehlendes Gewicht wieder wett. Seine Gewichtskurve zeigt ein typisches Aufholwachstum. Nach dem 7. Lebensmonat folgt das Gewicht wieder den ursprünglichen Perzentilenlinien.

Zu dick oder zu dünn?

Wie in den Kapiteln »Wachstum Einleitung« und »Wachstum 0 bis 3 Monate« beschrieben, zeichnet sich ein gutes Gedeihen dadurch aus, dass die Wachstumskurven von Gewicht und Länge mehr oder weniger parallel entlang den Perzentilenlinien verlaufen. Dabei spielt es keine Rolle, wie schwer und groß ein Kind ist. Nebenstehend sind die Gewichtskurven von 3 Mädchen abgebildet. Eva gehört zu den schwersten Kindern, Maria weist ein etwa durchschnittliches und Sarah ein niedriges Körpergewicht auf. Ihre Gewichtskurven folgen den Perzentilenlinien und zeigen somit für jedes der 3 Mädchen ein normales Wachstum an.

So wie die Gewichtskurven den Perzentilenlinien folgen, verlaufen auch die Längenwachstumskurven parallel dazu.

Wenn wir die Wachstumskurven von Gewicht und Länge miteinander vergleichen, können wir abschätzen, ob ein Kind für seine Körpergröße normal-, unter- oder übergewichtig ist. Bei Eva liegt das Gewicht in einem höheren Perzentilenbereich als die Körpergröße: Eva ist für ihre Größe etwas übergewichtig. Bei Maria verhalten sich Gewicht und Länge genau umgekehrt. Das Gewicht liegt in einem tieferen Perzentilenbereich als die Länge: Maria ist eher mager. Gewicht und Länge von Sarah schließlich liegen im gleichen Perzentilenbereich: Sarah ist wohl klein, aber für ihre Körperlänge gut ernährt. Die Kurven von Gewicht und Länge können, müssen aber nicht im gleichen Perzentilenbereich liegen.

Gewicht und Länge von 3 Mädchen.

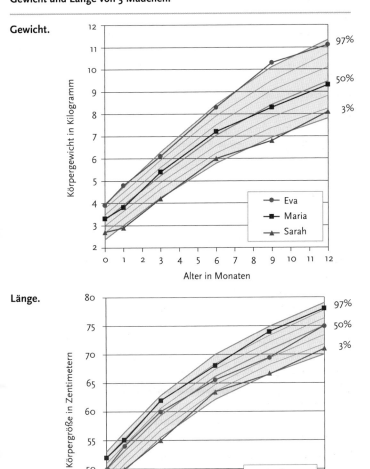

Gewicht.

Länge.

Eva, Maria und Sarah mit unterschiedlichen Gewichts- und Längenkurven.
Jede Kurve folgt mehr oder weniger den Perzentillinien.

Wenn die Eltern den Eindruck haben, dass die Kurven zu weit auseinander liegen (für Eva und Maria gilt dies noch nicht), sollten sie ihren Kinderarzt um Rat fragen.

Der erste Zahn

Das Erscheinen des ersten Zahnes ist gleichermaßen ein Anlass zur Freude und Besorgnis. Die Freude: Der Durchbruch des ersten Zahnes ist eine weitere Bestätigung, dass das Kind gedeiht und sich gut entwickelt. Die Besorgnis: Das Zahnen kann mit schmerzhaften Begleiterscheinungen einhergehen.

Bei den meisten Kindern erscheint der erste Zahn zwischen dem 5. und 10. Monat. Selten kann ein Kind bereits bei der Geburt einen Zahn vorzeigen. Bei einigen Kindern lässt der erste Zahn bis ins 2. Lebensjahr auf sich warten.

Der Braunschweiger Hofzahnarzt Girault schrieb 1812 in einem Traktat für junge Mütter: »Die erste Zahnung ist das wichtigste Ereignis im Leben eines Kindes überhaupt, welches mit den folgenden Erscheinungen einhergeht: Heftiges Fieber, Krämpfe, konvulsive und epileptische Zuckungen. Oft bemächtigt sich ein Übermaß von Wildheit ihres Körpers, an Verderbtheit, die die ganze Gemütsart erfasst, wenn der Schmerz eine Schwindsucht erzeugt oder Spasmen hervorruft. Die schrecklichen Folgen der Dentition (Zahnung) sind zahllos. Sie hinterlassen bei der Mehrzahl der Kinder, die sie nicht dahinrafft, eine dauerhafte Komplikation. So gibt es kaum eine Familie, die nicht Opfer der ersten Dentition geworden ist …« (aus Gabka).

Ganz so schlimm erleben es heutzutage weder Kinder noch Eltern oder Kinderärzte. Dem Zahnen werden aber immer noch zahlreiche unangenehme Begleiterscheinungen zugeschrieben: vermehrter Speichelfluss, Unruhe und Schlaflosigkeit, Fieber und Infektionen, Durchfall und Verdauungsstörungen, Appetitlosigkeit, Beißlust und vermehrtes Weinen, rote Wangen und Entzündung am Gesäß (Walser-Schenker).

Bei mehr als der Hälfte der Kinder verursacht das Zahnen keinerlei Beschwerden. Bei etwa einem Viertel der Kinder ist die

Durchbruch des ersten Milchzahns.

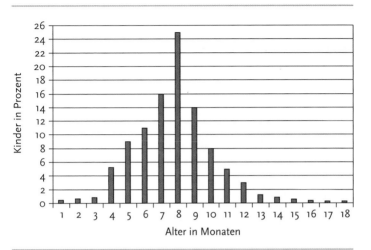

Die Säulen geben an, bei wie vielen Kindern in einem bestimmten Monat der erste Zahn durchbricht.

Stelle, an der der Zahn durchbricht, gerötet, geschwollen und schmerzhaft bei Berührung. Die Kinder speicheln und weinen vermehrt und beißen auf harte Gegenstände. Einige Kinder haben während des Zahnens dünnflüssigen Stuhl und tatsächlich ein wundes Gesäß.

Fieber und Infektionen sind mit dem Zahnen allerdings kaum in Verbindung zu bringen. Da Säuglinge und Kleinkinder bis zu 10 und mehr Erkältungen pro Jahr durchmachen, kann es durchaus geschehen, dass ein Kind gerade dann krank ist, wenn ein Zahn durchbricht.

Wie können Eltern ihrem Kind beim Zahnen beistehen? Seit jeher bekommen Säuglinge sogenannte Beißringe, früher waren es oft Familienerbstücke aus Elfenbein oder Silber. Heute sind Beißringe zumeist aus Plastik oder Silikon überall im Handel erhältlich. Sie können im Kühlschrank gekühlt werden, was die Kinder als angenehm empfinden. Viele Kinder tragen ein Zahnkettchen oder die Imitation einer Bernsteinkette. Jeder harte Gegen-

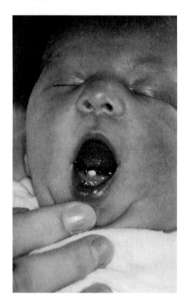

Zähnchen bei einem
Neugeborenen.

stand ist als Beißobjekt geeignet, der für den Säugling leicht zu halten ist, keine scharfen Kanten hat, unzerbrechlich und so groß ist, dass er nicht ganz in den Mund gesteckt werden kann. Zahngelees und -kügelchen, die ein schmerzstillendes Mittel enthalten, werden zudem gegen das Zahnen angeboten. Die meisten Produkte sind zuckerfrei, aber künstlich gesüßt sowie mit einem Aroma versehen und deshalb bei Kindern beliebt. Die Kinder schreien oft nach dem Zahngelee, nicht weil sie Schmerzen haben, sondern weil sie vom Süßstoff und dem Aroma abhängig geworden sind.

Fieber, Schnupfen und Husten

Nach dem 4. Lebensmonat beginnt der Schutz vor Infektionen, den die mütterlichen Abwehrkörper dem Kind gewährt haben, abzunehmen. Fieberhafte Episoden mit Schnupfen, Husten, Hautausschlägen oder Durchfall häufen sich jetzt. Banale Infektionen können und sollen nicht vermieden werden. Kinder erkranken, weil sie sich mit den Krankheitserregern in unserer Umwelt auseinandersetzen und ihr Abwehrsystem trainieren müssen. Das kindliche Immunsystem braucht, um in seiner Funktion ausreifen zu können, den Kontakt zu Antigenen wie Bakterien und Viren. Es klingt paradox, ist aber biologisch sinnvoll: Kinder bleiben auf Dauer nur gesund, wenn sie die gängigen Krankheiten durchmachen.

Das Wichtigste in Kürze

1. Ein gutes Gedeihen drückt sich durch einen steten Anstieg von Gewicht und Länge aus, der entlang der Perzentilenkurven verläuft.

2. Nach dem 3. Lebensmonat sollten Kinder mindestens monatlich gewogen werden.

3. Die ersten Zähne brechen bei den meisten Kindern zwischen dem 5. und 10. Lebensmonat durch; frühestens erscheinen sie bereits im 1. und spätestens im 18. Monat.

4. Der Zahndurchbruch ist für die meisten Kindern schmerzlos und verläuft ohne Begleiterscheinungen. Etwa ein Viertel der Kinder speichelt vermehrt, ist weinerlich und hat etwas Durchfall und einen wunden Po. Fieber und Symptome wie Schnupfen oder Husten sind nicht durch das Zahnen bedingt.

5. Fieberhafte Episoden mit Schnupfen, Husten, Hautausschlägen oder Durchfall gehören nach dem 6. Lebensmonat zur normalen Entwicklung dazu. Das Immunsystem kann nur ausreifen, wenn es Kontakt zu den gewöhnlichen Krankheitserregern hat.

10 bis 24 Monate

Der Zahnarzt sieht sich die Bescherung an. Der 20 Monate alte Reto ist, als er im Garten herumrannte, über eine Steinplatte gestolpert und hat sich den Mund aufgeschlagen. Die Unterlippe blutet, und einer der oberen Schneidezähne steht schräg nach vorne. Der Zahnarzt bringt den beschädigten Zahn vorsichtig in seine ursprüngliche Stellung zurück und meint: »Mit etwas Glück bleibt der Zahn erhalten.«

Kinder sind im 2. Lebensjahr motorisch sehr aktiv. In ihrem Bewegungsdrang fallen sie tagsüber oft mehrmals hin. Dabei kann es schon mal geschehen, dass sich ein Kind seine Zähne beschädigt. In diesem Kapitel wollen wir uns ausführlich mit den Zähnen beschäftigen. Dabei geht es im Besonderen um die Kariesprophylaxe und die Lutschgewohnheiten der Kleinkinder. Da es in dieser Altersperiode nur geringfügige Veränderungen im körperlichen Wachstum der Kinder gibt, kommen wir auf diesen Punkt erst im darauffolgenden Kapitel wieder zu sprechen.

Zahnentwicklung

Die Milchzähne brechen meist in einer bestimmten Reihenfolge durch. Zuerst erscheinen die inneren Schneidezähne, dann die äußeren. Als Nächstes folgen die ersten Backenzähne, die Eckzähne und schließlich die zweiten Backenzähne. Das untere Gebiss ist in der Regel etwas weiter entwickelt als das obere. Diese Reihenfolge gilt nicht für alle Kinder; andere Abfolgen sind durchaus möglich. So können zuerst die äußeren und dann erst die inneren Schneidezähne durchbrechen. Gelegentlich erscheint als erster Zahn nicht ein Schneide-, sondern ein Backenzahn.

Wie wir in der Abbildung sehen, erscheinen die einzelnen Zähne von Kind zu Kind in unterschiedlichem Alter. So können die Schneidezähne bereits in den ersten Lebenswochen oder aber erst nach dem 12. Lebensmonat durchbrechen. Die zweiten Backenzähne erscheinen frühestens mit 19 Monaten und spätestens mit 36 Monaten.

Im 2. Lebensjahr beschäftigt das Zahnen die meisten Eltern nicht mehr. Die Zähne brechen ohne Schmerzen und andere Begleiterscheinungen durch. Oftmals bemerken die Eltern einen Zahn erst, wenn er durchgebrochen ist. Eltern, die das Zahnen nach wie vor plagt, seien auf das Kapitel »Wachstum 4 bis 9 Monate« hingewiesen.

Fällt ein Kind – wie Reto – auf den Mund, können ein oder mehrere Zähne an der Wurzel gelockert werden. Sie können in das Zahnfleisch und den Kieferknochen hineingestoßen oder – was

Durchbruch der Milchzähne (○) und bleibenden Zähne (●).

S: Schneidezähne, E: Eckzähne, Bp: prämolare Backenzähne,
Bm: molare Backenzähne (Taranger).

glücklicherweise selten geschieht – ganz herausgeschlagen werden. Was ist zu tun? Die Milchzähne sind wichtige Platzhalter für die zweiten Zähne und sollten daher möglichst erhalten bleiben. Selbst wenn ein Zahn herausgeschlagen ist, sollte der Zahn versuchsweise wieder eingesetzt werden. Er wird zwar nie mehr richtig einwachsen und sich nach einigen Monaten grau-braun verfärben. Dennoch: Bleibt er haften, erfüllt er seine Rolle als Platzhalter. Beschädigt das Kind seine Zähne, sollten die Eltern ihren Zahnarzt um Rat fragen.

Schutz vor Karies

Alle Eltern möchten, dass ihre Kinder gesunde und schöne Zähne haben. Zähneputzen steht daher bei Eltern hoch im Kurs, die Kinder sind in dieser Tätigkeit oft weniger strebsam. Außer Zähneputzen gibt es auch andere wirkungsvolle Methoden, um die Zähne der Kinder kariesfrei zu halten. Besonders wirksam ist eine regelmäßige Fluorprophylaxe und vor allem eine gesunde Ernährungsweise. Die Kariesforschung der letzten 20 Jahre hat folgende Resultate erbracht (Marthaler):

Mundhygiene.   Zähneputzen ist nützlich, bringt allein aber nicht den erhofften Erfolg. Es ist wichtiger für das Zahnfleisch als für die Zähne, da es vor Zahnfleischentzündung (Paradentose) schützt. Allzu häufiges und zu intensives Zähneputzen schadet den Zähnen, da es zum Abrieb des Zahnschmelzes und einem Rückgang des Zahnfleischs mit Freilegung der Zahnhälse führt. Mundhygiene sollte daher nicht übertrieben werden.

Im 2. Lebensjahr können Kinder langsam in den Gebrauch der Zahnbürste eingeführt werden. Dabei geht es anfänglich weniger um eine erfolgreiche Zahnreinigung. Durch das Nachahmen der Eltern und Geschwister sollte das Zähneputzen zunächst zu einem festen Bestandteil der Abend- und Morgentoilette werden. Elektrische Kinderzahnbürsten machen das Zähneputzen für die meisten Kinder attraktiver und auch effektiver.

Normale Zahnpasten haben oftmals einen Geschmack, der für

kleine Kinder zu scharf und im Aroma unvertraut ist. Kleinkinder neigen zudem dazu, den Großteil der Zahnpasta zu verschlucken. Kinderzahnpasten enthalten daher weniger Fluor als normale Zahnpasten und schmecken den Kindern besser.

Fluor (genauer Fluorid). Durch die Einführung der Fluoridprophylaxe hat in der Schweiz in den vergangenen 25 Jahren Karies bei Schulkindern bis zu 85 Prozent abgenommen.

Fluorid wird irrtümlicherweise immer wieder als Gift bezeichnet. Dabei ist es ein Spurenelement, das unser Körper genauso benötigt wie Eisen, Kalzium, Phosphor oder Jod. Bei einem Mangel eines Spurenelementes steht dem Körper kein Ersatz zur Verfügung. Fluorid kann dem Körper auf verschiedene Weise zugeführt werden: in Tablettenform, als Zusatz im Kochsalz, Trinkwasser, Zahnpasten oder Mundwasser. Der menschliche Körper kann mit einem großen Angebot an Fluorid umgehen, ohne dass es zu einer körperlichen Beeinträchtigung kommt. Die einzig bekannte Nebenwirkung bei einer übermäßigen Zufuhr von Fluorid besteht in einer fleckigen, weißlichen Verfärbung der Zähne.

Mit Nachahmen macht Zähneputzen Spaß.

Ernährungsweise. Der Bösewicht ist seit langem bekannt: Zucker, genauer gesagt die Monosaccharide wie Glukose und Fruktose, führen zu Karies. Zucker wird durch Bakterien, die immer massenweise im Mund vorkommen, zu Säure abgebaut, die die Zähne angreift. Dabei spielt es keine Rolle, in welcher Form der Zucker eingenommen wird: Fruchtzucker und Traubenzucker sind genauso kariogen wie Würfelzucker. Sogenannter natürlicher Zucker wie Rohrzucker ist für die Zähne ebenso schädlich wie industriell hergestellter weißer Zucker. Die Überzeugung, dass natürlicher Zucker, der beispielsweise im Honig oder in Dörrfrüchten sehr konzentriert enthalten ist, für die Zähne unschädlich sei, ist ein folgenschwerer Irrtum. Schon Aristoteles beobachtete, dass häufiger Dattelkonsum zu Zahnfäule führt. Datteln enthalten wie andere Dörrfrüchte viel Zucker und haften wegen ihrer Klebrigkeit sehr lange an den Zähnen. Bei gleicher Konsumhäufigkeit sind Honig, Fruchtsäfte und Dörrfrüchte genauso kariogen wie Schokoladenriegel, Bonbons und Speiseeis. Zahnschädigend ist nicht die Art des Zuckers, sondern die Häufigkeit des Zuckergenusses.

Zuckerhaltige Nahrungsmittel lassen sich nur schwer vermeiden. Die wenigsten von uns wären wohl auch bereit, ganz darauf zu verzichten. Abstinenz ist für einen kariesfreien Erhalt der Zähne auch nicht notwendig. In einer schwedischen Studie konnten Gustafsson und seine Mitarbeiter nachweisen, dass die Menge Zucker, die während der Hauptmahlzeiten eingenommen wird, sich nur wenig auf die Karieshäufigkeit auswirkt. Das Ausmaß der Karies wird weit mehr durch die Anzahl der Zwischenmahlzeiten und vor allem die Zuckermenge, die dabei eingenommen wird, bestimmt.

Kinder brauchen Zwischenmahlzeiten. Was sollen sie also essen und trinken? Erste Wahl sind frische Früchte und Gemüse wie Äpfel, Birnen und Karotten sowie Wasser, ungezuckerter Tee oder Mineralwasser. Achtung: Fertigtees enthalten häufig größere Mengen an Zucker, die auf der Packung nur im Kleingedruckten vermerkt sind! Zweite Wahl sind Brot, Butter, Wurst und Milchprodukte wie Käse oder Joghurt. Nicht empfehlenswert als Zwischenmahlzeiten sind alle Süßigkeiten, die Zucker enthalten, wie Schokoladenriegel oder Eis.

Eine allzu einseitige Ernährung ist zu vermeiden. Auch Früchte sollten nicht im Übermaß verzehrt werden. Sie enthalten wohl wenig Zucker, dafür umso mehr Fruchtsäure, die die Zähne ebenfalls angreifen kann. Bananen sind ziemlich zuckerhaltig und klebrig und daher weniger zahnschonend als Kern- und Steinobst. Dörrfrüchte und Fruchtsäfte enthalten viel Zucker. Letztere greifen mit ihrem hohen Säuregehalt die Zähne zusätzlich an.

Eltern können ihre Kinder wirksam vor Karies schützen, wenn sie die folgenden 3 Punkte beachten:

- Keine zuckerhaltigen Zwischenmahlzeiten: Die wichtigste Maßnahme!
- Fluoridprophylaxe: Falls Unklarheiten über die vorteilhafteste Art der Fluorideinnahme bestehen, den Kinderarzt oder Zahnarzt um Rat fragen.
- Mundhygiene: Das Zähneputzen in den ersten Lebensjahren zur Gewohnheit werden lassen!

Lutschgewohnheiten

Kinder saugen nicht nur, wenn sie hungrig sind. Sie saugen an Daumen, Fingern oder Schnullern, um sich zu beruhigen, um den Schlaf zu finden und gelegentlich auch aus Müdigkeit und Langeweile. In den ersten 2 Lebensjahren lutschen praktisch alle Kinder. Etwa 80 Prozent der Schweizer Kinder haben einen Schnuller, knapp 20 Prozent saugen am Daumen oder an den Fingern. Die Art und Weise, wie Kinder ihre Finger in den Mund stecken, scheint manchmal vererbt zu werden. So gibt es Familien, deren Kinder über Generationen nicht den Daumen, sondern Zeige-, Mittel- und Ringfinger in den Mund stecken. Einige Kinder lutschen an Decken, Kissenbezügen oder anderen Gegenständen.

Nach dem 2. Lebensjahr nimmt die Häufigkeit des Lutschens langsam ab. Im 3. und 4. Lebensjahr lutschen immer noch mehr als die Hälfte aller Kinder. Mit 5 Jahren sind es noch 35 Prozent und mit 7 Jahren noch 5 Prozent der Kinder. Kinder, die an Dau-

Es muss nicht immer
der Daumen sein.

men und Fingern lutschen, neigen dazu, später damit aufzuhören als Kinder, die einen Schnuller benutzen. Vereinzelt lutschen auch Erwachsene noch am Daumen, vor allem beim Einschlafen.

Säuglinge und Kleinkinder vom Lutschen abzuhalten, ist nicht sinnvoll und für Eltern auch nicht durchführbar. Die Frage ist daher nicht: Lutschen oder nicht lutschen? Sondern vielmehr: Woran lutschen? Daumen und Finger sind immer verfügbar, was für Kind und Eltern angenehm ist. Nachteilig wirkt sich aus, dass das Lutschen an Daumen und Fingern zu Deformationen des Ober- und seltener des Unterkiefers, einem sogenannten offenen Biss, führen kann. Schnuller bewirken weniger häufig eine Verformung der Kiefer. Flache Schnuller scheinen denjenigen mit einer Kirschform diesbezüglich überlegen zu sein. Der Nachteil des Schnullers ist, dass er in den ersten Monaten ohne die Mithilfe der Eltern für das Kind nicht verfügbar ist. Mehrere Schnuller im Bett erhöhen die Chance, dass das Kind immer ein Exemplar in Reichweite hat. Der Schnuller darf nicht mit einem Kettchen oder einer

Lutschgewohnheiten.

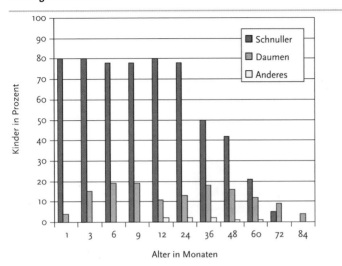

Lutschgewohnheiten bei Schweizer Kindern (nach Peters).

Schnur am Hals festgemacht werden. Ungefährlich sind kurze Ketten, die an der Kleidung befestigt werden.

Um den offenen Biss zu vermeiden, empfiehlt es sich, dem Kind in den ersten Lebenswochen einen Schnuller anzubieten. Die meisten Kinder sind damit zufriedenzustellen. Es gibt aber Kinder, die beharrlich den Daumen oder die Finger dem Schnuller vorziehen. So sei es denn.

Eine Lutschvariante mit verheerender Wirkung ist die Nuckelflasche. Die Entwicklung der Plastikflasche hat zu einem regelrechten Saftmissbrauch geführt. Immer mehr Kinder laufen den lieben langen Tag mit ihrer Saugtrompete herum, gefüllt mit Apfel-, Orangen- oder Traubensaft. Die Folgen sind katastrophal: Fruchtsäfte enthalten sehr viel Zucker und Säure, die die Zähne aggressiv angreifen. Die Kinder nehmen im Laufe eines Tages unzählige Male einen Schluck aus der Saftpulle und setzen damit ihre Zähne dauernd der sauren Zuckerlösung aus.

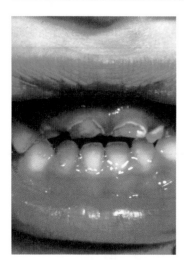

Schwere Zahnfäule durch die Nuckelflasche. Betrifft typischerweise die obere Zahnreihe.

Besonders zerstörerisch ist die Wirkung der Nuckelflasche nachts: Im Schlaf verweilt die Flüssigkeit längere Zeit im Mund, da die Kinder nur gelegentlich schlucken. Die Zähne werden regelrecht in Zucker und Säure gebadet. Nachts können nicht nur Fruchtsäfte, sondern auch mit Milch gefüllte Nuckelflaschen zu einer weitgehenden Zerstörung der Zähne führen.

- Die Kinder führen ihrem Körper ständig Kalorien und Flüssigkeit zu und verderben sich dabei den Appetit. Sie werden zu schlechten Essern bei den Hauptmahlzeiten.
- Die übermäßige Zufuhr von Zucker, Säuren und Aromastoffen kann zu Durchfall und einem wunden Gesäß führen.
- Die Kinder gewöhnen sich an einen ständigen Zuckerkonsum, was in den folgenden Jahren ein Übergewicht begünstigt und nachteilige Folgen für ihre Gesundheit haben kann.

Um ihren Durst zu stillen brauchen Kinder keine Kalorien, sondern Flüssigkeit in Form von Wasser oder ungezuckertem Tee. Sobald ein Kind selbstständig aus einem Becher trinken kann, sollten die Eltern die Flasche wieder aus dem Verkehr ziehen. Die Nuckelflasche ist ein miserabler Schnullerersatz.

Das Wichtigste in Kürze

1. Zwischen 24 und 30 Monaten ist das Milchzahngebiss vollständig entwickelt.

2. Karies kann mit den folgenden 3 Maßnahmen vorgebeugt werden:
   - Zuckerfreie oder zumindest zuckerarme Zwischenmahlzeiten;
   - Fluoridprophylaxe;
   - Zähneputzen.

3. Mehr als 90 Prozent der Kinder lutschen in den ersten 2 Lebensjahren am Schnuller oder an den Fingern. Mit 5 Jahren lutschen noch 35 Prozent der Kinder.

4. Lutschen am Schnuller führt weniger häufig zu Verformungen von Gebiss und Kiefer als Daumenlutschen. Von Nuckelflaschen ist dringend abzuraten.

25 bis 48 Monate

Der Onkel aus Australien kommt zu Besuch. Er hat die 4-jährige Anita seit ihrer Geburt nicht mehr gesehen. Er bemerkt erfreut: » Unglaublich, wie groß sie geworden ist!« Bei der Geburt war Anita nur 2500 Gramm schwer. Nun hat sie für ihr Alter eine stattliche Körpergröße.

Die körperliche Entwicklung eines Kindes im 3. und 4. Lebensjahr unterliegt noch weniger Veränderungen als jene im 2. Lebensjahr. Die Eltern nehmen die körperlichen Veränderungen bei ihrem Kind oftmals kaum mehr wahr. Verwandten und Bekannten, die das Kind nur gelegentlich sehen, fallen das Größerwerden und das veränderte Aussehen des Kindes eher auf als den Eltern. Einige körperliche Veränderungen sind für das 3. und 4. Lebensjahr aber durchaus charakteristisch.

Sich strecken

Das Kind hat in den ersten 2 Lebensjahren eine Gestalt, wie wir sie von barocken Puttenfiguren her kennen: Der Kopf ist groß und rund. Der Bauch ist ausladend vorgewölbt. Im Lendenbereich ist der Rücken stark nach vorne durchgebogen und die Beine haben eine O-Stellung. 4 Jahre später hat sich die ganze Gestalt gestreckt und ist schlanker geworden. Der Bauch ist ziemlich flach und der Rücken gerader. Die O-Beinstellung wurde zur X-Beinstellung, die sich bis ins Schulalter schließlich in eine mehr oder weniger parallele Stellung der Beine ausbilden wird.

Sich auf die Eltern ausrichten

Große Eltern haben eher große Kinder, kleine Eltern eher kleine. Diese Regel gilt noch nicht bei der Geburt. Die Körpergröße des Neugeborenen wird nicht durch die Körpergröße der Eltern, sondern durch die vorgeburtlichen Ernährungsbedingungen bestimmt. Ist die Plazenta gut entwickelt und kann sie das Kind gut versorgen, so wird es groß und schwer. Ist die Plazenta aber klein und weniger funktionstüchtig, wird auch das Kind bei der Geburt eher klein und leicht sein. Ein solches Kind war Anita. Sie wog bei der Geburt nur 2500 Gramm und war 46 Zentimeter lang. Ihre Körpergröße lag damit 4 Zentimeter unter dem Durchschnitt eines Neugeborenen.

Wie wir aus der Grafik ersehen können, hat sie innerhalb der ersten 4 Lebensjahre kräftig aufgeholt. Ihre Körpergröße liegt mit 4 Jahren leicht über dem Durchschnitt (50. Perzentile) und entspricht damit etwa der Körpergröße der Eltern in diesem Alter, die beide durchschnittlich groß sind. Ganz anders hat sich Brigitt entwickelt. Sie wog bei der Geburt 4800 Gramm und war 54 Zentimeter groß. Ihre Körpergröße lag damit 4 Zentimeter über derjenigen eines durchschnittlich großen neugeborenen Mädchens. Ihre Mutter entwickelte während der Schwangerschaft eine Zuckerkrankheit (Diabetes), was bei Brigitt ein verstärktes Wachstum auslöste. Bei der Geburt war sie eigentlich zu groß. Wie der Verlauf ihrer Kurve zeigt, ist sie in den ersten 4 Lebensjahren nur mäßig gewachsen. Als Neugeborenes war sie 9 Zentimeter größer als Anita, mit 4 Jahren ist sie sogar etwas kleiner. Ihre Körpergröße entspricht aber relativ durchaus derjenigen ihrer Eltern, die knapp durchschnittlich groß sind.

Aus den Wachstumskurven von Anita und Brigitt können wir Folgendes lernen:

- Vor der Geburt wird das Wachstum des ungeborenen Kindes durch die Ernährungsbedingungen während der Schwangerschaft mitbestimmt.

Körpergröße von Anita und Birgitt.

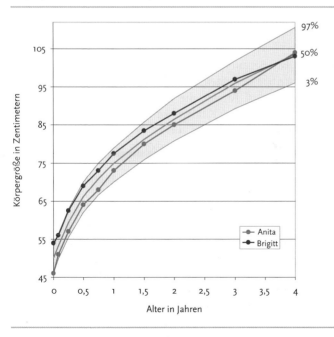

Unterschiedliche Entwicklung der Körpergröße bei 2 Mädchen im Verlauf der ersten 4 Lebensjahre.

- Im Verlauf der ersten 4 Lebensjahre wächst das Kind in die ihm eigene Größe hinein. Dabei gleicht sich die Wachstumskurve der relativen Körpergröße seiner Eltern an. Stimmt die Körpergröße bereits bei der Geburt mit derjenigen der Eltern überein, wird sich das Kind mehr oder weniger parallel zu den Perzentilenlinien entwickeln.

Mit 4 Jahren stimmt die relative Körpergröße des Kindes recht gut mit derjenigen der Eltern überein. Dies kann bis ins Schulalter noch der Fall sein. Viele Kinder wachsen aber in diesem Alter unterschiedlich rasch und weichen damit deutlich relativ gesehen von der Körpergröße der Eltern ab. Sie gleichen ihre Körpergröße erst wieder im Verlauf der Pubertät an die Körpergröße der Eltern an.

Wachstum und Gesundheit

Im Vorschulalter häufen sich banale Erkrankungen. Kinder, die eine Kinderkrippe besuchen, sind innerhalb eines Ja hres bis zu 12 Mal krank. Selbst Kinder, die nur wenig in Kontakt mit anderen Erwachsenen und Kindern kommen, erkranken mehrere Male in einem Jahr. Kindern, die in den ersten Jahren wenig krank sind, bleiben Erkrankungen aber in der Zukunft nicht erspart. Sie holen im Kindergartenalter jene Krankheiten nach, die andere Kinder bereits im Alter von 2 bis 5 Jahren durchgemacht haben.

Unsere Umwelt ist voller Krankheitskeime, die wir auch mit den besten hygienischen Bedingungen nicht eliminieren können. Es wäre für die Gesundheit der Kinder auch gar nicht sinnvoll, denn ihr Abwehrsystem muss sich mit Krankheitskeimen auseinandersetzen, um überhaupt funktionstüchtig zu werden. Nur so kann sich das kindliche Immunsystem entwickeln, da viele Abwehrfähigkeiten erst durch Infektionen »gelernt« werden. Diese Auseinandersetzung läuft nicht ohne Fieber, Unwohlsein und Symptomen wie Schnupfen, Husten oder Durchfall ab. Kranksein gehört zur ganz normalen Entwicklung eines Kindes.

Fieber.

Das Kind sollte aber vor den Krankheitskeimen geschützt werden, die für es bedrohlich werden können. Die von Kinderärzten empfohlenen Schutzimpfungen sind dazu da, das Kind vor Erkrankungen wie Kinderlähmung oder Diphtherie zu schützen.

Das Wichtigste in Kürze

1. Bis ins Alter von 4 Jahren vollzieht sich ein Gestaltwandel, der die Körperhaltung und Beinstellung betrifft.

2. Im Alter von 4 Jahren entspricht die relative Körpergröße des Kindes etwa derjenigen seiner Eltern.

3. Durchschnittlich machen Kleinkinder 6 banale Krankheiten pro Jahr durch; einige lediglich 3 und andere bis zu 12 Erkrankungen.

4. Kranksein gehört zum Gesundsein dazu. Das Abwehrsystem des Kindes muss sich für seine Entwicklung mit Krankheitserregern unserer Umwelt auseinandersetzen. Diese Auseinandersetzung ist zumeist mit Krankheitssymptomen verbunden.

5. Schutzimpfungen vermitteln dem Kind eine Immunität gegen gefährliche Erkrankungen.

Trocken und sauber werden

Einleitung

Jana verkündet der Mutter beim Zubettgehen, dass sie zum Schlafen keine Windeln mehr anziehen will. Die Mutter ist wenig erstaunt über die bestimmte Haltung ihrer 34 Monate alten Tochter. Jana ist bereits tagsüber selbstständig sauber und trocken. Nach kurzem Zögern ist sie mit dem Vorschlag ihrer Tochter einverstanden. Am anderen Morgen stellt die Mutter erfreut fest, dass das Bett trocken geblieben ist. Jana ist stolz, scheint darüber aber weniger erstaunt zu sein als ihre Mutter. Für sie ist das trockene Bett eine Selbstverständlichkeit.

Ist Jana eine Ausnahme, oder können alle Kinder selbstständig sauber und trocken werden? Braucht man gar kein Sauberkeitstraining? Bis in die Siebzigerjahre des letzten Jahrhunderts gab es darauf nur eine Antwort: Kinder müssen so früh wie möglich zur

Stolz.

Sauberkeit erzogen werden. In den letzten Jahrzehnten hat sich diese Erziehungshaltung – wie wir in diesem Kapitel sehen werden – grundlegend gewandelt. Eltern können auch heutzutage noch ihren Beitrag dazu zu leisten, damit das Kind sauber und trocken wird. Den Löwenanteil aber erbringt das Kind selbst.

Vor der Geburt

Ab dem 3. Schwangerschaftsmonat filtriert das ungeborene Kind mit seinen Nieren Flüssigkeit aus dem Blut. Damit beginnt die Produktion von Urin, der von der Blase in regelmäßigen Abständen in das Fruchtwasser entleert wird.

o bis 3 Monate

Millionen Mütter in Afrika, Asien und Südamerika tragen ihre nackten Säuglinge an ihrem Körper. Wie gelingt es ihnen, nicht von ihnen beschmutzt zu werden? Um dies zu verhindern, hat die Natur folgenden Mechanismus entwickelt: Einige Sekunden bevor der Säugling Urin oder Stuhl ausscheidet, stößt er einen kurzen charakteristischen Schrei aus und macht mit Körper und Beinchen ruckartige Bewegungen. Durch dieses Signal vorgewarnt, hält die Mutter den Säugling von ihrem Körper weit genug weg, damit sie nicht beschmutzt wird. Auch unsere Kinder zeigen im Neugeborenen- und Säuglingsalter dieses Verhalten (Duché). Weil wir nicht mehr darauf reagieren, verliert es sich bereits nach einigen Wochen. Manche Kinder zeigen aber noch nach Monaten mit Schreien, motorischer Unruhe oder mimischen Reaktionen an, wenn sie die Blase oder den Darm entleeren müssen.

4 bis 9 Monate

Heute beginnen Eltern mit der Sauberkeitserziehung nur noch ausnahmsweise im 1. Lebensjahr. Bis in die 1950er-Jahre war dies noch ganz anders (Largo). Einige Eltern nahmen das Training bereits in den ersten 3 Lebensmonaten auf. Sie hielten ihr Kind über eine Windel, einen Topf oder die Toilette. Mit 6 Monaten setzten 32 Prozent der Eltern ihre Kinder regelmäßig auf den Topf, mit 9 Monaten 64 und mit 12 Monaten über 90 Prozent.

In den 1960er- und 70er-Jahren hat sich das elterliche Verhalten durch eine stärker kindorientierte Erziehungshaltung grundlegend verändert. Zu einer neuen Einstellung in der Sauberkeitserziehung hat aber auch der technische Fortschritt maßgeblich beigetragen. Bereits Wäscheschleuder und Waschmaschine haben den Eltern das Windelnwaschen erleichtert, den eigentlichen Durchbruch brachten aber die Wegwerfwindeln. So wurde der Beginn der Sauberkeitserziehung im Mittel um mehr als 14 Monate hinausgeschoben.

Bedeutete dies, dass Kinder später sauber und trocken wurden? Aus den Zürcher Longitudinalstudien wissen wir, dass der riesige Aufwand, den Eltern in der Sauberkeitserziehung bis in die Sechzigerjahre geleistet haben, nicht den erhofften Erfolg zeigte: Obwohl die Kinder sehr früh und mehrmals am Tag auf den Topf gesetzt wurden, sind sie nicht früher sauber und trocken geworden als heute.

10 bis 24 Monate

Die meisten Eltern beginnen mit der Sauberkeitserziehung, wenn ihr Kind 2 Jahre alt ist. Einige warten damit auch bis ins 3. und selbst 4. Lebensjahr.

Welches ist der richtige Zeitpunkt, um die Sauberkeitserziehung aufzunehmen?

Eltern sollten mit der Sauberkeitserziehung so lange warten,

Beginn der Sauberkeitserziehung.

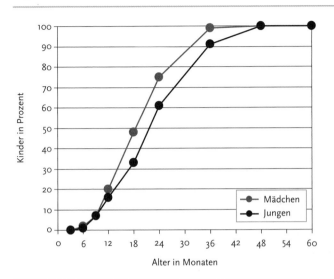

Anteil der Kinder (in Prozent), bei denen in einem bestimmten Alter mit der Sauberkeitserziehung begonnen wurde.

bis ihnen ihr Kind von sich aus signalisiert, dass es sauber und trocken werden will. Wenn ihm der Drang, die Blase oder den Darm zu entleeren, bewusst wird, drückt es dies in seinem Verhalten aus: Es verzieht sein Gesicht und nimmt die charakteristische Körperhaltung ein, die wir auch zeigen, wenn wir ein dringendes Bedürfnis haben. Das Kind macht, falls es sich sprachlich ausreichend äußern kann, mit Worten darauf aufmerksam. Das bewusste Wahrnehmen der Blasen- und Darmentleerung ist eine notwendige Voraussetzung dafür, dass das Kind diesen Vorgang willentlich kontrollieren kann.

Lässt sich die Eigeninitiative durch frühzeitiges Training fördern? Die Zürcher Studien haben gezeigt, dass Kinder, die sehr früh und häufig auf den Topf gesetzt werden, ihren Urin und Stuhldrang nicht früher spüren als Kinder, die später auf den Topf gesetzt werden.

Eigeninitiative.

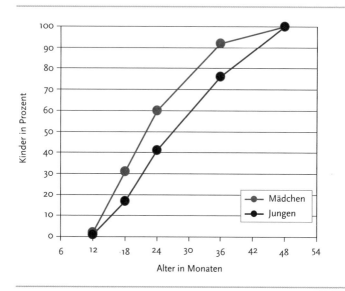

Anteil der Kinder (in Prozent), die in einem bestimmten Alter bereit sind, sauber und trocken zu werden.

Die Eigeninitiative tritt frühestens zwischen 12 und 18 Monaten, bei den meisten Kindern zwischen 18 und 36 Monaten auf. Mädchen sind dabei in jedem Alter weiter fortgeschritten als Knaben, was dazu führt, dass sie von ihren Müttern auch etwas früher auf den Topf gesetzt werden.

Die Eigeninitiative spiegelt das Bedürfnis des Kindes wider, sauber und trocken zu werden. Ein Kind, welches Eigeninitiative zeigt, kann in kürzester Zeit trocken und sauber werden. Für die Eltern ist nun der Zeitpunkt gekommen, die Sauberkeitserziehung in Angriff zu nehmen. Dabei haben sie im Wesentlichen 2 Aufgaben: dem Kind Vorbild zu sein und ihm zur Selbstständigkeit verhelfen.

Damit ein Kind trocken und sauber wird, braucht es kein Topftraining, sondern Vorbilder. Wenn seine Eigeninitiative erwacht, beginnt es Interesse an der Toilette zu zeigen. Es will dabei sein,

Vorbilder machen
es einfach.

wenn Eltern und Geschwister auf die Toilette gehen. Gibt ihm die Familie dazu Gelegenheit, kann es lernen, wie dieses Geschäft verrichtet wird. Kinder, die wie Jana ältere Geschwister haben, haben es am leichtesten. Sie schauen sich bei ihnen das Verhalten auf der Toilette ab. Schwieriger ist es für ein Erstgeborenes, wenn ihm seine Eltern als Vorbilder nicht zur Verfügung stehen. Wenn sie die Toilettentüre hinter sich schließen und ihrem Kind damit jede Möglichkeit zum Nachahmen nehmen, haben sie als »Preis« für ihre Diskretion einen unnötigen Mehraufwand zu leisten: Sie müssen dem Kind das Verhalten »anerziehen«.

Eltern haben neben der Vorbildfunktion noch eine weitere Aufgabe: Sie müssen ihr Kind in seinem Bestreben unterstützen, selbstständig zu werden.

Es geht dabei um die folgenden praktischen Hilfen:

■ Das Kind sollte sich ohne fremde Hilfe frei machen und seine Sachen auch wieder anziehen können. Am besten eignet sich

Miguel geht gerne
aufs Klo – wegen dem
Bilderbuch.

dafür eine Hose mit einem elastischen Bund. Knöpfe, Reißver-
schlüsse und Träger behindern dagegen das Kind in seiner
Selbstständigkeit.

- Die Hose herunterlassen kann das Kind zumeist problemlos.
  Die Hose wieder hochzuziehen bereitet ihm häufig Mühe, weil
  der Hosenbund am Hinterteil ansteht. Wenn die Eltern ihm zeigen, wie sich der Hosenbund mit einer Hand hinten fassen
  lässt, kann es die Hose mühelos hochziehen.
- Manche Kinder wollen nicht auf den Topf gesetzt werden, sondern das Klosett benutzen. Eltern und Geschwister gehen
  schließlich auch nicht auf den Topf. Ein Kleinkind fühlt sich auf
  der Toilette aber oft unwohl, weil es Angst davor hat, hinein-
  oder nach vorne oder seitlich herunterzufallen. Wenn die Öffnung des Klosetts mit einem Ring verkleinert wird, das Kind
  seine Füße auf einem Schemel abstützen und sich seitlich
  festhalten kann, wird es entspannt sein Geschäft verrichten
  können.

25 bis 48 Monate

Nur einige wenige Kinder sind am Ende des 2. Lebensjahres bereits sauber und trocken. Die meisten werden es erst im Verlauf des 3. und 4. Lebensjahres.

Eine vollständige Darmkontrolle entwickelt sich bei der Hälfte der Kinder im 3. Lebensjahr. Zu Beginn des 5. Lebensjahres sind mehr als 90 Prozent der Kinder sauber. Immerhin machen auch in diesem Alter immer noch fast 10 Prozent gelegentlich ihren Stuhl in die Hose oder Windeln.

Die Blasenkontrolle tagsüber entwickelt sich etwa im gleichen Alter wie die Darmkontrolle. Bei einzelnen Kindern setzt sie etwas später ein als die Darmkontrolle.

Für die Eltern kann es eine Geduldsprobe werden, wenn das Kind bis ins 4. Lebensjahr hinein keine Eigeninitiative zeigt. Sie

Entwicklung der vollständigen Darmkontrolle.

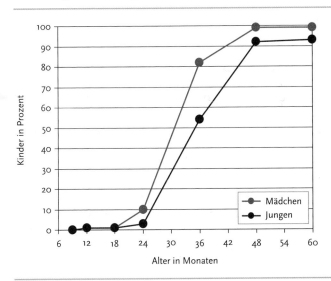

Anteil der Kinder (in Prozent), die in einem bestimmten Alter vollständig sauber sind.

Entwicklung der Blasenkontrolle tagsüber.

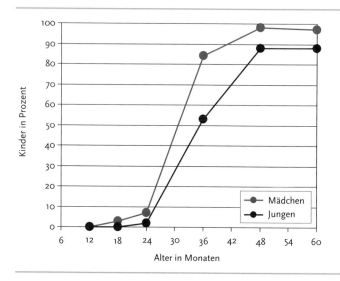

Anteil der Kinder (in Prozent), die in einem bestimmten Alter tagsüber vollständig trocken sind.

sollten sich aber nicht verunsichern lassen. Wie auf den Abbildungen zu ersehen ist, wird etwa ein Viertel der Kinder erst in diesem Alter sauber und trocken. Und vor allem: Mit Training lässt sich der Reifungsprozess der Darm- und Blasenkontrolle nicht beschleunigen!

Können die Eltern den richtigen Zeitpunkt für die Sauberkeitserziehung verpassen? Dies kann in der Tat geschehen, nämlich dann, wenn die Eltern nicht adäquat auf das Verhalten des Kindes reagieren. Zeigt es an, dass es bereit ist, sauber und trocken zu werden, müssen die Eltern es in seinem Vorhaben unterstützen. Sie müssen ihm dabei helfen, selbstständig zu werden, und dürfen es nicht mehr in Windeln herumlaufen lassen. Die Annahme, es würde eines Tages der Windel von selbst überdrüssig, ist falsch. Das Gegenteil ist der Fall: Das Kind gewöhnt sich daran, bewusst und willentlich in die Windeln zu machen. Ein Verhalten, das später nur mit großem Aufwand zu verändern ist.

Entwicklung der Blasenkontrolle nachts.

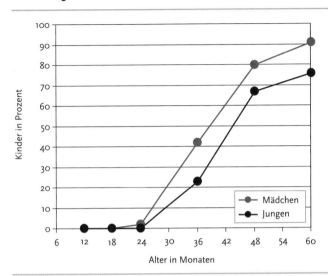

Anteil der Kinder (in Prozent), die in einem bestimmten Alter nachts vollständig trocken sind.

Die Blasenkontrolle nachts stellt sich bei den meisten Kindern nach der Darm- und Blasenkontrolle tagsüber ein. 50 Prozent der Kinder werden erst im Verlauf des 4. Lebensjahres trocken. Im

So geht das.

Kindergartenalter nässen noch mehr als 10 Prozent der Kinder, mehr Jungen als Mädchen, nachts gelegentlich ein. Häufig liegt dabei eine familiäre Reifungsverzögerung vor. Ein Elternteil oder andere Verwandte sind ebenfalls erst spät nachts trocken geworden.

Die Sauberkeitserziehung ist für Eltern wenig aufwendig, wenn sie geduldig sind und sich auf ihr Kind einstellen: Es bestimmt den Zeitpunkt, an dem es sauber und trocken werden will. Sie unterstützen es mit ihrem Vorbild und in praktischen Belangen. Das Kind sollte möglichst aus eigener Kraft selbstständig werden. So wird sein Selbstwertgefühl am meisten gestärkt: »Nicht die Eltern haben mich trocken und sauber gemacht, ich habe es selber geschafft.«

Das Wichtigste in Kürze

1. Das Alter, in dem Kinder trocken und sauber werden, ist sehr unterschiedlich. Es wird durch die individuelle Reifung bestimmt.

2. Ein früher Beginn und eine hohe Intensität der Sauberkeitserziehung beschleunigen die Entwicklung der Blasen- und Darmkontrolle nicht.

3. Das Kind zeigt mit seiner Eigeninitiative an, wann es bereit ist, trocken und sauber zu werden. Die Eigeninitiative signalisiert, dass das Kind den Urin- und Stuhldrang bewusst wahrnimmt und diesen nun auch kontrollieren kann.

4. Um sauber und trocken zu werden, braucht das Kind kein Sauberkeitstraining, sondern Vorbilder zum Nachahmen und Unterstützung in seinem Bestreben, selbstständig zu werden.

Anhang

Meilensteine der ersten 4 Lebensjahre

	Datum	Alter	Bemerkungen
0–6 Monate			
Lächelt	_____	_____	_____
Schläft nachts durch (6–8 Stunden)	_____	_____	_____
Dreht sich vom Bauch auf den Rücken	_____	_____	_____
Lacht	_____	_____	_____
Greift mit Händen	_____	_____	_____
Isst Brei	_____	_____	_____
6–12 Monate			
Robbt	_____	_____	_____
Krabbelt	_____	_____	_____
Ahmt Laute nach	_____	_____	_____
Sitzt frei	_____	_____	_____
Steht auf	_____	_____	_____
Pinzettengriff	_____	_____	_____
Winkt	_____	_____	_____
Gugus-Dada	_____	_____	_____
Fremdelt	_____	_____	_____
12–24 Monate			
Ahmt einfache Handlungen nach	_____	_____	_____
Schaut Bilderbüchlein an	_____	_____	_____
Füllt und entleert Behälter	_____	_____	_____
Baut Turm	_____	_____	_____
Erste Wörter	_____	_____	_____
Kennt Körperteile wie Augen und Mund	_____	_____	_____
Läuft	_____	_____	_____
Sagt Mama, Papa	_____	_____	_____
Isst mit der Familie	_____	_____	_____
Trinkt selbstständig aus Becher	_____	_____	_____

	Datum	Alter	Bemerkungen

24 – 36 Monate

	Datum	Alter	Bemerkungen
Spielt mit Puppe	———	———	———————
Spielt mit Lego, Bauklötzen	———	———	———————
Verwendet Vornamen	———	———	———————
Gebraucht Ichform	———	———	———————
Verwendet Zweiwortsätze	———	———	———————
Fährt Dreirad	———	———	———————
Steigt allein Treppe hinauf	———	———	———————
Steigt allein Treppe hinunter	———	———	———————
Isst selbstständig mit Löffel	———	———	———————
Zieht Kleidungsstücke aus	———	———	———————
Zieht Kleidungsstücke an	———	———	———————

36 – 48 Monate

	Datum	Alter	Bemerkungen
Macht einfache Puzzles	———	———	———————
Zeichnet einfache Mannzeichnung	———	———	———————
Versteht Rollenspiel	———	———	———————
Spricht in einfachen Sätzen	———	———	———————
Verwendet Mehrzahl	———	———	———————
Verwendet Zeitformen der Verben	———	———	———————
Hört Geschichten auf CD oder Audiokassette	———	———	———————
Fährt Roller	———	———	———————
Fährt Fahrrad mit Stützrädern oder Lauflernrad	———	———	———————

Gewichtskurven

Gewicht Mädchen 0–12 Monate.

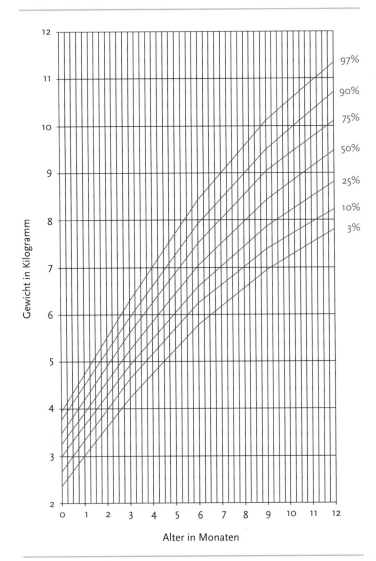

Gewicht Mädchen 0–5 Jahre.

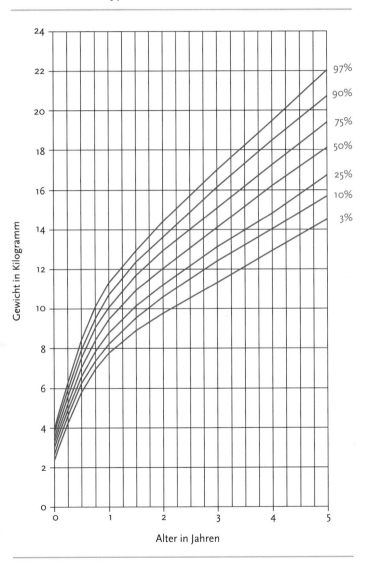

Gewichtskurven

Gewicht Jungen 0–12 Monate.

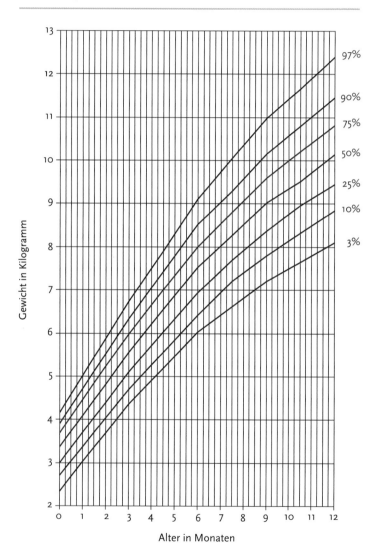

Gewicht Jungen 0–5 Jahre.

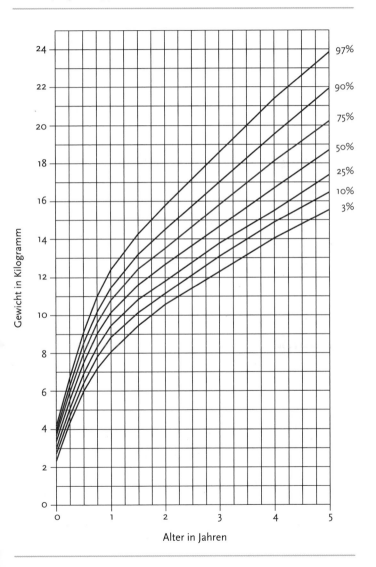

Längenkurven

Länge Mädchen 0−12 Monate.

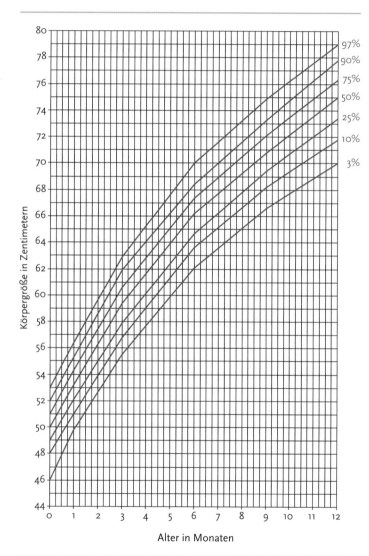

Alter in Monaten

Länge Mädchen 0–5 Jahre.

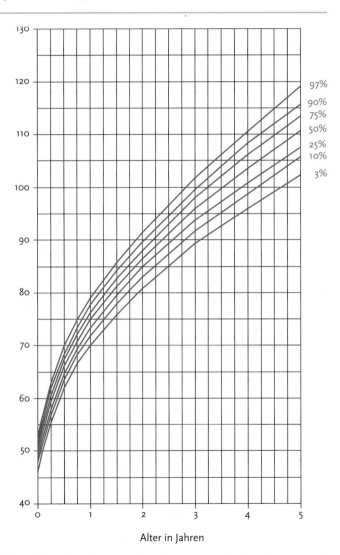

Längenkurven

Länge Jungen 0–12 Monate.

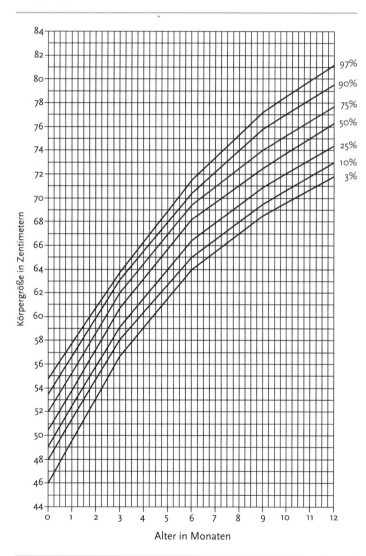

Alter in Monaten

Länge Jungen 0–5 Jahre.

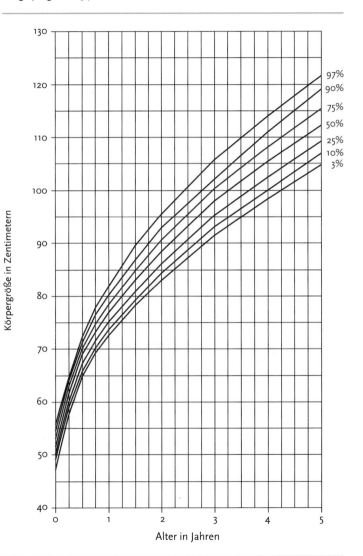

Körpergröße in Zentimetern

Alter in Jahren

Führen des 24-Stunden-Protokolls/ Schlafprotokolls

Dieses Protokoll dient der Ermittlung des Schlafverhaltens Ihres Kindes (zum Beispiel Schlafdauer, Einschlaf-/Aufwachzeit).
Führen Sie das Schlafprotokoll über mindestens 7, besser 14 Tage.
Das Verhalten Ihres Kindes halten Sie durch Markierungen in den entsprechenden Stundenspalten wie folgt fest:

- Schlafphasen mit einem waagerechten Strich: (———)
- Wachphasen mit Freilassen
- Schreien mit mäanderförmigen Linien: (〰〰)
- Mahlzeiten mit Dreiecken: (▽)

 ## 24-Stunden-Protokoll

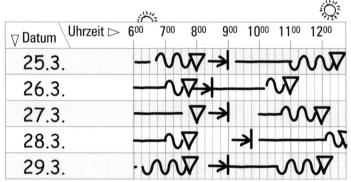

Name: _____

Geburtsdatum: _____

Alter: _____

▽ Datum	Uhrzeit ▷	6⁰⁰	7⁰⁰	8⁰⁰	9⁰⁰	10⁰⁰	11⁰⁰	12⁰⁰	13⁰⁰	14⁰⁰	15⁰⁰	16⁰⁰	17⁰⁰	18⁰⁰	19⁰⁰	20⁰⁰	21⁰⁰	22⁰⁰	23⁰⁰	24⁰⁰	1⁰⁰	2⁰⁰	3⁰⁰	4⁰⁰	5⁰⁰	6⁰⁰

Uhrzeit ▷ 6⁰⁰ 7⁰⁰ 8⁰⁰ 9⁰⁰ 10⁰⁰ 11⁰⁰ 12⁰⁰ 13⁰⁰ 14⁰⁰ 15⁰⁰ 16⁰⁰ 17⁰⁰ 18⁰⁰ 19⁰⁰ 20⁰⁰ 21⁰⁰ 22⁰⁰ 23⁰⁰ 24⁰⁰ 1⁰⁰ 2⁰⁰ 3⁰⁰ 4⁰⁰ 5⁰⁰ 6⁰⁰

Schlafphasen ——— Wachphasen (freilassen) Schreien ∿∿∿ Mahlzeiten ▽ Bettzeit ↑

Fragen an die Tagesmutter

Als Tagesmutter
- Welches ist ihre Motivation, Kinder in Betreuung zu nehmen?
- Welches sind ihre Vorstellungen bezüglich kindlicher Entwicklung und Erziehung?
- Was will sie über das Kind wissen?
- Wie interessiert ist sie, Eltern und Familie kennenzulernen?
- Bildet sie sich weiter?
- Ist sie Mitglied eines Vereins für Tagesmütter?

Zur Person
- Welche Ausbildung hat sie, und verfügt sie über Erfahrung mit Kindern?
- Welche Tätigkeiten hat sie früher ausgeübt?
- Hat sie eigene Kinder: wie alt sind sie, und was machen sie?
- Wie sind die Lebensbedingungen der Tagesmutter?
- Was macht ihr Lebenspartner?
- Übt sie noch andere Tätigkeiten aus?

Betreuung
- Wie viele Kinder betreut sie? Wie alt sind die Kinder?
- Wie viele Tage pro Woche und wie viele Stunden pro Tag betreut sie Kinder?
- Was bekommen die Kinder zu essen?
- Welche Spielsachen stehen den Kindern zur Verfügung?
- Welche Möglichkeiten haben die Kinder, im Freien zu spielen?

Räumlichkeiten
- Wie viel Raum steht den Kindern zur Verfügung?
- Wie sehen Küche und Toilette aus?
- Wie ist die nähere Umgebung?

Fragen an die Kindertagesstätte

Grundhaltung
- Wie motiviert und interessiert sind die Betreuerinnen?
- Besteht ein kindorientiertes Konzept bezüglich Betreuung und Entwicklungsförderung?
- Wie groß ist die Bereitschaft zur Zusammenarbeit mit der Familie?

Personal
- Ist die Leitung pädagogisch qualifiziert?
- Haben die Betreuerinnen eine gute Ausbildung?
- Besteht eine klare und sinnvolle Verteilung von Aufgaben und Verantwortung?
- Werden die Betreuerinnen fachlich unterstützt durch:
  Weiter- und Fortbildung
  Fachberatung
  Supervision
- Ist die finanzielle Grundlage der Tagesstätte gesichert?
- Bestehen faire Arbeitsbedingungen und Löhne?

Räumliche Gegebenheiten
- Gibt es mehrere Spielzonen?
- Ist eine freie Gruppenbildung möglich?
- Wie anregend ist die Ausstattung?
- Ist das Material für die Kinder gut zugänglich und anregend?
- Bestehen ausreichende Bewegungs- und Rückzugsmöglichkeiten?
- Wie sind die sanitären Einrichtungen?

Betreuung
Die folgenden Kriterien sollte eine Kindertagesstätte erfüllen:

- Altersgemischte Gruppen
  Mindestens 3 Jahrgänge.

- Gruppengröße
  8 Plätze für eine Gruppe mit 1 Säugling und 7 Kleinkindern;
  10 Plätze für eine Gruppe mit 2- bis 6-jährigen Kindern.

- Kinder-Betreuer-Verhältnis
  Kinder jünger als 18 Monate: eine anwesende Person für 2 bis 3 Kinder;
  Kinder 18 bis 36 Monate alt: eine anwesende Person für 4 Kinder;
  Kinder 37 bis 60 Monate alt: eine anwesende Person für 5 Kinder;
  Kinder älter als 60 Monate: eine anwesende Person für 6 bis 8 Kinder.

- Kinder-Betreuer-Beziehung
  Kontinuität in der Betreuung;
  Mehr als eine Bezugsperson für ein Kind;
  Jedes Kind hat jederzeit Zugang zu einer vertrauten Person;
  Eine ausgebildete Person für eine nicht ausgebildete Person.

- Gruppenstabilität
  Mehrheitlich feste Wochengruppe/Halbtagesgruppe/Tagesgruppe.

- Verpflegung
  Kindgerecht.

Modifiziert nach Hellmann, Marie Meierhofer Institut.
www.mmizuerich.ch

Wie viel Zeit habe ich für mein Kind?

Vorgehen:
- Aufwand für 1 Woche inklusive Wochenende schätzen;
- Aufwand für 1 Woche durch 7 teilen: ergibt durchschnittlichen Aufwand pro Tag.

Beispiel: Sport 3 Mal 1–1,5 Stunden/Woche; Aufwand pro Woche: 3–4,5 Stunden; Aufwand pro Tag: ca. 0,5 Stunden.

Aufwand pro Tag	Stunden		Stunden
Mit den Kindern	_____	Ausgehen	_____
Berufliche Arbeit	_____	Vereine	_____
Hausarbeit	_____	Andere Engagements	_____
Mahlzeiten	_____	Fernsehen	_____
Schlafen	_____	PC	_____
Körpertoilette	_____	Zeitung lesen/lesen	_____
Hobbies	_____	Fahrten	_____
Sport	_____	Anderes	_____

Meine Einschätzung:

Zeit für Kinder			
ausreichend zu	100%	50%	0%

Literaturverzeichnis

Einführung

Bauer T., Strub, S.: *Ohne Krippe Grosi stünde Vieles still.* Bern 2002

Bauer T., Strub, S., Stutz H.: *Familien, Geld und Politik. Von den Anforderungen an einen kohärente Familienpolitik zu einem familienpolitischen Dreisäulenmodell für die Schweiz.* Bern 2004

Ernst, C., von Luckner, N.: *Stellt die Frühkindheit die Weichen?* Stuttgart 1985

Howes, C.: »Thresholds of quality: Implications fort the social development of children in center based child care«, in: *Child Development* 63/1992 (a), 449–460

Howes, C.: »Attachment relations in the context of multiple caregivers«, in: Cassidy J., Shave, Ph. R. (Hg.): *Handbook of Attachment.* New York 1992 (b), 671–687

National Institute of Child Health and Human Development of Early Childhood (NICHD): »The relation of child care to cognitive and language development«, in: *Child Development* 71/2000, 960–980

NICHD: »Child care and children's peer interaction at 24 and 36 months«, in: *Child Development* 72/2001, 1478–1500

NICHD: Weitere Literaturangaben zum Thema institutionelle Kinderbetreuung: http://secc.rti.org/home.cfm

Piaget, J.: *Das Erwachen der Intelligenz beim Kinde.* Gesammelte Werke 1 (Studienausgabe). Stuttgart 1975

Rutter, M.: »Separation, loss and family relationships«, in: Rutter, M., Hersov, L. (Hg.): *Child Psychiatry.* Oxford 1976

Schöbi, D., Perrez, M.: *Bestrafungsverhalten von Erziehungsberechtigten in der Schweiz.* Fribourg 2004

Beziehungsverhalten

Ahrens, R.: »Beitrag zur Entwicklung des Physiognomie- und Mimikerkennens«, in: *Zeitschrift für Experimentelle und Angewandte Psychologie* 2/1954: 412-454; 599–633

Avis, J., Harris, P. L.: »Belief-desire reasoning among Baka children: evidence for a universal conception of mind«, in: *Child Development* 62/1991, 460–467

Bischof-Köhler, D.: *Spiegelbild und Empathie.* Bern 1989

Bischof-Köhler, D.: *Kinder auf Zeitreise. Theory of Mind, Zeitverständnis und Handlungsorganisation.* Bern 2000

Bowlby, J.: *Attachment and Loss*, Vol. I: Attachment. New York 1969

Bowlby, J.: *Attachment and Loss*, Vol. 2: Separation. New York 1975

Brooks-Gunn, J., M. Lewis: »The development of early visual self-recognition«, in: *Developmental Review* 4/1984, 215–239

Eibel – Eiblsfeldt, I.: *Grundriß der vergleichenden Verhaltensforschung*. München 1974

Emde, R. N., Harmon, R. J.: »Endogenous and exogenous smiling system in early infancy«, in: *Journal of American Academy of Child Psychiatry* 11/1972, 177–200

Erikson, E. H.: *Kindheit und Gesellschaft*. Stuttgart 1971

Ernst C., von Luckner, N.: *Stellt die Frühkindheit die Weichen?* Stuttgart 1985

Fantz, R. L.: »Visual perception from birth as shown by pattern selectivity«, in: *Annals of New York Academic Science* 118/1965, 793–814

Field, T.: »Interaction behaviors of primary versus secondary caretaker fathers«, in: *Developmental Psychology* 14/1978, 183–184

Flavell, J. H., Everett, B. A., Croft, K., Flavell, E. R.: »Young children's knowledge about visual perception: Further evidence for the Level 1 – Level 2 distinction«, in: *Developmental Psychology* 17/1981, 99–103

Flavell, J. H., Green, F. L., Flavell, E. R.: »Children's understanding of the stream of consciousness«, in: *Child Development* 64/1993, 387–398

Flavell, J. H., Green, F. L., Flavell, E. R., Grossman, J. B.: »The development of children's knowlegde about inner speech«, in: *Child Development* 68/1997, 39–47

Flavell J. H., Zhang, X. D.: »A comparison between the development of the appearance reality distinction in the people's Republic of China and the United States«, in: *Cognitive Psychology* 15/1983, 459–466

Freud, Sigmund. Studienausgabe. Herausgeber: Mitscherlich, A., Richards, A., Strachey, J. Zürich 1977

Gaddini, R.: »Transitional objects and the process of individuation: a study in three different social groups«, in: *Journal of the American Academy of Child Psychiatry* 9/1970, 347–365

Gallup, G. G.: »Self-recognition in primates«, in: *American Psychologist* 32/1977, 329–338

Gopnik, A., Astington, J. W.: »Children's understanding of representational change and its relation to the understanding of false belief and the appearance reality distinction«, in: *Child Development* 59/1988, 26–37

Hong, K. M., Townes, B. D.: »Infants' attachment to inanimate objects«, in: *Journal of the American Academy of Child Psychiatry* 15/1976, 49–61

Izard, C. E.: »The emergence of emotions and the development of consciousness in infancy«, in: Davidson, J. M., Davidson, R. J. (Hg.): *The Psychobiology of Consciousness*. New York 1980, 193–216

Klaus, M. G., Kennell, J. H.: *Maternal-Infant Bonding*. St. Louis 1976

Konner, M.: »Relations among infants and juveniles in comparative perspective«, in: Lewis, M., Rosenblum, L. A. (Hg.): *Friendship and Peer Relations*. New York 1976

Lamb, M. E.: »Father-infant and mother-infant interaction in the first year of life«, in: *Child Development* 48/1977, 167–181

Lewis, M., Brooks-Gunn, J.: *Social Cognition and the Acquisition of Self.* New York 1979

MacFarlane, A.: *Olfaction in the development of social preferences in the human neonate. Parent-Infant Interaction.* CIBA Foundation Symposium 33, Amsterdam 1975

Mayr, E.: *Das ist Evolution.* München 2003

Melzoff, A., Moore, M. K.: »Imitations of facial and manual gestures by human neonates«, in: *Science* 198/1977, 75–78

Molcho, S.: *Körpersprache.* München 1986

Montagu, A.: *Körperkontakt.* Stuttgart 1982

Morris, D.: *Man watching.* Granada 1982

Morris, D.: *Körpersignale. Bodywatching.* München 1986

Nowicki, S., Duke, M. P.: »Individual differences in the nonverbal communication of affect: The diagnostic analysis of nonverbal accuracy scale«, in: *Journal of Nonverbal Behavior* 18/1994, 9–13

Parke, R. D.: »Family interaction in infancy«, in: Osofsky, J. D. (Hg.): *The Handbook of Infant Development.* New York 1987, 579–641

Perner, J., Wimmer, H.: »»John thinks that Mary thinks that.« Attribution of second order beliefs by 5- to 10- year-old children«, in: *Journal of Experimental Psychology* 39/1985, 437–471

Piaget J.: *Das Erwachen der Intelligenz beim Kinde.* Gesammelte Werke 1, Studienausgabe. Stuttgart 1975

Prechtl, H. F. R.: *Continuity of Neural Functions from Prenatal to Postnatal Life.* Oxford 1984

Premack, D., Woodruff, G.: »Does the chimpanzee have a theory of mind?« *Behavioral Brain Science* 1/1978, 515–526

Providence, S., Lipton, R. C.: *Infants in Institutions.* New York 1962

Rochat, P.: *The Infant's World.* Cambridge 2001

Rochat, P.: »Five levels of self-awareness as they unfold early in life«, in: *Consciousness and Cognition* 12/2003, 717–731

Rutter, M.: »Separation, loss and family relationships«, in: Rutter, M., Hersov, L. (Hg.): *Child Psychiatry.* Oxford 1976

Scarr, S.: »Developmental theories for the 1990s: Development and individual differences«, in: *Child Development* 63/1992, 1–19

Slomkowski, C., Dunn, J.: »Young children's understanding of other people's beliefs and feelings and their connected communication with friends«, in: *Developmental Psychology* 32/1996, 442–447

Sodian, B: »The development of deception in young children«, in: *British Journal of Developmental Psychology* 9/1991, 173–188

Stern, D.: *The First Relationship: Infant and Mother.* London 1977

Sveida, M. J., Pannabecker, B. J., Emde, R. N.: »Parent-to-infant attachment. A critique of the early »bonding« model«, in: Emde, R. N., Harrison, R. J. (Hg.): *The Development of Attachment and Affiliative Systems.* New York 1982

Szasz, S.: *Körpersprache der Kinder.* Bergisch Gladbach 1979
Szasz, S., Telporos, E.: *Körpersprache unter Geschwistern.* Bergisch Gladbach 1985
Watzlawick, P., Beavin, J. H., Jackson, D. D.: *Menschliche Kommunikation.* Bern 1974
Wimmer, H., Perner, J.: »Beliefs about beliefs: representation and constraining function of wrong belief in young children's understanding of deception«, in: *Cognition* 13/1983, 103–128
Winnicott, D. W.: »Transitional objects and transitional phenomena«, in: *International Journal of Psychoanalysis* 34/1953, 666–682
Zahn-Waxler, C., Radke-Yarrow, M., Kind, R. A.: »Child rearing and children's prosocial initiations toward victims of distress«, in: *Child Development* 50/1979, 319–330

Motorik

Gallahue, D. L.: *Understanding Motor Development. Infants, Children, Adolescents.* Indianapolis 1989
Largo, R. H., Weber, M., Comenale-Pinto, L., Duc, G.: »Early development of locomotion. Significance of prematurity, cerebral palsy and sex«, in: *Developmental Medicine and Child Neurology* 27/1985, 183–191
Leboyer, F.: *Sanfte Hände. Die traditionelle Kunst der indischen Baby-Massage.* München 1983
Montagu, A.: *Körperkontakt.* Stuttgart 1982
Pikler, E.: *Laß mir Zeit. Die selbständige Bewegungsentwicklung des Kindes bis zum freien Gehen.* München 1988
Prechtl, H. F. R.: »Beurteilung fetaler Bewegungsmuster bei Störungen des Nervensystems«, in: *Gynäkologe* 21/1988, 130–134

Schlafverhalten

Grunwaldt, E., Bates, T., Guthrie, D.: »The onset of sleeping through the night in preschool children«, in: *Journal of Child Psychology and Psychiatry* 21/1960, 5-17
Haslam, D.: *Schlaflose Kinder – unruhige Kinder.* München 1985
Hellbrügge, Th.: »Zeitliche Strukturen in der kindlichen Entwicklung«, in: *Monatsschrift für Kinderheilkunde* 113/1965, 252–262
Iglowstein, I., Jenni, O. G., Molinari, L., Largo, R. H.: »Sleep duration from infancy to adolescence: Reference values and generational trends«, in: *Pediatrics* 11/2003, 302-307

Jenni, O. G., Zinggeler Fuhrer, H., Iglowstein, I., Molinari, L., Largo, R. H.: »A longitudinal study of bedsharing and sleep problems among Swiss children in the first 10 years of life«, in: *Pediatrics* 115/2005, 233–240

Klackenberg, G.: »A prospective longitudinal study of children. Data on psychic health and development up to 8 years of age«, in: *Acta Paediatrica Scandinavica. Supplementum* 224/1971

Largo, R. H., Hunziker, U.: »A developmental approach in the management of children with sleep disturbances in the first three years of life«, in: *European Journal of Pediatrics* 142/1984, 170–173

Linden, K. J.: *Schlaf und Pharmakon.* Grenzach 1979

Peiper, A.: *Cerebral Function in Infancy and Childhood.* New York 1963

Roffwarg, H. P., Muzio, J. N., Dement, W. C.: »Ontogenetic development of the human sleep-dream cycle«, in: *Science* 152/1966, 604–619

Winfree, A. T.: *Biologische Uhren. Zeitstrukturen des Lebendigen.* Heidelberg 1988

Schreiverhalten

Barr, R. G., Bakeman, R., Konner, M., Adamson, L.: „Crying in !Kung infants. Distress signals in a responsive context«, in: *American Journal of Diseases of Children* 141/1987, 386–394

Bell, S. M., Ainsworth, D. S.: »Infant crying and maternal responsiveness«, in: *Child Development* 43/1972, 1171–1190

Brazelton, T. B.: »Crying in infancy«, in: *Pediatrics* 29/1962, 579–588

Hunziker, U., Barr, R. G.: »Increased carrying reduces infant crying. A randomized controlled trial«, in: *Pediatrics* 77/1986, 641-648

Peiper, A.: *Cerebral Function in Infancy and Childhood.* New York 1964

Wasz-Höckert, O., Lind, J., Vuorenkoski, V., Partanen, T., Valanne, E.: »The Infant Cry. A Spectrographic and Auditory Analysis«, in: *Clinics in Developmental Medicine* 29/1968

Spielverhalten

Dixon, S., Yogman, M. W., Tronick, E., Als, H., Adamson, L., Brazelton, T. B.: »Early social interaction of infants with parents and strangers«, in: *Journal of the American Academy of Child Psychiatry* 20/1981, 32–41

Ernst, C., von Luckner, N.: *Stellt die Frühkindlichkeit Weichen?* Stuttgart 1985

Held, R., Bauer, T.: »Visually guided reaching in infant monkeys after restricted rearing«, in: *Science* 155/1967, 718–720

Largo, R. H., Howard, J. A.: »Developmental progression in play behavior of children between nine and thirty months. I. Spontaneous play and imitation«, in: *Developmental Medicine and Child Neurology* 21/1979 (a), 299–310

Largo, R. H., Howard, J. A.: »Developmental progression in play behavior of children between nine and thirty months. II. Spontaneous play and language development«, in: *Developmental Medicine and Child Neurology* 21/1979 (b), 492–503

Papousek, H., Papousek, M.: »Early ontogeny of human social interaction: its biological roots and social dimensions«, in: Cranach, M. V., Foppa, K., Lepenies, W., Ploog, D. (Hg.): *Human Ethology. Claims and Limits of a New Discipline.* Cambridge 1979 (a)

Papousek, H., Papousek, M.: »The infant's fundamental adaptive response system in social interaction«, in: Thoman, E. B. (Hg.): *Origins of the Infant's Social Responsiveness.* Hillsdale N. J. 1979 (b)

Papousek, H., Papousek, M. »Lernen im ersten Lebensjahr«, in: Montada, L. (Hg.): *Brennpunkte der Entwicklungspsychologie.* Stuttgart 1979 (c), 194–212

Piaget, J.: *Sprechen und Denken des Kindes.* Düsseldorf 1972

Piaget, J.: *Das Erwachen der Intelligenz beim Kinde.* Gesammelte Werke 1. Studienausgabe. Stuttgart 1975 (a)

Piaget, J.: *Nachahmung, Spiel und Traum*, Gesammelte Werke 5. Studienausgabe. Stuttgart 1975 (b)

Prechtl, H. F. R.: »Beurteilung fetaler Bewegungsmuster bei Störungen des Nervensystems«, in: *Gynäkologe* 21/1988, 130-134

Rose, S. A., Gottfried, A. W., Bridger, W. H.: »Cross-modal transfer in 6-month-old infants«, in: *Developmental Psychology* 17/1981, 661-669

Scarr, S.: *Wenn Mütter arbeiten.* München 1987

Stern, D.: *Mutter und Kind. Die erste Beziehung.* Stuttgart 1979

Vienne, G., Collet, J. Y.: *Le peuple singe.* Paris 1989

Watson, J.: »Smiling, cooing and ›the Game‹«, in: Bruner, J. S., Jolly, A., Sylva, K.: *Play.* New York 1972, 268–277

Sprachentwicklung

Bast, T. H.: »Ossification of the otic capsule in human fetuses«, in: *Contribution to Embryology* 121/1930, 53–82

Bloom, L.: »Das Sprechen lernen«, in: Prillwitz, B., Jochen, B., Stosch, E. (Hg.): *Der kindliche Spracherwerb.* Braunschweig 1975

Cadzen, C.: *Child language and education.* New York 1972

Chomsky, N.: *Aspects of the Theory of Syntax.* Cambridge/Mass. 1967

Eimas, P. D., Siqueland, E. R., Jusczyk, P., Vigorito, J.: »Speech Perception in infants«, in: *Science* 171/1971, 303–305

Gopnik, A, Meltzoff, A: »The Development of Categorization in the Second Year and Its Relation to Other Cognitive and Linguistic Developments«, in: *Child Development* 58/1987, 1523–1531

Kantorowicz, E.: *Kaiser Friedrich der Zweite*. 6. Aufl. Stuttgart 1985

Kimura, D.: »Cerebral dominance and the perception of verbal stimuli«, in: *Canadian Journal of Psychology* 15/1961, 166–172

Largo, R. H., Comenale Pinto, L., Weber, M., Molinari, L., Duc, G.: »Language development during the first five years of life in term and preterm children. Significance of pre-, peri- and postnatal events«, in: *Developmental Medicine and Child Neurology* 28/1986, 333–350

Largo, R. H., Howard, J. A.: »Developmental progression in play behavior of children between nine and thirty months. II. Spontaneous play and language development«, in: *Developmental Medicine and Child Neurology* 21/1979, 492–503

Lassen, N. A., Ingvar, D. H., Skintzoi, E.: »Hirnfunktion und Hirndurchblutung«, in: *Spektrum der Wissenschaft: Gehirn und Nervensystem*, 2. Aufl. 1983, 134–143

Leiberman, A., Sohmer, H., Szabo, G.: »Cochlear audiometry (electrocochleography) during the neontal period«, in: *Developmental Medicine and Child Neurology* 15/1973, 8–13

Lenneberg, E. H.: *Biological Foundation of Language*. New York 1967

Lisker, L., Abramson, A. S.: »The voicing dimensions. Some experiments in comparative phonetics« (Proceedings of the sixth International Congress of Phonetic Sciences, Prague 1967), in: *Academia*/1970, 563–577

Miller, J. L., Eimas, P. D.: »Studies on the categorization of speech by infants«, in: Cognition 13/1983 135–165

Nelson, K.: »Structure and strategy in learning to talk«, in: *Monographs of the Society for Research in Child Development* 38/1973 (1-2 Serial No. 149)

Penfield, W., Roberts, L.: *Speech and Brain Mechanisms*. Princeton 1959

Piaget, J.: *Sprechen und Denken des Kindes*. Düsseldorf 1972

Premack, D., Premack, A.: *The Mind of an Ape*. New York 1983

Szagun, G.: *Sprachentwicklung beim Kind*. München 2006

Weir, R. H.: »Some questions on the child's learning of phonology«, in: Smith, F., Miller, G.: *The genetics of language*. Cambridge/Mass. 1966, 153–159

Trinken und Essen

Birch, L. L., Johnson, S. L., Andresen, G., Peters, J. C., Schulte, M. C.: »The variability of young children's energy intake«, in: *New England Journal of Medicine* 324/1991, 232–235

Fomon, S. J., Owen, G. M., Thomas, L. N.: »Milk or formula volume ingested by infants fed ad libitum«, in: *American Journal of Disease in Children* 108/1964, 601–609

Klaus, M. G., Kennell, J. H.: *Maternal-Infant Bonding*. St. Louis 1976

MacFarlane, A.: *Olfaction in the development of social preferences in the human neonate. Parent-Infant Interaction*. CIBA Foundation Symposium 33, Amsterdam 1975

Neifert, M. R., Seacat, J. M.: »Medical management of sucessful breast-feeding«, in: *Pediatric Clinics of North America* 33/1986, 743–762

Portmann, A.: *Das Tier als soziales Wesen*. Zürich 1953

Prechtl, H. F. R.: »Beurteilung fetaler Bewegungsmuster bei Störungen des Nervensystems«, in: *Gynäkologe* 21/1988, 130–134

SGP (Schweizerische Gesellschaft für Pädiatrie). Empfehlungen der Ernährungskommission. www.swiss-paediatrics.org 2002

Stolley, H., Kersting, M., Droese, W.: »Energie- und Nährstoffbedarf von Kindern im Alter von 1 bis 14 Jahren«, in: *Ergebnisse der Inneren Medizin und Kinderheilkunde* 48/1982, 1–75

Wachtel, U.: *Ernährung von gesunden Säuglingen und Kleinkindern*. Stuttgart 1990

Wallgren, A.: »Breast milk consumption of healthy full-term infants«, in: *Acta Paediatrica Scandinavica* 32/1945, 778–787

Wood, C. B. S., Walker-Smith, J. A.: *MacKeith's Infant Feeding and Feeding Difficulties*. London 1981

Wachstum

Duc, G., Largo, R. H.: »Anterior Fontanel: Size and closure in term and preterm infants«, in: *Pediatrics* 78/1986, 904–908

Gabka, J.: *Die erste Zahnung in der Geschichte des Aberglaubens*. Berlin 1971

Gustafsson, B. E., Quensel, C. E., Lanke, L. S.: »The Vipeholm dental caries study«, in: *Acta Odontologica Scandinavica* 11/1954, 232–241

Marthaler, Th. M.: *Zahnschäden sind vermeidbar*. Luzern 1987

Peters, N.: *Verwendung des Schnullers. Verbreitung, Ursache und Folgen*. Projektarbeit »Schweizer Jugend forscht« Zürich 1989

Prader, A., Largo, R. H., Molinari, L., Issler, C.: »Physical Growth of Swiss Children from Birth to 20 Years of Age (First Zurich Longitudinal Study of Growth and Development)«, in: *Helvetica Paediatrica Acta*, Supplement 52/1989

Taranger, J., Lichtenstein, H., Svennberg-Redegren, I.: »Dental development from birth to 16 years«, in: *Acta Paediatrica Scandinavica*, Supplement 258/1976, 83–97

Walser-Schenker, S.: *Verursacht der Durchbruch der ersten Dentition lokale und/oder systemische Beschwerden?* Dissertation Universität Zürich 1987

Trocken und sauber werden

Largo R. H., Molinari, L., von Siebenthal, K., Wolfensberger, U.: »Does a profound change in toilet-training affect development of bowel and bladder control?«, in: *Developmental Medicine and Child Neurology* 38/1996, 1106–1116

Duché, D. J.: »Patterns of micturition in infancy. An introduction to the study of enuresis«, in: Kolvin, I., MacKeith, R. C., Meadow, S. R.: »Bladder control and enuresis«, in: *Clinics in Developmental Medicine* 48/49/1973

Abbildungsnachweis

Fotografien

Seite 280: Sylvie Vienne – Mit freundlicher Genehmigung der Galaté Films, Paris

Seite 233, 301, 302: Caroline und Daniel Benz, Winterthur

Seite 64, 68 150, 160, 194, 234, 263, 300, 351, 390, 449, 477, 490, 524, 543: Eva und Peter Gächter, Winterthur

Seite 78, 79, 91, 292, 521: Eveline und Peter Hunkeler, Luzern

Seite 43, 110, 117, 180, 238, 250, 279, 341 (rechts), 351, 426: Oskar und Sonja Jenni, Männedorf

Seite 123, 351, 355: Heidi und Willy Lohner, Uetliburg

Seite 12, 14, 22, 49, 57, 59, 61, 74, 83, 85, 86, 100, 105, 108, 111, 140, 179, 269, 277, 293, 327, 367, 381, 426, 440, 455, 458, 540, 541: Carlos und Kathrin Solana, Uetikon

Seite 127, 147, 182, 341 (links), 342 (links oben, links unten), 344, 348: Willy Spiller Fotografie, Zürich; www.willyspiller.com

Seite 9, 114, 137, 141, 148, 165, 167, 171, 174, 181, 194, 199, 218, 236, 240, 246, 264, 271, 283, 288, 339, 342, 344, 346, 349, 352, 359 390, 406, 416, 464, 476, 477, 483, 486, 531: Catherine und Urs Walter, Lindau

Seite 155, 301: Jörg Hess, Zoologischer Garten Basel

Seite 526: Wanda Gnoinski, Zahnärztliches Institut, Zürich

Alle anderen Fotografien stammen vom Autor.

Ausschnitte aus Filmen der Zürcher Longitudinalstudien

Seite 188: Verhaltensbeobachtungen am gesunden Neugeborenen. Teil I: Verhaltenszustände (Wachsein/Schlafen)

Seite 152, 154, 156: Verhaltensbeobachtungen beim gesunden Neugeborenen. Teil II: Motorik

Seite 80, 81, 297, 381, 433, 434: Verhaltensbeobachtungen beim gesunden Neugeborenen. Teil III: Beziehungsverhalten

Seite 17, 307, 311, 312, 313: Mund, Hände und Augen entdecken die Welt

Seite 287, 326, 327, 328, 340: Raumspiel – Spielraum

Seite 72, 145, 155: Motorik vor und nach der Geburt

Seite 331, 332: Vorbildern nacheifern

Seite 101, 315, 316, 317, 333, 334: Die Welt verstehen lernen

Seite 431: Trinkverhalten und Ernährung im frühen Säuglingsalter

Ausführliche Angaben siehe Anhang »Filme der Zürcher Longitudinalstudien«.

Zeichnungen und Grafiken

Seite 56, 149, 150, 151, 161, 162, 163, 168, 169, 170, 172: Susanne Staubli, Zürich

Seite 129, 308: Wolfgang Makosch/Kösel, Krugzell

Seite 241: Brigitte Weininger, Kirsten Höcker: Das allerkleinste Nachtgespenst, Neugebauer Verlag (1995)

Alle anderen Zeichnungen und Grafiken stammen vom Autor. Daten ohne Quellenangaben basieren auf den Zürcher Longitudinalstudien.

Filme der Zürcher Longitudinalstudien

Verhaltensbeobachtungen am gesunden Neugeborenen: Verhaltenszustände (Wachsein/Schlafen)
M. Becker, W. Meier, R. H. Largo (1988)
Dauer: 40 Minuten

Definition von Schlaf- und Wachzustand
Entwicklung und Organisation des Verhaltenszustandes
Bedeutung für neurologische Untersuchungen

Verhaltensbeobachtungen am gesunden Neugeborenen: Motorik
M. Becker, W. Meier, R. H. Largo (1988)
Dauer: 30 Minuten

Reflexverhalten
Haltung
Spontanmotorik
Koordinierte Bewegungen

Verhaltensbeobachtungen am gesunden Neugeborenen: Beziehungsverhalten
M. Becker, W. Meier, R. H. Largo (1988)
Dauer: 40 Minuten

Wahrnehmung: auditiv/visuell/taktil-kinästhetisch
Schreiverhalten
Trinkverhalten
Sozialverhalten

Trinkverhalten und Ernährung im frühen Säuglingsalter
S. Tölle, R. H. Largo (1994)
Dauer: 30 Minuten

Ernährung während der Schwangerschaft und in den ersten Lebenstagen
Eigenheiten des frühkindlichen Trinkverhaltens
Einschätzung von Gedeihen und Wachstum

Kalorien und Emotionen in den ersten Lebensjahren
S. Holtz, R. H. Largo (1998)
Dauer: 30 Minuten

Trink- und Essverhalten
Sättigungsgefühl
Selbständig essen
Alltagsdrama am Familientisch

Motorik vor und nach der Geburt
D. Gaja, R. H. Largo (1995)
Dauer: 25 Minuten

Motorik in der Schwangerschaft
Reflexreaktionen
Bewegungsverhalten

Das Kind richtet sich auf
D. Gaja, R. H. Largo (1995)
Dauer: 20 Minuten

Entwicklung der Haltungskontrolle:
in Bauchlage/in Rückenlage
beim Aufsetzen/im Sitzen

Mund, Hände und Augen entdecken die Welt
F. Kienz, S. Holtz, R. H. Largo (1999)
Dauer: 45 Minuten

Entwicklung des Erkundungsverhaltens in den ersten 2 Lebensjahren: orales, manuelles und visuelles Erkunden

Raumspiel – Spielraum
R. Hoop, S. Holtz, R. H. Largo (1999)
Dauer: 45 Minuten

Spielverhalten mit räumlichem Charakter in den ersten Lebensjahren: Inhalt-Behälter-Spiel, Bauen mit Würfeln, Spiel mit Puppenmöbeln

Vorbildern nacheifern
S. Grunt, S. Holtz, R. H. Largo (2001)
Dauer: 35 Minuten

Spielverhalten mit Symbolcharakter in den ersten Lebensjahren: funktionelles Spiel, repräsentatives Spiel 1 und 2, sequentielles Spiel

Im Spiel die Welt verstehen lernen
A. Richter, R. H. Largo (2008)
Dauer: 65 Minuten

Frühe kognitive Entwicklung: kausales Denken/Mittel zum Zweck, Objektpermanenz, Kategorisieren, Selbstwahrnehmung/ Rouge-Test, Theory of Mind

DVDs und Videokassetten sind erhältlich im:
Sekretariat
Abteilung Entwicklungspädiatrie
Universitäts-Kinderkliniken
Steinwiesstr. 75
CH-8032 Zürich

Telefon 00 41-(0)44-2 66 74 46
Fax 00 41-(0)44-2 66 71 64
Mail elisabeth.kaelin@kispi.uzh.ch

Danksagung

Allen Kindern und Eltern, die ich in meiner klinischen und wissenschaftlichen Arbeit kennen lernen durfte, bin ich zu großem Dank verpflichtet. Ohne die Begegnung mit Tausenden von Familien im Verlaufe von mehr als 30 Jahren hätte ich dieses Buch nicht schreiben können.

Wesentliches über die Freuden und Sorgen von Eltern würde in diesem Buch fehlen oder wäre nur trocken abgehandelt ohne die Erfahrungen, die ich als Vater von drei nun erwachsenen Töchtern und vier Enkelkindern machen durfte. Ich habe erlebt, wie mühselig es ist, wenn man mehrmals pro Nacht aufstehen muss, um einen schreienden Säugling zu beruhigen. Schlimmer noch, wenn man anschließend den Schlaf nicht mehr findet, wach im Bett liegt und sich vorstellt, wie man sich übermüdet durch den folgenden Tag quälen wird. Ich weiß auch, wie sehr ein »schlechter Esser« Eltern, selbst wenn sie Ärzte sind, beunruhigen kann. Wunderbar ist es, als Eltern mitzuerleben, wie die Kinder die Welt entdecken. Meine Kinder und Enkelkinder haben mir nochmals das Kindsein nahe gebracht. Nur durch sie verstand ich oft ein bestimmtes kindliches Verhalten. Und das Wichtigste: Meine Kinder haben mich das Staunen über das menschliche Wesen und diese Welt gelehrt.

Meiner Familie danke ich für das Verständnis, das sie mir beim Schreiben und Überarbeiten des Buches entgegengebracht hat. Sie war nicht nur geduldig, sondern ist mir auch mit hilfreichen Einwänden und Ergänzungen zu Text und Bildern sowie mit viel Unterstützung zur Seite gestanden.

Zahlreichen Personen, die das überarbeitete Manuskript durchgesehen haben, verdanke ich Verbesserungsvorschläge. Danken möchte ich im Besonderen Johanna Largo und Anne Richter für die sorgfältige Durchsicht des Manuskripts und die zahlreichen Verbesserungsvorschläge, die sie zu Text und Abbildungen gemacht haben. Mein Dank geht auch an Caroline Benz, Monika Czernin, Käthi Etter, Eva Gächter, Katja und Vreni Happle, Peter Hunkeler, Oskar Jenni, Franziska und Peter Neuhaus, Markus Schmid, Heidi Simoni und Kathrin Solana. Sie alle haben mit ihren kritischen und konstruktiven Kommentaren wesentlich zum Gelingen des Buches beigetragen.

Den folgenden Eltern und ihren Kindern möchte ich herzlich danken, dass ich Abbildungen aus ihren Familienalben und den Videofilmen der Zürcher Longitudinalstudien in das Buch aufnehmen durfte: Martin und Regula Bachmann, Beatrice und Willi Baur, Caroline und Daniel Benz, Ursula und Urs Bosisio, Eveline und Peter Hunkeler, Eva und Peter Gächter, Oskar und Sonja Jenni, Heidi und Willy Lohner, Lorenz und Michaela Lunin, Heinz Meier und Sabine Stäger, Lucila und Roberto Niederer, Andrea und Heinz Pulver, Ruth und Georg Schlosser, Marianne Senn und Peter Rutz, Barbara und Roland Schiltknecht, Carlos und Kathrin Solana, Irene und Werner Spahni, Claudia und Willy Spiller, Helen und Rolf Suter, Susanne und Markus Stark, Diane und Kurt Wache, Catherine und Urs Walter, Anja Weise und Martin Aeschlimann, Esther und Ulrich Würsch.

Zu großem Dank verpflichtet bin ich meinen beiden Lektorinnen Britta Egetemeier und Margret Plath, sowie Markus Dockhorn. Sie haben mit sehr viel Umsicht und großem Engagement die Überarbeitung begleitet.

Remo H. Largo

Register

A

Abstillen *siehe* Entwöhnen
Abwehrstoffe 259, 417, 421 f., 427, 437, 441, 454, 503, 510
Aggression 15, 56, 61, 113 ff., 120, 132, 204, 261, 269 f.
Alkohol 210, 430 f., 452, 500
Allein schlafen 210, 232, 234, 236 f., 242
Alleinerziehend 37
Allergien 420, 443, 460
Angst 15, 28, 58, 72, 75, 93 f., 97 f., 104 f., 108 ff., 120, 125, 156 f., 210, 213, 241, 243, 245, 247 f., 259, 315, 347, 349, 427, 540
Angsterschrecken (Pavor nocturnus) 234, 243–248
Angsttraum 234, 243, 245, 247 f.
Appetitlosigkeit 13, 425 f., 514
Aufstoßen 298, 446 f.
Aussprache (Artikulation) 373, 395, 399, 411–414

B

Babymassage 158 f.
Babysprache 373, 378, 381 f.
Babywippe 158 f., 303, 320
Backenzähne 465, 471, 518 f.
Bauchkolik 256
Bauchlage 148 f., 153, 158 f., 161, 163, 168 f., 211, 319, 446
Beinstellung 163, 169, 175, 498, 528, 531
Beißen 120, 125, 131, 276, 418, 465, 470, 515
Betreuung *siehe* Kinderbetreuung
Beziehungsfähigkeit 87, 295, 420

Bezugsperson 13, 20, 22 f., 28, 30, 32 f., 37 ff., 41, 45 f., 50–54, 62 f., 65, 67–71, 87, 90 f., 93, 95, 97 f., 107–110, 124, 131, 133, 156, 160, 183, 219, 239, 253, 257, 275, 295, 304, 318 f., 347, 351, 353, 373, 379, 382, 387, 400, 412, 423 f., 441, 467, 481, 560
Bindungsverhalten 49–52, 70, 79, 112, 220
Blähungen 446, 451, 457, 459
Blasenkontrolle 541–544
Brei 13 f., 206, 268, 417, 427, 446, 454–461, 467, 468, 510, 512
Brust 55, 199, 205, 216 f., 220, 222, 258, 276, 418, 420, 432–441, 444–447, 453 ff., 467 f.

D

Darmkontrolle 541, 544
Denken 125 f., 128, 130 f., 134, 136, 189, 203, 281, 322, 329, 346, 349, 363, 371 f.
Diabetes 529
Distanzverhalten 60 ff., 71, 95 f.
Drehen 100, 136, 139, 144 f., 148 f., 151, 154, 159–163, 166–169, 172, 238, 273, 277, 294, 296, 304, 313, 315, 317, 378, 433, 456, 475, 507, 546
Durchfall 224, 442, 452, 457, 459, 514, 517, 526, 531
Durchschlafen 18, 29, 193, 199, 202 f., 206, 212 f., 216, 222, 226 f., 229, 233, 442, 546
Durst 13, 409, 416, 427, 440, 475, 486, 527

E

Eckzähne 518 f.

Eifersucht 62, 99, 111–115, 119, 125, 241, 322

Einschlafen 18, 77, 86, 108, 186, 188, 190, 199, 203 f., 206, 211, 215–224, 226, 229, 233 f., 238, 242–246, 251, 253, 256, 259, 262 f., 294, 297, 300, 303, 354, 374, 385, 434, 467, 524

Einschlafzeit 203, 212, 215 f., 226, 233, 256, 556

Einschlafzeremoniell (Einschlafritual) 212 f., 217, 219 f., 222, 226, 390

Elternbett 117, 211, 223, 234–237, 241 f., 248

Engelslächeln 77, 84, 89, 187 f.

Entwöhnen 242, 441, 453, 455, 467 f.

Erste Wörter 16, 383, 546

Erste Schritte 18, 136, 138 ff., 142, 167, 172 f., 202, 224, 277, 389

Erster Zahn 465, 514 f., 517 f.

Erstes Lächeln 84 f.

Erziehungsstil (Erziehungshaltung) 18, 26, 29 f., 32 f., 112, 119, 133, 139, 220, 226, 244, 261, 373, 424, 427, 455, 535 f.

Essstörung 110, 276

Essverhalten 276, 417, 423, 425–428, 471, 473, 478, 482 f., 487

F

Fernsehen 26 ff., 30, 66, 241, 284, 338, 354–360, 377, 485, 487, 561

Fett 420 ff., 428, 430, 432, 437, 444, 447, 450, 460, 468 f., 502 f.

Fieber 224, 260, 440, 463, 514–517, 531

Flasche geben 113, 216, 295, 512

Flaschenmilch *siehe* Säuglingsmilch

Fontanelle 507, 510

Förderung 12, 20, 45, 158, 219, 226, 248, 268, 284, 290, 321, 338, 352 f., 355, 360, 373, 375, 398 f., 485, 537, 559

Fremdeln 35, 48, 51 f., 70, 90, 93–98

Frühgeburt 80, 419, 429

Frühreifes Kind 352, 495

Füttern 21, 69, 87, 113 f., 218, 251, 282, 328 f., 331, 338, 347, 381, 388, 424 f., 440 f., 443, 448, 457 f., 460, 467, 469, 476 ff., 490, 512

G

Gähnen 144, 188, 194, 296 f., 428

Geburtsgewicht 16, 420, 440, 491, 502, 504 f., 509

Geburtsschrei 251 f.

Gehorsam 26 ff., 32 f.

Gelbsucht 441

Gemeinsam schlafen 117, 232 f., 237

Geruchssinn 81, 98, 399

Geschlechtsunterschiede 282 f., 353

Geschwister 22 f., 36, 45, 50, 52, 60, 93, 98, 104, 109, 111–117, 120, 124, 149, 200, 232 f., 237 f., 241, 248, 275, 278, 288 f., 293, 295, 319 ff., 331, 336 f., 347, 350, 364, 380, 383 f., 390, 393, 395, 397, 405, 408, 413, 424, 438, 473, 479, 481, 487, 520, 539 f.

Geschwisterrivalität 111

Gewicht *siehe* Körpergewicht

Greifen 20, 29, 90 f., 98 ff., 102, 136, 138, 150, 292, 299–302, 305–309, 311, 319, 321, 395, 410, 464, 466

Greifreflex 155 f., 158, 302, 435
Grenzen setzen 26, 34, 113, 122, 164
Größe *siehe* Körpergröße
Großeltern 30, 38, 52, 65, 68, 136, 156, 182, 213, 246, 256, 336, 405, 416, 425, 490
Grundbedürfnisse 13, 48, 77, 250, 321, 364
Gugus – Dada – Spiel 314 ff., 318 f., 321, 387, 546

H

Haare 31, 193, 238, 282, 329, 331 f., 342, 507
Hand-Augen-Koordination 299 ff., 304
Hand-Hand-Koordination 299, 301 f., 304
Hand-Mund-Koordination 299 f., 304
Hunger 13, 72, 77, 86, 203, 216, 251 f., 259, 262, 265, 299, 363 f., 410, 416, 427, 432, 434, 443, 447 f., 463, 477, 486
Hungerschrei 251
Husten 154, 393, 482, 516 f., 531
Hyperaktivität 174, 183 f.

I

Ich-Entwicklung 99, 102 f., 107, 119, 396
Ich-Gefühl 107
Infektion 417, 420, 441 f., 500, 502 f., 509 f., 514 – 517, 531
Inhalt-Behälter – Spiel 273, 324 f., 335, 337, 391 f., 572

K

Kalorienbedarf 216
Karies 518, 520 – 523, 527

Kauen 418, 456, 465, 469 ff., 481, 484
Kindchenschema 55 f., 497
Kind-Eltern-Beziehung 9, 51, 158 f., 295
Kinderbetreuung 8 f., 12, 15, 34 – 41, 43 f., 46, 49, 53, 67 ff., 71, 75, 88 ff., 96 ff., 115, 125, 183, 558 ff.
Kindsbewegung 73, 137, 143, 146, 376
Kopfform 506 f., 510
Kopfhaltung 58, 148 – 151
Kopfwachstum 506, 509
Kopfwackeln 213, 224 ff.
Körpergewicht 73, 87, 440, 442, 444 f., 448 ff., 454 f., 461 ff., 468, 481, 490 – 494, 496, 499, 501, 503 – 506, 508 – 513, 517, 548
Körperhaltung 56 f., 79, 82, 89, 148, 150 f., 153, 159, 296, 358, 366, 377, 418, 531, 537
Körpergröße (Körperlänge) 19, 197, 463, 493 – 498, 501 f., 506, 512 f., 527 – 531
Körperpflege 87 f.
Körperproportionen 342, 497 ff.
Körpersprache (nonverbale Kommunikation) 49, 54 f., 62 f., 71, 364 ff., 374
Körpertemperatur 191 ff., 437
Krabbeln 29, 91, 136, 138 ff., 162 ff., 166 ff., 170, 172, 271, 277, 546
Krankenhaus 80, 96, 109 f.
Krankheit 13, 157, 223 f., 232, 242, 252, 272, 419, 463, 509, 517, 529 – 532
Krippe 38 ff., 40, 65, 124, 530
Kuhmilch 256, 418, 420 ff., 440, 470

L

Laufen 16, 29, 113, 138 ff., 142, 153,
162, 166–173, 175, 271, 394, 546
Lauflernhilfe 165
Lernen 21–24, 45, 50, 63 ff., 102,
116, 118 f., 122, 124, 130 f., 133, 142,
171, 175, 179 ff., 187, 271, 273 ff.,
280, 289, 305, 312, 322, 334, 337,
343, 349, 351 f., 362, 365, 367 f.,
370, 373, 375, 380, 399, 402 ff.,
414, 424, 426, 431, 473, 478 f.,
485, 531, 539
Linkshänder 309, 368
Lob 31, 46, 424, 485
Lutschen 206, 262, 464, 483, 518,
523 ff., 527

M

Magisches Denken 241, 248
Mahlzeit 13, 29, 31, 203, 206, 212,
252, 262, 266, 268, 282, 302,
330, 332, 416 f., 439 ff., 443–448,
450, 454–460, 463, 467–470,
478, 482, 484–488, 526, 556, 561
Mangelernährung 13
Manuelles Erkunden (Hantieren)
277, 284, 310 ff., 321
Medikamente 206, 431, 452, 467,
500
Mehrsprachigkeit 399
Mehrwortsätze 409 f.
Merkfähigkeit 190, 314, 318, 321,
387
Milchbildung 435, 439 f., 447, 453,
467
Milcheinschuss 436 f., 439, 453
Milchmenge 436 f., 443, 445, 448,
452 f., 468, 512
Milchprodukte 450 f., 459 f., 468 f.,
522
Milchzähne 500, 515, 518 ff., 527

Mimik 22, 58, 71, 79, 82, 84 f., 89,
117, 136, 292, 294 ff., 358, 364,
366, 374, 381, 396, 399, 410
Mittagschlaf 228, 405
Moro-Reaktion 154 ff., 158
Mundmotorik 418, 454, 456, 466,
468, 470
Muttermilch 206, 417, 419–423,
427 f., 441, 443, 446, 450 ff.,
454 ff., 459, 468, 470
Mutterrolle 36, 76, 114

N

Nachahmung 21 f., 45, 82 f., 89,
272, 277–280, 288, 290, 305,
322, 328 f., 337, 364, 370, 373,
384–387, 393, 408, 424, 473, 481,
520 f., 539, 544
Nächtliches Aufwachen 18, 199,
204 ff., 213, 221 ff., 229 f., 232 f.,
236 –239
Nachtschlaf 189 f., 208 f., 214, 226,
230
Nahrungsmenge 217, 461, 463,
468, 472, 492
Nahrungszufuhr 14, 89, 206, 217,
424, 439, 502, 504
Nikotin 430 f., 452
Non-REM-Schlaf 187, 189, 196 f.,
243, 245
Nonverbale Kommunikation siehe
Körpersprache

O

Orales Erkunden (Mundeln) 25,
284, 310 ff., 319 ff.
Organentwicklung 501

P

Partnerschaft 34, 42, 44, 70 f., 76,
205

Pinzettengriff 277, 305 f., 308, 321, 546
Plötzlicher Kindstod 210

R

Rachitis 157, 446
Rechtshänder 309, 368
REM-Schlaf 187–190, 196 f., 245
Rhythmische Bewegungen 213, 224 ff.
Robben 138 f., 162 f., 166, 168 ff., 172
Rollen 139, 161, 169
Rollenspiel 64, 116, 123, 279, 346 ff., 353, 360, 547
Röteln 503
Rouge-Test 102
Rückenlage 148 ff., 158 f., 161, 169, 211, 303, 320, 446, 507
Rückenschaden 157

S

Salz 81, 450, 456, 461, 469, 483, 488, 521
Satzbau 368, 370, 373, 398 f., 401, 408 f., 414
Satzbildung 16, 369, 408, 412
Sauberkeitserziehung 534, 536 ff., 542, 544
Säuglingsmilch 13, 199, 206, 256, 417 f., 420, 422, 428, 440–443, 446, 454 ff., 467 f.
Saugreflex 433 f., 453
Scherengriff 306 f., 321
Schlafbedarf 18, 197, 207 ff., 214 f., 222, 226 f., 229, 233
Schlafdauer 195 ff., 208, 212, 556
Schlafenszeiten 18, 33, 211, 229 f., 266
Schlaflosigkeit 227, 251, 298, 514
Schlafprotokoll 209, 222, 226, 230–233, 556 f.

Schlaf-Wach-Rhythmus 193, 195, 197 f., 200–203, 206, 212, 214, 221, 226, 258 f.
Schlechter Esser 424, 427, 486, 526, 575
Schluckauf 143 f.
Schluckreflex 154, 158, 435, 453
Schmerz 32, 104, 110, 132, 143, 223, 242, 252 f., 260, 436, 442, 446, 450, 514, 516 f., 519
Schmerzschrei 251
Schnabeltasse 475
Schneidezähne 465, 470, 517 ff.
Schnuller 212, 238, 243, 262 f., 383, 433 f., 475, 523 ff., 527
Schnupfen 435, 509, 516 f., 531
Schreialter 255
Schreidauer 254 f.
Schreien 12, 16, 27, 29 f., 77 f., 86, 88 ff., 93, 95, 99, 104 ff., 115 f., 120, 155, 157, 199 f., 202, 204 f., 209, 220, 223 f., 231, 234, 238 f., 245, 250–266, 363, 382, 385, 436, 442, 446–449, 516, 534, 556
Schreien lassen 77, 199, 206
Schutzimpfung 437, 503, 531 f.
Sehvermögen 91
Selbständig essen 21, 113, 118 f., 122, 423 ff., 427, 464 f., 469, 472, 478 f., 481, 547
Selbständig trinken 113, 118 f., 423, 425, 466, 469, 472, 474 f., 481, 527, 546
Selbständigkeit 21, 28, 42, 46, 99, 118–122, 124, 133, 148, 180 f., 220 ff., 226, 234, 237 f., 240, 242 f., 248, 423, 472, 478, 481, 485, 539 f., 542, 544
Selbstwahrnehmung 99 f., 102 f., 121, 126, 411

Selbstwertgefühl 21, 29, 42, 44, 46, 122, 204, 221, 350, 544

Sexualität 73, 210, 242, 364

Soziales Spiel 252, 275, 278, 282, 293, 295 f., 298, 304, 314, 334

Soziales Lernen 21, 23, 45, 49, 63, 65, 71

Speicheln 320, 480 f., 514 f. 517

Spiegelbild 99–103, 385

Spielen 22–25, 33, 45, 64, 70, 83, 94, 97, 100 ff., 114–117, 123, 128 f., 131, 141, 158 f., 163, 165 f., 195, 218, 223, 227, 229, 232, 237, 240, 268–300, 302–360, 381, 383 f., 388, 390 f., 393, 399 f., 402, 404 f., 411, 427, 467, 473, 477, 480, 485, 547, 558

Spielsachen (Spielzeug) 24, 45, 97, 100, 103 f., 107, 113, 116, 127, 131, 136, 171, 178, 223, 268, 270, 283–286, 289 f., 303, 305, 309, 313–321, 325, 327, 332–337, 339, 345, 348, 353 f., 385, 395, 406, 424, 558

Sprachförderung 375

Sprachkompetenz 411, 413 f.

Sprachverständnis 365, 368, 371, 373 ff., 383, 388 –391, 397 f., 400 f., 403, 412

Sprechen 60, 82, 84, 113, 127, 131, 247, 263, 278, 340, 356 f., 367, 369, 371 ff., 375, 378, 381 f., 384, 389 f., 393–400, 407 f., 413 f.

Stillen 29, 75, 77, 113, 193, 199 f., 205 f., 216 f., 255 f., 258 f., 295, 378, 418 ff., 422, 425, 427 f., 432, 434, 437 –441, 443–446, 448–455, 457, 486, 510, 512

Stillprobleme 441

Stoffwechsel 417, 420, 428, 431 f., 444, 446, 448, 453 ff., 462, 483

Stottern 401, 412 ff.

Strampeln 12, 57, 73, 99, 104, 137, 153, 158 f., 211, 242, 275, 291, 305, 375

Süßigkeiten 99, 106, 425 f., 469, 483, 487, 522

T

Tagesmutter 40, 558

Tag-Nacht-Wechsel 188, 198, 200, 209, 212, 215

Tagschlaf 208 f., 214 f., 226 ff., 230, 233

Temperament 15, 19 f., 104, 106, 110, 112, 119, 124, 131, 153, 286, 297 f.

Tischmanieren 27, 424, 482, 484, 487

Tobsuchtsanfall 19, 99, 119, 389, 397

Toxoplasmose 503

Traghilfe 147

Träume 77, 186, 188, 190, 245, 247 f., 347

Trennungsangst 51, 70, 90, 92, 94 ff., 98, 160, 165, 238, 240, 248

Trinkmenge 418, 436, 443 ff., 454

Trinkverhalten 29, 203, 217, 417, 432, 435

Trotzreaktion 19, 27, 57, 105 ff., 119, 237

U

Überforderung 21, 29 ff., 33, 36, 38, 40, 112, 120, 132, 165, 204, 221, 286 f., 290, 296, 298, 328, 382, 400, 479

Übergewicht 426, 462, 512, 526

Überreizung 252 f.

Unterforderung 42, 221, 286 f., 290

V

Vaterrolle 8, 35, 42
Veranlagung 19, 133, 182, 184, 309
Verdauungsstörung 514
Verstehen 33, 60, 65, 104, 110, 128,
  130, 132, 241, 281, 340, 354, 356,
  358, 363 f., 371 f., 374 f., 383 f.,
  388–391, 393, 395 f., 398,
  400–408, 411, 413 f., 424, 547
Verwöhnen 31, 33, 264
Visuelles Erkunden (Betrachten)
  165, 260, 278, 282, 284, 299 ff.,
  303 f., 310 f., 313 f., 319, 321
Vitaminmangel 430
Vollmilch 460, 468, 470
Vorbild 30, 34, 46, 50, 63 ff., 67, 71,
  133 f., 180 f., 276, 278, 288, 290,
  336 f., 347, 353 f., 360, 362, 417,
  424, 473, 481, 487, 539, 544

W

Waage 448 ff., 511
Wachstumskurve (Wachstumslinie)
  449, 454, 463, 468, 481, 499,
  508, 512, 530
Wachstumsschub 462, 490, 499
Wachstumstempo 420, 493

Weinkrampf (Affektkrampf) 99,
  106
Wille 20, 27, 30, 67, 99, 104, 106,
  116, 119 ff., 133, 275, 355
Wippen 162, 225
Wortbildung 370
Wortschatz 171, 394 f., 399,
  401–404, 409, 414

Z

Zähne 223, 246, 461, 465, 469 f.,
  475, 500, 516, 518 –523, 525 f.
Zähneputzen 520 f., 523, 527
Zahnen 454, 514–517, 519
Zahnfäule 522, 526
Zeit fürs Kind 44, 256, 260, 561
Zeitverständnis 130, 404
Zu Bett bringen 18, 70, 216, 218,
  220–223, 226, 232, 467
Zucker 422, 440, 456, 460 f., 465,
  468, 483 f., 486, 488, 516, 522 f.,
  525 ff.
Zufüttern 440, 445, 477
Zweiwortsätze 16, 369, 409 ff., 547
Zwilling 117, 502
Zwischenmahlzeit 458, 465, 468 f.,
  486 f., 522 f., 527

PIPER

Remo H. Largo, Martin Beglinger
Schülerjahre

Wie Kinder besser lernen. 336 Seiten mit 100 Farbfotos
und Grafiken. Gebunden

In der Debatte über Schule und Erziehung fordern die Eltern
bessere Lehrer, die Pädagogen mehr Disziplin, und die Psychologen beklagen Tyrannen. Das Wesentliche gerät dabei oft
aus dem Blick: das Kind selbst. Jetzt äußert sich Remo
H. Largo, der bekannte Entwicklungsspezialist, dessen Erzie-
hungsklassiker »Babyjahre« und »Kinderjahre« Generationen von Eltern wertschätzen. Im Gespräch mit dem Journa-
listen Martin Beglinger zeigt er, wie die gute Schule sich am
einzelnen Kind orientiert. Was tun, damit die Jungen nicht ins
Abseits geraten? Wie umgehen mit der Turboschule? Wie
lernen Kinder lieber und deshalb leichter? »Schülerjahre« ist
ein engagiertes Plädoyer für ein neues Verständnis von
Schule, in der Kinder unterrichtet werden und nicht nur
Fächer.

01/1849/01/R

Ralph Martin

Papanoia

Roman. Aus dem Amerikanischen von Sophie Zeitz. 240 Seiten. Piper Taschenbuch

Vater werden ist nicht schwer, Vater sein dagegen sehr. Vor allem für einen Ex-New-Yorker Schriftsteller mitten in Prenzlauer Berg. Seine Freundin erklimmt gerade die nächste Stufe der Karriereleiter als TV-Journalistin, also muss er sich zu Hause um den Nachwuchs kümmern. Er taucht ein in einen völlig fremden Kosmos aus Yogamüttern und Fahrradfanatikern. Doch was tun, wenn das Töchterchen die Bio-Brause verweigert und auch in der pädagogisch wertvollen Kita nicht auf ihre Barbie verzichten will? Während Papa sich den Kopf zerbricht, muss er irgendwann verblüfft einsehen: die kleine Lulu geht weitaus gelassener mit den allzu feindlichen Bedingungen um als der paranoide Papa ...

Bastian Bielendorfer

Lehrerkind

Lebenslänglich Pausenhof. 304 Seiten. Piper Taschenbuch

Was wird aus einem Menschen, wenn Mama und Papa Lehrer an der eigenen Schule sind – und somit an jedem Tag im Jahr Elternsprechtag ist, die Mitschüler einen zum Daueropfer ernennen und es bei den Bundesjugendspielen nicht einmal für eine Teilnehmerurkunde reicht? Genau: Er wird selbst Lehrer! Mit gnadenloser Selbstironie schildert Bastian Bielendorfer, wie er der pädagogischen Sippenhaft zu entrinnen versucht, und verrät dabei, welch zarte Seele sich unter so manchem grob gehäkelten Mathelehrerpullunder verbirgt.

05/2701/01/L

05/2698/01/R

Gisela Dürr

Schöne alte Kinderspiele

Ideen für Kinder aller Altersstufen. 144 Seiten. Piper Taschenbuch

Von Schnitzeljagd und Hahnenkampf über Knobeln und Murmelschießen bis zu »Hänschen, piep mal« und Kettenfangen – dieses reizend illustrierte Buch enthält über 170 alte Kinderspiele für alle Altersgruppen. Kniereime, Abzählverse und Rätsel, Sing- und Tanzspiele, Ball- und Seilspiele, Gedächtnis- und Sprachspiele, Versteck- und Laufspiele und vieles mehr sind hier versammelt. Ein Schatz für alle, die gern mit Kindern spielen.

Remo H. Largo, Monika Czernin

Glückliche Scheidungskinder

Trennungen und wie Kinder damit fertig werden. 336 Seiten. Piper Taschenbuch

Remo H. Largo und Monika Czernin machen Eltern Mut, die in der schwierigen Situation einer Scheidung sind: Kinder müssen unter der Trennung der Eltern nicht leiden – es gibt Wege, sie glücklich aufwachsen zu lassen. Getrennt leben, aber gemeinsam erziehen, das ist möglich. Die Autoren gehen anhand konkreter Beispiele auf die wichtigsten Fragen ein. Sie konzentrieren sich dabei auf die tatsächlichen Bedürfnisse der Kinder und zeigen Wege, diese zu erfüllen, egal, in welchem Familienmodell.

»Ein wichtiger Diskussionsbeitrag für unsere Gesellschaft, in der etwa jedes dritte Kind von der Trennung der Eltern betroffen ist. Tendenz steigend.«
Chrismon

05/2590/01/L   05/2304/02/R

Remo H. Largo

Kinderjahre

Die Individualität des Kindes als erzieherische Herausforderung.
378 Seiten. *Piper Taschenbuch*

Wie man Kinder fit fürs Leben macht, ihnen hilft, im Einklang mit ihrer Umwelt zu leben – das zeigt Remo H. Largo in diesem Buch. Er ist seit über zwanzig Jahren Leiter der Abteilung Wachstum und Entwicklung am Kinderspital in Zürich und kennt daher die ganze Bandbreite kindlicher Entwicklung. So kann er Eltern und Erziehern wirkliche Hilfe anbieten, nicht nur Theorien. Anschaulich führt er durch die entscheidenden Jahre zwischen dem Kleinkindalter und der Schwelle des Erwachsenseins. Wie entsteht die Individualität des Kindes? Welche Rolle spielen Anlagen und Umwelt? Wann und wie können Eltern die Entwicklung ihres Kindes unterstützen? Auf diese Fragen gibt der Autor fundierte Antworten mit praktischen Beispielen.

Johannes Thiele (Hrsg.)

Lirum, Larum, Löffelstiel

Neue und alte Kinderreime.
240 Seiten mit Illustrationen von Gisela Dürr. Piper Taschenbuch

Alle Kinder lieben Reime: seien es Abzählverse, kleine Gedichte, Hüpfspiele oder Lieder. Doch die wenigsten Erwachsenen können sich erinnern: Wie ging der Vers mit der schwarzen Köchin? Und wie war das noch mit Himpelchen und Pimpelchen? Diese liebevoll gestaltete Sammlung schafft Abhilfe: Hier sind die schönsten und lustigsten Abzählverse, Tanzlieder, Zungenbrecher und Fingerspiele versammelt und laden Groß und Klein zum Mitsprechen, Mitspielen, Singen und Lachen ein.

05/1355/02/L

05/2488/01/R

François Lelord

Hectors Reise oder die Suche nach dem Glück

Aus dem Französischen von Ralf Pannowitsch. 208 Seiten. Piper Taschenbuch

Es war einmal ein ziemlich guter Psychiater, sein Name war Hector, und er verstand es, den Menschen nachdenklich und mit echtem Interesse zuzuhören. Trotzdem war er mit sich nicht zufrieden, weil es ihm nicht gelang, die Leute glücklich zu machen. Also begibt sich Hector auf eine Reise durch die Welt, um dem Geheimnis des Glücks auf die Spur zu kommen.

»Wenn man dieses Buch gelesen hat – ich schwöre es Ihnen – ist man glücklich.«
Elke Heidenreich

François Lelord

Hector und die Geheimnisse der Liebe

Aus dem Französischen von Ralf Pannowitsch. 240 Seiten. Piper Taschenbuch

Auf seiner Reise wird der junge Psychiater Hector zum Abenteurer des Herzens. Er spürt einem Professor nach, der das Geheimnis der Liebe entschlüsselt haben will. Dabei entdeckt er, wie kompliziert die Liebe sein kann: Kann man nicht für immer verliebt bleiben? Warum liebt manchmal der eine mehr als der andere? Und Hector entdeckt, daß allein die Liebe – für alle Zeit und wo immer wir leben – die Macht haben wird, unsere tiefsten Sehnsüchte zu stillen.

»Eine tiefsinnige Geschichte, die mit klugen Einsichten zum Thema Liebe überrascht.«
Gala

PIPER

Remo H. Largo, Monika Czernin
Jugendjahre

Kinder durch die Pubertät begleiten. 400 Seiten
mit 77 Abbildungen und Grafiken. Gebunden

Computersucht, Komasaufen, Schulmüdigkeit – selten gibt es
positive Schlagzeilen über Jugendliche. Und das, obwohl
die Mehrheit selbstbewusst, verantwortungsvoll und mit viel
Eigeninitiative in die Welt startet. Mit ihrem Buch wollen
Remo H. Largo und Monika Czernin Verständnis für die Jugendlichen und ihre schwierigen Entwicklungsaufgaben
wecken und den Blick dafür schärfen, dass sie es sind, in deren
Händen die Zukunft liegt. In bewährter Manier bietet das
Buch Rat und Hilfe für verunsicherte Eltern, Lehrer und alle,
die mit Jugendlichen zu tun haben – ein Buch, das zum Umdenken auffordert.

01/1981/01/R